KB216374

유고(1882년 7월～1883/84년 겨울)

니체전집

KGW VII 1

16

유고(1882년 7월~1883/84년 겨울)

루 살로메를 위한 타우텐부르크 메모들 외

Nachgelassene Fragmente Juli 1882 bis Winter 1883~1884

박찬국 옮김

책세상

일러두기

1. 이 책은 독일에서 출간된 《니체전집*Nietzsche Werke, Kritische Gesamtausgabe*, vol. VII 1(Walter de Gruyter Verlag, 1970)》을 완역했다.
2. 주요 인명은 처음 1회에 한하여 원어를 병기했다.
3. 옮긴이주는 미주로 처리했다.
4. 본문과 미주에 나오는 단행본과 잡지, 음반은 《 》로 표시했고, 인용문은 " "로, 강조 문구는 ' '로 표시했다.
5. 니체 자필 원고에서 보이는 완벽하지 않은 구두법, 예를 들어 구두점이 없거나 괄호가 한 쪽이 빠진 것은 그대로 살렸으며, 그침표(:)와 머무름표(;)는 경우에 따라서 삭제했다. 문장이 완결되지 않은 경우는 원고 그대로 ———로 표시했으며, 철자 등이 누락되었을 경우에도 원서 편집자들이 사용한 〈 〉를 그대로 사용했다.
6. 원서에서 자간을 벌려 표기되어 있는 부분은 고딕체로, 원서에서 굵은 서체로 되어 있는 부분은 굵은 서체로, 그리스어로 쓴 것은 이탤릭체로 표기했다.
7. 이 책에 사용된 맞춤법과 외래어 표기는 1989년 3월 1일부터 시행된 〈한글 맞춤법 규정〉과 《문교부 편수자료》에 따랐다.

차례

[1=N V 9 a. N VI 1 a. 루 살로메를 위한 타우텐부르크 메모들 1882년 7월~8월]

1〔1〕

5 ‘고독도 계속되면 감미로워진다.’ 마돈나 델 삿소Madonna del Sasso(로카르노Locarno).[1)]

1〔2〕

도덕에 대한 반박? —

10 도덕은 도덕에서 자유로울 수 없는 사람들에게 중요한 것이다. 그들은 도덕에서 자유로울 수 없기 때문에 그것은 그들의 생존 조건에 속한다. 생존 조건은 (논리적으로) 반박될 수 없다. 그것을 소유하지 않는 것만이 가능하다!

15 1〔3〕

원칙

우리가 드러내는 힘의 마지막 물리적 상태는 또한 필연적으로 최초의 물리적 상태임이 틀림없다.

힘을 잠재적인 힘으로 해소하는 것이 가장 생동적인 힘을 발생시

20 키는 원인임이 틀림없다. 부정의 상태에 최상의 긍정의 상태가 따른다.

공간은 물질과 마찬가지로 주관적인 형식이다. 시간은 그렇지 않다. 공간은 텅 빈 공간을 가정함으로써 성립된 것이다. 텅 빈 공간은 존재하지 않는다. 모든 것은 힘이다.

우리는 수동적인 것과 능동적인 것을 함께 사유할 수 없다. 이러한 사유의 한계에서 물질과 공간이라는 개념이 생성된다. 우리는 분리시키는 것이다.

우리는 한 사물의 전개 과정을 고찰하는 것을 통해서 그 사물의 발생을 역으로 추론할 수 있다.

모든 전개는 일종의 발생이다.

물질, 즉 질료는 하나의 주관적인 형식이다.

우리는 그 무엇도 물질적인 것과 다르게 사유할 수 없다. 사상과 추상적인 개념들조차 우리에게는 매우 섬세한 물질적인 것으로 나타난다. 아마도 우리는 이러한 사실을 부정할 것이지만 그럼에도 불구하고 그것들은 그러한 성질을 갖는다. 우리는 이러한 섬세한 물질성을 간과하면서 '비물질적인 것'에 대해 말하는 습관이 있다. 우리가 죽어 있는 것과 살아 있는 것, 논리적인 것과 비논리적인 것을 분리했던 것과 마찬가지로 말이다. 이러한 대립을 잊어버리는 것, 이것이 우리의 과제이다.

1〔4〕

개념들조차 생성된 것이다. 무엇에서?—여기에 이행이 존재한다.

1〔5〕

실패한 일에 이용된 사람에게는 두 배로 보상해야만 한다.

1〔6〕

당신이 오랫동안 젊은 상태로 있기를 바란다면 나이 들어서 젊어지도록 하라.

"다른 사람을 너무 엄격하게 판단하는 사람을 나는 좋지 않게 생각한다"는 데모스테네스Demosthenes의 말에 나는 동의한다.

1〔7〕

"사물에 대해서는 더 온화하게, 자신에게는 더 의연하게."

1〔8〕

부활한 모든 사람들의 믿음—한 번 일찍 죽은 사람은 두 번째에는 오랫동안 죽지 않는다.

1〔9〕

죽음 후의 삶,—'죽음 후에도 삶이 존재한다'고 믿을 근거가 있는 사람은 살아 있는 동안 자신의 죽음을 견디는 것을 배워야 한다.

1〔10〕

나이 들어서 젊다는 것—나이 들어서 젊을 경우에만 오래도록 젊음을 유지할 수 있다.

1〔11〕

이상—눈은 자신 밖의 모든 것을 본다. 이와 같이 우리는 우리의 이상에 이미 이르렀을지라도 항상 그것이 여전히 우리 앞에 존재하는 것으로 간주한다!

1〔12〕

'고귀하다edel'의 개념과 느낌은 '선하다gut'는 개념, 느낌과는 다른 전사(前史)를 갖는다.

1〔13〕

안내서

프리드리히 니체 저

첫번째 전집

내용

인간적인 너무나 인간적인. 부록

방랑자와 그의 그림자

아침놀

즐거운 학문

1〔14〕

쟁기의 보습

정신의 해방을 위한 도구

첫번째 전집

2권

목차

인간적인 너무나 인간적인. 부록.

여러 가지 의견과 잠언

방랑자와 그의 그림자

아침놀. 도덕적 편견에 대한 사상

즐거운 학문

1〔15〕

- - -에게

여자친구에게!—콜럼버스가 말했다—
그 어떤 제노바 사람도 믿지 말라!
그는 항상 푸른 바다를 응시한다.
가장 멀리 떨어진 곳이 그를 너무도 유혹한다!

*

용기를 가져라! 나는 광활한 바다로 나왔다.
내 뒤에는 제네바가 있다.
나는 너와 힘을 합쳐서
황금의 땅과 아메리카를 정복한다.

*

우리는 굳건하게 발을 딛고 서 있다!
우리는 결코 포기할 수 없다.
멀리 내다보아라. 멀리서
죽음, 영광, 행복이 우리를 환영한다![2)]

1〔16〕

채식을 주로 하거나 오직 채식만을 하는 것에 대해서.

격렬한 감정의 소유자, 즉 명예욕과 원한에 차 있으며 욕정에 가득 찬 사람들은 자신들에게는 약간의 고기조차 너무 많은 것은 아닌지 자문해보아야 할 것이다. 그들에게는 무엇을 먹어야 하는가라는 물음보다는 얼마나 먹어야 하는지, 즉 이 경우에는 얼마나 적게 먹어야 하는가라는 물음이 더 중요하다고 나는 생각하지만.

1〔17〕

친구는 어떻게 친구의 가슴에서 자신을 분리시키는가.

좋다. 그대는 아직 그대의 고통을 가지고 있다!

1〔18〕

적어도 3백 년간의 고찰을 견뎌내지 못한다면 내 책이 무슨 의미가 있겠는가?

1〔19〕

자유로운 정신들.
문체
도덕적인 것과 유기적인 것.
이기심과 이타심
영웅주의.
미래의 세계에 사상이 미치는 영향
신과 악마

1〔20〕

'자아'의 도덕에 대해서

자신을 이해시킨다는 것의 어려움. 많은 사람에게 그것은 불가능하다.

모든 행위는 오해된다. 십자가에 못 박히지 않기 위해서 사람들은 가면을 써야만 한다. 또한 유혹하기 위해서도……

차라리 의식적으로 거짓말을 하는 사람들과 사귀라. 왜냐하면 그들만이 또한 의식적으로 참될 수가 있기 때문이다. 보통 우리가 경험하는 진실성은 자신이 가면을 썼다는 것을 의식하지 못한 채 가면을 쓴 상태이다.

'자아'는 질곡을 씌우고 죽인다. 그것은 일종의 단세포 유기체처럼 활동한다. 그것은 강탈하며 폭력적이다. 그것은 자신을 재생하고자 한다—임신. 그것은 자신의 신을 낳고자 하며 모든 인류를 자신의 발 밑에 굴복시키고자 한다.

해방된 자아들은 지배권을 획득하기 위해 싸운다.

1〔21〕

이것은 결코 책이 아니다. 책이란 중요하지 않다!

그것은 관과 수의와 마찬가지로 중요한 것이 아니다!

이것은 일종의 의지이며 약속이다.

이것은 최후의 교량 파괴Brücken-Zerbrechen이다.

이것은 바닷바람이며 등대이다.

이것은 바퀴를 돌리고 키를 조종하는 것이다.

대포소리가 울리며 불길이 하얗게 연기를 낸다.

바다, 저 거대한 것이 웃는다

1〔22〕

이기심이 악한 것이라면, 아름다운 말에 따라서 명명한다.

5

1〔23〕

유대민족이 인도게르만족에 속한다는 아스콜리G. I. Ascoli와 르낭E. Rénan의 말을 나는 믿는다.

10 1〔24〕

영웅적인 인간의 삶은 악마의 신성화라는 점에서 많은 세대의 역사를 압축적으로 포함한다. 그는 이단, 마귀, 점술가, 회의론자, 연약한 자, 신앙인이자 피압제자의 상태를 경험한다.

15 1〔25〕

스스로 고난을 겪고자 하는 의지를 가진 자는 잔인함에 대해 다른 태도를 취한다. 자신이 고통을 가할 때, 그는 그것을 그 자체로 그리고 그 자신에게 해롭거나 나쁜 것으로 보지 않는다.

20 1〔26〕

"예수는 어떤 사람이 안식일에 일하는 것을 보고 그에게 말했다. 네가 지금 무엇을 하고 있는지 알고 있다면 너는 구원을 받았으나 네가 그것을 알지 못한다면 너는 저주받은 자이며 율법을 어긴 자이다."

누가복음 6장 4절, 고문서(古文書)

1〔27〕

현존하는 힘들의 세계를 뒤로 소급하면 이러한 힘들의 가장 단순한 상태로 나아가게 된다. 마찬가지로 그것이 앞으로 나아가면, 이러한 힘들의 가장 단순한 상태에 이른다. 이러한 두 가지 상태는 동일할 수 있으며 동일해야만 하지 않을까? 특정한 힘들의 체계에서, 즉 측량할 수 있는 힘에서 나올 수 있는 상태의 수는 제한되어 있다. 그 안에서 힘이 희석되는 무한한 공간을 그릇되게 가정할 경우에만, 최후의 상태는 비생산적이고 죽은 상태이다. 가장 단순한 상태는 마이너스이자 플러스이다.

1〔28〕

우리가 가장 엄격한 도덕의 입장, 즉 정직함의 입장에 설 경우, 사물들과의 모든 교섭, 즉 우리의 통상적인 행위가 전제하는 믿음들(예컨대 물체가 있다는 믿음)은 비도덕적이다(이러한 믿음은 부정직한 것이기 때문이다). 똑같이 개체들에 대한 원자론적 입장 대신에 인간=인간이라고 믿는 것도 비도덕적이다.

이와 같이 모든 믿음은 부정직한 것이 된다. 삶이 부정직한 것이며 따라서 비도덕적인 것이라는 점을 우리가 인식한다면, 삶은 부정되어야 한다.

마찬가지로 무조건적인 정의의 입장에 설 경우, 삶은 본질적으로 부정의하다는 것을 우리는 깨닫게 된다.

인식이 가장 극단적인 도덕의 입장을 취하고자 할 경우, 그 귀결은 파괴를 향한 열망이다.

그런데 이에 대해서 도덕과 도덕성에 대한 비판이 구원의 역할을 한다. 도덕은 자기 자신을 파괴한다.

즉 도덕은 삶보다 우월한 것이 아니고 도덕은 죽은 것이기에 삶은 부정될 수 없다. 과도한 도덕은 자신의 대립자인 악을 필연적이고 유용한 것으로 그리고 선의 원천으로 입증했다.

5 따라서 우리가 선을 포기해야만 하는가? 아니다. 절대로 아니다! 왜냐하면 우리는 그렇게 엄격하게 정직할 필요가 없기 때문이다. 선은 사실상 그렇게 엄격한 것이 아니다.

1〔29〕

10 심정Gemüt의 욕구를 심정에 대한 욕구와 혼동해서는 안 된다. 심정에 대한 욕구는 몇몇 차가운 인간들이 갖는 것이다.

1〔30〕

개는 주인의 호의를 주인에 복종하는 것으로 갚는다. 이에 대해서 주인이 호의를 베풀 경우 고양이는 자기 자신을 즐기며 음탕한 힘의 느낌을 갖는다. 고양이는 갚을 줄을 모른다.

1〔31〕

소위 '심령현상'에 대한 설명. 영매(靈媒)의 지적인 기능들의 일부가 그에게 의식되지 않은 채로 진행된다. 이 때 그는 최면에 걸린 상태이다(이는 깨어 있는 지성과 잠들어 있는 지성이 분리된 상태이다). 그의 신경은 이러한 무의식적인 부분에 집중한다.—서로 손을 잡은 사람들 사이에 일종의 전기가 흐르면서 영매에게 이어진다. 이를 통해서 각 사람의 생각이 영매에게 전해진다. 그렇게 생각이 전달된다는 것은 어떤 사람이 돌에 걸려서 넘어졌을 경우 그의 뇌에서 발까지 생각이 전달되는 것보다 신기한 일이 아니다. 물음들에 대한 답은 참여하는 사람들의 지성을 통해 나온다. 그 경우 기억은 통상적으로 망각되어 있는 것과 같은 것을 자주 전달하고 제공한다. 망각은 신경과민의 결과이며 사실은 어떤 망각도 없다. 무의식적인 기만조차 가능하다. 즉 사기성 있는 영매는 자신이 의식하지 못한 채 온갖 기만적인 조작을 통해서 허구를 날조한다고 나는 생각한다. 그들 식의 도덕성이 이러한 행위들 안에서 본능적으로 표현된다. 궁극적으로는 우리의 모든 행위에서 본질적인 것은 우리에게 의식되지 않은 채 진행되는 것이다. 사기꾼은 의식적인 상태보다는 백 배나 더 자주 무의식적으로 사기를 친다.

그 경우 전기 현상, 차가운 전류, 불꽃이 일어날 수 있다. 사로잡힌다는 느낌은 착각일 수 있으며 환시(幻視)일 수 있다. 그 경우 더 많은 사람들에게 집단적으로 환시가 일어난다는 것도 가능하다(고대의 망아적인 제식〔祭式〕에서 일어난 것처럼).

죽은 자와 재회할 수 있다는 믿음이 심령술의 전제다. 그것은 일종의 무신론이다. 진실로 경건한 자들에게는 이러한 믿음이 필요 없다(불멸성에 대한 부클Buckle의 저술 참고).

1〔32〕

악마의 변호자

신과 악마에 대한 새로운 생각. 무조건적인 인식은 덕을 표방하던 시대Tugend-Periode의 망상이다. 그러한 시대에 생은 몰락했다. 우리는 거짓, 망상 그리고 믿음, 부정(不正)을 신성한 것으로 간주하지 않으면 안 된다. 우리는 도덕적으로 살기 위해서는 도덕에서 벗어나야만 한다. 나의 자유로운 **자의, 나 자신이 창조한 이상**은 나에게서 이런저런 덕을 원한다. 다시 말해서 덕의 결과로 파멸을 원한다. 이것이야말로 영웅주의다.

5

1〔33〕

민족주의로 인해 이슬람교도인 인도인들은 해방될 것이다.

1〔34〕

10 예를 들어 창녀 제도는 왜 그렇게 해로우며 은밀하며 불안하게 유지되는가? 이는 그 자체에 깃들인 악 때문이 아니라 그것에 대한 부정적인 견해 때문이다. 물론 통계학자들은 달리 생각하겠지만 말이다. 이른바 **선한 인간들**의 판단에서 나오는 조잡하거나 미세한 영향이 인간의 내적, 외적 비참함의 원인이다. 그런데 이 선한 인간들은 이
15 런 비참함을 자신들의 판단이 옳음에 대한 증거로 간주한다. 즉 자연과 힘의 증거로서 간주하는 것이다! 양심의 가책은 건강에 해롭다.

성욕을 만족시키는 합법적인 형식으로서의 결혼
이웃을 살해하는 합법적인 형식으로서의 전쟁
20 교육의 합법적인 형식으로서의 학교
복수의 합법적인 형식으로서의 재판
인식충동의 합법적인 형식으로서의 종교

선한 자들은 바리새인들이며 양심의 가책을 느끼는 악한 인간들

이며 삶을 억압하는 자들이다. 모든 종류의 방탕과 탈선은 많은 사람들이 합법적인 형식들에 대해서 느끼는 불만족의 결과가 아닐까? 대부분의 범죄는 '선한 자들'의 위선을 따를 수 없는 무능력과 그것을 따르지 않으려는 욕망이 아닐까? 선한 자들은 강한 충동을 훈육하지 못한 데서 범죄가 생긴다고 생각한다. 우리는 이러한 생각에 반대하고 비웃을 수밖에 없다.

1〔35〕

바리새인들의 행복에 대해서

그의 자기극복. 어떤 상황에서도 이른바 **'인륜적인'** 행위를 한다는 것 그리고 그러한 동기들만을 지속적으로 의식하고 실제 동기는 (말하자면 인륜적으로) 잘못되었다고 규정하는 훈련.

그것은 무리가 행하고 있는 오래된 훈련이다. 그러나 그것은 사실 자신에게서 오직 합법적인 판단과 감각들만을 보려는 부정직이다. 모든 선인들에게 공통된 이러한 훈련에서 획일화된 공통된 행위들이 나온다. 이러한 훈련을 통해 그들은 자신과 이웃에게서 실제의 동기는 거의 보지 않고 오직 선한 동기들만 보는 엄청난 힘을 갖게 된다.

바리새인은 단순히 현재의 삶을 유지하려는 인간의 원형이며 항상 필연적으로 존재한다.

대립 : 강한 악인들 그리고 자신을 악인이라고 느끼는 약한 악인.

이러한 악인들에서 자기 스스로 선한 자Sich-selber-Gute, 즉 신이 된 악마가 나타난다.

1〔36〕

고통을 줄이고 고통(즉 삶)에서 피하는 것—이것이 도덕적인가?

자신과 **타인들에게** 고통을 부과하는 것 그리고 이를 통해 그들이 최고의 삶, 즉 승리자의 삶을 살 수 있도록 하는 것—이것이 나의 목적이다.

1〔37〕

바리새인들에 의해 위대한 인간들이 숭배되는 것을 보는 것은 역겹다. 나는 이러한 감상성Sentimentalität에 반대한다.

1〔38〕

개인과 인류 전체에서 일어나는 **퇴행과 퇴락조차 이상**(理想)을 낳을 것임이 틀림없다. 그리고 항상 사람들은 자신들이 **진보한다고** 믿을 것이다. '**원숭이**'가 된다는 이상이 언젠가는 인류의 목표로 나타날 수 있을 것이다.

1〔39〕

나는 불쾌한 일을 참고 그것을 우아하게 견디는 데에 명수다. 나는 그런 것에 가장 잘 훈련된 자이다.

1〔40〕

나는 도둑맞고 착취당하고자 한다. 그러나 모든 것이 나를 기만하고자 한다는 것을 깨달았을 때, 나는 이기주의에 빠졌다.

1〔41〕

나는 완성된 낡은 도덕을 벗어나 이기심을 갖고자 했다.

1〔42〕

5 나는 왜 자유정신을 사랑하는가? 나는 자유정신이 이제까지의 도덕의 최후의 귀결이기에 그것을 사랑한다. 좋고 싫음을 떠나서 모든 것에 대해 공정하고자 하는 것, 자기 자신을 사물들의 서열에 소속시키고 자신을 넘어서는 것, 개인적인 적의와 고통에 대항할 뿐 아니라 사물의 악에 대해서도 발휘되는 극복과 용기, 이상주의와 경건, 정
10 열, 심지어 진실 자체에 대해서조차 자기 스스로 적대자가 되는 진실성. 모든 것에 대한 호의적인 의향과 모든 것의 가치, 정당성, 필연성을 발견하려고 하는 선의. "그것은 달리 되어야만 한다"고 말할 수 없는 무능력에서 생기는 행동의 단념(정적주의)—신 안에서, 말하자면 생성하는 신 안에서 쉬는 것.

15 나는 이기심이 이 자유정신에 필수적인 **수단**이라는 사실을 알았다. 내가 사물들에게 삼켜지지 않기 위해서 이기심은 나를 결속하고 지탱하는 것으로서 필수적이다. 도덕의 완성은 오직 내 안에서만 가능하다. 자아가 생동하고 형성하고 욕구하고 창조하는 것인 한, 그리고 매순간 사물들 안에 침몰되는 것에 저항하는 한, 그것은 오히려 갈
20 수록 더 많은 사물들을 자신 안에 수용하고 침몰하게 할 힘을 갖게 된다. 따라서 자유정신은 자기와 이기심에 비례해 하나의 생성이며 두 대립물 간의 투쟁이며 완성된 것도 완전한 것도 아니며 어떤 상태도 아니다. 그것은 도덕이 오직 자신의 대립물 덕택에 존재할 수 있고 발전할 수 있음을 통찰하는 것이다.

1〔43〕

1. 자기 자신에 대한 불만족. 후회에 대한 해독제. 기질의 변화(예를 들어 무기물을 통해서). 불만족을 향해 있는 선한 의지. 이 의지의 근원을 발견하기 위해, 그의 갈증을 기다리고 가득 차게 하는 것.
2. 죽음을 승리와 영광을 위한 수단으로 변형시키는 것.
3. 이상(자신의 대립물 속에서 파멸하려는 노력)을 얻기 위한 수단으로서의 성적인 사랑. 고통받고 있는 신에 대한 사랑.
4. 병, 병에 대한 태도, 죽음을 향한 자유.
5. 가장 성스러운 일로서의 생식. 임신, 아이에게서 일치를 느끼고 기념비를 세우고자 하는 여자와 남자의 창조 행위.
6. 위험으로서의 동정. 각자가 자립할 수 있고 도움을 받아야 하는지 어떤지를 스스로 결정할 수 있는 여건을 창조하는 것.
7. 악을 위한, 자신에게 고유한 '악마'를 위한 교육.
8. 내면에서 일어나는 전쟁을 통해서 '성장'한다.
9. '종족 보존'과 영원회귀사상
10. 창조된 모든 신은 어느 정도까지 스스로 다시 악마를 창조하는가. 악마가 생겨난 것은 신에게서가 아니다. (악마는 신이 싸워야 할, 이웃해 있는 이상이다.)

1〔44〕

국가는 자신의 도덕을 개인과 한몸으로 만들었다.

자의는 일찍이 도덕을 일컫는 가장 찬양받던 이름이었으리라.

1〔45〕

문체

가장 필요한 것은 생명이다. 문체는 살아 있어야 한다.

문체는 그대가 의사를 전달하고자 하는 바로 그 사람을 고려하면서 항상 그대에게 적합해야 한다

이제 우리는 쓰기 전에 정확히 알아야 한다. "나는 이것을 이러이러하게 말하고 강연할 것이다"를. 쓰기는 단지 하나의 모방이어야 한다.

* *

쓰는 자에게는 강연자가 가지고 있는 많은 표현 방법이 결여되어 있기 때문에, 일반적으로 그는 아주 풍부한 표현 방법을 가지고 있는 말을 모범으로 삼는다. 말의 모방으로서, 씌어진 것은 필연적으로 너무나 창백하게 된다. (그런데 그대에게는 그것이 더 자연스러운 것이 되었다.)

삶의 풍요는 표정의 풍부함을 통해 드러난다. 우리는 문장의 장단, 구두법, 단어의 선택, 중간 휴지, 논증의 순서 등의 모든 것을 표정처럼 느끼는 법을 배워야 한다.

*

마침표를 신중하게 다루기를! 말을 할 때 긴 호흡을 가지고 있는 인간들만이 마침표를 사용할 권리를 가진다. 대부분의 사람들에게 마침표는 허세를 부리는 것에 불과하다.

문체는 그가 자신의 사상을 믿고 있으며 사고할 뿐만 아니라 느끼기도 한다는 것을 증명해야 한다.

* *

가르치려는 진리가 추상적일수록 진리에 감각을 끌어들여야 한다. 훌륭한 산문가의 재치는 시에 가까이 다가가되 결코 시로 넘어 들어가지 않는다는 데 있다. 시적인 섬세한 감정과 재능 없이는 이 재치를 가질 수 없다.

*

독자로 하여금 가볍게 반대할 수 있는 기회를 미리 빼앗는 것은 정중하지도 영리하지도 못한 짓이다. 자신의 지혜의 핵심을 말하는 몫을 독자에게 남기는 것이 매우 정중하고 영리한 행동이다.

1〔46〕

조르주 상드G. Sand, 1868년, 막심 뒤 캉Maxime Du Camp에게 보내는 편지.

"어린애를 갖기 위해서 우정결혼을 하는 것이 좋을 것입니다. 남녀의 사랑에서는 아무것도 생기지 않지요. 그대 앞에 있는, 자신보다 사랑스런 자를 볼 때 그대는 행복을 느낄 것입니다. 그러나 남자가 자신보다 더 사랑할 수 있는 것은 여성이 아니라 저 무구하고 신성한 존재인 어린아이입니다. 성장함에 따라서 어린애의 순진무구함은 사라지지요. 그러나 여러 해 동안은 우리가 이 지상에서 하나의 이상을 갖는 것을 가능하게 할 것입니다."

1〔47〕

남자는 여자에 대한 모든 감각의 배후에 여전히 여자라는 성에 대한 경멸을 품고 있다.

1〔48〕

도덕적 분노에 대한 반론

종교전쟁의 잔인함과 같은 잔인함. 기독교인의 분노의 대상인 동료에 대한 경멸. (그는 바리새인에 대해 부당했다.)

(악은 보존되어야 한다!)

1〔49〕

인간의 이상을 본 자는 현실의 인간을 그 이상의 희화(戱畵)로 느낀다.

1〔50〕

1. 감정에 대한 여성의 평가
   -- 남성과 여성의 몇 가지 덕과 악덕
   여성과 노동
   여성과 국가
   여성과 명예
2. 여성의 판단과 이 판단에 대한 그녀의 믿음.
3. 은폐된 현실성 그리고———
4. 진실하다고 주장할 의무가 있다고 느끼는 여성의 비현실성
5. 다른 사람이 자신에 대해 좋은 견해를 갖도록 유혹하는 것. 그리고 이 견해에 권위를 부여하고 복종하는 것.
6. 여성적인 감정의 템포
7. 여성 일반의 본질을 서서히 형성해왔던 근본 상태로서의 임신. 모든 여성의 사고방식과 행동방식이 이것에 대해 갖는 관

계.

8. 부분적으로는 유아적인 것에서 벗어나게 하면서도 부분적으로는 유아적인 것으로 퇴화시키는 아이 양육. 여성의 합리주의.
9. 여성의 지배욕과 남성의 지배욕의 차이.
10. 완전함에 대한 여성의 느낌 -- 복종 속에서.
11. 비여성적으로 느껴지는 것. 역사.
12. 부정하는 것, 파괴하는 것, 증오하는 것, 복수하는 것. 여자는 왜 이 점에서 남자보다 야만적인가?
13. 남자와 여자의 감성 차이.

1〔51〕

세계의 재생을 위해

부정이 힘일 경우 두 개의 부정에서 하나의 긍정이 생긴다(빛에 대항한 빛에서 어둠이 생기며, 따뜻함에 대항한 따뜻함에서 차가움이 생긴다 등등).

1〔52〕

그대의 말을 행위보다 먼저 던지라. 지켜지지 못한 말에 대한 수치를 통해 자신을 구속하라.

1〔53〕

지조 있는 사람만이 자신에 대해 침묵할 수 있다.

1〔54〕

우리는 자신 앞에서보다 다른 사람 앞에서 더 정직하다.

1〔55〕

5 우리들에게 모든 진리는 마치 내적인 육체에 대한 고려와 같다.

1〔56〕

본래 거짓말은 도덕적이었다. 사람들은 무리의 견해를 자신의 견해인 것처럼 사칭했다.

10

1〔57〕

자신의 즐거움을 위해 자신의 사상이 탄생하는 것을 도와줄 산파를 찾는 이가 있는가 하면, 자신이 도울 사람을 찾는 이도 있다.

15 1〔58〕

셋이 모여 대화할 때, 한 사람은 불필요하며 대화의 깊이를 방해하게 된다.

1〔59〕

20 우리는 생산적으로 만들지 않는 사람에게는 확실히 무관심하게 되며, 우리가 생산적으로 만든 사람도 좋아하지 않는다.

1〔60〕

어떻게 선한 인간들이 위대한 인간을 상상해내는가? 자신의 감상적인 성격에 대한 반대.

1〔61〕

이상을 창조하는 것. 즉 자신의 악마를 자신의 신으로 변형시키는 것. 바로 이것을 위해 사람들은 자신의 악마를 창조해야만 했다.

1〔62〕

모든 선은 하나의 악에서 나왔다.

1〔63〕

큰 것을 얻으려는 자는 자신의 완성과 만족의 근거들을 양적인 면에 가지고 있다. 질적인 인간은 작은 것을 추구한다.

1〔64〕

이제까지 신봉된 모든 가치에 대한 절대적인 차가움의 상태는 뜨거움의 상태에 선행한다.

1〔65〕

나는 악마의 변호인이며 신을 고발하는 자이다.

1〔66〕

인간은 너무나 불완전한 존재다. 인간에 대한 사랑은 나를 파괴하고 말 것이다.

1〔67〕

동정을 즐기는 것의 잔인함. 다른 사람을 더 깊이 알고 사랑할 때 동정은 가장 강하다. 따라서 사랑하는 사람에 대해 잔인한 자는 대부분 잔인함을 즐기게 된다. 만약 우리가 대개 우리 자신을 사랑한다면, 동정이 즐기는 가장 큰 잔인함은 우리 자신을 향한 것이리라.

영웅적인 것, 그것은 자신의 대립물에게로 완전히 몰락하려는 노력이다. 즉 악마를 신으로 변형시키는 것. 그것은 이 정도의 잔인성이다.

1〔68〕

어떤 존재의 생존 조건은, 그것이 '해야 한다'로 나타나는 즉시 도덕이 된다.

1〔69〕

어떻게 악마가 신이 되는가.

1〔70〕

회귀의 철학을 위해

준비하는 자의 유일한 상태인 영웅적인 위대함에 대해.

(자신을 견디기 위한 수단으로서, 완전한 몰락을 향한 노력).

하나의 기능이 되기를 원하는 것이 여성의 사랑이 지향하는 이상이다. 남성의 이상은 동화, 정복 또는 동정(고뇌하는 신에 대한 숭배).

다른 사람의 견해에 대한 완전한 무관심(우리가 그의 척도를 알고 있기에). 그러나 동정의 대상인 자기 자신에 대한 의견으로서.

하나의 상태를 원해서는 안 되고 주기적인 존재가 되기를 원해야 한다 = 현존하는 것들과 마찬가지로.

5

나는 의도적으로 **종교적 본성**과는 완전히 **대립하면서** 살아왔다. 나는 악마와 신에 대한 종교적 본성의 관점을 안다.

쾌감과 불쾌감으로서의 '선'과 '악'. 필수적인. 그러나 각 사람에

10 게는 자신의 악이 있다.

자신의 이상으로 가는 길을 발견하지 못한 자는 이상을 전혀 알지 못하는 자보다 더 경박하고 뻔뻔스럽다.

15 우리가 사랑하는 자에게 고통을 주는 것은—원래 악마적인 것이다. 우리 자신에게 그것은 영웅적 인간의 상태다—최고의 폭력. 대립물을 향한 노력이 여기에 속한다.

1〔71〕

20 정직하게 두려움 없이 인식하는 자의 반대로서의 '이상주의자.' 이상주의자들의 판단은 나를 구역질나게 한다. 그것들은 전혀 쓸모가 없다.

1〔72〕

다른 사람이 당한 화를 기뻐하는 것은 잔인함과는 다른 것이다. 잔인함은 동정심에 깃들인 즐거움이며 동정심이 가장 강할 때, 즐거움도 커진다.

다른 사람이 우리가 사랑하는 사람에게 고통을 줄 때, 우리는 격분하여 미쳐 날뛰며, 동정심으로 매우 고통스러워질 것이다. 하지만 우리는 그를 사랑한다. 그리고 우리는 그에게 고통을 준다. 이를 통해 동정심은 더 거대한 자극이 된다. 여기서 가장 강렬한 자극으로 작용하는 것은 두 가지 대립된 충동 사이의 모순이다.

자학과 욕정은 동일한 것이다. 혹은 가장 밝은 의식과 납처럼 무거운 의식 그리고 아편으로 꼼짝 못하는 의식도.

1〔73〕

일반적인 물음 : 두 가지 모순된 감정은 어떻게 작용하는가? 두 가지 유사한 감정은 어떻게 작용하는가? (약화시키면서?)

자신에 대한 가장 강렬한 사랑은, 그 사랑이 영웅주의의 모습을 띠고 나타날 때, 자기 몰락을 향한 욕망을 가지고 있다. 즉, 잔인성, 자신에 대한 폭력을.

인간을 사랑하는 자들이 인간에게 가장 큰 고통을 가했다.

무조건 헌신하는 것과 연인이 준 고통을 기꺼이 감수하는 것, 학대받으려는 욕망. 헌신은 자신을 거역하는 것이 된다.

한편 사랑하는 자를 괴롭히는 애인은 자신의 권력 감정을 즐기며, 자신을 난폭하게 학대할수록 더욱 그렇게 된다. 그것은 힘의 이중적 행사다. 힘에의 의지는 여기에서 자신에 대한 반항이 된다.

1〔74〕

존재하는 가장 종교적인 인간으로서의 자유정신.

1〔75〕

신이 신을 죽였다.

1〔76〕

도덕은 도덕성 때문에 죽었다.

1〔77〕

신앙인은 종교인의 반대다.

1〔78〕

생식의 전제는 사랑하는 사람의 복사물을 소유하려는 의지, 그의 삶을 계속 소유하려는 의지여야 한다. 그리고 새로운 존재를 통해 그와 일치했다는 기념물을 소유하려는 의지, 즉 일치를 향한 충동을 완성하려는 의지여야 한다.—공감이 아닌 정열의 문제.

1〔79〕

성교, 즉 욕정의 가장 고귀하고 정직한 형식은 지금 아직도 양심의 가책을 느낀다. 그리고 가장 비속하고 부정직한 형식은 양심의 만족을 느낀다.

1〔80〕

결혼을 지탱하기 위한 수단의 혼란. 여자는 자신이 바로 이런 결혼을 하도록 운명 지어졌다고 믿는다. 사실 모든 것이 통속적인 우연이고 그녀에게는 수백 명의 다른 남자들이 똑같이 좋을 수 있는 것이다. 그녀는 복종하고자 한다. 그녀는 남자를 위해 일하고 생각한다. 그리고 다음과 같이 말한다. "모든 것을 당신을 위해 했다!"—그러나 사실 그것은 '당신'을 위해서가 아니라 그녀의 충동과 우연히 마주친 "그 누군가"를 위해서였다.—직업과 매일매일의 노동이 그들 부부를 떼어놓기 때문에 서로를 견디는 것이 유지된다.—남편과 아내는 본래 우정이라고 하는 것을 일찍이 경험해보지 못했기 때문에 그들의 관계에 대해 실망하지도 않는다. 그들은 사랑도 우정도 모른다. 결혼이란 위축된 반(半)인간들 위에 세워진다.

1〔81〕

허영심 많은—모욕당하는
신중한—주의를 기울이다
비도덕적인—경멸하다

1〔82〕

죽이지 않으면 살 수 없을 때 그는 죽인다.
물건이나 사람(결혼)이 필요하면, 그는 훔친다.

자신의 목적을 위해 숨어 있고자 할 때 그는 거짓말한다.

1〔83〕

정오 그리고 영원

영웅적인 철학을 위한 초안

1〔84〕

위대함을 추구하는 인간은 보통 악한 인간이다. 그것이 그가 자신을 견디는 유일한 방법이다.

1〔85〕

위대한 한 사람이 사람들에게 위대한 자로 드러나고 빛을 발하기까지는 얼마나 오래(수백 년) 걸릴 것인가?—위대한 자에 관한 나의 척도. 이제까지 가장 위대한 자들은 모두 아마 숨어 있었던 것이리라.

1〔86〕

신 안에서 더 이상 위대함을 발견하지 못하는 자는 위대함을 도대체 발견하지 못하므로 그것을 부정해야 한다. 아니면 그것을 창조하거나 창조하는 것을 도와야 한다.

1〔87〕

성애에 관한 너무 엄청난 기대가 더 넓은 모든 전망을 향한 여성의 눈을 망쳐놓는다.

1〔88〕

영웅주의—그것은 목적을 추구하되 그것에 대해 아무것도 계산하지 않는 인간의 성향이다. 영웅주의는 절대적인 자기 몰락을 향한 선한 의지이다.

5 영웅적인 이상과 대립하는 것은 조화로운 전인적인 이상이다. 아름답고 바람직한 대립물! 그러나 선한 인간의 이상일 뿐!

1〔89〕

인〈간〉들의 모든 교제에서 문제가 되는 것은 임신뿐이다.

10

1〔90〕

다섯 사람이 함께 이야기할 때면 항상 여섯 번째 사람은 죽어야 한다.

15 1〔91〕

소녀들은 모두 남자가 여자를 자기 것으로 할 수 없을 때 그 여자와 우정을 맺는다고 믿는다.

1〔92〕

20 인간의 높이를 보지 못한 자는 너무 가까이에서 그리고 너무 날카로운 눈으로 인간의 열등함을 본다.

1〔93〕

재능이 쇠퇴하면 인간의 도덕적인 자질이 더 잘 드러나게 된다.

1〔94〕

남자는 잔인하다고 여겨질 뿐이지만, 여자는 잔인하다. 여자는 정감이 풍부하다고 여겨질 뿐이지만 남자는 정감이 풍부하다.

1〔95〕

아! 나는 정말 비극적인 제스처와 말에 싫증난다!

1〔96〕

쉘링, 스페〈인어〉 문법, 라이프치히, 그로크너

1〔97〕

끈을 끊지 말라,
너는 그것을 한번 깨물어봐야 한다.

1〔98〕

때때로 나는 선한 자들에 대해 경멸을 품는다.—그의 유약함, 경험하지 않으려는 의지, 보지 않으려는 의지, 자의적인 맹목, 습관적인 것과 안락함의 주위만 진부하게 맴돌기, 자신의 '선한 자질'에 대한 만족 등등.

1〔99〕

1874년 베를린에서의 뇌에 대한 열정적인 탐구
《동물의 타락》(1875년 과학 계간지 415~430쪽)
릴리엔펠트, 사회과학에 대한 사상

1〔100〕

아름다운 것은 사멸해야 하는 것,
그것은 사라져가고 지속되지 않는다!!!

5 1〔101〕

새로운 콜럼버스

그곳에 가고자 한다. 난 나를 계속 믿는다. 내 조종술도.
바다는 광대하게 펼쳐져 있다. 푸른 바다를 향해
10 나의 제노바 배가 떠난다.

* *

모든 것이 나에겐 새롭고 더욱 새로울 것이다.
내 뒤에 제노바가 있다.
용기! 네가 스스로 키를 잡아라,
15 사랑하는 승리의 여신이여!

(1882년 여름)

1〔102〕

나무는 말한다.

20

나는 너무나 고독하게 그리고 너무나 높이 자랐다.
나는 기다린다. 그런데 나는 무엇을 기다리는가?

* *

너무나 가까이 구름이 있다.

나는 최초의 번개를 기다린다.

1〔103〕

이상(理想)에게

5

내가 누구를 너처럼 사랑하겠는가, 사랑하는 그늘이여!
나는 너를 나에게, 내 안으로 이끈다.—그리고 그 후로
나는 거의 그늘이 되고, 너는 내 몸이 되었다.
다만 내 눈이 자기 밖의 사물을 보는 데
10 고칠 수 없을 정도로 익숙해졌다는 사실.
그에게 너는 항상 영원한 '나의 바깥'으로 남는다.
아아, 이 눈이 나를 내 밖으로 데려간다.

1〔104〕

15 '즐거운 학문'
(성스러운 1월)

이것은 책이 아니다. 책에 무엇이 있겠는가?
관과 시체를 싸는 헝겊에!
20 책이 노획한 것은 과거의 것이다. :
대신 여기에는 영원한 오늘이 산다.

1〔105〕

산에서

(1876)

더 이상 돌아가지도, 올라가지도 못하는가?
양(羊)에게는 어떤 길도 없는가?

* *

5 그리하여 나는 여기서 기다리면서 확실히 파악한다,
눈과 손이 나에게 파악하도록 하는 것을!

* *

5척의 대지, 아침 햇살,
그리고 내 밑의—세계, 인간 그리고—죽음.

10

1〔106〕

우정에게

찬양받으라, 우정이여!
내 최고의 희망
15 최초의 아침놀이여!
아, 좁은 길과 밤은 내게는 자주 끝이 없는 것처럼 보였다.
목적도 없고 혐오스러운 모든 생이여!
나는 두 번 살고자 한다.
이제 나는 너의 눈에서 아침 햇빛과 승리를 바라본다.
20 너 사랑스러운 여신이여!

1〔107〕

말

살아 있는 말에 나는 능숙하다.

그것은 쾌활하게 위로 솟아난다,
그것은 정중한 목례로 나에게 인사한다,
미숙하지만 사랑스럽고,
피가 흐르며 억세게 씩씩거리고,
5 그런 다음에는 귀머거리의 귀로도 기어든다.
원을 만들면서 이제는 펄펄 난다,
그리고 그가 하는 것—말은 유쾌하게 한다
그러나 말은 여린 존재로 남아 있다.
아프기도 하고 곧 낫기도 한다.
10 그에게 자신의 작은 생명을 지속하게 하려면,
가볍고 우아하게 그를 잡아라,
서툴게 쥐거나 누르지 말라,
그는 악의 어린 눈짓에도 종종 죽느니
그리고 그때 그것은 불구가 되어, 영혼 없이, 가난하고 차갑게,
15 그의 작은 시체가 역겹게 변질된다.
죽음과 죽어감에 의해 잘못 다루어진다.
죽은 말—흉한 물건,
바짝 마른 땡—땡—땡.
말을 죽이는 모든 추한 일들에게
20 저주를!
〔루 살로메를 위한 타우텐부르크 메모〕

1〔108〕

1.

위대함을 추구하는 인간은 일반적으로 악한 인간이다. 이것이 그가 자신을 견디는 유일한 방법인 것이다.

2.

신 안에서 더 이상 위대함을 발견하지 못하는 자는 위대함을 도대체 발견하지 못하므로 그것을 부정해야 한다. 아니면 그것을 창조해야 한다(창조하는 것을 도와야 한다).

〈3.〉

〔+++〕

4.

성애에 관한 너무 큰 기대가 더 넓은 모든 전망을 향한 여성의 눈을 망쳐놓는다.

5.

영웅주의—그것은 목적을 추구하되 그것에 대해 아무것도 계산하지 않는 인간의 성향이다. 영웅주의는 절대적인 자기 몰락을 향한 선한 의지이다.

6.

영웅적인 이상과 대립하는 것은 조화로운 전인적인 이상이다.

아름답고 바람직한 대립물! 그러나 근본이 선한 인간의 이상일 뿐! (예를 들어 괴테.)

남성에게 사랑은 여성이 사랑에 대해 갖는 의미와는 완전히 다른 의미를 갖는다. 대부분의 남자에게 사랑은 일종의 소유욕이며 나머지에게는 고뇌하면서 숨어 있는 신성에 대한 숭배이다.

친구 레P. Rée가 이것을 읽는다면, 나를 미쳤다고 생각할 것이다.

어떻게 지내지?—타우텐부르크에서 오늘보다 더 아름다운 날은 없었다. 공기는 맑고, 부드럽고, 힘에 넘쳐 있다. 우리 모두가 그래야만 하듯이.

마음으로부터

F. N

1〔109〕

문체론을 위해

1.

가장 필요한 것은 생명이다. 문체는 살아 있어야 한다.

2.

문체는 네가 의사를 전달하고자 하는 바로 그 사람을 고려해 항상 너에게 적합해야 한다(이중적인 관계의 법칙).

3.

이제 우리는 쓰기 전에 정확히 알아야 한다. "나는 이것을 이러이러하게 말하고 강연할 것이다"를. 쓰기는 단지 하나의 모방이어야 한다.

5

4.

쓰는 자에게는 말하는 자가 가지고 있는 많은 표현 방법이 결여되어 있기 때문에, 일반적으로 그는 아주 풍부한 표현 방법을 가지고 있는 말을 모범으로 삼는다. 말의 모방으로 씌어진 것은 필연적으로 너무나 창백하게 된다.

10

5.

삶의 풍요는 제스처의 풍요를 통해 드러난다. 우리는 문장의 장단, 구두법, 단어의 선택, 중간 휴지, 논증의 순서 등의 모든 것을 제스처로 느끼는 법을 배워야 한다.

15

6.

마침표를 신중하게 다루기를! 말할 때 호흡이 긴 인간만이 마침표를 사용할 권리를 가진다. 대부분의 사람들에게 마침표는 허세를 부리는 것에 불과하다.

20

7.

문체는 그가 자신의 사상을 믿고 있으며 사고할 뿐만 아니라 느끼기도 한다는 것을 증명해야 한다.

8.

가르치려는 진리가 추상적일수록 감각을 진리에 끌어들여야 한다.

9.

훌륭한 산문가의 재치는 시에 가까이 다가가되 결코 시로 넘어들어가지는 않는다는 데 있다. 시적인 섬세한 감정과 재능 없이는 이 재치를 가질 수 없다.

10

가볍게 반대할 수 있는 기회를 미리 빼앗는 것은 정중하지도 영리하지도 못한 짓이다. 자신의 지혜의 최후의 핵심을 말하는 몫을 독자에게 남기는 것이 매우 정중하고 영리한 행동이다.

F. N

어느 좋은 아침,

나의 사랑하는 루!

1〔110〕

"그래, 약한 성이지."—남성은 여성에 대해 이렇게 말하고, 여성은 자신에 대해 이와 똑같이 말한다. 그러나 그들이 같은 말에서 같은 뜻을 생각한다고 누가 믿겠는가?

그러나 한번 남자로 하여금 그가 원하는 것을 생각하도록 해보자. 여성이 자신이 약한 성이라고 말할 때, 그녀는 보통 무엇을 의미하는가?

약함을 느낀다는 것—그것은 여성에게는 힘이 결핍되어 있다는 것을 느낀다는 것은 물론, 오히려 힘에 대한 욕구를 느낀다는 것이다. 그것은 힘을 찾고, 밖을 바라보고, 기대기를 바라며, 기댈 수 있는 모든 것을 찾는 촉수이며, 받침으로 적당하지 않은 것도 갈망하면서 집착하고, 그것을 통해 자신을 지탱하려고 한다. 물론 그는 자신 밖의 다른 모든 사람과 낯선 사람의 힘에 대해서 기꺼이 착각한다. 그는 자신 속의 약함을 믿는 정도에 비례해 자신 밖의 힘을 믿는다. 약함의 감정은 가장 극단적인 정도로 느껴질 때, 바로 도처에서 강함을 발견하고 그가 관계하는 자신 밖의 모든 것이 힘을 갖는다고 상상한다. 그리고 눈이 거기에 반항하면, 눈을—감아버린다!

실제로 이것이 약한 성의 상태이며, 단지 주변의 남성과의 관계에서만이 아니라, 종교와 관습에 대한 관계에서도 그렇다. 약한 여성은 의존하지 않고는 서 있을 수 없다고 믿으며, 육체적이거나 정신적이거나 주변에 있는 모든 것을 받침대로 변화시킨다.—그녀는 현실적인 모든 것을 보지 않으려 하며, 그녀가 발을 기대고 있는 난간이 제대로 지탱하는지도 조사하려 하지 않는다. 그는 자신의 약함과 불안을 믿기에 난간을 믿는다. 그러한 여자가 기대고 있는 그것은 모든 상황 아래서 인식된 힘이 아니라, 기대되고 원해지고 조작된 힘이다. 그녀는 약하다는 감정이 크면 클수록, 자신을 지탱해주는 힘을 더욱 느끼고자 한다. 가장 약한 여성은 모든 남성에게서 신을 만든다. 그리고 모든 관습과 종교의 명령을 신성한 것, 침해할 수 없는 것, 궁극적인 것, 숭배할 가치가 있는 것으로 만든다. 종교가 생겨나는 데 약한 성이 강한 성보다 중요하다는 것은 분명하다. 여성들이 이러한 존재일 경우, 여성들만 남아도 그들은 끊임없이 자신들의 약함 때문에 남자를 만들어낼 뿐만 아니라 '신'도 만든다.—그리고 이 둘은 추측되듯이, 서로 닮았다.—거대한 힘을 가진 자들로서!

1〔111〕

여성에 대해

1. 여성적인 판단과 이 판단에 대한 그녀의 믿음(미신).
2. 감정에 대한 여성적인 평가, 덕과 악덕에 대한 여성의 판단
3. 남자와 여자, 국가와 자연, 노동과 여가 등등에 대한 여성적인 판단.
4. 현실에 관하여 여성이 은폐하는 것.
5. 여성이 비현실적인 것을 비현실적인 것으로 알고는 있으나 현실적이라고 주장할 의무를 느끼는 것.
6. 여성적인 감정의 템포.
7. 부분적으로는 유아적인 것에서 벗어나게 하면서도 부분적으로는 유아적인 것으로 퇴화시키고 지체시키는 아이 양육(여성적인 합리주의).
   여성은 어느 정도로 남성을 아이로 다루는가.
8. 여성은 어느 정도로 다른 사람이 자신에 대해 좋은 견해를 갖도록 유혹하고 이 견해에 복종하는가(권위 앞에서처럼).
9. 여성에 의해 비여성적으로 느껴지는 것의 역사—그때마다의 민족과 풍습에 따라.
10. 여성의 좀더 높은 성질이 획득될 수 있기 위해 존재해야만 하는 최상의 여성적인 덕에 대한 여성들의 믿음.—그리고 이러한 '최상의 덕'의 사실적인 변천.
11. 자신이 완전하다는 느낌과 자신의 본질을 완성했다는 느낌.

예를 들어 봉사와 복종 속에서.

12. 점차적으로 시간이 지남에 따라 여성의 본질을 확정해온 기본 상태로서의 임신. 모든 여성적인 사고와 행동방식이 이것에 대해 갖는 관계.

13. 부정하는 것, 파괴하는 것, 홀로 있는 것, 싸우는 것, 경멸하는 것, 복수하는 것. 여자는 왜 모든 점에서 남자보다 야만적인가?

[2=NV 9b. 1882년 여름~가을]

2〔1〕

미륵 부처

2〔2〕

카루스Carus, 비교심리학

2〔3〕

포크트Vogt 19185

린다우Lindau 18772

빌브란트Wilbrandt 18761

2〔4〕

선택된 자들의 도덕 또는 자유 도덕.

생을 보존하는 자로서의 우리들.

불가피하게 생에 대한 경멸과 증오가 생겨난다. 유럽의 활동력이 대량자살로 돌진한다. 그것에 덧붙여. 가장 무서운 무게로서의 나의 영원회귀론.

우리가 우리 스스로를 보존하지 못한다면, 모든 것이 끝장이다. 하나의 조직체를 통해서 우리 자신을.

생의 친구.

작은 전주곡으로서의 허무주의.

철학의 불가능성.

불교가 비생산적이고 선하게 만들듯이, 유럽 또한 불교의 영향 아래서 **피로해진다!**

선한 자들, 그것은 피로다.

화해, 그것은 피로다.

도덕, 그것은 피로다.

선한 풍습(예를 들어 결혼), 그것은 피로다.

이상주의자들에 대한 반대.

2〔5〕

도래하는 것.

무를 향한 본래적인 추구.

존재하지 않는 것이 존재하는 것보다 더 좋다는 원리를 둘러싼 싸움.

(A)

도덕의 첫번째 귀결 : 생은 부정되어야 한다.

도덕의 마지막 귀결 = 도덕 그 자체가 부정되어야 한다.

(B)

따라서 : 첫번째 귀결이 없어진다.

이기심의 해방,

악의 해방,

개인의 해방.

새로운 선인들(나는 원한다)과 옛날의 선인들(나는 해야만 한다).

무조건적인 인식의 거부로서의 예술의 해방. 거짓말의 찬양.

종교의 재획득.

(C)

이러한 모든 해방을 통해 생의 자극이 늘어난다.

5 생의 가장 내적인 부정, 도덕적인 부정이 제거된다. --

그와 동시에 몰락의 시작. 예를 들어 종교도 속하는 야만의 필요성. 인간은 유일한 지속 형식인 순환 속에 살아야 한다. 문명은 오래 지속되기보다는 가능한 짧고 높아야 한다.—**정오의 우리들** : 새로운 시대.

10 (D)

문명의 역사에서 무엇이 높은 것들의 높이를 규정하는가? 자극이 가장 큰 순간. 가장 강력한 사상을 견디고 사랑할 수 있다는 것에 의해 측정된다.

15 2〔6〕

도래하는 것

하나의 예언

A. 도덕의 자기극복.

B. 해방

20 C. 몰락의 중간과 시작.

D. 정오를 알리는 표식.

E. 자유의지에 의한 죽음.

2〔7〕

밸아, 차라투스트라는 말했다. 너는 태양 아래 가장 영리한 동물이다.—너는 무엇이 심장을 강하게 하는지를 알고 있을 것이다.—나는 그것을 모른다. 그리고 너, 독수리야, 너는 태양 아래 가장 긍지에 찬 동물이다, 심장을 빼내 그것이 필요한 곳으로 나르거라—긍지에 찬 심장을—나는 그것을 모른다.

2〔8〕

거짓말을 할 필요가 없는 인〈간〉은 거의 거짓말을 하지 않는 것에 대해 자부심을 갖는다.

2〔9〕

그러나 너희 동물들아, 나에게 알려다오. 태양이 이미 정오에 서 있는지를. 영원을 의미하는 뱀이 이미 또아리를 틀고 있는지를. 차라투스트라는 눈이 멀었다.

나에게는 모든 것이 항상 죽음에 이른다. 누가 내 운명을 원할 것인가? 나는 모든 운명을 사랑한다. 차라투스트라는 환희에 넘친다!

어떤 것도 더 이상 차라투스트라를 알지 못하며, 차라투스트라를 헤아리지 못한다.

2〔10〕

항상 되돌려주며 어떤 선물도 받지 않는다. 우리가 다른 사람을 사랑하는 자들을 인식하고, **우리의** 사랑에 의해 균형을 유지한다는 특전과 표지를 제외하고는.

2〔11〕

5 인간에게서 도덕을 빼앗는 것. 그들이 그것을 잘못 사용하므로. 그리고 그들에게 혹독한 감정을 부여하는 것—'너는 해야만 한다.'—군대식으로—

2〔12〕

10 **어떤 것**, 예를 들어 '나는 정의롭고자 한다'를 신봉하라. 유일한 죄는 비겁함이다.

2〔13〕

사랑하는 마음을 갖지 못한 자는 사랑할 만한 가치가 있는 것이 15 없다는 식으로 자신을 위장한다.

2〔14〕

사랑 때문에 남자는 무조건적인 여자 노예를 구하며, 여자는 무조건적인 노예가 되려고 애쓴다—사랑은 지나가버린 문명과 사회 20 에 대한 욕구이다.

2〔15〕

선도하는 양이 되는 것을 거부하는 독립적인 인간에 대해 도덕적인 인간은 그를 방황하는 맹수처럼 보면서 의심한다.

2〔16〕

자석이 쇠를 완전히 자신에게 끌어당기지 못할 때, 쇠는 자석을 미워한다.

5 2〔17〕

사랑받는 것을 방해하는 것이 아니라 사랑하는 것을 방해하는 것을 우리는 가장 미워한다.

2〔18〕

10 자기 자신을 숨기지 않는 자는 분노를 불러일으킨다.

2〔19〕

"불행한 자여, 당신의 신은 깨지고 부서졌다. 그리고 그 안에 뱀들이 산다. 그런데 당신 자신은 아직도 신 때문에 이 뱀들을 사랑한

15 다."

2〔20〕

적들에게 우리가 소중하게 다루어지기를 원하지 않는다. 우리가 철저히 사랑하는 사람에 의해서도.

20

2〔21〕

주의하라. 그는 나중에 듣는 것을 허락받기 위해서만 말한다—그런데 그대는 계속해서 말하는 것이 어려울 때만 제대로 듣는다—즉 너는 잘못 듣고, 그는 잘 듣는다.

2〔22〕

관능이라는 암캐는 한 입의 살덩이를 거부당할 때 한 입의 정신을 정중히 구걸할 줄도 안다.

2〔23〕

그녀는 결코 주지 않는다. 결코 한 번도 보답하지 않는다—그녀는 다만 응수할 뿐이다.

2〔24〕

주는 본성을 지닌 자들이 있다, 되돌려주는 본성을 지닌 자들이 있다.

2〔25〕

본래적으로 정의로운 인간에게 선물을 주는 것은 불가능하다.—그는 모든 것을 되돌려준다.

2〔26〕

인식을 전달하는 데는 항상 폭로 같은 것이 있다.

2〔27〕

모든 글쓰기에는 몰염치함이 있다.

2〔28〕

신을 사랑하는 자는 신을 벌한다.

2〔29〕

피상적인 자들은 항상 거짓말을 해야 한다. 왜냐하면 그들은 어떤 내용도 가지고 있지 않기 때문이다.

5 2〔30〕

교육이란 모든 상황에서 거짓말하도록 가르치는 것이다.

2〔31〕

진실한 사람은 궁극에는 자신이 항상 거짓말을 하고 있다는 것을 알게 된다.

10

2〔32〕

거짓말은 그가 아는 것에 거슬러서 말하는 것일 뿐만 아니라, 그가 모르는 것에 거슬러서 말하는 것이기도 하다.

15

2〔33〕

올바름을 주장하는 것보다는 자신이 올바르지 못함을 인정하는 것이 더 고귀하다.

20 2〔34〕

거짓말은 인식하는 자가 인간에 대해 갖는 호의다.

2〔35〕

자살

2〔36〕

정의는 오로지 사물들에 대해서만 가능하다.

2〔37〕

필연적인 기만으로서의 우리의 작용.

2〔38〕

공유된 부당함은 반쯤은 정당한 것이다.

2〔39〕

200쪽 인간〈적인〉, 너무〈나 인간적인〉
77쪽 아침놀
167, 8 즐거운 학문

2〔40〕

오직 신을 위해 인간을 사랑할 경우에 생기는 공포스러운 귀결.

2〔41〕

"그런데 너는 어떻게 그렇게 행동할 수 있었니! 한 친구가 매우 영리한 한 사람에게 말했다.—그것은 어리석은 짓이었다." 그것은 나에게 또한 무척 어려운 것이 되고 말았다라고 영리한 사람은 대꾸했다.

2〔42〕

궁극적인 인식을 향해 오르려는 자는 진실함을 자신의 뒤에 남겨 두어야 한다. 인식의 울타리를 결코 도덕성에서부터 오를 수는 없다.

2〔43〕

'인식을 위한 삶', 이렇게 거꾸로 서려는 것은 아마도 미친 짓일 것이다—그러나 그것이 기쁨의 표시라면 그런대로 허용될 수 있으며 자〈신의 머리로 서려는 코끼리처럼〉 썩 나쁘지 않게 보인다.

2〔44〕

좋은 평판을 위해 사람들은 습관적으로 너무 많은 것을 지불한다. 즉 자기 자신.

2〔45〕

현명한 자의 위험은 그가 비이성에 반해버린다는 데 있다.

2〔46〕

여성에 대한 사랑. 만약 그것이 고통받는 신에 대한 연민이 아니라면, 여성 안에 숨겨진 동물에 대한 충동이다.

2〔47〕

어떤 사람의 성질을 평가하는 기준은 그가 사랑하는 방법이 아니다. 오히려 그가 사랑받는다는 것을 알 때 그의 모든 천박함과 고귀함이 나타난다.

2〔48〕

나는 칭찬보다는 질책에 더 놀란다. 나는 질책보다는 칭찬을 더 경멸한다.

5 2〔49〕

도덕적인 분노는 가장 음험한 종류의 복수이다.

2〔50〕

나는 승리에 찬 자의 얼굴에 나타난 동정만을 좋아한다. 안쓰러
10 운 표정의 가련한 이 인간들이 동정적인 얼굴을 할 경우에는,— — —

동정은 신들에게 적합한 것일지 모른다. 그러나 영웅에게 어울리는 것은 자신을 둘러싼 비애를 넘어서 명랑한 상태에 머무는 것이다.

15

20

〔3=ZI 1. 1882년 여름~가을〕

3〔1〕

5 험한 바다에서
프리드리히 니체의
잠언집

그곳에 가고자 한다. 난 나를 계속 믿는다, 나의 조종술도.
10 바다는 열려 있다. 푸른 바다를 향해서
나의 제노바 배가 떠난다.
나에게는 모든 것이 새롭고 더욱 새롭다.
공간과 시간이 광대하게 빛나고 있다.—
그대, 배여, 찬양받으라! 그대 키여, 찬양받으라!
15 너의 주위에 영원이 울리도록.—

침묵의 말
잠언집

20 '선악의 저편'
잠언집

"양식 있는 무위 중에 그는 자신의 생을 음미할 줄 안다. 그의 무위는 쾌락."

(네베르 공작Duc de Nevers)

1. A : 정의는 무엇을 의미하는가? B : 나의 정의는 보는 눈과 나누는 사랑이다. A : 그러나 네가 말한 것을 생각해보아라. 이 정의는 재판관을 제외하고 모든 이가 무죄라고 말한다! 이 사랑은 모든 형벌을 나를 뿐만 아니라 모든 죄도 나르고 있다! B : 그것은 그래야만 한다.

2. 뒤늦은 청춘은 오랫동안 젊음을 보존한다. 사람들은 젊은 사람들에게서 젊음을 찾아서는 안 된다.

3. 인간의 재능이 쇠퇴하면, 그의 도덕적 성격이 더 잘 보이게 된다. 그런데 그것은 항상 밤이 되었을 때 더 잘 보이는 별들은 아니다.

4. 인간의 높이를 볼 수 없는 자는 바로 그렇기 때문에 인간의 비천함을 예리하게 보는 시라소니의 눈을 갖고 있다.

5. 또한 인식하는 자의 집요함이 있다. 그것은 모든 사물의 앞 모습밖에 볼 수 없다.

6. 다섯 사람이 함께 말하면 항상 여섯 번째 사람은 죽어야 한다.

7. 신은 신학 때문에 질식해서 죽었다. 그리고 도덕은 도덕성 때문에.

8. 이제까지 인간을 가장 사랑한 자가 항상 인간에게 가장 많은 고통을 주었다. 그는 인간에게 불가능한 것을 요구했다, 사랑하는 모든 사람들처럼.

9. 한 성자가 이렇게 말했다. "나는 신을 사랑한다—왜냐하면 인간은 너무나 불완전한 존재이므로. 인간에 대한 사랑이 나를 파멸시킬 것이다."

5 10. 지금은 악마가 신의 변호자가 되어야만 하는 시대다. 만약 신이 스스로 존속하려고 한다면.

11. "너는 이제까지 가치 있었던 모든 것에 대해 냉정하게 되었다. 너는 얼음보다도 차갑다—그러나 지금 너를 만진 자는 네가 뜨겁게 달
10 구어져 있다고 말한다. 그러고는 그의 손가락을 재빨리 뗀다, 믿음 속에서 너는 그를 불태웠다. 그리고 곧 너를 통해 자신을 따뜻하게 하기 위해 너를 찾아오는 사람이 있게 될 것이다."

12. 어떤 사람이 위대함을 추구할 때 그것에 의해서 자신을 폭로한
15 다. 최상의 질을 가진 인간은 작은 것을 추구한다.

13. 우리는 우리 자신을 생산적으로 만들지 않는 자에게 틀림없이 무관심하다. 그렇다고 해서 우리를 생산적으로 만드는 자를 사랑하지는 않는다.

20

14. 세 번째 사람은 두 사람의 대화가 깊은 곳으로 내려가지 않도록 방해하는 코르크와 같은 존재이다 : 사정에 따라서 그것은 유익하다.

15. 너의 말을 너의 행동에 앞서 던져라. 지키지 못한 말에 대한 수치

심을 통해 너 자신에게 의무를 지우라.

16. 가장 가까운 이웃들이 자신에 대해 좋은 견해를 갖도록 유혹하고, 그런 다음 권위를 믿듯 이 의견을 믿는 것, 이것이 여성의 특성이다.

5

17. 부정, 파괴, 증오, 복수 등에서 여자는 남자보다 야만적이다.

18. 우리가 어떤 것을 사랑할 때 우리가 치르는 희생은 다만 그 외의 다른 모든 것이 우리에게는 얼마나 값어치가 없는지를 증명할 뿐이다.

10

19. 우리는 자신이 가장 하고 싶어하는 것이 자신에게 가장 어려운 것이 되기를 바란다.

20. 여성은 여성으로서의 자신의 모든 명예심 이면에 항상 아직도 "여성"에 대한 경멸을 가지고 있다.

15

21. 우리가 한 인간에게서 어떤 것을 발견하는 것은 그것에 불을 붙이는 것이기도 하다. 한 인간의 비속한 성질들만을 인식하는 자는 그러한 성질들을 자극하는 힘까지 가지고 있으며 그것들을 폭발시킨다. 그대에 대한 이웃들의 감정은 그대가 그들을 높이 보는가 낮게 보는가에 따라서 비판하는 것이다.

20

22. 자신의 감정에 이름을 붙이는 것은 이미 감정을 넘어서는 발걸음이다. 예를 들어 가장 깊은 사랑은 스스로에게 이름 붙일 줄 모르며,

자신에게 아마 다음과 같이 물을 것이다. 나는 증오가 아닌가?

23. 남성과 여성의 정열은 템포가 다르다. 그렇기 때문에 남성과 여성은 결코 서로 오해하기를 그치지 않는다.

사람들은 다른 인간에 관한 모든 지식을 가지고 자신 밖으로 나가지 않고 갈수록 더 자신 안으로 들어간다.

24. 우리는 깨어 있을 때도 꿈에서처럼 행동한다. 항상 우리는 교제할 인간을 고안하고 꾸며낸다. 그러고는 그것이 고안되고 꾸며낸 것이라는 사실을 바로 잊어버린다.

25. 사람은 또한 자신의 덕 때문에 벌을 받는다.

26. 마음이 지니고 있는 욕망이 몇몇 차가운 사람들이 가지고 있는 마음을 향한 욕망과 혼동되어서는 안 된다.

27. 거짓말할 필요가 없는 사람은 거짓말하지 않은 것에 자부심을 갖는다.

28. 여자들이 아이들을 더 잘 이해한다. 하지만 남자들은 여자보다 더 아이 같다.

29. 신자들은 자유정신의 소유자에게서가 아니라 종교적인 인간에

게서 그의 본래의 적수를 발견한다.

30. 창조하는 자가 미움을 가장 많이 받는다. 왜냐하면 그들이 가장 철저한 파괴자이기 때문이다.

5

31. 바리새주의는 선한 인간의 퇴화가 아니라 인간의 선함의 조건이다.

32. 우리는 삶을 사랑하는데, 그것은 우리가 살고 있기 때문이 아니라 우리가 사랑에 익숙해져 있기 때문이다.

10

33. 사람은 또한 때때로 자신의 덕이 잠자도록 해야 한다.

34. 너는 너의 '죽음 후의 삶'을 믿는가? 그렇다면 너는 네가 살아 있는 동안에 죽어 있는 것을 배워야만 한다.

15

35. 결핍은 최상의 교사다. 그러나 사람들은 항상 최상의 교사에게 감사할 줄 모른다.

20

36. "거기에 관해 말하지 말자."—"친구여, 여기에 관해 우리는 전혀 침묵할 필요가 없다네."

37. 자신이 사랑했던 것을 경멸할 수밖에 없었던 자가 아니라면 사랑에 대해 무엇을 알겠는가?

38. 잘 보기 위해 자신을 도외시하는 것이 필요하다.

39. "인간들은 평등하지 않다"—이렇게 말한다—정의는.

5 사람들은 유행하고 있는 설명을 믿지 않기 때문에, 단지 그 때문에 사람들은 많은 것을 믿지 않는다.

40. 정의에 대한 열정이 있는 사람은 자신의 가장 고통스러운 감정까지도 마음을 가볍게 하는 것으로 느낀다.

10

41. 무겁고 우울한 인간은 증오와 사랑같이 보통 사람을 무겁게 만드는 것을 통해 오히려 더 가벼워지고 그의 표면으로 올라온다.

42. 비눗방울과 나비 또는 이와 유사한 인간들이야말로 행복을 가
15 장 잘 아는 것 같다. 이들의 가볍고 어리석고 잘 움직이는 귀여운 것들이 나는 것을 보면 나는 감동되어 눈물을 흘리고 시를 읊게 된다.

43. "그대는 그대의 악마를 보았는가?"—"그렇다, 무겁고 진지하고 깊고 철저하고 열정적으로 그것은 거기에 서 있었다. 그야말로 중력
20 의 영으로. 그것에 의해서 모든 것은—전락한다."

44. 종족 전체에게 동정을 품은 자는 개개의 모든 인간에게는 가혹하고 전제적으로 느껴질 것이 틀림없다.

45. 밝혀진 존재는 우리의 관심을 끌지 못한다. 너도 너 자신에게 너무 밝혀지지 않도록 조심하라.

46. 충만한 인간에게 사랑받기를 원한다면 사람들은 열광할 줄 알아야 한다.

47. 인간의 이상을 본 자는 현실적인 인간을 그것의 희화로 느낀다.

48. 한 사람은 자기 사상의 출산을 도울 산파를 찾고 또 한 사람은 자신이 도울 수 있는 사람을 찾는다 : 그때 유익한 대화가 생겨난다. 그러나 아! 만약 두 명의 산파가 맞닥뜨린다면! 그들이 이유 없이 그들의 집게를 가지고 있는 것이 아니다!

49. 자신의 이상으로 가는 길을 발견할 수 없는 자는 전혀 이상이 없는 자보다 더 경박하고 파렴치하게 산다.

50. 악마는 신에 대해 최상의 시야를 가지고 있다. 그렇기 때문에 그는 신에게서 그렇게 떨어져 있는 것이다—즉 그는 인식의 벗이다.

51. 끈이 끊어지지 않게 하려면, 너는 그것을 한번 깨물어야 한다.

성교의 가장 허위적이고 기만적인 방식인 결혼은 사랑할 줄도, 우정을 나눌 줄도 모르며, 자신이나 다른 사람에게 이러한 결핍을 기꺼이 위장하고자 하는 자들에게 알맞을 것이다. 게다가 국가와 종교는 결혼을 신성한 것으로 말해왔다. 그리고 그들은 사랑과 우정에 대한 어떤 경험도 없기 때문에 결혼에 실망할 수도 없다.

52. 현명한 자의 위험은 비이성에 반해버린다는 데 있다.

53. 여성을 향한 사랑. 만약 그것이 고통받는 신에 대한 연민이 아니라면, 여성 안에 숨겨진 동물을 향한 충동이다.

54. 도덕적인 분노는 가장 음험한 종류의 복수다.

55. 온갖 비속한 비탄의 한가운에서도 쾌활한 상태를 유지하는 것이야말로 영웅다운 것이다. 그는 동정에서가 아니라 풍요로움에서 주며—사람들이 보통 하는 말에 따르면—'자신을 희생한다.'

56. 사욕과 정열이 '결혼 했다'. 이 결혼은 이기심이라고 불린다. 불행한 결혼!

57. 어떻게? 너는 너의 행동이 아니라 너의 의도에 따라 평가받고자 하는가? 오히려 너의 의도 자체가 너의 행동에서 나온다.

58. 오래 숙고된 것은 모두 의심스럽다.

59. 가공할 만한 체험은 그것을 체험한 자가 가공할 만한 존재가 아닐까라는 추측을 낳는다. 그는 아마 그것을 알지 못하겠지만.

60. 결혼은 성교의 가장 기만적인 형식이다. 그리고 바로 그렇기 때문에 결혼은 자기 쪽에서 양심을 만족시킨다.

61. 좋은 평판을 위해 사람들은 습관적으로 너무 많은 것을 지불한다. 즉 자기 자신.

인간의 지도자가 되고자 하는 자는 선한 시대를 그의 가장 위험한 적으로 간주하려고 한다.

62. 인간은, 너희는 길을 잃어버린 거라며 설득하는 그런 사람들을 따른다. 자신이 어찌 됐든 하나의 길을 가지고 있음을 듣는다는 것은 기쁘기 때문이다.

63. '가슴'에서 나온 위대한 사상, 하체에서 나온 비소한 사상. 둘 다 제대로 사유되지 않았다.

64. "위대한 사상이라고?" 나의 친구여, 그것은 너를 부풀려서 크게 만드는 사상이다. 풀무는 그 어떤 위대한 것도 아니다!

사랑하는 방식은 그의 가장 내적인 본성의 천함과 고상함을 누설하지 않는다.—사랑함은 모든 점에서 오히려 누설자라기보다는 거짓을 말하는 자다. 대신 사랑받을 때 그가 어떻게 처신하는지에 주의를 기울여보라!—그리고 인식되지 않은 채 존재할 이유가 있었던 많은 사람들에게는 그들이 사랑받지 않았다는 것이 자신의 운명의 고귀함이었다.

65. 인식을 위한 삶은 어쩌면 미친 짓이다. 하지만 명랑함의 표지다. 이런 의지를 가진 인간은 거꾸로 서는 것을 시도하는 코끼리처럼 명랑하게 보인다.

66. "그런데 너는 어떻게 그렇게 행동할 수 있었니!"라고 한 친구가 매우 영리한 사람에게 말했다.—그것은 멍청한 짓이었다!"—"그것은 나에게도 아주 어려운 것이 되고 말았다"고 그 영리한 사람은 대답했다.

67. 나사렛의 예수는 악한 사람들을 사랑했지, 선한 사람들을 사랑하지는 않았다. 선한 사람들이 도덕적으로 분개하는 것을 보면 그는 저주를 퍼부었다. 재판이 있는 곳이면 어디에서든 그는 재판관에게 대항하는 입장을 취했다. 그는 도덕을 파괴하는 자이고자 했다.

68. 예수는 인간에게 이렇게 말했다. "아들인 내가 신을 사랑한 것처럼 그를 사랑하라." 신의 아들들인 우리에게 도덕이 무슨 상관이 있는가?

69. 그대들은 '진리'를 추구한다. 그대들은 지도자를 찾고 기꺼이 명령받고자 한다.

70. 왜 그렇게 떨어져 있는가?—"나는 내가 아직도 복종할 수 있는

누군가를 발견하지 못했다. 그리고 내가 명령하고 싶은 그 어떤 사람도 발견하지 못했다."

71. 목동에게는 여전히 항상 앞에서 이끄는 양이 필요하다.

72. 사랑은 한 인간의 고귀하고 드문 성격을 드러내준다. 그런 한에서 사랑은 그 사람(그 자신에게는 가장 많이)에 대해 착각한다. 그러나 미혹되지 않으려는 자라면, 한 인간이 스스로 사랑받는다는 것을 알되 사랑하지는 않을 때 일어나는 일을 눈여겨보라. 그때 영혼은 그 자신의 침전물을 누설하게 될 것이다.

73. 아직 어느 누구도 완전히 그의 진실됨을 인식하는 데 이르지는 못했다.

74. 사람들은 번개를 무해하게 만들었다. 그러나 그것으로는 충분하지 않다. 그것은 우리를 위해 일하는 법을 배워야 한다—나는 너와 내 안에 있는 모든 악에 대해서 그렇다고 생각한다.

75. 기독교의 신, 사랑과 잔인함의 신은 매우 영리하며 도덕적 선입견 없이 고안된 인격이다. 바로 지구를 자기에게 예속시키고자 하는 유럽인들을 위한 신.

76. 시간을 사악한 것으로 느끼는 것은—사람들이 시간을 자신의 이상과 모순된다고 인식하기 때문인데—사실은 일찍이 선한 것으로

간주되어왔던 것의 잔향이다. 즉 말하자면 오래된 이상의 격세유전인 것이다. 원죄—그것은 옛날에는 근원적인 덕이었다.

77. 재판하는 모든 자들의 눈에서 사형집행인이 노려보고 있다.

78. 선과 악을 넘어선다면, 사람들은 비극 속에서도 오로지 의도하지 않은 코미디를 보게 될 것이다.

79. 철학 체계는 누군가가 자기 자신에 대해 말할 수 있는 가장 겸손한 형식이다.—애매하고 더듬더듬 말하는 회고록 형식.

80. 비극적 인물들이 몰락하는 것을 보고도 그들을 가장 깊이 이해하고 느끼며 동정하는 것을 넘어서서 여전히 웃을 수 있다는 것은 —신적인 일이다.

81. "신자들이 이러한 사실에 대해 거짓말을 했고 속였다는 것은 틀림없다. 따라서 이 사실은 모두 거짓말이며 속임수이다."—피상적인 사람은 이렇게 결론낸다. 인간을 더 깊이 알고 있는 자는 반대로 결론짓는다. "따라서 이 사실에는 참된 어떤 것이 있다. 그것을 믿는 신자들은 그들이 얼마나 확신을 갖고 있으며, 미끼가 어떤 사람을 자신들의 신념으로 유혹하는 한 그들은 그 미끼를 좋은 것으로 생각하고 있다는 사실을 폭로하고 있다."

82. 무구한 거짓말은 어떤 사태에 대한 선량한 믿음의 표시이다.

83. 사람들은 한 사람이 잠든 것을 보았어야만 한다. 그렇지 않으면 사람들은 그가 어떤 모습을 하고 있는지를 알지 못한다. 네가 알고 있다고 믿는 네 친구의 얼굴은 불완전하고 울퉁불퉁한 거울 위에 비친 너 자신의 얼굴일 뿐이다.

5

84. 너희가 신에게 아첨하든 악마에게 아첨하든 그리고 신 앞에서 애걸하든 악마 앞에서 애걸하든 무슨 상관이냐. 너희는 오직 아첨하는 자이고 애걸하는 자일 뿐이다.

10 85. 근본적으로 비겁한 자는 보통 이른바 애교 부리는 것을 배워 익힐 정도로 영리하다.

86. 우리 행동의 결과는 우리가 그 사이에 '더 향상되었는지'에 대해서는 전혀 상관없이 우리의 머리털을 잡고 이끈다.

15

87. 명령적인 인간은 아무리 자신이 신을 섬긴다고 믿어도 신에게조차 명령할 것이다.

88. 인간이 자신의 성충동을 아이를 낳는 의무로 의식하는 것은 생각
20 할 수 있는 고도의 도덕적인 기만이라고 생각한다.

89. 그는 그것을 자신의 당파에 대한 신의라고 부른다. 하지만 그것은 그를 이 침대에서 일어나지 않아도 되게 하는 안락함일 뿐이다.

90. 덕이 마침내 우리에게 익숙해졌다면, 사람들은 또한 그것을 더 이상 덕이 아니라 '취미'라고 부르는 훌륭한 취미를 가져야만 한다.

91. 동료애가 존재한다. 또한 부디 우정도 존재하기를!

92. 동정하는 자들이 자신에 대한 부끄러움을 잃어버린 채 동정이 덕 자체라고 말한다면, 사람들은 그들을 동정할 것이다.

93. 고귀한 자는 항상 선량한 자들에게 방해가 된다. 선한 자들은 고귀한 자들이 선량하다고 말함으로써 그들을 제거한다.

94. 영웅을 둘러싸는 모든 것은 비극이 되고 반신(半神)을 둘러싸는—모든 것은 풍자극이 된다.

95. 잔인성은 전화되고 정신화된 감성이다.

96. 범죄자는 도덕적인 인간에 의해 유일한 행위를 체현하기 위한 부속물로 취급된다—그리고 범죄자도 그렇게 자신을 다룬다. 이 하나의 행위가 그들의 본질에서 예외가 되면 될수록 그것은 암탉 둘레에 쳐진 백묵선처럼 작용한다—도덕적인 세계에는 매우 많은 최면술이 있다.

97. 너희는 그것을 '높은 감각', '고귀한 성향'이라 부른다. 나에게는 높이에 대한 열망과 도덕적인 야심의 안간힘으로밖에 보이지 않는다.

98. 너의 발걸음은 네가 아직도 너의 궤도 위를 걸어가고 있지 못함을 폭로하고 있다. 사람들은 네가 즐거워 춤출 수밖에 없다는 것을 보아야만 할 것이다. 춤은 진리의 증명이다.

99. '진지한', '엄격한', '도덕적인'—너희는 그것을 이렇게 부르고 있다. 나에게는 그것이 사악하게 보이며 자기 자신에 대해서 부당한 것으로 여겨진다. 그것은 항상 우리를 처벌하고 우리에게 사형집행인을 보낼 준비가 되어 있는 것처럼 보인다—그리고 우리가 그에게 그러한 것을 허용하지 않기 때문에 분개하는 것으로 보인다.

100. '높은 감각'—높음 속에서 인간은 높이를 느끼는 것이 아니라 깊이를 느낀다. 그리고 마침내 확고한 근저에 서 있다고 느낀다—사람들이 실제로 무구한 높이에 이르는 한에서.

101. 도움을 주는 것, 동정, 복종, 개인적인 요구를 단념하는 것과 같은 선의에 의해서 보잘것없고 피상적인 사람조차도 우리의 눈에는 견딜 만한 것이 될 수 있다. 그러나 우리는 그들에게 이 의지가 '덕 자체'라고 말해서는 안 된다.

102. 지금 도덕은 살아서는 안 되는 쓸모없는 자들과 우연한 자들, 정신과 힘이 부족한 벌레들을 위한 변명이다.—도덕은 그런 한에서 자비다. 왜냐하면 도덕은 모든 사람에게 "너는 그럼에도 불구하고 매우 중요한 존재다"라고 말하기 때문이다. 물론 그것은 거짓말이다.

103. "선량한 마음을 가진 멍청한 여자가 천재 위에 높이 서 있다"는 말은 매우 우아하게 들린다—그 말이 천재의 입에서 나온다면. 이것은 그의 정중한 태도이다—이것은 또한 그의 영리함이다.

104. 다른 사람의 허영심은 그것이 우리의 허영심에 거슬릴 때 우리의 취미에 거슬리게 된다.

105. 사람은 항상 자신의 욕구를 사랑할 뿐 욕구되는 대상을 사랑하지 않는다.

106. 어떤 행위의 결과로 공공연한 처벌과 모욕이 행해지는 한, 그것의 진정한 결과는 거의 고려되지 않는다. 여기에 모든 피상성의 거대한 원천이 있다.

107. 여자들은 자기들에게 공포를 불러일으키는 것을 향해 사랑으로 달려든다. 그것이 여성 특유의 용기다.

108. "내 주위에는 한 사람도 너무 많다"라고 고독한 자는 생각한다. 1 곱하기 1은 2다.

109. 우리가 유용함을 사랑하는 것은 단지 그것이 우리의 기호를 운반하기에 좋은 차이기 때문이다. 우리는 원래 그 운송차 바퀴의 소음이 견딜 수 없다고 생각하고 있다.

110. ‘있는 그대로의 자기 자신을 완전히 주는 것’—그것은 우리가 우리 친구에게만 부여하는 특전일지 모른다—그러나 그 때문에 친구는 우리를 저주하고 싶을 것이다.

111. 사람들은 자주 자신의 행위에 적합한 정도로는 성장하지만 수행된 행위에 대한 상에 적합한 정도로는 성장하지는 못한다.

112. 덕이 빛을 발하고 있는 가장 아름다운 색깔은 덕이 부족한 자들의 발명이다. 예를 들어 자비와 동정의 부드러운 광채는 어디에서 나오는가—물론 선한 자들과 동정심 있는 자들에게서는 아니다.

113. 세계 역사에서는 단지 위대한 범죄자들만이 중요할 뿐이다. 위대한 범죄자가 될 수도 있었지만 우연 때문에 그렇게 되지 못한 저 다수의 사람들을 포함하여.

114. ‘종교적 인간’, ‘바보’, ‘천재’, ‘범죄자’, ‘폭군’—그것은 명명할 수 없는 것의 자리에 붙여진 조악한 명칭과 세목들이다.

115. 양심의 가책은 깨끗한 양심의 발명이 인간에게 부과한 세금이다.

116. 너는 정의롭고자 하는가? 불행한 자여, 어떻게 너는 모든 사람에게 그의 몫을 주고자 하는가? 아니다. 나는 그것을 원하지 않는다. 나는 모든 사람에게 나의 것을 준다. 그것은 최고의 부자가 아닌 사람에게는 충분하다.

117. 고독은 우리를 스스로에 대해 더 가혹해지도록 만들며 인간들에 대해서는 그들을 더 그리워하도록 만든다. 두 경우 모두 고독은 성격을 향상시킨다.

118. 사람들은 자신의 신 앞에서 가장 엄격하다. 죄를 범해서는 안 된다!

신은 임신의 목적론을 고안했다. 그래서 그는 여자를 고안해냈다.

119. '나는 더 이상 아무것도 믿지 않는다'—이것이 창조적인 인간의 올바른 사고방식이다.

120. 라 로슈푸코La Rochefoucauld는 철저하지 못하다. 그는 인간의 '선한' 성격을 부정한다—그는 또한 '악한' 성격도 부정했어야만 할 것이다.

도덕적 회의론자가 도덕을 불신하게 될지라도 그에게는 아직도 가야 할 한 걸음이 남아 있다—자신의 불신을 회의하는 것. 부정한다는 것과 믿는다는 것—그것은 서로 긴밀히 얽혀 있다.

121. 형식에서는 믿음, 내용에서는 불신—그것이 잠언의 매력을 형성한다.—따라서 하나의 도덕적 역설.

122. 우리들이 마음으로부터 적을 용서할 경우 용서하는 것은 〔적들

자체가 아니라] 그들의 실수이다.

123. 뭐라고? 네가 너 자신을 인식하고자 한다고? 오히려 너의 행복을 인식하는 것을 배워라.

124. 나는 욕망 외의 어느 것도 욕망하지 않으려 한다. 그래서 항상 충족 대신에 새로운 욕망을.

125. 이제까지 인간이 몰두했던 값비싼 사치는 비현실적인 것에 대한 믿음이며, 몰아에 대한 믿음이다. 왜냐하면 그것은 가장 현실적인 것인 이기심을 무가치하게 만들기 때문이다—그 이래로 모든 행복은 동경이다.

126. 깊은 증오는 또한 이상주의자이다. 우리가 그때 우리의 적대자로 신을 만들어내든 악마를 만들어내든, 어쨌든 우리는 이로써 그에게 지나친 명예를 부여한다.

127. 증오 속에는 또한 질투가 존재한다. 우리는 우리 자신만의 적을 가지고자 한다.

128. 여자라는 수수께끼를 해결하는 것은 사랑이 아니라 임신이다.

129. 타인들에 대한 우리의 믿음은 우리가 어떤 점에서 우리 자신을 믿고 싶어하는지를 폭로한다.

130. "심장은 내장에 속한다"라고 나폴레옹은 말했다. 머리의 내장은 심장에 있다.

131. 강렬한 모든 기대가 기대한 것보다 빨리 충족되면 그것은 충족된 후에도 오래 남는다. 이 친구는 이틀 일찍 왔다. 그가 여기 있다는 것이 믿기지 않는다.

132. 만약 인식에 이르는 길 위에서 그렇게 많은 수치심이 극복될 수 없다면 인식의 매력은 보잘것없는 것이 되리라.

133. '인식을 위한 인식'—그것은 도덕이 만들어놓은 최후의 함정이다. 그것으로 사람들은 한 번 더 완전히 도덕에 얽매이게 된다.

"여자는 모두 새 아니면 고양이 아니면 암소다."—사람들은 그것들을 향한 여자들의 시선을 본다.

최상의 삶이란 무엇인가. 죽음을 향한 욕망이 일어나는 것.

134. 인식의 나무가 서 있는 곳은 여전히 낙원이다.

135. "도덕 자신이 최초의 타락이었다. 도덕 자신이 원죄다"—이렇게 인식하는 모든 자는 생각한다.

136. 그는 자신을 표현하는 것을 배웠다—그러나 사람들은 그 후로

그를 더 이상 믿지 않는다. 사람들은 단지 더듬더듬 말하는 자만을 믿을 뿐이다.

137. 나는 오직 춤출 줄 아는 신만을 믿을 것이다.

138. 양심의 가책은 깨물도록 교육한다.

139. 사람들은 차가운 인간이 어리석다고 생각하지 않는다.

"이것에 대해서는 나는 아무것도 느끼지 못한다!" "이것에 대해서 나는 아무것도 알지 못한다"라고 말하는 것을 부끄러워하는 교양 있는 불량배에 대한 조소.

인식하는 자는 인간들 사이에서 사는 것이지, 동물들 사이에서 사는 것이 아니다. 그러나 그들은 동물들 사이에서 살고 있다고 생각한다.

140. 비극적인 것을 향한 성향은 감성과 함께 늘어나거나 줄어든다. 그 성향은 모든 소년과 청년에게 있다.

141. 칭찬 안에는 비난보다 훨씬 더 많은 집요함이 있다.

142. 삶을 향한 많은 선의—그러나 고통을 향한 아주 적은 의지—그것이 안락한 사람을 만든다.

143. 항의, 불신, 탈선 등은 건강의 징후이다. 무조건적인 노력은 모두 병리학에 속한다.

144. 의지의 부자유를 느끼는 자는 정신적으로 병든 자다. 의지의 부자유를 부정하는 자는 우둔하다.

145. 사랑으로 행해진 것은 도덕적이지 않고 오히려 종교적이다.

146. 하나의 재능을 갖는 것으로는 충분하지 않다. 사람들에게는 또한 그 재능을 가져도 된다는 허가도 있어야 한다.

147. 사람들은 도덕적으로 분노하는 인간 앞에서는 조심한다. 그들은 비열하고 음흉한 가시를 가지고 있다.

148. 사랑의 신인 기독교 신은 사랑이 아직 너무나 신적이지 않았던 시대에 생겼다.

149. 선한 인간과 악한 인간—이것은 나에게 동일하다. 그러나 나는 겁쟁이와 친절한 인간들을 경멸한다.

선한 사람들의 강함은 그들의 선의에 있는 것이 아니라 그들의 악이 강력하다는 데 있다.

150. 근본적으로 교사인 자는 모든 사물을 오직 자기 학생과의 관계

에서만 진지하게 다룬다—심지어 자기 자신조차도.

151. "최소한 나의 적이 되어라." 감히 우정을 구걸하려고 하지 않는 참된 경외심은 이렇게 말한다.

5

네가 우선 그리고 어떤 상황 아래에서라도 공포를 불러일으키지 못한다면 어느 누구도 궁극적으로 너를 사랑할 만큼 진지하게 너를 대하지는 않을 것이다.

10 152. 인식하는 자에게 모든 소유권이 끝난다.

선한 자들이 도덕을 설교하면 구역질을 불러일으킨다. 악한 자들이 도덕을 설교하면 공포를 불러일으킨다.

15 153. 승리에 도취된 후에는 커다란 상실감이 생겨난다. 우리의 적, 우리의 적은 죽었다! 우리는 친구의 상실조차도 그렇게 깊이—즉 순수하게—슬퍼하지 않는다.

154. 인식하는 인간은 자신의 적을 사랑할 수 있어야만 할 뿐 아니라
20 자신의 친구도 증오할 수 있어야 한다.

155. 인식하는 인간이 아직도 '도덕적 인간'으로 자신을 치장한다면 그것은 취향의 실수다. 사람들은 그에게는 도덕이 '필요 없다'는 사실을 그에게서 보아야만 한다.

156. 모든 것이 수확할 정도로 익었다. 하지만 그에게는 낫이 없다.—따라서 그는 이삭을 잡아 뽑으면서 짜증이 나 있다.

157. 한 사람은 자신을 찾기 위해 여행하고 또 다른 사람은 자신을 잃고 싶기 때문에 여행한다.

158. 사람은 분노가 아닌 웃음으로 죽인다.

159. 정신착란은 개인에게는 드문 일이지만—집단, 당파, 민족, 시대에게는 흔한 일이다—그렇기 때문에 역사가들은 이제까지 정신착란에 대해 말하지 않았다. 하지만 언젠가 의사들이 역사를 기술하게 될 것이다.

160. 우리는 사랑할 때 인간을 우리의 신의 모습에 따라 창조한다. 그리고 그때 비로소 우리는 우리의 악마를 철저히 증오한다.

161. 우리가 만든 책처럼 우리에게 그렇게 많은 것을 가르쳐주는 책을 발견하는 것은 쉽지 않다.

162. '독자'를 아는 자는 더 이상 독자를 위해 쓰지 않고—자신, 즉 '저자'를 위해 쓴다.

163. 산 속에서 가장 가까운 길은 산의 정상과 정상을 잇는 것이다. 하지만 그렇게 하기 위해서는 너에게 긴 다리가 있어야만 한다!—잠

언들은 정상이다.

164. 어떤 것을 다시 선하게 만드는 것으로는 충분치 않다. 사람들은 자신을 다시 선하게 만들어야 하고 자기 자신에게 다시 호의적이 되어야 한다. 예를 들어 쓸데없는 작은 악의나 선행을 통하여.

165. 모든 사람에게 자신의 몫을 주는 것. 그것은 정의를 원하지만 카오스에 이르게 될 것이다.

166. 여기에서 이 두 사람은 근본적으로 동일하게 나쁜 취향을 가지고 있다. 그러나 그들 중 하나는 그것이 최상의 것이라고 자신과 우리에게 설득하고 싶어한다. 그리고 또 한 사람은 자신의 취향을 부끄러워하면서 우리의 취미와 다르지만 더 좋은 취향을 가지고 있다고 자신이나 우리에게 설득하고 싶어한다. 모든 교양적 속물이 이 두 종류의 인간들 중 하나다.

항상 사람들은 자발적인 고통을 자신이 받아들이는 곳에서만 또한 유익한 일을 할 자발적인 의지를 갖는다. 그리고 이것을 부정하는 사람 ― ― ―

167. 아! 선한 자들, 영원한 바리새인들이 역사를 연구했다면! 그들은 위대한 사람들이 선량한 사람들처럼 뚱뚱하고 착하게 보일 때까지 참으로 오랫동안 과거의 위대한 인간들을 덧칠해왔다.

도덕은 악을 퇴치하는 여자라는 것을 뽐낸다 ― ― ―

168. 아직도 백 년 더 신문과 모든 말이 악취를 풍길 것이다.

169. 진리가 추잡할 때가 아니라 얕을 때 인식하는 자는 마지못해 물속으로 뛰어든다.

5

170. 회의주의자들에게—너무 피곤한 자는 눈 위에서 잠자기 위해 눕는다—너무나 멀리 가는 것을 조심하라.

171. 높은 산에 오르는 자는 모든 비극적인 몸짓을 비웃는다.

10

172. 공기는 희박하고 순수하며 위험이 가까이 있다—그리고 정신은 완전히 쾌활한 악의에 가득 차 있다. 여기서는 모든 것이 잘 어울린다.

15 173. 용기는 유령을 없애고 요정을 창조한다.

174. 자살을 생각하는 것은 매우 강력한 위안 수단이다. 사람들은 이것을 통하여 '사악한 밤'에서 잘 벗어난다.

20 175. 우리를 죽이고자 하는 감정이 있다. 그러나 그것이 성공하지 못하면 스스로 죽어야만 한다.

176. 우리의 가장 강한 충동, 즉 우리 안에 있는 폭군에게 우리의 이성뿐만 아니라 양심도 예속되어 있다. 그러나 우리의 충동에 그 어떤

폭군도 없다면 몇 가지 충동은 양심의 호의와 마찬가지로 이성의 호의도 구하려고 애쓸 것이다—그리고 이성과 양심은 확실히 독재를 행사하게 될 것이다.

177. 우리의 자살자들이 자살에 대한 평판을 나쁘게 만든다—결코 그 반대가 아니다!

178. 자신이 올바르다고 주장하기보다는 자신이 올바르지 않다고 인정하는 것이 더 고귀하다—특히 그가 올바를 경우에.

179. 거짓말은 인식하는 자가 인간에 대해 갖는 친절함일 수 있다.

180. 진실한 인간은 자신이 항상 거짓말한다는 것을 파악하는 것과 함께 끝난다.

181. 최면에 걸린 사람에게서와 마찬가지로 많은 여성들에게서 지성은 다만 갑작스럽고 간헐적으로 나타날 뿐이며, 그것도 기대하지 않았던 힘을 가지고 나타난다. 정신은 그때 '그녀를 넘어서' 오며 겉보기에는 그녀에게서 오지 않는 듯하다. 여기에서 착종되어 있는 사물들에 대한 그녀의 세 개의 눈을 가진 영리함과 영감에 대한 믿음도 생긴다.

182. 악한 자들에게는 나를 구역질나게 하는 많은 것이 있지만 선한 자들에게도 나를 구역질나게 하는 것이 많다. 그러나 정말로 선인들

의 '악'은 그렇지 않다.

183. "범죄자를 처벌하는 것으로 충분하지 않다. 우리는 또한 그를 우리 자신과 화해시키고 축복해야만 했다. 또는 우리가 그들에게 고통을 주었을 때 우리는 그들을 사랑하지 않았던가? 그들을 경고의 수단으로 사용해야만 했던 것에 대해 우리는 괴로워하지 않았던가?"

184. 우정이 철저히 사랑으로 바뀌고자 하는 모든 곳에서, 개와 고양이 사이와 같은 본성의 대립이 근거가 되는 것은 아닌지?

185. 선에는 보답하고 악에는 보복해야 한다. 하지만 왜 우리에게 선한 일과 악한 짓을 한 사람에게 보답하고 보복해야 하는가?

186. 벌은 사람들이 법을 위반한 후 자신의 권리와 명예로 그것을 요구하는 성질의 것이어야만 한다.

187. 자기가 아는 것에 반해서 말하는 자뿐 아니라, 자기가 모르는 것에 반해서 말하는 자도 거짓말하는 것이다. 두 번째 거짓말은 너무 일상적이어서 사람들은 결코 그것을 넘어선 적이 없다. 인간 간의 교제는 이것 위에서 이루어진다.

188. 교육은 보통 '거짓말하도록 교육하는 것'을 의미한다.

189. 신을 사랑하는 자가 신을 징벌한다.

190. 원래 정의로운 사람은 선물을 받을 줄 모른다. 그는 모든 것을 돌려준다. 그렇기 때문에 사랑하는 자에게 그는 공포이다.

191. 인식을 전하는 즉시 더 이상 충분히 그것을 사랑하지 않게 된다.

192. 한 조각의 살덩이를 챙기고자 하는 암캐인 관능은 심지어 정중히 한 조각의 정신을 구걸할 줄 안다.

193. 시인은 자신의 체험에 대해 파렴치하다. 그는 그것을 착취한다.

194. 네가 너를 누설하든 나를 누설하든 누설하는 자에 속한다. 저술가들에게.

195. 주의하라. 그는 듣기 위해서만 말한다—그런데 너는 계속해서 말하는 것이 어려울 때만 제대로 듣는다.—즉 너는 제대로 듣지 못하며, 그는 잘 듣는다.

196. 우리는 본래의 적에 의해 우리가 소중히 다루어지기를 원하지 않는다. 우리가 철저히 사랑하는 사람에 의해서도 마찬가지다.

197. 불행한 자여, 당신의 신은 깨지고 부서졌다. 그리고 그 안에 뱀들이 산다. 그런데 당신 자신은 아직도 신 때문에 이 뱀들을 사랑한다.

198. 자기 자신을 숨기지 않는 자는 다른 사람의 분노를 불러일으킨다.

199. 자석이 쇠를 완전히 자신에게 끌어당길 수 없으면서도 끌어당길 때, 쇠는 자석을 미워한다.

200. 우리는 사랑받는 것을 방해하는 것이 아니라 전적으로 사랑하는 것을 방해하는 것을 가장 미워한다.

우리는 이웃이 우리의 이상을 가질 수 없다는 점에서 이웃을 증오한다.

201. 우리가 우리 자신에게 싫증 나서 더 이상 자신을 사랑하지 않게 된다면, 이웃 사랑이 치료법으로 권할 만하다. 우리를 '사랑할 만한 존재'라고 믿는 이웃에게 즉시 우리가 필요하게 되는 한.

202. '우리에게 가장 가까이 있는 자가 우리의 이웃은 아니다.' 모든 정치가와 민족들은 이렇게 생각한다.

203. 그대는 이러한 덕에 의해서 몰락할 것이다, 나의 친구여. 그러나 하늘은 그대에게 제2의 덕을 선사했다. 그리고 때로 이 덕이 제1의 덕에 대해서 불충실하게 만든다.

204. 사람들은 그를 사랑하는 것을 통해서 그를 질투하는 것을 뛰어넘으려고 한다.

205. 우리는 실제보다 더 순진한 체한다—물론 자신에 대해서도.

206. 커다란 친절은 고마움이 생기게 하는 대신에 격렬한 복수심이 생기게 한다.

207. 사람들은 자신에 관해 말하고 싶을 때 증인을 한 명 부르기를 좋아한다. 그것을 사람들은 '교제'라고 부른다.

208. 약하고 왜소한 인간들의 사회에서만 살 경우 우리는 악을 경멸할 만한 것으로 여기게 된다. 위대한 인간에게 악은 열광시키는 어떤 것을 가지고 있다.

209. 사랑을 결여한 자는 사랑할 만한 가치가 있는 것이 없다는 식으로 자신을 위장하는 것을 즐긴다.

210. 사랑할 때 남자는 무조건적인 여자 노예를 구하며, 여자도 무조건적인 노예가 되려고 한다.—사랑은 과거의 문명과 사회에 대한 갈망이다.—그것은 동양에의 회귀를 명한다.

211. 불의는 그것을 견딜 수 있는 자가 그것을 떠맡아야만 한다. 그렇게 바라는 것은 인간성이다.

212. 공유된 불의는 반쯤 정의다.

가장 강력한 독화살은 친구를 모욕도 하지 않으면서 친구를 떠나는 자에게 발사된다.

213. 분열 후에—"나에게 고통을 주기 위해서 사람들은 마음대로 나에게 말해도 좋다. 다만 사람들은 나에게 무엇이 가장 큰 고통인지를 알 만큼 나를 알지 못한다."

5 214. 한 사람에 대한 사랑은 그 나머지 사람들을 희생하고 인식에 해를 끼치면서 수행되는 야만이다. 그대는 많은 사람들을 사랑해야만 한다—그때 모든 사람에게 정의롭고자 하는 욕구가 너를 강제한다. 따라서 모든 사람을 인식하고자 하는 욕구가 너를 강제한다. 많은 사람들에 대한 사랑은 인식으로 가는 길이다.

10

215. 감정이 없는 차가운 인간의 잔인함이 동정의 반대다. 감정이 풍부한 인간의 잔인함은 동정의 더 높은 잠재력이다.

216. 우리가 근거 없이 믿는 것을 배워왔던 것이 근거를 통해 가장 심
15 하게 흔들릴 수 있다.

217. 본성적으로 순결한 자는 몇몇 허영심 많은 바보들을 제외하면 순결을 높이 평가하지 않는다. 순결을 숭상하는 자들은 그들이 순결하기를 원하는 또는 순결했기를 원하는 근거들을 갖는 자들—키르
20 케Circe의 돼지들이다.[3)]

218. 순결을 지키는 것을 매우 어렵게 느끼는 자에게는 순결을 버리도록 확실하게 충고해야 한다.

219. 마음에서 나오는 요구. 발정기가 있는 동물은 그렇게 쉽게 그들의 마음과 욕망을 혼동하지 않는다. 인간, 특히 여자가 혼동하는 것과는 달리.

5 220. 여성은 연인 속의 '남성'(하나의 남성)을 얼마나 강하게 사랑하는지 자신에게 말하고 싶어하지 않는다. 그 때문에 그녀는 연인 속의 '인간'을 신격화한다—자신과 다른 사람에게.

'자아'는 억압하고 강탈하고 죽이고 모든 폭력을 행사한다. 이 모
10 든 것으로 자아는 자신의 임신 외의 어느 것도 목표하지 않는다. 자신이 하나의 신을 낳고 모든 인류를 자신의 발 아래에서 보기 위하여.

221. 이 사람에게서는 외면이 아니라 내면이 위장되고 있다. 그는 자신의 진정한 실상이 외관과 표면에 보이는 것을 전혀 원하지 않는다.

15

222. 영웅적으로 인식하는 자는 자신의 악마를 신격화한다. 악마에게 이르는 길 위에서 그는 마녀, 점술가, 회의가, 현자, 성령을 받은 자, 성령에 압도된 자의 상태를 경험한다. 그리고 궁극에는 자기 자신의 바다에 빠져 죽는다.

20

223. 사람이 우선 고통을 향한 의지를 갖고 있다면 그것은 다만 잔인성의 의지를 갖기 위한 발걸음이다—그리고 권리로서도 의무로서도.

224. 사람이 두 번째로 죽을 때까지는 오랜 시간이 걸린다. 그것은 죽

은 후 다시 살아난 모든 사람에 대해서 타당하다.

225. 민족은 후퇴할 때조차도 하나의 이상을 추종한다. 그들은 항상 전진하고 있다고 믿는다.

226. 자신을 낮추고 훔쳐지고 기만당하고 착취당하고 싶어하는 경향, 요컨대 겸손은 인간들 사이에 있는 신의 수치일 수 있다.

227. 신으로서 선을 새로이 창조하는 자는 낡은 선들의 수호자를 항상 악마라고 주장해왔다.

228. 방탕을 향한 욕구가 방탕에 대한 혐오와 함께 자랄 때만 방탕한 자는 불행하다—그리고 혐오감이 방탕에 대한 욕구를 넘어서 자라지 않을 때.

229. 보살피는 방식으로—죽이기를 원했던 손을 아직 보지 못했다면 그는 삶을 제대로 본 것이 아니다.

네가 삶에서 했던 모든 것이 아니라 그때그때마다 그 행위에 대해 생각한 것이 자신에 대한 현재의 만족과 불만족을 결정한다.

230. 약간의 복수는 대개 복수를 안 하는 것보다 더 인간적인 어떤 것이다.

231. 그렇지만 자기 자신을 경멸하는 자는 스스로 지금 최소한 자신을 기만하고 있지 않다고 생각함으로써 아직 자신을 존경하고 있다.

232. 친구여, 네가 사랑하는 모든 것은 너를 실망시켜왔다. 실망은 마침내 너의 습관이 되었다. 그리고 네가 '진리에 대한 사랑'이라고 부르는 너의 최후의 사랑은 아마도 바로 실망을 향한 사랑일 것이다.

거짓말에 대한 무능력은 근본적으로 아직 진리에 대한 사랑이 아니다. 오히려 모든 사랑에는 거짓말할 수 있는 능력이 있다—또 진리에 대한 사랑에조차도.

233. 그는 몸을 떤다, 자기 주위를 둘러본다, 손으로 머리를 쓰다듬는다.—사람들은 그를 항상 인식하는 자라고 부른다. 하지만 열병에서 해방된 것은 아직 인식이 아니다.

234. "사람들이 아직도 빠져 죽을 수 있는 바다는 어디에 있는가? 즉 한 인간은 어디에 있는가?"—이러한 외침이 우리 시대 전체에 울리고 있다.

진리를 소유한다는 것은 끔찍하다기보다는 모든 소유가 그러하듯이 따분하다.

235. 오만한 자는 악의에서 허약한 자와 일치한다. 하지만 그들은 서로 오해한다.

236. 숭고함에 대해 적의를 가진 사람은 긍정뿐만 아니라 부정도 너무 비장하게 생각한다—그는 부정하는 정신에 속하지 않는다. 그리고 그가 부정하는 정신의 길에 들어섰다면 그는 갑자기 한 번 멈췄다가 도망친다—회의주의의 숲속으로.

237. 투쟁에서 사람들은 기꺼이 목숨을 바친다. 그러나 승리하는 자는 자신의 목숨을 던지려고 한다. 모든 승리에는 생명 경시가 존재한다.

238. "나는 사람들을 피하지 않는다. 바로 거리, 인간과 인간들 사이의 영원한 거리가 나를 고독으로 몰아낸다."

어떤 것에 대한 억누를 수 없는 욕구와 동시에 그것에 대한 혐오—이것이 방탕한 자의 감정을 이룬다.

239. 모든 여자와 마찬가지로 진리는 구애자로 하여금 자신을 위하여 거짓말쟁이가 되도록 요구한다—진리의 허영심이 아니라 잔인성이 이것을 요구하고 있다.

240. "그것을 내가 했다"고 기억력은 말한다. 나의 긍지는 "나는 그것을 하지 않았다"고 말하면서 양보하지 않는다. 마침내 기억력이 굴복한다.

241. 사물을 차갑게 보는 것을 통해서 사물은 솜털과 색깔이 없는 발가벗은 상태가 된다—그것이 '진리에 대한 사랑'이라고 불린다. 그러

나 그것은 오직 거짓말하지 못하는 무기력일 뿐이다.

242. 열병 환자는 사물의 유령만을 본다. 그리고 열이 없는 자는 오직 사물의 그늘만을 본다. 그리고 이 둘은 같은 말들을 사용한다.

243. "나는 반향에 귀 기울였다—그리고 나는 오직 칭찬만을 들었다."

244. 사랑이 보답받을 때, 우리들은 사랑한 상대에 대해서 냉정하게 될 것이다. 어떻게 해서 너를 사랑할 정도로 어리석을 수 있는가?

245. "사람들은 왜 사람이 사랑해야만 하는 것을 항상 동시에 증오해야 하는가? 사랑은 모든 고통 중 가장 커다란 고통이 아닌가?" 따라서 인간은 극복되어야만 한다.

246. 자신의 내적인 심한 병을 견뎌내는 흑인의 둔한 무관심을 너는 본 적이 있는가? 한편 너라면 똑같은 것 때문에 거의 절망에 빠질 것이다. 이것은 네가 다음과 같은 것을 생각하도록 한다. 즉 상층의 일만 명의 정신을 제외하고 도대체 인류에게는 고통이 거의 존재하지 않는다는 사실을.

247. "내가 나를 다른 존재들과 나란히 있는 하나의 존재로 내 아래에서 보게 될 때 나의 행복이 시작된다."

248. 우리의 시대는 흥분의 시대이다. 그리고 바로 그렇기 때문에 그 어떤 정열의 시대도 아니다. 자신이 뜨겁지 않다고 느끼기 때문에 그는 지속적으로 흥분하는 것이다.—근본적으로 우리의 시대는 춥다. 나는 너희가 말하는 모든 '위대한 사건'의 위대함을 믿지 않는다.

249. 인식하는 자는 자신을, 신이 동물이 된 것으로 느낀다.

250. 현대에는 사건이 메아리에 의해 위대함을 얻는다—신문의 메아리.

251. 가난한 예술가여! 너희 가운데 신경질적인 천민은 도대체 무엇을 요구하는가? 그 자는 계발되기보다는 **전복되기**를 원한다.

252. 고귀한 느낌의 강함이 아니라 그것이 **지속**되는 것이 고귀한 인간을 만든다. 고귀한 인간을 도덕적인 발작을 하는 인간들과 혼동하지 말아야 한다.

253. **그리고 다시 한번.**—자신에게는 정직하게. 그렇지 않다면 누가 우리의 친구가 될 것인가? 적에게는 용감하게, 패자에게는 관대하게, 모든 사람에게 예의 바르게.

254. 자기 고유의 의지를 갖지 않은 자는 최소한 모든 것을 더 잘 알려고 한다.

255. 근원적으로 무리와 무리의 본능이 있었다. 집단은 자아를 예외, 무의미, 망상이라고 느꼈다.

256. 천문학자로서의 현자—네가 아직도 별들을 '네 위에 있는 것'으로 느끼는 한 너에게는 아직 인식의 눈이 결여되어 있다. 인식하는 자에게는 더 이상 위와 아래가 없다.

257. 사람들은 어떤 자가 현실적으로 행동하고 겪었던 모든 것을 자신의 꿈속에서 행동하고 겪은 것으로 볼 정도로 그 자와 친밀할 수 있다. 왜냐하면 사람은 그것을 자신이 행동하고 겪을 수도 있기 때문에.

258. 사람이 성격을 가지고 있다면 그는 항상 다시 되돌아오는 전형적 체험 또한 가지고 있다.

인간은 가공할 행동을 할 수 있는 자와 그렇지 않은 자로 나뉜다.

259. 근본적으로 다른 사람들이 있다. 한 사람은 감정(우정 또는 사랑에서)의 썰물에서 수치를 느끼고, 또 한 사람은 밀물에서 수치를 느낀다.

두 명의 사랑하는 사람 가운데 한 사람의 정열이 최고점을 넘어서 차가워지는 것을 통해서 다른 사람의 정열은 본래보다 더 오랫동안 타오른다. 더 오래 사랑하는 자의 커브.

260. 어떤 사람이 선한 사람들에 속하는지 악한 사람들에 속하는지는 근본적으로 그의 행동이 아니라—이 행동에 대한 자신의 견해에 달려 있다.

5 261. 이기심이 언젠가 더 크고 영리하고 섬세하고 독창적으로 될 때 세계는 '좀더 비이기적인 것으로' 나타날 것이다.

262. 사상가의 눈을 강하게 느낄 수 있는 자는 그 눈에서, 동물의 눈이 줄기에서 생기는 것처럼 서서히 머리에서 밖으로 나와 주위를 바
10 라볼 때 주는 저 섬뜩한 인상을 받는다.

263. 성자도 도덕의 파괴를 요구한다. 그렇게 함으로써 그는 자신이 쾌락을 느끼는 것을 할 수 있다.

15 264. 자신의 이상에 이르는 자는 바로 그것과 함께 이상을—넘어선다.

265. 천재적인 재능을 가진 인간이 최소한 다음 두 가지를 가지고 있지 않다면 다른 사람들이 참을 수 없는 존재가 된다. 감사하는 마음
20 과 순수함.

266. 사랑이 주는 것에 대하여 사람들은 되돌려주거나 보답하려고 하지 말아야 한다. 보답하고자 하는 모든 충동은 사랑의 바닷물 속에 익사해야만 한다.

267. 너희는 어떻게 나에게 거슬러 올바르고자 하는가?—라고 성자는 말했다. 나는 나에게 적합한 부분으로 너희의 부당함을 선택한다.

268. 숭고한 인간은 숭고한 자를 바라볼 때 자유롭고 확고하고 관대하고 조용하고 명랑하게 된다. 그러나 완벽하게 아름다운 자를 보는 것은 그를 뒤흔들고 당황하게 한다. 그 앞에서 그는 자기 자신을 부정한다.

269. 숭고함 속에서 편안하지 않은 자는 고귀함을 끔찍하고 거짓된 어떤 것으로 느낀다.

270. 많은 공작새는 모든 눈 앞에서 자신의 긴 꼬리를 숨긴다. 그리고 그것을 자신의 '긍지'라고 부른다.

271. 기이하구나! 내가 하나의 사상을 나 자신에게 침묵하고 멀리하려고 하자마자 이 사상은 나에게 구체적인 형상을 갖고, 즉 인간으로서 다가온다. 그리고 나는 이제 이 '신의 천사'에게 정중해야만 한다!

272. 누군가가 저주를 받을 경우에 그를 축복하는 것은 비인간적이다. 기꺼이 약간 함께 저주하기를.

273. 나는 많은 진리가 승리하는 것을 보았다. 그러나 항상 백 가지 오류의 친절한 지원을 통해서였다.

274. 회의와 동경이 결합할 때 신비주의가 생긴다.

단 한번이라도 신비주의에 이르는 다리를 건넜던 사상을 지닌 자는 그의 모든 사상 위에 하나의 낙인을 찍지 않고는 돌아올 수 없다.

275. 한 인간이 갖는 성욕의 종류와 정도는 그의 정신의 절정에까지 미친다.

276. 사람은 원칙을 가지고 자신의 습관에 폭력을 가하기도 하고 정당화하고 존경하고 모욕하며 숨기기도 한다. 인간은 같은 원칙을 가지고 아마 완전히 다른 것을 원한다.

277. 의지—그것은 나에게 더 이상 아무것도 설명하지 않는 전제다. 인식하는 자에게는 어떤 의지도 없다.

278. 전도된 라 로슈푸코가 여전히 결여되어 있다. 그는 선량한 자들의 허영과 이기심이 어떻게 인간의 속성을 평판이 좋지 않게, 그리하여 궁극적으로 사악하고 해롭게 만들었는지를 보여주었다.

279. 선을 가지고 악에 보답하지 말라. 왜냐하면 그것은 부끄럽게 할 것이기 때문이다. 대신 사람들이 너에게 선을 행했다는 것을 증명하라.

280. 모든 찬미 속에는 우리 자신에 대한 공포와 도피가 있다—물론 가끔 자기 부정도.

281. 자신을 경멸하는 자는 경멸받는 자일 뿐 아니라 경멸하는 자이기도 하다는 사실을 고려한다. 따라서 그는 경멸하는 자로는 자신을 존경한다.

282. 너희가 한 일을 너희가 안다면 너희는 구원받을 것이요, 알지 못한다면 너희는 저주받고 범죄자가 될 것이다—라고 안식일을 어긴 한 사람에게 예수가 말했다—모든 범죄자와 범법자들을 위한 말.

283. 갑작스럽게 터져나오는 우리 자신에 대한 혐오가 타락한 취미의 결과일 수 있듯 세련된 취미의 결과일 수도 있다.

284. '진리에의 의지', 더 이상 그렇게 순진하면서도 거창하게 말하지 말자! 우리는 세계를 우리가 생각할 수 있는 것으로 만들고자 한다. 아마도 볼 수 있는 것으로 만들고자 한다—그야말로 만드는 것이다!—모든 물리학은 볼 수 있게 만들고자 한다.

285. 의지와 지성(또는 사람들이 말하듯이 가슴과 머리)—그것은 남자와 여자다. 그들 사이에서는 항상 사랑, 생식, 임신이 중요하다. 그리고 여기에서 가슴은 남자이고 머리는 여자라는 것에 요주의!

286. 그는 고독하고 자신의 사상 외에는 아무것도 가지고 있지 않다.

그가 자주 자신의 사상에 대해서 자상하고 짓궂다는 것 그리고 그것의 귀를 잡아당긴다는 것은 얼마나 놀라운 일인가.—그러나 그의 사상을 빌리는 자들은 그가 회의주의자라고 말한다.

287. "인간에 대한 신의 사랑은 그의 지옥이다"—라고 악마는 말했다. "어떻게 인간 역시 인간들에 대한 사랑에 빠질 수 있겠는가."

288. 지속적으로 모든 종류의 동료 인간들을 견뎌내는 것을 연습하는 동안 우리는 무의식적으로 우리 자신을 견뎌내는 것을 연습한다. 이것은 본래 인간의 가장 이해할 수 없는 행위다.

289. 인간의 이기주의의 강함이 아니라 반대로 그것의 허약함이 인류의 머리 위에 걸려 있는 칼이다. 그 허약함 때문에 인간은 너무 쉽게 자기 자신에게 권태를 느낄 수 있다.

290. 평화로운 상황에서 호전적인 인간은 자기 자신에게 덤벼든다—다른 적들이 존재하지 않을 경우.

291. 창조한다는 것, 즉 우리에게서 무엇인가를 빼내고 우리를 더욱 공허하고 가난하고 더욱 사랑하는 존재로 만드는 어떤 것. 신이 세계를 창조했을 때 그것은 속이 비어 있는 개념 외에 아무것도 아니었다—그리고 피조물에 대한 사랑.

292. "여기에 고독의 섬이 있다. 그리고 생성하는 모든 것, 방황하는

것, 추구하는 것, 덧없는 것들을 여기에서 나는 환영할 것이다. 손님을 환대하는 것이 이제부터 나의 유일한 친교다! 나는 생성하는 모든 것을 사랑한다!"

5 293. 삶에 대한 사랑은 대부분의 경우 긴 삶에 대한 사랑의 반대이다. 모든 사랑은 순간과 영원을 생각한다—그러나 결코 '길이'를 생각하지는 않는다.

294. "내 사랑은 공포를 불러일으킨다. 그것은 너무도 까다롭다! 나
10 는 내가 사랑하는 자가 불멸의 것을 행하도록 정해졌음을 믿지 않고는 사랑할 수 없다. 그리고 그는 내가 믿는 것—내가 요구하는 것을 알아 헤아린다."

295. 인식하는 자는 자기 인식을 회피하고 자신의 뿌리가 대지 위에
15 박히도록 한다.

296. 언어에서 가장 알기 쉬운 것은 단어 자체가 아니라 단어들이 잇따라 말해지는 방법인 음조, 억양, 조성, 박자다—간단히 말해 단어 뒤에 있는 음악, 이 음악 뒤에 있는 정열, 이 정열 뒤에 있는 인간. 따
20 라서 씌어질 수 없는 모든 것. 그렇기 때문에 그것을 쓰는 것은 하찮은 일이다.

297. 보행과 보행법—나는 걷는 것을 배웠다. 그때부터 나는 나를 달리게 한다.

298. 자유정신—날 수 있는 자는 자신이 날아가도록 자극받을 필요가 없음을 안다. '앞으로 가기 위하여' 그대들의 모든 고정된 정신에 자극이 필요한 것처럼.

299. 자신의 비도덕성을 부끄러워하는 것. 그것은 마침내 자신의 도덕성까지도 부끄러워하게 될 길 위의 한 단계이다.

300. 사람은 근본적으로 그리고 영원히 오로지 자신의 아이들과 작품만을 사랑한다. 자기 자신에 대한 사랑은 언제나 하나의 징후이다.

301. 사람은 많은 본성들을 발견하지 못할 것이다. 그것들을 우선 고안해낸다면 몰라도.

302. "사람들과 사귀는 것은 성격을 망쳐놓는다. 특히 그가 아무런 성격도 가지고 있지 않을 때"라고 티몬Timon은 말했다.[4]

303. "너는 여자를 알지 못한다. 어떻게 네가 때때로 그들에 대해 올바른 견해를 가질 수 있겠는가?"—여자에게는 어떤 것도 불가능하지 않다.

304. 아직도 도처에 이기심이 부족하다.

305. 잠언을 쓰는 자는 잠언이 읽혀지기보다는 암송되기를 원한다.

306. (먹이, 여자, 소유, 결혼, 권력에 대한) 욕구를 만족시킬 때 사람들은 대부분 아직도 인격체가 아니라 가축처럼 행동한다—비록 그가 인격체라 할지라도.

307. 나에게는 모든 게 최선의 것이 되었다. 누가 나의 운명이고자 하는가? 나는 모든 운명을 사랑한다.

308. 만약 인간이 고무로 되어 있고 아주 탄력 있다면, 가장 커다란 사건들이 발생한 시대라도 그 모든 것에도 불구하고 가장 작은 영향밖에 주지 않는 시대가 될 것이다,

309. "모든 행동 이전에 내가 단지 주사위 놀이꾼이라는 사실이 나를 괴롭힌다—나는 의지의 자유에 관해 더 이상 아무것도 알지 못한다. 그리고 모든 행동 후에 주사위가 나에게 유리하게 나왔다는 것이 나를 괴롭힌다. 나는 도대체 사기도박꾼인가?"—인식하는 자의 의혹.

310. 사람들은 복수를 통해 감사하는 마음을 잊어버려야만 할 것이다. 하지만 사랑을 통해서는 아니다.

311. 사랑하려는 의지는 권태와 자신에 대한 싫증을 폭로하고 사랑받으려는 의지는 자기에 대한 갈망과 추구를 폭로한다. 사랑하는 자는 자신을 줘버린다. 사랑받으려는 자는 자기 자신을 선물로 받고 싶어한다.

312. 사람들은 또 범죄에 대한 형벌을 정당화하는 이유들을 통해 범죄를 정당화할 수 있다.

313. 남자의 성숙. 그것은 아이가 놀 때 가지고 있었던 진지함을 다
5 시 발견하는 것이다.

"그녀가 위에서 지켜준다면 나는 그녀 안에" 단테. 그리고 나는 그녀 안에서!

10 314. 이제야 비로소 나는 고독하다. 나는 인간을 갈망했고 인간을 찾았다—나는 항상 단지 나만을 발견했을 뿐이다. 그리고 나는 나를 더 이상 갈망하지 않는다!

소인은 악한 행동을 할 능력이 없다. 그들은 따라서 선한 인간도
15 악한 인간도 될 수 없다. (그러나 선은 왜소해진 악인가?)

어떤 것을 원하고 그것을 끝까지 관철하는 것은 강한 성격의 기호로 간주된다. 그러나 결코 어떤 것도 원하지 않고서 그것을 끝까지 관철하는 것은 육화된 운명으로 자신을 느끼는 자인 가장 강한 사
20 람에게 속한다.

항상 아이로 머물러 있는 자는 동시에 또한 무구한 에고이스트로 머물러 있으며 '죄 있는' 에고이스트에게 질투와 증오의 대상으로 더 미움받는다.

315. 나는 인간을 사랑한다. 내가 이러한 충동에 저항할 때 가장 많이.

316. 여자는 자신이 복종하고 섬겨야만 한다고 느낄 때 사랑하려고 한다. 그것이 멍에를 더 가볍게 지기 위한 여자의 재주다.

317. '나를 사랑하라!'—인간에게 이렇게 말한 신은 미쳐버렸다.—질투 때문에.

318. 사람은 자신이 상대방을 낮게 평가할 때는 증오하지 않는다. 대신 오직 동등하거나 높게 평가할 때 증오한다.

319. 사람은 갑작스럽게 경악하게 된다는 생각에 경악한다.

320. 범죄가 아니라 범죄 후의 비겁함과 어리석음이 범죄자를 경멸하게 만든다.

321. 악은 그것이 천박한 것이나 역겨운 것과 혼동될 때 비로소 평판이 나빠진다. 그때까지 악은 유혹하며 모방하도록 선동한다.

322. 윤리와 수치심이 성충동의 만족을 금하고 있는 모든 여자에게 종교는 에로틱한 욕구를 정신적으로 발산시키는 것으로서 그 어떤 것과도 대체할 수 없는 것이다.

〈323.〉 인간에 대한 나의 사랑은 썰물과 밀물을 지니고 있다. 사랑받는 모든 사람은 오직 이 사랑에 대한 기회 원인일 뿐이다. 이 사실을 안다는 것은 우울하게 만든다.

324. 우리는 모든 이를 껴안을 수 없기 때문에 때때로 인간을 사랑하는 마음으로 어떤 개인을 껴안는다. 하지만 그 사실을 그 사람에게 발설해서는 안 된다!

선은 작은 악이다. 그렇기 때문에 선한 인간이 되는 것이 왜소한 인간에게는 그렇게 쉬운 것이다.

325. 인간은 항상 멀리 떨어져 있는 사람을 희생하면서 이웃을 사랑한다.

"약한 인간일수록 더 선한 인간이다"—우리의 도덕설교가는 이렇게 말한다.

약한 인간은 "나는 해야 한다"라고 말하고, 강한 인간은 "그것은 해야 한다"라고 말한다.

여자는 남자보다 열 배 적게 범죄를 저지른다—따라서 여자는 열 배 더 도덕적이다. 통계학자는 이렇게 말한다.

326. 무구한 이기주의는 아이들의 것이다. 너희가 아이들처럼 되지

않는다면, 이 천국에 들어가지 못할 것이다.

327. 오디세우스가 나우시카Nausica와 이별하듯, 사람들은 삶과 이별해야 한다.—사랑에 빠지기보다는 그리워하면서.[5]

328. 사람들은 자기 이웃에게 유익하게 행동하지만 그들을 위해 창조하지는 않는다—창조하는 모든 자의 정직은 이렇게 말한다.

329. 멀리 있는 자에 대한 사랑이 이웃에 대한 사랑보다 더 높다. 그리고 사물에 대한 사랑이 인간에 대한 사랑보다 더 높다.

330. 나는 '적'을 말하려는 것이지 '범죄자'를 말하려는 것이 아니다. '벌레'를 말하려는 것이지 '악당'을 말하려는 것이 아니다. '환자'를 말하려는 것이지 '괴물'을 말하려는 것이 아니다. '바보'를 말하려는 것이지 '죄인'을 말하려는 것이 아니다.

331. 모든 겁쟁이들이 번식하는 것을 막는 것, 이것이 여자들의 도덕이 되어야 한다.

332. 고독한 자가 사랑하는 것은 인간들이 아니라 인간이다. 그리고 이러한 인간애가 그의 내부에 쌓이고 고였을 때, 그것은 그의 염두에 들어오는 어떤 한 인간에게 강물처럼 쏟아져내린다—그가 적인지 친구인지 관계 없이.

333. 너는 말한다. '나는 나를 사랑한다', '나는 나를 경멸한다', '나는 나를 동정한다'라고—나의 친구이자 신을 부정하는 자여, 나는 너의 '나는'을 부정하지는 않겠다. 그러나 너의 '나를'은 신과 마찬가지로 고안된 것이다—너는 그것 역시 부정해야 한다.

5

334. 인간의 본성이 동정적이고 여리다는 것이 전제된다면, 이웃에 대한 동정과 여린 마음을 도덕에 속하는 것으로(심지어 도덕으로) 간주하는 것은 허영심의 표시다—그것은 영혼의 긍지와 고귀함이 결여되었음을 의미한다.

10

동정을 숭배하는 것은 경험으로 그것을 알지 못하는 인간들에게는 적합하지 않다.

335. 우리가 자신의 양심을 길들이면, 그것은 우리를 깨물면서 동시에 우리에게 입을 맞춘다.

15

336. 도덕은 자연 앞에서 인간이 잘난 체하는 것이다.

337. "아마도 긍지를 통해 인간을 괴롭히기 위해 악마가 도덕을 고안했을 것이다. 그러고는 두 번째 악마는 자기 경멸을 통해 인간을 괴롭히기 위해 언젠가는 그들에게서 도덕을 빼앗을 것이다."

20

338. "최초의 인간이 없었기 때문에 그 어떤 인간도 없다." 이렇게 동물들은 추론한다.

339. 우월한 자가 친밀하게 대하는 것은 화가 날 일이다. 그것에 응하는 태도를 취하는 것이 허용되지 않기 때문이다. 이에 반해 우월한 자는 정중한 태도를 취하는 것이 좋다. 이 경우 정중함이란 항상 그가 존경하는 어떤 것을 가지고 있는 것처럼 태도를 취하는 것이다.

5

340. 나는 사람들이 무엇 때문에 중상할 필요가 있는지 알지 못한다. 누군가를 해치고자 한다면 그는 단지 그에 대해서 어떤 하나의 진리만을 말하면 된다.

10 341. 사람들은 항상 모든 사람에 관해 너무 많은 것을 알고 있다.

342. 우리는 우리의 취미에 맞는 것만 칭찬한다—즉 우리는 우리가 칭찬할 때 언제나 우리의 취미만을 칭찬할 뿐이다. 비록 그것이 모든 훌륭한 취미에 반하는 것이라고 해도.

15

343. 인간만이 중력의 방향에 저항한다. 그는 끊임없이 위로—떨어지고 싶어한다.

344. 내 감정의 사다리는 길다. 가장 낮은 곳에 앉는 것은 불쾌하지 않다. 왜냐하면 나는 종종 너무 오랫동안 가장 높은 곳에 앉아야만 하기 때문이다. 그때 바람은 날카롭게 불고 빛은 종종 너무나 밝다.

345. 질투는 정신적으로 풍요로운 정열이다. 그럼에도 불구하고 아직은 큰 어리석음이다.

346. 질투의 불길 속에서 인간은 전갈처럼 독 묻은 가시를 자신에게 향하게 만든다—그러나 전갈이 얻는 성공은 없이.

347. 네가 나를 속인다는 사실이 아니라 내가 너를 더 이상 믿지 않는다는 사실이 나에게는 충격이다.

348. 나는 용서해야만 하는가? 하지만 네가 자신을 비난하는 그러한 것으로, 나는 너를 비난하지 않는다. 따라서 어떻게 내가 너를 용서할 수 있는가?

349. 자기 자신에 관해 많이 말하는 것이 자기 자신을 숨기는 수단이기도 하다.

350. 자신의 친구보다 자신의 적을 용서하는 것이 더 쉽다.

351. 악에 대한 증오는 바리새인들이 자신의 개인적인 혐오감을 위장하는 호화로운 외투다.

음악은 여성에게는 관능의 형식이다.

여자는 관능 자체를 남자보다 훨씬 더 의식하지 못하기 때문에 남자보다 훨씬 관능적이다.

352. 오늘날 음악에는 종교와 관능의 음악적 통일이 있다. 따라서 과거의 음악에서보다 더 많은 여자가 있다.

'나는'과 '나를'은 항상 두 개의 다른 인격체이다.

353. 내가 폭풍우 속에 있는 바다를 보고 그 너머로 순수하게 빛나는 하늘을 보았던 때부터 나는 섬광 외의 어떤 빛도 알지 못하는, 태양도 없이 구름에 싸인 모든 정열을 더 이상 좋아하지 않는다.

354. 성공한 모든 인간은—적절한 시간에—가는 어려운 기술에 능숙하다.

사람은 맛보라고 주는 정신을 통해 다른 사람들의 마음에 들게 된다. 하지만 그가 억누르는 정신 때문에 그는 두려움의 대상이 된다. 네가 사람들 마음에 드는 그 순간에 네가— — —순간이 얼마나 가까이 있는지 숙고하라.

355. 인간에 대한 사랑이 아니라 인간을 사랑할 수 있는 능력의 결여가 오늘날 기독교인들이 이교도를 위한 화형장을 만드는 것을 방해하고 있다.

356. 너희는 종교의 필요성을 믿는다고 말한다! 정직하라! 너희는 다만 경찰의 필요성만을 믿고 너희의 돈과 안식을 빼앗을 강도와 도둑들을 두려워할 뿐이다.

357. 고통을 주기에 좋은 기회를 가질 때마다 사람들은 얼마나 도덕적이고 고상해지는가!

358. 복종에서의 고귀함, 강제와 법칙 아래에서의 자유, 노예의 반항 충동에 대한 경멸. 이것이 최상의 '인간'의 표시다.

359. 역사상 모든 위대한 남자의 12분의 11은 위대한 사건의 대리자에 불과했다.

인간의 시선은 이제까지 가장 강력한 인간이 위대한 배우라는 사실을 알기에는 너무나 몽롱했다.

360. 자신의 덕을 연기하는 배우이기도 할 경우에만 사람들은 살아있는 동안 유명해진다.

361. "그는 내 마음에 안 든다."— 왜?—"나는 그만큼 성장하지 못했기 때문이다."—언젠가 한 사람이 이렇게 대답한 적이 있는가?

362. 인간에 대한 허기를 느낄 때도 그는 무엇보다 편안한 음식물을 추구한다. 비록 그것이 감자처럼 영양분이 별로 없을지라도.

364. 반항은 노예가 보이는 가장 고귀한 태도다.

365. 사람은 가장 맛이 좋을 때 자신을 먹도록 허락하는 것을 중지해야 한다.—오랫동안 사랑받는 여자의 비밀이 이것이다.

366. 배우라는 의식 없이 위대한 것을 연기하는 자는 진짜 위대한 사

람 같은 효과를 발휘하며 심지어 그들보다 더—광채가 빛난다.

367. 너는 여자에게 가는가? 채찍을 잊지 마라!

5 인간이 무엇을 어떻게 존경하는가에 의해서 인간은 항상 자기 둘레에 일정한 거리를 긋는다.

368. 그가 낮에 나에게 행하고 생각한 것이 나를 불안하게 하지 않는다. 오히려 내가 밤에 그의 꿈속에 나타난다는 것이—나를 무섭
10 게 한다.

369. 감정은 음악을 통해 자신을 만끽한다.

370. 강한 성격이라는 증거는 그가 한번 결심하면 최상의 이성적 근
15 거조차도 그 결심에 접근하지 못하도록 한다는 데 있다. 따라서 하나의 주기적인 광기.

371. "자유란 무엇인가?—너희의 편안한 양심"—일곱 번째 현자인 페리안더Periander가 말했다.[6)]

20

"나는 이것 또는 저것 또는 그것을 할 수 있다. 모든 것이 교훈을 줄 수 있으리라. 특히 어떤 일에 내가 실패해서 곤란한 상황에 빠지게 될 때." 이렇게 자유로운 정신, 인식의 애호가는 생각하고 말한다. 그는 사람들이 그런 이유로 그를 의지박약하고 비이성적이라고 비난

하는 것을 비웃는다.

372. 나는 언젠가 양심의 가책을 느낀 적이 있었던가?—내 기억은 이 물음에 대해 조용히 침묵한다.

373. 도덕은 우리의 감정과 상태를 설명하기 위한 과학 이전의 형식이다. 도덕이 공통된 감정을 다루는 미래의 병리학에 대해서 갖는 관계는 마치 연금술이 화학에 대해서 갖는 관계와 같다.

374. 그 어떤 도덕적인 현상도 없고 단지 어떤 현상에 대한 도덕적인 해석만이 있을 뿐이다.(—하나의 잘못된 해석!)

375. 범죄자는 보통 자신의 행위만큼 성장하지 않았다. 그는 그것을 철회하고 비방한다.

376. "어떤 것을 의무적으로 행하기보다는 기꺼이 침대에 눕고 아프다고 느끼는 것"—이러한 비밀스러운 법칙에 따라서 자기를 괴롭히는 모든 자들은 살고 있다.

377. 내가 다른 사람의 견해와 같다는 것을 아는 것은 우리가 서로 견해가 일치하는 대상을 내가 쉽게 불신하도록 만든다.

378. 인식하는 자에게는 경건한 기만이 경건하지 않은 기만보다 더욱 취미에 거슬린다.

379. 성스러운 단순함sancta simplicitas을 조심하라. 그것은 모든 화형대에 장작더미를 쌓았던 것이다.[7]

380. 일찍이 종교적 설명은 자연과학적 설명을 대신했다. 그리고 아직도 도덕적인 설명은 생리학적인 설명을 대신하고 있다. 적게 생각하고 적게 배운 자는 모든 것, 즉 날씨로 인한 불쾌, 소화불량, 빈혈, 배설과 보충에 대한 욕구, 실패, 권태, 불만족, 불확실의 책임을 도덕적인 것에서 찾는다.

381. 네가 이미 생각으로 행했던 모든 것을 네가 큰 소리로 말하고자 한다면 모든 사람은 이렇게 외칠 것이다. "이 구역질나는 벌레를 제거하라. 그것은 대지를 모욕한다."—그리고 누구든지 자신이 생각 속에서 완전히 같은 것을 행했음을 잊어버릴 것이다. 솔직하게 자신을 고백하는 것은 우리를 그렇게 도덕적으로 분개하도록 만든다.

생리학적으로 말하면 도덕 속에는 강한 자에게 자신을 동화시키려는 약자의 충동이 표현되고 있다.

382. "나는 그녀를 사랑한다. 그리고 그렇기 때문에 그녀도 (나를) 사랑하기를 원한다. —하지만 왜 하필이면 나를? 게다가 나는 나 자신조차 충분히 사랑하고 있지 못한데 말이다."—이렇게 인간에게서 나오는 신적인 사랑은 말한다.

너는 그를 사로잡기를 원하는가? 그렇다면 그 앞에 당황한 듯 서 있어라.

383. 사랑하는 사람의 사랑을 받고자 하는 것은 허영이고 관능이다.

384. 자기 자신을 믿지 못하는 자들은 사랑하기보다는 오히려 사랑받기를 훨씬 더 원한다. 한 번이라도, 최소한 단 한 순간만이라도 자기 자신을 믿을 수 있기 위해서.

사랑하는 신은 자신을 사랑하도록 명령할 만한 위엄이 없다. 오히려 그는 더 미움을 받게 될 것이다.

385. 위버멘쉬를 향한 사랑은 인간을 동정하는 것에 맞서는 치유 수단이다. 바로 후자로 인해 인류는 대단히 빠르게 몰락할 것이다.

386. 인간들 사이에 동정이 조금이라도 많아지면, 삶에 대한 절망이 바로 문 앞에 서 있을 것이다.

387. "당신의 이웃을 사랑하라"—이것은 무엇보다도 "당신의 이웃을 달아나게 하라"는 것을 의미한다 —그리고 이 부분의 덕이 가장 어려운 것이다!

388. 작은 고통은 우리를 왜소하게 만들지만, 큰 고통은 우리를 위대하게 만든다. 따라서 큰 고통을 향하는 의지는 이기심의 요청이다.

389. 왜소한 사회보다는 오히려 악한 사회를!

390. 우리를 매혹시키는 작품! 하지만 그 작품의 창조자가 우리에게 항상, 그것이 자신의 작품이라는 점을 상기시킨다는 것은 얼마나 역겨운 노릇인가. 도대체 그는 '아버지'란 항상 희극적인 존재라는 사실을 모르고 있는 것일까?

391. 수많은 작은 행복은 우리에게 수많은 작은 고난을 선물로 준다. 그럼으로써 성격을 망친다.

392. 사람들은 모든 편안함을 단지 환자가 침대를 사용하는 것처럼 치유를 위해서 사용해야 한다.

393. 사람들은 대단히 똑똑한 사람들도 곤란에 처하는 경우가 있다는 것을 믿지 않는다.

394. "나는 믿는 것이 아니라 보도록 운명적으로 결정되어 있다. 신앙인들은 모두 내게는 조금은 낯설고 호들갑을 떤다."

395. 호의도 지나치면 악의로 느껴진다. 우리의 긍지가 상처받을 때, 바로 그때 우리의 허영심은 가장 크게 상처받는다.

396. 이 두 여인들, 과거와 미래는 현재가 자기들 앞에서 달아난다고 소란을 떤다.

397. '나는 즐겁다'에서 '너는 해야만 한다'를 만드는 것. 습관을 덕으

로, 관습을 도덕으로 개조하는 것. 그것은 교활하며 오래되고 케케묵은 위조지폐를 제조하는 것이다.—그리고 나는 오늘 여전히 그것을 잘 다룰 줄 안다.

5 398. '너는 해야만 한다'는 대부분의 사람들에게 '나는 원한다'보다 더 편안하게 들린다. 그들의 귀에는 여전히 무리의 본능이 자리잡고 있다.

399. 특정한 병적인 상태에서 사람들은 탐욕스럽게 되지 않을 수 없다. 탐욕은 하나의 정념이다. 당신들은 나의 냉정한 정신을 너무나 사
10 랑한다. 하지만 이러한 탐욕 역시 병이다.

400. 만약 우리가 믿지 못하게 된다면, 그것은 우리가 그럴 만한 어떤 근거가 있기 때문이 아니라 오히려 믿지 않기 위한 '근거를 늘 발
15 견할 수 있기' 때문이다.

401. 상황에 따라서 어떤 누군가가 자신의 정념을 다른 사람에게 분출하는 경우가 그것을 자신에게 분출할 때보다 일반적으로 손실이 더 적다. 특히 무엇보다도 이는 그들의 유용함이 멀리까지 미치는 창
20 조적인 인간들에게 유효하다.

402. 아! 만약 인간들이 왜소한 악의적인 사상들을 갖지 않는다면! 그들은 그때 얼마나 많은 쾌감을 가질 것이며, 얼마나 많은 악행을 줄일 수 있을까!

403. 인간은 어떤 원숭이보다도 훨씬 더 원숭이다.

404. 마음은 감동시키는 것이고 정신은 용기를 주고 위험 속에서도 냉정하게 만들어주는 것이다. 오, 언어를 넘어서!

5

405. 어떤 사람이라고? 위대한 사람이라고? 나는 그 사람에게서 단지 자신의 이상을 연기하는 배우를 본다.

도둑, 강도, 고리대금업자, 투기꾼들에게 이기심은 근본적으로 요구가 없으며 충분히 겸손한 것이다. 사람들에게 단지 돈만 원하는 것은 그 사람들에게 가장 적게 원하는 것이다.

10

406. 파우스트, 인식의 비극이라고? 정말로? 나는 파우스트를 비웃는다.

15

407. 가장 비극적인 모티브는 아직까지 이용되지 않은 채 남아 있다. 시인들은 양심이 빚어낸 100개의 비극에 대해서 경험으로는 아무것도 알지 못한다.

20

408. 사람들은 정념의 원인들에 대해 이야기할 때, 사실은 그 정념이 일어나게 되는 기회를 생각한다.

409. 그는 자신의 인식을 위해서 인간들을 희생시켰으며 다른 어떤 것도 자기 자신에 대한 이러한 잔혹함보다 자랑스러울 수 없다.

410. 동정은 인식하는 자를 거의 웃음거리로 만든다. 마치 부드러운 피부가 거인에게 그러하듯이.

411. 오래 지속되는, 육체적으로 큰 고통은 사람들을 폭군으로 만든다.

412. 둘 중 하나일 수 있기 위해서 사람들은 동정심을 느낄 줄도 알고 잔혹할 줄도 알아야 한다.

413. 자신의 악마를 쫓아내기를 원했던 적지 않은 사람들은 그렇게 하면서 스스로 돼지들 속으로 들어갔다.

414. '칭찬하는 자'는 대부분의 경우, 마치 그가 되돌려주는 것처럼 보이지만, 사실 그는 선물받고 싶은 것이다.

415. 정념 속에서 인간은 자신을 드러내는 것이 아니라 그의 정념이 자신을 드러낸다.

우리의 눈은 우리의 귀보다 훨씬 섬세하게 잘 듣는다. 우리는 들으면서보다는 읽으면서 더 잘 이해하고 맛본다—음악의 경우와 마찬가지로 책의 경우에도.

416. 혼의 결합이 부패하게 된 것은—결혼을 통해서다.

417. 기독교는 에로스를 독살했다. 비록 에로스는 그 때문에 죽지는 않았지만 타락해서 악덕이 되었다.

열정에 가득 차 있으면서도 냉정하고 배우처럼 : 그리스 사람들은 그랬다. 또한 플라톤 같은 그리스의 철학자들도 그러했다.

418. 친밀함은 단지 냉정한 사람들에게만 진정한 것일 뿐, 거의 수치에 가까운 것이다.

419. 원래는 약간의 질투—그리고 나중에는 커다란 사랑? 이렇게 하나의 폭발이 성냥개비를 그으면서 일어난다.

420. 음악의 여신이 음 대신 단어로 말하려 한다면 사람들은 귀를 막을 것이다.

421. 칭찬받고 기뻐하는 것은 어떤 사람들에게는 정신의 허영의 표시이고, 또다른 사람들에게는 마음의 겸손을 나타내는 표시다.

422. 사람들은 혀로는 거짓말을 하지만 입과 주둥이로는 진실을 말한다— 그렇게 해서 골상학자가 생겨난다.

423. 관능은 사랑의 성장을 급히 재촉한다. 그 결과로 뿌리는 허약한 채 남아 있고 식물 전체는 쉽게 뽑힐 수가 있다.

424. 몇몇 사람들에게는 자신의 적들을 가지려는 깊은 갈망이 있다. 이러한 적이 나타나면 첫눈에 보기만 해도 그들에게는 증오심이 생긴다.

425. 내 눈은 다른 사람들의 이상을 본다. 그리고 이 이상의 모습은 나를 종종 황홀하게 만든다. 하지만 너희 근시안들은 그때 이렇게 생각한다. 그것은 나의 이상들이라고!

426. 모든 사회의 도덕은 고독이 죄라고 말한다.

427. 거의 모든 살아 있는 자들 속에는 기생충이 숨어 있다.

428. 어떤 사람에 관해서 생각을 바꿔야 할 때 우리는 그것에 의해서 맛보는 불쾌감의 책임을 가혹하게 그에게 귀속시킨다.

429. 붙임성 속에는 인간에 대한 증오가 전혀 없다. 하지만 바로 그 때문에 인간에 대한 너무나 많은 경멸이 존재한다.

430. 항상 '제자'로 남아 있다면 선생에게 나쁘게 보답하는 것이다.

431. 그것은 마치 한 그루 나무와 같다. 나무가 위를 향해 높은 곳으로, 밝은 쪽으로 올라가려고 할수록, 뿌리는 그만큼 더 강하게 반대 방향으로 뻗어가려고 애쓴다 : 안쪽으로, 아래로, 어둠 속으로, 깊은 곳으로, 넓은 곳으로— 사람들이 이야기하듯이, '악' 속으로.

432. 너희는 그것을 신의 자기 파괴라고 부른다. 하지만 그것은 단지 그가 자신의 피부를 벗기는 것일 뿐이다—그는 자신의 도덕적인 피부를 벗겨낸다! 따라서 너희는 선악의 저편에서 그를 곧 다시 보아야 한다.

433. 민족은 다섯 또는 여섯 명의 위대한 사람들을 향한 자연의 우회로이다.

434. 애국적인 축제에서는 구경꾼도 배우들의 무리에 속한다.

435. 혐오스러운 것도 자신의 혐오스런 화려한 외투를 지니고 있다. 그것은 '숭고한 것'이라고 불린다.

436. 무엇이 좋은가?—'예쁘고 동시에 감동적인 것'—한 작은 소녀가 대답했다.

만약 신이 사랑의 신이라면, 양심의 가책은 신이 깨문 것이고 따라서 사랑에서 비롯된 깨물음일 것이다.

437. 용감하게, 근심 없이, 비웃듯이 그리고 심지어 조금은 폭력적인 : 지혜는 우리가 그렇게 되기를 바란다. 지혜는 여성이며—항상 오로지 전사만을 사랑한다.

438. 군인들은 많지만 남자들은 적다! 제복은 많지만 획일성은 훨

씬 더 많다!

439. “수확기가 다시 지나갔다. 바람은 텅 빈 들판 위로 불고, 이제 나에게는 가장 행복한 수확조차도 엄청난 손실로 여겨진다”— 창조적인 인간은 모두 이렇게 느낀다.

440. 진정한 남자는 두 가지를 원한다 : 위험과 놀이. 그렇기 때문에 그는 여자를 원한다. 가장 위험한 장난감으로서.

441. 여자의 임무는 남자 속에서 아이를 발견하고 키우는 것이다.

442. 여성 해방을 통해서 이룩된 것은 남성의 탈남성화이다.

443. 남자는 전쟁을 위해 육성되어야 한다. 그리고 여자는 전사들의 휴식처가 되도록 육성되어야 한다. 다른 모든 것은 정신나간 짓이다.

444. 사람들은 ‘학자’라는 단어로 정신의 군인들뿐만 아니라—유감스럽게도— 정신의 양말 제조인도 가리킨다.

학자 사회보다도 더 가엾은 사회는 하나도 없다. 전투적인 의욕을 사지와 머리 속에 지니고 있는 소수의 사람들만 별도로 한다면.

남자다운 남자들이 너무 적다. 그로 인해 여성들이 남성화된다.

445. 신이 작가가 되려고 했을 때 그리스어를 배웠던 것은 절묘한 일이다. 그리고 더구나 그가 그것을 인간보다 더 잘 배우지는 못했다는 점도.

5 이 사상가는 얼음보다도 차다. 따라서 사람들은 자신의 손가락을 데고는, 그가 불타고 있다고 여긴다.

3〔2〕

소나무와 번개

10

인간과 동물 위로 나는 높이 자랐다
그리고 나는 이야기하려고 해도—아무도 나와 함께 이야기하지 않는다.

15 나는 너무나 고독하게 자랐다. 그리고 너무나 높게 :
내가 기다린다. 그런데 무엇을 기다리는가?

너무나 가까이에 구름이 있다
나는 최초의 섬광을 기다린다.

20

3〔3〕

포르토피노Portofino

나는 기다리면서 여기에 앉아 있다—기다리면서? 그러나 기다리는 것은 아무것도 없다.
선과 악 그리고 빛을 넘어서.

어둠을 빼고는 더 이상 어떤 것도 바라지 않으면서
5 정오의 친구 그리고 영원의 친구.

3〔4〕
파도 높은 바다 위에서
여자 친구여—콜럼버스는 말했다—어떤 제노바 사람도
10 더 이상 믿지 말라!
제노바 사나이는 항상 푸른 바다를 응시한다.
가장 멀리 있는 것이 그를 강렬하게 끌어당긴다!

그는 자신이 사랑하는 자를
15 공간과 시간을 벗어난 먼 곳으로 유혹하고 싶어한다 --
우리 위로는 별들이 빛나고,
우리 주위에서는 영원이 굉음을 낸다.

20

[4=NV 9 c. NVI 1 b. NV 8. 1882년 11월~1883년 2월]

4〔1〕

우리는 최대의 흥분 앞에 서 있다—그리고 그 뒤에 있는 것은 퇴화, 즉 무를 향한 동경이다!—그런데 **우리는** 이러한 흥분 속에서도 이러한 동경 속에서도 몰락하기를 원하지 않는다—우리들 삶의 친구들.

4〔2〕

나는 살고 있고 또 살았던 모든 유럽인들 가운데 가장 광대한 영혼을 지니고 있다. 플라톤, 볼테르— — —. 그것은 전적으로 내가 아니라, '사물의 본질'에서 생기는 상태에 달려 있다—나는 유럽의 부처가 될 수도 있을 것이다. 그것은 물론 인도의 부처에 반대되는 것이다.

4〔3〕

최초의 만남에는 모두 행복과 어떤 좋은 징조가 속한다.

4〔4〕

다음과 같이 잘못된 말이 있다. "스스로 자기 자신을 구원하지 못하는 자가, 어떻게 다른 사람들을 구원할 수 있는가?" 만약에 내가 너의 사슬을 풀어줄 열쇠를 지니고 있다고 해도, 왜 당신과 내 자물쇠가 같은 것이어야만 하는가?

비록 너희가 죽이고 불을 지른다고 해도 전쟁터에서는 신성하다.

그들은 자신들이 입고 있는 것을 '유니폼'이라고 부른다. 그들이 그것을 통해 은폐하는 것은 획일성이다.

너희는 다시 잠자야만 했다—그리고 더 잘 꿈꾸어야 한다.

이 잔인함이 내 뱃속에 자리잡고 있다. 보아라, 나는 악하다.

너희는 '그러한 대의가 전쟁을 신성하게 해준다'고 말하지만, 그러한 대의를 신성하게 해주는 것이 바로 전쟁이다!

무리들은 결코 선한 존재가 아니다. 비록 그들이 네 뒤를 쫓아와도.

양치는 목자는 금으로 도금한, 무리의 도구이다.

4〔5〕

이성은 가장 현명한 자에게조차도 예외이다. 카오스와 필연성과 별들의 소용돌이—그것이 규칙이다.

사람들은 죽음을 축제로 만들어야만 한다. 그리고 그때 우리를 떠나려는 여자인 삶에 대해서 약간의 악의를 품어야 한다!

영웅에 대해 말하자면 나는 그들을 그다지 좋게 생각하지 않는다. 그럼에도 불구하고 여전히, 그것은 가장 받아들일 만한 존재 형식이다. 즉 만약 사람들이 어떤 다른 대안도 가지고 있지 못하다면.

4〔6〕

우리는 양쪽 다 자신을 위한 무엇인가를 지니고 있다. 너는 감정을, 나는 근거를.

나는 나 자신의 독으로 내 질환을 치유하는 향유를 만든다.
나는 너의 젖을 짠다, 사랑하는 우수여!

신적인 많은 인간들이 땅 위에 있었다. 그리고 그 신적인 인간들은 모두 각각 자신의 신을 창조했다.

신적인 인간들과 그들의 신들 사이에서보다도 더 지독한 적대관계는 땅 위에 없다.

너희 형제들이여, 나는 나를 벗어버렸다. 나는 나를 벌거벗은 채 드러내 보이는 것을 부끄러워하지 않는다. 수치심은 인간이 동물을 넘고자 갈망했을 때, 그에게 달라붙은 괴물을 의미한다.

차라투스트라를 믿을지 믿지 않을지는 인간들의 자유다. 그게 차라투스트라에게 무슨 상관이란 말인가?

4〔7〕

반신.

영웅.

남자.

어린이.

그럼에도 불구하고 나는 함께 있는 동물들의 동료이다.

4〔8〕

나는 너희를 도우려고 왔다—그런데 너희는 내가 너희와 함께 울려고 하지 않는다고 불평한다.

4〔9〕

나는 이것을 오래전부터 알고 있다. 내 어〈머니〉와 누〈이〉 같은 종류의 인간들이 나의 당연한 적임이 틀림없다는 사실을. 어떤 것도 이러한 사실을 변화시킬 수 없다. 그 이유는 모든 사물의 본질에 놓여 있다. 그러한 인간들 가운데에 있다는 것이 내 주위의 공기를 더럽힌다. 그리고 나에게는 많은 자기 극복이 필요하다.

4〔10〕

남자들에게. 이것은 신성함에 관한 교설이다.

여자들에게. 선악의 피안.

어린이들에게. 정오와 영원.

동물들과 함께한 차라투스트라. 일곱 가지의 고독.

4〔11〕

나는 나의 각각의 정념들에 의해 몰락하게 될 것이다. 나는 항상 하나의 정념에 다른 정념을 대립시켰다.

4〔12〕

나에게는 내가 혐오하거나 증오하는 인간이 있어서는 안 된다.

4〔13〕

"사람들은 혼자서는 브라만처럼 산다. 둘이서는 신처럼 산다. 사람들은 셋이서는 시골 마을에서처럼 산다. 더 많은 자들이 있는 곳에서는 소음과 어수선함이 있다."

'인간이 동물들에게 말하는 것처럼 말하지 말라'라고 너희는 말한다,— — —

나의 가장 강한 특성은 자기 초극이다. 그리고 나에게는 또한 그것이 가장 많이 필요하다—나는 항상 심연에 처해 있다.

나는 이야기하고 아이는 놀고 있다. 사람들이 우리 둘보다 더 진지해질 수 있을까?

4〔14〕

나는 이 감각들을 갖지 않을 만큼 위대하지 못하다. 하지만 나는 그것들로 인해 부끄러워하지 않을 만큼 충분히 위대하다.

4〔15〕

어느 누구도 나를 칭송할 자격이 없다.

남자에게 필요한 것은 '나는 원한다'이며, 여자에게 필요한 것은 '나는 해야만 한다'이다.

나는 화를 잘 내고, 음탕하며 광신적인 족속에 속한다—나는 이 사실을 거의 잊고 있었다.

4〔16〕

도덕이란 자유정신에 의해서 정점에까지 내몰리게 되었고 극복되었다.

'나는 남자들에게 말한다'라고 차라투스트라는 말했다—이것은 여자들은 사라지라는 것을 의미한다.

4〔17〕

바보는 이렇게 말했다. 하나의 새로운 정신에게 오래된 제물을 바치는 것. 새로운 육체를 통해 낡은 영혼을 변화시키는 것.

피는 근거를 들지 못한다. 피는 또한 구원하지도 못한다. 나는 삶에 피로한 저자들을 좋아하지 않는다,— — —

4〔18〕

최상의 남자는 악하고, 최상의 여자는 저열하다.

목자와 양떼에 대한 사랑이 있었다. 이러한 사랑이 유익한 것을
5 선하고 신성한 것으로서 창조했다.

아이들과 종족에 대한 사랑이 있었다. 이 사랑은 모든 사람을 사
랑하는 것에 대한 모독이었다.

그들은 사랑에서 선과 악을 창조해냈다 : 영리함에서가 아니었
10 다. 왜냐하면 사랑이 영리함보다 더 오래된 것이므로.

한때 모든 사람에 대한 사랑을 명했던 것은 유익했다. 그리고 무
리는 모든 사람에 대한 가장 강한 사랑을 가진 자를 목자로 창조해
냈다.

15

이웃을 향한 사랑은 여전히 하찮은 것이었다. 나는 그것을 경멸
한다. 그리고 모든 것 위에 무리가 있었다.

4〔19〕

20 나는 모든 인간을 존경한다. 나는 단지 바리새인들만을 경멸할
뿐이다.

4〔20〕

어느 날 아침 차라투스트라는 산 위에 올라갔다. 그가 혼자 있게

되었을 때 그는 이렇게 찬양했다 : 너, 나의 책,———

인간성이란 어떤 목표도 지니고 있지 않다. 그럼에도 불구하고 그것은 자기 자신에게 하나의 목표를 부여해줄 수 있다—종말을 위해서도 아니고, 종을 보존하기 위해서도 아니며, 오히려 종을 **지양하기 위해서.**

그리고 모든 민족은 말해야 한다 : 이 범죄자는 신성하다고.

창조자(인식하는 자), 전달자(예술가), 단순화하는 자(사랑하는 자).

나의 덕을 견디어내라!(초권력〔超權力〕으로).

국가와 사회는 몇 사람에게는 꼭 필요한 것이 아니다. 하지만 이들은 그것들을 견디어야만 하고 가능하다면 멀리해야만 한다.

사랑할 수 없는 자의 절약 근성.

4〔21〕

하나의 섬뜩하고 명예롭지 못한 목표.

4〔22〕

(어느 날 차라투스트라는 이렇게 자랑스럽게 말했다).

그들은 세 가지 성격을 통일시켜야 한다 : 진실하다는 것, 자신을 전달하려고 하고 전달할 수 있다는 것 그리고 함께 알고 있다는 것(통일을 위해서).

신성한 이기심의 신봉자
또는 세 가지 것들 중 하나
또는 세 가지 것들 중에서 단지 하나의 수단일 수 있음.

그는 이렇게 말해야만 한다. 나는 악하다, 나는 악의 힘을 지니고 있다.

모든 사람은 자신의 존재를 계획의 목표로 삼아야 한다.

지금까지는 어떤 목표도 없었다 : 따라서 우리는 스스로 하나의 목표를 설정하자.

허영심이 강한 자들, 잔혹한 자들 등등을 위해서 말하는 것.

최고의 즐거움 : 우리가 해야만 하는 것, 또한 우리가 원하는 것. 따라서 스스로를 위대한 계획 속에 받아들이는 것.

4〔23〕

모든 창조는 전달이다.
인식하는 자, 창조하는 자, 사랑하는 자는 하나다.

4〔24〕

회귀를 나타내는 1,000개의 표현(그것은 위협이다).

4〔25〕

5 위버멘쉬의 탄생.

4〔26〕

바리새인일 수밖에 없는 선량한 자들.

10 또한 여기에 종교적인 자들과 신앙인들 사이에서와 같은 하나의 대립이 있다.

선을 창조해낸 자들은 선을 보존하는 자들과 대립한다.

15 한 사람이 자신의 악을 자신의 선으로 느낄 수 있는 용기를 얻는 순간. 예를 들어 그리스도가 자신의 '비겁함'을 그렇게 느낀 순간.

4〔27〕

이제 선한 자들은 거의 가치가 없다.

20 종교적인 의지를 지닌 악한 자들이 중요하다! 그리고 그것은 항상 그랬었다!

4〔28〕

내가 살고자 한다면, 나는 천사여야 한다. 너희는 그렇게 가혹한 조건들을 지니고 있지 않다.

4〔29〕

너희의 계몽은 동시에 아침놀이라는 것.

5

범죄 안에 있는 오류.

선하다고 불리는 것은 쾌적한 느낌이 아니라 오히려 힘이 충만한 강력한 상태이다.

10

그들이 일찍이 숭배했던 것이 그들을 뜨겁게 만들었다.

너희는 자신의 고난을 다시 새롭게 규정해야 한다. 이미 존재하는 바로 그것이 너희에게는 필연성이다.

15

4〔30〕

가장 높은 알프스 산 아래 사는 자는 그 정상을 보지 못한다. 용서하라 ― ― ―

20

4〔31〕

사람들은 자신의 덕 때문에도 처벌된다.

4〔32〕

사람들이 자신의 구원자를 사랑의 마음으로 먹어치울 때 그들은 그것을 성찬이라고 부른다.

피와 근거들에 대한 혐오가 교회의 기초가 된다.

5 4〔33〕

하지만 너는 올바른 믿음을 가진 신자들에 대해서는 말하지 않는가? 너의 침묵은 무엇을 의미하는가?―차라투스트라는 미소지었고 단지 "패배자를 존중하라!"라고 말했을 뿐이다.

10 4〔34〕

만약 동정이 딱딱한 껍질을 꿰뚫어야만 하는 것이 아니라면―――

나는 동정을 전제한다 : 잔인하다는 것은 두뇌와 신경의 질병이다.

15

사람들은 화살과 활을 가지고 있을 때에만 침묵할 수 있다. 그렇지 않은 경우에는 사람들은 지껄여대고―말싸움한다.

나는 세계로부터 마음을 찢는 특성을 빼앗고 싶다.

20

4〔35〕

너의 숨통을 죄는 것은 신의 손가락이 아니다. '한때 신은 죽어가는 자들에게 다가갔을 때 고통과 공포를 느꼈다'고 사람들은 말한다.

4〔36〕

배우는 정신의 양심을 거의 가지고 있지 않다. 배우는 자신으로 하여금 가장 강하게 믿도록 만드는 것을 믿는다.

5 창조하는 자들은 단지 가치를 평가하고 새로운 가치를 고안해내는 자일 뿐이다. 세계는 그들의 둘레에서 돈다. 그러나 새로운 가치를 믿도록 만드는 자는 민중들에게는 창조하는 자라고 불린다.— — —

4〔37〕

10 한 사람의 저급한 성격을 보는 자는, 또한 보통 그것들을 습득할 수 있는 힘을 지니고 있으며 그것을 분출시킨다.

창조하는 자로서 너는 네 자신에게서 도망친다.—너는 너의 동시대인이기를 그만둔다.

15

더러운 것에 대한 역겨움은 우리가 스스로를 순수하게 하는 것을 방해할 만큼 클 수도 있다.

바보들은 행복하기보다는 더욱더 행복하게 되기를 원한다.

20

4〔38〕

행복하기 위해 나는 무엇을 해야만 하는가? 행복해져라 그리고 네가 해야만 하는 것을 하라.

사람들은 어떤 것을 사랑하게 된다 : 그리고 사람들이 그것을 마음으로부터 사랑하자마자, 폭군인 더 높은 자아는 우리들에게 이렇게 말한다. "그것을 나에게 제물로 바쳐라!"—그리하여 우리는 그것을 그에게 바친다.

5

나는 일하라고 충고하지 않고, 도리어 싸우라고 충고한다—나는 평화를 구하라고 충고하지 않고, 오히려 승리를 구하라고 충고한다. 너희의 노동은 하나의 싸움이며, 너희의 평화는 승리여야 한다.

10 나는 악몽이 너희를 가위눌리게 했기에, 너희를 잠에서 깨웠다. 그런데 이제 너희는 말한다. "이제 우리는 무엇을 해야 하는가? 모든 것이 밤이다."—너희 고마워할 줄 모르는 자들.

여자의 모든 것이 수수께끼이다—여자의 모든 것은 하나의 해결

15 책을 가지고 있다 : 임신.

쉽게 살기를 원한다면, 항상 무리들 곁에 머물라. 네 자신을 무리 속에서 잊어라! 목자를 사랑하고 그의 개의 이빨을 존중하라!

20 네가 짖고 물 줄 안다면,—무리의 개가 되라. 그러면 너에게 삶은 쉬워질 것이다.

나는 모든 선과 악을 안다. 나는 또한 선과 악을 넘어서 있는 것도 안다.

선과 악은 신의 선입견이다—라고 뱀이 말했다. 하지만 뱀도 신의 선입견이었다.

교회는 한 신적인 인간의 무덤가에 있는 비석이다. 그것은 그가 다시 부활하지 않기를 원한다.

나는 나 자신을 신만큼이나 사랑한다. 누가 나를 어떤 죄로 나무랄 수 있겠는가? 나는 단지 나의 신에게 저지른 죄만을 알고 있을 뿐이다. 하지만 누가 나의 신을 아는가? ― ― ―

4〔39〕

정오와 영원.
차라투스트라는 이렇게 말했다

4〔40〕

무엇이 내 삶을 유지시키는가? 그것은 임신이었다. 그리고 매번 작품이 태어났을 때마다, 삶은 가느다란 실 하나에 매달려 있었다.

나는 나 자신을 숨겼다. 나는 나 자신의 혐오감을 이 왜소한 자들에게 숨기기를 원한다. 그것은 나에게 가장 어려운 일이 되었다. 그러나 그들은 잔디와 잡초처럼 죄가 없다.

인간은 항상 오로지 자신의 아이를 낳기 위해서만 임신한다.

너희는 '어둡다'라고 말한다. 나는 태양 앞에 구름을 놓았다. 하지만 어떻게 구름의 가장자리가 밝게 빛나고 있는지를 보아라!

태양 속을 들여다보지 말아라! 달도 너희의 캄캄한 눈에는 너무나 밝다!

너희는 새로운 전쟁을 위한 수단으로 평화를 사랑해야만 한다.

전쟁 중에 복수는 침묵한다. 전쟁 중에는 개인적인 것이 죽는다.

4〔41〕

거짓말과 왜곡—모든 교육의 수단.

나는 어떤 가공할 방식으로 즐겁게 지낼 것인가?

'너는 나를 극복했다.' 내가 너에게 날개이지 방해물이 아니라는 것에 주의하라!

4〔42〕

예전에 정직한 늙은 신이 있었다. 그에게는 손과 발, 심장도 있었다. 많은 분노와 사랑이 그의 내장 속에 있었다.

그리고 보아라, 사랑이 그에게 장난을 쳤고 그는 인간에 대한 사랑에 빠졌다. 그리하여 사랑은 그에게 지옥이 되고 말았다.

이 늙은 정직한 신은 무슨 일을 했던가? 그는 한 여자에게 자신의 아들을 낳아주기를 설득했다. 그리고 이 신의 아들은 인간들에게 다음과 같은 것만을 설교했다. "내가 신을 사랑하는 것처럼 그를 사랑하라! 우리, 신의 아들들에게 선한 자들과 올바른 자들이 무슨 상관이냐?"

5 시샘 많은 사람처럼 늙은 정직한 신은 인간들을 자신의 사랑으로 압박했다.

너희는 그가 성공했다고 믿는가? 결국은 그는 자신이 원하지 않았던 사람들만을 설복시켰을 뿐이다, 선한 자들과 올바른 자들만을.

그들은 자신들을 '교회' 그리고 선택된 사람들이라고 불렀다. 그

10 리고 신에 대한 그들의 사랑에 관해 장황하게 수다를 떨었다.—사랑이 부족한 자들! 그때 정직한 늙은 신의 심장이 터졌다. 그리고 그의 아들에게 일어난 일과 똑같은 일이 그에게 일어났다. 그는 동정의 십자가에서 죽었다. 참으로 이 선량한 자들과 올바른 자들은 삶에 대한 쾌락 때문에 타락했다. 늙은 정직한 신 때문만이 아니라.

15 "세 가지가 항상 우리에게 있어야만 한다—이렇게 그들은 항상 말했다—진리, 돈, 덕 : 이렇게 우리는 신을 사랑한다."

"우리는 선택된 자들이다. 그리고 지상 위에 있는 가장 초현세적인 자들이다."

20 4〔43〕

우리는 우리가 가장 하고 싶어하는 것이 우리에게 가장 어려운 것으로 간주되기를 바란다. 그리고 우리 자신에 대해서도.

우리가 어떤 것을 사랑할 때, 우리의 희생은 모든 사물이 우리에

게 얼마나 가치가 없는지를 증명할 뿐이다.

도덕적인 상태와 도덕적인 노력은 오직 인식의 수단일 뿐이다. 비도덕적인 것들도 마찬가지다.

인식에서의 만족은 가장 강력한 신앙이다. 사람들이 인식에서 만족을 얻지 못한다면 자극에 대한 인식욕이 있게 된다. 예를 들어 확실성과 새로운 것에 대한 욕구로, 또는 발견할 만한 가치가 있고 갈망할 만한 가치가 있는 것에 대한 욕구로.

인식하는 자가 인식에 관해 말할 때 많은 허위가 거기에 있다—그들은 인식을 가장 가치 있는 상태로 보이도록 하는 데 관심이 있다.

인식의 애호자여! 너는 아직 한 번도 이러한 감정을 알기 위해 인간을 죽여본 적이 없다.

필연성에 대한 완전한 인식은 모든 '해야만 한다'를 지양하게 될 것이다—또한 '해야만 한다'의 필연성을 무지의 결과로 파악하게 될 것이다.

4〔44〕

물구나무를 서려고 하는 코끼리처럼 행복한.

너에게는 너 자신을 잃고 몰락할 용기가 없다. 그래서 너는 결코 새로워지지 못할 것이다. 우리에게 오늘은 날개, 색, 옷 그리고 힘인 것이 내일은 단지 재가 되어야만 한다.

5 결혼은 사랑도 우정도 나눌 수 없는 자들에게 적합할 것이다—따라서 대부분의 사람들에게—그리고 아마도 이 두 개를 동시에 할 수 있는 아주 드문 자들에게도.

4〔45〕

10 또 하나의 덕이 있다. 보상받기 원하는 덕. 그리하여 그들은 충분히 보상받기를 원한다. 이승에서 또는 저승에서. 그리고 그들은 이것을 '정의'라고 부른다.

오! 너희, 증여하는 덕의 친구들이여. 우리는 보상받기를 원하는 덕에 대해서 경멸의 춤을 출 것이다.

15 그러나 너희는 아직 나에게서 이것을 배우지 못했다. 어떻게 사람들이 경멸의 춤을 추는지.

4〔46〕

우리들에게 열, 빛, 음향 또는 천체의 포물선은 인간의 감각과는

20 다른 감각에게는 다른 것으로 나타날 것이다. 그러나 결코 친절, 지혜 또는 사랑 등으로 나타나지는 않을 것이다.

이웃 사랑. 이익이 톱니바퀴 장치라면.

4〔47〕

변질된 의미가 너희 주위에 있다. 그리고 "모든 것은 거리낌 없이 존재한다."

5 4〔48〕

공동체(무리가 아닌)

그의 극복

목록

어려운

10

나의 동물들이 나에게 〔—〕 없이 기꺼이 〔—〕 동반.

4〔49〕

해석 1) 제1의 원인이라는 오류, 대립물로 사유된 신(— — —

15

너의 삶은 잘못되었다. 너는 아첨꾼 같다.

너희의 궁핍과 무미건조함이 하늘을 향해 외치는 곳에서

20 섬광이 혀로 너희를 핥기를!

그들은 모든 것에 불타는 사랑의 화살을 쏘았다.

인간의 무지는 가련한 것이 아니다. 가련한 것은 인간이다!

단지 금욕에 지나지 않는 것으로서의 학문.

우연적인 것을 철저하게 이용하는 것—많은 종류의 삶의 조건으로서의 다의성—따라서 본질에 대한 무관심.

너희 편협한 영혼이 (나와) 함께 사유한다는 것이 어떻게 가능하겠는가?

4〔50〕

화내지 마라! 그들은 너희에게서 돈을 훔쳐간다. 그런데 가난한 자들도 다가갈 수 있는 더 중요한 것이 있다. 돈이 필요 없는 제물인 예수.

4〔51〕

창조를 위한 준비로서의 정신의 금욕주의. 일부러 창조적인 충동을 빈약하게 하는 것.

4〔52〕

설교자들이 있다. 그들은 고통을 가르친다. 그들은 너희를 미워할지라도 너희를 섬긴다.

나는 너희에게 민중에게 말하듯이 말하지 않는다. 그대들에게 최고의 것은 자신을 경멸하고 파괴하는 것이다. 그리고 두 번째로 귀중한 것은 서로를 경멸하고 파괴하는 것이다.

4〔53〕

모든 작용에는 하나의 작용이 뒤따른다—인과율에 대한 이러한 믿음은 본능 중 가장 강렬한 본능인 복수의 본능 속에 자리잡고 있다.

다음과 같은 점들을 혼동해서는 안 된다. 배우는 칭찬받지 못하는 것에 의해 몰락하고 진정한 사람은 사랑받지 못하는 것에 의해 몰락한다.

배우의 반대는 정직한 인간이 아니라 자신도 모르는 사이에 스스로를 속이는 인간이다(바로 그들 가운데 대부분의 배우들이 있다).

4〔54〕

"선한 자들에게서와 마찬가지로 악한 자들에게도 영웅이 있다."—라 로슈푸코와 같은 사람이 이런 말을 할 경우 그것은 완전히 순진한 의미를 갖게 된다.

보되 믿지 않는 것이 인식하는 자의 주요한 덕이다.

자기 자신을 인식하지 않기 위해 노력하는 데 대개의 인간들은 매우 섬세하고 교활하다.

독일에서 사람들은 '능력'보다 '의욕'을 훨씬 더 존중한다. 독일은 불완전한 자들과 까다로운 자들에게 적합한 지역이다.

4〔55〕

그가 자연스런 인간이면서 또한 정신을 가지고 있는 한, 소박한 인간을 보는 것은 하나의 즐거움이다.

5 약삭빠른 인간은 대개 단순하며 복잡하지 않다.

미로

미로 같은 인간은 결코 진리를 추구하지 않고 항상 오직 그의 아리아드네를 찾을 뿐이다—그가 우리에게 무엇을 말하든지.

10

4〔56〕

한 인간이 우리에게 편안하게 느껴질 때 우리는 그것을 그와 우리 자신의 도덕성이 뛰어나기 때문이라고 생각한다.

15 모든 도덕적인 가치를 회의하는 것은 하나의 새로운 가치 목록이 발생하고 있다는 사실의 징후이다.

사람들이 자신의 악을 더 이상 부끄러워하지 않는다면, 그것은 지적 취향이 진보한 것이다.

20

자신의 철학을 매수하기 위해서 어떤 미사여구도 마련하지 않는 것

내가 하고 있는 것에 대한 경멸과 현재의 나에 대한 경멸

교회란 근본적으로 기만적인 종류의 국가 외의 아무것도 아니다.

동물의 수컷은 그것이 사랑하는 상대에 대해 잔혹하다—악의 때문이 아니라 그가 사랑하고 있을 때 아주 격렬하게 자기 자신을 느끼면서 타자의 감정을 고려할 수 있는 감정이 전혀 남아 있지 않기 때문이다.

5

4〔57〕

사랑이 부족한 자는 친절에서조차 인색하다.

결혼이란 문제에 대해서 여자들은 조야하고 둔중하다.

10

사람이 친구를 갖는다면 그는 친구를 위해서 전쟁도 수행해야 한다. 즉 그는 적이 될 수 있어야만 한다.

오늘날 그들은 우호적이려는 선량한 의지를 가졌다. 하지만 그 경우 그들은 얼마나 빈약하고 얼마나 비창조적인가?

15

나는 두 종류의 철학적 인간을 구별한다. 한쪽은 항상 자신을 방어하는 것에 대해 심사숙고하고 또 한쪽은 자신의 적을 공격하는 데 대해 심사숙고한다.

20

영웅은 명랑하다.—그것이 비극 작가의 마음에 들지 않는다.

비웃는 인간에게서는 감정이 거의 솟아나지 않는다. 그는 항상 떠들썩할 뿐이다.

사랑이 감성을 유혹해 어리석은 것으로 만들 수 있고, 사랑이 감성에게 말을 거는 순간 훌륭한 모든 취향을 잃어버리고 추한 것을 아름답게 보게 된다는 것은 놀라운 일이다.

4〔58〕

이른바 소위 사랑할 만한 인간들은 사랑이라는 작은 주화를 받고는 거스름돈을 반환해줄 줄 안다.

자신의 체험을 소화시키는 것을 아직 잊지 않은 자들은 모두 소화시키는 자의 게으름도 잊지 않았다. 이들은 이 조급함과 붐빔의 시대에는 게으름으로 분노를 일으킨다.

여자들에게 명예가 좌우되는 유일한 순간이 있다. 그것은 자신이 사랑받는다고 믿지 않고 오히려 자신이 사랑한다고 믿어야만 한다는 것이다. 이 순간을 넘어서면 즉시 매춘이 시작된다.

사랑하지 않는 남성에 대한 여성의 잔인함

자아에 대한 의지, 즉 이기심은 쾌락을 향한 의지의 뒤늦게 발전된 섬세한 특제품이다. 쾌락에의 저 의지가 하나의 자아인 한.

'너'는 '나'보다 더 오래되었고 내 안에 여전히 살아 있다.

'나'—이것은 세계를 사유할 수 있는 것으로 만들기 위한 하나의 보조 가설이다—물질이나 원자와 꼭 마찬가지로.

4〔59〕

영리함이 "그것을 하지 말라, 그것을 하면 너는 악한 사람으로 간주될 것이다"라고 말하는 즉시—나는 항상 그것에 반대로 행동해왔다.

5

나쁜 평판.

유용함은 하나의 수단에 불과하다. 그것의 목적은 달콤한 것이다. 공리주의자들은 어리석다.

10

그들은 나를 사랑하지 않는다. 이것이 그들을 축복하지 않는 이유인가?

보라! 지금 세계가 완성되었다.

15

4〔60〕

그에게 땅이 가볍게 느껴지기를 : 독일인의 행복을 원한다면, 그에게 땅이 무겁게 느껴지기를 바라라.

20 4〔61〕

근본형식

그것은 견딜 수 없다. 따라서 삶을 용이하게 하기 위해서 다음과 같은 것들이 필요하다.

선과 악, 사라져라!

자신에 대해 가능한 한 만족하기를!
비극적 인간이여, 돌아오라!
강력한 정념의 보호!
다면적인 인간의 구원.
5 다르게 행동하지 말고 자신에 대해서 다르게 사고하라!
숭고한 자들의 허영심!
영웅적인 인간의 잔인함에 반대하여.

생을 개선시키는 이 모든 것은 무용하다. 왜냐하면 가치 평가는 변하지 않기 때문에, 예를 들어 건강.

10 '너무 성급한 자들'에 대한 반론.

4〔62〕

사람들은 왜소한 도둑들, 왜소한 비방자들, 왜소한 음흉한 자들과 중상자들을 근절해야만 했었다—살인자들이 아니라.

15 모기와 벼룩에 대해 사람들은 어떠한 동정심도 가져서는 안 된다.
경멸할 만하고 가공할 인간.
사람들은 숲을 보호해야 하는 것처럼 악인들을 보호해야만 한다.

4〔63〕

20 인식하는 인간들을 위한 재산이 있는가? 정녕 나는 그것을 잊었다—아니면 내가 그것을 알았는데 잊은 것인가?

4〔64〕

우리들의 악한 정념들도 하나의 양심을 가지고 있어서 극복되었을 때는 화를 낸다.

양심은 복화술사다. 그가 말할 때, 우리는 그의 목소리가 우리에게서 나온다고 믿지 않는다.

5

종교는 인간을 기쁘게 만들려고 하며 따라서 '너는 해야만 한다' 대신 '나는 하지 않으면 안 된다'를 놓는다. 종교는 도덕에서의 불가능성에서 인간을 해방시키고자 한다.

10 지금 나는 정의롭다—이것은 많은 경우 '지금 나는 복수했다'는 것을 의미한다.

자신의 기호와 혐오를 자신의 의무로 해석하는 것은 '선량한 자'들의 커다란 불순함이다.

15

짝사랑하는 사람에게 그의 자존심은 이렇게 설득한다. 그가 사랑하는 자는 전혀 그의 사랑을 받을 만한 가치가 없는 자라고. 그러나 더 높은 자존심은 그에게 이렇게 말한다. "누구도 사랑받을 자격이 없다.—너는 사실 그녀를 사랑하고 있지 않다!"고.

20

4〔65〕

상대편의 사랑을 통해서가 아니라 더 많이 사랑하는 것을 통해서 짝사랑하는 자의 불운은 중지된다.

우리가 어떤 사람에게서 벗어나고자 한다면 그 자 앞에서 우리를 왜소하게 만들 필요가 있다—그것은 그 즉시 그 자의 허영심에 작용하게 되며, 그 자는 우리에게서 도망치게 된다.

네가 아직도 적대받는 한 너는 너의 시대를 넘어서지 못한 것이다. 너의 시대가 너를 전혀 볼 수 없어야만 한다. 너는 그들보다 그렇게 높고 멀리 있어야만 한다.

4〔66〕

차라투스트라는 더 적게 받으면 받을수록 더 많이 준다.
"나는 인색했다.—너희는 나를 모욕할 권리를 가졌다!"
그들의 박애정신에 따라서 주제들의 순서를 만드는 것.
그는 **추방된다.**

4〔67〕

자신의 정념을 극복한다는 것은 대개의 경우 그것을 일시적으로 지체시켜 쌓이게 하는 것을 의미한다. 따라서 위험을 더 크게 만드는 것을 의미한다.

조난자들을 위험에서 구하는 대개의 사람들을 움직이는 동기는 동정심이 아니라 용기와 위험이다.

대담함이 이웃 사랑보다 훨씬 위대한 행동을 많이 해왔다.

비로소 인간은 세계를 자신이 사고할 수 있는 것으로 만든다—우리는 여전히 그러고 있다—그리고 그가 일단 세계를 이해하게 되면 그는 이제 그것을 자신의 작품이라고 느낀다.—아! 그는 이제 모든 창조자와 마찬가지로 자신의 작품을 사랑해야만 한다.

5

남자들이 존재하는 한 그들은 전쟁과 사냥을 위해 훈련받는다. 그 때문에 그는 지금 전쟁과 사냥을 위한 가장 광대한 기회로서 인식을 사랑한다. 여성이 인식에서 도대체 사랑할 수 있는 것은— — —다른 어떤 것임이 틀림없으리라.

10

4〔68〕

사람들은 한 인간에 대한 자신의 분노를 도덕적인 분노라고 정당화한다—그러고 나서 자신을 찬미한다. 그리고 증오하다가 지치는 것을 용서한다고 정당화한다—그러고는 다시 한번 더 자신을 찬미한다.

15

만약 인간에게 진리가 충분하다면 그에게는 인간들과의 교제에서 거짓말이 더 이상 필요없을 것이다. 그는 이러한 진리를 가지고 사람들을 기만할 수 있으며, 원하는 방향으로 유혹할 수 있다.

20

4〔69〕

인식하는 자의 가장 커다란 용기는 그가 경탄과 경악을 일으키는 곳에서 나타나는 것이 아니라—비인식자들에 의해 피상적이고 천박하고 비겁하고 무관심한 자로 느껴질 수밖에 없는 곳에서 나타난다.

인식하는 자는 자신의 고유한 월계관을 쓸 줄 알아야 한다. 그것이 그를 새로운 변화로 몰아가기 때문에 그는 기다릴 수 없다.

4〔70〕

5 서로에 대한 두 사람의 정열—그것은 어떤 상황에서든 두 개의 정열이며 서로 다른 주기와 정점과 속도를 지니고 있다. 두 개의 선(線)은 서로 교차할 수 있다, 그 이상은 아니다.

사람들은 쾌감에 대해 말하면서 관능적 쾌락을 생각한다. 사람
10 들은 감각을 말하면서 관능을 생각한다. 사람들은 육체를 말하면서 하복부를 생각한다—이렇게 사람들은 세 개의 훌륭한 것들에서 존엄을 박탈했다.

부르주아적인 덕과 귀족적인 덕은 서로를 이해하지 못하며 서
15 로를 비난한다.

우리의 배움과 부지런함 또한 소질의 문제다.

모든 사람이 읽기를 배울 수 있고 실제로 읽는다는 사실은 결국
20 작가를 파괴할 뿐만 아니라 심지어 정신조차도 파괴한다.

4〔71〕

그는 나에게 부당하게 행동한다—그것은 나쁘다. 그러나 그가 내 앞에서 용서를 구걸하는 것은 나를 격앙시킨다.

사소한 어리석음이 가져온 나쁜 결과를 자신의 성격 탓으로 돌리지 않는 것은 매우 훌륭한 성격에 속한다.

자신의 어리석음이 가져온 나쁜 결과를 실제로 자신의 어리석음 탓으로 돌리되 자신의 성격 탓으로 돌리지 않기 위해서는, 대개의 사람들이 가지고 있는 것보다 더 훌륭한 성격이 필요하다.

우리가 만약 인간〈적인〉 호의의 평균을 단지 한 발짝이라도 넘어선다면 우리의 행위는 비난받는다.

너희는 '그것이 내 맘에 든다'라고 말하면서 나를 칭찬했다고 생각한다!—오, 그렇다고 하여 너희 같은 바보들이 내 맘에 들 것인가.

학자는 밧줄을 짜는 사람과 같은 운명을 갖는다. 그는 자신의 밧줄을 길게 짤수록—뒤로 물러난다.

4〔72〕

삶은 견디기에 무겁다. 그것을 견디기 위해서는 사람들은 오전에는 반항, 오후에는 복종할 필요가 있다.

나는 멍한 상태다. 내 식욕은 식사 시간이 지난 다음에야 찾아온다.

어떤 이론에서 그 이론이 반박될 수 있다는 것은 적지 않은 매력이다.

사람들은 입헌군주들에게 덕을 주었다—그들은 더 이상 '불의를 행하지' 못한다.—그러나 사람들은 그 대가로 그들에게서 힘을 빼앗았다. 그 후로 그들은 전쟁 외에는 아무것도 하려 하지 않는다—그러나 왜?

사람들이 무명으로 존재하는 행복을 갖는다면, 그들은 또한 어둠이 주는 자유, 특히 밀담을 할 수 있는 자유를 자신에게서 빼앗아야만 한다.

4〔73〕

나는 죄인보다도 속물을 훨씬 더 증오한다.

내가 음악을 사랑하는가? 나는 그것을 알지 못한다—또한 나는 그것을 너무나 자주 미워한다. 그러나 음악은 나를 사랑한다—그리고 누군가가 나를 떠나는 즉시 음악은 솟아나와 사랑받고자 한다.

언제 빛나기 시작하는가?

어떤 때는 세계의 모든 무게가 우리 위에 놓여 있어야 하는 것처럼 곧 자신의 목을 힘 있게 세우고—어떤 때는 한 방울의 이슬도 너무나 무겁게 흔들리고 있는 장미 꽃봉오리처럼 떨고 있다. 내 형제와 누이들이여, 나에게 그렇게 자상하게 대하지 말라. 우리는 모두 가뿐하게 짐을 지는 당나귀들이지 떨고 있는 장미 꽃봉오리는 전혀 아니다.

4〔74〕

제동장치가 필요하기 위해서는 우선 바퀴가 필요하다.

나는 죽음 가까이에서 너무 오랫동안 살아서 삶을 두려워하게 되었다.

그러한 인〈간〉들을 나는 '합계'라고 부른다.

4〔75〕

나는 그들(전달하는 자들)을 배우라고 부른다.

위버멘쉬는 삶의 과잉 때문에 저 아편 흡입자의 병과 광기를 띠고 있으며 디오니소스적인 춤을 출 수 있다. 그는 후유증으로 고통을 겪지 않는다.

병은 이제 많은 사람들을 그 자체로는 병의 증상이 아닌 것으로 데려간다. 환상으로

너희의 죄가 아니라—너희의 무미건조함이 하늘을 향해서 절규한다.

우리를 죄에서 해방시키고 우리에게 오만함을 다시 주라!

감옥 안에 있는 창백한 범죄자와 그와 반대되는 프로메테우스!

퇴화!

"우리는 하나의 존재를 창조하고자 한다." 우리 모두 그것에 참여하고자 하며 그 존재를 사랑하고자 한다, 우리 모두는 임신하고자 한다—그리고 그 때문에 우리 자신을 존경하고 숭배하고자 한다.

우리는 그것 때문에 서로가 사랑하게 되는 하나의 목표를 가져야만 한다! 그렇지 않은 모든 목표는 쓸모없는 가치들이다.

4〔76〕

한 사람의 철〈학자〉를 이해하고 그로 인해 확신을 갖는 것.

오늘 나는 모든 것을 금으로 변화시킨다. 무엇이든 네가 원하는 것을 나에게 달라—운명이여!

속지 말라! 가장 활동적인 민족은 오늘날에는 가장 지친 민족이다! 그들에게는 게으름을 필 수 있는 힘이 더 이상 충분하지 않다.

유일한 행복은 창조에 있다. 너희 모두 함께 창조해야만 하며 모든 행위에서 계속 이 행복을 가져야만 한다.

너희는 너희 안에 있는 카오스를 보존해야만 한다. 앞으로 올 자들은 그것으로 자신을 형성하고자 한다!

영원한 흐름으로부터의 구제.

4〔77〕

사람은 자주 자신의 과거를 잊기 위한 아편으로서 행위에 몰두한다.

5 자신이 가장 좋아하는 것을 하면서 미화하지 않는 것은—영웅주의일 수 있다. 거창한 몸짓에 대해서 수치심을 느끼는 것.

'나는 따른다'—'나는 원한다'가 아니다.

10 "내가 위버멘쉬를 창조했을 때 내가 갖지 않는 것은 아무것도 없었다. 너희의 모든 악과 잘못, 너희의 거짓말과 무지—모든 것이 그의 씨앗 안에 있다."

(완전한 채식에 대한 반론) 우리는 도대체 어린 양의 영혼과 공
15 상적인 처녀를 창조하고자 하는가? 우리는 사자와 힘과 사랑으로부터 거대한 것을 창조하고자 한다.

인간은 더 이상 인간이 아닌 어떤 것을 향한 계기이다.

자신을 탈세계화시키지 말고—세계와 그 안의 우리를 압도하
20 는 것.

나는 출산과 죽음으로 축제를 만들고자 한다.

4〔78〕

우리는 동정적인 인간이 되기보다는 잔인한 인간이 되어야 한다. 우리는 우리가 자연보다 더 하찮아지는 것을 막아야만 한다.

5 나는 동정심도 잔인함도 가르친다. 나는 그러나 또한 이 두 가지에 정신과 목표가 필요하다는 사실도 가르친다.

우리는 위버멘쉬를 위해서 대지를 준비시켜야 한다. 동물과 식물도.

10 나는 너희에게 광기를 접종한다.

너희는 소인들에게 너무 많은 애정을 가지고 있다.

너희는 그들을 무대 위에서 본다. 하지만 너희는 삶 속에서 그들

15 을 보아야 하고 그 경우 낮게 평가해서는 안 된다.

너희의 최상의 것은 연극 없이는 전혀 쓸모가 없다.

도덕적인 인간은 양심의 가책을 느낄 때 자기 만족을 느낀다.

20 4〔79〕

그대들은 이웃이 두려워서 전쟁을 일으키는가? 그렇다면 경계석을 치워버려라—그러면 너희는 더 이상 어떤 이웃도 갖지 않게 될 것이다.

4[80]

장례식으로 시작한다.

나는 무엇인가 가공할 만한 것을 예견한다. 카오스가 가장 가까이에 있고, 모든 것은 흐른다.

1. 그 자체로 가치가 있는 것은 아무것도 없다—'너는 해야만 한다'라고 명령하는 아무것도 없다.
2. 그것을 견뎌낼 수 없다—우리는 이러한 파괴의 광경에 창조를 대립시킨다.
3. 이러한 변화하는 목표들에 우리는 하나의 목표를 대립시킨다—그것을 창조하는 것.
4. 우리는 우리가 섭취, 동화한 모든 것을 물질로 갖고 있다. 이러한 물질을 파악하고 이해하는 것(학문을 통해).
5. 우리는 전체 자연을 우리의 관점에서 사유하고 사유할 수 있는 것으로 만든 후, 위버멘쉬를 창조한다.
6. 우리는 단지 우리와 가장 가까운 혈연만 사랑할 수 있을 뿐이다. 우리는 고안된 존재를 가장 잘 사랑한다. 작품과 아이에 대한 사랑은 명령받을 필요가 없다.
   위버멘쉬의 이점.

4[81]

나는 삶을 다시 원하지 않는다. 내가 어떻게 그것을 견뎌냈는가? 창조하면서. 무엇이 나로 하여금 그 광경을 견디게끔 했는가? 삶을 긍정하는 위버멘쉬를 향한 시선이. 나는 삶 자체를 긍정하려고 노력했다—아아!

4〔82〕

삶에 대해 생각하는 것은 휴양하는 일이어야 한다 : 그렇지 않으면 과제들만을 생각해야 한다.

5 기억들 :

나는 가장 잘 산다Primum vivire는 것을 파악했고, 삶에 속하는 모든 것을 파악했다!

살기 위해 인식한다—이전에는 : 삶을 부정하기 위해.

10 4〔83〕

도덕 해소가 실제적인 귀결로 초래하는 것은 사람들이 원자화되는 것이며 각 개인이 다양한 것으로 분해되는 것이다—절대적인 흐름.

그렇기 때문에 이제 그 어느 때보다 목표가 필요하고 사랑, 새로

15 운 사랑이 필요하다.

4〔84〕

동물의 상태로 되돌아갈 위험이 있다. 우리가 이 질료로 위버멘쉬를 형성하고 과거 전체에 목표를 부여한다면, 우리는 죽은 모든 자

20 에게 추후에 권리를 제공하고 그들의 삶에 어떤 의미를 주게 된다.

내가 인간들을 사랑하지 않았다면, 어떻게 차라투스트라를 견뎌냈겠는가?

내 안에 있는 배우들을 존경하고 최고의 배우들을 무대에서 찾

지 말라!

채찍.

5 4〔85〕

차라투스트라가 이 말을 했을 때, 작은 노파가 그에게 눈짓을 하며 말했다. "이제 나는 기꺼이 죽고자 한다. 왜냐하면 내가 차라투스트라를 가르칠 말이 더 이상 없기 때문이다."

10 사물들의 흐름 앞에서 너희는 두려워하지 말라. 이 흐름은 자기 자신에게로 되돌아간다. 이것은 단지 두 번만 자기 자신에게서 도망하는 것이 아니다. '그랬었다'라는 것은 모두 다시 '그렇다'가 된다. 과거의 것은 미래의 모든 것의 꼬리를 물고 있다.

15 '당위Soll'가 더 이상 느껴지지 않는 곳에서,—

사랑의 생성—도덕의 결과로서의 사랑.

4〔86〕

20 나는 이 사나운 개들을 모두 〈내 곁에〉 두고 있긴 하지만, 지하실에 두고 있다. 나는 이 개들이 짖는 소리를 결코 듣고 싶지 않다.

작은 노파가 그에게 눈짓으로 말했다. 이제 나는 편안히 죽을 것이다. 나는 차라투스트라를 체험했다.

4〔87〕

아무도 나에게 오지 않는다. 그리고 나 자신은—나는 모두에게 갔지만 누구에게도 오지 않았다.

4〔88〕

마지막 날의 전날, 차라투스트라는 수행했던 제자들을 집으로 돌려보내면서 그들에게 이렇게 말했다.

차라투스트라가 웃었던 장소는 〔— —〕

모든 사물은 두 얼굴을 가지고 있다. 소멸의 얼굴과 생성의 얼굴.

개인이 많아질수록, 개인이 속하는 무리도 그만큼 크게 된다.

인식의 좋은 취향bon goût은 도덕성의 최고 단계에까지 이른다.

너희가 상위의 인간들이 가지는 책임의 고통을 파악할 수 있다면!

4〔89〕

상위의 인간들의 도덕에 대하여.

다른 경우에는 도덕인 모든 것이 여기서는 사랑이 되었다.

그러나 이제 새로운 '너는 해야 한다'가 시작된다—자유로운 정신을 가진 자의 인식—최고의 목표들에 대한 물음.

4〔90〕

우리에게 도덕이 더 이상 필요하지 않은 것처럼,—종교 역시 더 이상 필요하지 않다. '나는 신을 사랑한다'는 것—종교적인 것의 유일한 낡은 형식—은 어떤 이상에 대한 사랑으로 전환되었다—창조적으로 되었다—순수한 신(神)-인(人).

도덕은 필요하다. 우리가 행위를 해야 한다면, 무엇에 따라 행위할 것인가? 그리고 우리가 행위한 것을 평가해야 한다—무엇에 따라?

발생사에서 오류를 입증하는 것은 도덕을 반대하는 논증이 아니다. 도덕은 삶의 조건이다. '너는 해야 한다'.

정열을 신성하게 하는 것에 관하여.

그는 자신이 할 수 있는 만큼 순종한다.

나는 인생의 가장 좁은 단계 위에서도 살아보았다.

그러한 고통은 내 고통과 마찬가지로 매장된 자의 고통이다.

상위의 모든 행위는 도덕률을 여러 번 위반한다.

이익과 이성을 가르친다고? 그럴 수 있을 만큼 우리는 오랫동안 이성적이지 못했다.

4〔91〕

순서에 따라 모든 정열을 타당하게 하기, 그러면서도 신성하게 하기.

나는 인식하고자 했다. 지금 나는 나의 운명(해부)과 개의 말 없는 시선에 대한 나의 고통과 만나고 있다.

창조하는 자들을 인간적으로 대하라. 그들에게는 이웃 사랑이 없다.

깊은 자—오늘 너는 사람들이 너에게 한 일을 용서했다. 그러나 너는 아직 그것을 전혀 체험하지 못했다. 반 년만 지나면 너는 그것을 결코 용서하지도 잊지도 못할 것이다.

4〔92〕

정신이 도덕 속으로 빠져들 때, 비로소 악마가 풀려난다.

인간은 자신에게서 비로소 도덕을 박탈했다. 우리도 자신에게 하나의 도덕을 부여할 수 있다!

'가장 무거운 것은 무엇인가?'

이 모든 것을 내가 했고 소녀의 미소를 얻기 위해 오늘 **그것을** 헐값에 준다고 차라투스트라는 말했다.

그러면 너는 인간들에게 더 이상 할말이 없는가?

아니다, 잔이 비었다 라고 차라투스트라는 말〈했다〉. 그리고 그는 이 말을 하고서 자신의 길을 혼자서 떠났다. 그러자 그의 제자들은 울었다.

그 은둔자에게 아픔을 주지 않도록 주의하라. 그는 깊은 샘과 같다. 그 안에 돌을 던지기는 쉽지만, 어떻게 너는 그 돌을 다시 끄집어 내려고 하는가? 그는 결코 용서하지 않는다.

경멸의 화살을 오히려 자신의 화살통에 꽂기.
쥐어뜯기.

4〔93〕

너희의 정체를 드러내지 말라! 만약 너희가 그럴 수밖에 없다면, 화를 내되 부끄러워하지는 말라!

침입자와 목 베는 자에게 어떻게 저항해야 하는지 내가 너희에게 알려주어야 하는가? 나는 자신의 덕에 신물이 난 자들, 그래서 그 덕을 위해 축제를 베풀어주려고 언젠가 기꺼이 도둑 맞고 비방당하려는 자들에게 말한다 —

4〔94〕

내 말을 잊지 말라! 나는 인간들에게 위버멘쉬를 창조하는 것을 가르쳤고, 정오와 영원 그리고 흐름에서의 구원을 가르쳤다. 내 가르침은 이것이다. '모두를 위해서'는 '나를 위해서'보다 더 오래됐고 일찍이 선한 것으로 간주되었다. 너희는 '나를 위해서'를 이제야 비로소 성스럽게 해야 한다.

너희는 너희의 감각들을 죽이지 말고 성스럽게 해야 한다—무구하게 만들어야 한다.

그때 모든 민중이 말했다. 우리는 도덕의 파괴자를 파괴해야 한다—

사람이 인간으로서 완전해지고자 한다면, 동물로서도 완전해야 한다.

너희는 언제나 너희의 힘에 걸맞는 도덕만을 가지게 될 것이다.

위버멘쉬, 고독한 방랑자, 수줍어하는 자, ---

4〔95〕

"제자—그는 아이도 아니고 작품도 아니다." 여기서 차라투스트라는 말을 그치고 태도를 바꾸면서 엄한 시선으로 앞을 바라보았다. 그러나 그의 제자들은 그에게 다가가서 물었다. "선생님은 우리에게 더 이상 털어놓을 말이 없습니까?—우리가 그 말을 간직하고서 집으로 갈 수 있도록 말입니다."

차라투스트라는 앞으로 나아갔고 마침내 자신의 동굴과 산에 이르렀다. 거기서 그는 자신의 독수리와 뱀을 발견했다. 그러나 그가 동굴과 동물들에게 인사를 했을 때, 그는 단번에 아주 늙어버렸다.

그때 민중들 중 한 사람이 중얼거렸다. 가장 나쁜 것은 차라투스트라의 수중에 떨어지는 것이 아니라, 밤에 그의 꿈을 꾸는 것이다.

그는 오랫동안 생각에 잠겨 아무 말도 하지 않았다. 그 동안 그의 동물들은 그 앞에서 기다리고 있었고, 산에서는 오전이 지나갔다. 갑자기 그의 눈이 변했다. 시간은 정오였는데, 그는 손으로 자신의 몸을 더듬으며 말했다 ---

4〔96〕

그렇게 할 능력이 있는 자는 부정(不正)을 스스로 떠맡아야 한다.

고독한 자의 위험.

소나무

이 모든 것을 나는 했고 그것을 짊어지고 있다—아이의 미소.

4〔97〕

여기서 영웅의 정신은 아파한다—조용히 지나가라. 그는 너무 많은 고통을 겪었다. 바로 그 때문에 그에게는 고통을 줄 의지가 있다.

4〔98〕

그가 자신의 영혼에 자비를 베풀기를.

4〔99〕

나는 너희에게 희생, 선의Güte, 성스러운 이기심을 나타내는 모든 행동을 요구한다. 이 모든 것에 대해서 너희는 이렇게 말해야만 한다. "그걸 대단하게 여기지 말라! 그것은 내 취향일 뿐이다." 더 나아가 나는 너희가 인식을 따르기를 요구한다. 왜냐하면 나는 그 인식이 너희의 취향에 거슬린다는 것을 알고 있고, 너희가 "우리는 그럴 수밖에 없다"고 말하리라는 것을 알기 때문이다. 그러나 우리가 그럴 수밖에 없다는 이 말은 법칙이어서는 안 되며 다른 사람들을 압도하거나 화나게 해서는 안 된다.

4〔100〕

내 형제들이여, 나는 여자들에게 "당신도 위버멘쉬를 낳을 수 있다"고 말해주는 것밖에는 여자를 위로할 줄 모른다.

그대들이 늑대, 고양이와 무슨 공통점을 갖고 있는가? 늘 받기만 하고 주지 않으며, 받는 것보다는 훔치는 것을 더 좋아하는 이것들과 말이다.

그대들은 언제나 선사하는 자들이다.

4〔101〕

너희의 모든 허약함과 악덕은 인식에서도 너희를 좇아다닌다! 어떤 책은 읽기 어렵다. 그러나 눈을 가진 자는 ---

4〔102〕

좋은 대우를 받지 못하는 것은 너희의 운명이다. 너희의 복수는 두려움의 대상이 아니다. 그러기에는 너희는 시대 속에서 완전히 가라앉지 않는다.

4〔103〕

위버멘쉬와 관련된 동정(제자—장〔章〕)

(장) 내가 위버멘쉬를 볼 수 있다면! 그는 나를 보지 않고 자신
5 의 미래상을 본다.

(장) 선(善)—너희에게 신은 없었다. 너희는 더 좋은 피안에 이르
지 못한다. 그 피안은 세워질 수 없다. 그것은 공허한 오류다. 따라서
'나는 원한다!'만 있을 뿐이다.

10

현존하는 인간에 대한(천재에 대한) 사랑을 묘사하는 것—그것
은 얼마나 괴로운가! 만약 그것을 먼 곳으로 밀쳐두고 만화 같은 그
림을 본다면!(장)

15 4〔104〕

너희는 차라투스트라를 믿는다고 말한다. 그러나 그것이 차라투
스트라와 무슨 상관이 있는가? 너희는 형제들이다. 나는 너희를 그다
지 사랑하지 않는다. 형제는 아이도 아니고 작품도 아니다.

자유로운 정신을 가진 자가 마음도 자유로울 때 나는 그런 자들
20 을 사랑한다. 나에게 머리는 마음(심장)의 내장과도 같다. 머리는 마
음이 받아들인 것을 소화하고 그것을 사상으로 만들어야 한다.

너희는 부끄러워하기보다는 화를 내라!

그리고 너희가 저주를 받고 나서 축복을 하려고 하는 것은 내 마

음에 들지 않는다. 차라리 조금은 함께 저주하는 것이 낫다. 악마여 나를 지옥으로 데려가라!

나는 모든 순교자에게 복수심이 그들을 극단으로 몰고 갔던 것이 아닌지 숙고해보기를 권한다.

4〔105〕

너희 시인들, 참회자들, 배우들은 미래상들이 결여되어 있다는 것을 너희가 느끼지 못하도록 해야 한다—그것들은 너희를 더욱 가난하게 만든다! 그것은 나의 미래상들이 아니다! 그래서 시인들은 거짓말을 해야 한다!

나는 예술과 아무런 관계를 갖지 않으려고 한다—쾌락과 쾌락을 초월하는 것으로 사람을 즐겁게 만들어주는 예술이 아니라면 말이다! 예술에서의 거짓은 오만함에서 나온 악이다!

나는 너희의 외침을 듣고 싶지 않다! 아니 이제야 너희는 '참'되구나!

전복시키기!

4〔106〕

그것이 반대 이유다. 그래서 나는 너에게 감사한다. 그러나 이제 나에게 그 반대 이유를 다시 반박하라, 친구여!

너를 보면 나는 매혹된다 라고 차라투스트라는 말했다. 그렇지만 너는 나를 매혹시키는 자가 아니라, 너는 나에게 ---

이제 여름의 시간, 어떤 시간이다. 그리고 그 이상은 아니다. 너는 나에게 높은 산맥이다. 마치 얼음, 엄청난 폭풍우, 구름같이 확고하다……

4〔107〕

나는 그들과 함께 미워하고 사랑하고 싶지 않다. 나는 그들의 외침과 행복을 듣고 싶지 않다.

4〔108〕

주의. **최고의 정열을 가지고 실행하는 것.** 사랑하는 자는 어리석고 (속임을 당하고) 그는 자신의 사랑을 털어놓을 수 없다.

인식하는 자는 애정이 없고 털어놓기를 싫어한다.

배우는 애정이 없고 어리석다.

4〔109〕

그들은 나를 이해하지 못한다—그러나 그들이 인기 있는 장소로 달려가는 것은 소름끼치는 일이다.

법정으로 향하는 것은 이미 경멸의 징표다.

4〔110〕

사람들은 우상이 될 수 없을 때 우상을 숭배하는 것을 자랑으로 여긴다.

욕정이 여자를 엄습하고 남자들의 상(像)이 될 때—

저 창백한 여자를 보라. 비록 그 여자의 욕정이 살기등등한 손을 가지고 있지만, 나는 그 욕정의 꿈보다는 그 수중에 빠지고 싶다.

차라투스트라가 처음으로 만난 자는 누구인가? 그는 그들을 다시 견뎌낼 수 있는 것이 기쁘다.

(장) 나는 인간을 사랑하고 싶었지만 항상 미워할 수밖에 없었기 때문에, 고독 속으로 들어갔다. 마침내 나는 위버멘쉬를 사랑하게 되었다—그 후로 나는 인간들을 견뎌내고 있다. 나는 그들에게 새로운 희망을 가져다주고자 한다! 그리고 새로운 공포도—차라투스트라는 말했다.

4〔111〕

나 자신에 대한 혐오가 나를 엄습한 때가 있었다. 1876년 여름이었다. 오류의 위험, 형이상학이 섞여 들어올 것에 대한 학문적 양심의 가책, 과장의 감정, '재판관적인 기질'에서 우스운 것— 그러니까 이성을 산출하고, 아주 말짱한 정신 상태로 형이상학적인 전제들 없이 살고자 하는 시도. '자유정신'—나를 넘어서!

4〔112〕

내가 젊었을 때

이 모든 것을 나는 오늘 헐값에 준다—아이의 미소를 얻기 위해서 말이다. 다시 아이가 되고자 한다면, 자신의 청년기도 극복해야만 한다.

나는 진실로 너희가 존경하는 자인가? 만약 내가 그런 자라면—어떤 입상(立像)이 너희를 박살내지 않도록 주의하라.

4〔113〕

이제 그 살인자는 병든 것처럼 보인다. 그는 그만큼 도덕적 판단들을 자기 것으로 받아들였다.

마음을 사로잡는 사물들을 모으는 것.

4〔114〕

동정적인 인간들에게 엄격함은 하나의 덕이다.

4〔115〕

피는 진리에 대한 저열한 증인이다. 피는 가르침을 중독시키고, 그래서 그 가르침은 증오가 된다.

4〔116〕

젊었을 때, 나는 아픔을 겪는 성향을 가지고 있었다. 사람들은 나의 그런 성향을 고상한 것에 대한 성향이라고 불렀다.

인식의 풀과 도토리에서 양분을 얻는 것.

인간은 식물과 유령의 중간이어야 한다.

나는 번개를 품고 있는 어두운 구름에서 하나씩 떨어지는 이 무거운 물방울들을 모두 사랑한다. 이 번개는 위버멘쉬라 불린다.

4〔117〕

우리 안에 있는 아이는 우리 안에 있는 사자도 제압해야만 한다—차라투스트라는 말했다.

나는 적선을 베풀지 않는다—그럴 만큼 나는 가난하지 않다—차라투스트라는 말했다.

나는 강가에 있는 버팀목이고 난간이다—나를 잡을 수 있는 자는 잡아보라! 나는 지팡이가 아니다.

자기를 낮추고 자신의 교만함에 아픔을 느끼는 것. 자신의 지혜를 무시하기 위해 자신의 어리석음이 참회하도록 하는 것.

나는 너희가 이러한 형이상학적인 것들을 믿는 것을 금지한다. 이런 것들을 불신하는 것이 당연하며 이런 물음에 대한 가치 평가가 일찍이 어디에서 유래했는지를 통찰하는 것이 적절한 일이다. 우리의 사유 방식은 철저히 인간적이어야만 한다.

4〔118〕

몰덴하우어Moldenhauer

마인랜더Mainländer

4〔119〕

그러나 네가 내 말을 경청하고자 한다면, 내 것에서 네게 속한 모든 것을 가져가버려라.

4〔120〕

이를 악문 은둔자—불쾌해진 그는 이를 간다.

자신을 알린다는 것이 어떻게 가능한가? 어떻게 자신의 말을 듣게 할 수 있는가? 언제 나는 동굴에서 나와 탁 트인 곳으로 가는가? 나는 숨어 있는 자들 중에 가장 깊이 숨어 있는 자다.

4〔121〕

무시하라! 너희는 더 높은 빛 속으로 우뚝 솟으라! **동정하는 자**는 위버멘쉬를 사랑하지 않는다!

4〔122〕

여기서 나는 앉아서 기다리고 있었다 —
선과 악을 넘어서, 때로는 빛을
때로는 그림자를 즐기며. 완전히 놀이만을
완전히 바다를, 완전히 정오를, 완전히 목적 없는 시간을.

4〔123〕

아, 우리의 선이여!—우리는 우리의 선조를 존경한다.

4〔124〕

당신의 주제들에서는 어떤 절망 같은 것의 소리가 울려 나온다. 하〈인리히〉 쾨〈젤리츠〉

4〔125〕

장 : 순교를 거부하는 것에 대하여.

4〔126〕

인간은 모든 사물이 갖는 힘의 배분 상태와 변화에 전적으로 의존해 운동하는 원자 집단이다—다른 한편으로는 모든 원자처럼 계산이 불가능하고, 자체적으로 존재하는 것이다.

우리는 자신을 정념들Affekte의 다발로만 의식하게 된다. 그리고 감각 지각들과 사상조차도 정념들의 이러한 개시 작용 아래 속해 있다.

4〔127〕

천상의 해결책을 지닌 모든 역사 중 가장 비극적인 역사.

점점 더 위대해져가는 차라투스트라—이렇게 위대해져가는 것과 더불어 단계적으로 전개되는 그의 가르침.

황혼의 태양처럼 최후의 파국을 비추는 '회귀'

4〔128〕

정신Geist 없이 자신들의 죄에서 벗어나려 하다니, 어쩔 도리가 없구나—그들에게 상황은 '확고'하다.

큰 고통을 겪을 때, 사람은 우쭐해지는 만큼 겸손해진다.

5 "나는 그것에 반대할 만한 근거를 알지 못한다"— 그러나 "나는 알지 못한다"는 말이 그것에 찬성할 근거가 될 수는 없다! 내가 알지 못하는 것이 너무 많다 —

4〔129〕

10 사람은 칭찬할 때 언제나 자기 자신을 칭찬한다. 사람은 비난할 때 언제나 남을 비난한다.

나는 단단한 우울에 휩싸인 채 누워 있다—내 삶은 작은 우연들에 매달려 있다.

15

(장) (동정에 대해) 너희의 영혼이 냉정하도록 하라.
동정이 강할 때, 그것은 지옥에 있는 느낌이다.

인간에 대한 최고의 사랑에서 나오는 살인.

20

4〔130〕

구세주, 너는 얼마나 잘 치유하는가. 그것은 그녀의 말이었다. 왜냐하면 그 여자는 차라투스트라를 사랑했기 때문이다.

4〔131〕

우리는 그때 시를 짓지 않는다. 우리는 계산한다. 그러나 계산할 수 있기 위해서, 우리는 먼저 시를 지었어야만 한다.

나는 더 이상 아무것도 체험하지 않는다. 나는 체험들도 능가하고 있다.

너희 차갑고 냉정한 자들이여, 너희는 차가움의 매혹을 알지 못한다!

나는 너를 사슬에서 풀어준다. 죽으라!—사람들은 그 여자가 죽으면서 웃는 것을 보았다.

차라투스트라가 그 여자의 이 말을 들었을 때, 그는 자신의 머리를 감싸쥔 채 버티고 서 있었다.

이 동정은 지옥이 아닌가? 이 열렬함은 불꽃이 아닌가?

재판관들은 한 목소리로 말했다. 이 인간은 광기의 인간이다. 그가 환영받는 곳으로 그를 가게 하라. 그러니 여기에 머물러 있지 말라. 그때 차라투스트라는 동굴과 자신의 동물들에게로 돌아가기로 결심했다.

4〔132〕

'회귀'의 가르침을 받고—"나는 비참함을 잊었다". 그의 동정은 커져간다. 그는 그 가르침을 견뎌낼 수 없다는 것을 안다.

정점. 신성한 살인. 그는 위버멘쉬에 대한 가르침을 고안해낸다.

귀향. 은둔자에게로의 귀환. "너는 엄격함을 가르치지 않았는가? 그리고 왜소한 것에 대한 증오도 가르치지 않았는가?"

차라투스트라여 너는 그것을 가르치라! 나는 더 이상 그것이 아니다! 내가 인간들에게 갔을 때, 나는 그랬다. 그렇게 되기에는 이제 나는 너무 가난해졌다,—나는 모든 것을 주어버렸고, 내 엄격함도 주어버렸다.—은둔자들은 그렇게 생각한다. 나는 입술을 실룩거리고 이마에 고통의 주름살을 지으며 죽어가는 자들의 미소를 보면서, 너에게 서약한다—그는 운다.(신, 만세) 신은 죽었다. 그리고 이제 위버멘쉬가 살 시간이다.

4〔133〕

정의의 개념을 고상하게 변형시키기—또는 인간의 행위가 필연적으로 부당하다는 것을 입증하기.

우리는 특정한 가치평가 밖에 서 있을 수 있지만, 모든 가치 평가 밖에 서 있을 수는 없다.

도덕을 평가하기—무엇에 따라서?

4〔134〕

분명 자기 자신을 견뎌내는 것은 가능하다. 그러나 어떻게 사람이 자신의 이웃을 견뎌내는가? 그는 너무 많은 고통을 겪게 된다.

나는 그들이 얼마나 가난한지 알지 못했다—나는 받는 것이 주는 것보다 더 아름답다는 것을 알지 못했다.

동정은 신의 지옥이 아닌가? 그리고 신은 아마도 이러한 열정 때문에 죽었을까?

4〔135〕

혈연에 의한 복수에서 : 국가를 대표하는 모든 이들과 같은 근본적인 감정. 한 종족의 깊은 고통에 대한 경외와 이 감정에 대한 용인.

우리가 해로운 것에 공포나 혐오감을 결합시킬 때, 악하다, 저열하다는 감정이 생긴다.

위험한 임무를 사랑하는 사람들이 언제나 있다. 그리고 이들은 이러한 사랑을 움직이는 동인이 무엇인지 알려고 하지 않으며 심지어 곧바로 찬양한다—자유정신—

4〔136〕

도덕이 우리를 지배하면서 삶은 견딜 수 없는 것이 되었다—바리새인이 아니며 자유로운 시선을 가진 사람이라면 말이다—그렇기 때문에 나는 도덕을 파괴했다.

한 무리의 정념들, 제일 운동인ein primum mobile, 그러나 그.

나를 긍정하기 위해서 나는 도덕을 파괴했다. 나는 어디서나 창조자와 폭군이 동시에 있다는 것을 보여주었다. 그러나 '동시에'는 필요하지 않다. 왜냐하면 무리는 — — —

4〔137〕

모든 목표는 파괴되었다. 인간들은 하나의 목표를 스스로에게 부여해야만 한다. 인간들이 하나의 목표를 가졌다는 말은 오류였다. 그들은 스스로에게 모든 목표를 부여했었다. 그러나 이전의 모든 목표를 위한 전제들은 파괴되었다.

학문은 흐름을 보여주지만, 목표를 보여주지는 않는다. 그러나 학문은 거기에 새로운 목표가 상응해야만 하는 전제들을 준다.

4〔138〕

모든 인간은 사건의 창조적인 원인, 근원적인 운동을 하는 제일 운동자primum mobile다.

4〔139〕

신이 자기 자신을 파악했을 때, 신은 자기 자신과 자신의 대립물을 창조했다.

너희는 어떻게 벌레에서 인간에 이르는 길을 걸어왔는가! 그리고 너희 안의 많은 것이 여전히 벌레이며 너희가 걸어온 길에 대한 기억이다.

4〔140〕

얼음 찜질—인간들에 대한 나의 혐오는 너무나 커져버렸다. 이상주의의 도덕적 오만함에 대한 나의 반감도 너무 커졌다. 나는 경멸받는 자에게 가까이 갔고, 내 안에서 내가 경멸했던 모든 것을 찾아냈다. 나는 내 열정을 누그러뜨리고 싶었다. 나는 인류를 고발하는 모든 자의 반대편을 들었다—나는 그들과 나에게서 고상한 말을 할 수 있는 권리를 빼앗았다.

비판적인 충동은 삶을 원했다 —

그 속에서, 최소한의 비용으로 살려는 영웅주의 : 황야.

지성적인 충동을 자신에게 굴복시키고 정념으로 생각해보려는 영웅주의.

내가 여러 정념들을 비방했던 것은 나중에 이렇게 말하기 위해서였다. 나는 하나의 정념을 가지고 있었다, 그뿐이다!

도덕 아래 있는 삶은 견뎌낼 수 없다.(벌써 이전의 바그너의 의미)

4〔141〕

바〈그너〉, 오만불손이라는 몰취향이란 면에서 가장 멀리 나아간 인간으로 남을 자.

4〔142〕

나는 도덕적인 충동들을 부정하지만 모든 정념과 충동은 우리의 가치 평가들에 의해서 채색되었다. 우리 안에서 전적으로 서로 다른 평가들이 경쟁한다. 그 결과 : 도덕들의 다양성을 파악하는 것.

끊임없는 칭찬과 비난.

우리의 정념들에 대해 도덕적으로 말하면서

우리의 공동 감정들에 대해 도덕적으로 말하면서

5 우리의 지적인 기쁨들에 대해 〈도덕적으로 말하면서〉

우리의 질병은 도덕적인 현상으로 등장한다

인간에게 모든 것은 우리의 마음에 들거나 들지 않거나 하나의 범죄다.

모든 유용성

10 풍경

침대

일종의 도덕적 질병

나쁜 날들의 전면에 등장하는 다른 도덕적인 정념들

15 4〔143〕

우리가 그렇게 감각하지 않는 모든 것은 우리와 거의 관계가 없다. 우리는 그것을 지속적으로 잊어버린다.

우리의 정념들을 칭찬하거나 비난하는 것, 그러니까 가치 평가하는 것을 나는 '도덕'이라 부른다.

20

음(音)들을 해명하는 것으로 음악이 해명되지 않는다—또는 전혀 반박되지 않는다.

한 인간의 목숨에 대해서 분개를 일으킬 정도로 무관심한 시대가 있다. 이와 반대되는 것이 혈연에 의한 복수다.

안심시키기. 사람들은 그렇게 자기 자신을 견딘다—그리고 동정 때문에 미친다.

5

4〔144〕

견고한 어깨로 그는 무(無)에 저항하며 서 있다. 그리고 공간이 있는 곳에 존재가 있다.

10 4〔145〕

완전히 바다, 완전히 정오, 완전히 목적 없는 시간
한 아이, 한 장난감
그리고 갑자기 하나가 둘이 된다
그리고 차라투스트라는 나를 그냥 지나쳐 갔다.

15

4〔146〕

나는 나에 대한 재판관이자 형리로 몰락해간다.

4〔147〕

20 '무엇에 좋다', '무엇에 나쁘다schlimm'. 근원적으로 모든 도덕적 판단은 목적을 위한 수단에 대한 판단이다. 그러나 사람들은 점차 목적을 잊어버렸고, '좋다'와 '저열하다'만 남았다—마치 그 자체로 선한 것이 있을 수 있는 것처럼 말이다. 사람들은 언제나 하나의 목적의 관점에서 칭찬했고 비난했다. 그러나 결국은 존경, 사랑 또는 혐

오 같은 감정들이 이런 수단들에서 바로 느껴졌을 때, **완전하게** 칭찬하고 비난할 수 있기 위해서 목적을 부정했다.

그러니까 정념이 '선한 것 자체'와 '악한 것 자체'를 창조했던 것이다.

5

이 체화된 '도덕적 감정들'의 경우는 어떠한가—도덕적 감정들의 역사에서 명확하게 드러나는 것은 그 어떤 선들의 목록, 어떠한 궁극적 목적도 남아 있지 않다는 것이다—모든 것은 반박되었다. 도덕적 감정들의 엄청난 힘이 우리 안에 있지만, 우리에게 모두를 위한
10 목적은 없다. 도덕적 감정들은 서로 모순 상태다—그것들은 서로 다른 선의 목록에서 **나온다,** ---

엄청난 도덕적 힘은 있지만, 모든 힘이 그 속에서 사용될 수 있는 목표는 더 이상 없다.

15 4〔148〕

모두 할 수 있는 것은 무엇인가? 칭찬과 비난이다. 이것이 인간의 광기, 미친 동물의 광기이다.

나는 솜털이 사과에 있다고 말한다. 나는 거짓말이 삶에 속한다
20 고 말한다.

사람들은 많은 부정(不正)을 저지른다—아플 때뿐만 아니라 칭찬, 선행, 동정을 통해서도 저지른다—사람들은 필요한 곳에서는 보복하지 않는다!

4〔149〕

오직 하나의 이성만이 있을 뿐이다. 그러면 오직 하나의 심정만이 있는가? 세계의 진행에 대한 완전히 인간적인 해석도 하나이어야만 한다—또는 : 인간 심정의 각 국면에 대해 세계의 전개 과정을 위로가 되게끔 해석하는 일이 가능했었다.

4〔150〕

세상 일Dinge이 얼마나 부정의한가를 아는 것은 끔찍한 일이다. 그러나 그럴 때도 우리가 정의의 창조자이며 우리는 우리 자신 때문에 괴로워한다고 위로할 수 있다

4〔151〕

도덕성—우리에게 체화된 모든 가치 평가의 총체. 이 엄청난 양의 힘은 장차 무엇이 될 것인가? 그런 한에서만 나는 이 평가들이 어떻게 발생했는가라는 물음에 관심이 있다.

4〔152〕

광기 어린 자가 이성을 얼마나 사랑하는지 너희는 알고 있는가?

4〔153〕

(장) 가장 정신적인 자들에 대한 연설.

(장) 감추어진 삶.

4〔154〕

그들은 자신에게 "우리는 가엾다"라고 말하는 순간을 결코 체험해보지 못했다.

이 늙은 신인Gottmensch은 웃을 수 없었다.

예수라는 이름의 한 이스라엘 사람은 지금까지 최고의 사랑을 한 자였다.

4〔155〕

내가 배척했던 것은 내가 지금까지 존경해왔던 이 사람이 아니라, 그 때문에 내가 그를 존경해왔던 바로 그것이다.

4〔156〕

이 절의 결론. 그리고 나는 이 진실됨의 고통도 선택했다.

4〔157〕

너는 그들의 이상(理想)들을 보아왔다—이제 그 이상들을 깨부수고 강건해지라! 동정.

4〔158〕

형식. 이 인간은 바닥도 없고 벽도 없는 집에 도착했다.

4〔159〕

뭐라고! 너희는 이 궁핍한 인간들을 영원하게 하고 싶다고? 이들을 서로 사슬로 연결시키고 싶다고? 아니, 그들을 몰락하게 하라! 사회주의자들이여, 우리에게 부유한 자와 가난한 자가 무슨 의미가 있는가!

4〔160〕

시간 없이 세계를 응시할 때, 모든 굽은 것이 똑바로 펴진다.

네가 어떤 푸른 것을 볼 때, 너 자신을 극복하면서 그것이 회색이라고 말하는 것이 네게 무슨 소용이 있는가?

4〔161〕

여자에 대해서 틀린 말을 하는 것은 어렵다. 여자들에게는 어떤 것도 불가능하지 않다—차라투스트라가 대답했다.

4〔162〕

최후의 인간—그는 잔기침을 하며 자신의 행복을 즐긴다.

4〔163〕

인간은 초(超)원숭이로, 영원한 인간인 최후의 인간상으로 남아 있기로 결심한다.

4〔164〕

여자와 동침하는 것보다 지상에서 더 좋은 것을 알지 못하는 자들이 너무나 많다.

5 4〔165〕

인간은 극복되어야 할 어떤 것이다. 그것을 위해 너는 무엇을 했는가? 너희 선하고 악한 인〈간들이〉 나와 무슨 상관이 있는가?

4〔166〕

10 정신이 날아갈 날개를 가지지 못할 때, 정신을 자유롭게 하는 것이 무슨 소용이 있는가?

4〔167〕

은둔자와의 마지막 대화.

15 — 나는 네가 내 제자가 되지 않은 것에 대해 너를 칭찬한다.

은둔자. 나는 인간들을 아주 경멸하고, 그들을 아주 사랑한다—나는 그들을 견딜 수 없었다—나는 사랑과 경멸 두 가지 면에서 나를 위장해야만 한다.

나는 그들에게 새로운 사랑과 새로운 경멸을—위버멘쉬와 최후

20 의 인간을 가져다준다.

나는 너를 이해할 수가 없다—네가 그들에게 가져다 준 것을 그들은 받아들이지 않는다. 그들에게 먼저 적선을 구걸하게 하라!

차라투스트라 ---

그러나 그들에게는 적선만이 필요할 뿐이다. 그들은 너의 보물

들을 필요로 할 수 있을 만큼 부유하지 않다.

나는 노래를 짓고 부른다. 나는 내 노래를 만들 때 웃고 운다,
이 사람에게 나는 더 이상 가르칠 것이 없다.

5 4〔168〕

어떤 사람들은 주사위 놀이를 하고 싶어하고 어떤 사람들은 계산하고 셈하고 싶어하며, 또 어떤 사람들은 언제나 파도와 파도가 춤추는 것을 다시 보고 싶어한다—그들은 그것을 학문이라 부르면서 땀을 흘린다.

10 그러나 놀이를 하고 싶어하는 것은 아이들이다. 그리고 참으로, 그것은 아름다운 아이다움이며, 조금 웃는 것은 놀이에 방해되지 않을 것이다.

4〔169〕

15 금욕주의의 목적. 자신의 갈증을 가득 채우고 자신의 고유한 창조는 저지하는 것.

4〔170〕

세계에는 계산할 것이 많이 있다. 그러나 세계를 계산해내는
20 것—그것은 성가신 일이다.

4〔171〕

위버멘쉬의 반대는 최후의 인간이다. 나는 위버멘쉬와 동시에 최후의 인간을 창조했다.

위버멘쉬적인 모든 것은 인간에게 질병과 광기로 나타난다.

더러워지지 않으면서 더러운 강물을 받아들이기 위해서 사람들은 바다가 되어야 한다.

5

4〔172〕

목적을 생각했을 때 나는 우연도 생각했다.

세계를 목적에 따라 해명하기도 하고 우연에 따라 해명하기도 하는 것이 가능해야만 한다. 마찬가지로 사유로, 의욕으로, 운동으로, 정지로 해명하는 것이 가능해야만 한다. 마찬가지로 신으로, 그리고 악마로 해명하는 것이 가능해야만 한다. 왜냐하면 이 모든 것이 자아das Ich이기 때문이다.

10

그것은 우리가 그 속에서 사물들을 바라보는 우리의 관점들이 아니다. 그러나 그것은 우리 종족 후에 오는 존재의 관점들, 좀더 위대한 커다란 존재의 관점들이다. 우리는 이 존재의 상(像)들을 들여다보는 것이다.

15

4〔173〕

그것을 배우기 위해, 나는 내가 사랑했던 것들을 증오하고, 내가 여태껏 칭찬해왔던 것을 비난하고 악한 자들에게서 선한 것을 보고 바로 선한 자들에게서 악한 것을 보기로 결심했다. 나는 이것을 정의라 부른다.

20

마침내 나는 가장 어려운 것을 알아냈다. 사랑하지도 증오하지도 않는 것, 칭찬하지도 비난하지도 않는 것, 그리고 선한 것과 악한 것은 없다고 말하는 것.

이것을 알아냈을 때 나는 황야로 갔다.

4〔174〕

세계는 저기에 완결되어 서 있다, 선의 황금 그릇, 그러나 창조적인 정신은 창조된 것도 창조하고자 한다—이 정신은 시간을 고안해냈고, 이제 세계는 펼쳐지다가 다시 커다란 원을 그리면서 자신 안에 감겨 들어간다—악을 통한 선의 생성으로.

4〔175〕

너희가 내게는 너무 조야하다. 너희는 사소한 체험들로 인해 몰락할 수 없다.

4〔176〕

"그렇지만 모든 것이 너희에게 말할 때와는 다르게 나에게 말한다."

너희의 정직함이 바라보기를 그만두는 지점에서 너희의 눈은 더 이상 바라보지 않는다.

4〔177〕

역사 = 시간 속에서 목적들이 전개되는 것. 그래서 언제나 좀더 높은 목적들은 낮은 목적들에서 생겨난다. 왜 언제나 삶의 높은 형식들이 생겨나지 않을 수 없는가를 해명하는 것. 그런 일이 일어난다는 점에 대해서는 신학자들과 다윈주의자들의 의견이 일치한다. 그러나 그 전체는 가치 평가들, 그것도 새로운 가치 평가들을 근거로 한 하나의 **가설**이다. 정반대의 가설, 즉 모든 것이 우리에 이르기까지 쇠퇴한다는 것도 마찬가지로 증명할 수 있다. 인간과 바로 가장 현명한 자, 즉 자연이 최고로 혼란스러운 상태이자 자기 모순(가장 큰 고통을 겪는 존재)으로서의 가장 현명한 자. 여기에 이르기까지 자연은 가라앉는다. 퇴화로서의 유기적인 것.

4〔178〕

나의 수풀과 삼림 속에서. 차라투스트라 4.

4〔179〕

가치들을 정한다는 것은 마찬가지로 무가치들을 정한다는 뜻이다. 가치 평가의 행복감을 가지기 위해서는—모든 악과 경멸의 모든 불쾌감을 함께 받아들여야만 한다.

이것이 말하는 바는. 모든 세계는 사상—의지—전쟁—사랑 -증오라는 것이다. 내 형제들이여, 나는 너희에게 말한다. 이 모든 것이 개별적으로는 거짓이고, 전체적으로는 참이다.

4〔180〕

인류는 자기를 넘어서는 것을 자신의 목표로 삼아야만 한다—그러나 거짓된 X-세계 속으로가 아니라 자신의 고유한 계승으로.

무엇이 어떻게 될까라는 물음은 나에게는 언제나 무엇이 마땅히 되어야 하는가 라는 물음 때문에 의미가 있다.

4〔181〕

우리에게 원숭이인 것, 고통스러운 수치의 대상—우리는 위버멘쉬에게 그런 것이어야 한다.

4〔182〕

너희가 이해하도록 하려면, 너희에게 어떻게 말해야 하는가? 너희를 병들게 해야 할 것이다!

4〔183〕

의지가 나타나자마자 감정은 해방되었다는 인상을 가지게 된다. 그것을 사람들은 의지의 자유라고 부른다. 감정은 말하자면 고통받으면서 억눌리고 있었다—그리고 의지가 나타나자마자 감정은 휴식하고 고통받지 않는다.

4〔184〕

너희는 태어나자마자, 또한 이미 죽기 시작한다.

4〔185〕

동정과 사랑은 도덕의 대립물이다. 거기에는 그 어떤 정의도 없다! 순종도 없으며, 의무도 없다! 진리도 없고 정직도 없다! 게다가 고유한 길을 버리는 것—정열의 **성격**—그리고 정열의 비이성.

4〔186〕

내가 새로운 냄새와 새로운 색깔을 고안해내지 않았는가?—차라투스트라는 이렇게 말했다.

5 바다가 너를 품고 있었다 : — — —

너희 중 누가 가장 폭넓은 영혼을 가지고 있는가
줄타기 광대를 가장 낮은 단계에 두는 것.

10 4〔187〕

내가 올라가는 곳이면 어디든지 '자아'라고 불리는 나의 개가 나를 따라온다.

4〔188〕

15 자아는 처음에는 무리 속에서 존재한다. 이와 반대되는 것. 위버멘쉬 속에서 수천 년 동안 많은 자아들을 가졌던 너는 하나가 되었다(따라서 개인들은 이제 하나가 되었다).

4〔189〕

20 자아가(무리 속에서처럼) 다수의 존재들을 포함하고 있다는 것은 모순이 아니다. 마찬가지로 다수의 힘들을 포함하고 있다. 그 중에서 휴식하면서—전기의 흐름처럼 보이지 않는 것도 있다.

자신을 압축시키려는 노력이 다이아몬드처럼 가장 강하고, 가장 창조적인가? 정말로? 민족으로서는 훨씬 더 많이?

4〔190〕

그들은 화부(火夫)들에게 가, 그들에게 영원한 고통에 대해 말한다.

4〔191〕

어떤 왕과의 담화(장).

4〔192〕

위대한 순간들의 역사—거기에는 화부들 앞에서의 가르침도 속한다.

4〔193〕

너희가 사소한 것을 짓밟아버릴 수 없다면, 너희가 파리채가 되기를 원하지 않는다면. 〈고독〉 속으로 가라.

4〔194〕

우리 눈은 잘못 본다. 눈은 수축시키고 찌그러뜨린다. 이것이 보는 것을 거부하고 그것이 아무런 가치가 없다고 말할 근거가 될 수 있는가?

4〔195〕

그러나 너희는 차라투스트라가 자신이 찾던 것을 발견했다고 믿는가? 너희는 장님이 길을 똑바로 걸어간다고 믿는가?—그래서 차라투스트라가 이번에는 몰락하지 않은 일이 일어났던 것이다.

4〔196〕

질병은 건강을 목표로 삼는 서투른 시도다. 이런 시도는 일찌감치 끝내라!

4〔197〕

인류 위에 별처럼 머물러 있는 사상을 찾아내려는 모든 자아들의 힘의 감정, 경쟁—자아는 제일의 원자이다.

4〔198〕

목표. 한순간에 위버멘쉬에 이르는 것. **이를 위해서** 나는 모든 것을 겪어낸다! 저 삼중성Dreiheit!

그토록 많은 일들이 일어났기 때문에, 가장 편안한 외적인 삶!

4〔199〕

가능한 한 많은 인〈간들이〉 가능한 한 오래 산다는 것은 아무래도 좋은 일이 아닌가?

이 다수의 행복은 경멸할 만한 일이 아닌가? 그리고 현존을 정당화하는 것이 아니지 않는가?

네 삶의 의미는 현존을 정당화하는 것이 되도록 하라—그러기 위해 너는 악마를 변호하는 자이어야 할 뿐만 아니라, 악마 앞에서 신을 대변하는 자이기도 해야 한다.

4〔200〕

신이 인간을 사랑하기 때문에 그는 인간을 사랑했다. 그는 신을 구원하기 위해서 인간을 구원하기를 원했다.

인간에 대한 사랑은 그가 못 박혔던 십자가였다 ; 그는 신을 지옥에서 구원하고자 했다. 이 지옥이 인간에 대한 신의 사랑이다.

5 4〔201〕

왜냐하면 인간들은 잘 듣지 못하기 때문이다. 그래서 영리한 자는 인간들이 눈으로 듣는 것을 시작하도록 그들의 귀를 찢어버린다.

그들은 더 이상 웃지 않고 차라투스트라를 바라보았다.

10

그리고 도처에 표면이,— — —

4〔202〕

바위에 대고 하는 말—나는 바위가 말하지 않는 것을 사랑한다.

15 바위의 침묵에는 위엄이 있다(모든 것이 도덕적이다).

4〔203〕

자아는 자신이 식물적이라는 것을 전혀 모른다. 자아는 생식할 때 분열한다 ; 자아는 다수 속에 있는 하나이다(무리). 여기서 자아

20 는 소멸한다—여기서 중요한 것은 무엇인가? (서로 다른 본질에서) 자아의 우연은 아무래도 상관없다.

4〔204〕

(은폐된 삶)

어떤 창백한 젊은이
너는 결코 많은 것을 발견하지 못할 것이다
소나무

5 (최후의 인간 : 일종의 중국인의)

그토록 자주 그의 정신이 그를 재촉했고, 차라투스트라는 산으로 가면서 도중에 잠언들을 적어두었다. 그리고 일단 혼자가 되자, 그는 자긍심을 갖고 말했다

10 너희는 바다 위에 드리워져서 굽어 있는 나무처럼 되어야 한다— — —

그는 홀로 간다. 왜냐하면 그의 형상들이 그를 에워쌌기 때문이다. 그는 이 형상들을 보기만 한다. 그리고 그가 같은 자를 만나자, 그 15 들의 정신은 서로 얼싸안았다. 그리고 그들은 네 개의 눈으로 같은 형상을 보았다.

정의로운 것은 내가 나에게 근본적으로 거슬렸던 모든 것에 창조할 권리를 주려고 애썼다는 것이다.

20

나무 한 그루. 잎들을 떨어뜨리고 그것들에게 작은 운동을 주는 것. 그리고 뿌리와 나뭇가지들 등등에게도 마찬가지로 하는 것.

은둔자는 오랫동안 그를 바라보았다— — —

차라투스트라, 너는 가난해졌구나 라고 은둔자가 말했다—그러니 내가 너에게 적선을 원하면, 너는 나에게 기꺼이 적선을 하겠는가?

5 4〔205〕

모든 도덕에서 문제가 되는 것은 좀더 높은 신체 상태를 **창출하거나** 지금까지 분리되어 있던 능력들이 통합될 수 있는 곳을 **찾는** 것이다.

10 4〔206〕

선한 것과 악한 것에 귀 기울이지 말라—새로운 선에 이르는 길을 가라. 그리고 우리에게 선과 악을 창조하라. 아직 가보지 못한 길들이 1,000개나 있다.

15 4〔207〕

인간 속에는 바다 속 동물들처럼 많은 정신이 거주하고 있다—이 정신들은 '자아'라는 정신을 얻으려고 서로 싸운다. 그들은 자아를 사랑하며, 자아가 자신들의 등 위에 앉기를 원한다. 그들은 이 사랑을 얻기 위해 서로 미워한다.

20

—자아, 동물의 은빛 쾌활함을 가진 날쌘 고양이.

물에 빠진 자는 언제 갈증에 시달리는가!

그리고 다시 자아라는 고양이가 낑낑거리고 다시 하나가 행복하고 다시 모두가 질투한다.

그럴 수 있을 만큼 충분히 젊은 자들에게는 멋진 위로라고 늙은 암컷이 말했다.

나는 참회를 권하는 설교자가 되도록 만들어졌는가? 나는 성직자와 팀파니처럼 딸랑딸랑 소리 내도록 만들어졌는가?

4〔208〕

나는 너희에게 위버멘쉬를 가르친다. 너희는 자신에게 커다란 경멸을 가르쳐야만 할 것이다.

4〔209〕

(장) 정당화하는 자들의 형제애.

4〔210〕

그들은 선과 악 속에서 정신의 수치심을 가지지 않는다. 그리고 그들은 마치 무엇인 것처럼als ob 칭찬하고 비난한다

그리고 정신 속에서 그들은 선과 악의 수치심을 가지지 않는다.

그들은 상들을 내동댕이치며 말한다. 높은 것과 숭배할 만한 것은 없다—왜냐하면 그들 자신은 상을 창조할 수도 없고 신을 창조할 수도 없기 때문이다.

그렇지만 상들에 대한 그들의 분노에서 나오는 경멸을 들으라

— 자기 자신에 대한 커다란 경멸을!

나는 아낌없이 주는 영혼들을 사랑한다. 그 영혼들은 되돌려주지도 않으며 감사를 원하지도 않는다. 왜냐하면 그들은 언제나 선사하기 때문이다.

그래서 그들은 홀로 계속 간다.

4〔211〕

나는 미래적인 것에서 너희의 덕을 해명한다.

내가 질책하는 것은 너희의 덕이 아니라 너희가 덕이 있는 체하는 것이다.

최고의 경멸자이자 적으로서의 친구.

존엄한 자는 얼마나 적은가!

친구의 양심이 되는 것. 모든 굴욕을 알아차리는 것. 양심을 단지 도덕적으로만 받아들이는 것이 아니라 취향으로도, 자신의 한계에 머물러 있는 것으로도 받아들이는 것.

악령이자 천사로서의 친구. 그들은 서로 사슬을 묶을 수 있는 자물쇠를 가지고 있다. 그들이 가까이 있으면 사슬 하나가 떨어져나간다. 그들은 서로를 고양시킨다. 그리고 둘의 한 자아로, 그들은 위버멘쉬에서 자양분을 얻으며 친구를 소유하게 된 것에 환호성을 지른다. 왜냐하면 그 친구가 그들에게 두 번째 날개를 주기 때문이다. 이것이 없으면 다른 날개는 쓸모가 없다.

4[212]

날씨는 서늘하고 초원은 그늘져 있으며 태양이 졌다.

산다는 것은 불합리하지 않은가? 삶에서 이성을 만들어내기 위해 우리는 더 이상 이성을 가지지 말아야 하는가?

내 형제들이여, 차라투스트라의 영혼이 저녁을 맞이한 것을 용서하라.

4[213]

상태를 창출하는 것.

인간이 스스로에게 목표를 설정할 때이다. 여전히 인간은 최고의 목표를 가질 수 있을 만큼 부유하고 야성적이다. 나는 너희에게 말한다. 너희는 아직도 별들의 춤을 잉태할 수 있는 별들의 혼돈과 충돌을 너희 안에 가지고 있다.

그러나 언젠가 인간은 너무나 가난해질 것이며, 언젠가 인간 자신이 경멸의 분노를 느낄 만큼 고양되지 못할 것이다.

4[214]

인간에 대한 우리의 경멸은 우리를 별들의 배후로 몰아갔다. 위버멘쉬를 창조하려는 욕망의 징후로서의 종교, 형이상학.

4[215]

인류는 임신 중이다. 임산부들은 경이롭다!

4〔216〕

(장) 나에게 너를 입증하라! 무엇이 너의 의무인가?

4〔217〕

1. **상태들을** 산출하고 그것들을 향해 노력하는 것. 신체에 대한 의의.

2. 자기 자신에 대한 자아의 해석이 생겨나고, 거기에서 무리의 유형이 보존된다.

3. 나쁜 상태에 있는 것과 악.

신체를 교정하는 것으로서 도덕적인 흐름들 전체가 터져나오는 것.

금욕주의는 무엇을 의미하는가?

(파괴적이고 약화시키는 정념들에 대항해서) 건강한 신체를 산출하는 것으로서의 불교와 수도승 생활.

신체적인 상태들의 알려지지 않은 영역에 대한 비유적 언어로서의 도덕. 여기서 말하고자 〈하는〉 것은 의지와 목적이지 결코 다른 것이 아니다.

1. 신체적인 욕구들을 서로 적응시키는 것.
2. 신체를 기후에 적응시키는 것이 도덕으로 표현된다.
3. 지배계급의 신체가 하나의 도덕이 된다.
4. 필요한 노동과 다양한 노동을 위한 신체.
5. 유형을 보존하는 것이 도덕을 산출한다. 유형이 몰락해가는 것과 비도덕성.

따라서 외관상으로는 화학적 수단 없이 신체를 변화시키는 것 같지만— — 실제로 도덕에서 문제가 되는 것은 신체의 화학적 상태를 변화시키는 것이다.

엄청난 우회로. 좀더 똑바로 가는 것은 얼마나 가능한가?

5 "건강의 개념과 이상은 인간의 목표에 의존한다"—? 그러나 목표 자체는 신체의 어떤 특정한 상태와 그 조건들의 표현이다.

신체와 도덕.

4〔218〕

10 그리고 그는 자신의 덕을 극복할 줄 몰랐다.

그 속에 있는 사자는 그 속에 있는 아이를 갈기갈기 찢어버렸다. 그래서 결국 사자는 자기 자신을 먹어치웠다.

이 영웅은 잔인하고 야성적이었다— — —

보라, 나는 너희에게 위버멘쉬에 대한 사랑을 가르친다.

15 — — —그는 짐을 지고 짐에 눌려 부서졌다.

4〔219〕

정열 = 우리의 기관들의 상태이자 그것이 뇌에 미치는 반작용—분출되고자 애쓰면서.

20

4〔220〕

사람들은 그를 현자라고 불렀지만, 그는 현자가 아니었다.

4〔221〕

종교가 자연에 대해 취한 입장은 예전에는 정반대였다. 종교는 자연에 대한 통속적인 견해에 상응했다.

요즘 통속적인 견해는 유물론적인 것이다. 따라서 지금 존재하는 종교는 민중들에게 유물론적이라고 말해야 한다.

4〔222〕

신체에 직각으로, 강한 목을 가지고
사자를 부리는 자를 사자를 통해서 죽이는 것.

4〔223〕

너희는 많은 덕들을 가지려고 해서는 안 된다—너희는 그럴 만큼 부유하지 않다. 하나의 덕은 이미 많은 덕이다. 그 덕이 살아가기 위해서 너희가 먼저 몰락해야만 할 것이다.

4〔224〕

나는 인식하기 위해서 산다. 위버멘쉬가 살도록 하기 위해서 나는 인식하고자 한다.

우리는 그를 위해서 실험한다!

4〔225〕

모든 사건이 지닌 전적으로 창조적인 성격— — —

의지의 자유는 원인과 결과보다 훨씬 더 잘 증명된다(본래 원인과 결과는 통속적인 추론에 불과하다)

4〔226〕

5 우리는 나쁜 공기를 아주 잘 참아낸다. 그리고 너 자신은 남들에게 나쁜 공기다.

셋 또는 2.

10 우리가 열매맺지 못하도록 만드는 자.

4〔227〕

나에게 고통을 가하는 것을 진리에서 찾아내는 것, 그리고 모든 것을 희생하는 것, 엄청난 긴장.

15 머리 속에는 하나의 사적인 도덕만 있을 뿐, 아무것도 없다. 그리고 그럴 수 있는 권리를 나에게 부여하는 것이 도덕에 대한 나의 모든 역사적인 물음의 의미이다(즉 이런 권리를 스스로에게 부여하는 것은 엄청나게 어렵다!).

20 4〔228〕

나는 자신의 덕을 몰락시키는 인간들을 사랑한다.

보라, 나는 너희에게 위버멘쉬에 이르는 다리를 보여준다!

〈나는 사랑한다〉, 자신의 영혼을 아낌없이 주는 자들, 언제나 선사하기 때문에 감사하지도 않고 되돌려주지도 않는 자들을.

4〔229〕

미래의 것들을 정당화하고 과거의 것들을 구원하는 자.

그리고 동정하는 자는 자신의 동정에서 스스로에게 의무와 숙
5 명을 창조해야만 한다. 그리고 충실한 자에게는 그 충실함이 자신의
의무이자 운명이 되어야 한다—그리고 너는 너의 덕에 충분한 정신
을 가질 수 없다.

너의 삶이 하나의 시도가 되도록 하라—너의 실패와 성공이 하
10 나의 증명이 되도록 하라. 그러나 네가 시도했고 증명했던 것이 무엇
인지 사람들이 알도록 신경쓰라.

그들은 말했다. 우리가 세상을 등지게 하라. 그들은 별들의 배후
에서 행복을 구한다—그들은 위버멘쉬에게서 그 말을 찾지 않았다.
15 그들은 자신들의 건강을 비방했고— — —

너희의 악이 아니라, 너희의 선에 존재하는 많은 것이 나를 혐오
스럽게 만든다.

나는 그들이 광기로 인해 몰락하기를 원했다. 창백한 범죄자가
20 자신의 광기로 인해 몰락하듯이 말이다.

나는 그들의 광기가 동정 또는 충실함 또는 정의라 불리기를 원
했다.

그러나 그들은 오래 살기 위해서 덕을 갖는다.— — —

그 당시에 있었던 것은 의심, 정의에 대한 추구, 친구에 대한 동정— — —

4〔230〕

그리고 그의 학자는 **정신의 참회자**가 되어야 한다.

그리고 그의 연설은 모든 사람의 마음에 들지 않았지만, 한 사람의 마음에는 들었다.

교제.

학자.

홀로 자립해서 관계를 끊으라는 호소!

4〔231〕

내 고유한 **가치**들에 대한 권리—어디에서 나는 그 권리를 취했는가? 모든 낡은 가치와 권리들과 이 가치들의 한계들에서.

4〔232〕

결혼의 의미. **부모들보다 높은** 유형을 표현하는 아이.

주의. 네가 그들을 넘어서 갈 때, 그들은 틀림없이 너를 경멸할 것이다—그들은 자기를 넘어선다는 것을 이해하지 못한다.

너는 사랑받기를 원한다—아니다, 너는 경멸을 짊어지고 가는 법을 배워야만 한다.

너희는 마음을 돈에 집착하게 하고 너희 자신을 위한 마음은 잃어버렸다. 철도와 국가는 다수의 이익이며 운명이다.

다수에 속하지 **않는** 자들에게.
너희는 신중함, 시라소니의 눈 그리고 곰의 앞발을 잃어버렸다.

4〔233〕
그 가치의 말들은 새로운 지복(至福)—새로운 감정이 고안되었던 곳에 게양된 깃발들이다.

4〔234〕
때때로 내가 너에게서 원하는 것은 네가 근본적으로 영리해지고 자부심을 갖는 것이다. 그러면 너의 자부심은 너의 영리함을 한 쪽으로 내버리게 될 것이다. 너는 어리석음의 오솔길을 걸어갈 것이다. 그러나 나는 너의 어리석음에게 언제나 자부심을 동반할 것을 간청한다. 그러나 네가 어리석어지고자 한다면— — —.

나는 너희에게 이웃 사랑을 충고하는가? 차라리 이웃을 두려워하고 멀리 떨어져 있는 자들을 사랑하라.

나는 인간에게서 새로운 땅을 발견했다

영혼이 흘러 넘치는 곳에서

너희는 나에게 붓과 물감통을 보여주며 말한다 : 우리는 그 그림을 반박했다.

5

사회는 부패한다.

꿈꾸는 미래

10 너희는 자기 자신에게서 달아난다. 그리고 언제나 너희는 자기 경멸에서 빠져나오는가 싶더니 설상가상으로 이웃 사랑에 빠진다.

고양이와 늑대는 나에게 모범이 되어야 한다. 그들은 자기 자신을 더욱 확고하게 한다.

15

매일매일의 사소한 분노에 대한 (파리채).

4〔235〕

자신을 제대로 증명하지 못하는 신은 자기를 전혀 증명하지 못

20 하는 신과 마찬가지로 선하다.

그것은 자기를 전혀 증명하지 못하거나 제대로 증명하지 못하는 신이다.

100명이 나란히 서 있으면, 각자는 자신의 지성을 잃어버리고 다른 지성을 갖게 된다.

오, 이 가련한 우정들이여! 이 우정들이 친구를 얻을 수 있는 만큼, 나도 적을 얻을 수 있다고 약속한다—그리고 더 가난해지지 않을 것이다.

4〔236〕

그리고 생은 아이가 작은 발로 자기 앞에 있는 작은 파편을 차는 것처럼 어리석게 우리를 앞으로 돌진시킨다.

4〔237〕

정말, 무거운 짐을 지고서 나는 내 황야로 서둘러 갔다. 그러나 거기서 비로소 나에게 가장 무거운 것을 발견했다.

자기 자신의 덕의 대장장이와 모루, 자기 자신의 활동과 의지의 시금석.

무거운 것은 많이 있어서 젊었을 때 나는 가장 무거운 것을 많이 찾아 다녔다.

그래서 나는 황야로 달려갔다—그리고 바로 가장 고독한 황야에서야 나에게 가장 무거운 것을 발견했다.

이 가장 무거운 것—이것은 나에게 가장 사랑스러운 것이 되었다. 신처럼 나는 내 가장 무거운 것을 존경하는 법을 배웠다.

깊은 한숨을 쉬며 더 이상 말하지 않았다.

4〔238〕

그리고 누군가가 너희에게 대단히 부당한 일을 할 때, 그것을 행한 자에게 너희도 사소한 부당함을 행하도록 애쓰기만 하라. 그것이 인간적이다.

4〔239〕

그리고 너는 정의가 너의 뒤를 절뚝거리며 좇아갈 것이라고 생각하는가?

4〔240〕

너의 이성에서보다 너의 몸 속에 더 많은 이성이 있다. 그리고 네가 너의 지혜라고 부르는 것 역시 그렇다,—무엇 때문에 너의 몸에 바로 이 지혜가 필요한지 누가 알겠는가.

4〔241〕

나는 목자와 무리를 사육하는 자가 이 목록들을 창조했다는 것을 알게 되었다. 그렇게 그들은 자신들의 무리의 삶과 존속을 정초했다.

4〔242〕

좋다, 이 모든 짐을 나는 떠맡았다! 나는 무릎을 꿇고 이 모든 짐을 지고서, 낙타처럼 마음을 굽히고 서둘러 황야로 갔다.

고통을 겪게 만드는 진리들은 어디에 있는가? 나는 외쳤다.

첫번째로 용이 말했다. "무가치가 모든 것의 가치이다." "모든 가치의 핵심에는 모순이 있다."

그때 나는 선과 악의 근원을 알게 되었다. 그리고 인류에게는 목표가 없다는 것도.

사물들에 새로운 이름과 가치들을 부여할 권리를 나에게 주는 것이 가장 어려운 것이었다.

나는 모든 식물을 질투했다—나는 모든 유령도 질투했다.

좀더 높은 가치들을 가지고 선의 목록을 깨뜨리는 것.

나는 다른 목록들과 나란히 내 고유한 목록들을 세웠다—이 얼마나 용기 있고 놀라운 일이었던가?

4〔243〕

너희는 육체를 경멸하는 자들이다

4〔244〕

나는 가장 위대한 이 자들의 눈을 바라보면서 그들의 영혼 속으로 기어 들어갔다. 아!!!—천재들과 성스러운 자들에 대한 묘사. '이미 있었는가'라는 물음에서!—그들이 있었다면, 대지는 그에 대해 아무것도 몰랐다.

4〔245〕

가장 많이 존경받는 것은 느린 죽음을 설교하는 자들이다.

4〔246〕

(장) 차라투스트라가 **가장** 되기 **어려웠던** 것은 무엇인가? 낡은 도덕에서 자신을 해방시키는 것.

4〔247〕

(장). 너희는 보수를 원하는가? 너희가 보수로 원하는 **것**이 나에게는 너희의 덕을 평가하는 척도다!

4〔248〕

나는 새로운 색깔 하나를 대지에게 주었다—나는 새로운 희망으로 대지를 덮었다.

4〔249〕

피가 교회를 정초한다. 피는 진리로 무엇을 창조해야 하는가!

그리고 너희가 나에 대한 권리를 갖고자 한다면, 피가 아니라 근거들을 가지고 나에게 증명하라.

4〔250〕

(장) 소인배들. 고독 속으로 계속 가라. 너희는 작은 물방울들이 떨어지는 것을 견딜 수 없다.

4〔251〕

그리고 갑자기 눈이 크게 떠진다, 아이와 꽃의 눈이. 무슨 일이 일어났는가? 창조하는 자의 손이 그것을 건드렸던 것이다. 창조하는 자의 태양이 숨은 신을 알아맞힌 것이다.

4〔252〕

날아가버린 것들을 나는 대지 그리고 그들의 오두막으로 끌어내렸다. 나는 높은 곳에서 깊숙이 존재하는 법을 가르쳤다.

4〔253〕

말해보라, 이 사랑스러운 현명한 자들, 그들은 어디로 가는가? 그들의 눈은 감기지 않았는가?—여기저기서 부드러운 목소리로 선과 악에 대해 설교하는 자들이 너를 둘러싸고 있다.

이 졸음에 겨운 자들은 행복하다.

4〔254〕

이미 위버멘쉬가 있었는가? 우리 문화의 가치.

4〔255〕

그들은 지상의 가장자리에서 실을 잣고 있으며 이 황혼녘에 그들의 섬세한 눈이 멀어버린다.

4〔256〕

천 가지 삶의 방식을 고안하기—더 이상 무리를 위해서가 아니라!

4〔257〕

식료품과 요리는 그들의 본성을 폭로한다—그것은 천한 것이다! 우리는 천한 것을 고상하게 만드는 법을 배워야 한다.

4〔258〕

동경하고 묻고 눈물만을 흘리기 등등—종교적인 자들에 대항해서.

그것은 더 이상 정직하지 않다. 그것은 신앙에 이르지 못한다!

5 따라서. **이 세상에 대한** 체념.

4〔259〕

나는 너희의 지배적인 사상을 듣고 싶은 거지 단지 너희가 오류에서 벗어났다는 것을 듣고 싶은 것이 아니다.

10 너희는 오류에서 벗어나도 되는 자들인가? 아니면 너희가 예속관계를 내던져버렸을 때, 너희의 마지막 가치도 내버렸는가……

자유롭다니, 무엇으로부터?—무엇을 위해서 자유로운가 라는 물음에 너희가 흘겨 볼 때, 차라투스트라가 그것에 신경쓰던가?

나는 너희의 지배적인 사상을 듣고 싶다. 그 사상이 내 앞에서 너

15 희의 책임을 면제해주도록 말이다!—아니면 나는 내 사상으로 채찍처럼 너희의 귀를 내려칠 것이다.

4〔260〕

인식의 뱀이 휘감고 있는 태양.

20

4〔261〕

'지상의 것'—너희는 그것을 다르게 느끼는 법을 배워야 한다.

알 수 없는 세계에서 받아들일 거짓된 가치 척도를 제거하기.

인간은 높이 서 있다 -- 아마도 갑자기 더 높은 존재가 성취될 것

이다!

4〔262〕

(장) 이른바 신의 사랑과 '우리의 최선을 위한 모든 것'

5

4〔263〕

선한 것, 그것은 오래된 것을 통해서 자신을 보존하고자 한다.

4〔264〕

10 그들은 기꺼이 달아나고 싶어한다. 그러나 그들은 다른 별들에 이르는 길들을 발견할 수 없다. 그래서 그들은 지하에 길이 있다고 생각한다—종류가 아주 다른, 말하자면 샛길이 있다고—황홀함과 경련과 함께, 아주 드문 상태들은 현세적인 것을 초월하는 것으로 느껴졌다.

15 너희는 내가 볼 때 사랑이 충분하지 않다, 모두를 향한 사랑을 하기에는!

우리의 감정들—이것이 너와 나에게 이르는 인간의 과거 전체이다. 창조된 가치들.

20 우리의 좀더 높은 감정들—우리가 그 감정들에 새로운 목적을 부여하지 않는다면, 우리는 그것들을 근절시켜야만 한다!

하늘에 떠 있는 이 흐릿한 구름이 없다면 너는 흐릿한 인식도 가지지 못할 것이다.

4〔265〕

내가 취하는 예술의 방향. 한계가 있는 곳에서는 더 이상 시를 짓지 않는 것! 인간의 미래가 있는 곳에서 시를 짓는 것! 거기에는 그에 따라 살아갈 수 있는 많은 상들이 있어야만 한다!

5

4〔266〕

배후세계론자들에 반대해서.

너의 삶, 하나의 시도이자 너의 시도의 기념물.

10

예술가들은 삶이 개선되지 않도록 영향을 미쳤다. 예술가 자신은 대부분 자기 작품의 희생물이다.

정신의 참회자
15 창조하는 자.

4〔267〕

희생은 이 배후 세계를 포기하는 데 있다. 남성다움!

지상적인 것은 우리를 만족시키지 못한다—따라서 천상적인 것
20 [이 우리를 만족시킬 것이다] —잘못된 추론.

자연은 너희의 이러한 침입을 금지한다!

처음에는 병든 덩이 뿌리가, 그러고는 많은 독을 가진 악한 뿌리

가 뚝뚝 떨어진다—모든 감정.

4〔268〕

창조하는 자는 새로운 가치들을 창조하는 자다. 그러나 예술가는 아니다!

4〔269〕

개인들의 모임(축제)

4〔270〕

나에게는 활이 하나 있다, 신들이여! 어떤 활인가 하면—신들을 겨냥하기에 좋은 활이다!

4〔271〕

거대한 시험. 너는 삶을 **정당화할** 준비가 되어 있는가? 아니면 너를 위해 죽을 준비가 되어 있는가?

가장 낮은 단계에서 그것을 견뎌내기.

질병은 많은 사람들을 이 두 번째 길로 이끌었다.

체념.

위대한 중심—삶의 의욕과 죽음의 의욕에 대한 결단.

4〔272〕

국가와 교회 그리고 거짓에 근거하고 있는 모든 것은 죽음을 설교하는 자들을 섬긴다.

4〔273〕

너희는 어둠 속에 자신의 수수께끼에 대한 해답이 있는 게 틀림없다고 생각한다! 그러나 벌레의 운명을 보라. 너희의 목표와 희망 속에 해답이 있다. 너희의 의지가 그것이다!

5

어떤 신도 간섭하지 않았다! 그러나 너희는 인습적인 것과 자연에 너무 많이 복종했다.

그러나 견문이 있는 자Wissende는 모든 사랑과 태양이 보기 싫은

10 잡초들에게 얼마나 애착을 가지는지 안다.

4〔274〕

많은 타조들이 가장 작은 모래 속에도 머리를 숨겼다.

15 4〔275〕

네가 낮은 덕에서 높은 덕으로 나아갈 때—

너희는 존엄을 나는 너희에게 이제야 주고자 한다. 너희는 정신의 참회자여야 한다!

20 폐허들을 파괴해서는 안 된다. 풀과 장미와 아주 작은 채소들과 그것들을 장식하는 살아 있는 것들, 이 모든 것은 죽은 것도 파괴한다.

이 자아는 여전히 가장 잘 증명된다, 자기 자신과 모순되는 이

자아가.

참으로 세계는 인〈간〉 앞에서 잘 감추어져 있다. 존재의 배는 결코 인〈간〉에게 말하지 않을 것이다!

무슨 목적으로 나는 너희에게 그 말을 했는가? 그래서 거짓말쟁이는 위버멘쉬를 가리키는 표지가 되었다.

결별

4〔276〕

결단. 무수한 희생이 있어야만 한다. 하나의 시도.

4〔277〕

가장 달콤한 여자도 맛을 보면 쓰다.

4〔278〕

다수의 이익이 우리의 이익이 되면, 우리가 다수에게 이익을 주는 것을 덕이라고 불러서는 안 된다. 이웃 사랑을 위해서.

4〔279〕

이 거짓된 별 보기에서 벗어나라!

존재의 배는 결코 너희에게 말하지 않는다.

4〔280〕

3가지 변〈신〉

잠과 덕
1001개의 목적
육체를 경멸하는 자.
배후 세계.
고유한 덕.
창백한 범죄자에 대하여
산 속의 나무
읽기와 쓰기.
죽음의 설교자.
새로운 우상.
고독 2. 1.
친구.
병사들.
이웃 사랑.
순결.
창조하는 자의 길.
여자들.
뱀에 물린 상처.
결혼.
죽음.
신성한 이기심에 대하여.

[5=Z I 2 a. Mp XV 3 a. 1882년 11월～1883년 2월]

5〔1〕

5 1. 생존에의 의지? 나는 그 대신 언제나 힘에의 의지를 발견했을 뿐이다.

2. 어떤 일에 대한 끊임없는 열의는 그것이 최고의 고유한 열의라 해도, 무조건적인 믿음에서 나온 모든 것과 마찬가지로 정신적인 숭고

10 함이 결여되어 있음을 드러낸다. 이 정신적인 숭고함의 표지는 언제나—냉정한 시선이다.

3. 나는 자기가 사랑하는 것에 더 이상 적대자가 될 수 없는 인간들은 해롭다고 느낀다. 그래서 이런 자들은 최선의 사물과 사람들을 망

15 쳐놓는다.

4. 누구에게든지 자신들의 전 인격과 관련해 긍정이나 부정을 강요하고 싶어하는 사람들이 있다. 루소가 여기에 속한다. 그들이 과대망상을 겪는 것은 자신에 대한 광적인 불신에서 시작된다.

20

5. 다시 아이가 되고자 한다면, 자신 안의 청년도 극복해야만 한다.

6. 사람들은 이해할 수 없는 자신의 충동들을 자신의 의도대로 스스로에게 합리화한다. 가령, 살인자는 그때 자기가 도둑질을 하려고 했

다거나 복수하려고 했다고 하면서 자신의 본래적인 성향, 그러니까 살인 성향을 자기의 이성 앞에서 정당화한다.

7. 모든 도덕이 지금까지 베풀어왔고 여전히 베풀고 있는 만족은—그러니까 모든 도덕이 지금까지 보존해왔던 것은—도덕이 모든 사람에게, 오랜 시험을 거치지 않고, 칭찬하고 비난할 수 있는 권리를 주었다는 것이다. 칭찬하거나 비난하지 않는다면, 누가 삶을 견뎌내겠는가!

8. 이것이 도덕적인 염세주의자들의 고뇌다. 그들이 진정으로 이웃이 구제되도록 돕고자 한다면, 그들은 이웃에게 현재의 삶을 싫어하도록 하는, 따라서 이웃의 불행이 되려는 결정을 해야만 할 것이다 ; 그들은 동정심을 발휘해 악해져야 할 것이다!

삶이 긍정할 만한 가치가 없다는 것이 진실이라면, 도덕적 인간은 바로 자기 희생과 협조를 통해서 자신의 이웃을 악용하고 있는 것이다—자신의 가장 개인적인 이익을 위해서.

9. 나는 어떤 점에서 볼 때, 네가 창조적인 인간인지 아니면 전복하는umsetzend 인간인지 알고자 한다. 창조적인 자라면 너는 자유로운 자들에 속하는 것이고, 전복하는 자라면 너는 그들의 노예이자 도구다.

10. 가능한 한 많이, 게다가 가능한 한 빨리. 이것은 정신의 질병이자

감정의 큰 질병이 원하는 것이다. 이 질병은 때로는 '현대', 때로는 '교양'이라 불리지만, 실은 소모성 질환의 전조이다.

11. 여자와 천재는 노동하지 않는다. 여자는 지금껏 인류 최고의 사치였다. 최고의 것을 하는 모든 순간에 우리는 노동하지 않는다. 노동은 이러한 순간들에 이르기 위한 도구일 뿐이다.

12. 우리에게 거슬리는 것이 아니라 우리와 전혀 무관한 것에 대해 우리는 가장 부당하게 대한다.

13. 인간적인 선(善)들의 평균을 한 발짝만 넘어서게 되면, 우리의 행동은 불신을 일으킨다. 덕은 그러니까 '중간에' 놓여 있다.

14. 너희는 "그것은 우리 마음에 든다"라고 말하면서 나를 칭찬한다고 생각한다. 오, 너희는 바보로구나! 그럼으로써 너희가 얼마나 내 마음에 드는지!

15. 씌어진 모든 것 중에서 나는 누군가가 자신의 피로 쓴 것만을 사랑한다. 그 점에서 나는 책을 사랑한다.

자신의 정념들을 부끄러워할 필요는 없다. 그러기에는 정념들이 너무 비이성적이다.

16. 이성의 짐을 많이 짊어진 자에게 정념은 휴양이다. 즉 비이성으

로서.

17. 이 세기는 가장 정신적인 남자들에게 미숙하고 정신적으로 빈약하며 굴종적인 서민 여자들에 대한 취향을 불러일으키는 것을 좋아한다. 그레첸에 대한 파우스트의 취향을 말이다—이것은 이 세기의 취향과 그 세기의 가장 정신적인 남자들의 취향과 어긋난다.

18. 충분히 나쁘다! 결혼할 시간은 사랑할 시간보다 너무 일찍 온다. 남자와 여자가 성숙했다는 증거로 생각되는 사랑보다.

19. 한 여자가 한 남자를 공격할 때, 그것은 어떤 여자에게서 자신을 방어하기 위해서일 뿐이다. 한 남자가 한 여자와 우정을 맺을 때, 그것은 그가 그 이상을 성취할 수 없기 때문에 그렇게 한다는 것을 뜻한다.

20. 누군가에게 한을 품지 않고 고통을 겪는다는 것은 불가능하다. 이미 모든 불평은 복수를 포함한다.

21. 내 형제 자매들이여, 나를 너무 다정하게 대하지 말라! 우리는 모두 짐을 진 귀여운 당나귀들이지, 이슬 한 방울도 너무 무겁게 보이는 떨고 있는 봉오리가 아니다!

22. 삶은 짊어지기에 너무 무겁다. 정말 무엇 때문에 사람들이 오전에는 반항하다가 오후에는 항복하겠는가?

23. 배고픔이 나에게는 종종 식사시간이 지난 후에야 찾아온다는 것이 놀랍다.

24. 한 이론에서 그것을 반박할 수 있다는 것은 정녕 적지 않은 매력이 있다.

25. 사람들은 이 입헌 군주들에게 덕을 주었다. 그들은 그 후로 더 이상 '불의를 행할' 수 없었다—그러나 사람들은 그 대가로 그들에게서 권력을 빼앗았다.

26. 모호하게 남을 수 있는 행복을 갖게 되면, 사람들은 어둠이 주는 자유, 특히 '밀담을 나누기 좋은' 자유도 스스로에게서 빼앗아야 한다.

27. 자신의 고유한 어리석음이 낳은 불쾌한 결과들에 대한 책임을 자기 성격이 아니라 실제로 자기의 어리석음에 지우기 위해서는— 대부분의 사람들보다 더 많은 성격을 가지고 있어야 한다.

28. 학문적인 인간은 밧줄 꼬는 사람과 같은 운명을 가지고 있다. 그는 실을 점점 더 길게 잡아 뽑지만, 그럴수록 자신은 뒤로 가게 된다.

29. 나에게 가장 나쁜 것은 그의 수중에 떨어지는 것이 아니라 그의 사상에 빠지는 것이다.

30. 많은 것을 체험하기. 그러면서 과거의 많은 것들을 함께 체험하기 ; 자신의 많은 체험과 낯선 체험을 통일성으로 체험하기. 이것이 최상의 인간을 만들어낸다 ; 나는 그들을 '총합Summen'이라 부른다.

31. 사람들은 삶을 두려워할 필요가 없을 만큼 죽음을 가까이 두고 있다.

32. 제동 장치가 필요하기 위해서는, 우선 바퀴가 필요하다. 선량한 자들은 제동 장치다. 그들은 저지하고, 보존한다.

〈33.〉 속물근성은 내 취향에 맞지 않는다.

〈34.〉 300년 후에 빛을 발하는 것—이것이 내 명예욕이다.

〈35.〉 내가 음악을 사랑하는가? 나는 그것을 모른다. 또한 나는 종종 음악을 증오한다. 그렇지만 음악은 나를 사랑한다. 그래서 누군가가 나를 떠나자마자, 음악은 이리로 뛰어와서 사랑받고자 한다.

〈36.〉 그들은 나를 사랑하지 않는다. 이것이 그들을 축복하지 않는 이유인가?

37. "보라! 이제 막 세계는 완전해졌다." 완전한 사랑 때문에 순종할 때 모든 여자는 이렇게 생각한다.

38. 숲을 아끼듯이 악을 아껴야만 한다. 숲에 빈터를 내고 벌채해 개간함으로써 대지가 더욱 따뜻해졌다는 것은 사실이다.

39. 모기와 벼룩을 동정해서는 안 된다. 좀도둑들과 하찮은 중상 모략자들을 교수형시키는 것은 옳은 일이다.

40. 경멸스러운 인간을 같은 단어에 의해서 무서운 인간과 한 통속으로 묶어서는 안 된다.

41. 악과 커다란 정념은 우리를 뒤흔들고 우리에게서 썩어 문드러진 것과 사소한 것을 모두 뒤엎어버린다. 너희는 크게 될 수 없는지 우선 시도해보아야 한다.

42. 우리의 예민한 감정은 우리를 위장시키고 의기소침하게 만든다. 그래서 우리는 탁 터놓고 말한다. "그것은 내 **마음에 든다**—그 이유야 나와 무슨 상관인가!"

43. 대부분의 진리와 관련해서 여자들은 누군가 그들의 피부 아래를 엿보고 싶어한다고 느낀다.

44. 우리는 판단 능력 외에도 우리의 판단 능력에 대한 의견 역시 가지고 있다.

45. 너에게는 자신을 불태워서 재가 될 수 있는 용기가 없다. 그래서

너는 결코 새롭게 되지 못할 것이고, 결코 다시 젊어지지 못할 것이다!

46. 결혼은 위대한 사랑을 할 능력도 없고 위대한 우정을 맺을 능력도 없는 평균적인 인간들을 위해서, 그러니까 대부분의 인간들을 위해 고안되었다. 그러나 사랑할 수 있을 뿐만 아니라 우정을 맺을 능력도 있는 아주 드문 자들을 위해서 고안된 것이기도 하다.

47. 너희 인식의 숭배자들이여! 너희가 인식에 대한 사랑 때문에 지금까지 한 일이 도대체 무엇인가? 도둑과 살인자의 기분이 어떤지 알아보기 위해서, 너희가 도둑질하고 살인해본 적은 있는가?

48. 인식의 가치에 대해서도 거짓말이 행해졌다. 인식하는 자들이 인식의 가치에 대해 말했던 것은 항상 자신을 옹호하기 위해서였다—그들은 항상 너무나 예외였으며 거의 범죄자였다.

49. 친구에게 바짝 다가가되, 친구를 밟지 않는 것! 사람은 자신의 친구 속에 있는 적도 존경해야 한다.

50. 네가 가르치고자 하는 진리가 추상적일수록, 너는 점점 더 감각조차도 그 진리로 잘못 이끌 수밖에 없다.

51. 동정의 섬세함은 고통을 겪는 자가 동정을 원하는지 아닌지를 동정이 알아맞힌다는 점이다.

52. '복종'과 '법칙'—이것은 모든 도덕적 감정에서 울려나온다. 그러나 '자의'와 '자유'도 결국 도덕의 마지막 울림이 될 수 있을 것이다.

5 53. 두 사람의 열정의 기념물로서의 아이 ; 통일을 향한 부부의 의지.

54. 사람은 자신의 갈증이 충만해지길 기다려야 한다. 그렇지 않으면 자신의 원천을 발견하지 못할 것이다. 다른 사람의 원천은 자신의 원천일 수 없다!

10

55. 너는 자신의 악마를 크게 육성해야 하고 성장하도록 해야 한다. 그럼으로써 너는 작은 악마들에게서 벗어나게 된다.

56. 우리 삶의 위대한 시기들은 우리가 자신의 악을 선이라는 이름으

15 로 개명할 수 있는 용기를 얻는 때다.

57. 성실성도 인식을 위한 도구들 중의 하나이며 하나의 사다리일 뿐이다—유일한 사다리는 아니지만.

20 58. 정념을 극복하려는 의지는 결국 또다른 정념이 가진 의지일 뿐이다.

59. 고통을 겪고자 하는 의지가 있는 자는 잔인함에 대한 입장이 다르다. 그는 잔인함 그 자체를 해롭고 나쁜 것으로 간주하지 않는다.

60. 실패한 일을 위해서 이용된 사람에게는 두 배로 보상해야만 한다.

61. 영웅주의—그것은 계산하지 않고 어떤 목표를 추구하는 자의 신념이다. 영웅주의는 자기 몰락을 향한 선한 의지다.

62. 연애에 대한 엄청난 기대가 여자들의 그 밖의 모든 관점을 망쳐 놓는다.

63. 위대한 것을 더 이상 신에게서 찾지 않는 자는 위대한 것을 결코 찾지 못한다—그는 그것을 부정하거나 창조해야만 한다.

64. 무조건적인 사랑에는 학대받고자 하는 열망도 포함된다. 그리고 이 사랑은 자기 자신에 대한 반항이며, 그러한 헌신에서 자기 파괴의 욕망이 생겨난다. “이 바다에서 몰락하라!”

65. 육욕과 자해는 서로 가까이 있는 충동들이다. 인식하는 자들 중에도 자해하는 자들이 있다. 그들은 창조하는 자이기를 전혀 원하지 않는다.

66. 몰락하려고 애쓰는 것 외에는 자신을 견뎌낼 수단을 발견하지 못하는 자들이 있다.

67. 지금까지 가치 평가된 모든 것과 관련해 네가 완전한 냉정함에

가까이 다가갈수록, 너는 그만큼 더 새로운 홍분 상태에 가까이 가게 된다.

68. 선한 모든 것은 어떤 악한 것이 변신한 것이다. 모든 신의 아버지는 악마다.

69. “지복을 얻기 위해서 나는 무엇을 해야 하는가?” 나는 그것을 알 수 없지만, 너에게 이렇게 말하련다. 행복하라, 그런 다음 네가 내키는 일을 하라.

70. 어떤 것이 좋아진다. 그리고 그것이 근본적으로 좋아지자마자, 우리 안에 있는 저 폭군이 외친다. “ 바로 그것을 나에게 제물로 바쳐라”—그러면 우리는 그것을 바친다.

71. 나는 노동이 아니라 전쟁을 하라고 충고한다. 나는 평화가 아니라 승리를 하라고 충고한다. 너희의 노동은 전쟁이며, 너희의 평화는 승리다.

72. 나는 너희를 잠에서 깨웠다. 왜냐하면 나는 너희가 가위눌렸다는 것을 알았기 때문이다. 그런데 이제 너희는 불쾌한 기분으로 내게 말한다. “우리는 이제 무엇을 해야 하는가? 모든 것이 여전히 밤인데!”—너희 배은망덕한 자들이여! 너희는 다시 잠들어서 더 좋은 꿈을 꿔야겠구나!

73. 모든 교회는 신인(神人)의 무덤 위에 있는 비석이다. 교회는 철저히 그가 다시 부활하지 않기를 원한다.

여자의 모든 것은 수수께끼이고, 여자의 모든 것에는 하나의 해답이 있다. 그 해답은 임신이다.

74. 선과 악은 신의 선입견들이다—뱀이 말했다. 그러나 뱀 자신도 신의 선입견이었다.

75. 어떻게 하면 좋을까? 너는 이제 짖고 무는 것밖에는 아무것도 할 줄 모른다—적어도 개가 그렇듯이—차라투스트라는 말했다.

76. 나는 악한 모든 것과 선한 모든 것을 알고 있다—나는 선과 악을 넘어서는 것도 알고 있다—차라투스트라는 말했다.

77. 오늘 나는 나의 신을 사랑하듯이 나를 사랑한다. 누가 오늘 내가 죄를 지었다고 꾸짖을 수 있겠는가? 나는 나의 신에 대한 죄만을 알 뿐이다. 그러나 누가 나의 신을 알겠는가?

78. 너는 안이하게 살기를 바라는가? 그러면 언제나 무리 곁에 머물고 무리 속에 묻힌 채 너를 잊으라. —

79. 전쟁에서 개인에 대한 개인의 복수는 침묵한다.

80. 너희는 평화를 새로운 전쟁 수단으로 사랑해야 한다!

81. 태양을 바라보지 말라! 너희의 어두운 눈에는 달도 너무 밝다!

82. 너희는 말한다. "어둡다." 그러나 사실은 내가 구름으로 태양을 가린 것이었다. 그런데 너희는 어떻게 구름의 가장자리가 그토록 빛나며 밝게 되는지를 보지 못하는가?

83. 사람은 자신의 아이를 위해서만 임신한다.

84. 거기에 그들이, 그 소인배들이, 풀과 채소와 덤불처럼 서 있다—그들이 비참한 것은 그들의 책임이 아니다. 그리고 이제 나는 그들 사이를 헤집고 살그머니 들어가지만 가능한 한 짓밟지 않는다—하지만 그럴 때 혐오가 내 마음을 파고든다.

85. 그렇다면 나를 보존하는 것은 무엇인가? 언제나 임신일 뿐이다. 그리고 작품이 태어날 때마다, 내 삶은 가는 실에 매달렸다.

86. 더러운 것에 대한 혐오가 너무 커서 깨끗하게 씻는 것을 방해할 수 있다.

87. 창조하는 자로서 너는 너를 넘어서 살아간다—너는 동시대인이 되기를 그친다.

88. 아, 너희는 지금 행복한 것보다 더 행복하기를 원하는구나! 그것이 너희의 어리석음이다.

89. 사람은 활과 화살을 가지고 있을 때만 침묵할 수 있다. 그렇지 않으면 지껄이고 말다툼한다.

90. 나는 너희가 동정적이라는 것을 전제한다. 동정하지 않는다는 것은 정신과 몸이 병들어 있다는 것을 말한다. 그러나 동정적이어도 괜찮을 수 있기 위해서는 많은 정신을 가지고 있어야만 한다! 왜냐하면 너희의 동정은 너희와 모든 이에게 해롭기 때문이다.

91. 나는 단단한 껍질 속에 감추어져 있는 동정을 사랑한다. 나는 동정 때문에 이를 악물다가 이가 부러져버리는 동정을 사랑한다.

92. 다음과 같은 틀린 말이 있다. "자기 자신을 구원할 수 없는 자를 다른 사람이 어떻게 구원할 수 있겠는가?" 그러나 내가 네 사슬을 풀어줄 열쇠를 가지고 있다면, 왜 너와 나의 자물쇠가 같은 것이어야만 하는가?

93. 전쟁에서야 비로소 너희는 신성하다. 그리고 너희가 강도이고 잔인할 때도.

94. (그들은 그들이 젊어진 것을 '하나의 형식'이라 부른다. 그들이 이 말로 의미하는 것은 획일성이다.)

95. 나는 어떤 것을 사랑한다. 내가 그것을 근본적으로 사랑하자마자, 내 안에 있는 폭군이 이렇게 말한다. "바로 그것을 나는 제물로 원한다." 이러한 잔인성이 내 내장 속에 있다. 보라. 나는 악하다.

5 96. 선한 목적은 전쟁조차도 신성하게 하는 것이라고 너희는 말하는가? 나는 말한다. 전쟁이 모든 일을 신성하게 한다!

97. 이성은 나에게도 하나의 예외다 라고 차라투스트라는 말했다. 별들의 혼돈과 필연성과 소용돌이—이것은 가장 현명한 세계에서

10 도 규칙이다.

98. 자신의 죽음으로 축제를 만들어야 한다. 그리고 그것이 오로지 삶에 대한 악의에서 나온 것일 뿐일지라도. 우리를 떠나고자 하는 삶이라는 이 여자에 대한 악의에서—우리를!

15

99. 우리 두 사람은 서로에게 필요하다. 그때 싸우는 것은 얼마나 아름다운가—너에게는 열정이, 나에게는 근거가 있다.

100. 나는 충분히 크지 못하다—이 느낌들을 가지지 못할 만큼 말이

20 다. 그러나 나는 이 느낌들을 부끄러워하지 않을 만큼은 크다.

101. "나를 칭찬해도 되는 사람은 아무도 없다. 그러면 차라투스트라가 칭찬해서는 안 되는 사람은 누구인가?"

102. 나는 나 자신의 독에서 내 허약함을 달래줄 향유를 만들어낸다. 그리고 나는 내 비애의 젖에서 우유를 짜낸다.

103. 나는 모습을 드러냈고 그렇게 벌거벗은 채 서 있는 것을 부끄러워하지 않는다. 부끄러움이란 동물을 넘어서 인간이 되려고 인간과 벗하게 된 괴물을 의미한다.

104. 차라투스트라를 믿는 것은 인간들 마음대로다. 하지만 그것이 차라투스트라와 무슨 상관이 있는가?

105. 나는 너희를 도와주러 왔는데, 너희는 내가 너희와 함께 울려고 하지 않는다고 불평한다.

106. 모든 신인은 자기 자신의 신을 창조했다. 그리고 신들 사이의 악의적인 적대감보다 지상에서 더 큰 적대감은 없다.

107. 네가 자신의 의지를 신봉한다는 것을 고백하고 우리 모두에게 "나는 오직 이러한 것만을 원한다"라고 말하라. 너 자신의 형법을 스스로에게 부과하라. 우리는 형 집행자이기를 원한다!

108. 너희는 스스로에게 법칙을 부여하기에는 너무 약하다. 그래서 어떤 폭군이 너희에게 멍에를 씌우고 이렇게 말해야 한다. "복종하라, 이를 악물고 복종하라"—그리고 선한 것과 악한 모든 것은 그 폭군에 대한 복종 속에 익사해야 한다.

109. 되돌려주고 갚으라. 좋은 것도 나쁜 것도 충분히 갚으라—받는 것을 삼가고 받을 때는 받는 것을 통해 상대방을 넘어서라.

110. 고양이들 앞에서는 조심하라. 고양이들은 결코 주지 않으며, 결코 갚지 않는다—그들은 말대꾸만 하면서 으르렁거린다.

111. 나에게 말해보라, 넓은 세계를 날면서 숨겨져 있는 많은 것을 보는 너희 새들이여. 모든 인간 중 누가 가장 폭 넓은 영혼을 가졌는가? 가장 폭 넓은 영혼들은 작은 나라들과도 같다.

112. 너는 아직 완전히 무구하게 찬미할 수 있다. 너는 언젠가 네 자신이 찬미받을 수 있다는 것을 믿지 않는다.

113. 나는 말하고 아이는 논다. 누가 우리 두 사람보다 더 진지할 수 있겠는가?

114. 너는 너 자신을 극복했다. 그러나 왜 너는 내게 네 자신을 극복된 자로만 보여주는가? 나는 승리를 거둔 자를 보고 싶다. 장미를 심연 속으로 던져버리고 이렇게 말하라. "여기서 나는 괴물이 나를 삼켜버릴 수 없었다는 것에 대해 그 괴물에게 감사한다!"

115. 너는 바닷가에 앉아서 추위에 떨며 굶주려 있다. 그것으로는 그의 목숨을 구원하기에 충분치 않다!

116. 차라투스트라는 말했다. 내가 신경질적인 자들의 종족에 속하고, 음탕한 자, 광신자, 복수심에 불타는 자의 종족에 속한다는 것을 믿어줄 자는 누구인가? 그러나 전쟁은 나를 신성하게 했다.

117. 남자의 행복은 "나는 원한다"이고, 여자의 행복은 "나는 해야 한다"이다.

118. 저 영혼의 밑바닥에서는 가장 선한 남자도 악하다. 저 밑바닥에서는 가장 선한 여자도 저열하다.

119. 내가 살기만을 원한다면, 나는 천사이어야 한다. 그러나 너희는 다른 조건에서 살고 있다.

120. 자신의 신에게 '나는 내 모든 악의를 가지고서도 그대를 섬기고 싶다'라고 말하는 자가 가장 경건한 인간이다.

121. '나는 너의 스승이어야 한다'라고 너는 말한다! 내가 너의 방해물이 아니라 날개가 되도록 유의하라.

122. 어떻게 내가 그토록 무서운 방식으로 즐거워해야 한다는 말인가?

사랑할 수 없는 자가 고양이처럼 으르렁거리는 것이 나와 무슨 상관이 있는가?

123. 많은 행동이 다른 행동을 잊기 위해 행해진다. 아편 같은 행위들도 있다. 그럴 때 내 목적은 다른 사람이 잊혀지도록 하려는 것이다.

5 124. 나는 내가 가장 좋아하는 것을 한다. 바로 이 때문에 나는 그것을 고상한 말들로 부르기를 꺼린다. 나는 그것이 어떤 고상한 강제, 어떤 법칙이며 내가 그것에 복종한다고 감히 생각하고 싶지 않다. 나는 내가 가장 좋아하는 것을 너무나 사랑하기 때문에 내가 그것에 강제된 것처럼 보이게 하고 싶지 않다.

10

125. 너희의 죄가 아니라—너희의 무감동이 하늘을 향해 소리친다.

126. 내가 보기에 너희의 삶은 너무 가난해졌다. 이제 너희는 절약이 덕 자체이기를 원한다.

15

127. 사람들이 오만함을 악의 원천이라고 간주했던 황금시대여!

128. 너희는 너희 안에 혼돈을 간직하고 있어야만 한다. 도래할 모든 것에는 스스로를 형성할 재료가 있어야만 한다.

20

129. 속지 말라! 가장 활동적인 민족들이 가장 많이 피로가 쌓여 있고, 쉬지 못하는 것이 그들의 약점이다—그들에게는 기다리며 게으름을 피울 수 있을 만큼의 내용이 더 이상 없다.

130. 운명이여, 오늘 한번 나에게 너의 주사위를 최악으로 던져보라. 오늘 내가 모든 것을 황금으로 바꿔보겠다.

131. 더 이상 아무도 나에게 오지 않는다. 그래서 나 자신은 모두에게로 갔지만, 누구에게도 오지 않았다.

132. 삶에 대해 생각하는 것은 휴양하는 일이어야 한다. 그렇지 않다면 오로지 우리의 과제만을 생각하라!

133. 우리는 동정하는 것만큼이나 잔인해야만 한다. 자연보다 더 가난해지지 않도록 조심하자!

134. "내가 위버멘쉬를 창조했을 때 나에게는 아무것도 부족하지 않았다. 그의 정자에는 너희의 악하고 잘못된 모든 것, 너희의 거짓말과 무지가 있다."

135. 인간이 더 이상 인간이 아닌 것이 될 싹이 되게 하라! 너희는 종을 보존하기를 원하는가? 나는 말한다. 종의 극복을!

136. 도대체 내가 어린 양 같은 영혼과 공상에 잠긴 처녀를 창조하기를 원하는가? 나는 사자를 창조하고 싶고 힘과 사랑이 엄청난 자를 창조하고 싶다.

137. 인간의 최상의 축제가 생식과 죽음이 되는 데까지 도달해야 한다!

138. 우리는 위버멘쉬를 위해 대지뿐만 아니라 동물과 식물도 준비해야만 한다.

139. 최고의 것들도 이것을 '상연할' 배우가 없다면 아무 쓸모가 없다.

140. "사람들은 너희에게 광기를 접종해야 한다"—차라투스트라는 말했다.

141. 나는 이 거친 개들을 모두 내 집에 두고 있지만, 지하실에 두었다. 나는 그 개들이 짖는 소리를 결코 듣고 싶지 않다.

142. 삶에 대해 생각하는 일은 휴양하는 일이어야 한다. 그렇지 않으면 오로지 과제들만 생각해야 한다.

143. 내 안에 있는 배우들을 존경하라! 그리고 최고의 배우들을 무대에서 찾지 말라!

144. 내가 인간을 사랑하지 않았다면, 어떻게 내가 차라투스트라를 견뎌냈겠는가?

145. 너희는 전쟁을 치르고 있는가? 너희는 이웃이 두려운가? 그러면 경계석들을 제거하라. 그러면 너희에게 더 이상 이웃이 없어질 것이다. 그러나 너희는 전쟁을 원한다. 그리고 바로 그 때문에 너희는

경계석들을 세운 것이다.

146. "나는 아직 존재하지 않는 세계의 덕들의 빛을 받으며, 그렇게 살기를 원한다"

147. 모든 사물에는 두 얼굴이 있다. 하나는 소멸의 얼굴이고 다른 하나는 생성의 얼굴이다.

148. 인식에서 이 좋고 섬세하며 엄밀한 감각이 많은 덕의 꽃이다. 너희는 그 감각에서 어떠한 덕도 만들어내고 싶어하지 않지만 말이다. 그러나 감각의 기원이 되었던 "너는 해야 한다"는 더 이상 볼 수 없다. 그 뿌리는 땅 밑에 있다.

149. 사랑은 복종의 열매다. 그러나 종종 성(性)은 열매와 뿌리 사이에 놓여 있다. 그리고 자유는 사랑의 열매이다.

150. 개인이 자유로울수록 그리고 확고할수록, 그의 사랑은 그만큼 더 많이 요구하게 된다. 결국 개인은 다른 모든 것이 그의 사랑을 달래주지 못하기 때문에 위버멘쉬를 동경하게 된다.

151. 너희의 정체를 드러내지 말라! 만약 너희가 그럴 수밖에 없다면, 화를 내라! 그러나 부끄러워하지는 말라!

152. 그럼 나는 침입자와 목 베는 자에게 어떻게 저항해야 하는지 너

희에게 충고하러 왔는가? 나는 자신의 덕에 신물이 난 자들, 그래서 언젠가 기꺼이 도둑맞고 살해당하려는 자들에게 말한다.

153. 그러면 너는 인간들에게 더 이상 할말이 없는가? 그의 제자가
5 물었다. "아니다, 잔이 비었다"라고 차라투스트라는 말했다. 그리고 그는 이 말을 하고서 자신의 길을 혼자서 떠났다. 그러자 그들은 그가 가는 것을 보면서 울었다.

154. 그 은둔자를 모욕하지 않도록 주의하라. 그는 결코 용서하지 않
10 는다. 그 은둔자는 깊은 샘과 같다. 그 안에 돌을 던지기는 쉽다. 하지만 그 돌이 바닥에까지 떨어진다면, 어떻게 너는 그 돌을 다시 끄집어내려고 하는가?

155. 창조하는 자들을 인간적으로 대하라! 그들에게 이웃 사랑이 모
15 자라는 것은 그들의 천성이다.

156. 용서할 수 있기 전에 그에게 가해진 것을 먼저 체험해야만 한다. 그리고 깊은 인간들에게 모든 체험은 오래 지속된다.

20 157. 상위의 인간의 모든 행위에서는 너희의 도덕률이 백 배로 위반된다.

158. 나는 인생의 가장 좁다란 계단 위에도 서 있을 수 있다. 그러나 내가 이런 기술을 너희에게 보여준다면, 나는 누구란 말인가? 너희

는 줄타기 광대를 보고 싶은가?

159. 아, 너희는 얼마나 부드러운 침대에 누워 있는가? 너희는 하나의 법칙을 가지고 있다—그리고 누가 이 법칙에 생각만으로 반대해도 악의의 시선으로 바라본다. 그러나 우리는 자유롭다. 너희가 자기 자신에 대해 책임을 지는 고통에 대해 무얼 알겠는가?

160. 나는 너희에게 영원한 흐름에서의 구원을 가르친다. 흐름은 언제나 다시 자신에게로 되돌아 흘러간다. 그리고 언제나 다시 너희는 같은 자로서, 같은 흐름 속으로 올라간다.

161. 나는 이것을 깨달았다. 인간들은 스스로에게 모든 도덕을 부여했던 것이다. 지금 인간들은 도덕을 단지 받아들였을 뿐이라고 믿고 있지만 말이다. 자! 우리도 스스로에게 선과 악을 부여할 수 있다!

162. 인간이 가장 하기 어려운 것은 무엇인가? 우리를 경멸하는 자들을 사랑하는 것. 우리의 목적이 실현되었을 때, 그것에서 떠나는 것. 진리를 위해서 외경심에 저항하는 것. 병들었을 때 위로해주려는 사람을 거부하는 것. 차갑고 더러운 물 속에 들어가는 것. 비둘기와 우정을 맺는 것. 유령이 우리를 겁 주려고 할 때, 유령에게 손을 내미는 것.—"이 모든 것을 나는 했고 그걸 떠맡고 있다"라고 차라투스트라는 말했다. 그리고 작은 것을 얻기 위해 나는 오늘 이 모든 것을 주어 버릴 것이다—아이의 미소를 얻기 위해.

163. 나는 인식하고 싶었다. 나는 잔인해져야만 했다. 나는 복수를 피했는가? 나는 상처 입은 모든 자들의 무언의 눈을 알지 못했는가?

164. 사람은 동물로도 완전해야만 한다—차라투스트라가 말했다.

5

165. 사람들은 우상이 될 수 없을 때 [그것을] 숭배하는 것을 자랑으로 여긴다.

166. 자유로운 정신을 가진 자가 심장도 자유로울 때 나는 그런 자들을 사랑한다. 나에게는 머리가 심장의 내장과도 같다—그러나 좋은 위를 가지고 있어야 한다. 머리는 심장이 받아들인 것을 소화해야 한다.

10

167. 어떤 재능을 가지는 것만으로는 충분하지 않다. 재능을 가져도 된다는 허가 역시 얻어야만 한다.

15

168. 동정은 지옥에 있는 느낌이다. 동정은 인간을 사랑한 자가 못 박힌 십자가 자체다.

169. 너희의 영혼을 신선하고 냉정하고 거칠게 유지하라! 너희는 감정적인 자들의 미지근한 공기, 감상적인 자들의 후텁지근한 공기를 멀리하라!

20

170. "깊은 우울에 휩싸인 채 : 나의 삶은 사소한 우연들에 달려 있다." 은둔자.

171. 큰 고통을 겪을 때, 사람은 우쭐해질 만큼 겸손해진다—은둔자는 말했다. 다른 때는 이를 악물고 참았던 그가 불쾌해하며 이를 갈았다.

5 172. "나는 적선하지 않는다—그럴 만큼 나는 가난하지 않다"—차라투스트라는 말했다.

173. 나는 강가에 있는 버팀목이고 난간이다. 나를 잡을 수 있는 자는 잡아보라!—나는 지팡이가 아니다.

10

174. "인간은 식물과 유령의 중간이어야 한다."

175. 피는 진리에 대한 열등한 증인이다. 피는 가르침을 중독시키고, 그래서 그 가르침은 증오가 된다.

15

176. 동정적인 인간들에게 가혹함은 하나의 덕이다.

177. 살의, 증오, 불신은 이제 신체에 병이 생기는 것에 수반되는 현상들이다. 그만큼 도덕적 판단들은 우리에게 체화되어 있다.—야성

20 적인 시대에는 아마 비겁과 동정이 신체에 병이 생기는 것의 징후로 나타날 것이다. 아마 덕들도 징후일 수 있다 ; — — —

178. 이것이 인간이다 : 새로운 힘, 최초의 운동, 스스로 굴러가는 바퀴. 인간이 충분히 강하다면, 그는 별들이 자신을 중심으로 돌 수 있

게 만들 것이다.

179. 공간은 견고한 어깨로 무에 저항하며 서 있다. 공간이 있는 곳에 존재가 있다.

5

180. 너희는 음(音)과 귀가 무엇이냐고 내게 물었다. 그러나 이것이 음의 예술가들과 무슨 상관이 있는가? 너희는 그것으로 음악을 해명했는가—아니면 반박했는가?

10 181. 도덕적인 충동은 없다. 그러나 모든 충동은 우리의 가치 평가에 의해 채색되어 있다.

182. 삶이란 무엇인가? 끊임없이 칭찬하고 비난하는 것이다.

15 183. 공포가 해로운 것에 덧붙여질 때, 악한 것이 생겨난다. 혐오가 해로운 것에 덧붙여질 때, 저열한 것이 생겨난다.

184. 차라투스트라. "너희의 도덕이 내 위에 드리워져 있을 때, 나는 질식한 자처럼 숨을 쉬었다. 그리고 나는 이 뱀들의 숨통을 끊었다.
20 나는 살기를 원했고, 그 때문에 그 뱀들은 죽어야 했다.

185. 인간은 무엇인가? 감각과 정신을 통해 세계를 움켜쥐려는 정열들의 덩어리. 좀처럼 전쟁에 지치지 않는 야생의 뱀들이 얽혀 있는 것. 그래서 그 뱀들은 거기서 약탈하려고 세계를 응시한다.

186. 사람은 평가하지 않고서는 살 수 없다. 그러나 너희가 평가하는 것을 평가하지 않고 살 수는 있다.

187. 그들 위에 죄책감의 납덩이가 놓여 있다. 그들은 그처럼 둔하고 그처럼 뻣뻣하다. 만약 그들이 머리만이라도 흔들 수 있다면 납덩이는 굴러 떨어질 것이다. 하지만 누가 이 머리를 움직일 것인가?

188. 나는 너희에게 인간적으로 사유할 것을 강요하고자 한다. 그것은 인간으로 사유할 수 있는 자들에게 필연적인 것이다. 너희에게 신들의 필연성은 참된 것이 아닐 것이다.

189. 칭찬과 비난의 힘은 엄청나다. 그러나 이 힘을 삼켜버릴 수 있는 목표는 어디 있는가?

190. 그리고 개가 먹어치우기에는 너무 나빴던 것—너희는 바로 그것을 자신의 신 앞에도 던졌다. 그 신은 아마 너희가 준 음식 때문에 죽었겠지?

191. 너희의 영혼에는 수치라는 향연이 없다. 하지만 사과에도 솜털이 있다.

192. 악천후가 다가올 때, 너는 자신의 결정들을 잠재워야 한다.

193. 오직 신들만이 대답할 수 있는 경우에만 신들에게 물어야 한다.

194. 운명이 우리와 마주치기 전에, 운명을 어린애처럼 이끌어가야 하고—운명을 채찍질해야 한다. 그러나 운명과 마주쳤다면, 그것을 사랑하려고 애써야 한다.

5 195. 재화를 찾으려고 대지의 내장을 파헤치는 것은 우리 중 나이 많은 자들에게는 신을 모독하는 것으로 보였고 만족을 모를 정도로 탐욕스러운 것으로 보였다.

196. 벼락을 맞지 않으려면 죽은 자들을 깨우지 않도록 조심하라.

10

197. 신이 더 이상 존재하지 않게 된 후로 가장 큰 모독 행위는 인간에 대한 모독이다. 그리고 탐구할 수 없는 사물들의 내장을 위해 인간적인 것을 폄하하는 것이다.

15 198. 필연적으로 돼라! 밝아져라! 아름다워져라! 병에서 회복하라!

어떤 사람은 날고 있는 새를 사랑하고 어떤 사람은 아침놀과 바다만을 본다.

199. 살아 있는 자들의 관을 잘못 보지 않도록 조심하라.

20

200. 위대한 대상들을 위해서 움직이기, 그리고 그 밖의 경우에는 느리게 있기, 그리고 — — —

201. 나는 과거를 사랑하는가? 나는 살기 위해서 과거를 파괴했다.

나는 현재적인 것들을 사랑하는가? 나는 살기 위해서 그것들을 무시한다.

202. 오랫동안 믿음을 유지할 수는 없다! 지식은 획득되는 순간 그 가치를 잃는다. 그러니 창조하라!

203. 우리 자신보다 더 높은 존재를 창조하는 것이 우리의 본질이다. 우리를 **넘어서** 창조하라! 그것이 생식의 충동이며 행동과 활동의 충동이다—모든 의욕이 어떤 목적을 전제하는 것처럼, 인간은 있지는 않지만 자신의 존재에게 목적을 주는 어떤 존재를 전제한다. 이것이 모든 의지의 자유이다! 그 목적에 사랑, 존경, 완전한 봄Vollkom-mensehen, 동경이 놓여 있다.

숲에 대한 찬사. 내가 너를 생각했던 곳에서, 이 나무여, 신성하라.

감사에 익숙해지기.

너희는 동물이 고개를 끄덕이기 전에 죽여서는 안 된다.

사형 집행인이라는 선고를 받았구나, 너희 학자들이여!

204. 나는 인간들 사이에서 두려웠다. 나는 인간들 사이에 있고 싶었지만, 아무것도 나를 달래주지 못했다. 그래서 나는 고독 속으로 가서 위버멘쉬를 창조했다. 그리고 내가 그를 창조했을 때, 나는 그

의 커다란 생성의 베일을 정돈해주었고 정오가 그의 주위를 비추게 했다.

205. 내가 회귀를 낳은 순간은 죽지 않는다. 이 순간을 위해서 나는 회귀를 견뎌낸다.

206. 사물들에게 의미, 가치, 의의를 부여하는 것은 무엇인가? 욕망했고 욕망 때문에 창조했던 창조적인 마음이다. 이 마음은 쾌락과 아픔을 창조했다. 그것은 아픔으로 가득 차기를 원했다. 우리는 인간과 동물이 겪어왔던 모든 고통을 스스로 받아들이고 긍정해야 하며, 그 안에서 **고통이** 이성을 보존하는 목표를 가져야 한다.

207. 자신의 존재에 괴로워하는 자에게는 더-이상-자신의-존재에-괴로워하지-않는다는 것 외에는 구원이 없다. 어떻게 그는 그것에 이르는가? 빨리 죽거나 오래 사랑함으로써.

208. 모든 행위는 우리 자신을 계속해서 창조하고, 우리의 화려한 의상을 직조한다. 모든 행위는 자유롭지만, 의상은 필연적이다. 우리의 체험—그것이 우리의 의상이다.

209. 욕망은 행복이다. 행복으로서의 포만감은 욕망의 마지막 순간일 뿐이다. 전적으로 소망으로 있는 것, 그리고 언제나 다시 새로운 소망으로 있는 것이 행복이다.

210. 나는 나의 지혜에 대해서 너와 단둘이서 이야기한다. 나는 의지하고 욕망하고 사랑한다—그리고 그 때문에 나는 삶을 찬양한다. 내가 창조하지 않고 인식하기만 한다면, 나는 삶을 증오할 것이다.

5 211. 행동하지 않는 것, 내버려두는 것, 창조하지 않는 것, 파괴하지 않는 것—이것이 나의 악이다. 욕망하지 않는 자로서의 인식하는 자도 악이다.

212. 공허함, 일자(一者), 부동자, 충만한 것, 포만, 아무것도 원하지 10 않음—이것이 나의 악일 것이다. 요컨대 꿈 없는 잠.

213. 인식한다는 것은 갈망한다는 것이다. 인식은 생식이다. 신체적인 것과 세계에 대한 사랑은 하나의 의지로서의 인식의 결과이다. 창조로서의 모든 인식은 비-인식이다. 꿰뚫어-봄은 죽음, 혐오, 악일 15 것이다. 최초의—창조라는 형식 외에 다른 인식의 형식은 결코 없다. 주체로 있기—

214. 가장 큰 위험은 알고 있고 인식되어 있다는 것, 다시 말해서 창조의 종언에 대한 믿음이다. 이것은 커다란 피로다. "아무것도 아니 20 다."

215. 모든 인식에는 창조로서는 어떠한 종말도 없다. 인간 각자에게는 완전히 그에게 속하는 세계에 대한 해명이 상응해야만 할 것이다. 최초의 운동으로서의 인간에게 말이다. 우리는 언제나 스스로를 신

봉하려고 하지 않고 무리를 곁눈질한다.

216. 우리가 누군가를 행복하게 해주는 곳에서 더욱더 부당함이 행해진다. 정의와 불의는 행복, 고통과 관련 있는 것이 아니라 이익, 손해와 관련이 있다.

217. 사람들은 너희를 도덕의 파괴자라고 부를 것이다. 그러나 너희는 너희 자신을 고안해낸 자들일 뿐이다.

218. 뒤엎어버리면서 자기 자신을 건설하려고 하지 않는 자들이 나의 적이다. 그들은 말한다. "이 모든 것이 무가치하다."—그러면서 스스로 어떤 가치도 창조하려고 하지 않는다.

219. 나는 '깨어난 자'다. 그리고 너희는—너희는 태어나자마자 이미 죽기 시작한다.

220. 모두가 할 수 있는 일은 무엇인가?—칭찬과 비난이다. 이것이 인간의 덕이고, 이것이 인간의 광기다.

221. 사람들은 언제나 부당한 일을 한다—정의가 말한다—너희가 불행할 때뿐만 아니라 행복할 때, 사랑할 때, 이익을 얻을 때도 말이다. 사람들은 보답하지 않는다. 그들은 보답하지 않기 때문에, 칭찬과 사랑으로 인해 손해를 입는다.

222. 열병에 걸린 자가 얼음을 사랑하듯이, 광기 어린 자가 얼마나 이성을 사랑하는지 너희는 아는가?

223. 학문에서, 인식에서 충동들은 신성해졌다. "쾌락에 대한 갈증, 생성에 대한 갈증, 힘에 대한 갈증." 인식하는 인간은 신성함 속에서 자기 자신을 훌쩍 넘어서 있다.

224. 나는 학교에 있었다. 나는 인식하기 위해서 살았다. 그때 내 영혼은 깨끗해졌고, 모든 욕망이 신성해졌다. 인식하는 자의 고독이 예비 학교이다. 너희는 사태를 대할 때처럼 인간에 대해 태도를 취해야 한다. 너희의 사랑은 모든 개별적인 사태와 개별적인 인간들을 넘어서야 한다.

225. 고통에의 의지. 너희 창조하는 자들은 때때로 세계 속에서 살아가야만 한다. 너희는 거의 몰락해야만 할 것이다—그리고 나중에 너희의 미로와 탈선을 축복해야 할 것이다. 그렇지 않으면 너희는 창조하지 못하고 다만 사멸할 수밖에 없을 것이다. 너희는 상승하고 몰락해야 할 것이다. 너희는 악을 가져야만 하고 때때로 다시 악을 받아들여야 할 것이다. 너희 영원히 회귀하는 자들, 너희는 스스로 자신에게서 회귀를 만들어내야 한다.

226. 창조는 고통에서의 구원이다. 그러나 고통은 창조하는 자들에게 필요하다. 고통은 변모하는 것이며, 모든 탄생 속에는 죽음이 있다. 사람은 아이여야 할 뿐 아니라 산모이기도 해야 한다. 창조하는

자로서.

227. 다시 생겨날 수 있기 위해서는 소멸하기를 원해야 한다—한 날에서 다른 날로. 백 개의 영혼을 통한 변모—그것이 너의 삶, 너의 운명이 되도록 하라. 그러고 나서 마지막으로, 이 전체 계열을 다시 한 번 원하라!

228. 순수한 눈과 경멸하지 않는 입을 가지고 있는지 그를 살펴보라. 그가 춤추는 자처럼 걷는지 그를 살펴보라.

229. 너희는 종종 모든 것을, 너희의 여자, 나라, 유용성을 버려야만 할 것이다. 너희는 자신의 삶에서 태양이 정지해 있도록 명령해야 할 것이다.

230. 쾌락 속에 있는 너희의 삶은 자기 고문이다. 그리고 둘 다 질병이자 존엄하지 않은 것들이다.

231. 우리는 우리가 섬김으로써 정신이 증가하고 자기를 더욱 극복하며 새로운 과제들을 더 많이 고안해낼 자를 섬겨야 한다—그렇게 섬기는 자로서 너는 너 자신에게 가장 큰 이익이 될 것이다.

232. 몰락하는 인간들이 당연히 그렇게 생각하듯이, 몰락하는 인간들은 삶의 지푸라기에 매달려 있다고 생각하는 자들, 그리고 그들이 그 지푸라기에 매달려 있고 거기에 매달리는 것은 거의 의미가 없다

는 것 외에는 삶에 대해 거의 알지 못한다고 생각하는 자들에 대해 화내지 말라. 몰락하는 자들은 거의 가치가 없다—이것이 그들의 '지혜'의 핵심이다.

233. 들어가야만 하는 물 앞에 있는 아이들처럼, 아직 너희는 삶에의 결단을 내리지 못한 채 두려워하고 떨고 있다. 그러는 동안 너희의 시간은 흘러갔고, 너희는 "삶이라 불리는 바다 앞에서 두려워하고 떨라"고 말해줄 스승들을 찾으려고 애썼다—그리고 너희는 이 가르침을 선하다고 부르며 일찍 죽어간다.

234. 삶의 가치는 가치 평가들에 있다. 가치 평가는 창조된 것이지, 받아들인 것, 배운 것, 경험된 것이 아니다. 새로이 창조된 것에 자리를 마련해주기 위해서 창조된 것은 파괴되어야 한다. 가치 평가들이 살아갈 수 있는 것은 파괴될 수 있는 능력을 지녔기 때문이다. 창조자는 언제나 파괴자여야 한다. 그러나 가치 평가 하는 것 자체는 파괴될 수 없다. 그것은 삶이다.

234. "삶은 고통인가?"—너희가 옳다면 너희의 삶은 고통이다!—그러니 너희는 그만두도록 하라. 고통 외에 아무것도 아닌 삶이 끝나게 하라. 너희의 도덕은 명한다. "너는 너 자신을 죽여야 한다", "너는 이 세상에서 몰래 떠나야 한다."

235. 그리고 삶으로부터 등을 돌리고 그럼으로써 기쁨과 평화를 발견했던 자들도—그들은 창조하는 자로서 그러한 삶의 상을 창조함으

로써 그것을 발견했던 것이다! --- 창조하는 자로서 너희는 고통을 끝낸다! 그리고 그렇게 너희의 삶을 사랑한다!

236. 너희는 인식하는 자들의 명제들에서 자유롭다는 망상을 하고 있다. 그러나 너희는 우리의 평가들을 붙잡지 않고서는 움직일 수 없다, 너희 무력한 자들이여! 너희는 창조는 더더욱 할 수 없다! 자유롭다는 이 망상은 빈곤한 행복이다! 갇혀 있는 자들에 대한 위안! 태어날 때부터 눈 먼 자들에 대한 자비!

237. 동물은 자기 자신에 대해 전혀 알지 못한다, 동물은 세계에 대해서도 전혀 알지 못한다.

238. 나는 너무나 충만하다. 그래서 나는 나 자신을 잊고, 모든 사물은 내 안에 있다. 그리고 모든 사물 외에는 아무것도 없다. 나는 어디로 가는가?

239. 언제나 다시 반복되는(상대적으로 시간을 응집시키는) 단단하게 묶인 느낌들을 우리는 조야한 사물들이자 현실이라고 간주한다. 첫째로 우리는 우리의 신체를 그러한 것으로 간주한다. 그러나 "이 사물들의 모든 속성은 우리의 느낌과 표상들로 이루어져 있다."

240. 우리는 존재의 거울이어야 한다. 우리는 작은 것 속에 있는 신이다.

241. 미래적인 것은 과거적인 것과 마찬가지로 현재적인 것의 한 조건이다. "생성되어야만 하고 생성될 수밖에 없는 것이 존재하는 것의 근거다."

5 242. 내가 모든 것을 창조했어야만 하는가? 내 자아의 움직임이 육체의 움직임을 질서지웠듯이, 이 모든 것에 질서를 세운 것도 내 자아의 움직임이었는가? 나는 이 힘의 한 방울에 불과한가?

243. 나는 하나인 동시에 다수인 존재, 변하는 동시에 지속하고 인식
10 하고 느끼고 의욕하는 존재를 파악할 뿐이다—이 존재가 내 근원적 사실Urtatsache이다.

244. 내가 진리에서 쾌락을 얻고자 했을 때, 나는 거짓과 가상을 고안해냈다—가까운 것과 먼 것, 과거의 것과 미래의 것, 관점적인 것. 나는
15 나 자신 속에 어둠과 기만을 심었고 나 자신에 대해서 스스로를 기만하도록 만들었다.

245. 인간에게 있는 많은 것이 사랑할 만하다. 그러나 인간을 사랑해서는 안 된다. 인간은 불완전한 어떤 것이다. 인간에 대한 사랑은 나
20 를 죽일 것이다.

246. 내가 사랑했던 이 사람을 배척했던 것이 아니다. 내가 그를 사랑했던 이유를 나는 배척했던 것이다.

247. 마치 시간이 사라져버린 것처럼 세계를 응시하라. 그러면 너에게 굽어 있는 모든 것이 똑바로 펴질 것이다.

248. 네가 파란 것을 볼 때 너 자신을 극복하고 스스로에게 "너는 파란 것을 보아서는 안 된다!"라고 말하는 것이 너에게 무슨 소용이 있겠는가.

249. 어떤 사람들은 주사위 놀이를 하고 싶어하고 어떤 사람들은 셈하고 계산하고 싶어하며, 또 어떤 사람들은 거기서 춤추는 것을 보고 싶어한다. 그들은 그것을 학문이라 부르면서 그것을 하면서 땀을 흘린다. 그러나 놀이를 하고 싶어하는 것은 아이들이다—그리고 참으로, 그것은 아름다운 아이다움이며, 조금 웃는 것은 놀이에 방해되지 않을 것이다.

250. 위버멘쉬적인 것의 모든 징표는 인간에게는 질병 또는 광기로 나타난다.

251. 사람은 정녕 그 자신은 더러워지지 않으면서 더러운 강물을 받아들이는 바다가 되어야 한다.

252. 내가 목적을 생각했을 때, 우연과 어리석음도 생각했다.

253. 너희는 나에게는 너무 조야하다. 너희는 사소한 체험들로 인해 몰락할 수 없다.

254. 너희의 눈이 인식하기를 그치는 곳이 아니라, 너희의 정직함이 그치는 곳에서, 눈은 더 이상 아무것도 보지 못한다.

255. 원숭이는 우리에게 웃음거리거나 고통스러운 수치이다. 인간은
5 위버멘쉬에게 그런 존재일 것이다.

256. 너희가 이해하도록 하려면 너희에게 어떻게 말해야 하는가! 병들었을 때에야 비로소 너희는 들을 귀를 얻게 된다.

10 257. 의지가 나타나자마자, 감정은 해방감을 가진다. 감정은 말하자면 고통을 겪고 있다—그리고 의지가 나타나자마자 감정은 휴식을 취하면서 고통을 겪지 않게 된다. 이것을 사람들은 의지의 자유라고 부른다.

15 258. 그때 나에게 세계는 얼마나 무거워졌던가—바다에서 살아왔지만 이제는 뭍으로 나가야 하는 동물처럼. 그것은 이제 어떻게 자신의 육체를 질질 끌고 다녀야 하는가!

258. 나는 새로운 색깔과 냄새를 고안하지 않았던가?

20

259. 사람들이 너희에게 작게 느끼라고 강요할 때, 너희는 그것에 따라서는 안 된다. 왜소한 주위 환경에 둘러싸여 있는 것보다 더 나쁘게 삶을 낭비하는 일은 없다.

260. 만약 너희가 파리와 모기를 죽이기에는 너무 유약하고 그걸 혐오스러워한다면, 파리와 모기가 없는 고독과 신선한 공기로 가라. 그리고 너희 자신이 고독과 신선한 공기가 되라!

너희의 불쌍한 육체—자연 법칙에 대한 무지함.

261. 질병은 건강에 이르려는 서투른 시도다. 우리는 정신을 지니고 자연을 도우러 가야 한다.

262. 내 형제들이여, 자연은 어리석다. 그리고 우리가 자연인 한 우리는 모두 어리석다. 어리석음에도 아름다운 이름이 있다. 어리석음은 필연성이라고 불린다. 필연성을 도우러 가자!

263. 가능한 한 많은 인간들이 가능한 한 오래 산다는 것이 무슨 의미가 있는가? 모든 현 존재를 정당화하는 것이 너희의 행복인가? 그것은 오히려 경멸할 만한 일이 아닌가?

264. 그리고 네가 생존을 정당화하고자 한다면, 너는 악마를 변호하는 자여야 할 뿐만 아니라, 악마 앞에서 신을 변호하는 자여야 한다.

265. 바위에 대고 하는 말. 나는 네가 말하지 않는 것을 사랑한다. 왜냐하면 너의 침묵에는 위엄이 있기 때문이다. (자연 속에서 모든 것을 도덕적으로 느끼는 것. 여기에 모든 가치가 놓여 있다.)

어떤 왕에게 한 말.

266. 세계는 저기 완결되어 서 있다, 선의 황금 그릇이. 그러나 창조적인 정신은 완결된 것도 창조하고자 한다. 그때 그는 시간을 고안해 냈다—이제 세계는 밖으로 전개되었다가 커다란 원을 그리면서 다시 자신 안으로 말려 들어간다. 악을 통한 선의 생성으로, 우연에서 목적을 출산하는 자로서.

267. 여자와 동침하는 것보다 지상에서 더 좋은 것을 알지 못하는 자들이 너무 많다. 그런 자들이 행복에 대해 무얼 알겠는가!

사람들은 보이지 않는 실들로 가장 단단하게 묶여 있다.

268. 내가 어떤 감정을 존중할 때, 명예는 그 감정 안으로 자라난다.

269. 너희가 위버멘쉬에 대한 사랑으로 인해 너희 안의 인간을 경멸하고 너희의 덕도 함께 경멸했던 순간을 체험하지 못했다면, 너희의 덕이 무슨 의미가 있는가?

270. 인류의 역사에서 위대한 경멸은 대사건들이다. 위버멘쉬에 대한 커다란 욕망의 원천으로서. 너희는 속지 말라—예전에 사람들이 피안이나 무(無)가 되고자 했던 적이 있는가!? 아니면 신과 하나가 되고자 했던 적이 있는가!? 이 모든 화려한 말은 인간이 자신에게 질렸다는 것을—자신의 고통이 아니라 자신이 일상적으로 느끼는 방식에 질렸다는 것을 표현하기 위해서 사용되었다.

271. 커다란 경멸의 시간을 기대하는 것. 그것이 탁월함이다. 다른 사람들은 최후의 인간을 만들어내는 일에만 봉사한다.

272. 말이 사상에 대한 기호에 불과하듯이, 사상도 기호에 불과하다.

273. 한때 자아는 무리 속에 숨겨져 있었다. 그러나 지금은 자아 속에도 무리가 숨겨져 있다.

5〔2〕

나는 너희에게 두 가지를 가르친다. 너희는 인간을 극복해야 하고, 너희가 언제 인간을 극복했는지를 알아야 한다. 나는 너희에게 전쟁과 승리를 가르친다.(장)

5〔3〕

날씨는 서늘하고, 초원은 그늘져 있으며, 해는 졌다. 사는 것이 불합리하지 않은가?

삶에서 이성을 만들어내기 위해서는 더 이상 이성을 가지지 말아야 하는가?

내 형제들이여, 차라투스트라의 영혼이 저녁을 맞이한 것을 용서하라.

5〔4〕

내가 너희의 덕을 배척하는 것인가? 나는 너희가 덕 있는 체함을 배척한다.

5〔5〕

나는 미래의 것으로부터 너희의 덕 역시 해명한다.

5〔6〕

5 무리 속에서 감정이 자라나고 부풀어오르자마자, 감정은 무리에게 다가간다.

우선 '모두를 위해서'가 신성해졌고, 다음에는 '다른 자들을 위해서'가, 마지막으로 '나의 신을 위해서'가 신성해졌다.

10 5〔7〕

나는 아낌없이 주는 영혼들을 사랑한다. 이 영혼들은 되돌려주지 않으며 감사를 바라지도 않는다—왜냐하면 그들은 언제나 선사하기 때문이다.

15 5〔8〕

나는 너희에게 위버멘쉬를 가르친다. 그에게 커다란 경멸을 가르칠 내 형제는 어디 있는가?

5〔9〕

20 그들은 상(像)들을 내동댕이치며 말한다. 높은 것과 숭배할 만한 것이 없다—왜냐하면 그들 자신은 상을 창조할 수도 없고 신을 창조할 수도 없기 때문이다.

그들을 불쌍히 여기라! 그렇지만 상들에 대한 그들의 분노에서 나오는 경멸을 들으라—자기 자신에 대한 커다란 경멸을!

5〔10〕

(장) "정당화하는 자들의 형제애"

5〔11〕

5 바다에서 갈증으로 죽는다는 것은 끔찍한 일이다. 그렇다면 너희의 지혜가 좋은 물과 같은 맛이 나지 않도록 너희는 그 지혜에 소금을 뿌려야 할 것인가?

5〔12〕

10 인류는 임신 중이다, 인류의 고통은 경이롭다.

5〔13〕

인간에 대한 우리의 경멸이 우리를 별들의 배후로 몰아가고 신을 찾아 헤매게 했다.

15

5〔14〕

학자는 정신의 참회자여야 한다.

5〔15〕

20 그들은 "이 세상을 버리라"고 말했다. 그들은 별들 뒤에서 행복을 구했고, 그 말을 위버멘쉬에게서 발견하지 못했다.

5〔16〕

너의 삶이 백 번에 걸친 시도가 되게 하라. 너의 실패와 성공이 하나의 증명이 되도록 하라. 그리고 네가 시도했고 증명했던 것이 무엇인지 사람들이 알도록 하라.

5〔17〕

나는 자신은 현재의 것으로 인해서 몰락하면서도 미래의 것을 정당화하고 과거의 것을 구원하는 자를 사랑한다.

나는 자신의 덕에서 자신의 의무와 운명을 만들어내는 자를 사랑한다.

나는 정신을 한 방울도 남겨두지 않고 전적으로 자기 덕의 정신인 자를 사랑한다.

나는 자신의 영혼을 아낌없이 주는 자, 언제나 선사하기 때문에 감사를 받으려 하지 않고 되돌려주지 않는 자를 사랑한다.

나는 부당함을 떠맡을 수 없는 자들의 부당함을 스스로 받아들이는 자를 사랑한다.

나는 인식하기 위하여 사는 자, 위버멘쉬가 살도록 인식하고자 하는 자를 사랑한다.

나는 세상을 등지려 하지 않고 별들 뒤에서 행복을 찾지 않는 자들을 사랑한다. 위버멘쉬의 말을 이해한 자를 사랑한다.

나는 영혼이 상처를 입을 때도 깊게 입고 사소한 체험으로 인해 몰락할 수 있는 자를 사랑한다.

나는 너무 충만해서 스스로를 망각하고 모든 사물이 자신 안에 있는 자를 사랑한다.

나는 정신이 자유로우면서 심장도 자유로운 자를 사랑한다. 그리고 그에게 머리는 심장의 내장일 뿐이다.

나는 엄격함으로 자신의 덕과 신을 만들어낼 정도로 동정적인 사람을 사랑한다.

나는 자신의 행동에 앞서 황금의 말들을 던지고 언제나 자기가 약속한 것보다 더 많은 것을 지키는 자를 사랑한다.

나는 주사위가 언제나 자기에게 유리하게 떨어지는 것을 부끄러워하면서 자신이 잘못된 노름꾼인가?라고 자문하는 자를 사랑한다.

나는 자신의 적수가 실수한 것을 용서할 뿐만 아니라 승리한 것도 용서하는 자를 사랑한다.

나는 자신의 신을 사랑하기 때문에 그 신을 징계하는 자를 사랑한다.

나는 자신의 덕에서 보답이 아니라 형벌과 몰락을 기대하는 자를 사랑한다.

나는 이웃에게서 그 안에 숨겨져 있는 고통받는 신을 보는 자, 그에게서 볼 수 있는 짐승을 부끄러워하는 자를 사랑한다.

5〔18〕

너희는 너무 많은 덕을 가지려고 해서는 안 된다. 하나의 덕은 이미 많은 덕이다. 그리고 하나의 덕을 가질 만큼이라도 부유해야 한다. 그 덕이 살 수 있도록 너희는 몰락해야 한다.

5〔19〕

내가 너희, 내 형제들에게 간절히 바라노니, 대지에 충실하고 너희에게 지상의 것을 초월하는 희망을 이야기하는 자들을 믿지 말라. 그들은 독살자이며 삶을 경멸하는 자들이다. 그들이 이것을 알든 모르든, 그들은 사멸해가는 자들이고 자신을 독살하는 자들이다.

신에 대한 불경이 가장 큰 불경일 때가 있었다. 그러나 신은 죽었고, 이와 더불어 이 불경스러운 것들도 죽었다. 이제는 대지에 대한 불경이 가장 무서운 것이고, 대지의 의미보다 밝힐 수 없는 사물들의 내장을 중시하는 것이 가장 무서운 것이다.

5〔20〕

너의 삶이 백 번에 걸친 시도가 되게 하라. 너의 실패와 성공이 하나의 증명이 되도록 하라. 그리고 네가 시도했고 증명했던 것이 무엇인지 사람들이 알도록 하라.

5〔21〕

정신의 쾌락에 빠진 음탕한 자들이 있다. 정신의 참회자들이 있다.

5〔22〕

눈이 인식하기를 그치는 곳에서가 아니라 너희의 정직함이 인식하기를 그치는 곳에서 이미 눈은 더 이상 아무것도 보지 못한다.

5〔23〕

어떤 사람들은 주사위 놀이를 하고 싶어하고 어떤 사람들은 셈하고 계산하고 싶어하며, 또 어떤 사람들은 거기서 춤추는 것을 보고 싶어한다. 그들은 그것을 학문이라 부르면서 그것을 하면서 땀을 흘린다.

그러나 놀이를 하고 싶어하는 것은 아이들이다—그리고 참으로, 그것은 아름다운 아이다움이며, 약간의 웃음은 놀이하는 자에게 잘 어울릴 것이다.

5 5〔24〕

너희는 목적을 생각할 때, 우연과 어리석음도 생각해야 한다.

5〔25〕

반대, 불신, 탈선은 건강한 정신의 징표들이다. 무조건적인 모든 10 것은 병들어 있음을 드러낸다.

5〔26〕

진리에서 쾌락을 얻으려고 했을 때, 나는 거짓과 가상, 가까운 것과 먼 것, 과거의 것과 미래의 것을 고안해냈다. 그때 나는 나 자신 속 15 에 기만과 황혼을 심었다.

5〔27〕

나는 황야에 있었고 인식하는 자로서만 살았다. 인식하는 자의 영혼은 정화되었고, 힘에 대한 갈증과 모든 욕망은 신성하게 되었다. 20 인식하는 자로서 나는 신성함과 덕 속에서 나 자신을 훌쩍 뛰어넘었다.

5〔28〕

인간 존재는 섬뜩하고 여전히 의미가 없다. 어릿광대가 인간 존재의 운명이 될 수 있다.

이 자는 무엇을 위해서 사는가? 저 자는 무엇을 위해서 죽는가? 아무도 그것을 모른다. 왜냐하면 거기에는 무엇을 위해서Wozu가 없기 때문이다.

5 예전에 사람들은 죽음이 왔을 때 손을 벌리고 "위에서 온 선물"이라고 말했다

사실 이 선물을 주는 자는 전혀 없었으며 선물은 지붕에서 떨어진 기와였다. 죽음에서는 무지가 이성의 전부였다.

나는 인간들에게 삶의 의미를 가르치고자 한다. 그것은 위버멘쉬다. 10

5〔29〕

사물들에 대한 사랑과 정의가 너희의 학교가 되게 하라.

15 5〔30〕

너희는 너희의 영혼을 가리고 있다. 벌거벗은 상태가 너희의 영혼에게는 치욕일 것이다. 오, 너희가 왜 신이 벌거벗고 있는지를 배웠더라면! 신은 부끄러워할 필요가 없다. 신은 벌거벗었을 때 더 강력하다!

20 육체는 악한 것이고, 아름다움은 악마적인 것이다. 마르고 소름끼치고 굶주려 여위고, 검고 더럽고, 신체는 그렇게 보여야 한다.

육체에 불경을 저지르는 것, 그것을 나는 대지와 대지의 의미에 대한 불경으로 간주한다. 육체가 악하게 보이고 아름다움이 악마적으로 보이는 신성하지 못한 자에게 화 있으라!

5〔31〕

너의 사상과 감정의 배후에는 너의 육체가 있고 이 육체 속에 너의 자아가 있다. 미지의 땅terra incogita. 무엇을 위해 너는 이 사상과 감정을 가지고 있는가? 육체 속에 있는 너의 자아는 그것들에 의해서 어떤 것을 원하고 있다.

5〔32〕

정신의 금욕주의(가장 정신적인 자들에게)
친구(이성적인 교제)
고독
몸이 철학을 한다
창조하는 자
고통을 설교할 때의 위험
삶을 하찮게 여기는 것에 반대하여
인식 속에서 충동은 신성해진다
지금까지 인류의 목적은 없었다
모든 과거에 대한 정당화
파편으로서의 알리는 자
파편으로서의 사랑하는 자
파편으로서의 인식하는 자
현재의 문화를 너무 높이 평가하지 않기!
건강으로서의 정열
순결
휴식을 가르치는 것과 내적인 노동. '노동'에 대한 반대.

범죄자.
보복
도덕적인 선동과 용서.
칭찬하는 자
5 여자
자기 극복의 수단
학문적인 것들
죽음
회귀
10 무리와 자아
느린 명성
도덕 비판과 그 의미
쾌락 속에서의 판단
너희의 이상들에 있는 모순
15 우리는 우리에게 대립하는 자인 바리새인들도 원해야 한다.
숨겨진 인간
최후의 인간
어떤 왕에게 하는 말
위버멘쉬
20
축제의 발명
정신의 참회자—자신의 정념들을 정화하는 자로서
생과 사 사이에서의 큰 결단
배우와 창조하는 자

살아가는 100가지 방식으로서의 새로운 기술(우선 독립! 자유로운 자들을 강제로 끌어들이는 사상)

삶은 인식하는 자의 하나의 시도

비속한 것, 가까운 것, 지상의 것을 고귀하게 하기!(식료품, 요리)

고독과 삶—잠과 깨어남(고통을 겪으려는 의지로서의 삶(—창조—)

최상의 인식. 새로운 **평가자**

느린 명성

도덕에 대한 비판과 그 의미. 우리는 칭찬과 비난을 넘어서기를 원한다!

전조로서의 광기

보답—너희는 보수를 원하는가?

고향 상실.

겸손을 긍지로 만들기

새로운 전쟁

이미 위버멘쉬가 있었는가?

5〔33〕

어떤 것을 다시 선하게 만드는 것은 충분치 않다. 사람은 자기 자신을 다시 선하게 만들어야 하고, 자기 자신이 다시 선하게 되어야 한다. 가령 잉여의 작은 악의나 선행을 통해서.

용서할 수 있기 전에 먼저 자신에게 가해진 것을 체험해야 한다. 그리고 깊은 인간에게는 모든 체험이 오래 지속된다.

자신의 친구보다 자신의 적을 용서하기가 더 쉽다.

나는 용서해야만 하는가? 그러나 나는 네가 자신에게 질책하는 것을 가지고 너를 질책하는 것이 아니다. 그러니 내가 어떻게 용서할 수 있겠는가?

나에게 충격을 주었던 것은 네가 거짓말로 나를 속였다는 것이 아니라 내가 더 이상 너를 믿지 못한다는 것이다.

사람들은 어떤 인간에 대한 격분을 도덕적인 분노로서 정당화한다—그리고 그러면서 자신을 찬미한다. 그리고 자신의 증오에 질렸기 때문에 용서를 만들어낸다—그리고 다시 한번 자신을 찬미한다.

그가 나에게 불의를 저지른다는 것, 그것이 나쁜 것이다. 그러나 그가 그 불의에 대해 나에게 용서를 구하려 한다는 것, 그것이 더욱 나쁘다. 그것 때문에 너무 화가 난다.

은둔자를 모욕하지 않도록 주의하라! 그는 결코 용서하지 않는다! 은둔자는 깊은 샘물과도 같다— 그 속에 돌을 던지는 것은 쉽다. 그러나 그 돌이 바닥에까지 떨어진다면, 너는 그 돌을 어떻게 다시 끄집어내고자 하는가?

5[34]

모든 목표는 파괴되었다. 가치 평가들은 서로 모순된다,

사람들은 자신의 마음을 따르는 자를 선하다고 부르면서, 자신의 의무에 순종하는 자도 선하다고 부른다

사람들은 온화하고 유화적인 자를 선하다고 부르면서, 용기 있게 굽히지 않는 엄격한 자들도 선하다고 부른다

사람들은 자신에게 강요하지 않는 자를 선하다고 부르면서, 자기를 극복한 영웅도 선하다고 부른다

사람들은 진리의 친구를 선하다고 부르면서, 독실한 인간, 사물들을 변용시키는 자도 선하다고 부른다.

사람들은 자기 자신에게 복종하는 자를 선하다고 부르면서, 경건한 자도 선하다고 부른다.

사람들은 고귀한 자, 귀족적인 자를 선하다고 부르면서, 경멸하거나 멸시하지 않는 자도 선하다고 부른다.

사람들은 선량하고 전쟁을 피하는 자를 선하다고 부르면서, 전쟁과 승리를 갈망하는 자도 선하다고 부른다

사람들은 언제나 첫 번째가 되고자 하는 자를 선하다고 부르면서, 누군가에 앞서는 어떤 것도 가지려 하지 않는 자도 선하다고 부른다.

5〔35〕

나는 사람들이 무엇 때문에 비방할 필요가 있는지 이해하지 못한다.

누군가에게 해를 끼치고 싶다면, 그에 대한 진리를 하나 말하기만 하면 된다.

사람들은 각자에 대해 너무 많이 알고 있다.

우리는 우리의 취향에 맞는 것만을 칭찬할 뿐이다. 다시 말해 우리는 우리의 취향만을 칭찬한다.

정신이 가장 풍요로운 열정

어떤 사람에 대한 반감을 덕으로 만들기

질투의 불꽃 속에서 사람은 전갈처럼 독침을 자신에게 돌린다—그렇지만 성과는 없다.

누군가가 거짓말로 나를 속이고 있다는 것을 알아챌 때, 나를 화나게 하는 것은 그가 거짓말로 나를 속이고 있다는 것이 아니라 그가 거짓말을 한다는 사실이다.

[6=M III 3 b. 1882년 겨울~1883년]

6〔1〕

금욕주의. 오직 이성만을 훈련하는 것

인식이 만드는 작은 기쁨들을 고백하는 것—다른 모든 기쁨을 피하는 것.

최상의 모든 사물이 더러운 기원을 가지고 있다는 것을 고백하는 잔인함

인간을 도외시하고 인간을 생성 중에 있는 점으로 파악하려는 시도—모든 것을 인간 위에 구축하지 않으려는 시도.

작고 확고하고 완고한 진리들을 위해서—군인 같은 강인함, 단순함

아름다운 형식에 대한 조롱과 마찬가지로 '진리들' 속에서 행복하게 하는 것에 대한 조롱. 사물들의 표면을 위한 종교, 도덕 그리고 예술

정신 및 유령에 대한 믿음과 연관되어 있는 것으로서의 형이상학 : 또 저열한 해석과 연관되어 있는 것으로서의 형이상학. 학문에 해로운 것으로서의 행복의 관점.

형이상학의 가치는 어디에서 유래하는가? 오류와 열정에서.

가장 불확실한 것에 의존하지 않도록 하는 것

우리 추론 작용의 약함을 자신에게 고백하는 것 : 꿈.

강렬한 감정이 우리의 믿음의 참됨을 증명해주는 것은 아니다.

실체와 의지의 자유가 오류가 되는 고찰 방식, 또한 자아를 생성

된 것으로 생각하는 고찰방식의 시도. 오류로서의 세계.

문제들이 어렵다는 이유로 형이상학적 세계를 불신하는 것.

영원한 근본 진리들에 대한 믿음과 함께 모든 휴식은 끝난다. 사람들은 자신의 미래를 넘어서서는 더 이상 신경을 쓰지 않는다. 왜냐하면 그렇게 되면 다른 사물들이 필요하기 때문이다.

비교의 시대. 도덕성들 중에서 선택하기. 저급한 인륜성의 몰락.

오류의 숭배 : 그것은 인간을 그토록 부드럽고 깊고 창조력이 풍부하게 만들었다. 오류로서의 세계는 그토록 의미가 깊고 경이롭다.

우리는 애초부터 비논리적이고 부정한 본성을 지녔다—이것이 없으면 삶은 없다.

삶의 가치에 대한 평가는 모두 거짓이다.

궁극적인 무목적성. 낭비.

보편적인 포기. 점점 더 잘 인식하는 것, 평가들에 대해 유보적인 태도를 취하는 것이 유일한 위안이다.

결과. 나는 어떤 것도 믿을 필요가 없다

사물들은 인식 불가능하다.

나는 나의 불의 때문에 괴로워할 필요가 없다.

회의를 통해서 제거된 절망

나는 창조할 권리를 얻었다

선하다고 불릴 수 있는 권리를

과거의 것과 결부시키지 않을 권리를

마지막으로. 완전한 충동 속에서 나는 살아 있는 도덕, 추진하는 힘을 발견했다. 나는 선과 악을 넘어서 있다고 착각했을 뿐이었다.

정신이 자유로운 상태 자체가 도덕적 행위이다.

1) 정직함으로서

2) 용기로서

3) 정의로서

5 4) 사랑으로서

나는 가치를 평가하는 자로 나를 남겨두었다.

나는 지금까지의 도덕의 실천을 비판한 것밖에 한 일이 없다. 도

10 덕적 판단들을 세우는 것 자체가 이 실천의 한 부분이다.

한 실존이 다른 실존으로 **이행하는** 조건으로, 실존의 조건으로 목적들을 평가하는 것.

무리—개인

15 6〔2〕

1. 금욕주의—도덕 없이 살려는 시도.
2. 결과. 우리 자신이 도덕을 추구했고, 계속해서 추구했다—우리 안의 삶이 우리를 강요했다.
3. 창조하는 자와 가치를 평가하는 자. 무리와 개인.
20 일어나는 모든 것은 가치 판단과 일치하지 않는다.
4. 선과 악을 넘어선 입장을 가지려는 시도.

6〔3〕

금욕주의. 도덕에서 자신을 자유롭게 하려는 시도

도덕적 판단들의 변화, 아니 도덕적 판단에 대한 반대(영원한 규범은 없다)

도덕적 행위는 결코 있었던 적이 없다. 만약 도덕적 행위를 자유롭고 비이기적인 행위라고 부른다면.

5 우리가 악이라고 간주하는 것(불의)은 실존의 한 조건이다.

우리의 최선의 행위들을 비판할 때 우리는 악에 속하는 요소들을 아주 필연적으로 발견하게 된다. 모든 도덕 체계는 반박된다. 그리고 어느 경우든지 그 체계의 가치는 그 궁극적 주장들의 진리에 의존한다. 이 주장들은 불확실하다.

10 우리의 평가들 자체에는 서로 대립되는 다수의 도덕적 체계들이 포함되어 있다. (느낌의 배후에 있는 우리의 판단들은 모순적이다.)

결국 더 이상 어떤 목표도 없다. 도덕은 더 이상 하늘에 이르는 길이 아니다. 또한 양심의 가책이 고통을 겪는 지상에서 하늘에 이르는 길도 아니다) 도덕은 더 이상 국가들과 민족들과 더불어 흥망

15 하지 않는다.

인류의 고통에 대한 끔찍한 회고. 인류는 도덕적인 불만족 때문에 삶을 거의 포기할 뻔했다.

6〔4〕

20 1) 도덕에서 해방되려는 금욕주의적 시도. 왜? 그 실천적 결과는 우선 : 군인과 같은 가난함, 죽음의 임박, 자유정신.

2) 그러나 이제는 우리 스스로가 자유로운 정신을 도덕이라고 인식한다.

어느 정도로.

모든 느낌은 도덕적으로 채색되어 있다. 우리가 행한 것은 하나의 치료였고, 삶의 수단이었다. 도덕은 생존 조건으로 나타났다.

3) 도덕을 생존 조건이자 삶을 촉진하는 조건으로 바라보는 새롭고 좀더 자유로운 시선.

5 무리—자아의 전개. 보복 등등이 아니라.

4) 선과 악을 넘어서려는 시도.

10

15

20

[7=M III 4b. 1883년 초~1883년 여름]

7〔1〕

5 서론을 위하여

절대적인 정직함—지금까지 도덕가들에게 결여되어 있던 것. 성격의 약점은 모두 연구를 통해 알려질 것이다.

그러고 나서 역사적 의미.

가치 평가를 하려는 자신의 성향들에 맞서는 용감함

10 오래된 목표. 더 높은 인간 산출, 인간 대중을 그 수단으로 사용하는 것.

계획을 위하여

어떤 객관적인 의무도 존재하지 않는다. 만인의 의견일치란 삶 15 에 적대적인 원리다.

무의식적인 노예 상태는 개인들의 명령이다.

사람들이 유용성 때문에 하는 것을 그런 것으로서 부르는 것은 정직함의 요구이다.

정직함 등등의 동기들은 강한 자들의 성벽(性癖)에 있다. 같은 영 20 역에서 도덕으로부터의 해방도 자란다.

무책임성을 적극적으로 전환하기. 우리는 인간에 대한 우리의 상을 관철시키고자 한다. 사람들은 그럴 **수 있다**!—는 것이 문제이다! 자신이 종속되어 있다고 느끼는 자는 하위 질서에 속한다. '노예들'이 있어야 한다.

사람들은 지금까지 창조적인 것으로서의 개인적인 것을 간과해 왔다. 사람들은 범죄자 등등만을 보았으며 주범을 간과했다.

호메로스 미켈란젤로.

개인들의 가능한 최대한의 다양성! 전쟁의 촉발!

사람들은 하나의 윤리를 지향한다. 그리고 이기주의에서 윤리를 발견할 수 없다고 믿기 때문에, 권위, 관습으로 도피한다.

도덕적 취향은 근거가 없는 것이다—그러나 특정한 판단과 가치 평가를 강요하는 다른 충동들이 연속적으로 일어나면서, 도덕적 취향은 일찍이 강제로서 발생했다.

감정들이 생겨나는 것은 복잡하기 때문에 우리가 더 이상 그 근원으로 소급해 들어가지 못할 때, 우리는 그 감정들을 다른 어떤 것으로서 평가한다. 미학적, 윤리적, 도덕적, 형이상학적 충동들은 그렇게 이해될 수 있다.

우리는 어떤 이름을 느끼면 그것에 어떤 새로운 것이 상응한다고 생각한다.

주의. 도덕적인 사유 방식은 우리의 행위 방식을 **따르지만,** 그것을 이끌지는 않는다!

복종하려는 충동이 없는 경우에는 '너는 해야만 한다'는 아무런 의미가 없다.

우리가 그런 것처럼—우리는 '너는 해야만 한다'에서 반항적이 된다. 우리의 도덕은 '나는 원한다'라고 불려야 한다.

7〔2〕

개인의 이기주의는 **사실상** 그것이 할 수 있고 힘을 가지고 있는 만큼 뻗어나간다. 이기〈주의적인〉 원리의 결과를 두려워하는 것은 터무니없는 일이다. 그 누구도 원리들에 의해 한계에 갇히지 않는다!

7〔3〕

글을 쓰면서, 씌어진 모든 것이 얼마 동안이나 지속할지를 묻지 않는다면, 그것은 매우 피상적인 것이리라!

7〔4〕

우리의 행위 방식에 대한 확신은 우리가 이러저러하게 행위하는 근거들의 선함과는 전혀 무관하다.

7〔5〕

소크라테스에서 시작해 덕은 (경쟁 속에서) 수치심을 가지지 않게 되었고, 영리함의 대상으로서 덕에는 수치심이 필요하지 않게 되었다! 일종의 덕의 자기비하.—

7〔6〕

선, 아니 최선에 대한 비판! 아주 정당한 회의!

나의 전체 방향은 도덕을 향하지 않는다—예전에 죄의식이었던 것, 그것을 나는 지성, 덕, 행복, 인간의 힘에 대립시킨다.

본질적으로 도덕과 무관한 고찰 방식으로 인해 나는 도덕을 멀리서 고찰하게 되었다.

미래의 인간들이 살아갈 조건들을 헤아리는 것—그렇게 헤아리고 선취하는 것은 동기를 부여하는 **힘**을 갖기 때문이다. 우리가 원하는 것으로서의 미래는 우리의 현재에 영향을 미친다.

우리 시대의 최고의 것(가령, 자연에 대한 경건함의 결여)에 있는 우리 시대의 비도덕성

5 7〔7〕

내 친구들을 향한 연설.

나는 언제나 생성의 무죄를 증명하려고 애써왔다. 그리고 다분히 나는 완전한 '무책임성'의 감정을 얻고 싶었다—칭찬과 비난, 모든 오늘과 예전에서 독립하기를 원했던 것이다. 인류의 미래와 관계
10 되는 목표들을 추구하기 위해서 말이다.

나의 첫번째 해결책은 현존을 미학적으로 정당화하는 것이었다. 그렇지만 '정당화' 자체가 필요한 것이어서는 안 된다! 도덕은 현상의 영역에 속한다.

나의 두 번째 해결책은 죄 개념들의 객관적인 가치를 부인하고
15 모든 삶의 주관적인 성격, 필연적으로 불의하고 비논리적인 성격을 통찰하는 것이었다.

나의 세 번째 해결책은 모든 목적을 부정하고 인과성의 인식 불가능성을 통찰하는 것이었다.

가상을 통한 구원 : 모든 도덕과 함께 개체화의 원리는 개인을
20 위한 구원의 비전이다.

도덕은 개인화 내부에 머물면서 다시 근원적인 고통을 겪는 상태로 휘말려 들어가지 않기 위한 수단이다.

'인간의 고유한 형이상학적인 활동'으로서의 예술.

'사물들의 근본에 있는 삶은 현상들의 갖가지 변화에도 불구하

고 파괴될 수 없을 만큼 강력하고 유쾌하다'는 것. 54쪽 비극의 위안으로서.

예술은 (의지를 부정하는 것에 대해서) 의지를 구원한다. 예술을 통해서 삶은 의지를 구원한다.

염세주의에 대한 저항. 그리스인의 관점에 입각해서. '사려 깊고' 가장 섬세하고 힘든 고통을 겪을 수 있는 능력을 유일하게 가진 그리스인.

월등하게 가장 생동하는 **예술**로서의 음악.

사유에 지쳐 사유가 해체된 시대에서 음악의 과제.

82쪽. 학문은 거듭해서 자신의 한계에 부딪혀서 예술로 변해야만 한다—예술을 이끄는 것은 광기이고, 예술은 현존을 교정할 수 있을 것이다.

인식과 근거들을 통해서 죽음의 공포에서 벗어난 소크라테스.

현존을 파악될 수 있는 것으로, 따라서 정당화되는 것으로 보이게 만드는 학문의 사명. 만약 근거들이 충분치 않다면, 결국 신화도 현존이 이렇게 보이도록 만드는 데 봉사해야 한다—근본적인 목표는 신화다!

저 힘 전체가 인식에 사용되는 것이 아니라 민족과 인간들의 실천적인 목적들에 사용된다면, 삶의 쾌락이 약화되어 동정에서 파괴의 윤리가 생겨날 수 있을 것이다(동정에서도 너무 약하고 수동적인 인도인들)

비극적 인식에는 '해명될 수 없는 것을 응시하는' 예술이 **필요하다.**

예술은 인식의 발전에 의존하는 것으로 나타난다. 예술은 인식이 자기 자신을 소모하는 곳에서 돌연히 나타난다.

우리는 쾌락을 현상들 속에서가 아니라 현상들의 배후에서 찾아야 한다.

92쪽. 정수

102쪽. 내가 칸트와 쇼펜하우어에 대해 열광했던 것은 인식의 자기 파괴와 인식의 최종적인 한계들에 대한 통찰이었다. 나는 이런 불만족 때문에 예술을 믿었던 것이다.

나는 예술을 위한 새로운 시대가 왔다고 생각했다. 나는 철학의 결말을 하나의 비극적인 사건이라고 느꼈다. **어떻게 견뎌낼 것인가!**

바〈그너〉는 나에게 독〈일인〉들을 기독교에서 멀어지게 할 수 있는 도구로 보였다.

그의 늙음에 지친 작품 〈파르치팔〉도 이러한 사실에 반하는 것은 아니다. 무릎이 벗겨지고 뇌가 혹사된 맹목적인 숭배자들도 그러한 사실에 반하는 것은 아니다.

그리스 세계가 재건되리라는 믿음 177쪽.

“다른 의미와 더 높은 쾌락, 투쟁하는 영웅은 승리가 아니라 몰락을 통해서 이를 맞을 준비를 한다.” 120쪽.

“신화로 둘러싸인 지평이 비로소 하나의 전체 문화운동을 통일체로 종결시킨다.” 132쪽.

136쪽. 반기독교적으로—이런 의미에서,

142쪽. ‘ ‘ ‘ 독일의 희망

7〔8〕

18세기 전체에 걸쳐 **고딕** 건축술을 가장 깊이 경멸했다.레키

Lecky I 199

이 세기에는 자신의 취향이 있었다. 조소의 대상으로서의 밀라노의 돔Dom.

우리의 세기는 저 교회들을 낳았던 저 많은 느낌들을 다시 획득했어야만 한다—

— — — 에서의 호메로스에 대한 오해.

빙켈만Winckelmann의 라오콘Laokoon에 대한 비평.

7〔9〕

동정. 우선 **다른 사람의 고통을 모방해서 느끼기. 그에 이어서** 반응이 일어날 수밖에 없다

강제적으로 감각에서 지워버리거나, 즉 (혐오스러운 상처를 봤을 때처럼) 거기서 달아나거나

아니면 우리에게 아픔을 주는 것을 적극적으로 제거하고 파괴하거나. 그러니까 고통받는 자의 영역에 개입하는 것인데, 고통받는 자는 이를 도움 등으로 해석한다.

고통이 무의미하고 '당할 만한 것이 아닐' 때, 우리는 고통에 대해서 격분한다 (비난하고 처벌하는 우리의 습관은 여기서 손상된 충동으로서 작용한다. 고통받는 자의 모습은 이 충동의 토대를 공격하는 것이다) 우리는 이 격분에 대해 도움 등등으로 반응한다.

그러고 나서 : —우리는 전율하고 위험을 느끼고, '믿을 수 없다!'며 불확실성과 불행이 갑작스럽다고 느낀다—조화로운 것과 논리적인 것에 대한 우리의 감각이 자극받는 것이다.

우리가 도울 수 있다고 느끼는 경우, 우리가 힘이 있다는 감정이

싹트고, 여기에서부터 불행한 자를 구해야 한다는 의무에 대한 열정, 노력, 영웅주의가 싹튼다. 용감해질 수 있는 기회가 생겼다는 따위에 대한 기쁨이 싹튼다.

여기서 사랑, 애정은 필연적인 것이 아니다!

7〔10〕

하르트만Hartmann 776쪽. 그에게 개인의 주권성은 자의를 제한하는 이기주의적인 영리한 고려와 일치한다! 이것이 특징적인 것이다!

7〔11〕

우리의 산물로서의 이웃

이웃에게 주어진 성향들, 우리의 충동들은 이에 **반응한다.**

그 전체 상은 우리에게 유용한 생산물이다. 우리에게 유익한 것, 해로운 것 등등이 내보여지는 것이다—동화하거나 도피하려는 목적으로.

그렇다면 '이웃 사랑'이란 무엇인가?

이웃 자체는 인식할 수 있는 것이 아니라 다만 우리에 의해 개시되는 것이고, 그것도 우리의 관찰이 섬세한가 또는 조야한가에 따라 개시되는 것이다. 추론할 때 우리의 조급함(두려워하거나 동경하는 일) 등에 따라.

우리는 우리의 적에게서 우리에게 해로운 것으로 보이는 것과 싸운다. 우리의 성장, 지속적 삶을 방해하는 것은 우리의 공기를 망치는 것이다. 따라서 우리는 불신, 긴장이라는 **우리의** 충동들과 싸운다—다시 말해 한 종류의 충동은 다른 종류의 충동을 제거한다.

7〔12〕

이집트에서의 구금 상태 때문에 타락한 유대인들.

7〔13〕

5 건축 : 먼 것을 가까이 가져오는 것(성 베드로 성당)

다른 원리 : 먼 곳을 향한 가능한 최대의 노력

7〔14〕

사람들은 우리가 가장 힘들게 이겨낸 느낌들로 우리를 다시 되
10 돌려버리는 자를 가장 미워한다. 그는 승리한 후 우리를 적에게 팔
아 넘기는 자이다. 그는 용서한 후에도 여전히 복수의 유혹을 받는
자와 유사하다.

7〔15〕

15 양심은 우리가 살고 있는 환경에 따라 변한다. 그것이 사실인 한
우리의 가치 평가가 일치하지 않는다는 감정은 두려워하고, 회의하
고, 침묵하고, 남모르게 비밀스럽게 하려는 충동들을 만들어낸다. 이
러한 충동들은 우리가 자극받을 때 즉시 점차적으로 분출되며 우리
의 양심을 양심에 대한 가책으로 변화시킨다.

20

7〔16〕

바그너는 동시대인들에게 많은 은혜를 입었다. 그러나 그는 은
혜를 베푼 자들에 대한 원칙적인 부당함이 '위대한 양식'에 속한다고
생각했다. 그는 언제나 배우로 살았으며 배우들은 대개 교양이 있다

는 착각 속에서 살았다. 나 자신이 아마도 그에게 가장 큰 은혜를 베푼 사람이었을 것이다. 이 경우 모사된 상보다 그것을 모사한 상이 더 오래 살아남는다는 것은 가능한 일이다. 내 상 속에는 실제의 바그너들 모두를 위한 공간이 남아 있다는 사실에서 볼 때 그러하다. 그리고 무엇보다 훨씬 더 재능이 풍부하고 더 순수한 의욕을 가진 자들을 위해서도.

7〔17〕

독일인들 사이에서 사는 사람은 저 관념론적인 자기 기만과 색맹에서 자유로운 누군가를 발견한다면 자신이 정말 행복하다고 평가해야 한다. 독일인들은 그러한 자기 기만과 색맹을 사랑하며 거의 자신의 덕으로 존경한다(몽테뉴, 라 로슈푸코, 파스칼, 샹포르, 스탕달을 가진 프랑스인들은 훨씬 순수한 정신의 민족이다). 내가 레Rée를 알게 된 것은 나의 기쁨이었다. 그는 자신이 알고 있는 한에서 도덕에 대해 말했으며, 그러면서도 자신의 도덕적 충동들을 자만하지 않았다. 물론 그는 도덕에 대해 많이 알지 못했고 그것도 거의 풍문을 통해서만 알고 있었다. 그리고 그는 결국 도덕 자체가 풍문이라고 생각했다.

7〔18〕

칸트 이래로 예술, 아름다움, 인식, 지혜에 대한 모든 논의는 '관심의 부재'라는 개념에 의해 뒤섞여지고 더럽혀졌다.

나에게 아름다운 것으로 여겨지는 것(역사적으로 고찰할 때) : 어떤 시대에 가장 존경받는 인간에게서 볼 수 있는 것, 존경할 만한

가치가 가장 큰 것의 표현으로서.

7〔19〕

쾌락(intérêt)을 받아들인 것은 엘베시우스Helvétius의 공적이었고, 정직한 일이었다(소크라테스가 이익을 받아들였듯이). 완전히 에피쿠로스처럼(맨드빌Mandeville에서처럼, 역설적인 것에 대한 쾌락과 반대로) : 또한 스탕달이 바라는 것처럼 말하는 것은 아마 쾌락이었으나, 그에게는 너무나 모욕적인 것이었을 것이다(그 자신이 그것에 의해서 성장한 도덕적 취향에게는).[8]

7〔20〕

광학이 시력Sehen 뒤에서 절뚝거리며 뒤따르듯이, 도덕학도 도덕성 뒤에서 절뚝거리며 뒤따른다.

개별 관찰들은 월등하게 가장 가치가 충만한 것이다.

도덕적으로 근본적인 오류를 범하고 있는 이론은 대개 위대한 철학 체계의 근원이다. 철학자들의 실천이 거기에 일치하는 바 그것이 증명되어야만 한다(가령, 스피노자) (쇼펜하우어는 예외이다—거기에는 고귀함이 있다).

7〔21〕

나의 요구. '인간'이라는 전체 유(類)를 능가하는 존재를 산출하는 것. 그리고 이 목표를 위해서 자신과 '이웃들'을 희생하는 것.

종래의 도덕은 유 안에 그 한계가 있었다. 종래의 모든 도덕은 유를 우선 무조건적으로 보존하는 데 유용했다. 만약 이렇게 보존되었다면, 목표를 더 높이 잡을 수 있다.

하나의 운동은 무조건적이다 : 인류의 평준화, 개미들의 커다란 건축물들 등등. (뒤링Dühring은, 그의 비장한 말들에도 불구하고, 대단히 초라하고 전형적이고-하찮은 것으로 특징지을 수 있다)

다른 하나의 운동, 나의 운동은 거꾸로 모든 대립과 균열을 첨예화시키고, 평등성을 제거하며, 초-강력한 자들을 창조하는 것이다.

전자는 최후의 인간을 만들어낸다. 나의 운동은 위버멘쉬를 만들어낸다.

위버멘쉬를 최후의 인간의 주인으로 파악하는 것이 **결코** 목적이 **아니다.** 오히려 두 종류의 인간은 나란히 존립해야만 한다—가능한 한 떨어져서. 에피쿠로스의 신들처럼 위버멘쉬는 최후의 인간에 신경쓰지 않는다.

원칙들 : 도덕적인 행위들이 있었던 적은 없었다. 그리고 그 어떤 도덕도 불가능하다. 모든 도덕적 행위와 마찬가지로.

그러나 지금까지 도덕적 행위로 평가되어왔던 것의 역사. 그리고 그것의 참된 의의. 그리고 이러한 평가들의 발생의 역사.

이 모든 평가는 도덕성 자체가 존재하며, 적어도(칸트에서처럼) 의식된 척도로 존재한다는 믿음, 선하고 악한 것이 무엇인지는 잘 알려져 있다는 믿음에서 출발한다.

본질적인 인식 불가능성.

필연적으로 어떤 것에 이르게 된다. 그러나 이미 그것을 안다는 것은 불가능하다, 따라서 미리 아는 것도 불가능하다!

가장 중요한 관점 : **목적을** 배제함으로써 생성의 **무죄를** 획득하는

것. 필연성, 인과성—더 이상 아니다! 그리고 이 모든 것에 허위라는 딱지를 붙이는 것, 필연적인 결과가 있는 경우에는 어디서든지 '목적'에 대해 말하는 것을 기만으로 간주하는 것! 역사는 결코 '목적'을 증명할 수 없다. 왜냐하면 민족들과 개개인이 **원했던 것**은 성취된 것과 언제나 본질적으로 다른 것이었다는 것이 분명하기 때문이다—간단히 말해, 성취된 것은 모두 원했던 것과 절대적으로 불일치한다는 것이 분명하다 (가령, '의도'로서의 씹기와 '행동'으로서의 씹기).

'의도'의 역사는 '사실'의 역사와는 다른 것이다.—도덕에서. 행위에서, 의도했던 목적과 일치하는 것 외에는 보지 않는 것이 **가장 비속한 선입견**이다. 이렇게 목적에 주목하는 것은 지성이 낮은 단계에 있다는 징표이다—본질적인 모든 것, 행위 자체와 결과는 **간과된다**!

7〔22〕

좀더 세련되거나 조야한 많은 도덕들을 훑어보면서 나는 언제나 번갈아 반복되고 서로 연결되어 있는 몇 가지 특징들을 규칙적으로 발견했다. 그래서 마침내 나에게 두 가지 근본 유형이 모습을 드러냈다. 주인의 도덕과 노예의 도덕이다. 부연하자면, 문화가 더 높은 시대에는 두 도덕을 서로 단죄하려는 시도가 나타나고, 두 도덕이 혼재하는 일은 이보다 훨씬 더 잦으며, 가끔은 양자가 완고하게 병립한다—심지어 같은 인간 속에서, 하나의 영혼 속에서도 말이다.

첫번째 물음. 도덕적인 가치 평가는 어디서 생겨났는가? 일반적으로 귀족들 사이에서, 피지배 종족들에 대해 자신들의 차이점을 스스로 의식하고 있는 지배 종족들 사이에서 생겨났다.

일반적으로 도덕적으로 가치를 평가한다는 것은 더 높은 인간 종족이 더 낮은 인간 종족에 대해서 자신이 더 높다는 것을 의식하고 있음을 의미한다.

도덕적 가치 평가를 형성해야 할 필요성은 일단 종속된 자들과의 관계에 있고, 다음에는 덕과의 관계에 있다. 첫번째 경우 속성 중에서 탁월한 것, 드문 것, 고귀한 것, 두드러지는 것이 부각되고, 두번째 경우에는 고상한 유형을 획득하고 확고히 하는 데, 간단히 말해 덕에 이르려는 노고에서의 어려움이 강조된다.

두 번째 물음. '선'의 개념을 규정하는 것이 지배하는 자들이라는 사실로부터 일반적인 결과는 무엇인가?

사실 가장 상이한 도덕들에서 반복되는 일군의 특징들이 있다. 그 근거는 강한 자의 특징들이 거기에 포함되어 있다는 바로 그점에 있다.

비도덕적인 것은 일반적으로 경멸받는 것이다('악'한 것이 아니다).

이것이 마지막으로 도달한 결론. 나처럼, 도덕적 가치 평가 자체를 서로 견주어보는 자는 전통적인 가치 평가 아래에서 살아가려고 버티는 자들에게서 자신을 보다 높은 인간으로 구별짓고자 한다.

'선하다'고 불리는, 고상하고 자랑스러워하는 상태들이 있다.

겁 많은 자, 불안해하는 자에 대한 경멸

편협한 이익을 생각하는 자, 좀스러운 자에 대한 경멸

서약을 받고자 하는 불신하는 자에 대한 경멸

가난한 자, 구걸하는 자, 굴복하는 자, 학대를 받아들이는 노예-종족과 개-종족에 대한 경멸

이와 반대로 충만하고 넘쳐 흐른다는 감정에 대한 존경. 불행한

자를 도울 수 있을 만큼 부유하다는 감정,

말하고 침묵할 줄 알고, 명령하고 복종할 줄 아는, 자기 자신에 대한 힘을 가지고 있는 자에 대한 존경

오래 지속될 이익을 볼 줄 알고 결심을 오래 지킬 수 있는 지혜에 대한 존경

자신이 마음에 들기 때문에 남의 마음에 들려고 하지 않는 자에 대한 존경. 자부심이 강한 자에 대한 존경.

노인들에 대한 존중

전통에 대한 존중

여성들에 대한 존중은 현대적modern이다. 나이에 대한 존경 같은 것은 없다.

복수에서 '방어'

오랫동안 감사할 수 있고 복수할 수 있는 능력.

정의라는 착각으로서의 재보복 —

심각한 모욕에 대해 개의치 않는 자는 경멸스럽다……. 그러나. "가장 많은 모욕들을 견딜 줄 아는 자가 최고의 인간이다." 메난드로스

그러나 원한을 품는 성향이 없는!—

동등한 자들과 하위의 존재들에 대해서 행위들을 판단할 때 완전히 다른 태도를 취한다.

친구

적은 경멸스러운 것으로 간주되지 않는다. 그렇기 때문에 적이 행한 악한 행위는 다른 평가를 받는다.

적의가 필요한 것인 한, 적의를 느낄 수 있는 감수성이 보존되어

야 하고, 따라서 어떤 의미에서는 보호되어야 한다.

(스파르타인들에게 거짓말이 그러하듯이)

가혹함, 잔인함 등등.

사람은 질투, 투쟁심 같은 정념들을 쏟아내는 배출구로 적이 있어야 한다—선한 친구가 될 수 있기 위해서.

강한 자가 판단한다. 나를 해치는 자는 그 자체가 해로운 자다. 강한 자는 최상의 가치 규정자다.

논리적인 것, 시간, 공간은 우리에 의해서 생산되었음이 틀림없다 : 터무니없다! 만약 정신이 그것들의 법칙에 순응한다면, 그것은 그 법칙들이 사실적으로 참이기 때문에, 그 자체로 참이기 때문에 그런 것이다! 우리가 이 진리들을 믿는 것, 절대적으로 그것은 예외적인 것들이 사멸한 결과이다. 이 진리들을 어기면 보복당한다.

7〔23〕

만약 더 약한 자들, 지배당하고 억압당하는 자들이 도덕을 설파한다면, 도덕은 어떤 모습일까?

만약 폭행당하는 자들, 억압당하는 자들, 고통받는 자들, 자유롭지 못한 자들, 자기 자신을 확신하지 못하는 자들, 지친 자들이 도덕을 설파한다면. 그들의 도덕적 특징들의 공통점은 무엇일까? 아마도 어떤 악의가 표현될 것이다. 아마도 인간과 그의 상황에 대한 단죄가 표현될 것이다.

더 강한 자들의 덕에 대한 시기에 찬 시선. 거기서는 '선한' 모든 것에 대한 섬세한 회의와 불신이 존경받고 강한 자의 행복과 삶을 축소시키는 것이 존경받는다.

고통받는 자가 그 덕분에 삶의 무게를 덜 수 있는 특성들에 대한 강조 : **동정**에 대한 찬양, 그러나 강한 자들이 그것을 찬양할 때(유용성이 그 이유다)와는 다른 이유로 동정을 찬양한다.

겸손함에 대한 찬양과 이 관점을 현존의 법칙에 보편적으로 종속시킴으로써 이 관점을 세련되게 만드는 것. '의지의 비자유'에 대한 편애—인간은 철저히 의존적이 된다.

반대되는 덕들을 강조하는 것에는 일종의 **복수심**이 들어 있다. 그래서 **금욕**이 찬양되고 자의적인 고문, 고독, 정신적인 가난함이 찬양된다. 그리고 사람들은 미래에 대해서는 무관심하게 된다.

유럽에서 이러한 전체적인 도덕의 방향 전환은 **유대적인** 것이다.

그러한 신조가 점차 지배적이 되고 그런 신조를 지닌 인간들이 지배하는 자가 되면, 그 결과는 엄청난 **도덕적인** 허위(또는 파렴치)이다.

(그리스의 도덕주의자 소크라테스에게서 보이는 천민적인 것)

이런 일이 유럽의 성직자 계급에서 일어났다. 영국의 공리주의, 칸트, 쇼펜하우어에서 일어났던 것이다.

(프랑스인들의 가치 : 그들은 수치에 **민감하다**)

이제 두 번째 전환이 가능하다. **파렴치**의 전환. 인간의 야수성에 대한 일반적인 쾌락, 환상들의 사실에 대한 쾌락

지배받는 자들 사이에서 악은 '**저열한 것**'이 된다.

위대한 **복수**에 대한 표상(테르툴리아누스Tertullianus)

7〔24〕

레는 자기 자신을 위해서 하지 않는 일만이 선하다는 원칙에서 출발하기 때문에 : 그가 '목적이 수단을 정당화한다'는 명제를 사용할 수 있는 권리를 사회에 주었을 때, 그는 아주 우습게도 스스로 자신의 목에 줄을 매고 만 셈이 되었다. 왜냐하면 사회는 범죄를 처벌함으로써 자신을 유지하고 발전시키고자 하기 때문이다—이것은 의심할 여지가 없다. 따라서 사회의 목적은 선한 것도 아니고 신성한 것도 아니다. 따라서 사회의 목적은 자신의 악한 수단을 정당화할 수 없다.

선과 악에 집착하는 자는 벌을 줄 수 없다. '〔벌을 받아 〕 마땅하다'와 '마땅하지 않다'를 믿는 자도 마찬가지다—이 모든 것에 대립해서 사람들은 절대적인 인과율을 수립해야만 한다. 사람들이 좀더 높은 인간 종족으로서 더 낮은 인간 종족을 억압하고 억누를 수 있는 권력, 여하튼 어떤 식으로든 이 종족을 적대시할 수 있는 권력을 취할 때에만. 나는 모든 '형벌'을 이해할 수 있다. 형벌은 억압이다—권리라는 말로 사람들이 추구하는 것은 바리새주의이다. 더 강한 것, 더 높은 것이 더 하찮은 것에 대해 자신의 권력을 행사해도 된다면, 그것을 어디에서 도출해내야 하는지 나는 알 수 없다. 그것이 권력을 행사해서는 안 된다면, 왜 그런지는 더욱 알 수 없다.

더 높은 것이 더 강한 것이 아닌 곳에서는 어디든지, 더 높은 것 자체에 무언가가 결여되어 있다. 그것은 하나의 단편이자 그림자일 뿐이다.

7〔25〕

고통과 쾌락은 부수 현상들에 불과하다.

배고픔은 식욕을 충족하는 것이 목표가 아니다. 그 징표가 우리에게 배고픔이라 불리는 이 과정은 오히려 결코 충동이 아니며 느낌의 상태도 아니다. 그것은 어떤 화학적 상태이며, 이 상태에서는 다른 사물들에 대한 유사성이 아마도 더 클 것이다.

만약 우리가 쾌락과 불쾌에 묶여 있어서 그것들이 현실적인 것을 표현하는 유일한 언어라면, 현실적인 모든 것에 대한 우리의 통찰은 얼마나 궁색할 것인가!

'충동'은 감정을 느끼지 못하는 것을 감정의 언어로 번역한 것일 뿐이다.

'의지' : 그것은 저렇게 진행된 결과 우리의 감정에 알려진 것이다—따라서 이미 결과이며, 시작이나 원인이 아니다.

우리의 언어 작용은 이 두 영역들의 혼합물이다.

'목적과 수단'—은 감정의 언어에서 취해진다.

따라서 총체적인 기능들은 자신의 길을 간다. 그러나 우리가 그것에 대해 인지하는 것은 얼마나 적은가!—그럼에도 우리는 우리의 행위를 '목적들'과 행복을 위한 노력에 의해서 해명한다고 생각한다.

7〔26〕

'덕에는 행복이 따른다'가 아니라—더 강한 자가 자신의 행복한 상태를 비로소 덕으로 규정하는 것이다.

악한 행위들은 강한 자와 덕을 가진 자에게 속한다. 저열하고 저급한 행위들은 정복된 자들에게 속한다.

가장 강한 인간은, 그가 모든 인간이 지닌 이상들에 대항해 자신의 이상을 관철시키고 그들의 이상들을 자신의 상으로 개조시키는 한, 가장 악한 인간임이 틀림없다—창조하는 자.

여기서 악하다는 것은 가혹하고 고통스럽게 강요함을 뜻한다.

7〔27〕

나폴레옹과 같은 그런 인간들은 거듭 나타나 개인의 독재에 대한 믿음을 굳게 만들 것임이 틀림없다. 그러나 그 자신은 자기가 사용하지 않을 수 없었던 도구에 의해 부패되었고 고귀한 성격을 잃었다. 그가 다른 종류의 인간들 사이에서 자신을 관철시켜 나갔더라면 다른 수단을 사용할 수 있었을 것이고 황제가 저열하게 될 수밖에 없었던 것도 필연적이지 않았을 것이다.

7〔28〕

천한 대중이 지배하도록 돕는 것은 물론 그들의 천성을 고귀하게 할 수 있는 유일한 수단이다. 그러나 그들이 지배하는 자가 되었을 때에야 비로소 그럴 수 있는 것이지, 지배를 둘러싼 투쟁 속에서 그럴 수 있으리라고 기대해서는 안 된다. 투쟁은 오히려 그들의 가장 깊숙한 곳에 있는 비천함을 부추긴다.

그래서 유대인들이 일시적으로 지배자가 되는 것이 그들을 고귀하게 만들 수 있는 유일한 수단이다.

7〔29〕

"우리는 '목적'에 따라 행동한다" (기대되는 유쾌한 감정의 표상들에 따라)—우리는 그렇게 말한다. 사실은 완전히 다른 일이 일어나는데, 그것은 무의식적인 것이고 알 수 없는 것이다. 우리가 '목적과 수단'이라는 말로 파악하는 것은 일어난 일 중 극히 작은 부분이다—그리고 우리는 그 부분을 비로소 목적과 수단으로 해석하는 것이다.

5 우리는 감정을 느낄 수 없는 것의 영역에서 마치 감정이 원인이고 원인일 **수 있는** 것처럼 말한다.

어떤 과정에 대한 상과 반영들을 우리는 과정 자체로 이해하고 해석한다.

어떤 사건의 현실성이 쾌락과 고통에 의해 **증명되고,** 여기서 가

10 장 실제로 진행된다고 생각하는 것이 우리의 가장 큰 오류다.

부수-현상인 감정들은 사건들의 상인데, 이 감정은 우리에게 사건의 결과를 가르쳐주기는 하지만, **이 결과의 인과성은 가르쳐주지 않는다.**

15 7〔30〕

다른 사람들을 이롭게 하는 자는 왜 자신을 이롭게 할 때보다 더 선하다고들 하는가? 그가 다른 사람들에게 가져다준 이익이 어떤 절대적인 의미에서 자신에게 가져다준 이익보다 더 큰 이익일 경우에만 그럴 뿐이다. 만약 다른 사람들이 더 가치가 저급한 자라면, 그가

20 자신을 이롭게 할 때, 다른 사람들에게 손해를 준다고 하더라도 그의 행위는 정당할 것이다.

'이익'에 대한 모든 잡다한 이야기들은 이미 인간에게 이익이 되는 것이 무엇인지를 정의하고 전제한다. 달리 말해서, **무엇을 위해** wozu! 이익이 된다는 것, 즉 인간의 목적이 미리 앞서 전제되어 있는 것

이다. 생존의 유지, 행복하게-만들기 등이 목적으로 간주된다. 경우에 따라서는 반대되는 것들이 더 높은 목적이 된다. 가령, 삶과 고난에 대한 염세주의적 견해에서처럼.

따라서 사욕이 없는 자를 칭찬할 때는 어떤 믿음, 즉 자신의 자아가 다른 사람의 자아보다 우선시 될 가치가 없다는 믿음이 전제되어 있는 것은 아닐까?—선호될 자격이 없다? 그러나 사욕이 없는 자를 더 높이 평가하는 것은 이 믿음과 반대된다. 그런 사람이 더 드문 종류의 사람이라는 것이 가정되고 있는 것이다. 무엇 때문에 더 비범하고 높은 인간은 자신을 도외시해야 하는가?—그는 그래서는 안 된다. 그것은 어리석은 일이다. 그럼에도 불구하고 그는 그렇게 한다. 그리고 다른 사람들은 그에게서 이득을 얻게 되고 그에게 감사한다. 그들은 그를 칭찬한다.—따라서 에고이스트들이 에고이스트가 아닌 자를 칭찬하는 것은 그가 자신의 이득보다 그들의 이득을 앞세울 만큼 어리석기 때문이다. 그들이라면 그렇게 행동하지 않을 방식으로 그가 행동하기 때문이다—그러면서도 그들에게 유리하게끔.

7〔31〕

스피노자에 따르면. "인간이 이성을 사용하는 한, 인간은 인식으로 이끌어주는 것만을 **유용하다**고 여긴다."

7〔32〕

독재자와 노예(전자는 신으로 끌어올려지고, 후자는 바로 대중 속으로 가라앉는다)

7〔33〕

모든 '감각-인상들'에 우리는 수동적일 뿐만 아니라, 선택하고, 결합하고, 충족시키고, 해석하는 등 매우 능동적이다—중요한 것은 세포에서처럼 영양 섭취다. 이질적인 것을 동화하고 그것을 전환하는 것.

7〔34〕

인식의 편협한 수단들 '진정된 자, 길들여진 자, 체념한 자, 인내심 있는 자, 생각을 가다듬은 자' 이들은 서로 가깝다. 베다 연구, 희생, 적선, 참회, 단식—인식에 이르기 위한 수단.

7〔35〕

스피노자는 자신의 윤리학으로 유대의 법률에 복수했다. "개인은 자신이 원하는 것을 할 수 있다." 그는 바울과 유사하다.

7〔36〕

칸트가 모든 행복주의를 배척했을 때 그는 도덕적 자부심의 극단적인 태도를 추구한 것이었다. 절대적인 복종. 종속되고 억압받는 자의 이상. 이런 자는 복종하는 자가 최선의 예행 연습을 하는 것에 모든 가치를 부여한다- 그러나 '쾌락'은 전혀 없다.

7〔37〕

"환상들은 행복을 위해서뿐만 아니라, 인간을 보존하고 고양하기 위해서도 필요하다. 특히 환상이 없으면 어떤 행위도 가능하지 않다. 인식의 모든 진보조차 환상을 통해서 비로소 가능하다. 따라서 우리가 인식하고, 선하게 행위하고 성장하기를 원한다면, 환상의 원천이 보존되어야 한다"—나는 한때 이렇게 생각했다.

절대적인 도덕이 있다면, 그것은 무조건적으로 그 진리를 따라야 한다고 요구할 것이다. 따라서 나와 인간들이 그 진리로 인해서 몰락할 것을 요구할 것이다—이 때문에 내가 도덕의 파괴에 관심을 가지는 것이다. 살 수 있고 더 높아질 수 있기 위해서는—힘에의 의지를 만족시키기 위해서는 모든 절대적인 명령이 제거되어야 할 것이다. 창조하고 있을 때, 가장 강한 인간에게는 거짓말조차도 허용되는 수단이다. 자연은 완전히 그렇게 전개된다.

7〔38〕

영리함의 도덕은 억눌린 자들에서 만들어진다. 은폐되어 있으면서 행위자에게 유익한 결과를 가져오는 범죄가 덕이 있는 것이라는 사실에 이르기까지.

도덕의 목표로 쾌락을 추구하는 것은 이미 억눌리고 고통을 겪는 자들의 특징이다.

강한 자들에게는 **현존하는** 쾌락이 사물들의 가치를 정한다. 여기서 높은 감정은 지성적이 된다.

부자유의 징표로서의 행복주의, 쾌락주의, 공리주의. 모든 영리함의 도덕도 마찬가지다.

자유의 징표로서의 영웅주의. '영웅적인 철학의 지침'

그렇다면 영웅주의에는 사소한 것, 목가적인 것에 기꺼이 관여하는 것도 속한다.

7〔39〕

도덕에 대해 글을 쓴 작가들에게서 도덕을 찾아서는 안 된다(도덕성은 더욱 그렇다!). 도덕주의자들은 대부분 억압받는 자, 고통을 겪는 자, 무기력한 자, 복수욕에 사로잡힌 자들이다—약간의 행복을 찾는 것이 그들의 경향이다. 치유되면 그만이라고 생각하는 병든 자들.

7〔40〕

라 로슈푸코에게서는 당시 사회의 극히 귀족적인 사유 방식이 내비치고 있다. 그 자신은 환멸을 느낀 관념론자였는데, 그는 기독교의 인도에 따라 그 당시 충동들의 추한 이름들을 샅샅이 뒤졌다.

7〔41〕

기독교와 기사도 정신에 의해 영혼이 도덕적으로 복잡해진 것은 루이 14세와 그의 시대의 성격에 함께 속한다. 그리스인들은(호메로스), 그들의 영혼에도 너무 소박하고 단순하게 보인다.

7〔42〕

자유롭게 교류한다면 같은 종류의 인간 집단들이 결합해서 공동체를 건설할 수 있다. 민족의 극복.

맹수와 원시림은 포악함이 매우 건강한 것이 될 수 있으며 신체를 훌륭하게 발전시킨다는 것을 증명해준다. 맹수류가 내적인 고통에 시달렸다면 벌써 오래 전에 발육이 위축되고 변종되었을 것이다.

(그토록 많이 불평하고 낑낑거리는) 개는 맹수의 변종이다. 고양이도 마찬가지다. 선량하고 억압된 무수한 인간들은 온순함이 힘이

쇠퇴하는 것과 결합되어 있다는 것을 증명해준다. 불안한 느낌들은 유기체를 압도하고! 규정한다.

따라서 과도한 섬세화와 자극으로, 생리학적인 퇴화의 결과로 나타나는 악(잔인함에 대한 정욕 등등)과, 도덕적인 광기에서의 도덕적인 둔감함을 전면에 내세워서는 안 된다!

퇴화의 징후로 나타나는 선, 종교적인 광기로, 가령 박애 등으로 나타나는 선을 고찰하는 것. 건강한 이기주의가 쇠퇴하고 평정심이나 금욕이 추구되는 곳이면 어디서나. 육체적인 쇠약의 이상으로서의 '신성한' 자, 브라만 철학 전체도 퇴화의 징후다.

a) 더 높은 종족 : — — —
b) 더 낮은 종족 : — — —
c) 변종한 자들 : 그들의 '선'
그들의 '악.'

7〔43〕

스탕달은 배우들 사이의 격언을 이렇게 인용하고 있다. "자신을 선사할 사람을 발견하지 못한 여자는 자신을 살 사람을 찾는다."

"아무도 그녀들을 선사받고 싶어하지 않는다. 따라서 그녀들은 자신을 팔아야 한다!"—나는 말했다

7〔44〕

나는 그리스의 도덕성을 지금까지의 최고의 도덕성이라고 생각한다. 이것은 그리스의 도덕성이 도덕성의 육체적인 표현을 지금까지 최고로 끌어올렸다는 점에 의해 입증된다. 그러나 여기서 내가 염

두에 두는 것은 실제적인 민족의 도덕성이지, 철학자들이 내세운 도덕성이 아니다. 소크라테스와 더불어 도덕이 쇠퇴하기 시작한다. 그것은 예전에 전체의 부분들이었던 서로 다른 체계들 속에서 나타나는 순전한 일면성들이다—그것은 와해된 낡은 이상이다. 게다가 천민적인 성격이 지배적이 되고, 힘 없는 인간들, 한 켠으로 밀려난 자들, 억압당하는 자들 등등이 지배하게 되었다.

근대에는 이탈리아의 르네상스가 인간을 최고로 성취했다. '플로렌스 사람'—유사한 이유로. 거기에서도, 완전하고 전체적인 인간과 나란히, 파편과 같은 개별 조건들을 보게 된다. 예를 들어 '폭군'은 그런 파편이다. 예술 애호가.

아마도 프로방스인이 유럽에서 그러한 정점이었을 것이다—아주 부유하고, 다양한 천성을 가졌으며, 그러면서도 스스로를 지배하는 인간들. 그들은 자신의 충동을 부끄러워하지 않았다.

7〔45〕

루터는 적으로 존재하는 방식에서 농부 출신의 자기 혈통과 비천함, 고귀함의 결여를 드러낸다.

7〔46〕

비스마르크처럼, 나폴레옹은 권력 투쟁에서 부패했다. 나는 다음 세기를 위해 작은 '폭군들'을 기대한다.

7〔47〕

'기호 언어로서의 도덕'

7〔48〕

나중에, 아마도 천 년쯤 뒤에 도덕성으로 나타날 도덕적 판단의(그러니까 도덕의) 시초들을 우리는 분명 가볍고 불충분하게 사유할 수는 없다. 그래서 나는 어떻게 레가 약간은 영리하게, 약간은 오류를 범하면서, 약간은 잊어버린 채 도덕의 놀라운 고딕 건축물 전체를 재건하려고 했는지를 지켜보는 것으로 만족했다! 나 자신에게는 다른 토대가 있었다. 그러나 우리는 그 토대들이 가능한 한 악한 것이어야 한다는 경향을 공통적으로 가지고 있었다.

7〔49〕

모든 것이 얼마나 고루하고 비과학적으로 진행되고 있는가—레키의 첫 페이지를 보라!

7〔50〕

전투에 능하고 생식을 잘하는 것. 그것이 우선적으로 그리고 가장 결정적이다.

7〔51〕

복수에서도, 같은 것은 같은 것으로 갚는다는 것이 귀족의 요구다. 정념에서도 한계를 정하는 자는 그렇게 한다—감사에서도 마찬가지다. 그러나 이런 귀족들을 가진 국가는 무엇을 창조해야 하는가!

7〔52〕

가장 자유로운 행위는 거기서 우리의 가장 고유하고 강하며, 가장 섬세하게 훈련된 본성이 산출되는 행위이고, 그래서 동시에 우리의 지성이 손으로 지휘하는 행위이다—따라서 가장 자의적이면서도 가장 이성적인 행위이다!

5 7〔53〕

의지가 자유롭지 않다는 이유로 복수에 반대하는 논변은 감사를 반대하는 논변, 즉 행위자가 자유롭지 않았기 때문에 선행에 보답하지 않는다는 논변이기도 할 것이다.

10 7〔54〕

보수와 처벌은 모든 행위의 자연적인 결과를 볼 수 있는 시선을 망쳐 놓는다.

7〔55〕

15 어떻게 국가가 복수를 할 수 있겠는가! 첫째 국가는 냉정하고 정념에 사로잡혀 행위하지 않는다. 복수하는 자는 정념에 사로잡혀 행하는 것이다. 다음으로 국가는 인격이 아니며, 고귀한 인격은 더욱 결코 아니다. 따라서 국가는 절도를 지키는 데도("이에는 이로, 눈에는 눈으로") 자신의 고귀함과 자제력을 증명할 수 없다. 셋째로 국가는 복수할 때 손상된 명예를 회복시키는 데 도움이 되는 바로 그것을 20 제거해버린다. 즉 그것은 삶을 자발적으로 희생시키는 것, 명예를 위해 위험을 무릅쓰는 것을 제거해버리는 것이다. 따라서 국가는 비천하게 사유하는 피해자만을 만족시키고, 더 고귀한 자에게서는 반대로 그의 명예 회복의 기회를 박탈해버릴 것이다—마지막으로, 국가는

피해자가 파렴치하다는 것, 즉 그가 자신의 피해를 공공연하게 이야기해야 한다는 것을 전제한다! '고소'는 참으로 국가의 요구인 것이다! 그러나 귀족적인 인간은 고난을 겪을 때 **침묵한다**.—따라서 비천한 본성을 가진 자들만이 국가를 **보복의 도구**로 생각할 수 있다. 따라서 살인자에 대한 복수를 감행하려는 자들은 국가에 **대항하는** 것이다. —그렇기 때문에 파스쿠알레 파올리Pasquale Paoli는 전체에 대한 헌신을 **더 고귀한** 것으로—희생으로!—제시할 수밖에 없었고, 더 높은 자기 극복으로 살인자에 대한 복수를 포기할 것을 요구할 수밖에 없었다. 그렇기 때문에 그는 복수하는 자를 비방했던 것이다.

국가는 악행을 저지르는 자에 대항해 자기 자신을 보호할 수 없는 약자를 **보호**해준다. 따라서 처벌은 우선 안전조치이며, 위협하기만 하는 처벌인 경우에도 그렇다. 국가는 **사람들이 스스로를 방어하기**를 원하지 않는다—국가는 복수를 두려워하는 것이 아니라, 사람들의 **주체적인** 성향을 두려워하는 것이다!

따라서. 국가의 **정의**에 순응하는 것은 더 고귀한 인간들에게는 어떤 **희생을 치르는 것**이며, 이익이 되는 것이 아니다. 그러므로 국가 자체가 더 높은 감각으로 영향을 미쳐왔어야만 한다. 간단히 말해서, 국가의 정의-집행에 복종하는 것보다 국가의 **신성함(존엄성)**에 대한 **믿음**이 더 오래된 것이어야 한다. 더 오래되고 더 강한 것이어야 한다! 아이들과 노예들에 대해서 고귀한 자는 자신의 위엄을, 따라서 자신의 주권을 오랫동안 확고히 해왔다—영리함의 관점들이 아니라, 영웅주의의 **충동들**, 즉 개인의 주권성보다 더 높은 것이 있다는 믿음이 **국가의 발생**에서 강력한 것이었다. 거기에는 종족과 종족의 노인들에 대한 외경심이 작용한다. 종족을 위해서 젊은이는 자신을 희생한다.

죽은 자들과 전승되어 온 선조들의 규약들에 대한 외경심. 그들을 위해서 현재의 사람은 자신을 희생한다—거기에는 정신적으로 뛰어난 자와 승리한 자에 대한 경의, 즉 자신의 모범을 생생하게 만난다는 매혹이 작용한다. 거기서 충성의 맹세가 생겨나는 것이다—고대 국가 형태를 유지시킨 것은 강제가 아니며, 영리함도 아니다. 강제는 결코 행사될 수 없었을 것이며, 영리함도 아직은 개인적으로 거의 발전되지 못했다—어떤 공통의 위험이 아마도 함께 모여 살게 된 계기를 마련했을 것이다. 그리고 새로운 공통의 힘을 느꼈던 감정이 매혹적인 것이고 고귀한 결단의 원천이다.

7〔56〕

한때 사람들에게는 국가를 어떤 계산적인 유용성으로 보는 이론이 있었다. 게다가 이제 사람들은 그것을 실천하고 있다!—왕들의 시대는 지나갔다. 왜냐하면 민중들은 더 이상 왕들을 가질 자격이 없기 때문이다. 그들은 왕에게서 자신들의 이상의 원형이 아니라, 자신들의 이익의 수단을 보기를 원하기 때문이다.—그것이 전체 진리다!

7〔57〕

인간은 최고의 목적, 궁극적 목표, 절대적 의무, 절대적 당위 같은 것을 기꺼이 가지고자 한다. 그에 대한 요구가 많은 도덕들의 원인이다. 그러나 이러한 요구의 원인은 무엇인가? 물론 많은 것들을 예로 들 수 있다—인간의 모든 개별 충동은, 그것이 지성을 장악하게 되면, 모든 인간적인 것들의 궁극적인 주인이자 목적 설정자로 인정받기를 요구한다. 서로 아주 다른 충동들이 도덕에 자신의 기념물을 세워놓았다.

7〔58〕

다른 사람들에 대해서 자신의 창시자를 정당화해야 하는 도덕들이 있다. 어떤 도덕들은 창시자를 안심시키고 만족스럽게 만들어야 한다. 어떤 도덕은 창시자가 그것으로 자기 자신을 십자가에 못 박으려고 한다. 어떤 도덕은 창시자가 그것으로 다른 사람들에게 복수하고자 한다. 창시자는 어떤 도덕을 가지고서는 자신을 숨기려고 한다. 어떤 도덕을 가지고서는 창시자가, 자기 앞에서든 남들 앞에서든, 자신을 미화하려고 한다. 어떤 도덕을 가지고서는 창시자가 자신을 위로 그리고 앞으로 끌어가려고 한다. 어떤 도덕을 가지고서는 창시자가 인류에게 힘과 창조력을 행사하려고 한다. 어떤 도덕을 가지고서는 창시자가 복종하려고 하며, 어떤 도덕을 가지고서는 지배하고 굴복시키려고 한다. 어떤 도덕을 가지고서는 창시자가 망각하려고 하거나 자신을 망각하게 만들려고 한다. 충분하다, 도덕은 정념의 기호 언어에 불과하다.

7〔59〕

의도가 아니라, 거기서 의도하지 않았던 것이 바로 어떤 행위의 가치나 무가치 없음을 구성한다.

7〔60〕

정념의 기호 언어로서의 도덕들. 그러나 정념 자체는 모든 유기적인 것의 기능들의 기호 언어이다.

7〔61〕

"어떤 정언명법이 있다!"와 같은 주장들의 가치를 완전히 도외시한다면 언제나 이렇게 물을 수 있다. 그런 주장은 그것을 주장하는 자에 대해서 무엇을 말해주는가.

7〔62〕

이제서야 인간들에게 음악이 정념들의 기호 언어라는 생각이 떠오르고 있다. 그리고 나중에는 어떤 음악가의 충동-체계를 그의 음악에서 명료하게 인식할 수 있게 될 것이다. 사실 음악가는 자신의 음악으로 자기를 드러냈다고 생각하지 않았다. 씌어진 모든 작품과는 반대로, 이것이 이러한 자기 고백의 순진함이다.

그러나 위대한 철학자들에게도 이런 순진함이 있다. 그들은 자신이 스스로에 대해 말하고 있다는 것을 의식하지 못하고 있다—그들은 문제가 되고 있는 것이 '진리'라고 생각한다—그러나 근본적으로 문제가 되고 있는 것은 그들이다. 아니면 오히려, 그들 속에 있는 가장 강력한 충동이 스스로를 밝히는 것이며, 이럴 때 근본 충동은 매우 파렴치하고 무구하다—그 충동은 주인이 되고자 하며 아마도 모든 사물, 모든 사건의 목적이 되고자 한다! 철학자는 충동이 언젠가 한 번 말하게끔 하는 일종의 기회이자 그렇게 말하는 것을 가능케 하는 것일 뿐이다.

사람들이 생각하는 것보다 훨씬 많은 언어들이 있다. 그리고 인간은 자신이 원하는 것보다 훨씬 자주 자신을 드러낸다. 말하지 않는 것이 무엇이 있겠는가!—그러나 듣는 자는 여전히 적어서, 인간이 자기의 고백을 하자면 텅 빈 공간을 향해서 재잘거리는 것과 같다. 태양이 자신의 빛을 낭비하듯, 인간은 자신의 '진리들'을 낭비하는 자다—텅 빈 공간은 귀가 없다는 것이 애석하지 않은가?

여러 견해가 있을 때 인간은 이렇게 느낀다. "이것이 오직 참되고 옳으며 참으로 인간적이다. 다르게 생각하는 자는 틀리다"—사람들은 이것을 종교적이고 윤리적인 견해라고 부른다. 여기서 인간보다 강한 주권적인 충동이 말하고 있다는 것은 분명하다. 여기서 매번 충동은 진리와 '인간'이라는 최상위 개념을 가지고 있다고 믿는다.

충동이 주권적이 되지 않는 인간들도 물론 많이 있다. 그들에게는 확신이 없다. 그러므로 이것이 첫번째 특징이다. 철학의 모든 완결 체계는 그 속에서 어떤 충동이 섭정을 하고 있다는 것, 어떤 확고한 위계 질서가 존립한다는 것을 증명한다. 그리고 그것이 '진리'라고 일컬어진다.—거기에는 이 진리와 함께 내가 '인간'이라는 높이에 와 있다는 느낌, 타자는 적어도 인식하는 자로서는 나보다 낮은 종류의 사람이라는 느낌이 있다.

조야하고 소박한 인간들에게는 그들의 풍습에서도, 아니 그들의 취향에서도 그러한 것들이 가능한 최선의 것이라는 확신이 지배하고 있다. 문화 민족의 경우 거기서 어떤 관용이 지배하고 있다. 그러나 그만큼 더 엄격하게 사람들은 선과 악에 대한 자신의 최상의 척도를 고수한다. 거기서 사람들은 가장 섬세한 취향을 가지려고 할 뿐만 아니라, 유일하게 정당한 취향을 가지려고 한다.

도덕이 취향 문제라는 것을 사람들이 아직도 알지 못한다는 것이 보편적으로 지배하고 있는 야만의 형태이다.

게다가 이 영역에서는 거짓말과 사기가 가장 많이 행해진다. 도덕적인 문헌과 종교적인 문헌이 가장 허위적인 문헌이다. 지배적인 충동은, 그것이 무엇이 되기를 원하든, 선두를 유지하기 위해서 다른 충동들에게 간계와 거짓말을 구사한다.

종교 전쟁 외에도 도덕-전쟁이 지속적으로 벌어진다. 즉, 어떤 충동이 인류를 자신에게 굴복시키려고 한다. 그리고 더 많은 종교들이 사멸할수록, 이 싸움은 그만큼 더 유혈적이 되고 그만큼 더 눈에 띄게 벌어진다. 우리는 그 시작에 처해 있다!

7〔63〕

통각은 처음에는 활동일 뿐이다('자의적인' 운동들!)

7〔64〕

나의 이론. 각각의 모든 인간의 행위에서는 심리적인 삶의 발전 전체가 관통하고 있다.

감각 지각은 이미 행위다. 어떤 것이 지각될 수 있기 위해서는, 자극을 수용하고, 작용하도록 하며 그러한 자극에 적응하고 그것을 변시키는 어떤 능동적인 힘이 이미 기능해야만 한다.

절대적으로 새로운 어떤 것이 계속 산출된다는 것은 하나의 사실이다. '원인과 결과'는 '수단과 목적'을 통속적으로 일반화한 것에 불과한데, 다시 말하자면 수단과 목적은 훨씬 더 통속적인 논리적 기능으로서, 현실에서 이에 상응하는 것은 없다. 시작과 마지막을 이미 창조해낸 존재의 경우를 제외하면, 마지막 현상이라는 것은 없다.

정신적인 발전에서도 언제나 새로운 것이 산출된다. 느낌과 표상은 절대 서로에게서 도출될 수 없다. 사상과 감정도!

7〔65〕

가장 하위의 유기체들의 '자의적인' 운동은— — —

7〔66〕

5 첫째 : 어떻게 인간들을 지배하면서 자신을 넘어서서 지배할 수 있게 만들 것인가?

둘째로 : 어떻게— — —

7〔67〕

10 과거가 산출했던 모든 것을 소화할 수 있다는 것은 가장 바랄 만한 것이 전혀 아니다. 그래서 나는 단테가 근본적으로 우리의 취향과 위(胃)에 거슬리기를 바랬다.

7〔68〕

15 햄릿을 인간 정신의 정점으로 생각하는 것—이것이 나에게는 정신과 정점에 대한 겸손한 판단이라고 여겨진다. 무엇보다 그것은 실패한 작품이다. 내가 그 저자에게 맞대놓고 이 말을 한다면, 그는 웃으면서 내게 인정할 것이다.

20 7〔69〕

왜 형법과 나란히 보상법은 발전되지 못했는가? 왜 국가는 개인이 다른 사람들에게 하는 감사를 떠맡지 않았는가?

예링에 따르면, '법'은 강제라는 형식으로 사회의 생존 조건을 안전하게 하는 것이다.

그 자체로 어떤 행위가 악한 것이 아니라, 어떤 점에서만 그러하다.

예를 들면, 법의 보호를 박탈당한 자der Friedlose는 참회할 필요 없이 죽일 수 있다

국가가 행하는 고문

이집트인들에 대한 도둑질

집단-양심과 집단-책임.

죄는 처벌되지 않는다.

불운으로서의 범죄.

저열한(경멸스러운) 것과 악한 것을 구별하는 것.

강한 자들과 종속된 자들에 있어서의 도덕.

현재의 도덕적 가치 규정의 기원의 엄청난 복잡성. 그러나 감정으로서의 **통일성**.

의지의 자유를 이유로 처벌을 하지 않으려는 자는 칭찬해서도, 감사해서도, 화를 내서도 안 된다. 교류할 때 모든 정념의 근본적인 믿음은— — —

7〔70〕

복수심은 피해입었다는 의식이다. 일단은 사실적으로, 그 다음으로는 자신의 힘(이성, 두렵게 하는 힘 등)에 대한 믿음에서. 양자는 하나의 반작용이고자 한다. 따라서 1) 방어, 2) 보상, 그리고 3) 힘이 있다는 감정의 산출을 원한다. 이러한 것도 **행위자가 죄가 있다는 믿음과는 전혀 무관하다**. 복수심은 의지의 자유에 대한 믿음과는 아무런 관계가 없다.

7〔71〕

유기적-도덕적.

의지의 자유.

선의 전단계로서의 악.

5

7〔72〕

"나에게 선한 것은 그 자체로 선하다"는 것은 가치를 부여하는 데 익숙한 강한 자의 판단일 뿐이다.

10 7〔73〕

도대체 도덕이 설파된다는 것은 아마 아직 문제로 파악되어 본 적이 없었을 것이다. 인간이 언제나 도덕을 논하게 되는 것은 필연적인가? 아니면, 점성술적 사유와 연금술적 사유가 사멸했거나 사멸하고 있듯이, 도덕은 사멸할 수 없는가? 필연적이라면 무엇에? 삶에? 15 그러나 도덕적으로 판단하지 않고 살 수 있다는 것은 식물과 동물들이 증명해주고 있다. 아니면 행복하게 살기 위해서? 방금 말한 동물들은 어쨌든 인간보다 더 행복하게 살 수 있다는 것을 증명해주고 있다—역시 도덕이 없더라도. 따라서 도덕은 삶 일반에 필연적인 것도 아니고, 더 행복해지는데 필연적인 것도 아니다. 인간이 동물보다 더 20 많은 고통을 겪는 것에 대해 도덕에 그 책임을 지우려고 하는 것은 아니다.—더 많은 고통을 겪는 데에는 다른 이유가 있을 수 있고 도덕이 훨씬 더 많은 고통을 방지해주는 수단이 될 수도 있을 것이다. 그러나 확실한 것은 더 행복해지고 덜 고통을 겪는 것이 우리의 목표라면 : 서서히 동물적으로 되는 것이 합리적이라는 것이다. 어쨌든 여기에는 도덕적인 판단을 그만두는 것도 포함된다. 따라서 만약 인간이 단지 살고자 하는 것이 아니고 더 행복해지고자 하는 것이 아니라면. 인간은 그럼 무엇을 원하는가? 이제 도덕은 말한다. 이러이러하게 행동해야만 한다—왜 '해야만 한다'인가? 따라서 도덕은 이것을 알아야 한다. 생존 유지 일반도 아니고 더 행복해지는 것도 아닌 이 왜, 이 목표를—그러나 도덕은 그것을 모른다! 도덕은 자기 모순적이다! **도덕은 명령하지만**, 스스로를 정당화 할 수 없다—명령은 그런 점에서 본질적인 것이다!

그렇다면 무엇을 위한 도덕인가? '너는 해야만 한다'는 모두 집어치워라!

7〔74〕

'저열함'의 감정은 원래 죄가 의도와 결부되지 않는 단계에서는 완전히 다르다. 오이디푸스(오히려 오욕과 불행).

본래 고귀한 도덕에는 '저열한 것'이 없다. 그러나 악한 것에는 경외심이나 공감을 불러일으키는 것이 여전히 있다.

7〔75〕

행위, 가령 도둑질에는, 그것이 허용된 것으로 간주되면, 완전히 다른 일군의 감정과 판단들이 수반된다.

민족들을 비교해보면 이것이 여기서는 선한 것으로, 저기서는 저열한 것으로 느껴진다는 것을 입증할 수 있다. 그러나 '선'과 '저열함'의 대립 자체는 어디에서나 존재한다. 행위들이 다만 다른 표제로 분류될 뿐이다—그렇지만 선하고 저열하다는 판단 전체의 상이성도 존재한다!

7〔76〕

동물은 자신의 충동과 정념을 따른다. 우리는 동물이다. 우리는 다른 것을 하는가? 우리가 도덕을 따를 때, 그것은 단지 가상에 불과한 것인가? 사실 우리는 우리의 충동을 따르는 것이고, 도덕은 우리의 충동의 기호 언어에 불과한 것인가? '의무', '권리', '선', '법칙'은 무엇인가—어떤 충동적 생Triebleben이 이 추상적인 기호들에 상응하는가?

도덕이 '너는 더 선해져야만 한다'라고 말할 때—왜 '더 선해'져야만 하는가?—이것은 삶에서도 더 행복한 삶에서도 증명되지 않는다. 따라서 증명할 수 없는 명법은 목적 없는 명령이다—이것이 도덕인가?

그러나 '더 선해진다'는—목적 없이는 결코 생각할 수 없다.

7〔77〕

무엇이 행위의 원인인가? 이것이 나의 물음이다. 무엇을 위해서? 무엇에로?는 두번째 것이다. 쾌감(잠재워져야만 하는 넘쳐흐르는 힘의 감정)이 원인이거나, 불쾌감(해방되거나 보상되어야 하는 힘의 감정을 억제하는 것)이 원인이다. 어떻게 행위해야 하는가? 라는 물음이 제기된다. 마치 행위에 의해서 비로소 어떤 것이 달성되어야 하는 것처럼, 그러나 일차적인 것은, 행위의 결과는 도외시하고, 성과, 달성된 것으로의 행위 자체이다.

따라서 인간은 행복이나 이익 때문에, 아니면 불쾌감을 막기 위해서 행위하는 것이 아니다. 오히려 어떤 일군의 힘이 이용되는 것이며, 그 힘이 발산될 수 있는 어떤 것을 그 힘이 포착하는 것이다. 사람들이 '목표', '목적'이라고 부르는 것은 사실 이렇게 비의도적인 폭발-과정의 수단이다.

그리고 같은 일군의 힘의 감정은 수많은 방식으로 분출될 수 있다. 이것이 '의지의 자유'이다—이 필연적인 폭발과 관련해서 수많은 행위들이 똑같이 잘 이용된다는 감정. 이렇게 긴장을 해소시키는 것과 관련해서 행위는 어떤 임의성을 띤다는 감정.

나의 해결책. 힘의 감정의 정도는 정신을 수태시킨다. 그것은 많은 목표들을 제시하고, 그 결과 감정의 긴장이 해소되는 목표를 선택한다. 따라서 이중적인 분출이 있다. 우선 긴장을 해소시키는 목표를 선취할 때, 다음에는 행위 자체에서.

"만약 내가 저것을 한다면, 나는 자신을 경멸할 것이고 불행해질 것이다." 따라서 이 말은 내 느낌에 미칠 결과 때문에 어떤 행동을 하지 않는다는 것이리라.

엘베시우스는 우리에게 어떤 행위의 가능성이 생길 때, "이 행위가 내 느낌에 어떤 결과를 가져올까"라는 물음을 근본적으로 묻는다고 생각했다.

스탕달《연애론》, 252쪽.

그러나 첫번째 사실은 그에게 이 가능성이 떠오른다는 것이다. 고귀한 자는 비천한 영혼은 전혀 알 수 없는 무언가를 본다.

가득 차서 흘러 넘치는 힘의 감정이 있다. 행위의 목표를 표상하게 되면 긴장의 해소가 선취되고 그럼으로써 더욱 분출되도록 자극한다.

그렇다! 표상된 목표는 분출의 욕구를 최고로 고조시킨다.

따라서, 행위의 목표로서의 **행복**, '기쁨le plaisir'은 긴장을 고조시키는 수단에 불과하다. 이 행복을 행위 자체에 놓여 있는 행복과 혼동해서는 안 된다. 최종적 행복은 상당히 규정되어 있다. 행위에서의 행복은 그렇게 규정되어 있는 수많은 행복의 상에 의해 묘사될 수 있을 것이다.

따라서, '무엇을 위해서'는 환상이다. "내가 이것을 하는 것은 그로부터 행복을 얻기 위해서다". 그렇지 않다. 행위하는 자는 본래의 추동력을 망각하고 단지 동기만을 **볼 뿐**이다.

'달성된 목표에 존재하는 행복'은 그 자체로 힘의 긴장의 산물이다. 비유적인 방식으로 선취하고 자기 자신을 고조시키는 것. 행복주의는 그러므로 부정확한 관찰의 결과이다. 사람은 만족을 위해서 행위하지 않는다. 그것은 행위하는 자의 환상이다.

7〔78〕

뒤링 강좌 147쪽, "육체의 역학적 상태는 우주 역학의 부분적 상태이다."[9)]

7〔79〕

"나는 처벌을 해서는 안 된다—왜냐하면 나는 그것을 위해 아무것도 할 수 없기 때문이다"—이 '나는 해서는 안 된다'는 누군가를 죽인 나무를 마치 내가 처벌하고 싶어하는 것처럼, 내 행위가 비이성적일 것이라는 걸 뜻한다.

7〔80〕

강한 환상에 사로잡힌 채, 스스로 굴복해서 아주 쉽게 화해하려고 하는 겁 먹은 자들은—두려움과 두려움에 대한 환상 때문에 자신이 위태롭다는 생각을 점점 더 강조하고 그 때문에 쉽사리 지나친, 파괴적인 **복수**를 한다—거의 대부분 단지 공포에만 근거한 고통에 대한 복수.

7〔81〕

유기체에는 1) 화학적으로 동화할 수 있는 힘이 있고, 2) 이 화학적 과정을 규제하는 어떤 폭발들이 있다. 만약 우연히 이 양자가 서로 제휴하게 되어 이 폭발들의 시간적인 발생과 힘이 동화하고 배제하는 과정을 규제하는 것으로 작용하게 되면, 어떤 유기체가 발생하게 된다. 따라서 이것은 저 오래된 본질들, 즉 그렇게 규칙적으로 폭발하는 것들과 그런 성장-과정들의 결과다.

7〔82〕

고소하는 자는 고통이 그에게 얼마나 유익했는지를 인정하려고 하지 않는다. 여기서 그의 복수 충동이 드러난다. 그는 자신에게 상처를 입혔던 자에게 말로 아픔을 주고 자기의 힘을 발산하고자 한다

7〔83〕

우리가 얼마나 더 많은 행복감 속에서 살고 있는지는 고통이 개개의 쾌락보다 훨씬 **더 강하게** 느껴진다는 것에서 드러난다.

7〔84〕

오직 자유로운 자들만이 지닌 진리와 용기. (진리는 일종의 용기다)

불행한 자로서의 범죄자 : 인간다움의 형식.

노예 상태는 저열하게 만든다.

사람들은 대부분의 상처에 대해서 반응하지 않고, 굴복한다(뒤링의 오류!).

7〔85〕

고귀한—선한

인격의 속성들—나중에 행위들로 전이되는.

7〔86〕

1) 공간을 둘러싼 부분들의 투쟁

영양을 둘러싼

자극이 영향을 미치든 미치지 않든 간에

2) 더 약한 자를 파괴하거나 동화하는 직접적인 투쟁.

3) 더 강한 자들이 더 약한 자들보다 더 많은 자손을 낳는다

대수롭지 않은 근친성에 의해서도 더 쉽게 재생되고 덜 소비하는 자들이 언제나 우위를 차지한다

더 나은 자기 부양 능력과 자신의 필요에 따른 더 적은 소비—도덕적으로 표현하자면!—성장과 독자적으로 지배하는 데 유리한 전제조건들.

음식물이 결핍될 때 음식물을 가장 많이 소비하는 자가 가장 먼

저 사멸하고 굶어 죽는다.

자극이 영향을 미칠 때 가장 덜 급격하게 소모되는 자들에게, 오히려 영양의 동화와 이를 통한 재생이 강화되는, 아니 자극을 통해 초과 보충이 될 정도로 강화되는 자들에게 우위가 있다

도덕적 : **고통**, 상해의 가치

압박에 저항할 수 있는 능력이 우위를 부여한다

7〔87〕

용기, 수치, 분노는 개념들과는 그 자체로 아무 관계가 없다.

그 이름과 정신적인 개념이 단지 상징일 뿐인 생리학적인 사실들.

정념의 이름들에 대해 언어가 말해주는 것은 무엇인가?

분노

도덕을 통해서 인간을 바꾼다는 것은 무엇을 뜻하는가? 그러니까 잦은 두려움이나 흥분이 고조됨으로써 생리학적으로 피로하게 만드는 것 말이다.

질병이 정념에 미치는 영향을 연구하는 것.

7〔88〕

나의 과제. 선한 충동들이 배고픔을 느껴서 활동할 수밖에 없도록 그 충동들을 조정하는 것.

7〔89〕

최고로 완전한 적응 기제가 현존한다는 것에 대하여 루Roux 43

쪽. 동물이 물에서 옮겨가는 것

7〔90〕

성인 남자에게서야 비로소 가족의 유형을 완전하게 볼 수 있다. 쉽게 흥분하고 자극받는 청년에게서는 가장 보기 어렵다. 우선 평온해야 하며 외부에서 미치는 자극의 수가 더 적어야 한다. 아니면 자극받을 가능성이 현저하게 쇠퇴한 상태여야 한다—그래서 늙어버린 민족들에 대해서 그 유형을 논하는 것이며 그 민족들이 청년기에 있을 때보다 그 유형을 더 분명하게 인식할 수 있는 것이다.

7〔91〕

전쟁의 결과 최고의 인간이 살아 남는다.

7〔92〕

국가 구성원들 사이의 경쟁, 언제나 가장 유능한 자들이 전체를 장악하는 영향력을 갖게 된다. 국가는 그렇게 존립한다.

최고의 유기체 내에서 부분들 자체의 상대적인 독립성. 루 65쪽.

7〔93〕

사실상 현존하는 불평등에 대하여 루 69쪽.

7〔94〕

생리학적으로 세포 곁에 세포가 있듯이 충동 곁에 충동이 있다. 우리 존재에 대한 가장 일반적인 상은 서로 간의 지속적인 적대와 결합을 수반한 충동의 사회화다. 지성은 경쟁의 대상이다.

7〔95〕

세포의 한 성질이 화학적으로 다음과 같은 성질을 가질 경우, 즉 동화 작용이 분해를 능가하고, 그럼으로써 소모된 것에 대한 과잉 보상, 성장이 일어나는 경우, 이러한 중요한 속성이 다른 성질들에 대한 지배의 기초가 된다.

우리는 생의 어떤 단계에서 이러한 힘을 가지지 않은 유기체나 세포를 알지 못한다. 그것 없이는 생이 확대될 수 없을 것이다.

구성 부분들 사이에 불평등이 존재하자마자, 세포 내에서 식량과 공간을 둘러싼 싸움이 일어난다.

자극이 공급됨으로써 생의 능력, 즉 동화 작용이 고양되는 과정은—특히 자극에 영양 작용, 영양을 고양시키는 작용이 있는 경우에는—영양이 전적으로 햇빛과 온도에 의존해 있는 식물에서는 근본 조건이다(전기의 빛도 신속한 발달과 결실을 가져온다.

따라서 좀더 신속한 동화 작용에 대한 자극의 영향이 도덕에서도 존재한다. 극히 섬세한 다수의 상해가 발생하여 그것에 의해서 동화의 필요성이 커지는 곳에서 힘이 증가한다(오히려 낯선 이국적 표상들이 들어오면서 힘이 증대된다—그리스인들).

쉽게 흥분하는 실체는 더 많은 자극을 받아들인다.

7〔96〕

법이란 그때그때의 힘의 관계를 영원하게 하려는 의지다. 그것에 대한 만족이 전제된다. 신성한 모든 것들은 법을 영원한 것으로 보이게 하기 위해서 동원된다.

7〔97〕

5 실천적 귀결. 성격을 변화시키는 것. 도덕적으로 교화하지 않고 사육함.

윤리 교육이라는 간접적인 작용 대신에 유기체에 대한 직접적인 작용에 의해서 변화시킨다. 다른 신체가 다른 영혼과 윤리를 창조한다. 그러므로 방향을 바꿔라!

10 소크라테스의 경우 정념에 대한 천민적인 불신이 존재한다. 소크라테스는 정념을 추악하고 야만적인 것이라고 생각하며 따라서 억제되어야 한다고 생각한다. 따라서 에피쿠로스는 고귀함이란 면에서 스토아 철학자들보다 뛰어나다. 그러나 이들은 좀더 대중적으로 이해되기 쉽다.

15 기독교의 성자도 이와 똑같이 천민의 이상이다.

7〔98〕

자극이 필요하고 그것이 생의 자극으로 되는 과정들이 발생한다. 그렇지 않으면 소멸과 쇠퇴가 일어난다.

20 최고의 과정들이 있다.

이러한 모든 것은 개체들 간의 투쟁 없이 일어난다.

개체들 간의 투쟁에서 도태가 개체 전체를 위해 유용하다고 증명하는 그런 특성들을 지속적으로 보존하도록 선택할 것이다.

그러므로 많은 유형의 도덕들이 생겨야만 한다—도덕의 담지자들 간의 투쟁과 승리는, 최강자의 삶에 유용하고 필수불가결한 유형의 도덕을 지속적으로 보존한다.

개별적이고 강한 근본 감정들이 형성됨에 따라, 도덕적 가치 평가에 대한 무수히 많은 항목들이 만들어질 것임이 틀림없다.

5 최고의 도덕은 가장 강한 개인들과 결합되어야 한다는 절대적 요구. 이렇게 가장 강한 개인은 누구인가?

모든 국가와 공동체는 개인보다 열등한 것이다. 그러나 그것들은 개인을 좀더 높이 육성하기 위해서 필요한 종류의 것들이다.

10 7〔99〕

비탄 속에서 '더 높은 이성'이란 인간이 고통을 의연히 심화시키는 것이며, 그가 너무 빨리 고통에서 도피하지 않도록 하는 것이다—그렇게 할수록 인간은 더 높은 힘을 끌어온다. 그 자신의 조형자여!

15 7〔100〕

무엇이 우리에게 고통을 주는지 그리고 얼마나 쉽게 타인이 우리에게 고통을 주는지를 섬세하게 알고, 우리를 고통스러운 길에 빠지게 하지 않도록 배려하는 것. 이것이 상냥한 많은 사람들의 주요 관심사다. 그들은 기쁨을 만들어내고 다른 사람들에게 기쁨을 주려고 한다. 왜냐하면 그들은 고통을 너무나 두려워하기 때문이다. 사람들은 그것을 '상냥함'이라고 부른다. 예외적인 더 가혹한 본성을 가진 자들은 이와 같이 타인들의 입장에 서야 된다는 필요를 느끼지 않으며 그들에게 자주 고통을 준다. 그는 쉽게 고통을 느끼는 감수성을 갖지 않고 있는 것이다.

7〔101〕

귀족적 원리는 자신을 고양시키면서 항상 더 우수한 자들 중에서 더 우수한 유형을 만들어낸다. 강자는 점점 더 자기 자신에 대한 강자, 힘을 발산하는 자가 된다. 내가 보기에 고귀함에는 많은 등급이 있다—그리고 고귀함은 개개의 인간 자신에게서 성장하는 것이다.

7〔102〕

힘을 두려워해야 했던 자들의 상상 속에 있는 힘

7〔103〕

자신의 복제로서 자신과 유사한 자들에 대한 쾌감은 단지 사람들이 자기 자신에 대해서 쾌감을 가질 때에만 가능하다. 그러나 이것이 사실일수록, 낯선 자들은 더욱 더 우리의 취향에 거슬리게 된다. 낯선 자들에 대한 미움과 혐오는 자신에 대한 쾌감과 같은 크기로 존재한다.

이러한 미움과 혐오로 인해 사람들이 낯선 자들을 모두 파괴하고 그들에 대해 냉담하게 된다.

그러나 사람들이 자기 자신에 대해 불쾌감을 갖게 되면, 이는 일반적인 사람들을 동정하고 그들에게 다가가는 다리로 이용될 수 있다. 1) 우리는 타자를 통해 자신을 잊기 위해서 타자를 갈망한다. 많은 사람들의 경우 사교는 이러한 성격을 갖는다. 2) 사람들은 타자도 자신에게 불쾌감을 가지고 있다고 추측한다. 그리고 그것이 사실이라면, 더 이상 질투가 일어나지 않는다. "우리는 동일하다." 3) 우리가 자신에 대한 불쾌감에도 불구하고 자신을 견디는 것처럼, 그렇게 '우리와 같은 자들'을 견디는 데 익숙해진다. 우리는 더 이상 경멸하지 않는다.

미움과 혐오는 줄어든다 : 접근. 그렇게 사람들은 일반적인 죄악과 영겁의 형벌에 대한 교설에 다가갔다. 실제로 강한 자들조차도 다른 환영으로 보여진다. "그들은 근본적으로 불쌍하고 비참한 사람들이다."

5

7〔104〕

변화하는 입법인 인간들

7〔105〕

'좋다'는 판단은 우리 속에서 취향으로 나타난다. 마치 초에 절인 오이의 맛이나 내가 침뱉는 사람들 곁에서는 참지 못하는 것처럼 포악하고 확고하게.

10

7〔106〕

거리를 두려는 열정을 잃지 말라!

15

7〔107〕

정복하는 것은 넘치는 힘에서 나온 자연스러운 결과다. 그것은 **창조**나 **생식**과 같은 것이다. 이와 같이 그 자신의 상과 낯선 소재를 결합하는 것이다. 그 때문에 더 우수한 인간은 창조해야 한다, 즉 가르치는 자로서든 또한 **예술가**로서든, 자신이 더 높다는 것을 타자에게 각인시켜야 한다. 왜냐하면 예술가는 자신을, 특히 자신의 취향을 **알리려고** 하기 때문이다. 자신만을 위한 예술가라는 것은 그 자체로 모순이다. 철학자의 경우도 이와 같다. 그는 세계에 대한 자신의 취향을 지배적인 것으로 만들고자 한다—그 때문에 그들은 가르치고 **쓴다**. 그 경

20

우 넘치는 힘은 어디에서나 정복하고자 한다. 이러한 충동은 자주 사랑, 정복하려는 본능이 자신을 발산하고자 하는 대상에 대한 사랑이라고 불린다—허영에 찬 자는 다른 사람들의 마음에 들고자 하며, 타인들의 취향에 따르고자 한다. 그에게는 창조적인 힘이 결여되어 있다. 그는 '공허하다.' 진실하지 않은 위선자는 타인들의 취향을 두려워한다. 영리한 사람, 조심스런 사람도 그러하다. 이들에게는 넘치는 힘이 결여되어 있다. 배려가 없는 자, 오만한 자, 대담한 자, 반항적인 자, 걱정하지 않는 자, 솔직한 자, 성급한 자, 조심하지 않은 자는 긴장감을 크게 하고 행동을 빠르게 추진하는 자들은 거대한 힘을 가지며 유용성에는 반한다. 여기에서 영리한 신중함이 강한 자들 사이에서 왜 좋은 평판을 받지 못하는지가 밝혀진다. 영리하다는 것은 힘이 결여되어 있다는 것의 징표다. 다른 한편 상황에 따라 영리하지 않은 행동이 고상한 것이다. 그리고 여기에서 아마 비이기적인 것에 대한 찬양도 생길 것이다. 비이기적인 자, 즉 영리하고 신중하게 행동하지 않고 넘쳐흐르는 자—그와 같은 자에게 어디로? 라는 것은 중요하지 않다. 계산하는 자는 경멸된다. 그러나 공동체 전체를 위해 **계산하는** 자는 **그만큼 더 많이 찬미된다**. 왜냐하면 그는 쓸데없이 '영리하지는' 않다고 여겨지기 때문이다 : 생각하는 것은 어려운 것으로 여겨진다---

이렇게 하여 **지혜에 대한 찬미**가 생겨난다. 아주 훌륭하고 쉽게 생각하며, 평가하고, 고려하는 사람들에 대한 찬미로, 그리고 이익을 위해 영리한 것이 아니라 공동체에 대한 애정에서 그것의 사상과 제도를 영원하게 하려는 애정에서 지혜에 대한 찬미가 생겨나는 것이다. 그것은 드문 일이다!

7〔108〕

생산적인 폭력으로서의 힘에 대한 공포. 여기가 종교의 영역이다. 다른 한편 존재하는 가장 강력한 자와 **하나**가 되고자 하는 것이 인간이 추구해야 하는 가장 높은 목표로 나타난다. 예를 들면 이것이 브라만 교의 기원이다. 그것은 지배 계급 내에서 생겼지만, 아마 전쟁에서 힘을 발산하는 것이 결여되었기 때문에 힘의 욕구를 상상 속에서 확대, 실현하는 것으로 생겼다.

신성과의 융합은 최고의 환희를 갈망하는 것(많은 성자들에서 보이는 여성적이고-히스테릭한 성격), 또는 최고의 안정, 고요함, 정신적인 것(스피노자)을 갈망하는 것 또는 힘 등을 갈망하는 것일 수 있고, 또는 어쩔 줄 모르는 공포의 결과일 수 있다. 이 경우 신에게로 도망치는 것이 유일한 구원이자 도피처다. 가장 세련된 것은 아마 신비주의자들에서 보이는 '은총의 극복'일 것이다.

7〔109〕

유해한 행동에서 의식적인 의도는 그 자체로 '악한' 것으로 파악되는 것이 아니라 그것이 낯선 자와 적의 위험성을 훨씬 더 크게 나타나게 하는 한에서 악한 것으로서 파악된다. '그는 나에게 나쁜 짓을 하려고 한다", "그는 악을 행하려고 한다."

적이 감지되는 한, 아직 악한 행동에는 창피스럽고 경멸한 만한 것이라는 표시가 없다. 악한 행동을 하는 자가 동시에 유해하고 비열한 자로 입증될 때야 비로소 그 행위는 도덕적으로 비난받는다. 따라서 도덕은 경멸과 함께 시작한다.

7〔110〕

많이 그리고 의식적으로 거짓말하는 자, 그리고 거짓말하기에는 위험하고 곤란한 상황에서 살고 있는 자는 바로 그 때문에 또한 예외적으로 진리에 대해서 섬세하다. 이에 반해서 이상주의자와 일상적으로 선한 자들이 자신과 자신의 의지에 대해서 오리무중인 상태에 살면서 근본적으로 **결코** 진리를 말할 수 없다—그들의 '취향'은 그러기에는 충분히 세련되지 않다.

7〔111〕

시인으로서 현금으로 지불하고자 하는 자는, 자신의 체험으로 지불해야 한다. 그러나 그 때문에 시인은 자신의 가장 가까운 친구들이 해석자가 되는 것을 거부한다. 그들은 뒤에서부터 추측하면서 헤아린다. 그러나 그들은 어떤 자가 자신의 고난의 길 위에서 어디로 가는지에 대해서 경이를 느껴야 할 것이다—그들은 앞으로 그리고 위로 보는 것을 배워야 하며 뒤로, 아래로 보는 것을 배워서는 안 된다.—

7〔112〕

형벌이 죄의 크기에 비례해서 고통을 가해야 한다고 가정하면, 그것은 또한 고통에 대한 감각에 비례해서 모든 범죄자에게 할당되어야 한다. 즉 범죄에 대한 형벌을 앞서 규정해서는 안 된다!

7〔113〕

'선한 자'는 오로지 대립의 감정에서만 생겨날 뿐이다. 이러한 감정은 그에게 유해하면서도 동시에 **경멸할 만한** 것이다. 입법자들은 많은 행동들에 대해 그것들이 경멸할 만한 것으로 보이며 치욕과 결부되어 있다는 특징, 즉 하나의 행위와 그것에 결부된 치욕이 하나의 같은 감정에서 나타난다는 특징을 부여하려고 노력했다—우리에게 범죄 전체가 완전히 그렇게 지각된다. 범죄자가 찬미되거나 위대한 영웅주의와 위험을 경멸함으로써 호의를 얻는 경우는 다르다. 예를 들어 이단이나 모든 분파 활동자들은 처음에 자신들에게 쏟아진 경멸과는 달리 자주 존경받는다. 사람들은 이들이 어떤 힘과 관계하고 있다고 생각한다.

7〔114〕

공동의 것을 추구하는 욕망은 이기심보다 더 오래되었고 결국은 오랜 시간동안 더 강해진다. 신념의 차이는 사실상 크지 않았다. 사람들은 행위의 가치를 신념에 따라서가 아니라 결과에 따라서 평가했다. 종족은 자신과 자신의 신념을 마치 자연사실처럼 믿는다. 사람들은 모든 이웃에서 바로 자신을 전제했다. 사람들은 행위에 대해서 전혀 깊이 생각하지 않았다. '행위들은 모두 자명하게 이해되었다.'

7〔115〕

사람들은 그들이 말하는 것과는 완전히 다르게 행동한다. 도덕가들의 경우도 마찬가지다. **무엇을 위해** 도덕적으로 교화하는가? 정직하게 굴어라! 중요한 것은 우리가 그렇게 하지 않을 수 없다는 것이다. 모든 '무엇을 위하여'는 '눈 가리고 아웅'하는 것이며 거짓말이다.

7〔116〕

'대리권을 지닌 미덕'

7〔117〕

5 자연은 아무것도 원하지 않는다. 그러나 그것은 항상 무엇인가를 달성한다. 우리는 무엇을 원하면서 항상 다른 것에 이른다. 우리의 '의도'는 단지 '우연'일 뿐이다. —

7〔118〕

10 사람들이 모든 것을 자신의 행복을 위해서 행하지만, 그럼에도 불구하고 그들에게 행복을 가져다주는 것에 거의 정신을 사용하고 있지 않다면, 이는 그들에게 숙고가 커다란 불쾌감을 일으킨다는 것을 의미한다.

15 7〔119〕

카이사르, 나폴레옹 같은 위대한 인간은 살아 있는 유형들이다! 모든 다른 지배는 그것들에 대한 모방이다.

7〔120〕

20 39) 우리의 행위는 우리를 변형시킨다. 모든 행동에서 어떤 힘은 수행되고 다른 힘은 수행되지 않으며, 그러므로 때때로 무시된다. 하나의 정념은 그가 힘을 빼앗는 다른 정념을 항상 희생하면서 자신을 긍정한다. 우리가 가장 많이 하는 행동은 결국 우리를 둘러싼 견고한 용기와 같은 것이다. 그것들은 곧 힘을 요구하고, 다른 의도들이 자신

을 관철하는 것을 어렵게 만든다—바로 이러한 규칙적인 중지가 사람을 변형시킨다. 사람들은 궁극적으로 모든 사람들이 매일 두세 번이라도 자신을 극복했는지 또는 항상 제멋대로 행동했는지의 여부를 알아볼 수 있다—이것이 **모든 행동의 첫번째 결과**다. 그것들은 우리들을 지속적으로 형성하고 있다—물론 또한 육체적으로도.

40) 그리고 이러한 행동과 관련된 **우리에 대한** 의견이 각 행동에 속한다. 우리에 대한 우리의 의견도 똑같이 각 행동의 결과다.—모든 행동은 약하든 강하든 등등 칭찬할 만한 것이든 비난할 만한 것이든, 우리가 타자의 판단을 꺼려하는지 아닌지, 우리가 모든 빛에 우리 자신을 드러낼 수 있는지 아닌지와 같이 우리가 우리 자신에 대해서 품는 전체적인 평가를 형성하는 것은 모든 행위의 결과다. 사람들은 자기 자신을 속이는 데 익숙한 것 같다. 고의로 잘못된 평가와 눈이 삔 것, 즉 잘못 본 결과는 물론 결국 다시 행동에서 드러날 것이 분명하다. 자신에 대한 허위, 자신에 대한 신뢰의 결여, 자신에 대한 공포, 자신에 대한 경멸—무력한 자들의 모든 정념이 지속적으로 또한 신체를 변형시킨다. 자기 지배가 결여된 의식, **고상하지 않은** 표정이 나타나게 된다—이는 어떤 한 사람이 혼자 섬에 살았을 경우에도 그렇다.

7〔121〕

38) 모든 인간과 완전히 절연한 경우에도 인간의 가치는 지속적으로 변화한다. 즉 더 좋게 된다거나 또는 더 나쁘게 된다.

1) 왜냐하면 모든 행동이 그의 정념 체계를 형성하기 때문에

2) 왜냐하면 모든 행동과 결부된 평가가 그를 형성하고 이것이 다시 나중의 행동들의 동기가 되므로.

비열한 것, 고상하지 않은 것이 커진다—또는 줄어든다 등.

비열함에 대해 완전한 육체적인 토대가 일치한다. 이는 단지 얼굴의 특징에서뿐만이 아니다!

7〔122〕

모든 칭찬과 비난의 부조리함을 주의하라!

7〔123〕

약자의 자부심은 너무나 민감하다. 왜냐하면 그들은 사람들이 자신의 에너지와 힘을 믿지 않는다는 것을 두려워하기 때문이다.

7〔124〕

사람들은 단지 행동만을 해야 한다 등이라고 칸트가 극히 진지하게 제안했다는 것은 얼마나 짧은 생각인가?

7〔125〕

나는 개인적으로 모든 도덕적 판단에서 졸렬한 기호 언어를 보는 습관이 있다. 그러한 기호 언어를 통해 신체의 어떤 생리학적 사태가 그것에 귀 기울일 줄 아는 자들에게 자신을 드러내려고 한다. 그러나 지금까지 누가 그것을 들을 귀를 가졌던가!

사실상 지금까지 그것을 들을 귀가 없었다는 것 또는 그릇된 귀와 그릇된 해석이 있었다는 것, 그래서 의식은 수천 년 동안 헛수고했고 자기 자신을 헛되게 해석했다는 것—이것이 그것에 대한 증거다.

그래서 나는 도덕을 이해할 미래가 있다는 점을 믿으며, 인간의 신체가 개선될 것이라는 희망은 이처럼 좀더 나은 이해에 달려 있다고 믿는다.

7〔126〕

37) 육체에 대해서—그곳에서 얼마나 많은 체계가 동시에 작용하고 있는가, 얼마나 많이 서로를 위해 그리고 서로에게 대립적으로 행해지는가, 평형 등에 얼마나 많은 섬세함이 존재하는가—라는 생각을 조금이라도 한 사람은 모든 의식은 육체에 비해 빈약하고 협소한 것이라고 판단할 것이다. 어떤 정신도 여기서 정신이 수행해야 할 것에 접근조차 하지 못할 것이다. 그리고 아마도 또한 가장 현명한 윤리 선생과 입법자라도 의무와 권리가 투쟁하는 이 메커니즘의 한가운데 놓여진다면 자신을 서투른 초보라고 느낄 것이 분명하다. 우리는 얼마나 의식하지 못하는가! 이러한 소량의 것이 얼마나 쉽게 오류와 혼동으로 이끄는가! 의식은 정녕 하나의 도구일 뿐이다. 의식 없이도 얼마나 많은 것이 그리고 얼마나 위대한 것이 행해지는가를 고려한다면, 의식은 가장 필요한 것도 아니고 가장 경탄할 만한 것도 아니다. 오히려 아마 그렇게 잘못 발달된 기관도 없을 것이고, 그렇게 많은 오류를 가진, 잘못 작동하는 기관도 없을 것이다. 그것은 정녕 가장 최후에 발생한 기관이며 따라서 아직 어린아이이다—그것의 어린아이짓을 관대하게 봐주자! 많은 다른 것들 외에 도덕이, 즉 인간 행위와 의향에 대한 지금까지의 모든 가치 판단의 총합으로서의 도덕이 이에 속한다.

따라서 우리는 서열을 바꾸어야 한다. 모든 의식은 단지 두 번째로 중요한 것일 뿐이다. 그것이 우리에게 더 가깝고 친밀하다는 점은 그것을 다르게 평가할 근거가 아니며 최소한 도덕적 근거가 아니다. 우리가 가장 가까운 것을 가장 중요한 것으로 오인한다는 것이 바로 오래된 선입견이다.—따라서 다시 배우자! 주된 평가에서! 정신적인 것은 신체의 기호 언어로 파악되어야 한다.

7〔127〕

도덕이란 정념들이 서로에게 자신을 의식시키려는 시도이다.

7〔128〕

34) 권위에 대한 평가는 창조적 힘이 감소하는 데 비례해서 감소한다.

7〔129〕

35) 잘못된 대립. 여전히 모든 단계는 나란히 있다 (또는 많은 단계들이)—그러나 더 높은 단계는 더 낮은 단계를 길과 수단으로 인정하지 않으려고 한다—그것들은 그 반대여야 한다! 이는 거리를 두려는 열정이다!

거리를 두려는 열정을 소유하거나 보여주지 않는 자는 가장 큰 혼동을 야기한다. 예를 들면 에피쿠로스.

7〔130〕

동일한 것, 예를 들면 어떤 인간의 극기는 어떤 사람에게는 다음과 같은 생각을 일으킨다. "너는 그 사람을 조심해야 한다. 그는 이익과 배후 이익에 대해 냉담하게 생각한다."—그런데 다른 사람은 그 경우 이렇게 생각한다. "그 앞에서 너는 자유롭게 행동하고 너 자신을 그대로 보여주어도 된다—그는 절도를 잃지 않을 것이다." 영리함—또는 아름다움-고귀함이라는 관점에 따라서 모든 속성은 다의적으로 해석된다.

7〔131〕

도덕학의 미래

한동안 도덕 문제들과 작별을 고함으로써 내 자신이 더 이상 이 영역에 되돌아올 시간이 없을 것이기 때문에, 이러한 문제들에 대한 약간의 암시 등을 주겠다.

7〔132〕

민족 간의 전쟁과 혁명이라는 무시무시한 유희를 통해서보다 더 잘 그리고 더 빨리 좀더 높은 종족에 이를 수 없을까? —

영양,

사육,

특정한 시험집단들을 분리하는 것으로는 달성될 수 없는가?

7〔133〕

우리의 신체는 우리에게 알려진 인간적인 모든 결사와 공동체보다 훨씬 더 고귀하고 더 섬세하며 더 복잡하고 더 완전하고 더 도덕적인 것이다. 그것의 도구와 하인이 보잘것없다는 것은 결코 그것에 대한 정당한 반론이 아니다! 아름다움에 관해서는 육체의 업적이 가장 뛰어나다. 그리고 우리의 예술작품은 빛날 뿐 아니라 살아 있는 이 아름다움에 비하면 벽에 비친 그림자일 뿐이다.

7〔134〕

쾌감의 상태에서 확장(마인랜더, 64쪽). 그것은 "자신의 상태를 보여주려고 하며 다른 사람들에게— 가능하면 전 세계에게—자신을 드러내고자 한다." 포옹하는 것, 뛰는 것, 춤추는 것, 뛰어오는 것, 웃는 것, 소리지르는 것, 환호하는 것, 노래부르는 것, 말하는 것—나는 자신을 발산하려고 하는 넘치는 힘을 본다.

불쾌감의 경우 대략 이와 같다. "눈빛이 흐려지고, 표정은 창백하게 되고, 손발은 움직이지 않거나 모아진다. 이마에 주름살이 생기고 눈은 감기고, 입은 다물어지고, 주먹을 쥐게 되고, 사람들은 웅크리고 자신에게로 빠져 들어간다"

체온이 변한다 : 수족이 차가워진다. 쾌감을 느낄 때와 분노할 때는 따뜻해진다.

7〔135〕

주요 문제들 : 기질은 변하는가?

33) 의지의 성질들은 가장 하찮은 동기로 인해 의지가 흘러들어가는 틈새에 비유할 수 있다. 그것들은 해협으로 확장된다. "그러나 이미 유아는 단순한 틈새 아래 커다란 깊이, 즉 그의 성격(기질의 형식)을 보여준다."

7〔136〕

의지의 성질들

질투	호의
탐욕	관대함
잔인한 행위	자비
인색	낭비욕
거짓	성실
오만	겸손
반항	겁먹음
지배욕	온화
불손	겸손
비열함	고결한 마음
완고함	유연
비겁	대담함
부정	정의
폐쇄성	개방성
교활	정직
뻔뻔스러움	부끄러움을 탐
방탕	절제
비열	명예욕
허영심	신성함

'기분'

의지의 상태

'느껴진 운동들'

삶의 감정(평정)—그것의 변형들 :

기쁨
용기
희망
사랑
증오
의심
공포
비애

이중의 운동

분노, 격노(의지가 처음에는 역류하고, 집중한다(증오) 그리고 그 다음에 갑자기 파괴하기 위해서 주변을 향해 흐른다).

7〔137〕

30) 칭찬과 비난의 출발점 : 약한 인간이 칭찬하고 비난하는 것은 일반적으로 그렇게 칭찬받고 비난받기 때문이다. 강자는 자신을 척도로 삼는다. 도덕가들과 힘을 대하는 자신들의 고유한 느낌에 관해서도 같은 것을 말할 수 있다.—그들이 자신을 입법자라고 느끼는지 아니면 주어진 법을 가르치는 자라고 느끼는지.

공리주의자들의 투쟁에서는 두 편이 일치하는가—?

벤담은 자신을 입법자라고 느끼고, 레는 자신을 지배받는 자라고 느낀다.

7〔138〕

"우리 근육의 상태는 건강함과 힘, 피로, 질병 그리고 약함에 대한 우리의 공통된 감정을 광범위하게 규정한다—모든 신체의 움직임에서 우리는 놀랄 정도로 정확하게(시각 작용에서처럼) 자신의 근육에 강제로 행하는 수축의 크기를 평가할 수 있다. 우리는 또한 근육이 쉬고 있을 경우에도, 근육의 다양한 상태들을 알고 있다. 우리는 피로한 특히 마비된 사지를 무겁다고 느낀다."

7〔139〕

차가운 대상은 같은 무게의 따뜻한 대상보다 더 무거운 것 같다(베버에 따르면).

두 개의 감각이 같은 장소에서 상당히 짧은 간격으로 잇따른다면, 그것들은 서로 융합된다. 감각들이 피부의 너무 가까운 장소에서 발생할 경우에도 그러하다.

7〔140〕

사랑 : 가장 강력한 분출, 의지는 자신의 영역을 부수고 세계 전체가 되고자 한다.

야심이라는 의지의 성질에 근거한 사랑

마음에 근거한 사랑

명예욕(정신적으로 우월하다는 데서 오는 쾌감으로)이라는 성질에 근거한 사랑

성실함(우정으로)에 근거한 사랑

7〔141〕

잘못된 단순화 : 예를 들면 무엇을 수단으로 보는 것, 그 경우 사람들은 100개의 것을 못 보고 지나친다.

5 7〔142〕

주의 : 도덕적인 감정은 극히 복잡한 것이다. '좋다'는 것을 '유용하다'고 말하는 것이 매우 다른 결과를 낳는 것은 이러한 복잡성 때문이다. 왜냐하면 거기에는 50개의 성분이 아직 혼합되어 있기 때문이다.

10 7〔143〕

조건지어지지 않은 것은 마치 무가 존재에서 나오듯이 조건지어진 것에서 논리적으로 도출된 것에 불과하다—'조건지우지 않는 것'으로서 —

15 7〔144〕

27) 우리가 지금까지 자연에 대해서 가졌던 경외심 전체를, 육체를 고찰하는 경우에도 느끼는 것을 배워야 한다. '크다'와 '작다'에 의해 그렇게 압제당하는 것은 가련한 일이다! 숲, 산이 우리에게 말해주어야 할 것—그리고 우리를 고독 속으로 부르고 있는 저 먼 천체(

20 에머슨Emerson)—"이러한 황홀감은 치료 효과가 있으며, 우리를 냉정하게 만든다."

7〔145〕

28) 우리의 정원과 궁전이 의미하는 것 (그리고 부에 대한 모든 욕망의 의미도)은 무질서와 비천한 것을 눈에 띄지 않는 곳에 두고 고귀한 영혼에 하나의 고향을 건설해주려고 하는 것이다.

5 물론 대부분의 사람들은 그 아름답고 조용한 대상들이 그들에게 영향을 미칠 때, 그들이 더 높은 본성을 얻는다고 믿는다. 따라서 사람들은 이탈리아로 수렵을 떠나는 것이나 여행 등을 하려 하고, 독서를 하거나 극장을 방문하고자 한다. 그들은 자신을 형성하고자 한다—그것이 문화적인 작업의 의미다!

10 그러나 강력한 자들은 형성하고자 하지만 더 이상 낯선 것을 자기 주위에 갖지 않으려고 한다!

29) 그렇게 또한 사람들은 대자연으로 간다. 자기를 찾기 위해서가 아니라, 그 안에서 자기를 잃고 잊어버리기 위해서다. 모든 약자나 자신에 대한 불만에 찬 사람들의 바람으로서 '자기 밖에 있는 것'

15

7〔146〕

냉정한 본성을 지닌 자들의 장점 : 그들이 자신의 관심에 따른다는 것은 좀더 냉정한 사태에 따른다는 것이다.

20 7〔147〕

우리가 아무것도 되돌려줄 수 없는 것은 절대로 받지 않는 것, 그리고 우리가 경험하는 모든 좋은 것에 대해서 수치심과 쾌감을 느끼는 것은 고귀하다. '사랑받는 것'은 천한 것이다.

7〔148〕

어머니가 아이에 대해 가지는 연민은 거의 자신에 대한 연민이다. 예술가는 그의 작품과 운명에 대해 그렇게 느낀다. 거기에 고귀한 것은 아무것도 없다. 또한 자기 자신에 대한 연민조차 존재한다. 그것은 고통 자체와 완전히 다른 것이다!

7〔149〕

'목적과 수단'이란 일종의 기호 언어다. 그러나 그것은 단지 **행동의 부차적인 것**만을 지칭할 뿐이다(그것에 수반되는 현상인 기쁨과 고통의 관계).

7〔150〕

육체를 경멸하는 것은 육체에 대한 불만족의 결과이다. 그리고 정신과 도덕 법칙을 과대 평가하는 것은 기꺼이 좀더 탁월한 것이 되고자 하며 변화 속에서도 '영원한 가치' 아래서 더욱 더 위대하게 될 것이라고 믿는 자들의 상태다. 이러한 불변적인 것에 대한 모든 열망은 불만족의 결과이다—여기에 '자신에 대해 만족하지 않은 자'의 열망으로, 문화를 향한 의지가 있다.

7〔151〕

25) 신체의 아름다움—이는 예술가들에 의해 너무 피상적으로 파악되었다. 유기체의 전체적인 기능미는 이러한 피상적인 아름다움에 뒤따르지 않으면 안 될 것이다. 그러한 한 최고의 조각가는 아름다운 인간을 창조하도록 자극한다. 그것이 예술의 의미다. 그것은 그

앞에서 자신을 부끄럽다고 느끼는 사람을 불만족스럽게 하며, 충분히 힘을 가진 자에게는 창조의 욕망을 불어넣는다. 드라마의 결말은 "나 또한 이 영웅처럼 존재하고자 한다"는 것이다.—창조적인, 우리 자신을 향한 힘의 고무!

에피쿠로스 학파와 스토아 학파의 관계는 아름다움과 숭고함의 관계에 가깝다. 그러나 이러한 아름다움 일반을 비로소 볼 수 있고, 그것을 선망할 수 있기 위해서는 사람들은 적어도 스토아 철학자여야 할 것이다!

7〔152〕

26) 우발적인 위험을 제거하고, 예방하고자 하며, 불쾌한 가능성들을 미리 제거하려고 노력하는 우리 시대는 가난한 자들의 시대다. 우리 시대의 '부자들'은 가장 가난한 자들이다! 모든 부의 본래 목적은 망각되었다!

7〔153〕

타이히뮐러Teichmüller, 204쪽. 자아는 그의 이념적 표상 내용들을 비교하면서, 이전의 의식을(또는 기억 속에 주어진 내용들에 대한 의식을) 발견한다.

그러므로 모든 시간 감각에서 자아가 활동한다. "능동적인 기억, 감각 그리고 기대를 비시간적으로 모으고 비교하는 것—이것이 자아의 활동이다."

7〔154〕

칸트에 대한 반론. 물론 나는 내 맘에 드는 아름다운 것에 대해서조차 하나의 관심을 통해 결합되어 있다. 그러나 그것이 적나라하게 내 앞에 존재하는 것은 아니다. 예술작품 내에서 행복, 완전함, 정적에 대한 표현, 침묵하는 것, 판단을 기다리는 것조차—모든 것은 우리의 충동들에게 말을 건다.—결국 오로지 나는 내 자신의 충동의 이상('행복한 것')에 상응하는 것을 '아름답다'고 느낀다. 예를 들면 부, 영광, 경건함, 힘의 분출, 헌신은 다양한 민족들에게 '아름답다'고 느껴질 수 있다.

7〔155〕

20) 경멸받는 것을 금빛으로 빛나게 할 정도로 충분히 위대하게, 신체를 더 높은 것으로 파악할 정도로 충분히 정신적으로—이것이 도덕의 미래다! 우리는 자연의 숭고함에 굴복하지만 그러한 숭고함을 우리의 의도와 의지에서 갈망해야 한다. 우리는 자연의 구제자가 되어야 하지 그것을 신격화하는 자가 되어서는 안 된다! '자연을 신격화하는 것'—이는 빈곤, 수치, 불안, 우둔함의 결과다!

에피쿠로스가 잘못 이해되듯이 우리 행동은 **잘못 이해**되어야만 한다. 모든 예언자에게 특징적인 것은 그들이 바로 이해되었다는 점이다. 바로 그 점이 그의 가치를 떨어뜨린다! 우리에게는 몇백 년 후에야 그의 **의미**가 명백하게 드러날 인간들이 필요하다.—지금까지의 우리의 '명성'이란 시시한 것이었다!—나는 오랫동안 이해되지 않기를 바란다. 다른 한편 우리는 오해하는 것과 현재 있는 것보다 더 많이 보는 것에 견뎌야 한다. 오 너희, 너희는 '위대한 인간'을 이해하는 것이상의 어떤 일도 하지 않는다! 너희의 힘은 그보다 100마일 더 높은 존재를 보는 것이어야 했다! 그리고 나는 그것을 이상적이라고 부른다. 그곳에서 양초의 불이 켜지는 해돋이를 보는 것!

죽음이 우리를 다른 세계로 더 멀리 데려가는 것, 그리고 우리가 생성하는 모든 것에 대해 기뻐하고, 그 때문에 또한 우리의 소멸에 대해서도 기뻐하는 것이 죽음에 존재하는 최고의 영광일 것이다.

7〔156〕

21) 고귀한 감정이 있다. 그것은 우리가 단지 현존을 향유하는 자가 되는 것을 **금지한다**. 그것은 쾌락주의에 대해서 격분한다. 우리는 그에 반대해서 무엇인가를 **하고자** 한다! 그러나 대중의 근본적인 믿음은, 인간이 무를 위해서 살아야 한다는 것이다—그것이 그들의 비천함이다.

7〔157〕

동물의 관점에서 본 인간에 대한 판단! 우리는 그들에게 기생충들이 아닐까?

7〔158〕

22) 비천한 성향의 근본 핵심으로서 기생적인 성격.

되돌려주지도 않고서는 아무것도 받지 않는다는 감정 또는 그와 함께 무엇을 되돌려받는다는 감정은 고귀한 성향이다. 공짜로는(이유 없이) 아무것도 받지 않는다! 어떤 '은총'도 기대하지 않는다. 그러나 또한 고통도 느끼지 않는다, 어떠한 고통도---

7〔159〕

23) "현명한 사람들에게 자연은 하나의 거대한 약속으로 변한다." 에머슨. 이제 너 자신은 자연이며 그와 거대한 것을 약속한다. 그리고 너 자신의 비밀을 성급하게 드러내지 않도록 조심하라!

7〔160〕

18) 악(죄와 고통)의 원인으로서의 신들. I 232.

'선량한 자들'의 경우 도대체 어디에서 악한 것이 왔는가?

통찰력이 흐려지는 것에서 온 것이다. 그리고 이는 빈번하게 신들이 하는 일이다.

7〔161〕

19) 아이도스Aidos란 신이나 인간, 영원한 법칙을 깨뜨리지 않으려는 두려움의 감정이다. 따라서 선한 사람들에게는 경외심이라는 천성이 습관처럼 되어 있다. 신성한 것을 훼손하는 것에 대한 일종의 혐오.

오만Hybris이라는 명랑한 천성에서 과도함과 자신의 한계를 넘어서는 것에 〈대한〉 그리스인의 혐오는 매우 고귀한 것이다—그리고 고대 귀족적인 것이다! 아이도스를 훼손하는 것은 아이도스에 익숙한 사람들에게는 섬뜩한 광경이다.

코로스 = 휘브리스 포만, 행복에 취해 있음

오만과 분노는 서로를 용납하지 않는다(에우데모스 윤리학 1146 b) 왜냐하면 오만은 기쁜 상태를, 분노는 고통스런 상태를 전제하기 때문이다.

자유롭고 절도 있는 사람들은 힘을 표현하고자 하는 욕구들을 점점 더 세련되게 하기 위해서 경기를 고안해냈다. 경기를 통해서 오만함이 예방되었다. 왜냐하면 오만은 힘에의 욕구가 오랫동안 불만족스러울 때 발생하기 때문이다.

5 시기—친구가 과거에 또는 현재에 기뻐하는 것에 대한 고통 : 완전히 그리스적으로 사고된 것!

분노가 '꿀보다 달' 때—분노보다 단— — —

7〔162〕

10 너무 고뇌하는 자에게 악마는 질투를 느끼고 그를 하늘로 쫓아버린다.

7〔163〕

14) 노예가 철학을 추구할 때

15 노예의 본성은 무엇인가? 소크라테스가 말하길, 그러한 자들은 선한 것과 정의로운 것을 알지 못한다고 했다. 테오그니스에 따르면 자유로운 사람을 배반하는 것은 노예 성향의 특징이다.

그들의 의존성 때문에 그들은 진실할 수가 없다. I, 266

20 7〔164〕

상당히 주목할 만한 것. 플라톤의 티마이오스편 86쪽 등 (I, 281). 영혼의 질병은 신체의 결함에서 생긴다. 여기서 교육가나 국가의 과제는 치료하는 것이라고 한다. 치료가 제때 이루어지지 않을 때, 병자가 아니라 교육가나 국가가 책임져야 한다는 것이다.— — —

7〔165〕

'성물(聖物)을 훔치는 병적인 경향' 그리스적.

7〔166〕

우리가 타인에게 가하는 고통에 대해 우리는 얼마나 적게 상상하고 있는가!

7〔167〕

16) 현대의 노예제 : 하나의 야만! 그들은 누구를 위해서 노동하는가?—사람들은 두 개의 서로 보완하는 계급이 항상 동시에 존재하는 것을 기대할 필요는 없다.

이익과 향락은 삶에 대한 노예들의 이론이다. '노동의 축복'이란 자화자찬일 뿐이다.—그들은 한가로울 수 있는 능력을 상실하고 있다.

7〔168〕

15) 노년의 사고 방식 : 아리스토텔레스에 따르면, 불신, 감각이 약한 것, 공포, 모든 것에서 도덕적으로 가치 있는 것을 묻지 않고 유용한 것을 묻는 것.

노년의 참된 기쁨은 존경받는 데 있다고 페리클레스는 말한다(시모니데스는 이득에 대한 쾌감이라고 생각한다).

7〔169〕

도덕의 유래

도덕가 자신이 도덕성이라는 사태에 속한다.

고귀한 자가 도덕을 추구할 경우
노예와 여자의 경우 보답
노인의 경우
병자와 퇴화한 자의 경우
게으른 자의 경우
도덕의 성장과 몰락, 조건
도덕〈적〉 본능
선과 악의 유기체적 기능
양심

7〔170〕

다양한 도덕의 **싸움**은 그것들을 완성하기 위한 수단이다. 정체되어 있는 도덕 (중국의)

7〔171〕

12) **동정** : 나는 이것을 사람들이 보고 있는 징후를 의도하지 않으면서 모방하는 것에 환원한다.

7〔172〕

13) 공동체나 유기체의 복지를 가능하게 하는 행위는 이러한 목적을 위해 발생된 것이 아니다. 모든 도덕적 습관은 전사(前史)를 가지고 있다—모든 유형의 행위는 근본적으로 다른 목적과 의미를 가지고 있다.—눈이 생겨난 목적이 본다는 것이 아니었듯이, 그리고 눈이 다시 감정을 표현하기 위해 이용되었듯이.

7〔173〕

자신을 표현하고 알리기 위한 수단—그러나 근본적으로 그때 자신을 알리려는 의도가 없었고, 자신을 알리는 모든 행위는 본래 수용하려고 하는 것, 파악하고 동화하려고 하는 것이다(기계적으로). 타자를 자신에게 동화하는 것—나중에는 타자의 의지를 동화하는 것. 타자를 정복하는 것이 문제된다. 자신을 알리는 것은 이와 같이 근본적으로는 자신의 힘을 타자에게 확장하는 것이다. 오래된 기호 언어는 이러한 충동의 기초를 이루고 있다—기호는 어떤 의지가 다른 의지 위에 (종종 고통스러운) 낙인을 찍는 것이다.

충돌에 의해서 자신을 이해시킨다(개미)

주의! 타인에게 부상을 입히는 것도 강자의 기호 언어다.

따라서 이해한다는 것은 근본적으로 고통에 대한 감각이며 낯선 힘을 승인하는 것이다. 그러나 빠르고 쉽게 이해하는 것은 매우 권할 만하다(가능한 한 타격을 덜 받기 위해서).

서로 가장 빨리 이해한다는 것은 서로 가장 덜 고통스럽게 관계하는 것이다. 그 때문에 그것을 얻으려 노력한다.

부정적인 공감—근본적으로 무리의 창조자

7〔174〕

8) 행위에 대한 도덕적 고찰 방식—개체들의 유기적 기능들, 그 경우 개체가 목적이 아니라 더 높은 원리가 목적이다(더 높은 원리는 공동체일 수 있다). 또는 오히려 유기체적 기능으로 변형하려는 시도. 살아 있는 것들이 모이는 곳에서는 지속적으로 서로에게 영향을 미치고 하나의 유기체가 형성될 수 있는지에 대한 시험을 수반하는

협력이 생긴다. 인간 대 인간의 관계도 마찬가지다.

그러나 또한 사람들은 나쁜 행위조차도 이러한 기능-속성이란 면에서 살펴보아야만 한다! 비개인적인 의미에서 그것의 유용성! 유기체는 투쟁을 통해 생겨난다!

5 10) 주의! 부수적인 현상들은 다양하게 변화되었다. 지금은 불쾌감에 결부되었던 많은 것들이 이전에는 쾌감에 결부되었다. 또 위대하고 영리한 생각들은 일찍이 영감이란 인상을 주었을지도 모른다. 초자연의 것으로서 영리함에 대한 완전히 다른 평가.

11) 해를 끼치는 것에서 느끼는 쾌감. 열정으로 인한 악의, 비방,

10 적의. 살인의 쾌감. 어떤 상황에서 자연스러운가? 언제 병적인가? 격세유전인가?

7〔175〕

9) 도대체 법은 악한들을 겨냥해서 만들어진 것인가? 그것은 혁

15 신자들을 반대했지 악한이나 열악한 자들을 반대한 것은 아니다!

'열악한 자'는 선한 자의 대조적 산물로서 비로소 생긴 것이다. 마찬가지로 도덕적 양심도 나중의 산물이다. 양심의 만족(자신의 충동에 대한 지속적인 **쾌감**)도 양심의 가책과 동시에 이와 같이 **활발하게** 된다!

20

7〔176〕

사람들은 행복을 추구하는 것을 어리석게도 향유에 대한 추구로 해석한다. 그리고 향유하는 능력이 마비되는 것은 이기주의에 반대하는 논변으로 여겨진다. 하르트만, 501쪽.

7〔177〕

현대 도덕적 감정의 복잡함. 현대의 감정에서는 '인륜적'인 것이 존재한다. 존경하려는 충동, 도움을 주려는 충동, 고귀한 충동, 주려는 충동, 용기 있는 충동, 경건하려는 충동, 유용한 것에 대한 충동, 합목적적인 것에 대한 충동, 공동체에 이익이 되는 것에의 충동

7〔178〕

4) 도덕적 본능에 관하여. 매우 오래되고 변화하지 않은 민족의 경우 가장 크다.

우리는 동물처럼 우리 선조들의 지식을 이어받지 않는다. 결과적으로 삶의 방식이 크게 변화한다 루 37쪽—그러나 그럼에도 불구하고 정체된 모든 민족은 어느 정도 동물과 같은 방식으로 존재한다. 도덕적 본능은, 거의 운동이 없는 민족들 내부에서 동일한 유형의 많은 경험에서 나온 결과물이다. 거대한 운동이 생겨나면 곧바로 본능은 없어진다. 사람들이 본능적으로 빠져드는 다수의 시험된 태도의 규칙들(수호나 경외 등과 같이, 무엇보다도 태도와 자세들)이 있다.

7〔179〕

에피쿠로스의 이론. 욕망이나 바람이 만족되지 못하고 억제될 때, 고통이 생긴다. 쾌감이란 금지하는 것을 제거하는 것이며 소극적인 것이다. 이 경우 쾌감을 추구하는 것은 무의미하며, 소극적인 것을 추구하는 것이 될 것이다! 오히려 고통이 없는 상태가 목표일 것이다! 쾌감이 있는 곳에서는 그 전의 불쾌함이 전제되어야 한다.

7〔180〕

6) 힘이 충분히 강하지 않은 곳에서 협박, 즉 공포정치가 등장한다. 그런 한에서 위협하기 위한 모든 형벌은 강한 자들의 긍정적이며 흘러나오는 덕이 충분히 크지 않다는 표시이다. 그것은 자신의 힘에 대한 회의의 표시다.

7) 힘은 굳건한 발로 서서 자신의 중심을 가져야만 한다. 그것의 반대 : 슈미트Shumidt II 269. 어떤 종류의 도덕성이 그것에 상응한다.

7〔181〕

5) 행동하지 않음 : 안심한다는 것이 이미 가장 최고의 것이다! 기껏해야 한가함—창조하는 것이 아니라!

7〔182〕

주의. 이기주의는 어떤 도덕적 원리가 아니다. 즉 '너는 행해야 한다!'는 것이 아니다. 왜냐하면 그것은 유일하게 "너는 하지 않을 수 없다"는 것이기 때문이다.

7〔183〕

서로 다른 도덕들 간의 투쟁에 관한 문제 : 아테네적인 사상과 투쟁하는 헬레니즘적인 사상. 공동체와 대권력 II 273쪽.

1) 도덕들의 투쟁

민족의 남성다움이 쇠퇴한다 274쪽. 그것이 문화에 표현되듯이. 에피쿠로스.

7〔184〕

아름다움은 그것을 보는 영혼에게 고귀한 생각을 낳을 수 있는 **힘**을 준다. 플라톤.

5 7〔185〕

Ⅱ353. 소크라테스에 의하면, 사람이 선에 보답할 수 없을 때, **치욕적**이라고 한다. 이와 같이 그리스의 우정에는 '무해하게 받는다'는 것은 존재하지 않는다. 자신의 우정을 **선에 대한 증명에 의해서 근거지우는 것**! 페리클레스—아테네. 중요하다!

10 2) 힘-도덕

7〔186〕

사소한 일에도 상처를 주는 일에서 상처 주는 일로 끊이지 않고 연속되는 사슬이 존재한다. 사람들은 더 이상 전투에서 누가 가해자인지를 알지 못한다. 혈연에 의한 복수는 동등한 자들 사이에서 일어나는 그러한 모든 사건 중 가장 강한 표현일 뿐이다.

15

7〔187〕

적의 고통을 기뻐하는 것은 불의한 것이 아니다.—소크라테스 Ⅱ 357

20

7〔188〕

디오게네스 : 덕을 위해서는 사람들에게 유능한 친구 아니면 강한 적이 필요하다.

7〔189〕

증오는 도덕적이지만, 시기는 도덕적인 것이 아니다.

적을 손상시키는 행복. 362쪽

7〔190〕

조직들 사이의 싸움을 통해 부분들 간의 균형이 이루어지거나 그 전체가 붕괴한다.

너무 강한 생명력을 가진 조직들은, 그것들이 아직 상당히 유용한 것일지라도 전체를 몰락시킨다. 예를 들어 종양은 비정상적인 생명력을 지닌 조직이다. 그것은 영양분이나 타자의 공간을 희생시키면서 퍼지고 전체를 파괴시킨다.

어떤 조직이 비정상적으로 **쇠약해지는 것**만으로도 다른 조직이 우세해질 수 있다.

조직들 간의 균형이 없어지면서 개체는 빠르게 죽어가고 소멸되며, 살아 있는 것들의 계열에서 그것의 해로운 성질들이 제거된다. 단지 균형 상태만 남는다. 그렇게 이탈하는 것을 스스로 제거함으로써 유기체 전체의 조화로운 통일이 달성된다.

조직들 간의 투쟁은 조절하는 원리가 된다. 그것은 가장 합목적적인 균형을 기능적으로 스스로 형성하는 원리다.

7〔191〕

국가가 발달하기 위한 가장 강력한 요소는 단지 인접한 민족과의 전투나 방위력을 강화시키는 것만이 아니다. 뿐만 아니라 계급 구성원 간의 경쟁과 계급 간의 경쟁 자체도 그에 속한다.

7〔192〕

아름다운 것 앞에서 침묵하게 된다는 것은 가장 섬세한, 가장 먼 음을 굉장히 **기대하고** 들으려는 것이다. 이 경우 우리는 자신이 온통 귀와 눈이 된 사람과 유사하다. 아름다움은 우리에게 무언가를 말하고 있으며, **그 때문에** 우리는 **침묵하게** 되고, 보통 우리가 생각하는 것에 대해서는 아무것도 생각하지 않는다. 따라서 정적, 저 평온, 인내는 일종의 **준비**이며, **그 이상이 아니다**! 모든 관조가 그와 같다—

그러나 그 안에 존재하는 평안함, 쾌감, 긴장에서 해방은? 분명히 그 경우 우리의 힘의 균형잡힌 유출이 일어난다. 그 경우에 말하자면 우리는 우리가 거니는 높은 주랑(柱廊)에 부합하게 된다. 그리고 평온과 우아함을 통해 우리가 본 것을 모방하는 운동들이 우리의 영혼에서 일어난다. 고귀한 사회가 우리에게 고상한 태도를 갖게 하는 영감을 주듯이.

7〔193〕

우선은 작품에 동화되며, 나중에는 단지 기호로 말하는 그것의 창조자에게 동화된다!

7〔194〕

"지금까지 사람들은 유기체의 모든 좋은 속성을 단지 개체들 간의 생존경쟁에서 도태에 의한 것으로 추론했다!"

7〔195〕

자신의 형성하는 계기로서 자극을 받아들이지 않고 낯선 것에 대해서 단단한 피부, 적대적인 감정만 가지고 낯선 것에 대해서 방어하는 것. 그것은 대부분의 사람들에게 자신을 보존하기 위해 필요한 것이다. 그러나 가장 풍요로운 성자는 범죄자들 사이에서도 성자들 사이에 있듯이 생활한다.

— 따라서 자유주의 도덕의 한계는 낯선 자의 자극을 활기를 주는 것으로가 아니라 단지 유해한 것으로만 느낀다는 점이다.

풍요로운 신성함을 갖는 자는 가장 악한 자들 사이에서도 집에 있는 것처럼 존재한다. 그리고 부정하는 것은 모두 빈약한 자들에게 속하는 것이다.

7〔196〕

세포의 능동적이고 양적인 그리고 질적인 영양의 선택은 그것의 전체 발전을 규정한다. 이에 상응하는 것이 다음의 사실이다. 즉 인간은 사건과 자극을 선택하며, 이와 같이 우연히 그에게 침입한 모든 것에 대해 능동적인 태도를 취한다—이와 같이 많은 것들에 대해서 방어한다. 루 149쪽.

7〔197〕

기생충은 숙주로 하여금, 털그물과 좀더 큰 용기(容器)로 자신을 감싸도록 강요한다.

7〔198〕

충동은 내가 이해하는 것처럼 고도의 기관이다. 행위, 감각 그리고 감정 상태들은 서로 유착되어 있으며, 자신을 조직하고 영양분을 주면서———

7〔199〕

퇴화기관으로서의 악인들. 슈나이더———29쪽

7〔200〕

허영심과 탁월하게 되려는 충동은 상반된 기원을 갖는다.

단어가 사물과 일치한다고 여겨지듯이, 사람들이 어떤 사람에 대해 말하는 것도 그와 일치한다고 여겨졌다. 사람들은 어떤 사람을 절대적으로 인식할 수 있다는 것을 의심하지 않았다. 그 때문에 어떤 사람에 대한 의견은 절대적으로 결정적이었다. 그리고 허영심은 이제 단지 격세유전일 뿐이다. 발생했을 당시에는 이 충동이 아직 그렇게까지 저열한 것은 아니었다 (허영심에 찬 자는 이제 자기 자신에 대해 회의적이다) 이제까지는 누군가가 자신만의 가치, 은폐된 가치를 가질 수 있다는 생각은 존재하지 않았다. 좋은 평판을 얻으려고 노력하는 것—'훌륭하게 되는 것'과 동일한 것이었다.—허영심에 찬 자는 자신을 하위에 놓고 사람들의 인기를 얻으려고 한다. 탁월함을 추구하는 사람은 상위에 있는 자로서 느껴지기를 바라며, 그는 찬미를 받고자 한다.

7〔201〕

도덕가들을 위한 도덕

지금까지의 도덕가들은 그들의 주된 경향에 따라 서로 구별된다. 어떤 사람들은 사람들 사이에서 어떻게 행위가 일어나는가를, 다른 사람들은 어떻게 행위가 일어나야 하는가를 주목한다. 사람들이 그들 모두에게 어떻게라는 말의 설명을 듣게 되면, 곧 이러한 두 유형에 공통된 것이 무엇인지 알게 된다. "어떤 동기에 따라 행위가 일어나나? 그것이 우리가 묻는 것이다." 전자는 그렇게 말한다. "어떤 동기에 따라 행위가 일어나야 하는가? 그것이 우리가 묻는 것이다." 후자는 그렇게 말한다. 일반적으로 행위가 일어나는 곳에서는 동기에 따라 행위가 일어난다는 것이 그들의 공통된 전제이다. 그것이 그들의 공통된 오류이다. 정말로 그들 모두 도덕적 풍경 전체의 전경을 가장 졸렬하게 관찰했으며, 오히려 보지 못했다고 할 수 있다. 행위가 일어난다는 사실 그리고 행위가 일어나야 한다는 사실에 대해서는 다른바 동기라는 것이 어떠한 설명도 해주지 못한다는 사실을.

7〔202〕

사실상의 도덕성은 이론상의 도덕보다 무한히 더 섬세하며 복잡하고, 더 정신적이다. 후자는 아직 조야하고 시작부터 잘못되었다.

7〔203〕

유지하고자 하는 모든 힘은 그 자체에 예수회적인 성격이 있다. 그들이 생각하기에 진리는 이미 드러나 있으며 탐구되어서는 안 된다. 예를 들면 '정의'는 이미 드러나 있다!!

7〔204〕

유용성은 매우 높은 원리다! 그것은 진정 과소평가되어서는 안 된다! 그러나 그것은 수단('하부목적')과 연관되어 있다—가치 평가와 선들의 목록은 앞서서 존재해야 한다!

7〔205〕

배가 고프다면 먹지 않는 것보다는 오히려 독 있는 빵을 먹는 것이 좋다!

7〔206〕

쾌감을 추구하는 것으로서의 의지. 이것이 전제하는 것은 의지 자체가 자신의 종결을 욕구한다는 것이다. 하르트만.

7〔207〕

행위를 통해 이르게 되는 것을 계획한다. 동기는 행위의 결과에 대한 표상 안에 있어야 한다(예를 들면 어떤 기분에 이르는 것).

7〔208〕

"인간이 반성 없이 곧바로 의지하는 것은 쾌감이다. '행복'이란 다방면의, 남김없는 그리고 지속적인 기쁨이다(하르트만)."

7〔209〕

에피쿠로스의 경우 모든 것은 불쾌함에 반대하고 쾌감을 올바르게 계산하는 것에 달려 있다. 결과적으로 분별력(프로네시스)만 주된 덕이며, 토대이다. 영리함의 도덕

관능적인 쾌감의 의의는 영혼의 평정(아타락시아)을 방해하는 욕망과 욕구에서 우리를 해방시키는 데 있다.

개인의 삶의 궁극 목적으로서 행복. 아리스토텔레스와 모든 사람들!

이와 같이 목적 개념이 지배하며, 이것이 모든 도덕가를 지금까지 타락시켰다. "그럼에도 불구하고 삶의 '무엇을 위하여'는 주어져야만 한다."

이성적이고 의식적인 삶조차 무목적적인 삶의 전개에 속한다는 것—자아ego.

7〔210〕

삶에 대한 본래적인 평가는 압도적으로 지배적인 기분에 달려 있다. 아리아인들이 남아시아로 갔을 때, 그들은 모든 행위와 감정을 고통이라고 느꼈다. 그들은 최고의 향유의 그림자 안에서 깊은 평온을 느꼈다. 그것은 거주지에 대한 잘못된 결정을 최고도로 세련되게 했고 삶의 가치에 대한 결정으로 만들었다.(국가의 성립조차 피로의 문제!)

7〔211〕

충동에 기초하여 더 높은 기관이 형성되고 이러한 기관들은 영양분이나 자극을 얻기 위해 서로 싸운다— — —

피아노 연주자의 손과 손으로의 전달 통로, 그리고 뇌의 영역이 함께 하나의 기관을 이룬다 (강하게 결합할 수 있기 위해서, 이 기관은 그 자체를 완결시켜야만 한다). 신체의 분리된 부분들은 전신(電信)으로 연결되어 있다—즉 충동.

쇼펜하우어는 그것에 대해서 아직 무의식적인 목적이라고 생각했다!

7〔212〕

모든 행위에서 본질적인 것은 무목적적이거나 많은 목적들에 무관심하다는 것이다.

7〔213〕

천상에서의 수천 배 더 큰 행복을 위해 지상의 행복을 포기한다는 것은 좋은 장사다. 기독교와 그것의 영리함!

하르트만에서 선 26쪽.

예수 그리스도에서 보상과 처벌.

기독교를 받아들이지 않는 것은 바보 같은 짓이다.

7〔214〕

사람은 선한 일을 남이 모르게 해야 한다. 왜냐하면 여기서 보답받지 않기 위해서 누가복음 14 (12~14)—그렇지 않으면 그는 천상의 보답을 받을 수 없을 테니까.

7〔215〕

지상의 상태가 희망이 없고 야만적일수록, 피안의 보답을 더 잘 믿게 된다. 왜냐하면 지상의 행복은 기대할 수 없기 때문에. 민중이 미신적일수록, 그들은 지옥을 더 잘 믿는다.

7〔216〕

의지가 부자유스러운 경우 처벌은 불합리할까? 그러나 의지가 부자유한 경우에 우리는 아무것도 약속해서는 안 되며 어떤 의무도 져서는 안 되는 등, 아무것도 해서는 안 된다. 우리가 확실히 우리 자신에 대해 많은 약속을 할 수 있다는 점에 근거해 사람들은 우리에게 권리, 즉 이익을 준다. 사람들은 우리가 약속한 것을 지키지 않을 때, 우리에게 불이익을 준다. 또는 사람들은 이전에 약속한 것에 근거하여 주어진 이익을 나중에 보상한다. (여기서 처벌이란 우리에게 주어진 이익에 대한 사후 보상이며, 사회 안전보장을 철회하는 것 등, 적대적인 상태에 두는 것이다. 사회는 자신의 계산에 기만당한 것이다. 사회는 보상으로 범죄자의 힘에서 받아낼 수 있을 만큼 받아낸다. 예를 들면 강제노동 등.)

7〔217〕

나는 "오 그는 좋은 사람이야!"라고 오늘 말했다. 그 경우에 나는 아름답고 잘 영근 사과를 부드러운 손의 피부에 쥐고 있는 것처럼 느꼈다. 마치 그에게로 끌리는 것 같은 다정한 느낌, 마치 내가 여기서 어떤 나무 아래서 쉬어도 될 것 같은 안전한 느낌, 사람들이 가장 깨끗한 손으로만 쥘 수 있는 그러한 대상이 있는 것 같은 존경심, 마치 내가 불만족스런 상태에서 갑자기 해방되는 것 같은 만족한 느낌. 이와 같이 '그는 좋은 사람'이라는 도덕적 판단에는 어떤 사람에 대해 생각하는 경우 나타나게 되는 나의 상태가 상응하는 것이다. 그것은 마치 내가 어떤 돌을 '단단하다'고 말할 때와 같다.

7〔218〕

행복이 불가능할 때(헤게시아스), 삶의 목표는 고통 없는 상태가 된다. 목표가 없다면 그것은 이해될 수 없었다!

7〔219〕

모든 고대 철학자는 공통적으로 정신의 자유와 모든 노예사슬을 끊어버리는 것을 추구한다. 그것은 더 이상 해야 할 것이 아무것도 없고 자기 자신을 해체하는 한가한 인간들의 고귀함이 유전된 것이다.

7〔220〕

마지막 귀결에 이르기까지 고통의 원인이 되는 것들에서 피하는 것—그것이 실생활이다. 이 경우 남는 것은 전적으로 공허한 삶과 그에 대한 생각이다. 이때 삶에서의 구원은 없는가라는 물음이 대두된다.

7〔221〕

목적에 대한 믿음은 염세주의에 이른다.

방향 전환 : 목적은 자신을 행복하지 않다고 느끼는 것이다. 인간은 삶의 미로에서 되돌려진다. 사람들이 더 많은 고통을 받을수록 참된 목적에 이른다. "의도 같은 것은 여기서 인식될 수 없다" 쇼펜하우어. 하르트만 42쪽. "도덕성은 철저히 치료하기로 결단하기 이전에 사용하는 하나의 미봉책이다." 43쪽. "우리에게 가해지는 나쁜 행위는 원래는 여러 가지 사소한 선행이다."

7〔222〕

삶의 무가치함이 견유학파에 의해 인식되었다. 그러나 그것은 아직 삶에 반대한 것은 아니었다.

아니다 : 다수의 작은 극복들과 자유분방한 입이 그 경우에 만족을 준다.

7〔223〕

타이히뮐러 : 쾌감이나 불쾌감은 전체로서의 자아가 개개의 행동들에 대해서 취하는 태도의 징후다. 우리가 자아를 단 하나의 관계점으로 보는 한 이 모든 것은 의지다. 대립적인 두 가지의 근본 형태 : 갈망하는 것과 혐오하는 것. 우리가 다른 관계점을 본다면, 행위는 행위로 의식되지 않지만 그것에 속하는 무엇인가는 그때마다 의식된다. 그리고 이러한 무엇인가가 우리가 지칭하려는 것에 대한 기호가 된다. 혐오하는 것과 갈망하는 것에 상응해서 우리는 그에 속하는 관념적인 관계점을 악 또는 선이라고 부른다. 그리고 그에 속하는 감각이나 직관의 내용을 통해서 그것을 지칭한다. 우리가 직관하는 모든 상과 우리의 행동은 어떤 규칙적인 연관 속에 있다. 예를 들면 장미에 대한 시각적인 상과 향기의 감각. 그렇게 이미 어린아이는 어떤 것을 수단이라고 지칭하고 다른 것을 성과로 지칭한다.

7〔224〕

첫번째 불합리 : 모든 삶은 어떤 목적을 원하는 것이다.

이기주의는 자신의 행복을 원하는 것이다.

두 번째 불합리 : 타인의 의지를 섬기고 자기를 부정하는 것이

도덕적인 것이다.

따라서 삶의 목적은 행복에 있는 것이 아니다 : 첫번째 통찰!

윤리적 삶의 목적은 타인의 의지에 존재해야만 한다.

그러나 만족을 의욕하는 것으로서의 타인의 의지란 도대체 무엇인가?

나의 견해 : 의도, 바람, 목적은 부차적인 것이다—그러나 '행복을 추구한다는 것'은 일반적으로 사실상 전혀 존재하지 않는다. 그러나 타인의 행복을 추구하고, 자신의 행복을 추구하지 않는다(자신의 행복을 '부정한다')는 것은 **전혀 가능한 것이 아니다**. 반면 자신의 행복을 부분적으로 추구하는 것은 가능하다.

모든 행동에서 많은 것이 또한 타인들을 위한 것이기도 하다!

개개의 의지는 목적을 추구한다 : 행복—그것을 발견하는 것은 불가능하다!

따라서 개개의 의지는 타인의 의지를 목적으로 삼는다. 그것은 다른 것의 목적을 위한 수단이 된다 —

그러나 폰 하르트만씨! 그가 어떤 의지를 **돕는** 한, 그것이 이웃의 의지든 세계과정의 의지든—그는 사실 비참함을 연장하기 위해서 일하는 것이다. 더구나 그가 모든 의지가 본질적으로 비참하다는 것을 깨닫고 난 후에는! 이와 함께 그의 도움은 광기이거나 악의이다.

그러나 여기에 두 번째 불합리, 즉 비이기적인 행위가 가능하다는 것이 전제된다.

첫 번째 불합리 : 모든 행위는 만족을 의욕한다.

두 번째 불합리 : 비이기적인 행위, 즉 자기 자신을 의욕하지 않고 타인의 자아를 **의욕하는** 행위가 존재한다!

5 7〔225〕

목적을 설정한다는 것은 그 자체가 하나의 쾌감이다—많은 지력(知力)이 수단—목적을 사고하는 데 사용된다.

7〔226〕

10 의욕, 즉 몰아대는 감정은 너무나도 유쾌한 것이다! 그것은 모든 힘이 분출될 때 수반되는 현상이다. 이미 모든 바람 자체가 바로 그러하다(도달한다는 것을 전적으로 도외시하면).

7〔227〕

15 그럼에도 불구하고 그리스도가 고귀한 감정을 깊이 결여하고 있다는 것, 그의 유대적인 성향, 좋은 사업수완, 무엇인가를 놓친 어리석음에 대한 분노를 보지 못해서는 안 된다! 유럽인들은 너무나도 많이 고귀한 감정을 그리스도에게 투입했다!

20 7〔228〕

우리는 사실을 선택한다. 그리고 그것을 해석한다—무의식적으로. 우리에게 달려 있는 바람—

우리 행위 전체에는 어떤 우리의 목적에 반해서 그리고 모든 의식적인 의지에 반해서 계산하는, 더 큰 이성이 존재한다. 그것은 우리가 의식적으로 우리 자신에 대해 신뢰하는 것보다 훨씬 더 조화롭고 섬세하다.

7〔229〕

우리는 논리적인 것에 대한 고대인들의 집착에서 아직 해방되지 않았다. 그들은 토론술을 가장 높이 평가했다―'의도', '목적'도 그러하다.

7〔230〕

대부분의 사람들은 결코 체험할 만한 능력이 없다. 그들은 충분히 고독하게 살지 않았다―사건은 새로운 사건을 통해서 곧바로 씻겨 내린다. 깊은 고통이라는 것은 희귀한 것이며 탁월한 것이다. 스토아주의에서보다 일상적 삶에서 더 많은 영리함이 있다.―고통을 방어하는 것.

7〔231〕

약간 거리를 두고 보면, 우리의 모든 목적은 시험이자 도박으로 나타난다―그것은 실험된다.

우리는 최고의 목적에서도 자의적이고 비논리적인 것을 확인하지 않으면 안 된다!

모든 결과를 상상하게 된다면 우리는 결코 행동하지 않을 것이다.

7〔232〕

해체의 결과이자 몰락의 징후로의 나약한 의지

7〔233〕

칸트는 말한다 : 나는 베리 백작의 이 명제(1781, 쾌락과 고통의 성향에 대해서)에 대해 완전한 확신을 갖고 시인한다.

인간을 움직이는 유일한 원리는 고통이다. 고통은 모든 쾌락에 선행한다. 쾌락은 적극적인 것이 아니다.

7〔234〕

"삶을 느끼고 자신에게 만족하는 것이란 현재 상태에서 빠져나오도록 계속 내몰리고 있다고 느끼는 것이다. 따라서 현재 상태는 똑같이 자주 반복되는 고통임이 분명하다."

7〔235〕

"이성적 의지는 단지 고통을 감소시키고 욕구를 억압할 수 있을 뿐이다."

7〔236〕

사람은 고통을 제거함으로써 더 큰 쾌감의 총합을 산출해내기 위해서 가능한 많은 고통을 추구해야만 한다고 카르다누스는 결론지었다.

7〔237〕

"번데기가 되기에 앞서 잠시 유충일 때의 행위는 모두 자신을 유지하려는 것이 목표가 아니라, 완전히 성숙한 곤충이 되려는 것이 목표다. 그것들은 유충 단계의 요구들에 상응하는 것이 아니라, 완전하게 성숙한 동물의 요구에 상응한다. 쉬나이더 I 58쪽.

7〔238〕

예수회의 최고 관점은 사회주의의 최고 관점이기도 하다.

5 인류의 행복을 위해 인류를 지배하는 것.

환상, 신앙을 확립하는 것을 통해서 인간을 행복하게 하는 것.

그에 대한 나의 반대 운동 : —

인류의 **극복**을 위해서 인류를 지배하는 것.

이 교설을 견뎌내는 자를 제외하고 사람들이 그것에 의해서 몰락하
10 는 교설을 통한 극복.

지금까지의 근본 오류 : "인간의 모든 행위는 목적을 의식한 것이다."

"인간의 목적은 종의 유지이고 단지 그러는 한에서만 개인도 유지된다"—현재의 이론.

15 우리가 자신의 미래의 **요구** 때문에 배려하는 극히 개별적 인간들의 경우에서도 사정은 마찬가지다.

7〔239〕

불쾌한 접촉의 경우 몸을 움츠리고, 모든 부분을 응집하는 것이 모
20 든 방어운동의 원형이다. 생리학적으로 무엇이 그것에 상응하는가? 집중하는 것 : 고통이 우리를 집중하게 한다.

무엇인가를 숨기려는 충동이 수치심이며 방어하려는 충동이다. 자신을 숨기고자 하는 것도 그러하다. 이 경우 색이 예를 들어 붉게 된다(불안의 작용이다!).

인간은 자신의 본능을 통해서 인도된다. 목적은 단지 본능에 봉사하기 위해서만 선택된다. 그러나 본능은 행동의 오래된 습관이며, 자신의 현존하는 힘을 사용하는 방식이다.

사람들은 본능이 성취한 결과를 '목적'이라고 불러서는 안 된다!

5 본능의 충동을 완전히 해방하는 것 : 그러나 그것은 종종 서로에게 저항한다. 실제의 삶은 본능들의 사슬이며, 어떤 본능이 성장하고 다른 본능은 감소하는 것이다.

'저장되어 있는 신경력을 소모하는 것'

'어떤 생각이 행위로 이끄는가? 가장 강한 충동을 일깨우는 것.

10 어떤 것이 그것인가? 가장 큰 쾌적함을 약속해주는 것, 즉 가장 유쾌한 것. 그것은 예외를 허용하는 규칙이 아니라, 하나의 법칙이며 인간 의지의 종속성이 여기에서 기인한다." 슈나이더 75쪽.

!!그러나 충동 자신이 먼저 **이러한** 생각을 불러냈다!—라고 나는 말한다.

15 따라서 충동은 축적된 힘을 어떻게 사용할 것인지에 대해서 결정하는 것이지, **행위가 행해질 것인지에** 대해서 결정하는 것이 아니다. 어떻게 행위될 것인지를 결정하는 것이 충동이다

따라서 충동이 의식될 때, 그것은 쾌감을 약속하는 것이다. 행위의 원인으로서 약속된 쾌감?—행위 일반의 원인이 아니라, 단지 행

20 위하는 자의 특정한 방향성의 원인으로서! 스탕달도 또한 그렇게 생각한다.

그러므로 생각이 행위로 이끄는 경우, 그때 인간은 가장 많이 쾌감을 약속하는 표상에 따라야만 한다. 가장 강한 충동이 선택을 결정한다.

그에 따라 도덕은 변화되어야 한다. 1)우선 힘의 증가를 계획해야 한다 2) 두 번째로 힘의 사용, 어떤 방식으로?

첫번째 관점이 지금까지는 간과되었다.

7〔240〕

첫번째 사실 : 사회는 살해하고, 고문하고, 자유와 재산을 빼앗는다. 교육을 제한함으로써, 학교를 통해 폭력을 행사한다. 그것은 속이고, 기만하고 쫓아다닌다(경찰로서). 따라서 이 모든 것은 **그 자체로 나쁜 것으로** 간주될 수 없다. 사회는 그 자체를 유지하고 촉진시키고자 한다. 그것은 어떠한 신성한 목적도 아니다. 그것은 그 때문에 다른 사회들과 싸운다. 이와 같이 이 모든 것은 이익을 위해서 생긴다. 그러나 바로 이러한 행동들이 특별한 존엄과 존경을 가진 것으로서 간주된다는 것, 즉 '정의', 윤리, 선의 보존과 장려로 간주된다는 것은 미친 짓이다! 여기서 다수의 이익이 소수의 이익 위에 놓인다는 것은 개인이 사회 전체보다 더 많은 가치를 가질 수 없다고 전제할 경우에만 의미가 있을 것이다! 그러나 여기에는 처음부터 그러한 개인들을 생겨나지 못하게 하겠다는 의도가 있다. 사람들이 공동의 이익을 유지하기 위한 척도로 여기는 인간상이 이미 거기에 존재하고 있다. 그 사회는 자신이 가장 뛰어난 '인간' 전형을 대표하고 있으며 사회에 적대적인 모든 것을 그 자체로 적대적인 것으로서 싸울 권리를 그것〔자신이 가장 뛰어난 '인간' 전형을 대표하고 있다는 사실〕에서 끌어낸다고 전제하고 있음이 틀림없다.—이러한 자신에 대한 믿음이 없다면 사회는 '비도덕적'이다. 그러나 믿음 속에서 그 사회는 비로소 무엇이 도덕적이어야만 하는 것을 규정한다.—이렇게 해서 그

것은 의미를 갖게 된다!

7〔241〕

(목적이 수단을 신성하게 만든다)

5 우리가 결코 허락하지 않을 행위들, 또한 최고의 목적에 이르는 수단으로조차 허락하지 않을 행위들이 있다. 예를 들면 친구에 대한 배신.

차라리 몰락하면서, 우리의 최고의 목적을 실현하기에 좀더 유리한 상태가 존재한다는 사실에 대한 약간의 신뢰를 갖는다는 것이

10 더 낫다.—그런데 공동체와 국가를 유지한다는 것은 어떠한 종류의 최고 목적인가! 자신의 이상에 대한 배반자가 되지 않기 위해서 국가를 희생하는 사람의 행동은 최고의 업적일 수 있다. 그것은 그것 때문에 후대에 이르러 비로소 이 국가의 존재 전체가 주목을 받게 될 정도의 것일 수 있는 것이다.

15

7〔242〕

지금까지 국가의 전제 : "인간은 자신을 발전시켜서는 안 된다. 척도는 이미 존재한다." 가톨릭 교회(유럽에 있는 모든 국가 형태 중 가장 오래된 형태)는 현재 옛 국가를 가장 잘 대표한다.

20

7〔243〕

매상을 올리기 위해서는 귀족이 필요하다 : 따라서 하나의 평행이 존재한다.

7〔244〕

기생하는 인간들을 제거하는 것이 형벌의 의미다.

기생충에게서 물소를 지켜주고 그것에 의해 사는 새들은 물소에게 적의 출현을 알려주는 것을 통해 보답한다—경찰의 의미. 에스피나스 159쪽.

7〔245〕

끊임없이 서로에게 귀를 기울이고 서로에게 주의하는 것에 바쁠 때는 안전감이 존재한다. —162쪽.

7〔246〕

애정이란 절박한 필요의 결과다.

7〔247〕

형벌을 그것의 유형과 본질이란 측면에서 그것을 전쟁에 환원시키거나 희생 제식(인간희생)에 환원하는 것.

전자에서 그것은 공동체 이전의 상태로의 회귀가, 후자에서는 신들의 조롱이 형벌의 근본 사상이다. 포스트 I 201.

자유가 없는 자들이 받는 형벌은 **그것을 통해서** 명예가 박탈된다. 예를 들어 태형. 자유인들이 받는 형벌은 **그것을 통해서** 오랫동안 고귀한 것으로 간주된다. 포스트 I 214.

7〔248〕

"— 사람들이 전제하는 유일하고도 직접적인 가치 평가는 감각적인 쾌감 상태의 것이다. 그래서 사람들은 다른 모든 것이 단지 이러한 직접적인 의지와 결부되는 것을 통해서만 간접적으로 효과를 얻는다고 믿는다. 정의, 도덕, 종교의 준수는 이러저러한 측면의 행복이 제시됨으로써만 일어나야 한다."바우만Baumann 32쪽.

5 감각적인 쾌감의 가치에 대한 일반적인 믿음 : 모든 행위는 그곳으로 향하는 길이거나 우회로여야만 한다.

7〔249〕

법률이 금지하는 것이 의미를 갖는 것은 금지된 이 길을 통해서 어

10 떤 것에 이르는 일이 불필요하며, 다른 길이 있을 경우뿐이다.—즉 모든 금지에는 전적으로 특정한 약속과 허가 전체가 속한다.

7〔250〕

중심은 말에 따라, 사용에 따라, 관점에 따라 변한다.

15

7〔251〕

"자신을 배제한 모든 사람의 행복." 하르트만 405쪽. 가련한 위선!

20 7〔252〕

불량배와 신사의 차이는, 뇌 운동이 약간 다르게 훈련받았다는 것만은 아니다.

7〔253〕

성격의 강함. 아주 많은 자극을 수용하고 그것이 깊이 작용하도록 하는 것. 거의 자신을 잃어버릴 정도로까지 자신을 도외시하는 것. 아주 많이 참는 것—그럼에도 자신의 방향 전체를 관철하는 것. 보통 강한 성격에는 차갑고 평면적이고 공감이 결여되어 있다. 그것은 어떤 사람도 획득할 수 없다. 유연한 힘.

7〔254〕

우리의 자의는 우리의 훈련과 자발적 힘이 가장 클 때 제일 크다. 그것은 복종하는 자의 가장 재빠른 복종이며 민활함이다(우리가 가장 창조적이고 가장 무조건적일 때 가장 강하게 느껴지는 자유의지). 바우만 18쪽.

7〔255〕

잠언서와 인용들을 모은 책
일화들을 모은 책
사실들을 모은 책
농담

7〔256〕

이기주의는 원리가 아니라, 하나의 사실이다.

7〔257〕

목적으로 보자면, 모든 행위에서는 너무 많은 것이 낭비된다. 세계 전체를 비추는 태양열처럼.

7〔258〕

공동체의 결실로서의 개인. 개인이 항상 사회의 수단만은 아니
5 다.

7〔259〕

모든 상황은 마치 그것이 목적이었던 것처럼 또는 실험상의 수단
이나 오류로서 관찰될 수 있다.

10

7〔260〕

충동의 만족은 행위의 결과가 아니라, 행위 안에서 찾아야 한다.

행복이란 모든 충동이 야기시킨 활동들 간의 균형일 것이다.

15 7〔261〕

우리의 삶과 모든 도덕의 실제적인 특성으로서 실험 : 자의적인
것이 거기에 있음이 분명하다!

7〔262〕

20 가난한 자들의 연합체에서 기독교가 생겼다. 바우만 22쪽.

신의 도움과 상호부조.

7〔263〕

행위의 기쁘고 유용한 결과를 생각하게 되면, 기쁘고 활기를 갖

게 된다. 피가 더 활발하게 흐른다. 그 점에서는 행위의 목적에는 행위하는 동안 여전히 자극하면서 쾌감을 불러일으키는 힘이 있다.

그러므로 충동의 활동은 쾌감과 결합되어 있다. 그 활동의 목적이 표상되고, 이는 언제나 기쁨을 일으키고 또 활동을 증대시킨다(목적은 **다른** 충동의 활동이다). 그러나 충동 자체는 자신의 활동의 결과를 원하지 않는다. 물론 이해하고자 하는 충동은 목적을 정립할 때 쾌감을 느낀다. 그것은 그러한 충동의 활동이다. 마찬가지로 수단을 생각해낼 때—모든 행위에 존재하는 논리적 쾌감.

각각의 행위에는 많은 충동들이 활동하고 있다.

적어도

1) 행위에서 만족되는 충동.

2) 목적과 수단을 정립할 때 만족되는 충동

3) 결과를 앞서 상상할 때 만족되는 충동.

충동은 자신을 만족시킨다. 즉 충동은 자극을 지배하면서 변형시킴으로써 활동하고 있다. 자극을 지배하기 위해 충동은 싸워야 한다. 즉 그것은 다른 충동을 억제하고 약화시켜야 한다. 사실 충동은 항상 활동하는 것으로 존재한다. 그러나 그것을 키우면 더 큰 힘을 가져와서 그것의 수행능력도 달라질 것이 분명하다. 그러나 충동 자체가 특정한 **활동 상태**일 뿐이다 : 의인화(擬人化)

7〔264〕

보상과 처벌의 효과. 바우만 31쪽.

7〔265〕

자극 그 자체는 쾌감도 불쾌감도 아니다. 그러나 아마 쾌감이나 불쾌감이 그것에 수반될 수 있다. 쾌감도 아니고 불쾌감도 아닌 중간의 것은 있을 수 없다!—따라서 '유쾌하지 않은 것'은 분명히 쾌감이 아니다.

7〔266〕

형태를 부여하는 것으로서의 의지?

7〔267〕

만족 : 이 말은 불만족을 전제로 하며 하나의 선입견을 불러일으킨다.

7〔268〕

1. 생성의 무구함 : 목적은 없다.
2. 행위, 충동, 쾌감, 자유의지.
   우리의 충동들의 가계(家計)는 일시적으로는 우리의 통찰을 훨씬 넘어선다. 모든 행위자에서 본질적으로 그릇된 자기 관찰이 도덕으로 이행했다.
3. 강한 자들에게서 보이는 도덕의 유형
4. 자유롭지 못한 자들에게서 보이는 도덕의 유형
5. 개인과 공동체
   '결과로서의 개인.' 집단적 양심.
6. 처벌, 복수, 책임

(목적이 수단을 신성하게 한다)

7. 미래에서의 두 개의 운동
   신체의 기호언어로서의 도덕
8. 자극과 충동의 인도하에 역사를 자기 것으로 만드는 것—'객관적 역사학'은 존재하지 않는다.
9. 악. 선의 전단계 : 창조적인 것과 창조하는 자 : 새로운 가치 평가와 그것의 역사. 악의 유기적인 기능(성장하고 자신을 사용해야만 하는 대량의 힘으로서의 인류)
10. '타인들을 위한 삶'과 '비이기적인 것'

7〔269〕

우리가 내세우는 것보다 우리 행위에는 훨씬 적은 의도가 있다.(목적을 가정할 경우 존재하는 허영심!) 에머슨 99쪽.

7〔270〕

인류의 미래는 그렇게 우아한 개념이 아니다. 그에 대한 반대 599쪽.

7〔271〕

사람들은 '(무엇)을 위하여'라는 것에 의해서 행위에서 그것의 가치를 빼앗는다.

7〔272〕

하르트만, 593쪽. '좋은', '나쁜'은 판단하는 자의 상태에 상응한다.

7〔273〕

다양성으로서의 개인

5

7〔274〕

출발점 : 도덕적 중요성을 부정함. —비극의 탄생

10

15

20

[8=Mp XVII 1 a. 1883년 여름]

8〔1〕

5 통가섬 사람은 희생으로서 작은 손가락을 잘라낸다.

동양에서는 여성이 목욕 중에 놀라면 얼굴을 가린다—그렇게 단정하다!

중국에서는 부인이 발을 보이는 것은 수치로 금지되어 있다. 호텐토트족 부인들은 목만 감춰야 한다.

10 중국에서 상복 빛깔은 흰색이다.

아메리카 고대 문명 민족들은 우유를 사용할 줄 몰랐다.

중국인들은 매우 많은 요리들을 조금씩 먹는다.

29번.

사람들은 동물의 결함을 동화하고자 하지 않는다. 예를 들면(

15 보르네오 성의) 사슴의 겁 많은 점—부인과 아이들은 그것을 먹어도 된다.

박쥐, 두꺼비, 벌레, 애벌래, 유충, 모충조차 먹는다. 살진 쥐는 중국인들에게 별미다. "호랑이 심장을 먹으면 대담해진다(자바)."

개의 간은 영리하게 만든다.

20 예를 들어 샴족은 엄청난 양의 쌀을 먹는다.

8〔2〕

— 흰머리 독수리가 나이아가라 폭포 위에서 자랑스럽게 침착하게 앉아 자주 그 야생의 안개 속으로 자태를 감추듯이.

— 알바트로스가 여러 주에 걸쳐서 바다에 자신의 몸을 맡기는 것처럼 : 새들의 왕

— 정적이 지배하는 고지(高地)에 안데스 산맥의 매처럼(한 시간 이상 날개를 퍼득이지 않고 공중을 날 수 있는).

비상하는 자의 평온

8〔3〕

우리가 걸을 때와 수영할 때 그리고 날 때 어떤 차이가 있는가. 그럼에도 불구하고 그것은 하나의 같은 움직임이다. 단지 지구가 지탱하는 힘이 물이 지탱하는 힘과 다르며, 물이 지탱하는 힘은 공기의 것과 다를 뿐이다! 그렇게 우리는 또한 사유하는 자로 나는 것을 배워야 한다—그리고 그것에 의해서 공상하는 자가 된다고 생각해서는 안 된다!

8〔4〕

셰익스피어에서 크리스토프라는 귀족의 권위 : "나는 쇠고기를 상당히 많이 먹는 사람이다. 그리고 내가 생각하기에 그것은 나의 기지에 해를 입힌다!"

8〔5〕

게르만 사람들에서 형벌 : 맷돌을 머리 위에 떨어뜨린다(신화적). 말로 능지처참한다. 말로 짓밟아 죽인다. 기름 또는 포도주 속에서 끓인다(14, 15세기). 마찬가지로 중세에 생매장하는 것, 유폐하는 것, 굶겨 죽이는 것. 차열형(車裂刑)에 처하는 것(순수하게 게르만적

으로), 가죽을 벗기는 것(피부에서 가죽을 벗긴다), 꿀을 발라 파리 떼와 뜨거운 태양에 내놓는 것, 오른쪽 다리와 왼쪽 팔을 잘라 떼내는 것, 코, 귀, 입술, 혀, 이빨, 눈, 생식기.

8〔6〕

여계(女系) 친족 : 아이들은 아버지의 가족에 속하지 않고, 어머니 형제의 가족에 속한다. 아버지는 다른 가족에 속한다. 적대 관계에 있는 아버지와 아들. 아버지는 낯선 가족에게 장가를 들고, 그곳에서 그는 단지 생산하는 자이며, 거의 노예 이상이 아니다.—부권은 자명한 것이 아니며, 이후에 획득한 권리 제도이다. 아버지와 아이 사이의 인륜적 끈이라는 것은 없다! 아버지는 그의 아이들과 근친이라고 여겨지지 않는다. 탯줄이 가족의 끈이다.

혈족 단체에는 개인적인 범죄도 없으며 개인의 재산도 결혼도 없다. 단지 가족만이 권리와 의무를 가진다. 여성은 아이와 마찬가지로 공동재산이다. 뿐만 아니라 개인간의 친족 관계가 없고, 집단들이 친척이 된다.—집단혼.

현재 올바른 권리주체는 소위 '자연인' 개인이며, 그들은 권리와 의무의 담지자이다.

옛날의 어떤 중국인은 '나라가 망하려면, 그 나라는 많은 법을 갖게 된다'라는 말을 들었다고 말했다.

양심의 가책을 수반한 결혼 : 여성은 결혼하기 전에 매춘부 노릇을 하는 시기를 가져야 하며, 처녀성을 빼겨야 한다. 한 남자에게 속하기 전에 동족 남자들에게 몸을 허락해야 한다. 이것의 최후의 잔재는 추장이나 성직자들이 갖는 초야권이다(캄보디아에서 불교도들의 경우처럼).

매춘부는 아프리카 많은 곳에서, 인도와 자바에서 높은 존경을 받고 있다. 그들은 민족의 신들을 충실하게 섬긴다.—

여기서 남자는 부인과 함께 모든 자매를 얻으며, 거기서 모든 형제는 한 명의 부인을 얻는다.

동물의 경우, 암컷은 치장하지 않으며 아름다움은 수컷에게 속한다.—욕망하는 자와 싸우는 자가 아름답게 된다.

우리들의 경우 여성이 '정복'한다.

인간들 중 여성이 더 아름답다는 점은, 여기서 여성이 싸우는 자이며 욕망하는 자라는 것을 증명한다. 여성은 남성을 정복하는 방법을 쉽게 체득한다. 동물의 경우 남성적 지성은 성충동을 통해 늘어난한다.

아테네에서는 남성이 여성보다 더 아름다웠다—키케로에 의하면 : 그러나 이는 아마 남색의 영향으로 아름다움을 위해서 많은 노력이 행해진 결과다.

일부일처제가 생겨남으로써 새로운 의무가 생긴다. 그것에 따르면 형제와 자매, 시아버지와 며느리, 장모와 사위, 의형제와 의남매는 서로 말해서는 안 되며, 서로 같이 먹어서도 안 되고, 뿐만 아니라 서로를 보아서도 안 된다. 이전에 남자는 종종 엄마와 딸과 결혼했다. 개인적인 의무가 생겨나는 곳 어디에서나 적대와 냉담함이 의무에 속한다. 사랑과 함께 항상 혐오가 등장한다. 일반적으로 인간의 사랑은 지금까지 엄청난 미움 없이는 존재하지 않았다.

부부의 충절은 오랫동안 비도덕적인 것으로 보였다.

여성은 강자가 언제나 약자에게서 빼앗을 수 있는 재산이었다.

힘겨루기가 결정한다. 지도자와 성직자만이 아름다운 부인을 얻는다. 젊은 사람은 늙은 여자로 만족해야 한다—약탈은 여성을 얻는 통상적인 방식이었다.

약혼 반지란 약탈된 여자를 끌고 갈 때 사용했던 사슬의 잔재다.

원래 부부간에는 최고의 '냉담과 무관심'뿐이었다. 여성은 매매되거나 약탈당했다. 거기에다가 결혼이란 자연에 반하는 것이고 비인륜적인 것이라는 은밀한 양심의 비난이 있었다. 부부는 탁자와 침대를 공유하는 것이 아니라, 본질적으로 떨어져서 산다. 남녀의 분리는 결혼에 대한 중국인들의 근본적인 생각이다. 집은 두 부분으로 나뉜다. 밖에는 남편이 살고, 안에는 부인이 산다. 문은 세심하게 닫혀 있어야 한다. 모든 사람은 홀로 죽어야 한다. 옥좌에서 탁상에 이르기까지 완전한 분리가 관철된다.

동족 집단들 간의 더 고차적인 연합 : 서로 결합되어 있지 않은 많은 작은 공동체. 이들은 종종 거대한 숲을 통해 분리되어 작은 공동체의 내부 행정에는 간섭하지 않는 영주에게 복종하고 조세를 바친다(인도와 수마트라는 오늘날에도 여전히 이렇다). 그렇게 공동체는 내부를 향해서 가능한 한 견고하게 폐쇄되어 있다. 그리스의 폴리스

가장 오래된 신분 구별은 연령에 따른 것이다 : **경건한 마음**.

투피남바제스족은 전쟁 포로들을 긴 줄에 묶어놓고 살찌웠고, 그들이 동물 먹이로 충분하게 살찔 때까지 그들에게 첩을 주었다.

8〔7〕

타인에 대한 희롱과 오만은 그 전에는 우리에게 전율을 일으키

는 성격을 가졌다. 특히 전쟁포로들에 대해서는. 광인에 대해서는 여전히 돈 키호테! 웃음은 본래는 잔인함의 표현이다.

8〔8〕

한 인간이 동시에 성직자, 마술가, 의사, 재판관, 수장이었다. 비, 평화, 좋은 날씨, 좋은 수확, 살찐 송아지들—그러나 또한 흉작, 전염병, 전쟁이나 사냥에서의 실패, 나쁜 날씨도.

전쟁과 사냥에서의 나약함 때문에 노인을 경멸함.

쌍둥이의 살해, 적어도 그 중 하나의 살해. 사람들은 쌍둥이에게서 간통의 증명을 구한다(예를 들면, 카리브 사람들의 경우에). 게르만인들도 또한 그렇게 생각했다—이렇게 한 번에 여럿을 낳는 것은 쥐나 암캐와 마찬가지로 동물에 유사한 것으로 간주된다.

곳곳에서 딸을 낳는다는 것은 치욕으로 여겨졌다.

고대 독일에서는 아버지가 아이를 살게 할지 아닐지를 천명할 때까지 아이는 바닥에 놓여 있다. 그가 그 애를 들어올리지 않으면, 그 애는 버려지는 것이다—피지 섬 사람들의 경우도 전적으로 같다.

수장은 여자와 아이의 행동과 노예와 동물이 입힌 피해들에 책임을 진다. 그는 그의 일족에 의해서 저질러진 살인의 배상금을 지불해야만 한다. 약혼지참금. 그러한 사람들의 경우 완전히 다른 양심이 생겨난다. 지금도 아직 군주와 정치가들의 경우.

오랫동안 양심과 분리되어 있던 책임.

8〔9〕

원시적인 종족 단체의 전형 : 같은 모계에서 생긴 친족 집단. 여자, 아이, 재산을 완전히 공유한다. 그래서 개별적 모든 결혼, 개별적 모든 부권과 친권이 결여되어 있다. 모든 구성원은 동일한 친족 관계를 가지며 동산이든 부동산이든 모든 재산을 공동으로 소유한다. 모든 노동을 공동으로 한다. 모든 수입금을 공동으로 소비한다. 모든 의무는 가족 공동의 의무이며, 모든 혈연이 자신의 친족을 살해한 자들에 대해 복수하고, 한 사람이 살인을 했을 경우 그 책임은 모두에게 미친다. 외부인은 양자를 삼음으로써 받아들인다.

가족의 연합과 부족이 종족에 우선한다. 가족Hausverwandtschaft은 같은 부계의 자손들이 결합한 것으로 이와 근본적으로 다르다. 원시적 형성물이라고 말하기 어렵다. 수장이나 가장의 가부장적인 권력 밑에 결합되어 있는 남자, 여자, 아이, 노예의 협동집단. 고유의 신들, 법, 지배, 양도할 수 없는 토지를 갖는다. 개개 구성원이 아니라, 가족공동체의 존속이 첫번째 의무다. 따라서 임신할 수 없는 여자와는 이혼해야만 한다. 독신은 처벌받는다. 남편이 성불능일 경우, 부인은 남편의 친척을 통해 아기를 낳아야 한다.

조직이 혈연에서 근거하는 경우라면 어디에서나 혈연에 의한 보복이 있다. 그 집단의 전체적 생명이 개인을 넘어서는 불가해한 힘으로, 종교적 숭배의 대상으로 나타난다. 근본 경향 : **두 종족들 사이에** 다시 균형이 회복된다. 개인의 죄는 어떻든 상관없으며, 종족들 사이에 싸움이 있는 것이다. 국가가 형성됨으로써 혈연에 의한 복수는 가해자에 대한 복수 행위에 용해된다.

혈연에 의한 복수가 전제하는 것은 무엇보다도 그것이 가족의 문제라는 것이다. 지방 단체나 국가는 우선 간섭하지 않는다. 그러나 혈연에 의한 복수는 이미 더 높은 조직을 전제하고 있다. 그것은 같은 위계를 갖는 것들 사이의 싸움이며, 어떤 하나의 전체에 소속된 것들 사이의 싸움이다. 살해자의 가족에 대한 적대감은, 더 높은 공동의 조직에 속하지 않은 모든 것에 대한 적대감과는 근본적으로 다르다. 경멸, 적이 더 낮은 종족이라는 믿음이 결여되어 있다. 혈연에 의한 복수에는 존경과 동등한 권리가 존재한다.

법적인 보호의 박탈 : 어떤 구성원이 보호단체에서 추방된다. 그는 이제 전혀 권리를 갖지 못하게 된다. 누구나 〈그의〉 생명과 재산을 빼앗을 수 있다. 누구나 배상을 청구받지 않고 그를 때려죽일 수 있다. 근본 감정 : 가장 깊은 경멸, 무가치함. 이러한 것은 예를 들어 아직 회교도의 법에서 이단자나 예언자를 비방한 경우에서 볼 수 있다. 반면 살인이나 상해를 입힌 경우, 회교도의 법에서는 다만 혈연에 의한 복수와 보호단체의 배상만으로도 족하다. 추방당한다면 집은 철저하게 파괴되며, 부인과 아이들과 집에 거주하는 사람은 제거된다. 예를 들면, 페루의 잉카 제국의 경우 태양의 처녀Sonnenjungfrau가 어떤 남자와 부정을 범했을 경우, 그녀의 친척이 모두 목숨으로 보상해야 하고, 부모의 집은 폐허가 된다. 그 외에 중국에서도 아들이 아버지를 죽일 경우에 같은 일이 벌어진다.

즉 공동체의 존립을 위태롭게 하는 범행은 법적인 보호를 박탈당한다. 썩은 싹은 근절되는 것이다. 무엇이 그렇게 구제 불가능하고 근본적으로 경멸할 만한 행동으로 간주되는지는 공동체가 존재하기 위한 조건이 무엇이라고 생각하는지에 따라 다르다.—따라서 그것은 공동체마다 다를 수 있다.

실제로는 모든 유형의 완화책이 생긴다. 예를 들어 그에게 도망칠 시간을 준다. 추방과 재산 몰수는 최후의 수단이다. 특히 모욕적인 처벌의 근원은 여기에 있다.

보호단체 : 구성원들이 서로 생명과 재산을 보증해주며 치안의 교란자를 보호하는 데서 추방하고, 아이, 여성, 재산과 채무를 공동으로 소유하는 공수(攻守)공동체—가장 오래된 형태.

국가의 형성 : 혈족이란 기반에서 벗어난 왕국, 공법, 사유재산, 범죄와 채무에 대해서 개인이 책임을 지는 것—가장 나중에 나온 형태.

유기적 통일성, 예를 들어 어떤 공동체의 무리가 자신을 의식하면 할수록, 낯선 자에 대한 증오는 더욱 강해진다. 구성원들에 대한 공감과 낯선 자들에 대한 증오는 함께 자란다.

공동체의 생명 유지라는 관점 그리고 그것이 엄청난 생각을 요구한다는 점에서 보면 : 개인 자신과 관련된 목적과 상(像)이 그것에서 차지하는 범위는 얼마나 적은가! 사회적 충동이 개인적 충동을 압도한다. 동물은 자신이 손해를 입으면서도 집단에 유익한 행동을 한다.

현대의 도덕적 언어를 이용하자면(그러나 근본적으로 상이한 감각에 대응하는 것이지만) 동물 사회는 사랑, 변함없는 애정, 젊은이의 교육, 노동, 절약, 용기, 약자의 경우는 복종, 강자의 경우는 배려, 그들 모두는 희생정신에 근거하고 있다. 어떤 사회도 이러한 속성들 없이는 유지될 수 없으며, 그 안에서 이러한 충동들이 계승된다. 그것들은 지나치게 강하면 사회를 침체시킬 것이다. 그러나 외부에 대해 안전이 확보됨에 따라서, 내부에서 적대적인 힘들이 발전하게 된다. 그리고 외부에 대해 평온이 완성된 상태에서, 사회는 개인들로 해체된다. 즉 이전에 공동체 간에 있었던 긴장이 개인들 간에 형성된다. 그와 함께 비로소 동정이 발생한다—자신을 개인으로 느끼는 개인들 사이의 감정으로서 (모든 통일적인 원시사회의 이타적 행동은 일종의 자아감정을 전제한다. 그러나 집단적-자아와 동정은 근본적으로 다르다). 아마도 한 종족은, 더 큰 연합체 내부에서, 다른 종족에 대해 동정이나 존경 같은 것을 느꼈을 것이다. 즉 그러한 동정이나 존경은 개인에 대한 것은 아니었다. 여기에 동정의 기원이 있다. 내가 생각하기에, 혈연에 의한 복수는 다른 종족에 대한 이러한 존경의 가장 오래된 형태다—절대적인 적대감의 반대로.

8〔10〕

오랫동안 생각되어온 것과는 반대로, '야만인들'도 말할 수 없을 정도로 높이 발달된 인간들이다.

8〔11〕

근원적으로는 그 어떤 동물보다도 인간이 더 이타적이다—여기에서 그의 더딘 발전(아이)과 고도의 교육이, 여기에서 또한 이기주의의 독특한 최후의 유형도 나왔다.—맹수들은 훨씬 더 개별적이다.

8〔12〕

격세유전 : 지금 한 번 무조건 순종할 수 있다는 환희에 찬 감정.

"너는 착취받고, 훔침을 당하고, 기만당해야 한다"—가톨릭 성직자 국가의 근본 감정, 특히 예수회에서는 완벽하다. 지성을 희생한다는 것은 태고의 것이며 근원적인 것이다—그럼에도 불구하고 희생이라고 느껴지지 않고, **그** 반대가 **고통**으로 느껴진다.

8〔13〕

법철학이여! 그것은 모든 도덕 학문과 마찬가지로 아직 시작도 하지 않은 학문이다! 예를 들어 사람들은 여전히 형벌의 가장 오래된 의미를 오해하고 있다. 심지어 자유롭게 사고하는 법학자들도 오해하고 있다.—사람들은 그것을 전혀 알지 못한다. 그리고 법학이 새로운 토대 위에, 즉 역사학과 민족들의 비교 위에 세워지지 않는 한, 근본적으로 잘못된 추상물들 간의 불행한 싸움에 머물 것이다. 오늘날 '법철학'으로 생각되고 있는 추상물들은 전체적으로 현대 인〈간들〉에게 추상된 것이다. 그러나 이러한 현대〈인들〉은 상당히 복잡한 종족이며, 또한 그에 대한 법적인 가치 평가에서도 극히 다양한 해석들을 허용한다.

8〔14〕

나의 첫 번째 해결 : **디오니소스적 지혜.**

디오니소스적이란 생의 원리와의 일시적인 일체화(순교자의 환희를 포함하여).

가장 고귀한 것을 파괴하는 것에 대한 기쁨, 그리고 그것이 점차 망해가는 것을 볼 때의 기쁨.

현재 아직 존재하는 극히 좋은 것에 대해서 승리를 거두는, **다가오는 미래**에 대한 기쁨으로.

8〔15〕

인간에 대한 그리스인들의 지식

단순화, 복잡한 것과 상세함에 대한 혐오.

논리화, 성격에서조차 논리적인 파악을 전제함.

이상화('아름답고 젊은'), 비전형적인 것에 대한 혐오, 무의식적인 거짓말 (자기 자신의 반대편에 동조하지 않는다. 일종의 관용이 결여되어 있다).

자신을 공중에 이해시키는 정치적 강제 : 숨겨진 개인들의 결여 II398쪽. 그리고 억제된 감정의 결여(행동을 두려워한다고 악평을 받는 자들 II 401쪽).

경기. 모든 철학자는 자신이 가장 행복한 자라는 것을 실천에 의해 증명하는 것을 통해서 상대방을 쳐부수려는 감정을 갖는다. '덕은 행복이다'—그것은 소크라테스 이래로 모든 심리학적인 관찰을 그르쳤다 ('사실 감각'은 신화적인 감각과의 투쟁 속에서 단지 반동으로 성장했을 뿐이며 근원적 힘으로 성장한 것이 아니다).

(그들은 아마도 더 단순했을까?—그러나 상이한 개인들의 엄청난 풍부함.)

고귀함(게나이오스는 '소박함'과 동일한 것이다!) : 본능적 행위와 판단은 뛰어난 종족의 속성이다. 자신을 물어뜯는 것과 자신을 파괴하는 것은 고상하지 않다.

'일반적으로-인간적인 것'을 향한 그들의 의지는 무엇보다도 일반적으로 그리스적인 것을 향한 의지이다—야만의 반대라는 감정.

악한 사람은 부분적으로는 존경을, 부분적으로는 동정을 받는다. 그는 자책하면서 자신을 물어뜯지 않는다—파괴적이고 자신의 속을 헤집는 자기-경멸이 없다.

국가가 추구하는 이상으로 '유용하지 않은' 힘의 낭비(로마인들과는 반대로). 인도인(브라만들)은 주도권을 결여함으로써 '모든 행위는 고통이다'라고 느끼는 반면에, 그들(로마인)은 억눌린 상태에서 생기는 충동을 거의 이해하지 못한다.

스토아주의는 도덕적으로 개명된 세계에서는 결코 가능하지 않았을 것이다. 그라치안B. Grazian이나 라 로슈푸코 또는 파스칼의 말은 자신들에 **반해서** 전적으로 그리스적인 취향을 가지고 있다.

그들은 모욕하며, 그럼으로써 행복을 느낀다 (호메로스의, 소포클레스의, 에피쿠로스의 염세주의—'도피'는 '신적인 것'으로 느껴진다).

즉 그들은 최대한 고뇌한다. 그러나 그들은 그에 반해 창조하는 데 그리고 기쁨을 주는 사물들에 관해 말하는 데도, 훨씬 더 크게 자신을 즐기면서 고뇌에 반응한다.

고통에 대해서 가장 민감한 민족이 있다. 그러나 고통을 이용하는 그들의 유연한 힘은 특별하다. 또한 고통에 대해 보복하고 아픈 곳을 건드릴 때의 절도도 그것에 속한다. 치료로서 승리에 찬 태도를 강요하는 것. 그 결과 그들은 고뇌에 대해 부정직한 경향이 있다. 그래서 ' 그들의 심정은 더욱 덜 드러나게 되었고, 그만큼 더 극복하려는 열정, 밝은 정신과 용기가 크게 되지 않으면 안 된다. 치욕을 주기 좋아하는 성벽 때문에, 열정을 숨겨야만 했다.

해부하는 것에 대한 민족적 혐오에서 일탈한 최고의 예로서 투키디데스.

형태와 대립물들을(디오니소스적-아폴론적인 것과 같은) 산출하는 생산성이 최고였던 시대에는 반성은 아직 결여되어 있다. 사실들이 단적으로 드러나 있을 뿐이다.

조형예술이 나오는 것은 훨씬 나중이다. 소크라테스 이후의 철학을 그것에 귀속시킬 수 있다—다양성을 소수의 전형으로 환원시키려는 충동.

최고의 인간에 대한 생생한 묘사가 철학자의 목표다.

철학자들에게는 도덕적 가치평가의 역사가 철저하게 결여되어 있다.

다른 전형을 승인하는 것에 대한 반감.

(플라톤을 보라. 그는 다른 모든 위대함을 부정한다! 호메로스, 조형예술, 산문, 페리클레스—그리고 소크라테스를 견뎌내기 위하여 그는 소크라테스를 변형한다!)

일반적인 인상 : 심리학적인 면에서 일종의 피상적인 성격(셰익스피어와 단테, 괴테와 달리. 몽테뉴에서 발자크에게 이르는 모든 프랑스인과 달리. 그라치안(기독교적인 회의주의), 이탈리아인 야〈콥〉 부〈르크하르트〉와 달리. 인도인조차 고뇌하는 인간에 대한 분석에서는 더 깊이가 있다).

그러면 그들이 훨씬 더 단순한 인간이었을까? 이러한 생각은 '인류의 청춘' 등에 적합한 것처럼 보인다.

여기에 바로 주된 오류와 잘못된 추리의 위험이 있다. 우리가 그리스의 조형예술이 몰락하고, 철학자들의 판단에 제한된다면, 얼마나 그릇된 결론인가!

그리고 마찬가지로, 그들의 모든 미학적 판단은 그들의 창조 수

준보다도 훨씬 낮다.

따라서 그리스인의 인간 인식은 유형과 개인들의 사실상의 풍요로움에 비해서 극히 낮으며, 그들의 '인간성'은 극히 조금 의식되었을 뿐이라는 일종의 모순이 존재한다.

5 아마 그렇게 많은 다양한 개인들이 그렇게 작은 공간 위에 함께 있었고 각각의 고유성이 경쟁에 의해서 그렇게 완성될 수 있도록 허용된 적도 결코 없었을 것이다.

그러나 그들의 지성의 민족적 특성을 관찰해보면, 아마 인간에 대한 그들의 지식은 저지된 채 머물렀던 것 같다.

10 그들의 가장 위대한 모든 힘이 여기서 저해하는 식으로 작용했다. 이것이 내가 내세우고 싶은 요지다.

소크라테스를 다룰 때 플라톤이 보이는 자유로운 방식(나폴리에서 그의 머리처럼)

소크라테스를 정리하는 자유로운 방식(크세노폰도 마찬가지)

15 개인이 전형 속으로 몰락함(호메로스 오르페우스 등등)

정확함에 대한 혐오. 시가 역사보다 훨씬 더 고귀하다(더 많은 반감을 가지고 있다). 시는 인간 일반을 다루는 반면 역사는 인간의 개별성을 다룬다. 이 때문에 시가 인간을 인식하는 데 훨씬 적합하다. "본질적인 사태들은 반복된다. 새로운 것은 없다. 어떠한 발전도 없

20 다"—이것이야말로 진정으로 그리스적인 생각이다. 다양한 미래는 생각될 수 없다. 시대 착오가 무엇이 문제란 말인가! 수백 개의 특징이 위대한 사람에게 날아와 그에게 착 달라붙어 있다.

결론. 헬레니즘의 본질 전체가 좀더 깊이 파악되어야 한다. 증언

은 거의 쓸모가 없다. 예를 들어 그들의 윤리에서는, 역사적 사실과 행동이 그들의 모든 말보다 더 중요하다. 우리는 이제 겨우 그리스적 존재를 헤아려야만 한다. 그것은 아직도 본질적으로 낯설다.

우리는 그들의 취향에 반해서 그들에게 다가갔다.

인간에 대한 우리의 지식은 부끄러움을 모른다
우리의 기술은 자연에 대한 오만이다
우리의 학문은 하찮고 옹졸하다.
우리의 경우 너무 많은 것을 볼 수 없기 때문에 진실이 아니다. II 399쪽.

근대인의 일반적인 고뇌 : '자기왜소화' 399쪽.

서문

그들의 지성과 감각의 충동

1) 단순화(그들은 극히 명쾌하다), 부차적인 특징들을 도외시하는 데서 느끼는 충동과 그들의 쾌감, 하나의 특성을 중심으로 만드는 에너지.
2) 논리화: 일종의 마술(신적인 것으로서의 토론술. 안티고네의 시)
3) 이상화('아름답고 젊은') 우리가 위대한 자연에서 느끼는 만족감을 그리스인들은 인간에 대해서 갖는다.

정치영역에서 생긴 충동과 감정.

4) 정당한 자기평가로 자인하는 고귀함의 감정. II 397쪽. 겸손한 자들에 대한 불

공정. 복수의 여신: 다른 사람들은 무가치하다고 생각하는 위대한 것들을 자신은 가치 있다고 여긴다.

그들의 도덕성 전체에서 가장 잘 발달된 본능

5) 정치적이고 밝은 공기, 자신을 일반적으로 이해시켜야 된다는 강제성.

6) 투쟁적인 감정: 공중 앞에서 승리를 거두려고 하고 공중에게 자신을 이해시켜야 한다는 감정 (그 때문에 아직 그렇게 다양한 개인들이 '일반적-인간적인 것' 자체를 과도하게 신봉한다

투쟁의 결과 자체로서 깨어나는 '사실 감각'에 대한 평가. 투키디데스의 칭찬.

그리스인이 구(球)에서 최고의 완전함을 보고자 한다면 그들의 말에는 역설이 있다. 그들은 아치와 둥근 것을 좋아하지 않는다.

그들의 자연 감정은 우리보다 훨씬 더 종교적인 것에 가깝다. 우리의 경우 요점은 항상 우리가 인간에게서 구제된다는 것이다—우리는 인간들에게서 볼 수 없는 감정을 추구한다.

나는 그리스 정신을 발견했다. 그들은 영원회귀를 믿었다! 그것은 밀의(密儀)의 믿음이다!

(크라틸루스의 입장)

플라톤이 생각하기에, 하데스에 있는 죽은 자들은 육체로부터 구

제받은 올바른 철학자들이다.

너 자신을 알라 그러나 인간을 저의를 가지고 읽지는 말라.

5 *앞에서 보아도 플라톤, 뒤에서 보아도 플라톤, 가운데는 키메라.*

목적.

그들의 약점은 그들이 강하다는 것을 암시한다.

10 배우들의 경우. 의지와 존재는 그들의 지성에 일치한다.

8〔16〕

더 높은 인간.

그의 자기 구제와 자기 보존.

15

8〔17〕

강한 자들에게는 진리에 대한 감각(억압당하는 자들에게는 복수, 정당화—스피노자)

도덕의 자기 극복

20

8〔18〕

도덕 원리로 변형된 종의 유지!

8〔19〕

절대적 필연성을 목적에서 완전히 해방시키는 것: 그렇지 않으면 우리는 시도도 희생도 못하고 자유롭게 행동하지도 못할 것이다! 생성의 무구함이 비로소 우리에게 가장 큰 용기와 자유를 준다.

8〔20〕

나는 나 자신을 위해 쓴다. 그런데 글쓰기가 파괴된 이러한 시대에 쓴다는 것이 어떤 의미를 갖는가? 거의 의미가 없다. 왜냐하면 학자를 제외하고는 어느 누구도 더 이상 읽을 줄 모르기 때문이다. 그리고 학자조차도 ― ― ―

8〔21〕

우리 시대는 비참함을 보기 위해 스스로 새로운 눈을 달았다. 그리고 최면술에 걸린 것처럼 고정된 시선과 함께. 지금까지 역사에서는 단 한 번 이것과 동일한 것이 있었으며, 그것은 관찰자들의 눈을 동일한 방향으로 강제한다 ― ― ―

젊었을 때, 나는 완전히 세계를 비방하는 자, 염세주의자에 속했다. 단지 젊은이들을 절망시키기 위해 만들어진 것처럼 보이는 시대에는 그것이 합당하며 용서할 만한 것이듯이. 젊은이는 자신의 성장 때문에 고통받을수록 전체, 완전함, 완성을 원하게 된다. 그는 무엇보다 확실성과 지주(支柱)를 의지한다. 그러나 이 시대는 모든 시대의 사상을 통해 해체되었고, 인간들 사이에서 아직 존재하지 않았던 불신으로 불신하게 되며, 따라서 자주 생각하는 데 지치고, 자주 불신하는 데 지치고, 자주 노쇠하고, 긍정과 부정에서 '일시적'이다. 즉 그것은 말하자면 모든 경우에 하나의 긍정을 생각한다. 거기에서는— — —

이러한 시대에는 쇼펜하우어와 같은 개인이 존재 전체에 대해 행하는 단호한 항의는 구원으로 작용한다. 그것은 단순화한다.

8〔22〕

우리가 만나는 모든 사람은 우리에게 어떤 충동을 불러일으킨다(공포, 신뢰 등). 외부세계(자연)를 통해 우리의 충동적 삶은 중단되지 않고 운동한다. 전기를 띤 대기 작용의 부단한 수용을 전적으로 도외시해도.

8〔23〕

모든 충동은 지성적이지 않기 때문에 '유용성'은 결코 그것의 관점이 아니다. 그것이 활동하고 있는 동안, 모든 충동은 힘과 다른 충돌을 희생시킨다. 그것은 종국에는 저지당한다. 그렇지 않으면 그것은 소모됨으로써 모든 것을 붕괴시킬 것이다. 따라서 '비이기적인 것', 헌신적인 것, 영리하지 않은 것은 특별한 것이 아니다. 그것은 모든 충동에 공통적이다—그것들은 자아의 이익에 대해서는 생각하지 않는다.(왜냐하면 그것들은 생각하지 않기 때문에!) 그것들은 '우리 이익에 반해서', 즉 자아와는 반대로 그리고 종종 자아를 위해 행동한다.— 이러한 양측면에서 그것은 무구하다.

8〔24〕

사람들은 철학에서 세계의 상을 추구한다. 우리는 철학에서 가장 자유로운 기분을 느끼게 된다. 즉 철학에서 우리의 가장 강한 충동은 자유롭게 활동할 수 있다고 느낀다. 내 경우에도 그러하다.

8〔25〕

무제한적인 것에서 제한적인 것의 근원을 찾는 모든 형이상학은 불합리하다.

제한적인 것에다가 무제한적인 것을 덧붙여서 생각하고 덧붙여서 고안해낸다는 것이 사유의 본성이다. 사유는 '자아'를 그의 많은 사건들에 덧붙여 생각하고, 덧붙여 고안해내듯이. 사유는 세계를 전적으로 자기 자신에 의해 정립된 크기를 통해서 측정한다. 즉 '무제한적인', '목적과 수단', 사물, '실체' 같은 근본-허구들에 따라, 논리적 법칙에 따라, 수와 형태들에 따라 측정한다.

사유가 처음에 이와 같이 세계를 '사물들'로, 즉 자기 자신과 동일한 것으로 변형하지 않았다면, 인식이라고 불릴 수 있는 것은 없었을 것이다.

사유 때문에 비로소, 진리가 아닌 것이 있다.

사유는 근원을 찾을 수 없으며, 마찬가지로 감각들도 그러하다 : 그러나 그 때문에 그것은 오랫동안 근원적인 것으로 또는 '그 자체 존재하는 것으로서' 증명되지 않았다! 오히려 단지, 우리가 사유와 감각 외에 어떤 것도 가지고 있지 않기 때문에, 우리가 그 배후로 갈 수 없다는 것만이 확정된다.

8〔26〕

생성의 무구

도덕으로부터의 구제를 위한 지침.

프리드리히 니체

5

서문

I. 도덕의 근본 오류들

II. 기호언어로서의 도덕성

III. 도덕의 극복과 그것의 대용물

10

8〔27〕

합리주의를 지나치게 내세우는 자는, 그로 인해 또한 다시 대립된 힘, 즉 온갖 종류의 신비주의와 어리석음에 새로운 힘을 부여한다.

모든 운동에서 다음과 같은 것이 구분되어야 한다.

15 1) 모든 운동은 부분적으로 선행하는 운동에서 생긴 피로라는 것(그에 따라 운동에 대한 포만감, 연약함에서 오는 그 운동에 대한 악의, 질병)

2) 모든 운동은 부분적으로 새롭게 깨어난, 오랫동안 잠들어 있던 축적된 힘이다. 기쁘고 오만하고 난폭하다 : 건강.

20

[9=NVI 2. 1883년 5월~6월]

9〔1〕

너의 샘물은 너무나 격렬하게 흐른다. 동시에 그것은 잔을 비운다. 왜냐하면 그것은 잔을 채우고자 하기 때문이다.

생선뼈와 조개 그리고 그 밖에 삶의 탁자에서 떨어지는 재미있는 것들.

너의 선행은 마치 밤이 가장 고요한 때 이슬이 풀 위에 떨어지듯, 그렇게 떨어져야 한다. 나는 네가 모든 악을 행할 수 있다고 믿지만, 바로 그러한 너에게서 선을 기대하고 원한다.

너는 필요하고 유용한 것을 필요와 유용이라 부르고 그러한 덕의 명칭을 신성하게 보존해야만 한다.

네 행위의 근거나 목적이 너의 행위를 선하게 만들지 않는다. 오히려 그렇게 행위할 때 너의 영혼이 전율하고 빛나는지가 너의 행위를 선한 것으로 만든다.

불의를 자신이 떠맡는다는 것을 의미하지 않는다면 은혜를 베푼다는 것은 무엇을 의미하는가?

너의 어깨가 그 정도로 충분히 강하다면, 좋다, 그대의 불의에 타인의 불의를 덧붙여라. 그렇다면 그대의 은혜는 찬양받을 것이다.

인식한다는 것, 모든 사물을 자신에게 가장 좋은 방향으로 이해하는 것!

'나는 원한다', '너는 해야 한다', '그는 해야 한다'—사람들은 나와 너와 그를 이처럼 이해한다.

체험은 나에게 지배자처럼 다가온다. 그러나 체험되자마자, 그것은 또한 이미 무릎을 꿇는다.

그대는 태양의 갈증과 뜨거운 숨결을 느끼는가? 태양은 바다를 빨아들이고자 한다. 그대는 바다의 욕망이 수천 개의 가슴을 가지고 상승하는 것을 보는가? 그것은 태양의 갈증에 의해서 입맞춤을 그리고 흡수되기를 원한다.

9〔2〕

쇼펜하우어의 의지를 믿기 위해서—믿음에 대한 매우 선한 의지가 필요하다.

9〔3〕

한밤의 빛이 내 주위에 있었다. 고독이 취하고 지친 눈으로 나를 응시했다.

—내 목소리가 나의 내부에서 울부짖었다

—죽음의 정적이 잠들어 있었고, 잠을 자면서 그르렁거렸다.

그곳에 불면과 취한 눈을 가진 한밤이 있었다.

그곳에 고독이 있었고 그의 곁에 죽음의 정적이 있었다. 둘 다 잠들어서 그르렁거렸다.

9〔4〕

신, 틈을 메우는 자.

불멸을 향해서

9〔5〕

증여하는 자의 부끄러움에 관하여.

정의(프롤레타리아)에 대해서.

도취에 관하여.

근대의 수도원 등등.

역사학적 교양—'나는 무죄 판결을 내린다'

가련한 자들의 성실성.

천재들!

우리 이상의 적들에 대한 적의로서의 '형벌'

기한을 갖는 '결혼' —

9〔6〕

문을 세게 닫는 것

너희가 나에게 귀의하고자 한다면, 얼마나 우스운가!

너희는 나에게 온다. 그런데 나는 너희를 원하지 않는다. 그러나 내가 주어야 하는 것처럼 너희는 받아야 한다!

'당파적인 인간'— 나는 그들에게 창피를 주고 싶다.

나는 하얀 수소가 되어 쟁기를 끌고자 한다. 내가 눕는 곳에 안식이 있고, 대지에서는 대지의 냄새가 나야만 한다.

독수리가 격렬하게 날갯짓을 한다. 그러나 그것이 일으키는 파도는 내 의지에 부딪혀서 부서진다.

그들은 더 이상 아무것도 체험하지 않는다. 그들의 피부는 단지 긁힐 뿐이다. 그들의 피부 위에서는 사건들이 모기처럼 앉아 있다.—이렇게 지금 인〈간〉은 마치 태양 속의 돌처럼 무겁고 변하지 않은 채 있다.

교회 : 위조된 빛. 맛이 상한 향연의 장엄함, 거짓된 불안으로의 유혹, 나는 신을 향해서 무릎 꿇은 영혼을 좋아하지 않는다.

눈을 들여다보듯이, 나는 삶을 들여다보았다.

달 속의 수도사, 뺨이 눈물에 젖은 수도사! 나는 결코 너를 달 속의 '남자'라고 부르지 않는다! 음탕하게도 너는 창문에서 창문으로 모든 어두운 구석 주위에서 살금살금 걷는다! 그대는 모든 수코양이들 중 가장 질투가 심한 자다. 너는 사랑하는 자들 모두에 대한 질투에 사로잡혀 창문 안을 들여다보면서 얼굴을 찡그린다.

9〔7〕

그들은 그들의 덕을 가지고 적의 눈알을 파내고자 한다.

그들은 창조할 수 없기 때문에 비방한다.

그들은 ― ― ―

9〔8〕

차라투스트라의 춤.

9〔9〕

나는 불쾌한 진리의 철학자이고자 했다―6년 동안!

9〔10〕

너무나 오랫동안 나는 고독에 빠져 있었다. 그래서 나는 침묵하는 것을 잊어버렸다.

나는 철두철미하게 입이 되었고, 높은 절벽에서 떨어지는 계곡물처럼 되었다. 나는 내 말을 골짜기 밑을 향해서 쏟아 붓고자 한다.

나는 모든 야경꾼과 묘지기 그리고 그 밖에 음울한 피리를 부는 자가 싫다.

나는 동경에 차서 바라본다—그리고 이제 너, 나의 독수리가 온다. 너는 어느 누구도 보지 않았다— — —

나는 너희의 자유의지를 비웃는다. 그리고 너희의 자유롭지 못한 의지도 비웃는다. 의지란 없다. 고통과 사상에서 하나의 광기가 탄생한다—우리는 그것을 '의지'라 부른다.

9〔11〕

나는 바다를 내려다본다. 고요하다. 그리고 거기에서 어떤 상이 악의에 차 나를 노려본다.

바다는 하얀 가슴을 가진 귀한 상을 자신의 팔 안에 안고 있다. 그리고 그것은 게으르고 음흉하게 모래 위를 살금살금 걷는다.

이렇게 바다와 미래의 상이 나를 유혹한다.

바다는 게으르고 음흉하게 자신의 흰 가슴에서 물러났다.

모래가 그것을 절반 묻고, 파도의 질투가 절반 묻었다.

9〔12〕

결정론은 이렇게 제거될 수 있다 :

나는 특정한 인〈간〉의 판단을 따르고자 한다. 그것은 나를 교육시켜야 하고, 나를 자극하고 위협해야만 한다.—모든 것은 이상을 성취하고 이상이 지배하도록 만드는 수단이다.

'유기체적 = 도덕적'이 도덕적 문제의 해답이다.

사람들은 처음에는 한 개인이 하나의 전형을 표현하는 한 그를 존경했다. 예를 들어 '성직자', '영웅' 등.—나중에서야 비로소 그가 '홀로 있는' 한 존경하게 되었다.

5 한 개인이 아니라 전형이 되게 하고, 마침내 그가 감각에 대해서도 존경받는 민족의 전형과 일치하도록 만드는 덕을 신봉하는 도덕이 있다!

9〔13〕

10 다시 자신에게 이르려는 순환의 갈망—나는 그것을 갈망한다.

9〔14〕

아직까지 너희에게 정신은 근심도 마음의 고통도 아니었다. 아직 너희의 삶의 빵은 사유에 의해 발효되지 않았다.

15 차라투스트라는 사냥꾼으로서 불쾌한 진리를 사냥하러 출발했다.

시침이 움직이고 내 삶의 시계가 숨을 멈췄다. 그때 그것이 말했다. 이제 구제자들로부터의 구제에 대해 설교할 시간이 왔다.

9〔15〕

20 내가 모든 인간적인 것을 이해하려고 한 것처럼, 또한 일찍이 가련하고 평범한 자들도

비열한 자 역시 때때로 정직하게 된다. 그때 사람들은 자신의 목소리에 귀 기울이고 자신의 늪에 들어가야 한다.

그리고 나는 또한 예전에 갈대 숲에 들어가서, 불쌍한 개구리가

고백하는 것을 들었다.

너희는 더 좋은 질료로 존재하기를 원하는가? 내가 너희에게 말하노니, 너희는 단지 자신을 더 잘 속이는 법만 알 뿐이다.

그가 우리에게 왔다. 그는 우리 사이에서 살았다—우리 자신이 그의 지옥이었다. 차〈라투스트〉라는 죽었고 더 이상 없다고 믿으라. 하나의 별이 황량한 공간에서 소멸했다. 그러나 그것의 빛은 — — —

9〔16〕

이 신적이고 이빨을 드러내고 웃는 내 가면을 부수라! 내가 신적인 이빨을 드러내고 웃는 바보였던가? 〈나는〉 그 가면을 채우고 있는 내장을 잊었는가?

신의 영혼이 그 위에서 활동하는 것처럼 보이는 피부를 나에게서 벗겨라!

뱀의 창자와 오물이 도마뱀의 숨겨진 몸에서 나온다. 수북이 쌓아 올려지고 고리 모양으로 둘둘 말려 있고 나쁜 냄새를 풍기는 것.

소름끼치는 환형동물이 신의 가면 안으로 기어 들어간다.

성스러운 너털웃음.

9〔17〕

너희는 단지 내 불꽃만을 볼 뿐이다. 그러나 너희는 나의 본질인 모루는 보지 않는다.

그리고 나는 너희의 편안하고 사랑스러운 침대보다는 차라리 소가죽 위에서 자고자 한다— — —

너희는 나에게 도구이며 시계이다. 그래서 나는 나의 조소로 그대들을 육성하고자 하며 그 경우 너희는 나에게 투덜대리라.

나는 뱀의 머리카락을 한 메두사의 공포로 너희를 돌로 만들려는 것이 아니다. '아름다움'이라는 내 방패를 통해 나는 그대들 앞에서 나를 지킨다. 가장 아름다운 것의 형상에 의해서 너희는 벙어리가 될 것이다.

나는 미래의 용과 함께 싸운다. 그리고 너희 왜소한 자들은 지렁이와 싸울 것이다.

9〔18〕

너희는 능숙하며 영리한 손가락을 가지고 있다. 그러나 너희는 주먹 쥐는 것을 알지 못한다!

너희의 영리한 손가락이 주먹 안에 들어갈 때, 비로소 나는 너희의 힘을 믿을 것이다.

그의 눈이 황금빛으로 빛난다. 그 안에서 황금빛 작은 배가 어두운 물 위에서 출렁인다. 그의 눈에 가라앉았다가 〈그 배는〉 춤추면서 다시 떠오른다. 그리고 그를 데려가는 너희---

너희는 내게 메마른 풀이며 초원이다. 그러나 나는 너희를 달리는 불로 만들려고 하며, 불의 혀를 가진 예언자를 만들려고 한다.

이 달이 떠올랐을 때, 나는 그것이 태양을 낳으려 한다고 생각했다. 그것은 그렇게 크게 아이를 가진 채 지평선에 떠 있었다.

그러나 이 불임의 달은 임신한 것처럼 나를 속였다. 그것은 여자도 아니고 남자도 아니다.

9〔19〕

암탉들이 물어뜯는 낯선 수탉 하나
그는 달처럼 떠올랐으나, 게으르게 지평선에 머물러 있었다.
말을 탈 줄 아는 자는 또한 안장에도 정통해 있다.

5

9〔20〕

내가 나에게 가장 큰 사랑으로 대했을 때 너희를 가장 고통스럽게 한 것인가?

나는 내가 정의롭지 못하다는 것을 참회한다. 여전히 나의 존경이 나의 경멸보다 부당했다. 나는 존경하는 자의 천 개의 거짓말과 그의 눈이 멀기를 바란 것을 약간 보초를 서면서 참회한다.

10

나는 천 개의 악의를 가지고 모든 가식과 열광에 복수했다.

그대들 무의식적인 거짓말쟁이들이 의식적으로 거짓말하는 자들보다 훨씬 더 가증스럽다.

15

너희가 현재 상태에 대해 거짓말하기 때문에, 너희에게는 일어나야 하는 것에 대한 갈증이 생기지 않는 것이다.

9〔21〕

자신의 무능 때문에 그들은 숨이 막혔다. 나는 그들에게 그들의 허무를 먹게 했다.

20

그들은 자신의 모습을 보고서 망했다. 나는 거울을 가지고 그들의 추함을 보게 했다.

그들이 자신의 무능으로 인해 몰락하고 자신의 모습을 참지 못했을 때, 그들은 최고의 순간을 경험한 것이다.

그리고 너희를 독살하기 위해 나는 유리 장갑이 필요할 것이다.

9〔22〕

삶은 느끼는 자에게는 비극이고, 생각하는 자에게는 희극이다.
호레이스 월폴Horace Walpole

9〔23〕

너희는 어떤 자가 자신의 머리 위에서 거닐고 있다는 사실에 대해서 아무것도 들으려 하지 않는다. 따라서 너희는 목재와 대지와 쓰레기를 너희 자신의 머리 위에 놓는다. 그렇게 너희는 내 발소리를 약하게 한다. 너희는 나와 너희 사이에 모든 인간의 결함과 무감각함을 놓는다. 너희의 집에서 너희는 그것을 방음판이라고 부른다. 그럼에도 불구하고 나는 너희의 생각 위에서 거닐며, 그것들 자체는 나의 결함 위에서 거닐어야 한다.

너희는 신처럼 상승하려는 자들을 위한 넓은 계단으로 인해 부끄러워한다. 그리고 여기 너희 위에서 아치가 부러지고 서로에 대립해서 유희하듯이 ― ― ―

너희는 먼 달을 동경한다고 말한다. 또한 그 말을 넘어서 너희는 멀리 저 위를 동경한다!

저 사람들은 자신과 모순되는 것을 신이라고 불렀다. 이와 같이 자신 속의 인간을 부숴버리는 그들의 영웅적인 방식. 그러나 인간이 스스로 자신을 십자가에 못박았던 시대는 끝났다.

창조하는 모든 자는 새로운 언어를 찾는다. 그들은 닳아진 얇은 혀에 지쳤다. 이미 너무 오랫동안 정신은 이 발바닥으로 걸었다.

너희에게 아름다움이 필수품이 아니라면, 너희가 아름다움을 추구한다는 것이 내게 무슨 의미가 있겠느냐!

갈망의 끝은 포만 상태가 아니라 아름다움이어야 한다.

현재의 그대들로는 오직 폐허로서만 봐줄 수 있다. 그리고 너희를 몰락시키는 것, 섬광, 빗방울 그리고 잡초. 너희의 불행과 재난이 너희의 존재를 정당화한다.

너희는 산으로 건축하는 것을 배워야 한다. 단순히 산을 옮기는 것은 아직 부족하다.

너희의 격언—늪 근처의 '작은 지혜.' 그리고 어떤 차가운 개구리가 거기에 앉아 있다.

9〔24〕

나의 독수리는 작고 하얀 양에게는 위험한 것이며 맹금이라고 불릴지도 모른다!

너희는 잠에 떨어지는 자의 공포를 아느냐? 꿈이 시작되면 그는 발가락 끝까지 질겁을 한다—그리고 종종 그는 놀라서 깨어난다.

너희의 덕은 그것 때문에 너희가 자신을 가장 많이 경멸하게 되는 바로 그것을 섬기고 그것에게 복종해야 한다. 이것만이 너희의 덕의 봉사이고 이익이어야 한다.

너희의 조국과 모국이 나에게 무엇이란 말인가? 나는 오로지 내 아이들의 나라를 사랑한다. 그들을 통해서 나는 내가 내 아버지들의 아이라는 것을 극복하고자 한다.

나는 물고기를 잡으려고 그물을 바다에 던졌다—그러나 나는 신들의 머리를 끌어올렸다. 바다는 굶주린 나에게 돌덩어리를 주었다.

자연이란 신의 가장무도회다.
재와 열정이 나에게 불어온다.
달리는 불.
메마른 풀.
5 연달아 파닥파닥하는 소리.

9〔25〕

많은 것이 하나의 도덕적 행위로 집약되어야만 한다.
1) 강한 자발성
10 2) 자아-의지의 극도의 긴장
그것은 유기체의 기능들 중 최고의 종류다.

9〔26〕

나는 위대한 신념을 가진 자들에 대해 우아함도 요구한다.

15

9〔27〕

내가 가장 쉽게 다가갈 수 있는 고대의 측면으로서 디오니소스적인 것.

20 9〔28〕

천재 그리고 미숙함

9〔29〕

코르시카와 이탈리아.

국가의 쇠퇴로서의 민주주의.

유대인들에게서 돈을 뺏고 그들에게 다른 방향을 제시한다.

그리스로 가는 통로로서의 디오니소스적인 것.

수없이 많은 고귀한 감정들. 그것에 대해서는 아직 사상도 목표도 결여되어 있다.

그리스인처럼 자신을 넘어서도록 인간을 고양시키는 것, 비육체적인 환상은 아니다.

9〔30〕

너희의 죄의 강물이 여전히 지구를 내리누르고 있다.

따라서 나는 거센 바람처럼 온다. 그러므로 나는 경멸하는 자에게 충고한다. 바람을 향해 침 뱉지 않도록 조심하라.

육신을 가진 괴물이 음침한 진창에서 거의 몸을 드러내지 않고 있었다.

대지를 씻고 신성하게 하는 것을 나는 축제라고 부른다.

자기 자신이 그의 유일한 동시대 사람이다!

너희는 질병을 무력하게 하려고 하면서 환자인 나를 무력하게 한다. 너희 엉터리 의사이자 구세주여!

명령할 수 있는 자가 설득하고, 자신의 왕 같은 손을 외투 속에 감출 때: 나는 이것을 예의바른 몸가짐이라 부른다.

내 야생의 지혜는 고독한 산 위에서 새끼를 배게 되었다. 거친 바위 위에서 그것은 아이를 낳았다. 이제 그것은 험난한 사막을 가로지

르며 미친 듯이 달리고, 자신의 가장 어린 아이를 위해 부드러운 초지(草地)를 찾는다. 내 나이든 야생의 지혜.

9〔31〕

나는 가장 풍요로운 자라고 생각했다. 그래서 나는 나 자신을 선물했다.

나는 결코 그들의 영혼의 피부에 접촉하지 않는다!

점점 더 고독으로 추방될수록, 점점 더 인간에 대한 사랑과 동경이 뜨거워진다.

7가지의 고독

개혁가의 모든 전형적인 고통: 그리고 그에게 위로가 되는 것들.

1) 위로: 다가올 천년을 내가 장악한다

2) 나는 다른 시대에 사는 것처럼 산다. 내 고귀함으로 인해 모든 시대의 고독한 자나 추방된 자들과 교류하게 된다.

3) 나는 증오하지 않으며 아름다움으로 나 자신을 보호한다.

9〔32〕

작지만 많은 탄약으로 용감한 인간을 겁쟁이로 만들 수 있다. 그러나 또한 겁쟁이를 용감한 사람으로 만들 수 있다.

우주의 의존적 측면

조용하게 잠자는 칼을 지니고 적들을 지나가라. 그들을 공격하는 자는 자신을 더럽힌다.

나는 물소처럼 바다 가까이 그리고 숲에 훨씬 더 가까이 산다.

9〔33〕

사람은 충동을 가능한 한 오랫동안 부정해야만 한다—도덕-생리〈학적〉 연구의 **근본 명제**.

지금 인간을 평가하도록 만드는 것이 항상 인간을 평가하도록 만들어왔다. 먼저 인간이, 그 다음에 행위가 비로소 존경을 받는다.

9〔34〕

내가 너희보다 위버멘쉬를 더 사랑하지 않았다면 내가 어떻게 견딜 수 있었을 것인가?

내가 무엇을 위해 너희에게 100개의 면을 가진 거울을 주었는가?

나는 또한 위버멘쉬를 향한 사랑을 통해서 너희에 대한 사랑조차 극복했다.

그리고 내가 너희를 참아내듯이, 그렇게 너희는 위버멘쉬를 향한 사랑에서 너희 자신을 견뎌야만 할 것이다.

너희는 나에게는 돌이다. 그 안에 모든 조각 작품 중 가장 숭고한 것이 잠들어 있다.

그리고 내 망치가 너희를 두들기듯이, 그렇게 너희는 자신을 두들겨대야 한다. 망치 소리가 잠들어 있는 형상을 깨워야 한다.

자신을 숨기고자 했고 순수한 하늘을 부끄러워했던 사람들이, 이 달콤한 향기가 나는 동굴을 만들었다.

그리고 풀과 붉은 양귀비가 부서진 벽 위에서 무성하게 자랄 때에야 비로소, 나는 다시 이곳으로 내 마음을 향하게 할 것이다.

9〔35〕

화산에서의 만가(輓歌)

5 자연의 정적—천둥

금으로 짠 관

9〔36〕

§ 차라투스트라는 구제자로부터의 구원을 가르친다.

10 § 대지에 대한 관용? 아니, 정의.

§ "나는 무죄를 선고한다. 왜냐하면 **나** 또한 그렇게 행동했을 것이기에."—역사학적 교양, 나에게는 소름끼친다! 그것은 "나는 나 자신을 용인한다—따라서!"를 의미한다.

"너는 해야만 하는가? 나는 의욕한다"

15

9〔37〕

나는 예리한 안경을 쓸 때마다 인간이 얼마나 추한지 그리고 사람들이 서로 어떻게 견디는지에 대해 놀란다.

20 9〔38〕

인과율에 대한 감각은 소급해갈수록(예를 들어 신화들) 점점 더 약해진다. 따라서 내적인 것에 관한 개념은 특히 거의 이성적이지 않을 것임이 틀림없다.

가장 오래된 가정이 가장 어리석은 것임이 틀림없다.

9〔39〕

'의지'는 우리의 모든 열정을 결합하기 위한 개념이다

열정은 우리가 육체에 귀속시키지 않는 어떤 육체적인 상태들을 지칭하기 위한 느낌들이다.

'공통 감정'

도덕 감정은 가치 판단에 의해 변형된 열정이다.

감정에 대한 판단의 영향(쾌감과 고통에서조차)

쾌감과 고통은 가치 판단이다.

9〔40〕

모든 내적인 것은 얼마나 표면적이며 빈곤한 것인가.

예를 들면 목적(씹는 것에 대한 표상과 실제로 씹는 것)

예를 들면 한 마리의 말과 비교했을 때의 말에 대한 개념

예를 들면 실제로 일어나는 것과 비교했을 때의 따뜻하다는 느낌

예를 들면 '자기Selbst'와 비교했을 때의 자아

예를 들면 보는 작용의 역학과 비교했을 때의 보는 작용

예를 들면 심장 고동의 역학과 비교했을 때의 심장 고동의 느낌

9〔41〕

단지 **육체적** 상태만 존재할 뿐이다. 정신적인 것은 결과이며 상징적 표현이다.

형이상학자들이 하듯이 내적인 세계와 외적인 세계를 구분하는 것은 이미 하나의 감각-판단이다.

눈, 귀 또한 '외부세계'이다.

우리에게 주어져 있는 것은 감정과 외부세계이다. 그리고 감정조차 외부세계에 위치한다.

5 모든 감각적인 인상들을 나는 '자극'이라 부른다.

'가상'은 단지 눈에 대해서만 의미가 있다.

'형이상학의 형이상학'을 보여주는 것!

사물의 존재는 추론된다. 따라서 우리는 이미 존재란 무엇인가

10 에 대한 의견을 가지고 있어야 한다. **이 의견**은 오류**일 수** 있다! 예를 들면 자아.

9〔42〕

어려움에 따라서 가치를 평가하는 도덕의 어리석음.

15

'내적 세계'는 기계적인 세계보다 더 빈약하고 간단하다. 과대평가!

이기적이지 않은 행동은 일종의 자기기만이며 근시안적인 것이

20 다. '생략'

내적 세계의 정화.

언젠가는 종교적, 미학적 그리고 도덕적 견해가 하나였음이 틀

림없다.

우리의 육체 상태에 대한 지침과 가치평가—어떻게?

5 9〔43〕

나는 나의 도덕 의지를 관철하기 위해 도덕을 지양해야 했다.

도덕이 유효하다고 가정하면, 내가 재판관이란 지위로 이웃에 폭력을 가해서는 안 된다. 또한 공포심을 일으켜서도(위협해서도) 안 된다.

10 정녕 그는 무죄다.

힘을 둘러싼 싸움! 나의 이상에서 비롯되는 방식으로 내 이상을 관철시키는 것!

인간의 행위는 전적으로 동기로 설명될 수 없다.

15

개인들은 지속적으로 충동 속에서 활동한다.

허약하고 신경과민의 성격과 결합된 더 높은 정신—은 제거되어야 한다.

20

힘의 획득과 그 영향을 경멸하는 것은 유기체의 원리에 어긋난다.

9〔44〕

1. 열정 = 덕과 악덕

2. 가치 척도들(이제까지는 과학적인 가치척도가 결여되어 있었다)

무리와 개별자

공포나 희망이 고통 또는 쾌감에 덧붙여진다—모든 열정의 경우에도 그렇다.

분노(그리고 모든 정념)는 무엇보다도 육체적 상태이고, 이 상태는 해석이 된다. 나중에는 해〈석〉이 자유롭게 상태를 산출해낸다.

9〔45〕

필요하지 않은 그리고 한 번도 과잉 상태가 아닌.

그들은 호언장담한다. 사람들은 자신의 마음이 그들에게 움직인다고 생각할 것이다.

별이 져서 사라졌다—그러나 그 빛은 아직 빛나고 있다. 그런데 빛은 언제 꺼지는가?

너는 별인가? 그렇다면 너 또한 방랑하고 있고 고향이 없음이 틀림없다.

§ 신을 살해한 것을 참회하는 자와 그의 축제.

그대들의 인식에 대한 굶주림이 비로소 그대들에게 가르쳐야만 한다.

춤추는 자는 자신의 발가락에 귀를 가지고 간다.

자신에게 저항하는 것, 그리고 헝클어진 감정의 머리카락을 뒤로 빗어 넘기는 것은 달콤하다.

§ 사람들에게 '처벌'과 '죄'의 감정을 싫어하도록 하는 것.

9〔46〕

사람들은 유기체적인 모든 것을 극복해야 한다. 조금 그리고 자주!

내가 너희를 넘어서 미래를 보지 않았다면 어떻게 나는 살기를 원했을 것인가!

웅크린 자를 두려워하라! 호랑이는 뛰어오를 준비를 하는 것이다!

존경은 그 자체가 열정이다. 모욕하는 것도 마찬가지다. 존경을 통해 열정은 덕이 되었다.

내가 무조건적인 '당위'를 받아들일 수 있는 경우는 극히 드물다. 거의 할 수 없을 뿐이다. 따라서 그 어떤 권위도 존재하지 않는다! 칸트의 '도덕 감각'은 아무것도 아니다! 그것은 하나의 '당위'가 모든 세계의 '당위'이기를 바라는 허영심이다!

9〔47〕

단체—국가에서 떨어져서

우리의 사상은 어딘가에서 자극으로 온다('쾌적함'과 '불쾌함'과는 아무 상관이 없다).

내가 평가하기에, 약자들에게 좋음과 좋지 않음은 같다.

더 고귀한 자로서 더 강한 자.

개인 교육을 위해

노동자는 언젠가 지금의 부르주아처럼 살 것이다. 그러나 그들 **위에는** 무욕에 의해서 두드러진 **더 높은 계급**이 존재할 것이다! 즉 더 가난하고 소박하며, 그럼에도 불구하고 힘을 소유하는 계급.

자기 고유의, 완전히 개인적인 형벌—조항을 만들 권리.

네가 너의 가장 고유한 것인 개인을 주장하지 **않고** 그것에 반대한다면, 그러한 반대는 개인의 '책임'**에** 속한다 —

9〔48〕

가장 영향력 있는 인간은 가장 깊이 은거하는 인간이다.

문화는 불타는 혼돈 위의 얇은 사과 껍질일 뿐이다.

인간은 동등하지 않다. 정의는 그렇게 말한다.

유용한 것이 아니라, 어려운 것이 가치를 규정한다. 고귀한 자는 많은 노동의 결과이다.

개인은 새로운 것이다. 사람은 어떤 사람과도 동일한 행위를 하지 않는다.

의지는 하나의 망상

진리는 고통을 준다. 왜냐하면 진리는 **신앙**을 파괴하기 때문이다. 그러나 자신에 대한 믿음을 파괴하지는 않는다.

영혼의 새로운 상태를 발명하는 자가 본래의 발명가이다. 사람들은 이 상태를 **모방하고자** 한다.

뒤링: 어느 누구도 그렇게 증오에 찬 영혼을 가지기를 바라지 않는다. 그 때문에 그의 철학은 매력이 없다.

힘의 감정.— 행복이 목표는 **아니다**. 오히려 인간과 인류 속에 있는 거대한 **힘**은 자신을 **분출하고자** 하고 창조하고자 한다. 그것은 결코 행복을 목적으로 삼지 않는 연쇄 폭발이다.

도대체 너희는 보상받기를 원하는가?

'달콤한 향기처럼'—그러나 그것은 죽어야만 했다.

5 9〔49〕

복수에 의해 정화하는 것이 나의 도덕이다. §

"일찍이 언제 그러한 불꽃이 활활 불타올랐던가?(차라투스트라 처럼)

나는 우리 앞에서 비틀거리는 자를 증오한다.

10 앞에 가면서 머리를 뒤로 돌리는 자 —

바다는 재미로, 부드러운 모래 위에 자신의 공작 꼬리를 펼쳐 보인다.

15 9〔50〕

§ 프롤레타리아('뒤링')

§ 도취. 참회의 발작 속에서 가장 비천한 형식. 디오니소스에 대한 경고!

20

9〔51〕

우리는 다양한 사람들에게서 동일한 수의 열정을 발견한다. 그러나 이것들은 서로 다르게 불리고, 평가되고 그럼으로써 서로 다른 방향을 향하게 된다. 선과 악은 열정의 서로 다른 등급 때문에 그리고 목적들이 지배하기 때문에 구별된다.

9〔52〕

너희는 모든 것이 거인들의 거친 놀이라고 생각하는가? 그러나 비둘기의 날개를 타고 오는 말 한 마디가 이러한 거친 자들의 의지를 이끌어간다 : 고요한 원천.

9〔53〕

밤이다—모든 솟아나는 샘이
이제 더 크게 말한다.
—그리고 내 영혼이여, 너도
솟아나는 샘이다.
밤이다—사랑하는 자들의 모든 노래가
이제 비로소 깨어난다.
그리고 내 영혼이여, 너도
사랑하는 자의 노래다.

9〔54〕

불 태울 때의 성스러운 연기

9〔55〕

최선의 지식이라도 신앙이 되기에는 충분하지 않다.

9〔56〕

— 꿈

— 프롤레타리아

— 도취. 양심의 발작의 가장 비천한 형태

— 구제자로부터의 구원

— "나는 무죄를 선고한다. 왜냐하면 나 또한 그렇게 행동했을 테니까."

— 대지에 대한 관용? 아니, 정의!

— 너희는 보상받기를 바라는가?

— 도덕의 파괴와 부활

9〔57〕

다니엘 다르크Daniel Darc, 파리인의 성무일과(聖務日課)(올렌도르프 출판사)

브렘,

몰덴하우어

9〔58〕

숭고한 상태와 대상들을 **수집하는 것**.

9〔59〕

343번. 혼〈합된〉 생〈각과〉 잠〈언들〉

[10=NVI3. 1883년 6월~7월]

10〔1〕

5 내가 진 짐에도 불구하고 오르려고 노력했기 때문에 나는 젊어졌다. 그리고 내가 더 가혹해진 바로 그때, 나는 또한 우아함을 배웠다.

자그마한 술책을 고안해내면서, 구매자를 갈망하면서 그들은 기
10 다렸다. 여윈 영혼과 빈약한 희망을 가지고.

10〔2〕

나의 강은 미로와 길이 없는 협곡으로 격렬하게 몸을 던졌다. 그러나 강이 바다로 가지 않는 일이 어떻게 일어날 수 있겠는가?
15 나는 호수를 발견했다. 은자와 자족하는 사람들을. 그러나 나의 강은 이 호수에 몸을 던져서 그것을 바다로 낚아채 갔다.

10〔3〕

카이사르처럼. 부동(不動)의.
20 너희는 나를 모른다.
나는 훈육하기 위해서 너희에게 가장 무거운 짐을 주었다. 약자는 그것 때문에 몰락하도록.
동정이 아니다!
나는 나와 너희를 형성하고 변형시키고자 한다.

그렇지 않으면 내가 어떻게 그것을 견디겠는가?
나의 자아가 **너희를** 꿈꾸었을 때

10〔4〕

동정조차도 넘어서는 높이를 갖지 못한 인간과 위버멘쉬여, 슬프구나!

가장 작은 심연이 너와 나 사이에 있다. 그러나 일찍이 누가 그 가장 작은 심연 위에 다리를 놓았는가!

지옥을 지키는 개와의 대화.(화산)

나는 저녁에 재를 밟고 재의 산 위로 걸어 올라간다. 내 그림자는 점점 더 길어진다.

보랏빛 바다 저 멀리 작은 배가 떠 있다. 내가 걷고 있는 것을 본 선원이 십자가를 긋는다.

지금 차라투스트라가 지옥으로 간다—그는 전율하면서 말한다. 이미 오랫동안 나는 이런 결과를 추측했다.

어부여, 너는 완전히 틀렸다! 악마가 나를 데려가는 것이 아니라, 차라투스트라가 지금 악마를 데려온다.

10〔5〕

너의 무릎은 기도한다. 그러나 심장은 그것에 대해서 아무것도 알지 못한다.

구제**하는 것**

거기에 무덤들의 섬이 있다. 거기에 또한 내 젊은 시절의 무덤들이 있다. 나는 생명의 늘 푸른 화환을 그곳에 가져가고자 한다.

5 나는 젊은 시절을 생각해내고는 오늘 내 무덤의 거리로 갔다. 잔해 위에서 나는 붉은 양귀비와 풀 사이에 앉았다—내 자신의 잔해 위에.

잠든 바다 위에서 고도(孤島)로 가면서.

너, 오래되고 참을성 있는 강철 심장이 아직 살아 있다. 그리고 10 또한 내 젊은 시절에 구제받지 못했던 것, 말해지지 못한 것이 아직 너에게 살아 있다.

10〔6〕

예수 그리스도—마치 달콤한 향기처럼.

15

종의 유지가 보장된다. 그러나 **그것이** 무슨 의미가 있다는 말인가!

구제자

20 철학자, 인식하는 자, 학자

천재

자유사상가

낭만주의자

예술가

정복자. '강한 의지'는 조소한다.
정치가
성자 :

충성
진실성
동정
정의
용기
복종

그리고 네가 새가 아니라면 심연 위에 자리잡지 않도록 조심하라

나는 더 이상 너희에게로 내려갈 수 없다. 내 눈이 어지럽고 눈이 멀어 내가 올라갔던 길을 볼 수 없다.

10〔7〕

타란텔 거미의 기술은 검고 검게 만든다. 그래서 나는 타란텔 거미를 '최악의 세계'의 교사라고 부른다.[10]

10〔8〕

나는 삶을 부정했다. 나는 죽음의 산성(山城)에서 야경꾼, 묘지기가 되었다.

저 위 산성에서 나는 음침한 지하실에 있는 죽음의 관을 지켰다. 죽음의 관들은 죽음의 승리의 표시로 지하실 가득 있었다. 유리로 만들어진 관에서 극복된 삶이 나를 응시했다.

나 자신은 묘지의 문을 부숴버리는 바람이다. 나 자신은 모든 각양각색의 악의와 천사의 익살로 된 관이며, 나 자신은 한밤중에 묘지 안에 있는 삶의 너털웃음이다.

10〔9〕

어떤 사람은 복수가 여전히 정의롭게 행해진다는 것 때문에 환호성을 지른다. 그리고 어떤 사람은 정의가 아직 복수를 통해 이루어진다는 것 때문에 환호한다(뒤링과 나폴레옹).

신들이 존재한다면, 내가 신이 아니라는 것을 내가 어떻게 참을 수 있겠는가! 그러나 신은 존재하지 않는다.

10〔10〕

옛날에 나에게 그런 일이 있었다. 나는 나의 가장 고된 꿈을 꾸었고, 꿈꾸면서 나의 가장 음울한 수수께끼를 생각해냈다.

그러나 보라. 내 삶 자체가 이러한 꿈을 암시하고 있었다. 보라, 내 현재가 내 과거를 구제하고 그 안에 사로잡힌 의미를 구제해주었다.

그리고 마침내 또 그런 일이 발생했다. 밤새도록 천둥이 나를 향해 세 번 울렸고 둥근 천장이 세 번 울부짖었다.

나는 '알파'라고 소리쳤다. 알파, 알파. 누〈가〉 〈그의〉 재〈를〉 산으로 가져가는가? 어떠한 극복된 삶이, 야경꾼이자 묘지기인 나에게 오는가?

내가 너희를 꿈꾸었을 때, 나는 나의 가장 고된 꿈을 꾸〈었다〉.

그러므로 나는 너희에게 공포의 대상이 되고자 한다—너희의 무력함과 각성.

10〔11〕

냉정한 이성에 대한 찬미

창조하는 자는 정신의 빈곤과 회의를 찬양한다.

달콤한 향기

한여름

특〈별한〉 것을 요구하는 용기는 그것을 실행하는 용기보다 더 드문 것이다.

결심의 강함과 긴 시간 그리고 만족(현세의 불완〈전성〉에 대한 통찰)

10〔12〕

나이든 하녀의 향기와 같이 달콤하고 김빠진. 너희 학자들.

너희, 구제자들, 너희는 도대체 인간에 관해 무엇을 알고 있는가! 그리고 너희는 왜 내 가까이 오려고 하지 않는가?

그러나 어떤 소리도 대답하지 않았다.

아아, 너희는 고독한 자인 내가 얼마나 소리에 호의를 지니고 있는지 알지 못한다. 나는 추악한 음성에도 도취되었다.

"알파!"라고 내가 외쳤고, 그렇게 소리가 말한다. "알파!"라고 내 공포와 동경이 나의 내부에서부터 외쳤다.

〈어떤 소리〉, 바람이나 새가 사람들에게서 나에게 운반해준 소리.

10〔13〕

사람들은 아무것도 책임질 필요가 없는 한, 용서라는 짐을 얼마나 쉽게 지는가.

그러나 나는 책임을 진다.

10〔14〕

너희, 동정하는 자들이여, 너희가 높은 곳에서 인간들에게 자신을 던질 때, 손발이 부러지는 것이 무슨 상관이 있겠는가!

10〔15〕

그러나 그것은 침묵했다. 그것은 두려워하면서 이중으로 침묵했다. 아아, 너희는 그것을 모른다. 저 이중의 정적, 심장을 끈으로 묶는 것들을!

"알파!"라고 나는 외쳤다. "알파! 알파!" 이중의 정적에 대한 두려움이 나의 내부에서부터 소리질렀다.

10〔16〕

음습하고 어두운 굴 안에서 구부린 채 일하는 것은 포로들에게 가장 가혹한 운명이다.

10〔17〕

그는 어디로 갔는가? 누가 그것을 아는가?
그러나 그가 몰락했다는 것은 확실하다.
별 하나가 황량한 공간에서 꺼졌다.

불변의 것—그것은 단지 비유일 뿐이다. 시인은 너무 많은 거짓말을 한다.

그들은 또한 조금밖에 알지 못하는 형편없는 학생들이다. 따라서 그들은 거짓말을 하지 않으면 안 된다.

그리고 그들에게는 구름의 나라가 가장 사랑스럽다. 그들은 그 위에 자신들의 각양각색의 가죽을 놓고, 그것을 신이라 부른다.

그리고 그들이 정원에서 나무 아래에 누워 있을 때 또는 절벽에 매달린 꽃 앞에서 고독하게 읊조리고 있을 때, 그들은 자신의 애정 어린 감정을 인식이라고 생각한다.

그들 모두 자연이 그들에게 반해 있고, 항상 그들의 아첨에 귀 귀울인다고 믿고 있다.

10〔18〕

그럼에도 불구하고 너희 자신을 믿어보아라! 그렇지 않다면 사람들이 너희를 어떻게 믿겠는가! 자기 자신을 믿지 않는 자는 항상 거짓말한다!

의지는 해방시킨다!—따라서 나는 너희에게 의지의 자유에 대해서 가르친다.

5

10〔19〕

이 웃음은 나를 부쉈고, 내 내장을 갈기갈기 찢고 내 심장을 갈랐다.

10 강한 의지? 나에게는 오래가는 의지가 필요하다. 강한 마음에서 나온 영원한 결심.

10〔20〕

모든 창조는 변형이다—그리고 창조하는 손이 일하고 있는 곳에 15 많은 죽음과 몰락이 있다.

그리고 단지 창조만이 죽음이며 산산이 부서지는 것이다. 어떤 연민도 없이 조각가는 대리석을 내려친다.

그가 돌에서 잠들어 있는 형상을 구원하기 위해서는 어떤 연민도 갖지 말아야 한다—그 때문에 우리는 모든 것을 견뎌야 하고, 죽 20 어야 하며, 먼지가 되어야 한다.

그러나 우리 자신이 또한 그의 눈에 봉사한다는 점에서 조각가이다. 종종 우리 손이 창조할 때 드러나는 난폭함 때문에 우리 자신이 전율하기도 한다.

10〔21〕

너희 시인들 중 누가 그의 와인에 불순물을 섞지 않았는가? 많은 독이 든 혼합물이 너희의 창고 안에 숨겨져 있다.

너희는 무지개와 위버멘쉬의 다리를 보고자 하는가? 바로 지금이 그때다

아직 비구름이 지나가고 있지만, 이미 태양은 다시 빛난다.

10〔22〕

예언

언젠가 나는 내 여름을 가질 것이다: 그리고 그것은 높은 산에 있을 때와 같은 여름일 것이다.

눈에 가까운, 독수리에 가까운, 죽음에 가까운 여름.

10〔23〕

그것이 너를 가장 용서할 수 없는 점이다. 너는 힘을 가지고 있으면서도 지배하려고 하지 않는다.

그래서 너는 그들 모두에게 가장 많이 필요한 것이 무엇인지 알지 못한다. 그것은 명령할 수 있는 자이다.

의지 — — —

10〔24〕

너희는 굶주린 정신이다. 그러니 간식으로 나에게서 이 진리를 가져가라. 불변의 것—그것은 단지 비유일 뿐이다.

10〔25〕

지금까지의 덕을 완전히 넘어선 위버멘쉬. 동정 때문에 가혹하다—용서 없이 대리석을 내려치는 창조자.

차라투스트라의 마지막 연설에 대해서.

10〔26〕

위대한 놀이를 하는 것—아마 종을 유지하는 것보다 더 높은 것에 이르기 위해 인류의 생존을 거는 것.

마〈지막〉 연〈설에〉 대〈해서〉

10〔27〕

나는 뒤늦게 너희에게 다다른다.—그리스 예술가처럼 겨우 지금

아이스〈킬로스〉

10〔28〕

불개와의 대화

그의 열정을 조롱함

혁명에 대한 반대

10〔29〕

혁명과 베스비오스를 경멸함. 피상적인 것.

10〔30〕

어떠한 강한 바람이나 의지도 너희를 아직 몰아대지 않는다

너희는 내게 아직도 너무 완강하고 등은 너무 꼿꼿하다.

아아, 너희는 이제야 돛처럼 둥글게 부풀어서, 바다를 넘어간다. 너희 의지의 광포함 속에서 전율하면서!

그때 너희는 나에게 아름답고 제대로 준비된 자들이라고 불려 5 야만 한다.

10〔31〕

바야흐로 태양이 내리쬐는 때가 왔다, 대기가 타오른다.—이제 모두 벌거벗은 채 다닌다. 선인도 악인도! 옷을 입지 않은 이 세계야 10 말로 인식하는 자의 축제이다.

국가들이 파열한다.

지진

모든 것이 명백하게 드러난다.

텐Taine

15 대지를 진동시키는 것. 성자들의 조용한 말.

폭풍-악의

모든 것이 볼 수 있게 되고 파열하는 것을 환호함.

나는 너무 행복하게 된다!

모든 인륜과 은밀한 것들의 종말

20 신들의 황혼 —

영원한 것은 없다!

10〔32〕

깊은 인식은 차갑게 흐른다. 인식의 가장 깊은 샘은 얼음처럼 차갑다. 그래서 그것은 뜨거운 손들과 행동하는 자들의 청량음료라 불린다.

10〔33〕

5 나는 나에 대한 나쁜 소문이 넘치는 것을 사랑한다. 마치 배가 자신에 의해 생겨나는 파도를 사랑하는 것처럼. 나는 나의 배 밑바닥 주위에 길이 ― ― ― 할 때, 더 경쾌하게 간다.

10〔34〕

10 그러나 내가 너희에게서 깨어나 정신을 차렸듯이, 그와 같이 너희도 너희 자신에게서 깨어나―나에게 와야만 한다!

구제자? 나는 그대들을 속박하는 자, 길들이는 사람이라고 부른다.

15 겸손한 손으로 원천에 다가가는 것.

10〔35〕

진정, 내가 그대들에게 말한다 : 단지 무덤이 있는 곳에서만, 또한 항상 부활이 있었다!

20 약속하라! 그리고 그것에 의해서 부서져라! 너희가 무슨 의미가 있다는 말인가!

10〔36〕

나는 순수한 자들을 모두 좋아한다. 너희, 중개인 그리고 혼합해

버리는 자, 너희 미지근한 자들에게 나는 이렇게 말한다 : 너희는 순수하지 않다

내가 너희 화해시키는 자들을 어떻게 좋아할 수 있겠느냐!

10〔37〕

아직 위버멘쉬는 존재하지 않았다. 나는 그 둘, 벌거벗은 그대로의 가장 위대한 인간과 가장 왜소한 인간을 보았다. 그런데 나는 여전히 이 둘이—너무나 인간적이라는 사실을 발견했다.

10〔38〕

너희는 유희한다. 그리고 사람들이 너희의 유희를 보기를 원한다.—나는 너희 모두 배우라 부른다.

너희가 자신을 시인 또는 춤추는 자 또는 공공의 이익과 민족의 요구에 이바지하는 자라고 부르든 그렇지 않든.

너희가 가르치든, 그림을 그리든, 말을 하든, 서예를 하든, 너희는 명성을 떨치고자 한다.

어머니인 허영심

자신의 과제가 자신들을 보지 못하고 그들을 지나쳐버리도록 자신의 이름을 지워버리고 자기 머리를 숨기고자 하는 그러한 사람들의 반대—

10〔39〕

그리고 단지 내가 나 자신에게 짐이 될 때, 너희가 나에게 무거워진다.

10〔40〕

1 인륜적 세계질서에 대한 너털웃음. '보상된'

2 무도곡

3 꿈

4 불개

5 중개인들

6 냉정한 이성의 가치

7 정신의 참회자들

8 많은 사회들(정복자 = 건립자에게)

9 시인, 천재, 배우

10 학자들

11 파편들 사이에서 거니는 것!

12 철학자들

13 평등을 내세우는 사회주의자들

14 무죄라고 판결을 내리는 자들

15 염세주의자들

10〔41〕

소상인들에 대해서

호기심 많은 자들에 대해서

만족하는 자들(신비주의자)에 대해서

순수한 자들의 허영심에 대해서

우상을 만드는 자에 대해서

마술사들에 대해서

무죄라고 판결을 내리는 자들에 대해서
화해를 시키는 자들, 매개자들에 대해서

아직까지 위버멘쉬는 존재하지 않았다.

10〔42〕

미스트랄Mistral[11]이 주는 쾌감

쟁기의 쾌감
높이의 쾌감
삶의 쾌감
사계절의 유기체적 순환의 쾌감
강의 쾌감
아침놀의 쾌감
순수한 하늘의 쾌감
전기
고통의 어머니로서의 쾌감

10〔43〕

근본 교의 : 자연은 마치 인간 같다 : 자연은 오류를 범한다 등등.
자연의 의인화

10〔44〕

'그러므로 시간에 대한 믿음은 건강에 좋다'는 결론을 내린다.(

결국 염세주의자)

세 개의 고독이 있다: 창조하는 자의 고독, 기다리는 자의 고독 그리고 부끄러워하는 자의 고독.

나는 위버멘쉬의 말과 기호를 알고 있다. 그러나 나는 그것을 보여주지 않으며, 그것을 나 자신에게 보여주지 않는다

너희는 무엇을 했는가?("삶의 축제")—"그렇게 그것은 차라투스트라의 정신에서 나온다."

그 교설은 처음에는 **천민들**에 의해 시인되고, 마지막에 최고의 인간들에 의해 시인된다.

우리는 차라투스트라처럼 위대한 진리 앞에서 부끄러워하며 살고자 한다.

10〔45〕

1막. 유혹들, 그는 자신이 성숙하다고 여기지 않는다.(선택된 민족)

자신에 대한 수치심에서 오는 고독

2막. 차라투스트라는 눈에 띄지 않게 '위대한 정오'에 입회한다.

인식된다.

3막. 파멸: 그가 연설을 한 후, 모든 사람이 떨어져나간다. 그는 고통으로 죽는다.

4막. 장례식

'우리가 그를 죽였다'

근거들을 설득한다.

10〔46〕

1)에 대해서. 그는 거절한다. 결국 어린이들의 합창으로 인해 눈물을 흘린다.

익살꾼!

두 명의 왕이 당나귀를 끌고 간다.

2)에 대해서. 행렬이 어디로 향해야 할지 알지 못할 때, 사절들이 페스트가 횡행하는 도시에서 온다. 결심. 숲에서와 같이. 시장에서의 불. 상징〈적〉 정화.

대도시의 파괴. 끝

나는 경건한 사람들을 타락시키려고 한다.

10〔47〕

차라투스트라가 교회의 폐허 위에 앉아 있다　4막

가장 온화한 사람은 가장 가혹한 자가 되어야 한다—그리고 그 때문에 몰락한다.

인간들에게는 온화하게, 위버멘쉬를 위해서는 가혹하게.

충돌

외관상의 약함.

그는 그들에게 예언한다 : 영원회귀설은 기호다.

그는 **자신을 잊고** 위버멘쉬의 입장**에서** 영원회귀를 가르친다. 위버멘쉬는 영원회귀를 견뎌낸다. 그리고 그것을 통해서 훈육한다.

환영에서 되돌아올 경우, 그는 그 때문에 죽는다.

5

10

15

20

[11=NVI 4. 1883년 6월~7월]

11〔1〕

불면의 고통이 피를 흘린다

11〔2〕

학자들에 대해서.

교양의 국가에 대해서.

천민에 대해서.

장례식.

11〔3〕

우리 둘 중 누가 더 바보인가?

차라투스트라가 대답했다. 우리 중 다른 사람이 바보라고 생각하는 사람.

비극을 낳는 힘이 가장 큰 어머니는 무엇인가?

상처받은 허영심.

우리 둘 중 누가 가장 행복한 사람인가? 그의 불행이 가장 실패로 끝난 〈사람〉.

그것은 나의 심연이며 위험이다. 따라서 나는 이 높은 곳으로 추락한다—그리고 정녕 너희의 깊은 곳에 추락하는 것이 아니다!

11〔4〕

그들로 하여금 암사자가 애정으로 울부짖는 것을 배우지 않는지 보게 하라!—

아아, 목동의 피리로 너희를 다시 내게로 꾀어낼 줄 알았더라면!

아아, 암사자가 애정으로 우는 것을 배웠다면!

11〔5〕

필연성은 쇠처럼 완강하다는 것 그리고 반동적인 의지가 우리에게 허용되지 않는다는 것에 대한 분노:

시간이 미래로 흘러가고 강제로 과거의 물레방앗간으로 흐르도록 할 수 없다는 것에 대한 원통함!

어떤 것이 고뇌하고 있다는 것이 우리의 정신을 고양시킨다.—그것은 우리의 가장 오래된 우둔함이다.

11〔6〕

바〈그너〉는 사람들에게 근거는 의심스럽더라도 숭고한 태도에 의해서 확신하게 만드는 것들에게 호소한다.

11〔7〕

나는 인간 때문에 심각해본 적이 없다. 나는 곧바로 적을 다시 비웃을 것이다. 마치 그가 나에게 대단히 많이 보상해야만 한다는 듯.

그러나 나는 정념 속에서는 쉽게 죽일 수 있을 것이다.

11〔8〕

인간에게는 무엇인가 근본적인 결함이 있다—인간은 극복되어져야 한다. 시도하라!

11〔9〕

뒤링. 그가 다소 자극적이고 과장된 말을 덧붙일 경우, 그는 그것으로 충분하다. 그는 그것을 '재치 있다'고 여긴다.

11〔10〕

Ⅲ 차라투스트라가 나타난다.

정신의 참회자

신의 살해자

지친 자들

꿀벌집

11〔11〕

집에 불이 나면, 사람들은 점심 식사조차도 잊어버린다—라고 불개가 말했다

뿐만 아니라, 사람들은 나중에 그것을 재 위에서 먹는다.

11〔12〕

이것은 자기 자신에 대해서는 전혀 알지 못하는 참된 덕이다 —

그렇게 너희는 나에게 그 교의를 가르친다.

그 후에 나는 황야와 가시나무 덤불 위에서 그리고 도처에서 참된 겸손을 발견했다.

그것 외에는 좋은 것이 자라지 않는 곳이라면 어디에서나 그것은 월귤나무처럼 자란다.

11〔13〕

a 장례식

b 불개에 대해서

c 가장 고요한 시간

11〔14〕

모든 행위에서 우리가 생각하지 않은 많은 것이 달성된다.

11〔15〕

아직 너의 의지는 너무 거만하고 너무 겁이 많다. 네가 행복하고자 한다면 —

그들은 바벨탑처럼 꿀벌집을 지을 것이다.

11〔16〕

우리 진리에서 부숴질 수 있는 모든 것이 부숴지기를!

아직도 건설할 많은 세계가 있다!

11〔17〕

천민에 대해서
타란텔 거미들에 대해서
예언자
5 장례식

11〔18〕

증여하는 자의 불만
선과 악에 관하여
10 왕과의 대화
위대한 사건에 관하여
가장 고요한 시간

11〔19〕

15 무거움의 정신을 극복

11〔20〕

이러한 영혼을 위한 건축 양식

20 11〔21〕

기묘한 성자들이 또 온다. 바보 하나도 온다.

[12=Z I 3. 1883년 여름]

12〔1〕

5 '사악한 지혜'

프리드리히 니체의 잠언과 잠언류의 것

화살들

프리드리히 니체의 잠언과 잠언

10

1. 공적인 견해—사적인 게으름

2. 진리에게 거짓말보다 더 위험한 적은 확신이다.

15 3. 한 번 택한 길에 집착하는 사람들은 많지만 목적에 집착하는 자들은 적다.

4. 어떤 사람이 영웅이 될 수 있기 위해서는 먼저 뱀이 용이 되어야만 한다.

20

5. 자기 자신에 관해 전혀 말하지 않는 것은 극히 고귀한 것이다—**위선**.

6. 진리를 말하는 것이 위험하지 않고 지루하다면, 진리의 대변자를

거의 찾지 못할 것이다.

7. 우리가 즐겨 광활한 자연에 있는 것은, 자연은 우리 자신에 대해서 어떤 견해도 갖지 않기 때문이다.

8. 어떤 일이 불합리하다는 것이 그 존재에 반대할 이유는 되지 못한다. 오히려 그것은 존재 조건이다.

9. 사람들이 말하는 완고한 필연성은 보통 완고하지도 않으며 필연적이지도 않다.

10. 사람들이 집어넣어야 할 것을 많이 가지고 있을 경우, 하루에 백 개의 주머니를 가지기도 한다.

11. 잘 듣지 못하는 자는 언제나 거기에 덧붙여 몇 개 더 듣는다.

12. 차에 치일 위험이 가장 많은 때는 차를 피한 직후다.

13. 기다리는 것은 사람들을 비도덕적으로 만든다.

14. 순교자의 제자는 순교자보다 더 많은 고통을 받는다.

15. 나쁜 기억력의 이점은 똑같은 사물들을 여러 번 처음으로 즐긴다는 것이다.

16. 직업은 삶의 척추다.

17. 결혼의 좋은 점은 언젠가 그것이 한 번의 예외를 견딘다는 것을 통해 확증된다.

5

18. 좋은 아버지가 없을 때, 사람은 좋은 아버지를 스스로 마련해야 한다.

19. 질서정연하게 일하는 것을 배운 적이 없으면 사람들은 지루함을
10 느끼지 않는다.

20. 몇몇 남자들은 자기 아내의 부정함을 한탄했지만, 대다수의 남자들은 어느 누구도 자기 아내를 자기한테서 훔쳐가려 하지 않는다고 한탄했다.

15

21. 여행을 많이 한 사람이 인간의 얼굴보다 더 추악한 곳을 보았는지 의심스럽다.

22. 용감한 사람들로 하여금 어떤 용감한 행동을 하도록 설득하려면,
20 사람들은 그 행동을 실제보다 더 위험하게 묘사하기만 하면 된다.

23. 당황한 사람들에게 도움을 줄 수 있는 가장 좋은 방법은 그들을 확실하게 칭찬하는 것이다.

24. 아주 적절한 말을 하면서도 온 세상이 그것에 대해서 반대를 외치도록 할 수도 있다. 즉 온 세상을 향해 말하지 않으면 된다.

25. 공상가는 자신 앞에서 진리를 부정한다면, 거짓말쟁이는 단지 다른 사람 앞에서만 진리를 부정할 뿐이다.

26. 모든 향락자는 나무에게 중요한 것은 열매라고 생각한다. 그러나 사실 나무에게 중요한 것은 씨앗이었다.

27. 어떤 사람의 이상을 본 자는 그에 대한 무자비한 재판관이며, 말하자면 그의 양심의 가책이다.

28. 위대한 인물의 추종자는 찬미의 노래를 더 잘 부를 수 있기 위해 자신의 눈을 멀게 하는 경향이 있다. 노래 부르는 불쌍한 새!

29. 천재란 무엇인가? 높은 목표 그리고 그것을 위한 수단을 원하는 것.

30. 열등한 자는 모방함으로써 명성을 얻는다. 훌륭한 자는 그것으로 손해를 입는다. 특히 예술에서.

31. 사람들은 모기와 숭배자에게서 벗어나기 위해, 자신의 빛을 어둡게 할 줄 알아야 한다.

32. 너는 예외를 확정하려고 하지만, 저 사람들은 규칙을 확정하려고 한다. 이 점에서 너는 저 사람들보다 하위다.

33. 모든 대가에게는 단 한 명의 제자만 있을 뿐이다. 그런데 바로 그 제자가 대가에게 불성실해진다. 왜냐하면 제자 또한 대가가 되도록 정해져 있기 때문이다.

34. 그가 약간의 벌레들을 가지고 있다고 해서, 그의 정신이 성숙해 있지 않다고 말할 수는 없다.

35. 고독한 자는 고독 속에서 자기 자신을 먹어치운다. 대중 속에서는 대중이 그를 먹어치운다. 자, 선택해보라.

36. 도제가 대가를 사랑하는 것과 대가가 대가를 사랑하는 것은 다르다.

37. 당나귀를 타고 그 도시에 들어가기 전에는 대중들이 호산나를 부르도록 하지 못할 것이다.

38. 우리가 반대당에 가담할 때는 우리의 추종자들이 우리를 결코 용서하지 않을 것이다.

39. 여성은 창조주가 제7일에 게으름을 피웠다는 것을 드러낸다.

40. 너무 일찍부터 날카롭게 되지 않도록 주의해야 한다. 왜냐하면 그럼으로써 사람들은 너무 빨리 가늘어지기 때문이다.

41. 사람들은 은총의 대기실에서 오랫동안 서서 기다리게 되면 발효하고 시어진다.

42. 허영심이란 긍지를 가진 자가 쓰는 정중한 가면이다.

43. 기지란 감정의 죽음 앞에 세운 비문이다.

44. 훌륭한 격언은 시간의 파괴력에 대해서도 극히 견고하다.

45. 좋은 책은 그것을 반대하는 자의 정신 또한 풍부하게 만든다.

46. 예술에서 신성한 수단은 저열한 목적을 신성하게 할 수 있다.

47. 너의 작품이 입을 열 때, 너 자신은 입을 다물어야 한다.

48. 사람들이 너희에게 여러 조각들로 나누어주어야만 한다고 해서 이것저것 주워서 만든 것이 될 필요는 없다.

49. 너무나 빨리 잇따라 이어지는 훌륭한 생각들은 서로에 대한 '전망'을 방해한다.

50. 모든 행위에, 즉 가장 비열한 행위에서와 마찬가지로 가장 훌륭한 행위에도 희생이 있다.

51. 어떤 사람이 우리를 짓밟기 전까지, 사람들은 자신이 뱀의 이빨을 가졌는지 아닌지 알 수 없다.

52. 어느 누군가가 '이익'이라는 선물 자루에서 또한 경멸이라는 둥근 알 하나만을 발견한다면 그는 좋은 일에도 얼굴을 찡그린다.

53. 사람들은 모든 사람에 관해 너무 많은 것을 알고 있다.

54. 탈선하는 원인은 기쁨이 아니라, 기쁘지 않다는 데 있다.

55. 더러운 채 남아 있는 것보다 더러운 물로 닦는 편이 훨씬 더 좋다.

56. 금이라고 모두 빛나는 것은 아니다. 그러기에는 금은 너무 부드럽다.

57. 집이 지어지고 나면, 건축할 때 쓴 뼈대는 치워버려야 한다.

58. 어느 정도의 건강의 증진과 쇠퇴는 최상의 치료법이다.

59. 가장 위험한 당원은 그의 배반으로 당 전체가 파괴되는 자, 즉 최

상의 당원이다.

60. 최대의 자선을 베푸는 것은 나약함이다.

61. 사람들은 더 잘 보기 위해서가 아니라, 더 잘 빛나기 위해서 빛을 향해 몰려든다.

62. 사람들은 '인간을 찾기' 전에 등불을 찾아야만 했다.

63. 모든 말은 하나의 편견이다.

64. 새로운 양식을 추구하는 자에게는 이미 발견된 양식이 귀의 고통이다.

65. 덕도 자고 나면 더욱 싱싱해져서 일어날 것이다.

66. 금욕자는 덕에서 고난을 만든다.

67. 사람들은 범죄자들 중에서가 아니라 어떠한 범죄도 저지르지 않은 사람들 중에서 악당을 찾아야 한다.

68. 가장 재치있는 작가들은 거의 알아챌 수 없는 미소를 산출해낸다.

69. 반대 명제는 좁은 문이다. 오류가 그 문을 통해 가장 즐겨 진리에게로 다가간다.

70. 사람들은 더 적은 재능을 가지고 있을 때보다 더 많은 재능을 가지고 있을 때 더 불안정하다.

71. 사람들은 자신의 죄를 다른 사람에게 고백하고 나면 그 죄를 잊어버린다.

72. "그 끈을 잡아 뜯어서는 안 되고, 오히려 그것을 물어야 한다."

73. 우리가 더 높이 올라갈수록, 날 수 없는 자들에게는 우리가 점점 더 작게 보인다.

74. 사람들이 곧바로 적을 향해 행진할 때, 저열한 음악이나 형편없는 이유들이 얼마나 듣기 좋게 울리는가!

75. 자신의 제자에게 자신을 주의하라고 이르는 것은, 대가의 노련함이다.

76. 사람들은 왜 사물을 있는 그대로 보지 않는가? 자기 자신이 방해물이다. 그는 사물을 은폐한다.

77. 자신의 적을 죽이고자 하는 자는, 바로 그럼으로써 적을 자기 곁

에 영원히 있게 하는 것은 아닌지 생각해볼 만한다.

78. 여전히 사랑에는 대부분의 경우 오래된 근치 요법이 효과가 있다. 사랑을 되돌려주는 것이다.

79. 많은 사람들이 이러저러하게 행동할 최고의 권리를 가지고 있다. 그러나 그들이 그것 때문에 변명할 때, 사람들은 더 이상 그들의 권리를 믿지 않는다.

80. 위로가 필요한 자들에게, 모든 위로 수단 중 그대들의 경우에는 위로가 될 만한 것이 없다는 주장만큼 기분 좋은 것은 없다.

81. 활발한 성격의 사람들은 단지 순간만 거짓말한다. 나중에 그들은 자기 자신을 속이고 확신하며 성실해진다.

82. 적의 한가운데 자신을 던지는 것은 두려움과 비겁함의 표현일 수 있다.

83. 두려워하는 자는 혼자 있다는 것이 무엇인지 알지 못한다. 그의 의자 뒤에는 항상 적이 있다.

84. 우리는 더 이상 원인을 범죄자로, 그리고 결과를 사형집행인으로 만들기를 원하지 않는다.

85. 사람들은 거지를 일소해야 한다. 왜냐하면 사람들은 그들에게 베풀 경우에도 화가 나고, 그들에게 주지 않을 때도 화가 나기 때문이다.

86. 학자들 : 오늘날 사람들은 정신의 군인을 그렇게 부르지만—유감스럽게도 정신의 양말 제조인들도 그렇게 부른다.

87. 마음Herz은 감동시키는 것이다. 그리고 정신Geist은 위험 속에서 용기를 주고 냉정하게 하는 것이다. 오, 언어여!

88. 사람들은 혀로 거짓말을 한다. 그러나 그럼에도 불구하고 입으로 진리를 말한다.

89. 인간은 붉은 뺨을 가진 동물이다. 인간은 자주 자신을 부끄러워해야만 했던 동물이다.

90. 자신에 관해 많은 것을 이야기하는 것은 또한 자신을 숨기는 방법이다.

91. 너희는, 너희가 말하듯이 종교가 필요한 것이라고 믿는가? 정직하라! 너희는 단지 경찰의 필요성만을 믿을 뿐이다.

92. 여성은 남성보다 더 관능적이다. 그러나 그들은 자신의 관능에 관해 더 적게 알고 있다.

93. 도덕이란 인간이 자연 앞에서 잘난 체하는 것이다.

94. 우리는 우리의 취향에 맞는 것을 칭찬한다. 즉 우리가 칭찬할 때, 우리는 우리의 취향을 칭찬하는 것이다. 그것은 모든 좋은 취향에 반대되는 것이 아닌가?

95. 인〈간〉은 전혀 존재하지 않는다. 왜냐하면 최초의 인〈간〉이 존재하지 않았기 때문이다.— 그렇게 결론을 내린다.

96. 신도 지옥을 가지고 있다고 악마가 말했다. 그것은 인간에 대한 그의 사랑이다.

97. 자신의 이상에 이르는 자는 바로 그럼으로써 이상을 넘어서 그 밖으로 나온다.

98. 많은 공작이 모든 사람의 눈앞에서 자신의 꼬리를 숨긴다. 그리고 그것을—자신의 긍지라고 부른다.

99. 가끔은 결국 진리가 승리한다. 어떤 종류의 오류가 그것을 위해 싸웠다는 것은 의심할 여지가 없다.

100. 인식하는 자는 자신이 동물이 된 신이라고 느낀다.

101. 나는 반향에 귀를 기울였다. 그러나 나는 단지 찬양만을 들었

을 뿐이다.

많은 사람들이 자신이 죽은 후에야 비로소 위대해진다—반향을 통해서.

5

102. 가난한 예술가들이여! 너희는 천민들을 교화시키고자 했다. 그리고 이 천민들은 바로 전복되기를 바란다.

103. 신앙은 지극히 행복하게 만든다. 특히 우리에 대한 신앙이.

10

104. "우리에게 가장 가까운 자는 우리 이웃이 아니라 그 이웃의 이웃이다." 많은 민족들이 그렇게 생각한다.

105. 커다란 친절은 감사를 느끼게 하는 것이 아니라, 복수심을 불러

15 일으킨다.

106. 너무 멀리 가는 자는 피로로 인해 마침내 눈 위에서도 드러누워 잠이 든다. 회의주의자도 마찬가지다.

20 107. 양심의 가책은 물어뜯도록 교육한다.

108. 비난보다 칭찬에 훨씬 더 많은 후안무치함이 존재한다.

109. 사람들은 냉정한 사람들이 어리석다고 생각하지 않는다.

110. 인식하는 자는 인간들 사이에서 사는 것이지, 동물들 사이에서 사는 것이 아니다. 그러나 그들은 동물들 사이에서 살고 있다고 생각한다.

111. 우리가 우리의 적들을 근본적으로 용서하는 것은 단지 그들의 실패뿐이다.

112. 판결하는 모든 사람의 눈에는 사형집행인이 보인다.

113. 우리 행위의 결과가 우리의 앞머리를 움켜쥔다. 우리가 그 동안 '향상되었다'는 사실과 상관없이.

114. "그런데 너는 어떻게 그렇게 행동할 수 있었니? 그것은 어리석은 행위였다!"—"그러한 행위를 하는 것은 내게도 정말 어려웠다."

115. 슬프다! 너는 그의 이상을 보았다! 이제 너는 앞으로 단지 그에게서 그의 희화만을 볼 것이다.

116. 인간에게 하체가 없다면 자신을 신으로 여길 것이다.

117. 인류에 대한 동정—그것은 각 개인에 대한 폭압이 될 것이다.

118. 자신에게서 눈을 돌리는 것은 잘 보기 위해 필요하다.

119. "인간은 평등하지 않다!"—그렇게 정의가 말한다.

120. 인간의 높이를 보지 않는 자는, 너무 가까운 곳에서 그의 저열함을 본다.

5

121. 인간의 재능이 흐려질 때, 그의 도덕적 속성이 명백하게 드러난다. 그리고 그때 드러나는 것이 항상 운명은 아니다.

122. 피로할 때는 오래 전에 극복된 개념들이 우리를 엄습한다.

10

123. 망각이 존재한다는 사실은 아직 증명되지 않았다. 단지 우리가 원할 경우 많은 것이 우리 머리에 퍼뜩 떠오르지 않는다는 사실만 증명되었을 뿐이다.

15 124. 원인과 결과에 대한 믿음은 가장 강한 본능, 즉 복수의 본능에 자리잡고 있다.

125. 어떤 사람이 우리 기분에 맞으면, 우리는 그의 도덕성이 훌륭하다고 평가한다.

20

126. 자기 자신을 인식하지 않으려고 노력하는 점에서는 일상적인 정신의 소유자조차 극히 예민하다.

127. 보면서도 믿지 않는 것은 인식하는 자의 첫번째 덕이다. 목격은

인식하는 자에게 가장 큰 유혹자다.

128. '교회'란 무엇인가? 근본적으로 허위적인 유형의 국가.

129. 금을 화폐로 주조하지 않은 채 지니고 있는 것은 불쾌하다. 어떤 형식도 갖지 못한 사상가가 그렇게 행동한다.

130. 인간에 대해서 성실한 자는 겉치레로 하는 언행에 인색하다.

131. '영웅은 명랑하다'—비극작가들은 지금까지 그것을 알아차리지 못했다.

132. 이익은 단지 수단일 뿐이다. 그것의 목적은 항상 어떤 종류의 달콤한 것이다.— 정직하라, 내 달콤한 것들을 찾는 신사들이여!

133. 우리의 나쁜 속성들이 덕에 의해 극복되었을 때, 그것들은 우리에게 보복한다.

134. "이제 나는 정의롭다gerecht"—"지금 나는 복수했다gerächt." 그것은 같은 말로 들리지만, 종종 같은 의미를 갖지 않는다 —

135. 사람은 소유하지 않는다. 왜냐하면 사람은 존재하지 않으니까. 사람은 지속적으로 획득하거나 잃어버린다.

136. 하찮은 생각보다 악한 행동이 훨씬 더 좋다!

137. 키르케의 돼지들은 정절을 숭배한다.

138. 사람들은 바다에서 갈증으로 고생할 수 있다. 그리고 너무나 신랄한 진리 한가운데에서도 마찬가지다.

139. 잘 소화하기 위해서는 일종의 게으름이 건강상 이유로 필요하다. 어떤 체험을 소화하기 위해서도 일종의 게으름이 필요하다.

140. 때때로 훔치는 것이 받는 것보다 행복하게 만든다.

141. 어떠한 불평에도 복수가 깃들여 있다.

142. 네가 나에게 거짓말하는 것이 아니라, 내가 너를 더 이상 믿지 않는다는 사실이 나에게 충격을 주었다.

143. 모든 사람은 자신이 선과 악에 관해 '정통하다'고 생각한다. 그러나 그들은 잘못 생각하고 있다.

144. 칭찬하는 사람은 대개 자신들이 되돌려주는 것처럼 하고 있다. 실제로는 그가 선사받고자 하는 것이다.

145. 여성들이 항상 아이들의 교육자로 아이들에게 관여함으로써 여

성들에게서는 아이다움이 사라지게 된다.

146. 사람들은 근본적으로 자신의 아이 또는 자신의 작품만을 사랑한다.

5

147. 우리를 풍요롭게 하지 않는 자는 확실히 우리에게 아무런 의미가 없다.

148. "이웃에게 잘 해주는 사람들이 이웃을 위해 창조하지는 않는다." 10 모든 창조하는 사람은 그렇게 생각한다.

149. 분노가 드러내는 것은 인간이 아니라 분노이다.

150. 그의 시대가 적대시하는 자는 아직 그 시대를 충분히 멀리 넘어 15 서 있지 않은 것이다—또는 그 시대에 뒤떨어져 있다.

151. "사람이 빠져 익사할 수 있는 바다가 아직 어디엔가 존재한다!"—이런 외침이 우리 시대를 관통하고 있다.

20 152. 잔혹한 행위를 하기에는 너무 나약하기만 한 사나운 사람들이 많이 있다.

153. 다시 아이가 되고자 한다면, 사람들은 자신의 청춘조차도 극복해야 한다.

154. "단지 뜨거운 사람들만이 차가움의 환희를 알고 있다"—자유사상가는 그렇게 말한다.

155. 우리에게 거슬리는 것에 대해서가 아니라 우리의 관심을 전혀 끌지 못하는 것에 대해 우리는 가장 불공평하다.

156. 어떤 이론이 갖는 적지 않은 매력은 그것이 반박될 수 있다는 점이다.

157. "선과 악은 신의 선입견이다."—뱀이 말했다.

158. 사람들은 오직 신만이 대답할 수 있을 때 신에게 물어야 한다.

159. 사람들은 자신들의 머리를 잃어버리기 전에는 자신들의 마음을 찾지 않는다.

160. 사물들 : 그것은 단지 인간의 한계일 뿐이다.

161. 우리는 많은 것을 들여다볼 수 있게 된다. 그러나 그 때문에 우리는 아직 오랫동안—그것을 관통할 수 없다.

162. 명령하는 것이 순종하는 것보다 습득하기가 더 어렵다.

163. 우리의 행동이 아니라, 우리 행동에 대한 우리 자신과 타인들의

견해가 우리를 좋은 사람이나 나쁜 사람으로 만든다.

164. 오류는 진리가 단순하다고 주장한다. 오류는 진리보다 단순하다.

165. 우리가 아버지인 곳에 조국이 존재한다.

166. 아직 사람들은 감사보다는 오히려 부탁을 거절할 필요가 있다.

167. 우리에게는 범죄보다는 처벌이 훨씬 더 모독하는 것이다.

168. 진리는 그 자체로 힘이 아니다. 그것이 힘의 편을 들지 않으면, 그것은 분명히 몰락하게 된다.

169. 잘못 다루지도 않고 망설이지도 않는다는 점이 그가 대가라는 것을 보여준다.

170. 인간을 그렇게 광란하게 하는 것은 무엇인가? 사물도 아니고 사물에 대한 의견도 아니다—결코 존재하지 않는 사물에 대한 의견이다.

171. 불변의 것이란 단지 비유일 뿐이다.

172. 강함으로 이해되어도 좋은 가혹함이 존재한다.

173. 인간은 많은 존경을 받고 잘 먹었을 때 가장 온화하다.

174. 우리는 우리 자신이 타인의 약점을 관찰할 경우보다 타인이 우리의 약점을 느끼는지를 더 섬세하게 관찰한다.

5

175. 옷을 입는 자가 있어야 비로소 옷이 생긴다.

176. 양식을 개선하는 것—그것은 사상을 개선하는 것을 의미한다.—결코 그 이상의 것이 아니다.

10

177. 고전 서적의 최대 약점은 그것이 지나치게 저자의 모국어로 씌어진다는 점이다.

178. 우리는 적에게 덕이 없다는 것을 깨달았을 때에야 비로소 덕을 15 소유한다는 점에 특별한 가치를 둔다.

179. 환자가 침대를 이용하듯이 사람들은 사소한 행복을 모두 이용해야 한다. 치유하기 위해서—그리고 결코 그 밖의 다른 무엇을 위해서도 아니다.

20

180. 작은 악의적인 생각에 만족함으로써 사람들은 많고 큰 사악한 행동을 면하게 된다.

181. 오래가는 큰 고통이 난폭하게 만든다.

182. 사람들이 자신의 악마를 강하게 육성하지 않을 때, 작은 악마성이 그를 왜소하게 만든다.

183. 사람들은 자신의 친구에게 쉬는 곳이어야 한다. 그러나 딱딱한 침대, 야전용 침대여야 한다.

184. 무엇이 실패할 경우, 조력자의 도움에 대해 두 배로 갚아야 한다.

185. 쉽사리 받아서는 안 된다! 네가 받아들이는 것을 통해서 영예를 주라!

186. 항상 주는 자는 그것에 의해서 쉽게 뻔뻔스러워진다.

187. 일찍이 언제 위대한 사람이 선량한 사람처럼 그렇게 살지고 착하게 보였던가!

188. "네가 나에게 행한 것을 나는 용서한다. 그러나 네가 그것을 너 자신에게 행했다는 것, 그것을 어떻게 내가 용서할 수 있겠는가!"— 사랑하는 사람이 그렇게 말했다.

189. 너는 '그것이 내 마음에 든다'고 말하고, 그럼으로써 나를 칭찬하려고 한다. 그러나 너는 내 마음에 들지 않는다!—

190. 자기 자신에 대한 사랑은 임신의 징조다.

191. 너무나 고독한 사람에게는 분명히 소음이 위로가 된다.

5 192. 반신(半神)의 주위에서는 영웅 역시 웃음거리가 된다.

193. "그가 빛나기까지 몇십 년이 걸릴 것인가?" 이 질문을 통해 사람들은 한 인간의 먼 장래와 번영을 측정한다.

10 194. 사랑에 관한 엄청난 기대로 인해 여성들은 다른 모든 먼 장래의 일을 보지 못한다.

195. "인간은 오로지 자신의 아기만을 위해 임신한다." 창조하는 모든 자의 이기심이 그렇게 말한다.

15

196. 그는 아직 전적으로 천진하게 찬미하고 있다. 즉 그는 그 자신이 언젠가 찬미될 수 있으리라고 아직 전혀 생각하지 않았다.

197. 많은 존재는 다른 존재를 잊게 한다는 의미가 아니라면 어떤 20 의미도 갖지 않는다. 그리고 그와 똑같이 아편 같은 행동들도 있다.

198. 어떤 고독한 사람이 말했다. "나는 확실히 사람들에게 갔습니다. 그러나 나는 결코 그들에게 이르지 못했습니다."

199. 존재를 시인하고자 하는 자는 또한 악마 앞에서 신의 변호자가 될 수 있어야만 한다.

200. 사랑할 능력도 우정을 나눌 능력도 없는 사람이 가장 확실한 계산이라고 생각하는 것이— 결혼이다.

12〔2〕

어리석음은 자주 자신을 더 아름다운 이름으로 둘러싸면서 자신을 필연성이라고 부른다.

12〔3〕

너희가 자연이라고 부르는 것에는 많은 어리석음과 서툰 접촉이 있다. 그러나 너희의 정신이 진정 이러한 '자연'에 속한다.

12〔4〕

느끼는 모든 자는 참고 견디며 감옥 안에 있다. 그러나 원하는 자는 구제자이며 기쁨을 가져오는 자로서 온다—이와 같이 나는 너희에게 '의지의 자유'를 가르친다.

12〔5〕

너희가 성실하지 않을 때 너희의 눈은 틀림없이 더 이상 아무것도 보지 못한다. 오! 나는 맹목에 대한 너희의 의지를 알고 있다!

12〔6〕

네가 곧은 것을 모두 구부리고자 한다면 : 그렇다면 시간은 사라졌고 덧없는 것은 거짓이라고 생각해보라.

이것을 생각한다는 것은 최악의 망상이다. 너의 전신에는 어지러움이, 너의 위장에는 구토가 일 것이다.

12〔7〕

그들은 가장 작은 주사위를 가지고 주사위 놀이를 하거나, 보기 힘든 것이 춤추는 것을 보고자 한다. 존재의 난쟁이들, 유쾌한 미립자들이 춤추는 것을 : 그러나 그들은 그것을 학문이라고 부르면서 땀 흘린다

그러나 나에게는 놀이를 원하는 아이들이 있다. 그들의 놀이에 약간의 웃음이 있다면, 나는 그들의 '즐거운 학문'을 시인할 것이다.

12〔8〕

너희가 더 이상 매듭이라고 여기지 않는, 얽히고 팽팽하게 잡아당긴 감정. 그리고 종종 회귀하는 것, 너희는 그것이 영원히 회귀할 것이라고 믿는다. 그것이 너희의 '현실적인 것'이며, 너희의 최고의 미신이다.

내가 진리에서 쾌감을 만들어냈을 때야 비로소 허위와 가상도 고안했다. 나는 그러한 쾌감에 따라서 사물에 가까움과 멂을 부여했다.

12〔9〕

모든 평가는 창조된 것이다. 모든 평가는 파괴되었다. 그러나 평가한다는 것 자체. 이것이 어떻게 파괴될 수 있겠는가! 확실히 삶 자체는—평가하는 것이다!

평가한다는 것은 맛보는 것이다. 취미에 대해서 논쟁할 수 없다고? 오, 바보들아, 모든 삶은 맛보는 것이며 취미이며, 취미와 맛보는 것을 둘러싼 싸움이다!

12〔10〕

너희는 자유롭다는 망상에 빠져 있다. 그러나 너희는 우리가 조정하는 철사에 의해 돌고 있다. 가치와 견해들이 너희 위에 그리고 너희 안에 서식하고 있다. 너희는 우리, 평가하는 자들에 의해 태엽이 감겼다. 그대 시계들이여!

12〔11〕

그리고 너희가 자유롭게 되고자 한다면, 너희는 단지 성가신 사슬을 자신들에게서 내던져버려야 할 뿐 아니라, 너희가 가장 사랑하는 사람들에게서 도망칠 시간이 와야 한다.

너는 너의 부인, 너의 조국, 너의 이익, 너의 가장 귀중한 믿음에서 떠날 수 있어야 한다. 그리고 한동안 네 삶의 태양은 침몰해야만 한다.

12〔12〕

그리고 자기 자신을 창출한 자는 오랫동안 패자로 여겨진다.

12〔13〕

꿈 없는 잠—그것은 내게 최악의 것이리라. 그리고 나는 모든 궁극적인 인식을 나의 최고의 위험이라고 부른다.

12〔14〕

인식하는 것 : 그것은 내게 욕구이고 갈증이며 가치 평가이고 가치들의 싸움이다. 그러나 창조하는 것으로서 모든 인식은 또한 비(非)-인식이어야 한다.

덧없는 그물과 마지막 베일을 통해 들여다보는 것—그것은 커다란 피로이며 창조하는 모든 자의 종말일 것이다.

그러나 내 친구들아, 나를 믿으라. 불변의 것은 없다. 그것은 단지 비유일 뿐이다.

12〔15〕

마음 밑바닥에서부터 소망하는 것 그리고 독수리처럼 멀리 있는 해안을 향해 나는 것, 나는 그것을 행복이라고 부른다.

12〔16〕

고뇌에서 그대들을 구원하는 두 가지 길이 존재한다. 신속한 죽음과 오랜 사랑.

12〔17〕

내가 위버멘쉬를 창조했을 때, 나는 그의 주위에 생성의 위대한 베일을 두르고 정오에 그의 위로 태양을 서게 했다.

12〔18〕

밝게 되어라! 건강하게 되어라! 필연적이 되어라!

12〔19〕

5 생식으로, 목적으로, 미래로, 좀더 높은 것으로의 충동—이것이 일체의 의욕으로부터의 자유다. 오직 창조에만 자유가 존재한다.

12〔20〕

그대 인식하는 자들이여! 다만 수치심을 잃지 않도록 조심하라!
10 왜냐하면 좋은 사과에는 솜털도 속하기 때문이다.

12〔21〕

우리 중 연로한 자들은 보물을 찾기 위해 지구의 내장을 파헤치는 것을 신에 반하는 행위라고 여겼다. 그런데 이제는 욕구 불만에 사
15 로잡힌 새로운 인간들이 존재한다!

12〔22〕

그대가 유해한 것에서 공포를 느꼈을 때 그대는 말했다. 그것은 '악'Böse이라고. 그러나 그대가 구토를 느꼈을 때에는 '저열한 것das
20 Schlechte'이 생겼다.

12〔23〕

덕은 소비된 많은 노동과 노력의 최종적인 결과다. 그러나 거의 대부분의 경우 그것은 더 나중의 개인들에게서 비로소 나타난다. '재

능'도 같은 것이며—하나의 잘 훈련된 메커니즘이다.

12〔24〕

판단하는 것. 그것은 어떤 감각을 긍정하는 것이다—즉 어떤 감각을 재인식하는 것이다(그것은 비교와 기억을 전제한다).

12〔25〕

내부의 세계를 일소하는 것! 거기에는 아직 많은 그릇된 것이 존재한다! 나는 감각과 사유만으로도 충분하다. 제3의 것으로서 '의지'는 일종의 상상이다. 모든 충동, 요구, 혐오 등은 어떤 '통일체'가 아니며, 외관상 '단순한 상태'이다. 배고픔. 그것은 하나의 불쾌감이며 그것을 종결시키기 위한 수단에 대해서 아는 것이다. 비록 알지 못한다고 해도 공복을 없애는 데 적합한 유기체의 일련의 운동은 형성될 수 있다. 배고픔에서 이러한 메커니즘의 자극이 함께 느껴진다.

12〔26〕

어떤 행위 이전의 표상은 그 행위의 개념이 아니라 하나의 이상이다 - - - -

12〔27〕

예를 들어 피부에서 신경조직과 뇌가 형성되는 것처럼 여러 기관은 하나의 기관에서 다양하게 형성된다. 이와 마찬가지로 일체의 감각, 표상, 사유도 근원적으로는 하나였음임이 틀림없다. 따라서 감각은 나중에 생긴 개별적인 현상이다. 비유기적인 것에는 틀림없이 이러한 통일이 존재한다. 왜냐하면 유기적인 것은 이미 분리를 시작하고 있기 때문이다. 비유기적인 것의 상호작용을 연구하지 않으면 안 된다(그것은 항상 멀리 있는 것에 대한 작용이다. 그 때문에 '인식'은 필연적으로 일체의 작용에 앞선다. 멀리 있는 것이 지각되어야만 한다. 촉각과 근육의 감각은 그것과 유사한 것을 가져야만 한다.)

12[28]

걷고 미끄러질 때의 발의 운동은—진정 의식적이고 합목적적인 정립의 결과인가? 그러나 모든 의식적인 훈련조차 사람들이 믿는 것과는 다르다. 훈련에서 대부분의 운동은 시험이며 지성은 성공적인 운동을 긍정할 뿐 그것을 산출하지는 않는다. 이러한 긍정은 극히 표면적인 것이다. 왜냐하면 과정에 대해서 지성이 갖는 표상은 매우 막연하기 때문이다.—무수한 섬세한 사건들은 그러한 표상으로 설명되지 않는다. 그러한 섬세함은 우리가 갖고 있는 것에 비해 무한한 섬세한 지성과 전적으로 다른 감각기관들에 의해 보여질 것임이 틀림없을 것이다.— 따라서 지성은 저 합목적성을 설명할 수 없으며 '훈련'도 설명할 수 없다.

12[29]

모든 도덕은 원래 유기적인 모든 것이 적응하고 영양을 취하며 힘을 획득하기 위해 이용하는 기준을 세련되게 한 것일 뿐이다. 다른 인간에 대해서 한 인간이 갖는 관계는 자신의 존재의 운동 진로의 변화로서 기계적으로 표현될 수 있다.

가장 섬세한 의식 변화조차도 그것들이 나타날 수 있기 위해서는 먼저 기계적으로 가능한 것이어야 한다. 따라서 의지의 표현조차 도 기계적인 전제에 의존하고 있다.

12〔30〕

5 의지의 느낌에 머물러보자! 무엇이 우리에게 '의지'로 의식되는가? 그 경우 우리는 의지란 오직 하나의 가설이라는 것을 인식한다. 이러한 가설은 진실일 수 있을지 모르나 또한 그렇지 않을지도 모른다.

우리가 그것에 대해서 의식하는 것 외의 '의지'는 존재하지 않는다. 10 즉 우리는 의식의 일정한 현상들에 의지를 허구적으로 덧붙인 것이다. 다른 현상들에 '물질'을 허구적으로 덧붙인 것처럼.

12〔31〕

유기적인 모든 것을 무기적인 것에서 구별하는 것은 유기적인 15 것은 경험을 축적하며 그 과정에서 결코 같은 상태로 머물러 있지 않는다는 것이다.—유기적인 것의 본질을 이해하기 위해서 사람들은 그것의 최소 형태를 가장 원시적인 것으로 간주해서는 안 된다는 것이다. 현재의 최소 세포는 유기체의 과거 전체의 유산이다.

20 12〔32〕

신체에서 균형 장치의 양. 195쪽.

12〔33〕

의식은 두개골의 표면에 위치하고 있다.—형성된 모든 경험은 정지할 수 없고 '살아 있는' 기계적이고 화학적인 사실이다. 우리가 그 것에 대해 알지 못할 뿐이다.

12[34]

생이 있는 곳에 우리는 '정신'을 전제해놓는다. 그러나 우리가 알고 있는 정신은 전혀 아무것도 할 수 없다. 의식에 대한 표상은 모두 얼마나 빈곤한가! 아마 의식의 표상 자체가 다음의 변화(행동)를 유발하는 하나의 변화 작용에 지나지 않을 것이다. 우리가 '원하는' 모든 행동은 전적으로 현상의 가상에 불과한 것이며, 우리에 의해 표상된 것이다.—

모든 의식은 지성의 **부수적인** 표현에 지나지 않으며(?) 우리가 의식하는 것은 어떤 것에게도 원인이 될 수 없다.

소화와 우리가 그것에 대해서 지각하는 것을 비교해보라!

12[35]

의지는 우리에게 오직 의식된 것으로만 알려진다. 그러나 저 갑작스런 폭발을 그러한 '내부 세계'로 잘못 본다면 그것은 애매하게 되고 불명료해질 것이다.

12[36]

케루비니는 글룩과 하이든, 스폰티니는 글룩에게, 극작가로서의 베토벤은 케루비니에게 의존하고, 글룩은 롤리와 라모에 의존한다. 바그너는 유리안테에 의존한다(그가 글룩에게 의존한다고 주장하는 반면).

12〔37〕

우리의 지성은 예를 들면 소화 과정의 교묘한 공동 작용에서 보이는 다양성을 전혀 이해할 수 없다. 더군다나 그것을 초래한다는 것은 불가능하다. 그것은 극히 많은 지성들에 의한 공동 작용이다! 생을 발견하는 도처에서 나는 이미 이러한 공동 작용을 발견한다! 그리고 이러한 많은 지성들 안에는 하나의 지배자가 존재한다.—그러나 우리가 유기적인 행동을 많은 지성의 협력에 의해서 달성된 것으로서 생각하자마자, 그것은 우리가 전혀 이해할 수 없는 것이 된다. 오히려 우리는 지성 자체를 저 유기적인 것의 최종적인 귀결로 사유해야만 한다.

12〔38〕

유전의 본질은 우리에게 전적으로 수수께끼와 같다. 하나의 행동은 왜 두 번째 할 때 '더 쉽게' 되는가? 이렇게 쉽게 되는 것을 느끼는 것은 '누구'인가? 이러한 감각은 두 번째에서 똑같은 행동을 한다는 것과 관계가 있는가? 그렇다면 여러 가능한 행동들의 감각이 행동에 앞서 표상되어야만 할 것이다.

12〔39〕

비유기적인 물질을 쉽게 동화시킨다는 바로 그 점에서, 강력한 유기적인 원리는 나의 관심을 크게 끈다. 나는 이러한 합목적성이 단순히 고양Steigerung에 의해 어떻게 설명될 수 있는지 알지 못한다. 오히려 나는 유기물이 영원히 존재한다고 믿을 것이다.

12〔40〕

오오, 차라투스트라여, 잠시만 내가 말하는 것을 들어주시오— 어느 날 한 제자가 말했다. 내 머리 속에서는 어떤 것이 배회하고 있습니다. 아니면 내 머리가 어떤 것 주위를 배회하고 있다고, 즉 그것이 원을 그리며 돌고 있다고 거의 믿고 싶습니다.

우리의 가장 가까운 이웃이여, 그것이 도대체 무엇인가? 우리들에게 있는 어떤 것, 우리가 의식하게 된 우리에서의 변화들이 아닌가? 우리의 이웃이란 하나의 상이다.

그러나 우리 자신은 도대체 무엇인가? 우리 자신 또한 하나의 상일 뿐인가? 우리에게 있는 어떤 것, 우리가 의식하게 된 우리에서의 변화들이 아닌가?

우리가 알고 있는 자기, 그것조차 단지 하나의 상이고 우리 밖에 있는 것이고, 외관이고 피상적인 것에 지나지 않는 것은 아닐까? 우리는 항상 단지 상을 접할 뿐 우리 자신을 접하지는 않는다.

우리는 우리 이웃과 마찬가지로 우리 자신에게 그렇게 낯설고 가까운 것인가?

정녕 우리에게는 인간에 대한 하나의 상이 있다—우리는 그것을 우리 자신에게서 만들어냈다. 그리고 이제 그것을 우리 자신에게 적용해보자,—자신을 이해하기 위해서 ! 아아, 그러한 것이다, 이해하기 위해서!

우리의 자기 이해는 열악하며 최악의 것이다.

가장 강력한 여러 감정, 그것들이 감정인 한 그것들은 하나의 외부의 것이고 외적인 것이며 상과 같은 것이다. 그것들은 비유다.

그리고 우리가 보통 내적인 세계라고 불렀던 것, 아아 그것들은 가장 빈약하고 기만적이며 공허하고 허구적인 것이다!

12〔41〕

덕의 행복과 인간들의 이성에 나는 질렸다. 위대한 인간, 구세주, 해방자, 시인, 현자, 의로운 인간, 선한 자, 동정하는 자, 조용한 자, 화해시키는 자, 열광하는 자들에게 나는 질렸다.

12〔42〕

학자들

정신의 고행—가장 정신적인 자들에 대해서. "속죄자"

무리와 자아. 책임.

바리새인.

축제의 발명자.

가장 가까운 것을 고귀하게 만드는 것

도덕에 대한 비판. 우리를 찬양과 비난에서 독립적으로 만들기 위해.

피안에서의 보상? 그대들은 보상받기를 원하는가?

고향 상실.

복수를 통한 정화 나의 도덕.

가장 영향력이 강한 자는 가장 외진 곳에 살고 있다.

문화—얇은 사과껍질!

인간들은 평등하지 않다!

고귀한 자, 많은 노력의 결과

영혼의 새로운 상태들의 발명자. 본래적인 발명자들.

사람들은 그들을 모방한다.

권력은 자신을 소비하려고 한다. 그것은 행복을 추구하지 않는다.

'하나의 감미로운 향처럼'

5 약한 자들은 위험하다

더 높은 계급들은 더 강한 힘을 갖지만 더 가난하다.

우리의 이상을 관철하는 것—힘을 둘러싼 격투, 힘이 이상에서 생기는 방식에 따라서.

개인들은 충동에서 사는 것을 계속한다. 명성.

10 내적인 세계의 정화와 배우는 것이 필요하다!

신의 살해를 속죄하는 자들과 그들의 축제.

'죄'와 '벌'의 감정을 인간에게 부과하는 것!

12〔43〕

15 나는 뒤섞이고 혼동되지 않기를 바란다.

생에 대한 나의 교의를 설교하는 자들이 있다. 그러나 동시에 그들은 평등의 설교자다. 나는 그들과 뒤섞이고 혼동되기를 원하지 않는다.

인간들은 평등하지 않다. 정의는 그렇게 말한다. 다른 때도 나는 20 그것을 그대들에게 말한다.

그러나 생이 나에게 자신의 법칙을 비밀리에 전했을 때, 그것은 이렇게 덧붙였다. "그리고 인간들은 평등해서는 안 된다!"

인간들은 갈수록 더 불평등하게 되어야만 한다—위버멘쉬를 위해서!—나의 사랑 자체가 그렇게 바란다!

아버지가 침묵했던 것이 아들을 통해 말해진다.

그리고 자주 아들은 다만 가면이 벗겨진 아버지의 혼일 뿐이다.

상처받은 자부심, 억압된 질투. 이것들은 아들에게서 화염처럼 분출되며 복수의 광기가 된다.

5 이것이 나에게는 정의다—이렇게 이 광기는 말한다—나는 나와 동등하지 않은 모든 사람에게 복수하며 모욕을 가한다.

그리고 "평등에의 의지"—이것이야말로 덕에 대한 이름이어야만 한다. 권력을 갖는 모든 것에 반대해서 나의 덕은 울부짖는다!

그는 생으로부터 등을 돌리는 사람들에게 고통을 주기 위해서 10 생을 설한다. 왜냐하면 그들은 그보다 강력하며 순수한 마음을 가지고 있기 때문이다.

그러나 생에서 등을 돌리고 그 자신은 자신의 동굴 안에 앉아 있다. 거미처럼 망을 짜면서 파리를 먹는 것을 나는 생이라고 부르지 않는다.

15 그의 복수의 샘은 항상 너무 격렬하게 흐른다. 그리고 그는 잔을 채움과 동시에 다시 잔을 비운다.

이러한 예의도 또한 문제가 되어야 한다. 명령할 수 있는 자가 자신의 왕다운 손을 외투 속에 숨기며, 그는 명령하는 대신 자신의 아름다움을 통해서 설득한다.

20 "세계의 모든 것이 내 맘에 들지 않는다.—그는 이렇게 생각한다—그러나 가장 마음에 들지 않는 것은 내가 모든 것을 마음에 들어하지 않는다는 것이다." 그 때문에 그는 미래에 대해서 말한다.

마지막으로 :

그는 내 취미에 거슬린다. 이것이 내가 그와 다투는 최선의 근거이다.

취미에 대해서는 논쟁할 수 없다고? 오오 그대 어리석은 자들이여, 모든 생은 맛보는 것과 취미를 둘러싼 투쟁이며 또한 그러한 것이어야만 한다.

그리고 나 자신, 나의 어리석은 친구들이여!—만약 내가 그것에 대해서 싸울 만한 것, 즉 취미가 아니라면 나는 도대체 무엇인가!

고래의 뱃속에 생의 이러한 고지자가 앉아 있다. 고래는 자신에게 반항하면서 설교하는 자를 삼켜버렸다.

나는 그의 비밀을 드러내고자 한다. 그런 다음 높은 곳에서 질투어린 그의 얼굴에 너털웃음을 터뜨릴 것이다.

그대들 평등의 설교자들이여, 나는 그대들의 가르침에 맞서 나를 방어하기 위해 메두사의 공포를 사용하지 않는다. 오직 방패인 아름다움을 이용하여 그대들에게서 나를 보호한다!

내가 바람을 사랑하는 것은 그것이 눈에 보이지 않기 때문이다. 나는 단지 돛에서 하나의 불꽃처럼 보여지기를 원한다.—놀라움과 함께 고독한 뱃사람들은 그 좋은 신호를 본다.

그는 사람들이 자신을 하나의 신으로 간주하기를 원한다. 그러나 이를 위해 그는 자신의 얼굴을 감추어야만 하며 자신을 이시스의 베일 안에 감싸야만 한다.

그러나 나는 그대들에게 말한다. 그의 시대가 적대시하는 자는 아직 충분히 그 시대를 넘어서지 않고 있다.

폭군의 의지가 그에게서 평등을 찾아서 울부짖는다. '평등'이라는 그의 말은 폭군의 허위이며 유혹이다.

인간이 복수로부터 구원받는다는 것—그것이야말로 진정 위버멘쉬의 무지개이며 최고의 희망을 향한 하나의 다리이다.

12〔44〕

“우리는 곰들에게 춤추는 것을 가르쳐야만 한다. 그러나 그를 위해서는 우리 자신이 춤추는 곰이어야만 하는가?”

이것에 의해서 그대, 교사들은 나에게 이렇게 말하기를 원한다. “우리는 교육자이기를 원한다. 그러나 우리 자신은 교육받은 자들이 아니다.”

그대 교사들이여, 내가 그대들의 허영심에 상처를 입히지 않기를! 나는 이미 상처받은 허영심에서 너무 많은 비극이 자라나는 것을 보았다.

12〔45〕

여러 가지 정념들의 경쟁.

12〔46〕

식료품들에 대한 가치 판단의 역사.

이러저러하게 행해졌고(먹혔고) 달리 행해지지(먹히지) 않았다는 것은 어떠한 가치를 갖는가?

12〔47〕

학자.

시인.

위대한 사건.

예언자.

구제에 대해서.

인간-영리함.

가장 조용한 시간.

12〔48〕

문제되는 것은 더 강한 자들의 권리가 전혀 아니다. 더 강한 자와 더 약한 자도 가능한 한 자신의 힘을 확장한다는 점에서 모두 같다.

12〔49〕

나폴레옹보다 높은 인〈간〉들

여러 정념들과 서로에 대한 그것들의 평가

동정과 공통 감각

[13=Z I 4. 1883년 여름]

13〔1〕

5 차라투스트라의 성스러운 너털웃음.

시계바늘은 나아갔다. 내 생의 시계는 숨을 멈췄다. 나는 내 주위에서 그러한 정적을 한 번도 듣지 못했다. 그래서 나는 경악했다.

그러고 나서 그것은 나에게 소리없이 말했다. 구제자로부터의 10 구제를 설교할 때가 그대에게 왔다.

그대들에게 정신은 근심도 마음의 고뇌도 아니었다 : 그대들의 생의 빵은 신맛이 난다. 그러나 아직 사상에 의해서 충분히 발효되지 않았다.

15

차라투스트라는 사냥꾼으로서 추악한 진리들을 사냥하기 위해 나갔다. 그는 어두운 얼굴을 하고 자주 숲에서 집으로 돌아왔다.

오오, 인간이여, 그대의 인식이란 모든 사물을 그대에게 가장 유 20 리하게 왜곡하고 해석하는 것이다. 그대들 모두는 나에게는 해석자요, 왜곡하는 자다, 인식하는 자들이여!

지배자처럼 그 체험이 왔다. 그러나 내 의지는 그것에게 말했다. 그러자 그것은 벌써 간청하면서 무릎을 꿇었다.

그대는 태양의 갈증과 뜨거운 호흡을 느끼지 않는가? 그것은 바다를 빨아들이고 바다의 깊이를 자신의 높이까지 마시려고 한다.

무용수는 자신의 귀를 발가락에 가지고 있는 것은 아닌가?

5

그대는 하나의 별인가? 그대 쉬지 않는 자여, 그대 또한 방황하기를 바라고 고향을 상실하기를 바라야만 한다.

내 바다 밑바닥은 조용하다. 그가 익살스런 괴물을 숨기고 있다고 누가 정녕 추측할 수 있을 것인가!

10

내 깊은 곳은 요지부동이다. 그러나 그것은 반짝이는 수수께끼들과 너털웃음으로 빛난다.

보라, 여성이 어떻게 자신에게 저항하는지 그리고 그녀가 어떻게 반항과 의지라는 그녀의 금빛 머리카락에 거슬러서 빗질을 하는가!

15

그들은 호언장담한다. 이제 그대들은 우리가 그들에게 마음이 움직이고 있다고 생각하기를 바란다.

20

그대들, 현대인들이여, 나는 그대들을 대단치 않게 생각한다. 그대들은 나에게는 천박하여 훤히 꿰뚫어 보인다. 그대들은 영원이 내비치는 찢어진 베일이다. 그대들의 배후와 그대들 앞에 있는 것을 내가 보지 못했다면 내가 어떻게 그대들 사이에서 살기를 원했을 것인가!

나는 그대들이 필요하다고 생각하지 않았다. 나에게는 그대들이 한 번도 풍요로운 인간으로 보이지 않았다. 진정 그대들에게는 흘러 넘치는 것이 거의 없다.

5 별 하나가 떨어져 사라졌다. 그러나 그것의 빛은 여전히 행로 위에 남아 있다. 그렇다면 나에게 말해보라. 그 빛이 언제 더 이상 그 자리에 남아 있지 않는가?

바다는 공작들 중 공작인가? 그것은 부드러운 모래 위에서 은빛 10 꼬리를, 은과 비단으로 된 레이스 부채를 폈다. 그것은 언제 자신에게 물릴 것인가? 이처럼 생은 자기 자신을 사랑한다.

깊은 밤이 취한 눈으로 나를 보았다. 고독이 그 옆에 웅크리고 앉았다. 그리고 죽음의 정적이라는 최악의 여자친구가 목을 그르렁거 15 리고 있었다.

그리고 원의 열망처럼 영원히, 내 열망 역시 나를 향한 것이다. 모든 원이 다시 자신에게 이르기 위해 회전한다.

20 그대들은 나에게는 우스운 존재들이다. 그대들, 절름발이들이여! 그러나 급히 서두르고 의지가 있는 자에 대해서 그대들이 장애가 되지 않도록 조심하라!

그대는 걷는 모든 자를 방해하려고 하는가? 그렇다면 그들을 마주 보고 걸으면서 뒤를 돌아보라!

물러나 있는 자를 두려워하라! 도약할 준비를 하고 있는 호랑이를 두려워하라!

5

이제까지 그대의 샘은 너무 격렬하게 흘렀다. 그것은 잔을 채우려고 하면서 동시에 항상 잔을 비웠다.

정적. 높은 곳에서의 겸손.

10

나는 생의 식탁에서 떨어지는 것으로 나를 장식하고 싶다. 생선뼈와 조개껍질, 가시 돋친 잎들로 그대들보다도 더 장식되기를 원한다.

15 밤이 가장 침묵하고 있을 때에, 이슬이 풀 위에 떨어지는 것처럼 그대의 선행들도 그렇게 이루어져야 한다.

모든 악을 행하는 힘이 나 자신에게 있음을 나는 믿는다. 그 때문에 나는 바로 나 자신에게 선을 기대한다!

20

그대들이 그대 자신을 시인으로 또는 무용수로 찬양하든, 그대들이 자신을 민중의 소리로 부르고 일반의 복지를 위해서 일하는 자로 부르든,

그대들이 가르치든지 또는 그림을 그리든지 또는 노래를 부르든

지 또는 '서예' 놀이를 하든지,

그대들은 모두 나에게는 하나의 명제와 욕망의 자식들이다. 그 명제는 이렇게 말한다. "그대는 유명해져야만 한다".

그러나 다른 유형의 인간들, 더 드문 자들이 있다. 이들은 명성을 가지고 있지만 그것을 잃어버리고 모든 표지판에서 지우기를 원한다.

그들은 가공할 여주인이 그들을 알아보지 못하고 화를 내면서 그들을 서둘러 지나치도록, 자신의 머리를 수풀과 동굴에 숨기거나 가명을 쓴다.

그들이 발각되고 싶지 않은 무서운 여주인은 어떠한 것인가?

타인의 부정을 자신의 어깨 위에 올리고 이중의 짐으로 숨을 헐떡이는 것을 나는 은혜와 관대한 마음이라고 부른다.

그대의 행동을 선하게 만드는 것은 그대 행동의 근거와 목적이 아니라 그때 그대의 혼이 떨리고 빛나며 끓어서 넘쳐 흐른다는 사실이다.

'학자'

그대들은 스스로도 놀랄 만큼 갈비뼈가 앙상한 채 거기에 서 있다.

그리고 그대는 이렇게 말한다. 내가 잠들어 있는 동안에 어떤 신이 나에게서 몰래 무엇인가 빼낸 것이 아닐까? 정말 귀여운 여자를 만들어내기에 충분할 만큼!

내 갈비뼈의 빈약함은 놀랍다!

그를 보라, 인간이라고 하는 일체의 존재에 대한 동정 때문에 그가 얼마나 흘러 넘치는지를. 그의 정신은 이미 동정 안에서 완전히 익사했다. 곧 그는 위대한 어리석음을 행할 것이다.

강한 바람처럼 나는 그곳에서 온다. 나는 나를 경멸하는 자들에게 이런 충고를 하고자 한다. 바람을 향해서 침을 뱉지 않도록 조심하라!

그대들은 병의 힘을 약화시키려고 하면서 병든 자의 힘을 약화시켰다. 그대들 엉터리 의사이자 구원자들이여!

나는 너무 높고 험하게 그대들 위에서 살고 있다. 나는 미래라는 나무 위에 내 둥지를 만들었다. 내 유일한 동시대인인 나 자신을 위해서.

명령할 수 있는 자가 설득하고 외투 속에 왕자의 손을 숨길 때, 나는 그것을 겸손이라고 부른다.

내 사나운 지혜는 고독한 산 위에서 잉태되었다. 그리고 거친 바위 위에서 나의 지혜는 아이를 낳았다, 마지막 아이를.

이제 나의 지혜는 바보처럼 황량한 황야를 뛰어다니고 부드러운 풀밭을 찾아 헤맨다—나의 오래된 사나운 지혜는!

그대들의 마음의 부드러운 풀밭 위에 나의 벗들이여!—그대들의 사랑 위에 나의 사나운 지혜는 가장 사랑하는 아이를 눕히고 싶어한다! 그러나 그러한 일이 어떻게 나에게 일어날 것인가?

모든 사람이 알고 있는 것은 모든 사람에 의해서 잊혀진다. 만약 밤이 없다면 빛이 무엇인지를 누가 알 것인가!

정녕 나는 그대들에게 말한다. 소멸하지 않는 것은 단지 하나의 비유일 뿐이라고.(원의 열망

우리는 설명될 수 있는 모든 것을 경멸한다. 어떠한 어리석음도 기습을 당하여 그것을 설명하는 자 앞에서 벌거벗은 채 서 있었다.

그대들은 자신에게 유용한 것을 행하는 인간을 정말로 본 적이 있는가?

우리를 사랑했던 신은 우리를 위해 몇 가지 어리석음을 행해야만 했다! 그대들의 신의 '지혜'에 대한 찬양이 나에게 무슨 의미가 있단 말인가!

그대의 행복은 아직 젊다. 그러니 그것을 관대하게 봐달라!

그대 주위에 나쁜 공기가 있다. 현재 공기 중에 있는 사상들이 그렇게 만들고 있다.

일찍이 나는 바다 속에서 하나의 상, 한 여신의 상을 보았다. 파도

는 게으르고 음흉하게 그녀의 하얀 가슴 주위를 맴돌았다.

반쯤은 모래가 파묻었고 반쯤은 파도의 질투가 그녀를 파묻었다.

5 나는 너무 오랫동안 고독했다. 그래서 나는 침묵할 줄 모르게 되었다.

내 온몸은 입이 되었고 절벽에서 떨어지는 시냇물이 내는 쏴쏴거리는 소리가 되었다. 나는 내 설교를 골짜기 밑으로 떨어뜨리고 싶다.

10

그대들 모두는 나에게는 가증스럽다. 그대들 야경꾼들과 묘를 지키는 자들이여, 그리고 항상 오로지 음울한 피리를 부는 자들이여.

나는 그대들의 자유의지와 아울러 자유롭지 못한 의지도 비웃

15 는다. 그대들이 의지라고 부르는 것은 망상이다. 의지라는 것은 존재하지 않는다.

그대들이 의지라고 부르는 이 망상은 고통과 사상에서 생긴 것이다. 그리고 어떠한 의지도 없기 때문에 또한 어떠한 의무도 없다.

20

그러한 결론을 끌어낸 것은 정녕 나였다. 그런데 이제 그것이 나를 끌어간다.

겸손은 가장 단단한 가죽을 가지고 있다.

우리들이 소홀히 한 것조차도 모든 미래의 직물을 짠다. 아무것도 하지 않는 것이 모든 직공 중 가장 뛰어난 직공이다.

많은 자들이 자기 자신에 지친다 : 그리고 그때서야 비로소 그의 행복이 시작된다.

그대가 잘 타고자 한다면 그대의 의지라는 준마 앞에 한 마리의 나귀를 매달아라!

나는 행복에 의해 상처를 입었다. 고뇌하는 모든 자가 나에게는 의사가 된다!

자기 자신을 믿지 않는 자는 항상 거짓말한다.

그대의 증오와 그대의 질투가 일단 나태해져 사지를 뻗는다면, 그대의 정의가 깨어나 잠든 눈을 비빈다.

'인식하는 자'
야윈 덕과 함께 혼이 부서져서 그는 너무 오랫동안 그늘에 앉아 있었다—이렇게 그는 여러 기대로 굶주려서 죽었다.

'위대한 자'
내가 나 자신에게서 등을 돌렸을 때야 비로소 나는 나 자신의 그림자를 뛰어넘었다. 그리고 정녕 내 친구들이여, 태양의 한가운데로 나는 들어갔던 것이다!

나는 겸손한 자가 아닌가? 나는 정상의 발 아래에 살면서 아직 한 번도 내 정상을 본 적이 전혀 없었다. 나의 겸손은 설득될 수 없다. 모든 정신이—나에게로 다가온다. 나는 그것을 사랑하며 그것이 내 정신이기를 원한다.

사람들은 내가 근본적으로 사랑한 것을 나에게서 빼앗았다. 이제 내 사랑은 물결이 되어 동쪽으로 서쪽으로 흘러내린다. 내 영혼은 말없는 산맥과 고통의 뇌우에서 골짜기로 흘러내린다.

('인식하는 자')

정신 그 자체를 가지고 그대들은 부정한 장사를 했다. 그대들은 부정한 장사로 그대들의 피를 독으로 더럽혔다. 피를 흘리는 것에 의해서만 그대들은 그 독으로부터 자신을 치유할 수 있다!

'천재' 위버멘쉬가 일찍이 살았던 적이 있는가?

어떤 신의 가면 속으로 징그러운 환형동물이 기어 들어갔다. 너무 오랫동안 나는 거룩한 피부를 가진 바보였다. 이 피부 속을 채운 내장은 똬리를 튼 뱀이었다.

나는 신의 영혼이 유희하는 것을 본다고 생각했다. 그 가면은 나에게 뱀의 더러움과 악취를 숨겼다. 도마뱀의 교활한 지혜가 신의 가면을 쓰고 기어다니고 있었다!

너털웃음을 신성하게 하고 화려한 천막처럼 세계 위에 씌우기 위해 나는 왔다. 별들이 있는 새로운 하늘을 창조하고 새로운 밤의 영광을 창조하기 위해. 만약 내가 그대들에게 더 어두운 밤들을 창조해야만 했다면 나는 나 자신을 그대들에게 바쳤을 것이다.

5

나는 동경하면서 먼 곳을 바라본다. 그대, 나의 독수리여, 그대 위에 나는 손을 놓는다. 이제 나에게 말하라, 독수리의 눈이 보았던 가장 먼 것이 무엇이었는지를!

10 "저절로 주어진다"고 그대들은 나에게 말하는가? 아니다. 내 형제들이여, 저절로 빼앗기며 그대들은 더욱더 많은 것을 빼앗길 것이다!

(현대인들)

15 산을 옮길 줄 아는 자는 계곡과 평지도 옮길 줄 안다.

그대들은 나의 음료 때문에 나에게 재채기할 것이다. 그리고 거품이 이는 내 포도주가 그대들의 코를 간지럽히고 욕정을 불러일으킬 것이다.

20

파도가 밀려와 아이에게서 장난감을 빼앗아 바다 밑으로 가져갔기에 아이는 울고 있다. 그러나 같은 파도가 아이에게 다른 백 개의 장난감들을 가져와서 하얀 모래에 쏟아놓았다.

따라서 내가 잠시 머무르고 떠난다고 울지 말라, 내 형제들이여.

취미에 대해서는 다툴 수 없다고? 그대들 어리석은 자들이여, 모든 생은 맛보는 것과 취미를 둘러싼 투쟁이며 그러한 것이어야만 한다.

나는 나의 교설을 그대들의 귀가 아니라 손을 향해 말한다. 나처럼 행동하라. 오직 행위하는 자만이 배운다. 그리고 나는 또한 행위하는 자로서만 그대들의 교사가 될 것이다. 그대들이 손을 놓고 기도하는 것보다는 나를 열악하게 모방하는 것이 더 낫다.

정녕 나는 차가운 정신과 마찬가지로 무더운 정신들도 사랑하지 않는다. 그러나 그것들이 함께 오면—내가 사랑하는 것인 쏴쏴 소리 나는 바람이 생긴다.

어떤 섬에 도착했다고 나는 생각했다. 그러나 그것은 잠들어 있던 괴물이었다.

아직 나는 생식과 임신이 아닌 그 어떤 몰락도 보지 못했다.

하나의 섬광이 그대들의 음식에 떨어졌고 그대들의 입은 불을 삼켜야만 할 것이다.

나는 나의 교설을 위해 아직 불을 통과해 걷지 않는다. 그러나 나의 교설은 나의 불에서부터 걸어 나온다.

그 사람은 2천 년 동안 십자가에 매달려 있었다. 어떤 추악한 신이 그의 잔인함을 발휘하면서도 그런 잔인함을 사랑이라고 불렀다.

“세계의 모든 것이 내 마음에 들지 않았다. 그러나 모든 것에 대한 내 혐오가 내 마음에 가장 들지 않았다.”

나는 이미 많은 이별을 했다. 그러나 나는 문을 힘껏 닫지 않았다.—따라서 그대들의 둔감한 귀는 문 닫는 소리를 전혀 듣지 못했다.

모든 사람을 자신에게 귀의하려고 하는 자는 나에게 얼마나 우스운 존재인가!

내가 그대들을 원하든 원하지 않든 그대들은 나에게 온다. 그러나 내가 그대들에게 주어야만 하는 것처럼 그대들은 나에게서 받아야만 한다—나를 받아야만 한다!

나는 하얀 수소가 되어 코를 씩씩거리고, 울부짖으면서 쟁기의 보습을 끌고 싶다. 내 휴식이 태양 속에 몸을 누이는 것처럼 나의 행복은 대지의 냄새를 맡아야만 한다.

나의 독수리는 나의 의지에 대항해서 날개를 사납게 친다. 그러나 그의 날개는 이 바위에 부딪혀서 부서진다.

그대들에게 아직 '체험'은 무엇인가? 모기처럼 사건은 그대들 위에 앉는다. 그대들의 피부는 찔리지만 그대들의 가슴은 그것에 대해서 아무것도 알지 못한다.

5 나는 이 창백하고 살진 달을 좋아하지 않는다. 정녕 나는 아직 달 속에서 '남자'를 발견하지 못했다. 그것은 나에게 단지 수도사에 불과하다. 이 수도사는 젖은 빰을 하고 있고 음탕하다. 그는 음탕하게 어두운 구석 주위를 모두 기웃거리고 반쯤 닫힌 창문을 들여다본다—그는 밤마다 지붕 위를 돌아다니는 모든 수코양이 중 가장 질
10 투심이 많은 자이다! 그는 모든 연인을 질투한다. 달 속의 저 창백하고 뚱뚱한 수도사는!

밤이 왔다. 다시 지붕들 위에는
달의 살진 얼굴이 떠 있다.
15 모든 수코양이 중 가장 질투심 많은 그,
그는 모든 연인을 질투하면서 바라본다
이 창백한 살진 '달 속의 남자'.
그는 음탕하게 모든 어두운 구석들을 기웃거리고,
반쯤 닫힌 창문에 넓게 드리우면서, 음탕한 살진 수도사처럼,
20 그것은 밤마다 금지된 길을 뻔뻔스럽게 걷는다.

오오, 이 위조된 빛이여, 이 달콤하고 축축한 공기여! 여기서 영혼은 비상해서는 안 되며, 오히려 꼭대기까지—무릎을 꿇고 가지 않으면 안 된다.

오오, 생이여! 눈을 들여다보는 것처럼 나는 그대를 들여다본다.

내가 그대에게서 보는 것은 그대가 나를 본다는 것이다. 내가 그대에게서 읽는 것은 그대가 나를 읽었다는 것이다.

5 겨울이 왔다. 오늘 나는 춤추고 싶다. 나는 이 눈에 대해서 충분히 뜨거운 열을 가지고 있다. 나는 산에 오르고 싶다. 거기에서 나의 열정이 차가운 바람과 격투하기를 원한다.

나는 기상 경계선이 아닌가? 모든 바람이 나에게 불어와서 나의
10 의지를 묻지 않는가? 도래하는 모든 것에 나는 내 손을 댈 것이다.

그 모든 것이 거인들의 거친 유희이고 거인들이 제멋대로 휘두르는 주먹이라고 그대들은 생각하는가? 그러나 비둘기 걸음으로 다가오는 사상이 이 거친 자들의 의지를 지배한다—가치에 대한 한 마
15 디 말이. 그리고 그러한 말들은 최고의 정적에서 비롯된다.

밤이다. 솟아오르는 모든 샘은 이제 더욱 크게 말한다.

그리고 내 영혼도 솟아오르는 샘이다.

밤이다. 이제야 비로소 사랑하는 자들의 모든 노래가 잠에서 깨
20 어난다.

그리고 내 영혼도 사랑하는 자의 노래다.

화염과 연소가 나의 생이다. 그리고 그것이 바친 희생의 향연은 희생보다도 오래 산다. 그 향연은 바다를 넘어서 멀리까지 흘러 고독

하게 항해하는 자들을 뒤흔든다.

여기에 가을, 수확, 잉여, 오후, 먼 바다가 있다. 그러나 바로 지금 나는 새가 되어 그대들을 넘어 정오로 날아가야만 한다. 나는 그대들의 가을에서 그대들의 겨울과 얼음처럼 차가운 빈곤이 온다는 것을 그대들에게 예언한다.

정직하라, 그대들이 무엇을 제일로 믿는지를 알아냈다. 이제 나는 그대들의 모든 인식이 이 최상의 신앙에 봉사하기를 원한다.

나의 연설은 너무 서서히 달린다. 폭풍이여, 나는 그대의 마차에 뛰어들어서, 그대를 나의 악의로 채찍질하려고 한다. 하나의 외침과 탄성처럼 우리는 광대한 바다를 넘어서 달리기를 원한다.

완성은 미리 자신의 그림자를 던진다. 이 그림자를 나는 아름다움이라고 부른다—모든 것 중에서 가장 가볍고 조용한 것이 위버멘쉬의 그림자로 나에게 찾아왔다.

돼지의 코처럼 나의 말은 그대의 영혼의 근저를 파헤칠 것이다. 나는 쟁기의 보습이라고 불리고 싶다.

나에게 무슨 일이 일어났는가? 내 샘은 고갈되었고 내 바다는 뒤로 물러섰다. 나의 밑바닥이 균열되어 나를 자신의 심연 속으로 삼키려고 하는가?

— 불사를 향해서! 아피아 길.

그대들의 지성에 틈이 생기면, 그대들은 즉시 틈을 메우는 것들 중 가장 빈약한 것을 그 틈에 끼운다—그것의 이름은 '신'이다.

어두운 뇌우 속에서 사라지고 싶다. 나의 최후의 순간에 나는 인간이면서 동시에 섬광이고 싶다.

나의 가장 감미로운 말은 그대들에게는 지금 효모가 된다. 그대들은 나에 대한 복수심에 의해서 발효한다. 그대들이 나에게서 완전히 발효되어 그대들의 악의와 복수심으로 부풀어올랐을 때 비로소 나는 그대들의 맛을 찬양할 것이다.

나는 그대들의 비밀을 드러내고자 한다. 그 때문에 나는 높은 곳에서 그대들의 얼굴에 너털웃음을 터뜨린다.

그대들 행위하는 자들이여, 그대들의 얼굴이 나에게는 희미하다. 그대들의 손의 그림자가 그대들의 얼굴 위에서 노닐고 그대들의 눈의 의미는 나에게는 숨겨져 있다.

화강암 속에서 잠이 든 채 자신을 깨울 사람을 기다리는 사상.

고래 뱃속에서 나는 생의 고지자가 된다.

나는 그대들이 모두 벌거벗고 있는 것을 보았다. 그리고 그대들의 선, 그대들의 악이 도대체 나에게 무슨 차이가 있을 것인가!

나의 행복은 폭풍처럼 다가온다. 그리고 행복은 자신이 바라지 않으면서도, 그것에서 도망갈 줄 모르는 미숙한 자를 견고한 벽에 내던진다.

그는 가라앉고 악마들이 그를 끌어당긴다. 그가 가라앉으면 앉을수록 그의 눈과 신에 대한 욕망은 그만큼 불타오르면서 빛난다.

현대인들

그대들은 나에게 불만을 품고 와글거린다. 왜냐하면 나는 나의 노로 그대들을 때리기 때문이다—그러나 그대들은 또한 내 작은 배를 영원히 날라야만 한다.

생은 또한 생 안으로 고통스럽게 들어오는 것이다. 생은 자기 자신의 고뇌에 의해서 자신의 지혜를 증대한다.

한 아이는 세계가 그 위에 씌어져 있는 거울을 나에게 보여줄 것이다.

그는 자신의 수수께끼를 푼다. 그러나 그것을 구원하지 않는다. 그것은 천상의 어린아이로 변해 위로 날아오르지 않는다.

나의 사상은 색채다. 나의 색채는 노래다.

내가 나의 길을 발견해서 걸었을 때 처음에는 무릎이 떨렸다. 그것을 본 사람이 나에게 말했다. 그대는 길을 잊어버렸다. 또한 이제 그대는 가는 것도 잊어버렸다.

이제 나는 의지조차도 망각했다. 올라가는 것에 익숙해진 나는 높이 올라갔고 에테르가 황금의 실에 매달아 끌어올렸다.

일찍이 내가 내 명성 위에서 잠든 적이 있었던가? 나에게 모든 명성은 가시로 만든 침대 같았다.

모든 아름다움은 그대들 인간들을 넘어선 곳으로 나를 유혹한다. 모든 아름다움은 모든 신에게서 멀어지도록 나를 유혹한다. 그래서 나는 닻을 광대한 바다에 던지면서 말했다. "여기에 언젠가 위버멘쉬의 섬이 있기를!"

그대들의 아름다움 자체가 참회를 설교하지 않는다면 그대들의 말이 무엇을 할 수 있을 것인가!

수소의 목을 가지고—그리고 천사의 눈을 가질 것을 나는 그대들에게 원한다!

나는 시력을 잃었다.

나의 맹목과 맹인의 모색과 더듬음은 내가 본 태양의 힘에 대해서 그대들에게 이야기해줄 것이다.

한때 인식은 조용히 웃는 것과 아름다움 때문에 질투를 품지 않는 것을 배웠다.

그대들은 모든 정신에 대해 자유롭게 서 있다. 정신의 자유와 기쁨의 장소. 그런데 내가 원하는 것은 그러한 것이다. 그대들의 도시는 내 덕을 점령할 뿐 아니라—소유해야만 한다. 그대들은 나의 덕에 사로잡힌 자들이 되어야 한다.

나는 초조하게 겨울을 견뎌냈다. 이제 4월의 악의가 나의 초조와 유희한다. 그리고 자주 나는 그의 주저하는 우울함과 그의 경멸적인 눈송이 때문에 거품을 내며 넘친다.

처음으로 나는 다시 정의로운 인간, 영웅, 시인, 인식하는 자, 예언자, 지도자를 결합했다. 나는 여러 민족 위에 내 둥근 천장을 펼쳤다. 하늘조차도 그 위에 쉬고 있고—하늘을 지탱하기에 충분할 정도로 강한 기둥들. (위버멘쉬는 그렇게 말해야만 한다!)

정의가 내 앞에 다가왔다. 그때 나는 우상을 파괴하고 부끄러워했다. 나는 속죄했고 내 눈을 그것이 즐겨 보지 않는 곳을 보게 하면서 사랑을 그쪽으로 나르도록 강요했다.

최고의 정열은 조용하게 흐르는 정열이다.

(결론)—언젠가 고뇌해야만 하는 모든 사람은 그 전에 이미 기름 부음을 받고 눈물을 통해서 축성되어 희생의 동물이 되는 것을 느꼈다. 그것을 그대들은 나의 '행복'이라고 부른다—

그의 힘은 충만한 단순함에서 흘러나온다. "아아, 내가 도대체 하나의 신이 되어야 하는가?"—라고 그는 말했다.

추락하면서도 여전히 주저하는 폭포처럼—

우리는 자연에 인간적인 것을 침투시키기를 원한다. 그리고 그것을 신적인 위장에서 구제하기를 원한다. 우리는 인간을 넘어서 꿈꾸기 위해 자연으로부터 우리에게 필요한 것을 취하려고 한다. 폭풍과 산들과 바다보다도 더 위대한 어떤 것이 생겨야 한다—그러나 인간의 아들로서!

돌을 싣고 내려오는 수레처럼 무겁게 덜거덕거리며 다가오는 자들도 있다. 그러나 그대들의 모든 존엄과 함께 산을 내려오고 있다는 사실을 그대들은 폭로하고 있다—심연이 그대들을 자신에게 끌어당긴다!

닳아빠져서 뾰족하게 된 혀로

나는 물고기 한 마리를 잡으려고 그물을 바다 속에 던졌다. 그러나 그때 나는 늙은 신의 머리를 끌어올렸다. 이렇게 바다는 굶주린 자인 나에게 돌 하나를 주었다.

나에게 그대들의 조국과 모국이 무슨 의미를 갖는가! 내가 사랑하는 것은 내 어린아이들의 나라, 즉 아직 발견되지 않은 나라뿐이다. 그 나라를 향해 바다를 넘고 그 나라를 찾도록 나의 돛에게 명령한다. 이렇게 나는 내 어린아이들에게 다가가서 내가 내 아버지들의 아이라는 사실을 보상하고 싶다.

그것을 위해서 자신과 자신의 이익을 경멸하는 자에게만 그대들의 덕은 유용할 것이다. 그렇지 않으면 그대들의 덕의 시선에는 이익을 경멸하는 것이 존재할 것이다.

나의 독수리는 강탈하는 강도이고 맹금이다. 하얀 작은 양들 모두에게 그가 하나의 위험이라고 불리기를!

그대들은 잠든 자의 공포를 알고 있는가? 대지가 물러가고 꿈이 시작하는 것에 대해서 그는 발꿈치까지 경악한다—그리고 자주 그는 다시 이러한 공포에서 깨어난다.

그대들의 잠언과 작은 진리들은 아마 늪 근처에서 자라난 것은 아니었던가? 나는 항상 그것에서 차가운 개구리가 개굴거리는 소리를 듣는다.

산을 가지고 그대들은 새로 짓는 것을 배워야 한다. 그대들, 인식하는 자들이여, 그대들이 산을 옮길 수 있다는 것으로는 아직 부족하다. 그리고 산을 옮기는 자는 평지조차도 옮긴다.

5 그대들의 차가운 곤궁과 무능력이 섬광에 의해서 파괴되고 화려한 잡초에 의해서 가려지지 않는다면 어떻게 그대들이 견딜 수 있을 것인가! 그대들은 자신의 불행의 잔해와 희생으로 존재할 권리를 가져야 한다!

10 미각이 아니라 배고픔이 그대들에게 아름다움이 되어야 한다. 그대들은 자신의 곤궁을 아름다움이라 불러야 한다. 그렇지 않으면 나는 그대들을 원하지 않는다.

포만에서가 아니라 아름다움에서 침묵하고 사라져야 한다. 도래하는 신들의 그림자가 그대들을 조용하게 만들어야 한다.

15

창조하는 모든 자들은 도대체 무엇을 찾는가? 그들 모두 새로운 언어들을 찾는다. 그들은 항상 낡은 언어들에 싫증났다. 정신은 밑이 너무 닳아서 얇아진 신발로는 그들에게 오려고 하지 않는다.

20 먼 바다를 바라보는 그대들의 시선, 바위와 그것의 끝을 만지려는 그대들의 욕망—그것은 오직 그대들의 동경에게만 하나의 언어다. 그대들의 시선, 그대들의 욕망만이 인간 그리고 인간 이상의 것을 찾는다.

저자들은 그들에게 저항하면서 고통을 주는 것을 신이라고 불렀다. 이것이 이러한 영웅들의 작태이다. 그리고 그들은 인간을 십자가에 매다는 것 외에는 자신들의 신을 사랑하는 방법을 알지 못했다.

5 따라서 나의 친구들이여, 우리 서로 적이 되자! 그대들 위에서 둥근 천장과 아치가 서로 다투면서 굴절하고 있는 것처럼. 빛과 그림자가 그대들 위에서 거룩하고 의연하고 아름답게 적대하고 있는 것처럼, 그대들의 사상과 그대들의 벗의 사상도 이렇게 의연하고 아름답게 서로 대립해야 한다.

10

자신의 머리 위에서 어떤 자가 걷고 있다는 것에 대해서 그대들은 아무것도 들으려 하지 않는다. 그래서 그대들은 그와 그대들의 머리 사이에 나무와 흙과 오물을 놓는다—그렇게 그대들은 그의 발소리를 줄인다.

15 그대들은 모든 인간 오류와 약점을 나와 그대들 사이에 놓는다. 그대의 집에서 그대들은 그것을 방음장치라고 부른다.

그러나 그럼에도 불구하고 나는 내 사상과 함께 그대들의 머리 위에서 걷는다. 내가 나 자신의 오류와 방음장치 위에서 걸으려 할 경우에도 나는 그대들과 그대들 머리 위에 있을 것이다.

20

그리고 이제 내 산꼭대기의 얼음과 무구함이 불탄다.

그대 전복자들이여, 그대들은 아직 전복이 무엇을 하는 것인지를 알지 못하는가? 무너진 기둥이 그대들의 경멸의 진흙 안에 가로

놓여 있었다—그리고 그대들은 자신을 경멸함에서 갑자기 생을 다시 일깨웠고 생생한 아름다움을 일깨웠다.

좀더 신적인 표정과 함께 그것들은 고통스러워하면서도 유혹적으로 일어났다. 그대들 기둥의 전복자들이여!—그리고 그것들은 자신들이 신성하게 된 것에 대해서 그대들에게 감사했다!

호랑이 등에 탄 디오니소스. 산양의 두개골. 한 마리 표범. 아리아드네는 꿈꾼다, "영웅에게 버림받고 나는 초영웅을 꿈꾼다". 디오니소스에 대해서 전적으로 침묵하는 것!

모든 행동에는 해석이 필요하다. 그것은 수수께끼를 푸는 모든 자에게 눈짓을 한다. 나는 해석자들에게 새로운 용어와 해석 방식들을 주었다. 그들이 인간의 기상 표시들을 좀 더 잘 해석하도록.

나는 투시하는 자다. 그러나 양심은 무자비하게 나의 보는 행위를 따라다닌다. 따라서 나는 나의 환영을 해석하는 자이기도 하다.

두꺼비가 감미로운 우수의 노래를 부르는 검은 연못. 나에게는 그대들 성직자들이 그와 같다. 그대들 중 누가 벌거벗은 자신을 보여줄 수 있겠는가!

그대들은 자신의 시체를 검은 옷으로 싸는 것이 좋을 것이다. 나는 그대들의 설교에서 시체실의 불쾌한 냄새를 맡을 수 있다.

나는 그대들의 겸손의 기만적인 경련을 얼마나 증오하는가! 그대들이 무릎을 꿇을 때 나는 거기에서 노예의 관습을 본다. 자신의 신의 침을 핥는 자들이여!

어제 달이 떠올랐을 때, 나는 달이 태양을 낳으려 한다고 상상했다. 그만큼 크게 배가 불러서 달은 지평선 위에 떠 있었다.

그러나 임신한 것처럼 보이게 나를 속였던 것이다. 정녕 나는 달에 있는 남자, 더군다나 달에 있는 여인도 믿지 않는다—나는 이 비유를 그대들 열광자들, 달과 비슷한 자들에게 준다.

불모이면서 누렇게 달은 떠올랐다. 떠오를수록 그것은 점점 작아졌고 더 창백하고 그릇되게 보였다.

그것은 이 대지에 욕정을 품고 있지만 이 욕정을 부끄러워한다. 그는 자신의 시선에 신성함과 체념을 주고자 한다.

비록 크게 배가 불러서 지평선 위에 떠 있어도 정녕 그대들은 어떠한 태양도 낳지 못할 것이다!(낭만주의자들)

대지를 향한 욕정. 그러나 그대들의 양심은 이러한 욕정을 자책한다. 그렇게 그대들은 고통을 택한다.

그대들은 메마른 풀이고 초원이다. 그러나 나는 그대들을 달리는 불로 만들고 불의 혀를 가진 예언자들로 만들 것이다.

눈을 들여다보는 것처럼 나는 그대, 생을 들여다본다!

생의 눈에서 황금이 빛난다. 그 안의 검은 수면에서 황금 배가 떠다닌다. 이 황금의 춤이 솟아오르고 가라앉는 것을 보라!

그대들은 숙련되어 있고 영리한 손가락들을 가지고 있다. 그러나 그대들은 주먹을 만들 줄 모른다.

그대들의 영리한 손가락들이 하나의 주먹 안으로 숨어 들어갔을 때 비로소 나는 그대들의 힘을 믿을 것이다.

싸우는 벌레를 나는 먼저 용으로 창조했다. 그것은 아직은 너무 어리고 작았다. 나는 그대들의 미래와 그렇게 투쟁한다.

그러나 그대들이 투쟁해서 승리하기를 원한다면, 나는 그대들에게 우선 오늘의 용을 지렁이로 변화시켜야만 할 것이다!

그대들은 도구이고 시계이며 그 이상의 아무것도 아니다. 따라서 나는 그대들을 조소하면서 태엽을 감을 것이다. 그러면 그것들은 나에게 다시 똑딱거릴 것이다!

나는 그대들의 안일과 사랑의 침대에서 자기보다는 황소 가죽 위에서 자겠다.

그대들이 보는 것은 단지 나의 불꽃뿐이다. 그러나 그대들은 모루를 보지 못한다. 나는 모루다. 그대들은 내 쇠망치의 잔혹함을 헤아리지 못한다.

메두사의 공포로 내가 그대들을 돌과 벙어리로 변화시키지는 않을 것이다. 아름다움이라는 내 방패를 통해서만 나는 그대들에 맞서서 나를 지킨다.

그대들은 이 방패의 소리와 너털웃음을 듣는가? 그것은 성스러운 너털웃음의 아름다움이다. 그대들은 그것에 의해서 벙어리가 될 것이다!

5 나는 그대들을 탈 줄 안다. 그리고 말에 대해서 잘 아는 사람은 안장에 대해서도 잘 안다.

아직 나는 낯선 농장의 수탉과 같다. 암탉들이 나를 문다.

10 메마른 모든 영혼에게 나는 화염이자 위험이라고 불리고 싶다. 불타오르는 재가 내 앞에서 나부끼기를.

나는 다시 고독하고 추방당했다. 나는 친구들 그리고 나를 사랑하는 사람들에 의해 나의 고독으로 추방당했다. 이에 나는 나의 적들

15 에게 말하고자 한다.

나는 나를 증오하는 자들에게 말하고자 한다. 내가 나의 친구들보다 그대들을 더욱 더 설득할 수 있는지.

따라서 나는 이제까지는 모든 진리를 욕망했던 것처럼 이제는 적들을 욕망한다. 이제까지 나는 나에게 고통을 주고 가장 많은 고통

20 을 주었던 모든 것을 진리라고 불렀다.

나의 영혼의 모든 악의를 나의 친구들을 향해서 쏟고 싶다. 이렇게 나는 나의 적들을 나를 이끄는 것으로 유혹할 수 있는지.

그대들의 사랑으로? 아아, 이제 저 추악한 인식이 나에게 되돌아온다—나를 황야로 추방하고 거칠게 만들었던 자는 누구였던가?

쓸모없다! 쓸모없다! 그대들 자신은 야성의 인간을 추방했다. 친구들의 의지는 나를 동굴의 곰으로 만들었다.

아아, 누가 나를 무정한 돌들과 악천후 속으로 추방했는가.

5 세 번의 천둥과 세 번의 섬광이 한밤중에 '아니다!'라고 부르짖지 않았던가?

내가 그림책을 본다면 개와 아이는 나를 경멸할 것이다.

10 우아함은 위대한 심정을 가진 인간들의 아량에 속한다.

물소처럼 나는 그대들에게 주의한다. 모래에 가깝게, 덤불에는 더 가깝게 그러나 늪에 가장 가깝게.

15 수많은 작은 산탄(散彈)들을 가지고 용감한 자들을 비겁자로 만들 수 있다.

조용하게 그리고 칼 소리를 내지 말고 그대는 이 적을 지나쳐야만 한다. 그를 공격하지 않도록 조심해라! 그를 공격하는 자는 자기
20 자신도 더럽힌다.

대지에서 태어난 자인 나는 태양의 병을 체험한다. 자신의 일식 그리고 자신의 영혼의 홍수로.

나는 가장 풍요로운 자라고 믿었고 여전히 그렇게 믿고 있다. 그러나 어느 누구도 나에게서 가져가지 않는다. 그래서 나는 주는 자의 광기에 괴로워하고 있다.

나는 그대들의 영혼을 만지지 않는다. 나는 그대들의 피부도 만지지 않을 것이다. 최후의 가장 작은 균열이 다리를 놓는 데 가장 어려운 일이다. 내가 내 자신에게 가장 사랑스럽게 대했을 때 그대들에게 가장 많은 고통을 주지 않았던가?

그대들에 대한 사랑과 강렬한 갈망이 내가 추방됨과 동시에 커진다. 나의 사랑의 광기조차 나를 그대들에게서 점차 멀게 하고 이해하기 어렵게 만든다.

그러나 나는 추방당한 자다. 그대들에게서 눈을 돌렸다. 그리고 나는 그대들의 영혼의 피부조차 만지지 못한다.

아아, 내가 추방자라고 불린 이래, 그대들에 대한 갈망이 자라난다. 이 사랑의 광기가 나를 점점 더 낯설고 가공할 존재로 만든다.

말하는 데서 느끼는 나의 쾌감. 침묵하는 자들에 대한 반론.

가슴을 펴고 숨을 잔뜩 들이마신 사람처럼 그대들은 침묵하고 있다. 숭고한 자들이여!

감각에 대한 선의 계시를 나는 아름다움이라고 부른다. 나의—감각들에 대한! 나의 선! 정신이었던 것은 지금 나에게는 단지 사이비 정신에 지나지 않는다.

이제 나는 내 희망에 물렸다. 이에 나는 희망하기를 그쳤다(나는 더 이상 희망하는 자들에 속하지 않는다).

나는 너무 멀리 미래 속으로 날아왔다. 공포가 나를 엄습했다. 마침내 내가 내 주위를 보았을 때, 시간이 나의 유일한 동시대인이었다. 이에 나는 그대들, 현대인들을 그리워했다.

자기 자신을 위해서 독을 조제하려는 자조차 유리로 만든 장갑을 끼어야 한다.

나는 그들에게 그들의 무Nichts를 음식으로 주었다. 그들은 이 무에 질식했다.

나는 그들의 추악함을 거울에 비추어주었다. 그때 그들은 자신의 모습을 견딜 수 없었다. 그들의 눈의 사악한 시선 때문에 그들 자신이 해를 입었다.

이러한 모든 불의에 대해서 나는 참회했다. 존경은 나의 경멸보다도 더 부정했다.

그대들은 눈이 멀었지만 나는 그대들의 눈에서 그것보다 더 큰 맹목에의 의지를 발견했다.

아아, 나는 그대들의 거짓의 푸른 밤이 멀리 있음을 알고 있다. 정녕 자신의 거짓을 알고 있는 자의 거짓이 그대들의 거짓보다도 더 사랑스럽다!

나의 겸손이 일단 말하기를 원하면 나의 긍지 이상으로 그대들에게는 견디기 어려울 것이다.

5

두 개의 위험 사이로 내 좁은 길이 뻗어 있다. 오만이라는 하나의 높이가 나의 위험이며 동정이라고 불리는 하나의 심연이 나의 위험이다.

10 "이 짐을 최후의 정상으로 나른 후 숨을 고르고 팔다리를 뻗고 쉬고 싶다!"—영웅은 길을 가다 자주 그렇게 생각했다. 그러나 그가 위에 올라가 짐을 내려놓았을 때, 그는 그렇게 하지 않았다—그때 그는 피로조차도 극복했다. 이때 그의 몸에는 신적인 전율이 흐르고 있었다.

15

나의 구름의 긴장은 너무 크고 오래되었다. 구름은 섬광과 천둥사이로 넓게 퍼지면서 마침내 얼음과 우박을 심연 속으로 던졌다. 그것의 가슴은 거대하게 융기했고, 산들 위로 폭풍우를 일으켰다—이렇게 해서 그것은 가볍고 편안해졌다.

20 정녕 내 행복과 자유는 하나의 폭풍처럼 온다. 그러나 그대들은 악마가 그대들의 머리 위에서 질주하고 있다고 생각하는가?

영웅은 팔을 머리 위에 얹고 쉬면서 이렇게 자신의 휴식도 극복한다.

오늘 나는 내 노예들을 해방하고 나 자신이 그들의 하인이 되고 여흥이 될 것이다. 자유의 음료가 그들의 머리와 가슴을 가득 채울 것이다.

5 현대인들이여, 그대들은 지금 일단 내 앞에 있다. 그대들이 나에게 폐허를 의미하기를 원하지 않는다면, 어떻게 내가 나의 상(像) 위에서 그대들을 견디기를 원하겠는가? 그리고 그대들한테 최선의 것은 그대들의 잡초다!

10 무화과 열매가 나무에서 떨어진다. 그것들은 아름답고 달다. 무화과 열매는 떨어지면서 그 붉은 껍질이 벗겨진다. 나는 익은 무화과 열매를 떨어뜨리는 북풍이다.

하프를 타는 자들과 시인들이여, 그대들은 음향의 열정을 두려
15 워하는가? 그대들 모두의 하프 소리가 나에게는 유령의 숨소리와 스치고 지나가는 소리처럼 들린다. 그대들은 야윈 손으로 야윈 현을 탄다. 그러나 그대들이 일찍이 심금을 울린 적이 있었던가?—그대들의 빈곤함으로 자비심을 일으킨 것이 아니라면!

20 그대들, 시대에 영합하는 자들이여, 그대들이 나에게서 여성의 초상을 지우고 씻어 내버리지 않기를!

나는 얼마나 높은 곳에 살고 있는가? 올라갈 때 아직 한 번도 나에게 이르는 계단 수를 세어본 적이 없다.—그러나 나의 높이에 대

해서 이 정도는 알고 있다. 모든 계단이 멈추는 곳에서 내 지붕과 방이 시작된다는 것을.

사람들은 여전히—머리털을 잡고 하늘로 끌어당겨야 한다.

5

그대 학자들 주위에서는 가루 포대처럼 반사적으로 먼지가 일어난다. 그러나 그들의 먼지가 곡물에서 그리고 여름 들녘의 황금빛 환희에서 생긴 것임을 그 누가 헤아릴 것인가?

10 아름다움은 영웅에게는 모든 것 중 가장 어려운 일이다. 영웅에게 아름다움은 획득할 수도 이를 수도 없는 것이다.

약간의 과다, 약간의 부족, 바로 이것이 여기서는 많은 것이며 바로 그것이 여기서는 가장 많은 것이다.

15

활기 없고 잠든 감각들에게는 벼락과 하늘의 불꽃으로 말해야만 한다. 그러나 아름다움의 빛은 조용히 말한다. 그것은 오직 가장 각성되어 있는 영혼들에게만 스며든다.

20 그대 열광자들이여, 그대들은 자신이 더 좋은 재료로 만들어졌다고 생각하는가? 그러나 나는 그대들에게 말한다. 그대들은 다만 옷을 잘 입고 잘 꾸밀 줄 알 뿐이라고. 그대들은 나쁜 재료를 잘 위장할 줄 아는 것이다!

가련한 자도 가끔은 정직해진다. 그것은 드문 일이지만!—그 때 사람들은 그의 목소리를 듣고 그의 늪으로 들어가야만 한다.

그리고 나도 일찍이 갈대 속으로 들어가 가련한 개구리의 고백을 들은 적이 있다.

5

한 줌의 정의를 자랑하면서 그들은 모든 것을 모욕하며 세계를 그들의 부정한 홍수로 익사시킨다.

몇 시간 동안 그들은 길 위에 서서 지나가는 사람들을 본다. 이러한 종류의 다른 사람들은 한가롭게 그들의 방에 앉아서 자신을 지나가는 사상을 바라본다. 나는 이러한 관조자들을 비웃는다.

10

근육을 느슨하게 하고 아름답게 있는 것, 이것은 자비심이 깊은 자들에게 어울리는 것이다. 정녕 자비심이 가시적으로 되는 것이 아름다움이 아니라면 무엇이 아름다움이겠는가?

15

압도적인 힘이 자비롭게 되고 그들의 자비가 눈에 보이는 곳으로 하강할 때 나는 그러한 하강을 아름다움이라고 부른다.

그대들의 영혼의 흐린 바다 위에는 태양이 떠오른 적이 없었다. 그리고 그대들은 몰락에 깃들인 지복을 더욱 알지 못한다.

20

나의 동정이 살해자가 되었다. 내가 인간을 가장 많이 사랑했을 때 나는 인간을 십자가에 못 박았다.

나는 지금 그 어떤 인간보다도 더 가난하다. 잔은 비었다. 나의 부는 사라졌다. 이제 진정 나는 다시 나 자신이 되었다.

나는 그들을 그들의 구제자들에게서 구제했다.— 그러나 어떻게 위버멘쉬가 인간들을 이해하는 것을 견딜 수 있을 것인가! 따라서 위버멘쉬가 살 수 있도록 그를 창조하고 그를 위해서 몰락하라고 사람들을 설득해야만 하는가?

위버멘쉬의 위험은 동정이다. 우리는 그를 동정하지 않도록 조심하자!—그러나 지금 **나의 지복**은 **몰락하는 것이다**.(최후의 말에서)

그대들의 덕으로 그대들은 적의 눈을 파내려고 한다. 그대들은 다른 사람들을 굴복시키고자 하기 때문에 자신을 높인다.

나는 오직 강한 자들에게서 자기 극복보다는 온화함을 원한다. 그리고 마비된 손을 가지고 있기 때문에 자신을 '선하다'고 믿는 약자들을 비웃는다.

일찍이 위대한 인간이 자신의 신봉자이고 애인인 적이 있었는가? 그가 위대함으로 나아갔을 때 그는 자기 자신에게서 비켜갔다.

나는 하나의 힘이기를 바란다. 그러나 거친 몰이꾼이나 압제자이고 싶지는 않다. 그러나 나는 바람 속에서 함께 바람이 부는 곳으로 갈 것이다. 만약 내가 보여질 수 없다면 나는 고독한 뱃사람들과 발견자들의 돛에서 불꽃으로 보여지게 되길 원한다.

그대는 기둥처럼 높은 곳으로 성장해야만 한다. 좀더 부드럽고 좀더 날씬하게, 그러나 내적으로는 더 강하고 숨을 멈추고. 기둥은 그렇게 위로 올라가려고 노력한다.

"이렇게 나는 기꺼이 죽겠다! 그리고 다시 한번 죽겠다. 그리고 이렇게 죽기 위해서 살겠다!" 죽으면서 그녀는 미소지었다. 그녀는 차라투스트라를 사랑했기 때문이다.

뇌우가 아직 보이지 않게 하늘에서 울린다.

그때 천둥소리가 울렸다. 그런 다음 정적이 찾아왔다. 가공할 원처럼 이 정적은 우리를 둘러싸고 사로잡았다. 세계는 정적에 빠졌다.

그때 그녀는 독수리와 뱀이 오고 있는 것을 알렸다. 징조. 대부분의 사람들의 도망, 페스트.

그녀는 차라투스트라의 팔을 자신의 가슴에 끌어당겼다.

그리고 심연이 다시 호흡을 시작했다. 심연은 신음하면서 불을 내뿜었다.

여기에 타란텔 거미의 구멍이 있다. 그대는 그것을 보려고 하는가? 그렇다면 파리처럼 붕붕거리는 소리를 내보아라. 여기에 그것의 거미줄이 걸려 있다. 그것이 흔들리도록 거미줄을 만져라.

나는 그대에게 광란의 춤을 가르치겠다. 왜냐하면 그대는 모든 인간 중 가장 우울한 자이기 때문이다. 나는 광기를 통해서 그대의 우울을 치유하겠다.

그는 신의 벌거벗은 상을 내놓았다. 이렇게 가장 남쪽의 것조차 여전히 (제2의) 남쪽을 동경한다.

그대는 나에게 타란텔 거미다. 그대의 등에는 타란텔 거미의 검은 삼각 경고 표지가 있다. 이들 천박한 자들을 그대의 독오른 이빨로 물어라. 그들의 영혼들이 나에게서 비로소 깊이와 우울 그리고 검은 딱지를 얻도록.

염세주의의 교사들에게.

13〔2〕

1막. 동물들과 함께 있는 차라투스트라. 동굴.
거울을 가지고 있는 아이.(시간이 왔다!)
여러 가지 질문, 자신을 고양한다. 마지막에 아이들은 노래로 그를 유혹한다.

2막. 도시, 페스트의 발생. 차라투스트라의 행렬.
여인의 치유. 봄.

3막. 정오와 영원.

4막. 뱃사람들.

화산의 장면, 차라투스트라는 아이들 사이에서 죽는다.

장례식.

5 전조

제3부를 위해. 차라투스트라는 아무것도 보지도 듣지도 않았다. 그는 황홀했다.

그러고 나서 그는 점차 가장 두려운 인식으로 되돌아갔다. 제자들의 격분, 가장 사랑하던 자들의 떠남, 차라투스트라는 그들을 붙잡으려고 한다. 뱀이 혀를 낼름거리면서 그를 따른다. 그는 포기한다. 과도한 동정, 독수리가 날아간다. 이제 페스트에 다시 걸린 여인 장면, 차라투스트라는 그녀에 대한 동정 때문에 그녀를 죽인다. 그는 시체를 껴안는다.

그에 이어서 배와 화산에서의 사건. "차라투스트라는 지옥으로 가는가? 그렇지 않으면 그는 이제 지하 세계를 구제하고자 하는가?"—그도 또한 악인이라는 소문이 이렇게 퍼진다.

화산에서의 마지막 장면. 완전한 지복. 망각. 여인(또는 거울을 들고 있는 어린애)의 환영. 제자들은 깊은 무덤을 들여다본다. (또는 차라투스트라는 사원의 폐허에서 **어린아이들**과 함께 있다.)

모든 장례식 중 최대의 장례식이 결말을 장식한다. 황금의 관이 화산에 던져진다.

13〔3〕

성자 한 명을 배에 태워라. 바다도 그 앞에서 도망치고 공포로 울부짖을 것이다. 이렇게 인간들 중 가장 조용한 자가 폭풍을 부른다. 바람이고 파도였던 자는 빠른 걸음으로 내 앞에서 달아날 것이다.

정녕 나는 숲이고 측백나무들로 우거진 밤이다. 그러나 나의 어두움을 두려워하지 않는 자는 나의 측백나무 밑에서 장미들이 가득한 비탈도 발견한다.

나는 밝은 눈과 현실에 대한 전율을 그대들에게 주고자 한다. 그대들은 먼 미래로 나를 따라서 부유해져가는 것을 배워야 한다.

내가 이 작은 신을 약간 꾸짖더라도 나에게 화내지 말라. 이 신은 여기 나의 샘 옆에서 잠이 들었다. 이 나태한 자는. 나비를 쫓아서 너무 뛰어다녔기 때문일까?

"분명히 나는 결혼을 파괴했다. 그러나 결혼이 먼저 나를 파괴했다"고 그 여인은 말했다.

"이제 나는 백장미들이 피는 호수가 되었다. 높은 산의 바람이 나와 함께 유희하고 어린아이들처럼 웃는다. 내가 망각하지 않은 무엇이 있는가! 누가 나를 망각하지 않았는가! 나는 자주 심지어 내 망각조차도 망각한다." 어린아이들과 함께 있는 차라투스트라.

멀리 있는 바위가 나에게 내 말을 되던지면서 나의 망각을 조소한다—이미 나는 먼 곳을 향해 부르짖는 것을 잊었다. 아아, 내가 망각하지 않은 무엇이 있겠는가!

“그가 이미 지옥에 갔었다고?’

“분명히 그는 하계에 갔었다. 그러나 그는 우리들 사이에 있었다. 인간, 인간만이 지옥이다!”

“차라투스트라가 죽었다고? 그대들은 자신이 말하는 것을 알지 못한다! 우리는 그가 걷는 것을 보지 못하는가! 진정으로 그는 지옥을 구제하고 그것을 밝은 곳으로 이끌려고 한다.”—“그는 지옥으로 간다. 악마가 그를 데려간다!” “내 말을 믿어라, 악마가 그를 데려 간다—그러한 일이 어떻게 가능한가! 오히려 차라투스트라가 악마조차 데려간다!”—선원들. 결말.

“눈 구덩이에 나는 나의 정신을 던졌다.”

하늘의 별이 그대를 향해 떨어지기를 원하지 않는다면 그대의 별을 하늘을 향해 던져라. 그것이 그대의 전체적인 악의가 되기를.

“나는 보았기 때문에 말한다. 이제 나는 전적으로 입이 되어야 한다. 왜냐하면 나는 일찍이 전적으로 눈이었고 죄없는 거울이었기 때문이다.” 예술가는 그렇게 말한다.

“그대는 그것을 알고 있다. 파나Pana, 나의 아기, 나의 별, 나의 황금 귀여.—그대는 아는가? 나도 그대를 사랑하고 있다는 것을?”

나에 대한 사랑이 그대를 설복시켰다. 나는 그러한 사실을 알고 있다. 그러나 나는 아직 그대의 사랑의 의지를 이해하지 못한다, 파나여!—

그러나 자신의 뱀이 자신을 향해서 혀를 낼름거리는 것을 보았을 때 그의 얼굴은 서서히 변했다. 인식의 문이 그를 향해 열렸다. 섬광처럼 그것은 그의 눈 깊숙이 날아 들어왔다. 그리고 다시 섬광처럼. 그것은 한 순간도 채 걸리지 않았다. 그리고 그는 알았을 것이다—여인이 이 변화를 보았을 때 최대의 위기에 빠진 사람처럼 울부짖었다. "차라투스트라가 죽는다"—

그를 향해 맹렬하게 날갯짓하는 독수리를 그는 왼손으로 제압했다. 독수리는 도망가라고 충고하는 자처럼 소리쳤다. 독수리는 기꺼이 그를 태우고 날았을 것이다. 그의 오른쪽 탁자 위에 돌로 된 접시가 있었다.

생의 관조자에 그치기를 원하는 자는 태양이 내리쬐는 계단에는 앉지 않도록 조심해야 할 것이다. 눈이 멀기를 원한다면 몰라도.

"그대의 칼로 나는 무엇을 해야 하는가, 파나?" 나는 포도나무 줄기에서 노란 포도들을 따야 하는가? 보라 내 주위에 어떠한 충만이 있는지를!'

은둔을 원하고 맑은 하늘을 부끄러워해야만 했던 인간들이 이렇게 감미로운 향기를 풍기는 동굴들을 창조했다.

그리고 풀과 빨간 양귀비가 벽에서 무성하게 자라고 하늘이 부서진 지붕을 통해 보일 때, 나는 그대의 신이 머무는 이 장소로 내 마음을 향할 것이다.

내가 그대들보다 위버멘쉬를 더 사랑하지 않았다면 어떻게 견뎠을 것인가!

왜 나는 그대들에게 백 개의 면을 가진 거울과 영원한 시선을 주었는가?

나는 위버멘쉬에 대한 사랑으로 그대들에 대한 사랑조차도 극복했다.

그리고 내가 위버멘쉬에 대한 사랑 때문에 그대들을 견디는 것처럼 그대들은 자신을 견뎌내야 한다.

그대들은 그 안에 모든 조각 작품 중 가장 숭고한 것이 잠들어 있는 돌이다. 그대들은 그 외의 어떤 다른 돌도 아니다.

그리고 내 쇠망치가 그대들을 내려치는 것처럼 그대들은 자신을 내려치지 않으면 안 된다! 쇠망치 소리가 잠들어 있는 상(像)을 깨워서 일으켜야 한다!

그리고 내가 나의 가장 사나운 말에 타려고 할 때 나의 창이 가장 도움이 된다. 그것은 내 발을 가장 잘 섬기는 하인이다.

우리가 쓰는 가장 좋은 가면은 우리 자신의 얼굴이다.

묘지에 이르는 길은 가장 아름답고 가장 유쾌하고 가장 밝은 곳에 이르는 길이다. 그것은 어두운 장소로 이끌지 않는다.

그리고 내가 거울에 나 자신의 아름다움을 비출 때 내 영혼은 신적인 욕망 때문에 전율한다. 숭배는 여전히 나의 허영심에 존재한다.

그리고 왕들은 나의 지혜의 나귀를 끌어야 한다.

5

그리고 내가 잠들어 누워 있을 때 한 마리 양이 와서 내 머리에 있던 등나무 줄기로 만든 관을 뜯어 먹었다.

내가 나의 짐을 짊어지고 올라가는 것을 통해 나는 젊어졌다. 내가 내 안에서 더 강해졌을 때 나는 우아함도 배웠다.

10

교활한 작은 지혜들을 짜내는 데 민첩하고 그들의 영리함이 절름거리면서 걷는 자들에게 욕정을 품으면서 그들은 자신의 가게 앞에서 기다리고 있다. 이 소상인들은!

15

아아, 사랑도 동정도 넘어서지 못한 사랑하는 모든 인간들!

저녁 무렵 나는 화산재를 밟으면서 연기를 내뿜는 산에 오른다. 내 그림자는 길고 점차 더 길어진다.

20

깊은 보라빛 바다에 한 척의 작은 배가 떠 있다. 그 배의 선원은 손을 눈 위에 대고 나를 바라본다.

지금 차라투스트라는 지옥으로 간다—그 선원은 전율하면서 십자가를 긋는다.

나를 위해서 십자가를 긋지 마라, 너는 오해하고 있다! 그대 뱃

사람이여, 악마가 나를 데려가는 것이 아니라 내가 악마를 나에게 데려온다!

5 적어도 나는 악마가 키우는 지옥의 개와 대화를 나누어야 한다. 나는 그의 목구멍 깊숙한 곳에서 나오는 대답을 원한다.

그 개는 신음하고 울부짖으면서 불과 재를 나에게 뿜는다. 나는 나에게 괴물들이 답하기를 원한다.

소수의 사람들만이 부패하는 중에서도 고귀하게 머물 줄 안다. 나는 존경과 공손으로 가득한 그대들의 눈보다는 파렴치한 자들과 10 그들의 무구함을 보기를 원한다!

이제 가장 작은 틈만이 나와 그대 사이에 있다. 아아, 그러나 이 작은 틈 위에 누가 다리를 놓을 것인가?

15 그대의 무릎은 기도하고 그대의 손은 찬양하고 있다. 그러나 그대의 심장은 그것에 대해서 아무것도 모르고 있다.

일찍이 나는 증여하는 손과 함께 나를 높은 곳에 던졌다. 그러나 내가 떨어졌을 때 세 개의 창이 나를 받아주었다—이렇게 나는 희생 20 양으로 높은 곳에서 지상에 이르는 나의 길을 갔다.

늑대의 아래턱에 내 발을 놓았다. 그렇게 나는 그의 목구멍을 열었다.

북쪽의 왕들은 웃으면서 죽는다—

수염으로 만든 처녀의 끈과 고양이 걸음 소리에—

5 독사의 독이 떨어지도록 누가 내 얼굴 앞에 잔을 갖다 대는가?

나는 지혜가 열등한 시인들을 위한 병원과 빈민자 구호숙소가 되지 않기를 바란다.

10 미래에 이르는 다리가 단 하나밖에 없는 것처럼 그대들은 양떼처럼 그대들의 다리에 쇄도한다.

'창조자가 된 인식하는 자!'

15 그리고 나의 강이 길을 잃고 헤매면서 험한 산골짜기를 흐를 때 그것은 그대들의 무엇을 자르는가. 도대체 어떻게 강이 바다에 이르는 길을 찾지 못할 것인가?

정녕 나는 내 안에서 호수 하나를 발견했다. 그 호수는 은둔자이고 자신에게 만족한 자이다. 그 안에 내 사랑의 강은 자신을 던졌고 20 이제 그것은 호수를 자신과 함께 바다로 데려간다!

"사람들이 우리에게 어떤 의견을 주지 않는다면 우리는 전혀 어떠한 의견도 갖지 못한다. 그리고 사람들은 의견을 우리에게 준다.

사람들이 우리를 강하다고 잘못 생각하지 않는다면 우리는 어떠한 강함도 갖지 못한다. 그리고 모든 사람은 우리가 강하다고 잘못 생각한다"—가련한 현대인들.

나는 그대들을 견디고 그대들을 지탱한다. 그러나 아직까지 나는 그대들을 가볍다고 생각했다. 그리고 내가 나 자신을 짊어지면서 나라는 짐에 눌려서 헐떡거릴 경우에조차, 그대들 풍뎅이와 날파리들이 내 짐 위에 앉는 것은 전혀 무게를 더하지 않는다.

'도덕'에 대한 반론

그리고 내가 거친 입에서 나오는 순수한 '나는 원한다'라는 말 대신 '그대는 해야 한다'라고 응답하는 것을 들었을 때 나는 위험해지기 시작했다. 나는 거친 입에서 말하는 순수한 '나는 원한다'를 증오했다 —

나는 그대들의 선과 악을 파괴했다. 나는 이 망을 찢었다. 그렇게 하는 것을 통해서만 나의 선에 대한 사랑을 배웠다.

검고 검게 하는 것이 모든 천민의 기술이다. 그러나 나는 천민들을 정신의 검은 마술사라고 부른다. 그들은 '최악의 세계'의 교사들이라 불리운다.

신들이 존재하지 않는다면 내가 신이 아니라는 것을 어떻게 견딜 수 있을 것인가? 그러나 신들은 존재하지 않는다.

모든 정의의 이름으로 복수가 행해지고 있기에 그의 영혼은 은밀하게 환성을 올리고 있다. 그것은 모든 복수에서는 정의의 모루에서 불꽃이 튀긴다고 생각한다.

그대들은 화려한 외모에 반하는 것처럼 위대한 말에 반한다. 거짓의 양탄자 위에서 그대들의 발은 축제를 벌일 줄 안다. 그대들 유약한 자들이여!(이상주의자들)

동정하는 자들이여, 그대들이 높은 곳에서 사람들을 향해 자신을 던진다면, 그대들의 부러진 사지에서 무엇이 문제가 될 것인가!

그러나 그것은 침묵했다. 그것은 음울하고 이중으로 침묵했다. 아아, 그대들은 알지 못한다. 이 이중의 정적, 가슴을 찢는 것을.

알파! 나는 소리쳤다. 공포와 동경이 나에게서 소리쳤다. 나는 다시 한번 목소리를 듣기를 원했다.

바람이나 새를 운반해오는 사람의 소리.

강한 의지? 그것은 많지만 충분하지는 않다. 나에게 필요한 것은 오래 지속되는 강한 의지이다. 굳고 영원한 결의 말이다.

이 웃음이 어떻게 내 창을 깨뜨렸는지! 그것이 어떻게 나의 내장을 찢고 내 가슴을 절개했는지!

이것이 그대의 가장 용서받을 수 없는 점이다. 그대는 힘을 가지고 있지만 지배하려고 하지 않는다.

그들 모두에게 누가 가장 필요할지 그대는 도대체 보지 못하는가?

그것은 명령할 수 있는 자다.

그들 모두 명령받지 못하는 자의 부담에서 벗어나고자 한다. 그러나 그대가 그들에게 명령한다면 그들은 가장 무거운 짐도 질 것이다.

무시무시한 것을 요구하는 의지는 드물다. 그러나 무시무시한 것을 하는 자를 발견하기는 더 쉽다.

어떤 강력한 바람과 의지도 그대들을 아직 내몰지 않고 있다. 너무 굳은 채 등을 딱딱하게 세우고 그대들은 아직 거기에 서 있다.

아아, 그대들이 돛처럼 둥그렇고 바람에 부풀어올라, 격렬한 의지의 숨결 앞에서 전율하면서 바다를 항해한다면!

이제 모든 공기는 뜨거워지고 대지의 숨결은 불타고 있다. 이제 그대들 모두 벌거벗은 채 걷는다, 선인도 악인도! 이렇게 인식하는 자는 자신의 축제를 갖는다.

그렇다. 그것은 옷이 없는 세계다. 무엇이 대지를 진동하게 만들었는가? 그것은 한 성자의 가장 조용한 말이 아닌가?

모든 깊은 인식은 차갑게 흐른다. 샘의 가장 깊은 부분은 얼음처럼 차갑다. 따라서 그것은 뜨거운 모든 손과 행동하는 인간들을 상쾌하게 한다.

나는 나쁜 평판의 바람이 부는 것을 좋아한다. 배바닥을 치는 파도의 저항을 배가 즐겁게 듣는 것처럼. 내 주위에 저항의 거품이 일 때 나의 길은 나에게 더 가벼워진다.

그러나 내가 그대들에게서 깨어나 나 자신에게로 온 것처럼 나는 그대들도 깨어나서 자신으로부터 깨어날 것을 명한다.

그리고 왜 그대들도 또한—나의 형제들이여—"나에게로 오려고 하지 않았는가?"

겸허한 손으로 샘에 가까이 간다면 물을 가득 길어 올리는 것은 가장 쉽다.

구원자? 그대들은 결합하는 자, 조정하는 자다. 그대들의 명예를 위해서 그러한 사실을 말해야 한다.

오늘날 나는 인간들에게 지쳤다. 오늘날 나에게는 동물들이 사랑할 만하다. 나는 오늘 동물들에게 한 손 가득 사랑을 던져야 한다.

아아, 내가 동물들 사이에서 파종하는 자이고 정원사일 수 있다면! 그때 나는 정녕 내가 지친 존재들보다 더 긍지에 찬 대지의 왕국을 발견할 것이다.

그대의 말만을 하라! 그 말에 의해 깨어져라! 그대와 그대의 겸손에서 무엇이 문제인가!

나의 겸손함은 얘기될 수 없는 것이다.

그대들은 그대들의 조부가 권리를 가졌고 진리가 항상 그대들의 조부에게 있었다는 사실을 증명하고자 했다.

즉 그대들의 조부는 어떤 손자보다도 항상 더 민중이었다.

그대들이 전진할 때도 그대들은 되돌아본다. 따라서 사람들은 자주 그대들의 몸과 반대편으로 달려야만 한다.

그대들은 기꺼이 미래의 도시에 건설한다. 그러나 그것을 위해 그대들은 지나간 세계들의 묘비석과 권위에 의지한다.

13〔4〕

"그대가 그럴 힘이 있다면 그를 죽여라"—차라투스트라는 다시 섬뜩하게 부르짖었다. 그리고 그의 시선은 왕의 생각을 꿰뚫어보았다.

"나는 차라투스트라를 알고 있다"라고 왕은 미소지으면서 말했다. "누가 차라투스트라처럼 자랑스럽게 자신을 낮출 줄 알 것인가? 그러나 그대가 집어 올린 것은 사형판결이었다."

— 그리고 〈그는〉 천천히 혼잣말 하는 것처럼 작은 소리로 그것을 읽었다—차라투스트라, 민중의 유혹자.

— 생각에 잠겨 그는 몇 걸음 뒤로 물러나 창의 벽감(壁龕) 안으로 들어갔다. 그는 아무 말도 하지 않고 차라투스트라도 보지 않았다.

마침내 그는 창 쪽으로 몸을 향했다.

왕이여, 그대는 이렇게 말했다. 민중 앞에 걸려 있는 상, 그들 모두가 그것에 의해서 조각가가 되는 상, 그 상이야말로 민중에게 왕이 되어야 한다고!

5 이제 더 이상 왕들의 시대가 아니다. 민중들은 더 이상 왕들을 가질 가치가 없다!

오오, 왕이여. 그대는 자신 앞에 어떠한 상도 갖지 않는 인간들을 말살하고 말살해야만 한다. 그들은 모든 인류의 최악의 적이다!

벌레들을 밟아 죽여라. 그것들은 창조자들을 ―

10 그리고 왕들 자신이 그러한 자들이라면, 오오, 왕이여 그대는 가능하다면 그 왕들도 말살하라.

정의에 대한 변호자들과 나의 재판관은 유해한 인간을 말살한다는 점에서 의견이 일치했다. 그들은 나에게 물었다. 정의가 행해지기

15 를 바라는지 아니면 정의보다는 은혜를 바라는지를.

정의와 은혜 중 어느 것을 선택하는 것이 왕에게는 더 어려운가?

정의라고 왕은 대답했다. 왜냐하면 그는 부드러운 정신의 소유자였기 때문이다.

그렇다면 정의를 선택하고 은혜는 강한 자들 자신의 초극으로

20 강자들에게 맡겨라!

그러나 그가 창 밖을 보았을 때 그는 어떤 것을 보고서 안색이 변했다.

왕의 예의를 갖추고서 그는 말했다. 차라투스트라여, 내가 그대에게 바로 대답하지 않았던 것을 용서하라. 그대는 나에게 충고했

다. 그리고 진정으로 나는 기쁜 마음으로 그대의 충고에 귀 기울였다!—그러나 그대의 충고는 너무 늦었다! 이 말과 함께 왕은 양피지를 찢어서 바닥에 던졌다. 그들은 말없이 헤어졌다.

그러나 왕이 창에서 본 것은 민중이었다. 민중은 차라투스트라를 기다리고 있었다.

13〔5〕

의로운 자들이여, 그대들은 정의를 위해 싸우는 것이 아니라 인간에 대한 그대들의 상들이 승리하기 위해 싸운다.

위버멘쉬에 대한 나의 상에 의해서 인간에 대한 그대들의 상이 전부 깨어진다는 것, 보라, 그것이 정의를 향한 차라투스트라의 의지다.

13〔6〕

평등의 설교자들에게

자신들의 머리 위에서 걷는 자에 대해서 그대들은 아무것도 듣기를 원하지 않는다. 그래서 그대들은 그와 그대들의 머리 사이에 나무와 땅과 오물을 놓는다.

그렇게 그대들은 내 발소리를 차단한다. 나와 그대들 사이에 그대들은 모든 인간의 오류와 약점을 둔다. 그대들의 집에서는 그것을 '방음장치'라고 부른다.

그러나 그럼에도 불구하고 나는 내 생각과 함께 그대들의 머리 위를 걷는다. 나는 나 자신의 오류 위에서 걸으려고 할 경우에조차 나는 여전히 그대들과 그대들의 머리 위에 있을 것이다.

왜냐하면 인간들은 평등하지 않기 때문이다—이것은 정의의 소리다. 그리고 내가 원하는 것을 그대들은 원해서는 안 된다.

그들은 자신들의 덕에 의해서 적의 눈을 뽑으려고 한다. 그들은 타인을 낮추려고 하기 때문에 자신들을 올린다.

"이제 나는 정의롭다gerecht" "이제 나는 복수했다gerächt"- 그것은 같은 음향을 갖지만 자주 똑같이 울리는 것만은 아니다!

그의 악한 성질들이 덕에 의해서 초극되었다면 그것들은 그로 하여금 보복하게 한다.

그의 모든 탄식에는 복수가 스며 있다.

나는 그대들의 모든 비밀을 백일하에 드러내고자 한다. 그 때문에 나는 높은 곳에서 그대들의 얼굴을 향해 너털웃음을 터뜨린다. 나의 가장 감미로운 말이 그대들에게 효모가 되기를 바란다. 그대들이 나에 대한 복수심 때문에 발효되기를 바란다.

그리고 그대들이 흘러 넘쳐서 나의 악 속으로 들어올 때 나는 그대들을 맛보면서 그 맛을 찬양할 것이다.

13〔7〕

우상-조각가.

그대들의 증오와 질투가 일단 나태해지고 사지를 뻗을 경우에야 비로소 우리의 정의는 눈을 뜨면서, 잠들어 있던 눈들을 비비게 될 것이다.

그대들은 내 음료 때문에 재채기를 하게 될 것이고 거품이 이는 내 포도주가 그대들의 코를 간질이고 욕정을 불러일으킬 것이다.

너털웃음을 성스럽게 하고 화려한 천막처럼 세상 위에 펼치는 것—

그리고 내가 그대들을 위해 더 어두운 밤을 창조해야 한다면 나는 새로운 별과 새로운 밤의 영광들도 가져다 줄 것이다.

돼지의 코처럼 내 말은 그대들의 영혼의 깊은 곳을 휘저을 것이다. 나는 쟁기의 보습이라 불리기를 바란다.

그대들은 이미 눈이 멀었지만 내가 그대들의 눈에서 본 것은 더 큰 맹목을 향한 그대들의 의지였다.

아아, 나는 그대들의 거짓을 알고 있다. 그러나 그대들의 거짓보다는 자신의 거짓을 알고 있는 자의 거짓이 나에게는 사랑스럽다.

그대들의 진실함이 그치는 곳에서 그대들의 눈은 아무것도 보지 못한다.

우리가 쓰는 최선의 가면은 우리 자신의 얼굴이다.

사람들이 나체의 신들을 조각한 이유는 무엇인가?—가장 남쪽의 인간들도 새로운 남쪽을 열망한다.

13〔8〕

정신의 참회자들.

그대는 별인가? 그렇다면 그대 또한 방랑하기를 원해야 하며 고향을 가져서는 안 된다. 그대 떠도는 자여!

이제 그는 뼈가 드러날 정도로 야윈 자신에게 놀란다.

그는 이렇게 말한다. "내가 잠들었을 때, 신이 나에게 은밀하게 어떤 것을 빼간 것일까?"

사실 신은 여자를 만들기에 충분할 정도로 나에게서 빼앗아갔다. 나의 갈비뼈의 빈약함은 놀랄 정도다."

정의가 내 앞에 찾아왔을 때 나는 내 우상들을 파괴하고 나 자신을 부끄러워했다.

나는 참회하기 위해 엎드렸다. 나는 나의 눈을 강요해서 보고싶지 않았던 것을 보도록—그것에 대해 사랑을 갖도록 했다.

나의 경멸보다 더 불의한 것은 나의 존경이었다.

무화과 열매가 나무들에서 떨어진다. 그것들은 감미롭다.

그리고 그것들이 떨어지면서 빨간 껍질이 벗겨진다. 나는 성숙한 무화과 열매들에게는 북풍이다.

그리고 한 줌의 정의를 자랑하면서 그대들은 모든 사물을 모독했고 세계를 그대들의 부정한 홍수로 익사시켰다.

이제까지 정신이라고 불린 것은 지금은 정신처럼 보이는 것에 지나지 않는다.

사람들이 바다 속에서 갈증 때문에 힘을 잃을 수 있는 것처럼 너무 짠 진리 한가운데에서 힘을 상실할 수 있다.

너무 멀리 가는 자는 결국에는 피로 때문에 눈 위에서 잠들게 된다.

양심의 가책은 깨물도록 가르친다.

실제로는 진리가 승리한다. 어떠한 것이든 오류가 진리를 위해서 투쟁했다.

인간은 붉은 뺨을 가진 동물이다. 인간은 너무 자주 자신을 부끄러워해야만 했던 동물이다.

정신의 방탕자들이 있는가 하면 정신의 참회자들도 있다.

13〔9〕

가장 짧은 여름

이제까지 내 샘은 너무 격렬하게 흘렀다. 내 샘은 잔을 채우기를 원했기 때문에 항상 동시에 그 잔을 비웠다.

5 이 모든 것이 아직 4월과 5월 그리고 6월이다. 그리고 내가 있는 그대로, 나는 눈과 독수리 그리고 죽음에 가까워져서, 짧고 뜨겁고 우울하고 지복에 넘치는 여름을 가질 것이다.

아아, 나의 봄에 주저하는 애수(哀愁)여! 아아 6월에 내리는 눈발의 악의여!

10 밤이다. 용솟음치는 모든 샘이 크게 말한다. 나의 혼 또한 용솟음치는 샘이다.

밤이다. 이제야 비로소 사랑하는 자들의 모든 노래가 시작된다.

그리고 나의 영혼도 사랑하는 자의 노래다.

내가 어두운 밤이라면, 내가 어떻게 빛을 갈망하고 빛을 마시기

15 를 바랄 것인가?

나는 그대들을 축복할 것이다. 그대 반딧불처럼 하늘에 가득한 작은 별들이여, 나는 그대들을 삼킬 것이다.

그러나 이제 나는 완전히 빛에 둘러싸여 있고 내 주위에 그것을 뿌린다. 아아, 나는 받는 기쁨을 알지 못한다.

20 그리고 자주 나는 나 자신에게 이렇게 말한다. "훔치는 것이 받는 것보다 더 행복한 것은 아닌가?"—아주 먼 곳에서 나는 이렇게 말했다.

13〔10〕

내가 생을 본 곳에서 나는 힘에의 의지를 발견했다. 섬기는 자의 의지에서조차 나는 힘에의 의지를 발견했다.

왜소한 자들의 지배자가 되기 위해서 사람들은 위대한 자에게 복종한다. 이러한 쾌감이 우리가 복종하도록 설득한다.

존재하지 않는 것은 의지할 수 없다! 그러나 이미 존재하고 있는 것은—어떻게 "존재하는 것을 의지할 수 있겠는가!"

그대들은 사물들을, 실로 모든 사물을 잘 알고 있다고 생각한다. 따라서 그대들은 가치와 선악의 척도를 정립한다. 이것이 모든 평가하는 자들의 미신이다.

그대들은 나에게 단지 작은 배 하나가 떠 있는 강에 지나지 않는다. 그러나 그 배에는 가면을 쓴 가치 평가가 축제를 벌이면서 앉아 있다.

이렇게 진실된 학문은 시작된다. 그것은 무엇이 있고 없는지 그리고 그것이 얼마나 가치가 있는지를 묻는다.

인간이 존속하기 위해서 인간을 위해 존재하는 것, 그것이 우리의 한계이다.

그대의 이상조차 아직은 그대의 한계가 아니다. 그대의 힘은 동경에 찬 그대의 눈보다 더 멀리 미친다.

태양은 이미 오래 전에 지고 목장은 촉촉이 젖고 숲에서는 한기가 올라온다. 내 주위에 있는 한 미지의 인간이 생각에 잠겨 나를 바라다본다. 어떻게 그대는 아직 살아 있는가! 왜 그대는 아직 살아 있는가?

우리를 내부에서 움직이는 것, 그 파악하기 어려운 것에 우리는 놀란다. 이제 우리는 그것에 적합한 음과 말을 만들어낸다—그리고 우리는 이제 그것이 파악되었다고 생각한다. 이러한 미신이 음을 내는 모든 것에 존재한다. 그것은 귀의 망상이다.

진리에의 의지? 오오, 내 가장 현명한 형제들이여, 그것은 세계를 사유 가능한 것으로 만들려는 의지다!

세계는 가장 작은 것에서조차 눈에 보일 수 있는 것이 되어야 한다. 그때 그대들은 그것을 파악했다고 생각한다. 그것은 눈의 어리석음이다.

그것에 대해 말하자. 비록 그러한 사실이 불쾌해도 그것에 대해서 침묵하는 것이야말로 무서운 것이다!

나는 다른 바다를 보았다. 그것의 파란 색깔은 나에게는 믿기 어려울 정도였다. 그것은 나에게는 음탕한 피부 위에 칠해진 화장처럼 보였다. 그 밑에서는 피가 잿빛으로 추악하게 흐르는 피부 말이다. 그러나 여기에서 바다의 피 색은—파랗다.

선과 악에 대한 그릇된 망상보다 더 해로운 것은 없다.

"선인이란 있을 수 없다. 생 자체에는 악의, 망상 그리고 불의가 있다. 그리고 일체의 생을 부정하는 것, 이것이야말로 선에의 의지의 궁극적 형태가 될 것이다!"

그대들의 선과 악으로 그대들은 자신들의 생을 피폐하게 만들었다. 그대들의 평가 자체가 죽음을 동경하는 하강하는 의지의 징표였다.

13〔11〕

많은 혼들을 통과하는 길

나는 강풍처럼 온다. 나는 나의 적들에게 이렇게 충고한다. 바람을 향해 침을 뱉지 않도록 조심하라!

나는 백 개의 영혼을 통해 내 길을 걸었다. 나는 이미 많은 영혼과 이별했다. 나는 가슴을 찢는 마지막 (이별의) 시간을 알고 있다.

5 그러나 나의 운명이 그것을 원한다. 또는 더 솔직하게 말하면 내 의지가—그러한 운명을 원한다!

그 자신의 발견자가 되려는 자는 오랫동안 패자로 간주되어야만 한다.

그 언제 위대한 인간이 자기 자신의 신봉자이고 애인인 적이 있 10 었던가? 오히려 그는 위대한 것으로 나아갔을 때는 자기 자신을 멀리했다!

암흑의 폭우 속으로 나는 사라지겠다. 최후의 순간 나는 인간이자 섬광이기를 원한다!

정녕 내가 결론을 끌어냈지만 이제 그것이 나를 이끈다.

15 파도가 밀려가면 어린아이는 운다. 파도가 그의 장난감을 깊은 곳으로 끌고 갔기 때문이다.

그러나 같은 파도가 어린아이에게 백 가지 새로운 장난감들을 하얀 백사장에 쏟아놓는다. 그러니 내가 떠나간다고 해도 울지 말라!

그리고 나에 대한 나의 갈망도 다시 자신에 이르려는 원의 갈망 20 처럼 영원하다. 모든 원은 둥글게 회전한다.

그러한 체험이 강렬하게 다가왔다. 그러나 나의 의지는 말했다. 그때 이미 무릎을 꿇고 간청하면서.

나는 이미 많은 사람과 이별했다. 그러나 나는 문을 세게 닫지 않았다. 그 때문에 그대들의 둔감한 귀로는 그 소리를 들을 수 없었다.

13〔12〕

면죄하는 자들.

섬광이 그대들의 음식을 내려쳐 그대들의 입은 한동안 불을 먹어야만 할 것이다!

한 마리 물고기를 잡으려고 그대들은 바다에 그물을 던졌다. 그러나 그대들이 끌어올린 것은 오래된 신의 머리였다.

이렇게 바다는 굶주린 그대들에게 돌 하나를 주었다. 그때 그대들은 이것을 남겨두고 떠났다.

그 여신은 항상 거기에 누워 있다. 파도는 그녀의 하얀 가슴 주위를 게으르고 음흉하게 맴돈다.

모래가 반쯤 그녀를 파묻고 반쯤은 파도의 경외가 그녀를 파묻었다.

그대들의 잠언과 보잘것없는 진리들은 늪지 가까이에서 자라났는가? 늪지에서 나에게 들리는 것은 항상 개구리 울음소리다!

그대들은 숙련되어 있고 영리한 손가락들을 가지고 있다. 그러나 그대들은 주먹을 쥘 줄 모른다.

그대들의 영리한 손가락들이 주먹 안에 숨어 들어갔을 때에야 비로소 나는 그대들의 힘을 믿을 것이다.

그대들은 나에게는 도구이고 시계일 뿐 그 이상의 것이 아니다! 이렇게 나는 내 조소로 그대들을 육성할 것이다. 그리고 그대들은 나에게 구걸할 것이다.

"항상 그러했다. 항상 그러할 것이다!"

그리고 나는 그대들의 안락한 침대에서 자느니 차라리 소가죽 위에서 자겠다.

사람들은 어떠한 사람에 대해서든 너무 많은 것을 알고 있다.

13〔13〕

중개자들에 대한 반론.

순수한 모든 자를 나는 사랑한다. 내가 어찌 그대 화해시키는 자들을 사랑할 수 있을 것인가!

그대 모든 중개자와 혼합하는 자들, 미지근한 자들, 과장된 몸짓의 화해자들—그대들은 순수하지 않다!

하늘의 지붕과 아치들이 격투장에서 서로를 부러뜨리는 것처럼 그리고 빛과 그림자와 함께 그것들이 대립하면서 유희하는 것처럼 이 신적으로 유희하는 자들.

이처럼 확실하고 아름답게 우리도 또한 서로 적이 되어야 한다. 나의 친구들이여! 신처럼—우리는 서로에 대립해 유희하자!

사람들을 몽매하게 하는 자들이여. 그대들이 진리를 말할 때, 그대들에게서 무엇이 나타날 것인지를 그대들은 묻는다 —

그러나 세계가 세워지기 위해서는 진리가 세계를 파괴해야만 한다!

마음을 강요하는 것을 통해서 마음을 교육시켜야 한다.

정에 흐르는 자는 머리마저도 곧 잃을 것이다.

우리가 그것들을 이미 가지고 있기 때문에 자신의 최선의 것들을 부끄러워하는 자는 고귀하다.

"그대가 부정하기 때문에 나는 화가 난다"—사랑하는 자는 그렇게 생각한다.

나는 생을 사랑한다. 나는 인간을 경멸한다. 그러나 생을 위해 인간을 파멸시키겠다.

13〔14〕

동료들과 사회들.

5

그대 현대인들이여, 나는 그대들을 하찮게 생각한다. 그대들은 나에게는 천박하고 속이 빤히 들여다보인다!

미래가 꿰뚫어보는 찢어진 베일, 매장꾼들이 기다리는 반쯤 열린 문들!

그리고 내가 그대들 앞에 있는 것을 보지 않았다면 어떻게 내가

10

그대들 사이에서 살기를 원했을 것인가!

나에게는 그대들이 필요하지 않았다. 그대들은 자신들이 잉여의 존재들이라고 결코 생각하지 않는다. 그대들에는 잉여의 것이 거의 없는 것이다!

내가 그대들을 노로 내려치기 때문에 그대들은 나에게 항의하면

15

서 몰려온다. 그러나 그대들은 내 배를 영원히 날라야만 할 것이다.

그리고 많은 여인들이 나에게 이렇게 말했다. "정녕 나는 결혼을 파괴했다. 그러나 그 전에 결혼이 나를 파괴했다."

그리고 내가 그대들을 진정으로 사랑해야만 한다면 그대들은 나의 어린아이나 작품이 되어야만 할 것이다.

20

우리를 생산적으로 만들지 않는 자는 우리에게 무의미하다.

사람들은 정녕 자신의 이웃들을 위해 행동하지만 이웃을 위해 창조하지는 않는다.

그대의 의지는 너무 오만하면서도 수줍다! 그대가 잘 달리려면 그대 의지의 준마 앞에 한 필의 나귀를 매어라!

그들은 바벨탑처럼 벌꿀 집을 지을 것이다.

13〔15〕

새로운 삶의 방식들

그대들의 조국과 모국이 나에게 무슨 의미가 있는가? 나는 오직 내 어린아이들의 나라만 사랑할 뿐이다. 아직 발견되지 않은 그 나라를 찾아 돛을 달고 바다 위를 달린다.

내 어린애들을 통해 내가 내 아버지들의 아들이라는 것을 확인하고 싶고 이렇게 해서 과거를 구제하고 싶다.

마음 밑바닥에서부터의 소망이고 먼 해안을 향하는 새라는 것, 그것이 내 행복이다.

진리가 그대들 또는 나에게 이롭든 해롭든—그것이 나에게 무슨 상관인가! 진리가 유용한 인간들을 창조하자!

13〔16〕

배우들에 대해서.

바다는 공작들 중의 공작은 아닌가? 바다는 모든 물소 중 가장 추악한 것 앞에서조차 자신의 꼬리를 펴고, 은과 비단으로 된 그의 레이스 부채를 지치지 않고 편다.

물소는 이것을 도전적으로 바라본다. 그의 마음 가까이 있는 것은 모래다. 더 가까운 것은 숲이고, 그러나 가장 가까운 것은 늪이다.

이 물소에게는 아름다움과 바다와 공작의 우아함도 무의미하다!

이러한 비유를 나는 그대들 배우들에게 준다. 정녕 그대들의 정신이야말로 공작들 중의 공작이고 허영의 바다다.

배우의 정신은 관객을 원한다. 비록 물소일지라도!

그대들은 연극을 한다. 그리고 그대들의 연기를 보여주고 싶어 한다. ―그대들 모두를 나는 배우라고 부른다.

그대들이 스스로 시인으로 자화자찬하든 혹은 무용가로서 자화자찬하든, 또는 그대들이 그대들을 민중의 소리라고 부르고 공공의 복지를 위한 하인이라고 부르든,

그대들이 가르치든 또는 그림을 그리든 또는 음악을 연주하든 또는 서예를 하든, 그 비참한 유희를 하든,

그대들의 모든 행동이 말하는 것은 하나의 명제와 욕망이다. "나는 명성을 원한다!―라고 그대들의 행위는 말한다.

신앙, 특히 우리에 대한 신앙이 행복하게 만든다―그대들 모두 그렇게 말한다!

나는 반향에 귀 기울였다. 그러나 내가 들은 것은 칭찬뿐이었다.

나는 그것들을 짓고 쌓아올리고 싶었다.―그러나 천민들이 바라는 것은 타도되는 것이다!

자신에 대해 많은 것을 말하는 것은 자신을 숨기는 수단이기도 하다.

13〔17〕

타란텔 거미들에 대해서.

여기에 타란텔 거미들이 사는 동굴이 있다. 그대는 그것을 보고 싶은가? 그것은 파리가 붕붕거리는 것처럼 붕붕거린다.

여기에 그것들의 거미줄이 있다. 그것이 떨리도록 손을 대라.

그대는 나에게 하나의 타란텔 거미다. 그대의 등에는 검은 삼각

형 표지가 있다.

그대 천박한 자들이여, 그대의 맹독을 품은 이빨로 나를 물어라. 그것을 통해서 그대의 영혼이 비로소 깊이와 우수와 검은 딱지를 얻도록.

5 나는 미래를 향해 너무 멀리 날았다. 공포가 나를 엄습했다.

그리고 내가 내 주위를 보았을 때, 보라, 내 유일한 동시대인은 시간이었다. 그때 나는 그대들, 현대인들을 동경했다!

모든 타란텔 거미들의 기술은 검고 검게 만든다. 따라서 나는 '최악의 세계'를 설교하는 자들을 정신의 흑마술사라고 부른다.

10 그대는 모든 곧은 것을 굽게 하려는가? 그렇다면 시간은 사라졌고 과거는 하나의 허위라고 생각해보라.

이렇게 생각하는 것은 최악의 광기, 타란텔의 독이다. 그것은 그대의 몸에 소용돌이가 되고 그대의 위에 구토를 불러일으킬 것이다.

15 13[18]

시인들에 대해서.

불변적인 것—그것은 단지 비유에 지나지 않는다. 그리고 시인들은 거짓말을 너무 많이 한다.

그들은 또한 너무 적게 알고 열등한 학생들이다. 따라서 그들은

20 아름답게 거짓말을 하지 않을 수 없다.

그리고 그들에게 가장 사랑스러운 것은 구름이다. 그들은 그것 위에 화려한 가죽을 놓고 그것을 신이라고 부른다.

그리고 그들은 나무 아래서 풀 위에 누워 그들에게 우아한 감동이 찾아오면 항상 자연 자체가 그들에 대한 사랑에 빠졌다고 생

각한다.

그들은 자연이 자신에게 은밀한 것을 말하고 아첨하러 온다고 생각한다. 시인들은 그러한 친밀함을 가슴에 품고 모든 인간에게 떠벌인다.

그는 가라앉고 그의 악마가 그를 끈다. 그러나 그가 가라앉으면 앉을수록 그만큼 더 그의 눈은 불타고 그의 신들을 향한 욕망은 불타오른다.

나는 그대들을 탈 줄 알고 새로운 안장을 올릴 줄 안다. 그리고 말 탈 줄 아는 사람은 안장도 잘 이해한다.

그대들 하프를 연주하는 시인들이여, 그대들은 이제까지 음향의 격정에 대해서 무엇을 알았는가!

그대들의 하프 연주 소리는 나에게 유령의 한숨과 유령이 지나가는 소리로 들린다. 그대들은 여윈 손으로 여윈 줄을 탄다.

그리고 하늘의 별들이 그대들에게 떨어지려 하지 않는다면 그대들의 별을 하늘을 향해 던져라. 그것이야말로 그대들의 악의의 모든 것이다!

우리가 칭찬하는 것은 단지 우리의 취미에 부합하는 것일 뿐이다. 즉 우리는 칭찬할 때 항상 우리의 취미를 칭찬하는 것이다. 그것이 아무리 좋은 취미와 반대되는 것일지라도!

"모든 지식은 하찮은 것이다"라고 그대들이 말할 때 그대들은 자신이 대담하다고 생각했다.

늙은 여인들은 자신에게 이야기하는 것을 열렬히 탐한다.

"아무것도 모르고 정신이 가난한 자들은 찬양받으라!"

그대들은 청중에게 더 이상 존재하지 않는 것에 대한 동경과 양심의 가책을 심는다. 그러나 나는 그대들에게 말한다. 그대들이 '아직 없는 것'에 대한 갈망을 청중들에게 일으키기를 바란다!

창조하는 자는 그 점에서 자신을 사랑한다. 따라서 그는 또한 자신을 가장 증오해야만 한다—그는 이러한 증오에서 지나치다.

5 "정신이 가난한 자들은 찬양받으라, 특히 그들이 젊은 여인들일 때!"

시인들 중 누가 자신의 포도주를 위조하지 않았는가?

시인들의 술 창고에서는 독이 섞인 술들이 만들어진다.

10 13〔19〕

불구자들 사이에서

이른바 이와 같이 완전한 자들 사이에서 살기보다는 차라리 불구자들 사이에서 살고 싶다.

완성은 미리 자신의 그림자를 던진다. 나는 이러한 그림자를 아

15 름다움이라고 부른다.

모든 사물 중 가장 가볍고 가장 조용한 것이 위버멘쉬의 그림자로 나를 찾아왔다.

신도 자신의 지옥을 갖는다—라고 악마는 말했다. 그것은 인간들에 대한 신의 사랑이다.

20

13〔20〕

선물하는 자의 수치심에 대해서.

평등을 향한 절규에 대해서, 전복자들에 대한 반론

도취(참회의 경련) 성직자에 대해서.

면죄('역사적 교양')에 대해서
가련한 자들의 성실에 대해서.
천재들에 대해서.
일시적인 결혼에 대해서. 간통한 여인
5 새로운 사회와 수도원.
적에 대한 적의로서의 형벌.
그대들은 도대체 보답받기를 원하는가?
도덕의 파괴.
꿈.
10 우주의 의존성. 자연의 인간화.
구제자들로부터의 구제.
그대들은 먼저 인식에 대한 굶주림을 배워야 한다.
신을 살해한 것을 참회하는 자들과 그들의 축제.
복수에 의한 정화.
15 성직자의 무분별함에 대해서.
추악한 진리에의 추구.
최대의 장례식—불멸을 향한
형이상학적인 것의 단념. 덕의 요구로서—희생으로.
지복의 섬들. '남쪽'.
20 겸손에 대해서.
염세주의자들의 가치.
증여하는 자의 광기.
학자들.
현대인들.

높은 곳에서의 너털웃음, 씨뿌리는 자의 행복.
성자의 정적(靜寂).
여러 가지 유혹(거울을 가진 아이)
아름다움.
동정.
이상주의자들.
경건한 자들을 유혹한다
(차라투스트라여, 죽으라!)
화형대(대도시)

13〔21〕

개혁자의 전형적인 **고뇌** 그리고 그의 위로들조차.—일곱 개의 고독.

그는 여러 시대를 넘어선 것처럼 살고 있다. 그의 높이는 그에게 모든 시대의 고독한 자와 오해받은 자들과의 교제를 가능케 한다.

그는 자신의 아름다움만으로 자신을 지킨다.

그는 다음 천 년에 손을 놓는다.

그의 사랑은 커지고 그의 사랑에 의해 다른 사람들에게 이익을 주는 것의 불가능성.

13〔22〕

1. 서언 및 차라투스트라의 최초의 교설들.
나머지 세 부는 다음과 같다.
2. 높은 곳에서의 너털웃음(씨뿌리는 자의 행복)

3. 차라투스트라는 자신의 잃어버린 자들을 구한다.
(또는 7가지의 고독)
4. 정오와 영원.

5 13〔23〕
위버멘쉬의 특성들이 점차 볼 수 있게 되어간다.
높은 곳에서의 너털웃음—S.A의 동굴.
마지막 장면을 위해, 스트롬볼리 섬에서의 현상.
여인의 말. "당신은 정말로 잘 치유하는군요, 구세주여!"
10 그 사이, 항상 10년. 고독.
마지막 장 서두에 거울을 가진 어린애가 차라투스트라의 동굴에 나타난다. 그의 승리의 최초의 징표로.

13〔24〕
15 이성과 이성의 냉정함에 대한 찬양.
우리의 지혜는 어리석음으로 우리의 부는 빈곤으로 발견되는 것을 창조자로서 찬양한다.
갈증! 내가 만족스럽다면 무엇 때문에 내가 창조하겠는가!
고뇌의 정당화.
20 산의 한여름.
감미로운 냄새, 우울, 돌연한 죽음을 향해, 요정들이 뛰어다니는 숲에서의 저녁.
위대한 인간이 '몰락했다'
유기적인 것에 대한 찬양, 차라투스트라는 살아 있는 모든 것에 대해 그의 의지에서 친근성을 느낀다. 자연과 도덕적인 것에 대한 가장 깊은 이해.

차라투스트라는 '나는 기쁨이다'라고 말한다.

미스트랄의
전기의
높이의
사계절의 변화(원)의
순수한 하늘의
서광의
강의
유기적인 생명의 (기쁨)
바다에 〈대한〉 태양의 갈증
쟁기의 보습

(설득으로서)

생의 방식. 우리가 우리의 상에 따라 우리를 창조하는 식으로 자신을 양육한다.

음탕하고 증오하는 자들은 식물을 먹기를 원한다.

13〔25〕

우선. 높은 곳에서의 너털웃음. 꿈. 에필로그.
구제자, 동정자, 중개하는 자들, 화해시키는 자들에 대한 너털웃음
윤리적인 세계질서('보상받는다')
이상주의자들 '우상의 조각가들'
전복자—파괴하는 자. 불개와의 대화.

시인
천재들. 공작에 대해서 .
학자
교양인
5 면죄하는 자들
평등을 내세우는 사회주의자들
염세주의자들 타란텔 거미 '정신의 흑마술사'
형이상학자들
인식하는 자들—'강'
10 ("나는 악의로 가득 찬 관이며 생의 가면이다')
사회
'지상에서의 오랜 생'에 대한 반론—'한여름'—'청명한 하늘'
성직자들과 교회들
숭고한 자들(아름다움을 위해)
15 소상인들
만족한 자들(자연 신비주의자)
순결한 자들의 고독
호기심이 강한 자들
낭만주의자들 (달). '우울한 자들'을 격렬한 춤을 통해 치료하
20 는 것. 수치를 버리고 그 후에 허위에의 교량이 부서졌다는 것을 발견한다.

13〔26〕

아직까지 위버멘쉬는 없었다!

13〔27〕

배우.
타란텔 거미.
불개.
5 꿈.
면죄하는 자들.
정신의 참회자들
'보상받는다'
산에서의 여름.
10 새로운 사회.
생의 방식.
많은 영혼을 통과하면서
조각들 사이를 방랑한다.
냉정한 이성
15 유기적—도덕적.
중개자들.
위대한 사자(死者).

13〔28〕

20 장례식.
관조자들에 대해서.
배우들에 대해서.
구제자들로부터의 구제.
꿈.

유명한 현자들에 대해서 .
영웅들과 아름다움.
타란텔 거미들에 대해서.
한여름.
5 불개와의 대화.

13〔29〕
불개.
타란텔 거미들에 대해서.
10 정신의 참회자들.
불구자들 사이에서.
면죄하는 자들에 대해서.
평등의 설교자들에 대해서.
새로운 생활 방식들에 대해서.
15 동료들과 사회들.

13〔30〕
거울을 가진 아이.
밤의 노래.
20 무도곡.
예언자.
장례식.
신들에 대해서.
유명한 현자들에 대해서.

숭고한 자들에 대해서.
현대인들에 대해서.
학자들에 대해서.
관조자들에 대해서.
5 선과 악에 대해서.
가장 조용한 시간.
성직자들에 대해서.
시인들에 대해서.
동정하는 자들에 대해서.
10 천민에 대해서.
덕 있는 자들에 대해서.
위대한 사건들에 대해서.
처세의 지혜에 대해서.

15 13〔31〕
타란텔 거미에 대해서.
왕과의 대화.
불구자들 사이에서.

20 13〔32〕
시인들에 대해서.
관조자들에 대해서.
장례식.
처세의 지혜에 대해서.

교양의 나라에 대해서.
학자들에 대해서.
숭고한 자들에 대해서.
무도곡.
예언자.
선과 악에 대해서.
불구자들 사이에서.
왕과의 대화.
가장 조용한 대화.

13〔33〕

지복의 섬들에 대해서.
천민에 대해서.
타란텔 거미에 대해서.
유명한 현자들에 대해서.
밤의 노래.
묘지에서의 노래.
자기 초극에 대해서.
숭고한 자들.
교양의 나라에 대해서.
오염되지 않은 인식.
학자들.
시인들.
위대한 사건들.

예언자.
구제.
처세의 지혜.
가장 조용한 시간.

13〔34〕

관조자들에 대해서.
학자들에 대해서.
숭고한 자들에 대해서.
교양의 나라에 대해서.
시인들에 대해서.
처세의 지혜에 대해서.
예언자.
구제에 대해서.
가장 조용한 시간.

13〔35〕

오염되지 않은 인식에 대해서.
학자들에 대해서.
시인들에 대해서.
예언자.
위대한 사건들에 대해서.
처세의 지혜에 대해서.
구제에 대해서.

13[36]

거울을 가진 아이.
숭고한 자들에 대해서.
관조자들에 대해서.
5 성직자들에 대해서.
유명한 현자들에 대해서.
무도곡.
장례식.
가장 조용한 시간.

10

15

20

[14=M Ⅲ 2 b. 1883년 여름]

14〔1〕

5

미래의 철학

생성의 무구에 대해서.

육체와 정신.

도덕적과 유기적.

실험의 천년.

10 예술

자유로운 자들과 부자유한 자들

교육과 영양

남과 여

자유로운 죽음

15 새로운 위계질서

인간에 대해서 정통했던 그리스인들

음악과 철학

등등.

오직 강연과 설교들.

20

14〔2〕

악에 대해서. 즉 열등한 존재가 더 높은 존재의 특성들(예를 들어서 그의 신뢰)을 남용하는 것을 통해서 더 높은 존재에 대해 우위를 행사하려고 하는 것.

악은 더 높은 종인 다른 존재의 덕을 남용하는 것이다(기생성).

예를 들면 나폴레옹 같은 제1급의 조직적인 힘은 조직되어야 하는 **종**과 관계해야만 한다(즉 그가 '고귀한' 감정을 가지고 있는지 아닌지가 문제가 아니다. 그가 다수의 인간들에서 가장 강한 것과 결정적인 것을 완전하게 존중하고 있다는 것으로 충분하다).

전체적으로 더 고귀한 다른 사람의 저열한 특성들의 남용—기생충(여자들)

인류가 자연 전체에 대해 갖는 관계는 계산적인 유용성의 관계이다. 그러나 개인이 자신을 위해 타인을 착취할 때 왜 우리는 분개하는가?—그러한 분개의 전제가 되는 것은 착취하는 인간이 충분히 가치 있는 존재가 아니라는 것이다. 그러나 그가 충분히 가치 있다고 간주될 경우에는(예를 들면 군주로서), 그는 감내하고 일종의 행복을 주게 된다('신에 대한 복종')

인간은 자신보다 더 낮은 존재에게 착취당하는 것에 저항한다.

따라서 나는 현대의 국가, 교양 등에 저항한다.

악은 우선 다른 존재들에 대한 판단이다. 우리가 어떤 것을 악하다고 말할 경우 그것은 일종의 비유다—우리들에 의해서 더 저급하다고 평가된 충동이 우리의 주인이 되기를 원하지 않는다—그렇다고 해서 그것을 제거할 필요는 없지만 그것은 하위의 장소를 차지해야 하며 그것 이상이어서는 안 된다!

14〔3〕

국가의 정점에는 좀더 높은 인간이 서야 한다. 모든 다른 형식은 이 더 높은 인간 자신이 증명하는 권위를 보상하기 위한 시도다. (낡은 법은 법을 제정하는 힘들이 **결여되었을** 때에야 비로소 신성함을 획득한 다.)

최고의 충동들이 존재하고 더 나아가 충만하게 존재하기를 원한다면 모든 저급한 충동도 존재해야 하며 신선한 힘을 유지해야만 한다. 단 전체에 대한 지배권은 확고히 손 안에 있어야만 한다! 그렇지 않으면 위험이 너무도 크다!—이러한 위험 때문에 사람들은 저급한 속성들을 완전히 말살하려고 했다(그러나 이 경우 자신을 기만했다. 기독교도는 자신의 충동을 유지했지만 견유학파가 자신의 냉소벽을 유지했던 것과는 다른 방식으로 그것을 발산했다.)

그들은 '부드럽게' 현명하게 만드려고 하며, 그 때문에 최고의 충동을 더 이상 긍정하려고 하지 않는다. 예를 들면 에피쿠로스.

14〔4〕

인류는 여전히 자신의 미래에 많은 것을 가지고 있다—어떻게 과거에서 이상을 도대체 더 많이 취할 수 있을 것인가? 그러나 우리는 아마 여전히 과거에서 취할 이상을 더 많이 가지고 있다. 현재가 과거에 비해서 하나의 저하(低下)를 의미하는 한.

14〔5〕

로마의 황제들에 의한 권력 남용은 유럽의 도덕 개념을 **비정상적인 것**으로 만들었다. 무력한 자들의 도덕이 승리를 획득했다.—그 결과는 거대한 지폐위조이다.

고귀한 감정의 원천은 강력한 자들의 영혼이다. 나와 내 행위에 대한 기쁨을 스스로 보증하는 것은 모든 가치평가의 근원이다—자기 자신에 대한 믿음.

5

10

15

20

[15=N VI 5. 1883년 여름~가을]

15〔1〕

이제 영원의 청명한 하늘과 이슬 방울이 내 감각을 엄습한다.

적을 불러내는 것.

인간의 가치

1) 충만, 다수

2) 전체적인 힘

3) 전달력

15〔2〕

나는 용서할 줄 모르는 사람을 증오한다.

15〔3〕

만약 세계의 한 순간만이라도 되돌아온다면, 모든 순간이 되돌아와야만 할 것이다라고 섬광이 말했다.

절대적인 필연을 조형물을 갖는 방패로 보는 것!

(장〔章〕) 세계의 천문학적인 상

(장〔章〕) 생의 중심의 피안—생은 희생되어 있다.

15〔4〕

차라투스트라의 결론은 인간은 저 사상을 느끼지 않기 위해서는 동물로 되돌아가거나 위버멘쉬가 되지 않으면 안 된다는 것이다

(장소, 종족, 음식물 등의 선택을 통한 육성). 과거와의 절연(그에게는 비역사적인 사고방식이 **필연적**이다

일종의 '민족'을 형성하는 것

오류에서 벗어나지 않는 것! 오류는 생의 조건이기에!

주의. 인생에서 비극을 연출하고 그것을 즐기는 것!

15〔5〕

'자유의지'와 책임감을 해체해 그것을 **예견**될 수 있고 우리 자신에 대한 지식에 따른 일정한 개연성으로 생각하는 것.

'죄인들'에 대한 나의 혐오는 예언자로서의 나를 속였다는 사실에 대한 혐오다.

15〔6〕

차라투스트라는 인류의 어떠한 과거도 잃기를 원하지 않는다. 그는 모든 것을 용광로에 던져 넣기를 원한다. 힘의 변형.

15〔7〕

차라투스트라 제3부. A) 갑자기 자기 자신을 명확하게 보게 된다. 증여한다는 것은 무엇인가! 인간들을 행복하게 만든다는 것은 무엇인가! 친구들이란 무엇인가! 사랑이란 무엇인가! **긍지**란 그가 진리를 말한다는 것이다! **그의** 위대한 경멸이 찾아온다.

1(장) 그는 자신의 동물들을 찾아 나서지만 발견하지 못한다.

2(장) 자살의 유혹

3(장) 후회. 과거의 망각. 시험과 주사위 놀이로서의 명령.

최후의 설교에서 묘지의 노래가 **실현되어야만** 한다!—예를 들어 좋은 시간

창조자, 수확자, 축제를 하는 자들과 사귀는 것. 이것은 그들은 무엇을 했는가라는 부르짖음과 함께 일어난다.

4장 폭우, 무지개, 암사자—비둘기

마지막으로, 그대는 원하는가?

"나는 원하지 않는다—그러나 나는 긍정하는 자를 창조하기를 원한다."

마지막으로 동물들이 하늘에서 돌아온다(긍지와 지혜가 되돌아온다)

(장) 제4부 세계 고찰의 체계 전체에 기초한 축제 계획

차라투스트라 제3부의 각 장은 "차라투스트라는 이것을 다시 한번 원하는가?"라는 물음으로 끝난다.

15〔8〕

몰덴하우어

스콧 노스터—압트

할러 알트스판

핀다로스

콜리지

진젠도르프

골츠에게서

마이스터 에크하르트와 신비주의자들

스베덴보리

15〔9〕

화산 같은 폭발로서의 차라투스트라 제3부

5 차라투스트라 제4부 "나는 사람들의 서약을 받는 자이다."

인간은 액체성과 가소성(可塑性)을 갖는 자이다—인간으로 우리는 원하는 것을 만들 수 있다.

30년 동안 **확고**하게 머물러 있다는 것.

차라투스트라 제4부. 그대들은 태양을 닮아야 한다—그리고 태

10 양이 하지 않는 것이 있는가!

15〔10〕

입법가의 유형

그의 발전과 그의 고뇌

15 입법은 어떠한 **의미**를 갖는가?

많은 입법가들의 선구자인 입법가의 일반적인 유형.

주요 교설. 어떠한 단계에서도 완전함과 **쾌감**에 이르는 것—도약하지 않는 것!

첫째로 입법. 위버멘쉬에 대한 전망 후에 소름끼치는 방식으로

20 회귀 사상. 이제는 견딜 수 있다.

15〔11〕

정신적인 것에는 원인과 결과가 결여되어 있다(거울)

15〔12〕

모든 깊은 햇빛과 안일을 비유와 전조로 즐기는 것—그 자체로서가 아니라!

왜냐하면 우리는 그것을 보면 모든 것이 실명하는 존재를 창조해야만 하기 때문에.

15〔13〕

(장) 축제 순서를 정하는 것.

우주적인 명칭을 갖는 축제

대지의 축제

우정의 축제

위대한 정오

묘지, 곤충!

오오, 만약 그가 보통 인간과—유사하다면, 어떻게 내가 그를 저주할 것인가!

그러나 결코 저주를 완화시키지 않는 것!

'생을 향한 확신'에 대한 조소!

15〔14〕

차라투스트라 제4부. 함께 기뻐함에 대한 교설

차라투스트라 제3부. 시작. 때 이른 나의 행복이 나에게 구름과 그림자를 낳았다.

15〔15〕

내가 원하는 것은 사도이지 어떤 조용한 집과 교단이 아니다.

15〔16〕

5 불어라 바람아, 불어라! 일체의 안일을 나에게서 빼앗아가라!

15〔17〕

나의 행복에 의해서 고문을 당하다—그렇지 않으면 그것은 곧 다시 사라진다!

10 나는 내 머리 위로 멀리 미래의 바다 속으로 낚싯바늘을 던진다.

차라투스트라 제3부. **현자**의 안일함에 대한 반론—'즐거운 지식'에 대한 반론

지복의 섬들의 몰락이 그를 각성시킨다! 그의 실패에서의 행복. 이제까지의 인생의 성과를 모두 **상실했다**는 것을 깨닫고 최대의 고
15 뇌를 맛본다. 실로 커다란 실패!—결국 그는 자신의 교설을 백번이라도 가르칠 것을 결심한다!

15〔18〕

그대가 인간을 혐오했다고? 그러나 인간을 위해서는 **아니다.**

20 이제 나는 명확히 볼 수 있다. 다이아몬드로 만든 나의 검이 모든 어둠을 소멸시킨다. 너무나 오랫동안 나는 명확성을 추구했다.

무한한 과정은 **주기적인** 것으로밖에 사유될 **수** 없다.

제3부. 왜 그대는 그들을 내쫓지 않았는가? 그들은 자신을 발견했다. 이제 다른 사람들을 찾아 나설 시간이다.

좋은 날은 좋은 발로 걸어야만 한다.

15〔19〕

척추로서의 법—그것에 의지하여 일하고 전진한다.

5 차라투스트라는 법 중의 법인 도덕을 더 높은 법에 의해 지양함으로써 사람들이 법에 대해 **어떠한** 태도를 취해야 하는지에 대한 모범을 보여준다.

실현 가능성은 이전보다 **크다**(해석이 개인에게 이를 수 있다)

주의. **그것은 실현 가능해야 하며** 그렇게 실현됨으로써 더 높은 10 이상과 그것의 법이 성숙하지 **않으면 안 된다**!

15〔20〕

그대들이 절대적인 인과론 외에 신 또는 하나의 목적을 믿자마자—필연성에 대한 생각은 견딜 수 없게 된다.

15

15〔21〕

차라투스트라 제3부. 선의가 있는 악마가 모든 목적론의 귀결이다.

차라투스트라 제3부.

20 — 겸손에 대한 찬〈가〉

— 고독에 대한 찬〈가〉

성과 없음과 그것에 대한 위로.

최후에.

차라투스트라 자신이 자신의 어리석음을 기뻐하는 현자가 되었고 자신의 부유함을 기뻐하는 가난한 자가 되었다.

바보와 행복한 가난한 자—희망하고 동경하며 예견하는 자들의 거대한 **지복**을 소유하는 자로서.

5

차라투스트라 제3부. 나는 생에 대한 최악의 항의를 숨겼다. 즉 생은 영구히 권태롭다는 항의를.

새로운 성자는 자연을 성화한다.

새로운 예술가

10 악인들의 구원

차라투스트라 제3부

지배한다고? 혐오스럽다! 나는 나의 유형을 강제하기를 **원하지** 않는다. 나의 행복은 다양성이다!

문제!

15

즐겨서 자신을 숨기는 자들, 조용한 자들, 경건한 자들, 바로 이들을 격투로 불러내는 것!—지배하고자 하는 열망!

고독은 단지 교육 수단에 지나지 않는다!

20 단지 향락할 뿐인 자들에 대한 반론!

이들에게는 고독조차 이러한 견지에서 보여진다!

자기 초극과 모든 덕은 지배하는 힘을 형성하기 위한 수단이라는 것 외에는 어떠한 의미도 갖지 않는다.

15〔22〕

차라투스트라 제3부 지배욕에 사로잡힌 자들, 고귀한 자들의 유혹에 대해서—안일하고 평안을 탐하는 자들에 대한 가장 깊은 경멸

15〔23〕

나의 친구여, 그대는 빛을 위해서 모든 바다의 표면을 위해서 만들어진 코르크 같다—사람들은 그대를 행복한 자라고 불렀다.

15〔24〕

차라투스트라 제3부. 그렇다. 만약 그대가 그렇게 할 수 있다면! 차〈라투스트라〉—

차라투스트라 제3부. 그대는 영혼의 광대함을 찬양한다—그는 선하고 악한 사물들을 모두 맛보았다.

15〔25〕

나는 나를 보잘것없고 변덕스런 사랑으로 사랑한다—그리고 나는 때때로 생각한다, 내가 나에게 바치는 사랑보다 더 나은 사랑을 받을 자격이 나에게 있다고.

15〔26〕

과거에 대한 그대의 그릇된 사랑은 미래에 대한 일종의 강탈이다(가치들의 신적인 유래)

15〔27〕

차라투스트라 제3부. 그대가 원하는 것이 그대의 이상에 불과하다 할지라도 그대는 세계 전체가 그것을 하도록 강요해야만 한다.

만약 그대의 행동이 하나의 목적을 위해서만 행해질 경우에는 자신의 행동을 비천하게 만드는 것이다.

대중은 그들의 이성을 찾도록 강제되어야 하며, 그들의 이익을 위해 채찍질당해야만 한다.

차라투스트라—나는 나에 대한 공감을 버렸다. 자기를 망각한다. 에머슨 237쪽.

차라투스트라 제3부

선물하는 자, 창조하는 자, 교사—이것들이 지배하는 자의 전주곡이다.

나는 어떠한 불행을 견뎌내지 못하는가? 사람들은 항상 자신의 불행만을 체험할 뿐이다.

차라투스트라 제3부. 권위에 대한 반론. 작은 소리가 말했을 때 그대들은 그것으로 하나의 법을 만들었다.

차라투스트라 제4부. 그대가 생각할 수 있는 힘은 유한하고 규정되어 있어야만 한다—그러나 그것은 영원하다.

15〔28〕

자신의 적을 축복해서는 안 된다. 그러나 한 사람의 친구도 갖지 못하는 때가 온다. 그러면 사람들은 적들을 저주하지 않았던 것을 축복한다!

5

15〔29〕

모든 사상이라는 것은 흐르는 용암처럼 자기 주위에 성을 쌓고 '법'으로 자신을 억누른다.

10 15〔30〕

나의 바다가 함몰하는 것이 아니라, 나의 육지가 융기한다. 나의 새로운 열이 그것을 상승시킨다.

자신의 성공을 넘어서 성숙하는 자는 행복하다.

나는 이 사상에 내 뒤를 뒤쫓는 미래를 매고 끌어당긴다.

15 오랜 별들의 잔해에서 새로운 별이 형성된다.

15〔31〕

인간에게 은혜를 베푸는 것이 아니라—현존재 그 자신을 완성하고 나를 완성자로 보는 것.

20 제3부. 최대의 고통은 **영원히** 반복되는 것으로, 차라투스트라의 무익한 탕진.

해결은 또 한 번 시도하는 것!

내가 모든 인간 중에서 가장 많은 고통을 받았을 때 내가 짊어진 것은 인간의 모든 죄와 약함이 아니라 그들 모두의 완전함이었다.

15〔32〕

(장) 자신의 어리석음에 대한 현자의 행복에 대해서(최후의 결과들에 대한 무지—)

(장) 가난한 자의 풍요로움에 대해서(영원한 동경)

5

15〔33〕

이기주의와 개인주의

이기주의를 계산에 따르는 것으로 보면서 이타주의를 계산하지 않는 것으로 보는 것은 잘못이다. 이타주의를 표방하는 정치가에게도 냉철한 계산이 존재한다.

10

15〔34〕

보이지 않는 섬광으로 나를 엄습하는 자.

그대는 그대의 충만으로부터 증여하기를 원했다. 그러나 그대가 창조자여야만 하듯, 그대는 그대 자신조차도 순수하게 증여해야만 한다.

15

그리고 진실로 그대 자신은 그대 잉여인간들 중 가장 훌륭한 자이다.

거기에는 자신에게서 자신의 권리를 뺏을 줄 아는 사람이 있다—그에게 그의 권리를 줄 수 있는 자가 있다면!

20

내가 어떻게 인간을 위해 인간을 사랑할 수 있겠는가!

15〔35〕

차라투스트라 제3부. 나는 내 죄들을 희생으로 그대에게 바치고

그대 위에 던진다(경악하게 한다)

신—쇠망치라는 사상에 따라서

그대가 충분히 높이 서 있다면 그대는 육성하고 그대 자신의 높이로 끌어올려**야 한다**!

신들의 처형.

(장) 유구한 자연에 대한 찬양

15〔36〕

나는 위험이 있는 곳에 존재하며 대지에서 자란다.

먼 목표를 향해 발사되는 포화의 불 속에서.

"누군가가 자신을 억류하지 않을까 초조해하고 있는, 무장한 여행자."

장군은 승리자도 패배자도 쉬게 해서는 안 된다.

큰 위험이 올 때 태연한 것.

"나는 그것을 하지 못한다면 차라리 죽겠다."

"어떤 일에도 분노 없이 승리하는 일은 없다" 아리스토텔레스.

아름다우면서도 보기에 무서운. 차라투스트라 제4부 결말.

군대 뒤에 있는 하나의 이성적이면서도 가공할 만한 정부.

"안일에서 비롯되는 오류들은 위험한 것들 중 가장 최악의 것들이다." 클라우제비츠.

명예감정과 자기애에서 나온 **용기**는 유기체적인 용기와 혼동되어서는 안 된다. 즉 후자는 하나의 강제이며 그 경우 사람들은 자기 능력의 많은 것을 상실한다.

"폭력보다는 교활한 지혜"

“위대한 명예욕에 비하면 이 대지는 얼마나 작은가!”

“명성에 대한 사랑이야말로 군주다운 자의 진정한 **덕**이다” 프리드리히.

15〔37〕

“나는 내 모든 재산을 나누어준다—이제 나는 원대한 희망밖에 가지고 있지 않다” 차라투스트라 제4부

차라투스트라 제4부. 도대체 나에게 그대들이 필요한가? 그러나 그대들에게는 내가 필요하다!

15〔38〕

피를 용솟음치는 상태로 유지하고 고뇌의 광경에 대해서도 냉정을 유지하는 습관은 훈육을 위해 필요하다.

파괴 충동, 무자비하게 가혹한

15〔39〕

대중의 신앙을 존중하고 그것으로 그들을 조종하는 것—자신은 회의적이면서도 신앙조차도 **지배해야만** 한다.

자기 몸의 안전에 대한 조심과 불신은 죽음에 대한 경멸을 배제하지 않는다.

“생명이 문제되는 경우 자신의 어머니조차 믿어서는 안 된다”

이것이 나의 은밀한 방탄조끼다.

“전쟁에서는 속이는 것이 전부다” 여우 가죽

“주관적인 생각이 현실의 절반을 차지한다” 나폴〈레옹〉.

큰 선택이 문제되는 경우를 위해서 자신의 명성을 아껴두어야 한다.

고귀함, 간교한 지혜, 대담함, 용기, 결단, 선견지명, 인내, 깊은 사려

대중에 영향을 미치기 위해서 자신을 신들의 총아라고 의도적으로 망상하는 것

신들을 돕는 것!

"사람들은 너무나 계몽되어서 위대한 것을 더 이상 성취할 수 없다" 나폴〈레옹〉

모든 사건들이 이미 정해져 있다. "위대한 모든 것은 머리카락 한 올에 걸려 있다" 나폴〈레옹〉

기질 때문에 그녀는 수동적인 숙명주의에서 벗어나 "말을 타고 손에 칼을 쥐고 그 자신이 운명이 된다."

15〔40〕

"위해서"라는 말로 사람들은 하나의 강제를 만들어냈고 자유를 파괴했다. 목적에서 해방되기 위해서.

15〔41〕

완전한 인간은 의도적으로 해를 끼치지 않으며 이용하지도 않는다.

15〔42〕

의사의 이상

희생되는 생. 격투하는 자가 다른 모든 것을 단념하고 승리조차 확신하지 않는 것처럼

쾌유하는 자의 행복으로서의 에피쿠로스적인 행복

15〔43〕

나는 나의 사건들을 갖기를 원한다. 비록 그것들에게 내가 폭력을 가할지라도.

그대들은 사랑받기를 원하고 있다, 이 연약한 자들이여!

우상을 파괴한다고 말하기보다는 그대 안에 있는 우상 숭배자를 파괴한다고 말해야 한다—

만약 내가 죄가 있다면 나는 내 모든 덕이 내 죄 앞에 무릎을 꿇기를 원한다.

모든 사물의 품속에는 행복이 놓여 있다. 따라서 나의 모든 행복은 그 빛의 주위에 그림자를 던진다.

15〔44〕

제3부 결론. 낭비와 체념의 감정—"그대는 너무 일찍 왔다"

차라투스트라 제4부. 도덕감의 보편적인 폭발, 화산처럼—사람들에게는 차라투스트라가 필요하다.

15〔45〕

차라투스트라는 자신의 체액으로 끓인다.

인류의 운명에 대한 최대의 결단으로 느껴진 그의 결단.

"전체를 일치시키고, 화해시키고 각성시키는 것" 이 경우에 인

간의 영혼은 최대의 예술품이다.

중대함에 대한 최대의 의식!

전체는 자신의 구원을 찾지 않고 그것을 발견한다.

15〔46〕

차라투스트라 제3부. 전진하라, 절름발이 밀수꾼아—그렇지 않으면 내가 너를 뛰어넘을 것이다. 등등

그것은 나에게 그렇게 소리쳤다.

생 자체가 자신에게 가장 견디기 힘든 사상을 창조했다. 그것은 자신의 최고의 장애를 뛰어넘으려고 한다!

어릿광대.

왕. 위대한 인간이기에 절망에 빠진다.

여인.

15〔47〕

민중은 어린아이처럼 그들이 믿어야만 하는 것을 **믿을** 수 있을 뿐이다—

고찰의 이러한 선량한 현실주의가 도덕에 관한 레의 생각에서도 보인다.

15〔48〕

차라투스트라 제4부, 인간들의 새로운 위계질서

나쁜(강한

등등. (약한

고뇌와 방황과 시련에 대한 의지를 가지고 자신의 궤도에서 벗어나기도 하고 되돌아가기도 하면서—가장 무서운 길도 두려워하지 않는 다양한 인간들

하늘을 자유롭게 하는 것.

5 청명한 깊이, 거기에서는 별조차 오점이 된다.

3개의 문제. (나에게도) 호의를 베풀려는 나의 의지는 내가 전적으로 침묵하도록 강제한다.

그러나 위버멘쉬에 대한 나의 의지는 나로 하여금 말하게 하고

10 친구들조차 희생하게 한다.

차라투스트라 제4부. 우리들이 열악한 것으로 간주하는 것은 약한 자들을 착취하는 것이며 고귀한 인간들로 하여금 자신이 수치스러워 하는 일을 하도록 유도하는 것이다. 친구들에 대한 큰 저주!

15 나는 태양이 내리쬐는 곳에 누워 있었다. 그때 가장 어두운 구름이 몰려왔다. 그것은 태양을 막으면서 내 위에 깔때기처럼 걸려 있었다.

태양 자체가— — —했다.

이러한 사상은 나 자신을 뛰어넘는다!

20 차라투스트라 제3부. 불안과 주저의 장들 후에 **위대한 사상**을 불러낸다.

결론. 나는 쇠망치를 가지고 있다!—지복!

그리고 그대들이 벌레들에게 구토를 느낄 경우 그들은 한 걸음 더 빨리 올라간다—그것은 정당하다!

15〔49〕

냉담한 이기주의—약한 자들을 착취하는 것—왜 그것이 역겨운가?

동일한 인간이 우리의 다양한 충동들에 따라서 다양하게 느껴진다.

15〔50〕

인식, 하나의 망상.

자연법칙도 단지 오랜 습관에 지나지 않는다.

어떤 사람이 강인한 의지를 가지고 있다면, 회의적인 철학은 그의 의지를 가능한 한 잘 행위하도록 하는 최선의 철학이다.

순전히 급행열차뿐이다!

너무 따뜻하게 옷을 입은 부유한 자들!

모방으로서의 약한 자들의 도덕성—'수용하려고' 하는 것.

15〔51〕

단지 목적을 위해서만 수단을 원하지 않는 것!

양심은 우리의 충동들이 갖는 위계를 우리에게 의식시키는 감정이다.

15〔52〕

무의식적인 기억

(옛날 철학자들의 가능한 한 지속되는 행복으로서의) 안일함

모든 형이상학에 대항하기 위해서는 회의만으로도 충분하다.

15〔53〕

모든 지복을 회의(염세주의에 대한 의심)하는 것.

15〔54〕

(장) 곤궁을 생의 원리로 삼는 자(하나의 **미덕**!)

15〔55〕

도덕〈적인〉 관점의 한계—모든 개체는 우주의 존재 전체에 영향을 미친다—우리가 그것을 알든 알지 못하든—우리가 그것을 원하든 원치 않든!

15〔56〕

(장) 경건한 성직자의 용해 과정과 변용 과정

15〔57〕

(장) 개인들(그리고 그들의 이상)에 대한 전령의 **호소**

15〔58〕

입법자들을 위한 법
우리는 기도하는 자에서 축복하는 자가 되어야 한다!

15〔59〕

지배욕에 사로잡힌 자들

— — —자들

15〔60〕

하르트만 정〈리되지 않은〉 논〈문집〉

랑케 교황

벨하우젠

골츠로부터

드레어

몰데하우어

진젠도르프

벤담—베네케

케른의 불교

라이프치히 오토 슐체

[16=Z II 1a. 1883년 가을]

16〔1〕

자연은 인간과 유사한 것으로서 표상되어야만 한다. 즉 그것은 시행 착오를 하고, 선하고 악한 것으로서 그리고 투쟁하고 자신을 극복하는 것으로서 표상되어야만 한다.

16〔2〕

세 가지의 고독이 존재한다. 창조하는 자의 고독, 기다리는 자의 고독, 수치의 고독이 그것이다. 나는 위버멘쉬의 말과 표지를 알고 있다. 그러나 나는 그것을 말하지 않으며 나 자신에게조차 숨기고 있다.—하나의 위대한 진리에 대해서 수치심을 품으면서 사는 것.

16〔3〕

제2막에서는 여러 집단이 선물들을 가지고 나타난다. "너희는 무엇을 했느냐?"—그들은 자신들이 행한 것을 말한 후 이렇게 말한다.—"우리는 그것을 그렇게 차라투스트라의 정신에 입각해서 행했습니다."

냉혹하고 어떠한 내적인 위기도 알지 못하는 천민들이 먼저 영원회귀설에 호의를 나타낸다. 가장 천박한 삶의 충동이 가장 먼저 영원회귀설에 동의한다. **위대한 진리는 가장 마지막에 최고의 인간들을 획득한다.** 이것이야말로 성실한 자들의 고뇌이다.

제1막. 자신에 대한 수치에서 비롯되는 고독. 그는 자신이 아직 명백하지 않은 사상을 견뎌내기에는 너무도 약하다(강인하지 않다)고 느낀다. 그것에 대해서 그를 기만하려고 하는 여러 가지 유혹. 선택된 민족의 사자들이 그를 삶의 축제로 초대한다.

제2막. 그는 자신을 숨기고 축제에 참가한다. 자신이 존경받고 있다는 것을 깨닫고 그는 자신을 드러낸다.

제3막. 행복해하면서 그는 위버멘쉬와 위버멘쉬의 교설을 선포한다. 모든 사람이 등을 돌린다. 위버멘쉬에 대한 환상이 그를 떠났을 때 그는 자신이 초래한 고뇌에 대한 고통으로 숨을 거둔다.

장례식. "우리가 그를 죽였다"—정오와 영원.

16〔4〕

가장 부드러운 사람은 가장 가혹한 사람이 되어야 하며 그리고 그것을 통해서 몰락하지 않으면 안 된다. 그것은 심리학적인 문제이다.

그 체험은 폭군처럼 다가왔다. 그러나 내 의지가 그것에게 말했을 때 그것은 이미 애원하면서 무릎을 꿇었다.

춤추는 자는 귀가 발가락에 있는 것은 아닐까?

차라투스트라의 덕이 여전히 우리에게는 살아 남아 있다. 하나의 별이 황량한 공간에서 떨어졌다. 그러나 그것의 빛은 여전히 운행하고 있으며 여행을 계속하고 있다.—그것은 언제 더 이상 운행하지 않을 것인가?

그대는 전진하는 자를 더 빨리 가도록 자극하려고 하는가? 그렇다면 서두르는 자 앞에서 다리를 절면서 비틀거리면서 가라.

우리가 등한히 한 것도 미래라는 직물을 짜는 것이다. 아무것도 하지 않는 것조차도 직공의 일을 하는 것이다.

많은 사람이 자신에 대해서 지치게 된다. 그리고 이제야 비로소 그에게 남겨져 있었던 행복이 시작된다.

그대들은 나의 음료를 입에 대지조차 말아야 한다. 거품이 이는 나의 포도주가 그대들의 코를 간질이고 욕정에 사로잡히게 할 것이다.

"그것은 나에게 득이 된다"고 그대의 안일은 말하지만 사실은 그렇지 않다. 그것은 그대에게 손실이 되며 갈수록 그대에게서 많은 것을 빼앗는다.

16〔5〕*

19세기의 심각한 불모성. 나는 진정으로 새로운 이상을 내세운 어떠한 인간도 만나지 못했다. 가장 오랫동안 내가 그릇된 희망을 품게 한 것은 독일 음악의 성격이었다. 우리의 힘들을 종합적으로 결합하고 있는 더 강력한 유형의 인간—이것이 나의 신념이었다. 언뜻 보기에는 모든 것이 데카당스다. 우리는 이러한 몰락을 성취해야만 하며, 이는 가장 강한 자들에게 새로운 실존 형식을 가능하게 해준다.

16〔6〕

초조해하지 말라! 위버멘쉬는 우리가 구현할 다음 단계다! 위버멘쉬가 되기 위해서는 절도와 남성다움이 필요하다.

16〔7〕

나와 똑같이 하라. 오직 행동하는 자만이 배운다. 나 또한 행동하는 자로서만 그대들의 교사가 될 것이다.

섬광이 그대들의 음식물을 내려쳐 그대들의 입이 불을 삼키는 것을 배우기를!

내 독수리의 긍지는 그의 날개로 내 의지를 몰아댄다. 그러나 바위 같은 나의 의지에 부딪혀서 그것을 몰아대는 긍지의 파도조차 부서진다.

나는 기상경계선이 아닌가? 모든 바람이 나에게 와서 자신들의 뜻을 나에게 알린다.

나는 칠흑 같은 뇌우 속에서 사라지기를 바란다. 그리고 나의 최후의 순간에 나는 인간이면서 동시에 섬광이고 싶다.

그대들은 나에게 항의하면서 몰려온다. 그러나 그것이 무슨 소용이 있는가! 나는 나의 노로 그대들을 때린다. 그대들은 나의 배를 영원히 날라야만 할 것이다!

내가 나의 명성 위에 잠이 든 적이 있었는가? 모든 명성은 나에게는 가시로 만든 침대 같았다.

차라투스트라의 제3부는 아마 7가지 고독에 대한 책이 될 것이다.

5

"그리고 지금도 여전히 산 정상의 얼음과 순수는 빛을 발하고 있다."

그대들은 나에게는 시든 풀이며 황야다. 그러나 나는 그대들을 광야를 태우는 불로 만들고 불의 혀를 가진 선포하는 자들로 만들

10 것이다.

그의 어두운 눈동자 안에서 금빛이 반짝인다. 검은 물 위에서 금색 작은 배가 떠다닌다.

15 그대들은 숙련되어 있고 지혜로운 손가락을 갖고 있다. 그러나 그대들의 손가락이 그대들의 주먹 안에 숨어들었을 때야 비로소 나는 그대들의 힘을 믿을 것이다.

나는 그대들에게 내 화려한 덮개를 씌울 줄 안다. 그리고 말을 탈 줄

20 아는 사람은 아마 안장에 앉는 법도 알 것이다.

나는 여전히 낯선 농가에 사는 수탉 같다. 암탉조차도 이 수탉을 깨문다.

경멸보다 존경이 더 의롭지 못하다.

나는 얼마나 높은 곳에 살고 있는가? 올라갈 때 나는 아직 내가 사는 곳에 이르는 계단의 수를 세본 적이 없다. 모든 계단이 끝나는 곳에 내 방이 시작된다.

사람들은 너의 머리털을 잡고서 너의 천국으로 끌어당겨야만 할 것이다!

그대 몽상가들은 그대들이 더 좋은 소재로 만들어졌다고 생각하는가? 그대들은 단지 옷을 더 잘 입고 자신을 꾸밀 뿐이다! 그대들은 자신의 소재를 더 잘 위장할 뿐인 것이다!

비록 내가 누구의 눈에도 보일 수 없는 존재라 해도 고독한 항해사와 탐험가들이 탄 배의 돛대에서는 내가 보일 수 있기를 나는 바란다—희망의 불꽃과 징표로.

세계는 조용히 서 있지 않았던가? 이 정적은 가공할 만한 원으로 나를 휘감고 결박했었다!

그 여자는 이렇게 말했다. "내가 결혼을 파괴했다. 그러나 먼저 결혼이 나를 파괴했다."

우리를 사랑하는 자를 유혹하여 그가 자신과 우리에 대해서 수치심을 느끼는 행위를 하도록 하는 것은 잔혹한 자들이 할 수 있는 가장 잔혹한 일이다.

별이 하늘에서 떨어지려 하지 않는다면 너의 별을 하늘을 향해서 던져라! 그것이 그대의 악의의 전부이기를.

5

높은 곳에서 사람들에게 자신을 내던지는 사람에게 사지가 부서지는 것이 문제가 될까?

그대들은 앞으로 나아갈 경우에도 뒤를 돌아본다. 따라서 사람들은 자주 그대들의 몸 반대쪽으로 달려야만 한다.

10

나는 반향에 귀 기울였다. 그러나 나는 오직 찬사만을 들었을 뿐이다.

15

자신에 대해서 많은 말을 하는 것은 자신을 숨기는 하나의 수단이기도 하다.

우리를 풍요롭게 하지 못하는 사람은 분명히 우리에게 무가치한 사람이다.

20

사람들은 자신들의 이웃을 위해 일한다. 그러나 이웃을 위해 창조하지는 않는다.

실제로 진리가 승리할 때가 있다. 그러나 이때는 어떤 오류가 그것 편에서 싸웠던 것이다.

그대들의 진실성이 끝나는 곳에서 그대들의 눈은 이미 아무것도 보지 못한다.

그의 열악한 속성들이 덕에 의해 극복되었을 때 그것들은 그에게 보복한다.

그는 그를 뒤쫓도록 근거들 자체를 설득한다.

16〔8〕

차라투스트라가 최고의 위기에 이르고 그것과 함께 비로소 자신의 최고 행복에 이른다는 것. 즉 그는 점차 더 불행해짐과 동시에 더 행복해진다. 양자가 가장 가공할 대조를 이루는 순간에 그는 몰락한다. 계획을 위해서.

16〔9〕

"이것이 7가지의 고독에 대한 차라투스트라의 말이다." 거기에서는 어떻게 **위기**가 행복과 나란히 성장하는지가 표현되어야만 한다. 증여하는 것은 창조와 마찬가지로 **다른** 면모를 보인다. 덕에 깃들인 가혹함. 동정과 정의에 깃들인 고통. 미래 인간들의 친구에게 존재하는 고독과 고향 상실. 마술로서의 창조는 현존하는 모든 것에 대해 일종의 **탈주술화를** 수반한다. 최고의 전형들에 대한 불쾌감이 우리를 몰두해야만 하는 것에게서 멀어지게 한다.

16〔10〕

예술가의 비도덕성을 나의 소재(인류)와 관련해서 획득하는 것, 이것이야말로 최근 수년간의 나의 작업이었다.

창조할 수 있기 위해 그리고 낯선 이상에게 지배되지 않기 위해서 정신적인 자유와 기쁨을 획득하는 것. (내가 무엇에서부터 나를 해방시켜야만 했는지는 근본적으로 중요하지 않다. 자기 해방을 위해 내가 애용하는 형식은 예술적인 형식이었다. 즉 나는 그때까지 나를 구속했던 것들의 상을 대강 그려보았다. 예를 들면 쇼펜하우어, 바그너, 그리스인들(천재, 성인, 형이상학, 이제까지의 모든 이상, 최고의 도덕)—그것은 동시에 감사를 표시하는 공물(貢物)이기도 했다.

16〔11〕

자연은 **목적을 갖는 것**을 잊어야만 한다는 망상에서 벗어나는 것이 나에게 필요했다.

염세적인 정신 상태에서의 **탈출**. 자기 자신으로부터 인간을 구원하는 것에 **관한** 나의 교설은 **바로** 그와 같은 것을 위한 것이었다.

"그들은 인식했다. 그들은 행동하는 것을 혐오했다. 《비극의 탄생》 35쪽. "예술이 그들을 구원한다. 예술을 통해 그들을 구원하고 이를 통해서 자신을 구원하는 것은 생이다." **근본사상**. 나의 이후의 삶은 그러한 근본사상의 귀결이다.

예술가(창조하는 자), 성자(사랑하는 자) 그리고 철학자(인식하는 자)를 하나의 인격 속에 구현하는 것. 이것이 나의 실천 목표이다!

창조하기 위한 공간과 힘 그리고 용기를 발견하기 위한 겸손. ('세계 과정'과 '배후 세계'에 대립해서 인간적인 것에 한정하는 것)

낡은 이상들로부터의 자유를 창조하기 위해서 나는 기꺼이 그러한 낡은 이상들에 대립된 이상들에게 향했다. 나는 이 시대에도 최선의 것을 찾아냈다.

나는 교양과 이제까지 유형의 학자들에게서 자신을 해방시켰다. "지성의 염세주의자."

"지적 양심"의 탄생, 즉 참된 것을 더 유용하고 더 명예로운 것으로 만드는 것. 《여러 가지 의견과 잠언》 13쪽.

세계 과정을 논하는 교만에 대한 나의 조소, '인식 그 자체를 향한 충동'에 대한 나의 불신, 나는 역사적인 의미를 오직 세 가지 충동에서만 발생하게 했다.—모든 것은 이미 존재했다.

칸트의 반계몽주의에 대한 나의 증오. 무관심한 만족das interesselose Wohlgefallen과 의지의 침묵에 관한 칸트의 교설에 대한 나의 증오.

16〔12〕

받아가는 자에게 감사!

16〔13〕

수령을 밟지 않도록 네 발에 애정을 가져라. 너는 자신의 친구를 배반하는 사람을 절대로 발로 밟아서는 안 된다.

16〔14〕

이제까지의 이상들(철학, 예술가, 성자)을 극복하기 위해서는 그것들의 발생사를 알 필요가 있었다.

사랑으로 가득한 성자들 대신 나는 문화의 모든 단계를 애정에 차서 공정하게 추체험하는 사람, 즉 최고의 경건함을 갖춘 역사적인 인간을 내세웠다.

천재 대신 나는 자기 자신을 넘어 인간을 창조하는 그런 인간을 내세웠다(예술작품으로서의 예술에 대립하는 새로운 예술 개념).

철학자 대신 나는 학자, 연구가, 비판가를 능가하고 많은 이상을 넘어선 곳에 사는 자유로운 정신을 내세웠다. 자유정신의 소유자는 예수회원이 되지 않으면서도 현존재의 비논리적인 성질을 구명하는 자이며 사람들을 도덕에서 해방시키는 자이다.

《교육자로서의 쇼펜하우어》 60쪽. "우리가 현생에 또는 다가올 생에 철학자, 예술가, 성자들로 구성된 숭고한 교단에 받아들여졌을 경우에야 비로소, 우리에게 우리가 사랑하고 증오할 새로운 목표도 주어지게 될 것이다.—당분간 우리는 우리의 과제를 가지고 있다."

오류(망상)의 가치

망각의

마지막으로 악의 가치

적의의

16〔15〕

나와 레의 근본적인 차이. 근본적인 대립은 전통에 예속되어 있느냐 아니면 그것에서 해방되었느냐이며 이기적이냐 아니냐는 아니다.

그에게는 선의 가치 목록들에 존재하는 극단적인 차이를 보는 역사적인 안목이 결여되어 있다.

《〈인〉간적인 너〈무나 인간적인〉》 79쪽.

정의감과 허영심의 유래에 대한 다른 설명.

나는 이기주의가 유해하고 배격되어야 한다는 사상에 맞서 싸웠다. 나는 이기주의에 정당성을 부여하고 싶다.

나는 무리의 본능이 훨씬 더 강력하다고 주장하며, 개인 행동(전통에 따라서 행동하지 않는 것)은 악한 것으로 간주되어왔다고 주장한다.

그들은 말한다. 오직 관습에 따라서 보는 한, 이러저러한 것이 배격되어야 한다고———

레는 유용함은 중요하지 않다고 생각한다. 그의 사고는 도덕적인 선입견에 사로잡혀 있다.

47쪽. "만약 형벌이 범죄의 재발을 막기 위한 위협 수단임을 상기시키는 것이 아무것도 없다면 그것은 보복수단처럼 보이게 될 것임이 틀림없다." 왜? 도대체 무엇이 보복인가? 그는 어떤 것이 보복으로 보이기 때문에 정의감이 생긴다고 생각한다. 그러나 보복이란 개념은 탐구되지 않은 상태다. 모든 형벌은 복수에서 발생한다는 사실조차 간과되어 있다.

"필연적인 행위는 보복당할 수 없다." 49쪽. 아니다! 그러한 행위는 틀림없이 보복을 받을 수 있다. 그러한 행위는 보복을 당해서는 안 되며 보복은 부당하다고 생각한다. 결국 그는 도덕적인 전제를 깔고 있는 것이다.

즉 정의감은 보복으로 고통이 생기기를 요구한다. 또한 레에 따르면 정의감은 1) 형벌은 보복으로 보인다 2) 사람들은 의지를 자유로운 것으로 간주한다는 두 가지 오류의 결과이다.

그는 사람들이 만약 이웃 사람을 부자유하다고 간주하면 보복하지 않을 것이라고 생각한다. 보복한다는 것이 무엇인지를 생각해 보라. 그것은 먼저 가해 행위가 계속되는 것을 막고 저지하는 것이다. 사람들은 떨어지는 돌에 보복하지 않는다. 그의 말은 옳다.

레의 말에서 틀린 점은 정의감이 형벌에서 그리고 형벌 후에 생긴다고 주장하는 점이다. 그러나 사실은 형벌은 정의감에서 생긴 것이다.

우리의 가해자가 보복당해야만 하는 것은 그가 우리의 힘의 의식을 감소시켰기 때문이다. 그것은 우리의 자존심에 대한 범죄이다.

타인의 행복을 그 사람 자신을 위해 원하는 사람만이 도덕적으로 선한 목적을 갖고 있다고 말하는 것은 전혀 충분하지 않다. 어떠한 종류의 행복이냐가 중요하다.

그는 오직 선과 악의 판단의 성립에만 관심을 갖고 있다. 그러나 이러한 행위들이 지닌 특정한 성질과 (추정된 유용성에 대해서) 그것들이 갖는 실제적인 유용성만이 나의 관심거리이다.

도덕이란 우선은 권력자들과 지배하는 계급들의 자기찬미이다.

쾌-불쾌란 부수적인 현상들일 뿐 그 어떤 목적도 아니다.

16〔16〕

늪 위의 도깨비불(사람들을 현혹하는 불).

16〔17〕

복수의 대용물(代用物). 우리의 '권력감Machtgefühl'을 침해하는 것이 우리 마음을 그렇게 상하게 했다는 사실을 파악하자마자, 우리는 어떻게 자신의 권력감을 고양시킬 것인지를 숙고해야만 한다. 사람들이 가해자에게 가해하고 훨씬 더 많은 손해를 입히는 것에 머무는 것은 일종의 정신의 빈곤을 의미한다. 그러나 우리의 형법도 여전히 그 상태에 머물러 있다. 여기에서는 누군가가 법을 어겼을 경우 공동체의 권력감이 모욕당한 것으로 여겨진다. 공동체를 위해 이루어지는 대담한 기도와 고귀한 행동이 공동체에 반하는 것으로 간주될 수도 있을 것이다. 개인이 미친 해를 다른 개인이 이른바 잉여의 선행자로 보상할 수 있도록 하면 좋을 것이다.—그러나 개인이 모욕당했을 경우 그는 한 단계 자신을 높이는 방식으로 자신의 권력감을 회복하고 확장해야만 한다. 보잘것없는 자들의 비열함은 고귀한 자들에게 자극이 되고 사다리가 되어야 한다.—그러나 사람들은 개개 행위에 대해 보복해서는 안 된다. 개개의 행위는 인격 전체의 징후이다.—인격 전체와 분리된 어떠한 일회적인 행위도 존재하지 않는다. 내가 "어떤 인간은 저런 것을 할 수 있다"는 사실을 인식하자마자 그에 대한 나의 전체적인 태도는 변한다. 지금부터 그는 나에게 적으로 간주되며 나는 그와 투쟁할 뿐 아니라 그를 파괴하려고 한다.—'그는 더 이상 우리의 일원이 아니다'는 것이 우리의 규범이다.

나의 제안. **우리**에게는 형벌을 폐기할 것. 보복에 존재하는 무의미. (어떤 것이 악이라면 보복하는 자도 똑같이 악을 행하는 것이 된다.) 목적은 본보기를 보여서 위협하는 것이 아니라 다시 나타날 수 있는 피해에 대해 자신을 보호하는 것이다.(아울러 우리가 너무나 순진했다는 것에 대한 분노).

16〔18〕

레에 대한 반론. 고통이 있는 곳에서는 이익에 반하는 행위가 행해진 것이다—자연에서 목적에 반하는 어떤 행위가 행해진 것이다.

16〔19〕

만약 공동체의 유용성이라는 관점이 이기적이지 않은 것의 가치를 규정한다는 것이 옳다면, 이제 다음과 같은 질문이 제기되어야만 한다. 그러한 판단은 과연 진리이고 정당한 것인가? 과연 선의의 인간이 유용한가?

16〔20〕

생명체가 존재하는 곳에는 갑작스럽게 힘이 폭발하는 순간들이 있다. 그것에 대한 주관적인 느낌이 '자유의지'다. 한 생명체의 가치를 규정하는 것은 무엇보다 이러한 폭발들의 횟수와 강력함이며, 그 다음으로 이러한 폭발에 주어진 방향이다. 우리가 '어떤 행위를 하는 동기'에 대해서 말할 때, 우리는 항상 오로지 '어떤 방향을 취하게 되는 동기'만을 염두에 둔다.

16〔21〕

목표. 단순히 두뇌 뿐 아니라 몸 전체를 더 향상시키는 것.

16〔22〕

우리는 대중에 대해 자연이 그러한 것처럼 무자비하게 사고해야만 한다. 그들은 종을 보존한다.

16[23]

나의 **제1의 시기**의 배후에는 **예수회 이념**의 얼굴이 엿보인다. 내가 염두에 두고 있는 것은 환상에 대한 의식적인 고집과 **문화의 기초**로서 환상의 강제적인 합병이다. 또는 **불교**와 허무에의 갈망(이론과 실천 사이의 쇼펜하우어적인 모순은 유지될 수 없다). 바〈그너〉는 첫번째 위험에 굴복했다.

16[24]

주의! **더 높은 인간들의 역사.** 더 우수한 인간들을 육성하는 것은 가공할 정도로 훨씬 더 고통스런 것이다. **이 경우 필요한 희생들의 이상을 차라투스트라에서 보여주는 것.** 고향, 가족, 조국을 버리는 것. 지배적인 도덕의 **경멸을 받으면서** 사는 것. 시행 착오의 고통. 낡은 이상들이 제공한 모든 향락에서 벗어나는 것(더 우수한 인간들은 그것들을 반은 적대적이고 반은 낯설게 혀에 느끼게 된다)

16[25]

고통을 가하는 행위에 깃들인 쾌감. 다른 사람에게 고통을 가하는 것은 권력감의 상승을 수반하기 때문이다. 권력감이 가장 상승할 때는 권력감의 감소가 선행했을 때, 즉 복수할 때다.

선을 행할 때의 쾌감 역시 전적으로 같은 기반에서 생긴 것이다. 또한 **관용**은 승화된 복수이며 따라서 매우 **큰** 쾌감이다.

16[26]

모든 생명체는 가능한 한 멀리까지 손을 뻗쳐 자신보다 더 약한 자를 정복하는 것을 통해 쾌감을 맛본다. 이러한 경향에서 **점증하고 있는 '인간화'**는 사람들이 타인을 정말로 자신에게 **동화시킨다**는 것이 얼마나 **어려운지**를 갈수록 **더 섬세하게** 느끼게 된다는 것이다. 예를 들면, 타인에게 거칠게 해를 가하는 것은 실로 그에게 우리의 힘을 보여 주는 것이지만 동시에 우리에게서 타인의 의지를 더 **소원하게 만든다**—즉 그것은 타인이 우리에게 굴복하지 않게 만드는 것이다.

16〔27〕

도덕적인 가치 평가는 무엇보다 더 높은 인간들과 더 낮은 인간들(또는 계급)을 구별하는 것과 관련되어 있다. 도덕은 일차적으로 강력한 자들의 자기 찬양이며 무력한 자들에 대해서는 경멸이다. 선한가 악한가가 아니라 고귀한가 천한가에 대한 감각이 근원적인 도덕 감각이다. 그러한 구별에 입각하여 **비로소** 특수한 행위와 속성들이 고귀하다고 불리고 그것에 대립된 것들은 천하다고 불린다.

16〔28〕

도둑이 힘의 쾌감을 누리기 위해 행동하는 것은 아니다. 그는 자신의 행위가 타인 안에 일으키는 작용을 짐작할 수 없다. 강도나 타인에게서 물건을 빼앗기 위해 타인을 죽이는 자도 마찬가지다. 그러나 그들은 우리를 두려워하고 있다는 것이 분명하다. 그렇기 때문에— — —

16〔29〕

상해(傷害)는 어느 정도까지 옳지 못한 행위인가? 상해와 함께 보복하려는 욕구가 생긴다. 보복한다는 것은 무엇인가? 어떤 사람을 적으로 인지하고 그 이상의 해를 막으려는 감정을 보복과 혼동해서는 안 된다. 또는 우리가 빼앗긴 것이나 그것의 등가물을 되찾으려는 의도도 보복과 혼동해서는 안 된다. 보복에는 여전히 증오가 잠복해 있다. 적 자체는 비열한 존재로 느껴지지 않고 있다. 그러나 거의 항상 피해자에게는 일종의 자기 비난이 존재한다. 즉 우리는 너무 안이했고 방비를 소홀히 했다거나 일찍부터 대비할 수 있었다는 식의 자기 비난 말이다. 우리 자신에 대한 이러한 불만—즉 자기 자신에 대한 경멸—이야말로 복수에 잠복해 있는 증오의 주요 근거이며 또한 복수를 세심하게 행하도록 하는 요인이다.

모든 것이 지불되고 모든 사물에 대해 등가물이 존재한다는 환상이 피해에 대한 등가물을 고안하고 보복에 대해 말하는 사태를 빚었다. 그러나 근저에서는 다른 어떤 것, 즉 보상 **이상의 것**을 목표로 한다. 보복이란 단지 복수하는 자의 위선이고 자기미화일 뿐이다. '죄.'

복수의 쾌감은 가해자가 굴복하고 피해를 보상할 때, 즉 가해자가 정복되었을 때 끝난다.

가해 행위에서 의도적인 것은 근원적으로 주목받지 않으며, 피해를 입었다는 사실과 얼마나 피해가 있었느냐가 주목받는다. 그리고 그것에 상응해서 형벌이 가해진다. '가해 행위는 보복된다'는 것이 가장 오래된 형식이지, 악의를 품는 심적인 태도가 가장 오래된 것은 아니다. 가해 행위에 대한 분노는 적의 성공에 대한 것이지 증오에 대한 것이 아니다. 보복에 대한 갈망—그것은 패자의 감정이지 옳지 못한 행위가 행해졌다는 사실에 대한 감정이 아니다.

복수, 즉 보복에 대한 갈망은 옳지 못한 행위가 행해졌다는 감정이 아니라 내가 패배했고 이제 나는 모든 수단을 동원하여 위신을 회복해야만 한다는 감정이다.

어떤 계약이 파기되고 평화와 신의가 깨졌을 때에야 비로소 **옳지 못한 행위**가 행해진 것이다. 이것은 위엄을 손상시키는 행위, 즉 전제된 감정의 동등함을 손상시키는 행위이다. 따라서 그것에는 한층 더 낮은 단계를 시사하는 천하고 경멸할 만한 것이 존재한다. 이것에 대항하는 의도는 품위가 없는 상대방을 더 낮은 단계로 내려놓으려는 것 뿐이다. 즉 그를 우리에게서 분리시키고 추방하며 굴욕과 치욕을 가하는 것이다. 형벌의 의미.

형벌의 의미는 본보기를 보여줘서 위협하는 것이 아니라 사회적인 질서에서 어떤 자를 강등시키는 것이다. 그는 더 이상 우리 **동등한 자들**의 일원이 아니다.

이러한 효과를 낳는 모든 규범은 어떤 것이라도 좋다. '파문.' 이러한 방향으로 형벌 제도는 발전해야만 한다.

16〔30〕

차라투스트라 제3부. 다른 사람들은 **복종해도** 좋다. 그리고 그들의 허영심은 그들이 위대한 인간들에게가 아니라 '원칙'에 종속하는 것으로 보이기를 바란다.

16〔31〕

우리 자신에 대한 분노는 복수의 경우 더 저급의 인간에서는 매우 신속하게 적에 대한 분노가 되며 그가 경멸할 만한 행위를 한 것으로 고발하려는 욕구로 전환된다.

16〔32〕

강력한 자들이 하위의 인간들에 대해 보여주는 폭력과 오만. 영리함과 인간화의 발달로 인해서 이러한 폭력과 교만은 갈수록 정신화되어간다. 그러나 이러한 힘이 자기 자신의 힘을 향유하려고 하지 않는 것은 불가능하다!

최고의 관계는 창조하는 자가 자신의 재료에 대해 갖는 관계이다. 이것이 교만과 강력한 힘의 궁극적 형식이다. 그러한 방식을 통해서 비로소 유기적인 형식이 완성된다. 이는 우리의 육체가 의지의 충동에 의존하고 그 경우 육체가 가장 잘 지배될 때 자기 자신을 향유하는 것과 같다.

16〔33〕

도덕에서의 해방.

유기적-도덕적(격정들 사이의 경쟁, 지성에 대한 격정의 우위)

복수, 불의, 형벌.

선과 악이라는 범주를 신봉하는 자들은 결코 악을 선을 위한 수단으로 취급할 수 없다. 그리고 인류과 절대적으로 단절하지 않는 목적론적인 모든 세계고찰은 무익하다.

식료품에 대한 가치 판단의 역사가 존재할 수 있을 것이다. 그 경우 다음과 같은 물음이 성립할 것이다. 그 물음이란 이러저러한 것을 먹었다는 것이 어떤 가치를 갖는가라는 물음이다. 마찬가지로 이러 저러한 행위를 일찍부터 행해왔다는 것은 어떠한 가치를 갖는가라는 물음은 사람들이 이제까지 행위들에게 어떠한 가치를 부여해왔는가라는 물음과는 구별된다. 이제까지의 가치 평가의 역사와 그 근거의 역사는 평가 자체와는 다른 것이다.

그 어떤 인간도 돌이 떨어진다는 것을 도덕적인 현상으로 보지 않을 것이다. 그렇다면 인간이 고양된다는 것도 도덕적인 현상이 아니다! 집단적인 양심. 비이기적인 것의 평가에서 격세유전.

16〔34〕

복수가 무의미한 것일 경우, 약자는 포기하고 굴복한다.

16〔35〕

"차라투스트라가 결정한 것이 일어날 것이다. 그의 위대한 영혼이 자신의 결단을 어떻게 변경할 수 있을 것인가!"

16〔36〕

인간이 모든 맹수 중 맹수라는 사실을 분명히 염두에 두자! 사람들은 인간은 자기 자신을 사랑한다고 말한다. 그러나 사실 인간은 자신을 거의 사랑하지 않는다!

16〔37〕

차라투스트라는 자신이 존재하고 있는 것은 친구들을 위해서가 아니라는 사실을 알고 있다. "누가 내 친구들이란 말인가!" 민중을 위해서도 개인들을 위해서도 아니다. 다수를 위해서도 아니며 소수를 위해서도 아니다. 우정을 초극하는 것! 제3부 시작에 그의 자기 초극의 징표.

에머슨, 426쪽. 현자에 대한 묘사.

5

16〔38〕

차라투스트라는 파나의 속마음을 알고서 그녀의 동정에 대한 동정 때문에 숨을 거둔다. 그 전에 커다란 경멸의 순간(최고의 지복!)

모든 것이, 특히 서문에서 서술된 모든 것이 성취되어야만 한다.

10

16〔39〕

최후의 태도, 극히 미묘한 침묵이 **위대한** 모든 **성공**을 방해한다. 인간이 **진리와 완전히 하나가 되자마자 그는 자연 전체를 움직인다.** 차라투스트라 제3부.

15

16〔40〕

증여 이상의 것, 즉 **창조하는 것,** 압제를 가하는 것이 문제가 된다! 제2의 고독에 대한 근본 사상(제3부의 시작)

우리의 '선물'은 위험하다!

20

16〔41〕

인류의 초극을 지향하는 인류의 지배

그것에 견디는 자만을 제외하고, 인류가 그것에 접했을 경우에 몰락하는 교설을 통한 초극.

16〔42〕

우선 모든 사람은 차라투스트라에게서 등을 돌린다(이것을 점진적으로 묘사해야 한다!). 차라투스트라는 황홀해하며 아무것도 알아채지 못한다. 파나는 그를 죽이려 한다. 그녀가 단도를 뽑아 든 순간 차라투스트라는 모든 것을 이해하게 되며 자신에 대한 그녀의 동정으로 인한 고통 때문에 숨을 거둔다. 이것이 명확히 묘사되어야 한다!

16〔43〕

'진리', '도덕적 환상을 포함한 환상들을 파괴하는 것'—그것들은 인류의 **극복**(인류의 **자기파괴**!)을 위한 **위대한 수단**이다. 제3부.

주의. 여기에서 차라투스트라에게서 표현된 발전의 고뇌 전체는 그의 방문자들에게는 **더 높은 인간의 고뇌**로 표현되어야만 한다.

16〔44〕

"사랑 때문에 나는 최대의 고뇌를 주었다. 이제 나는 내가 준 고뇌 때문에 용해되어 사라진다—

16〔45〕

모든 사람이 떠났을 때 차라투스트라는 뱀에게 손을 뻗는다. "나의 지혜여, 내게 무어라고 충고할 것인가?"—뱀은 그를 물고 독수리는 뱀을 찢고 사자는 독수리를 덮친다. 동물들의 싸움을 보았을 때, 차라투스트라는 죽는다.

16[46]

사람들이 나를 위해 낼 시간이 없다고? 좋다. 그러면 나는 기다릴 것이다. '나를 위해서 낼 시간이 아닌' 시간이 무슨 가치가 있을 것인가!

16[47]

차라투스트라가 바치는 쾌유하는 자의 감사기도

16[48]

'가을', '쟁기' 등으로서의 차라투스트라—여러 멜로디!

16[49]

생성의 순수에 대한 찬미. 영원의 상 아래서의 찬미.

가장 작은 것의 축성.

서약자들.

새로운 왕들.

법규의 분쇄.(제4부 제3막의 서두)

위대한 자연의 라이벌로서의 위대한 인간

(최후의 인간으로 향하거나 위버멘쉬로 향하는) 두 가지 운동.

악한 인간들의 구원.

어린 시절보다 훨씬 더 긴 청년 시절, 많은 나라와 직업과 예술들을 접하는 시절.

(자신의 유형(類型)을 각인하는) 최고의 조각가의 전단계로서의 새로운 교사.

망치로서의 가장 무거운 인식

(도래할 자를 위한) 자애심에 대한 찬양

적들을 도발시켜 불러일으키는 것! (우리의 이상을 위해 우리에게는 그들이 필요하다!)

5 우리와 동등한 적들을 신으로 변화시켜서 우리를 고양하고 변화시키는 것.

창조하고 사랑하고 인식하는 자를 힘에서 통일하는 것.

고뇌에의 의지—고뇌를 깊이 받아들이려는 의지. 이것은 변화를 위한 수단이다.

10 열악한 인간으로서의 기생하는 자. 우리는 단순히 생존을 향유해서는 안 된다. 그것은 고귀하지 않은 것이다.

기뻐서 환호하는 양심. 기도로.

찬미와 비난에 반대하는 것. 수백 년 후에 빛을 발하는 것. 미래를 미리 규정하는 것.

15 과거의 극복. 그러고 나서 치유하는 망각, 신적인 권역.

성스러운 웃음.

(나의 음악을 모방한) 위로의 노래

영원회귀설은 역사의 전환점이다.

20 16〔50〕

어떤 존재가 완전해지고 확신을 가지기 위해서는, 즉 완치되고 견고해지기 위해서는 한동안 고독이 필수적이다.

새로운 형태의 공동체. 그것은 전투적으로 자신을 주장한다.

그렇지 않을 경우 정신은 둔화된다. 어떠한 '화원(花園)'도 '대중에게서 단순히 도피하는 것'도 허용되어서는 안 된다. 여러 가지 사상과 그것의 군대들 사이의 전쟁! (그러나 화약 없이!)

육성을 통한 새로운 귀족. 가족들의 창립 축제.

하루의 새로운 분할. 모든 연령층을 위한 신체 단련. 원칙으로서의 경기.

생성하는 자, 도래하는 자에게서 원칙을 둘러싸고 전개되는 경기로서의 성애(性愛).—'지배하는 것', 온정과 가혹함이 가르쳐지고 훈련된다. 하나의 상태가 완벽하게 습득되자마자 새로운 상태가 노력의 목표가 되어야 한다.

악한 인간들에게서 가르침을 얻고 그들에게도 경기를 위한 기회를 주는 것. 퇴화하고 있는 자들을 이용하는 것.—모독자들이 (새로운 양분을 위한) 실험 대상으로 이용되어도 좋다는 것이 형벌의 권리가 되어야 한다. 다가올 인간들의 최고 이익을 위해 하나의 인간이 소모된다는 것이야말로 형벌을 성스럽게 만드는 것이다.

우리의 새로운 공동체가 우리의 미래 이상을 위한 다리이기 때문에, 우리는 이 새로운 공동체를 소중히 한다. 그리고 이러한 새로운 공동체를 위해 우리는 일하고 다른 사람들을 일하게 한다.

거주지.
공동체의 종류.
전쟁들.
새로운 귀족.
시험(형벌 등)
여성 안에 깃들인 여성을 구원한다.

개개인의 영혼을 거친 수많은 편력. 긴 청년기.
고독을 위한 시간.
새로운 거주지의 선택(각각의 거주지가 교훈적인 예가 된다!)

여성 안에 깃들인 여성을 구원한다!

육체적인 강함은 가장 위대한 사상을 도와야 한다.—따라서 여러 가지 사상 사이에는 전쟁이 일어나야 한다.

16〔51〕

차라투스트라 제3부를 위한 계획.

차라투스트라 제3부. **자유정신** 및 은자의 상태에서 **지배**하지 않으면 안 되는 상태로의 **이행.** 증여가 변화한다. 주는 것에서 받기 위한 강제를 행사하려는 의지가 생겼다. 먼저 자기-강제 및 자기-강화로서의 예술가의 전제적인 지배!

지배하는 자의 심리학. (친구들을 갈망하는 것은 도구들에 대한 예술가의 갈망으로 밝혀진다!)

차라투스트라 제3부 : 먼저 '언표될 수 없는 진리'로부터의 도피, 회의, 자신에 대한 조소, 자의적인 맹목, 점증하는 비참, 연약감. 7가지 고독—어딘가에 있는 과거의 세계-고찰로 피난해 쉬려는 시도. 자신의 교설에 대한 이의들이 제기된다. 여러 유혹자들도 나타난다. ('위로의 노래'를 삽입할 것.)

가장 견디기 어려운 고뇌는 그를 위한 것이 아니라 그가 가장 사랑하는 자들이 자신의 교설 때문에 피 흘리는 것이다. 그러나 동시에 차라투스트라는 이러한 체험 후에 자신과 이웃에 대해서 가장 가혹하게 대하는 상태로 자신을 고양시킨다. 그리고 오직 **미래**만을 생각한다.

마지막으로 차라투스트라의 제3의 동물로서의 **사자**—그의 **성숙**과 **원숙**의 상징.

'쾌유하는 자의 감사기도'. 그것과 함께 제3부는 끝난다.

16[52]

친구들에 대한 사랑 때문에 차라투스트라는 자신이 위대한 진리를 가지고 있다는 것을 알게 된 후에도 친구들에게 말하지 않는다.—그것은 지배하는 자들의 문제이다. **그는 자신이 사랑하는 자들을 자신의 이상에 희생한다.**

16[53]

자신을 희생하기로 한 자들이 차라투스트라의 묘지에서 결사를 형성한다. 그 전에 그들은 도망쳤다. 이제 그들은 그가 죽은 것을 발견하고 그의 영혼의 계승자가 되기를 바라며 **그의 높이**에까지 자신들을 고양한다. (이것이 차라투스트라 제4부의 마지막 장면이다—'위대한 정오'—청명하고—깊은 하늘)

16[54]

모든 것이 차라투스트라에게 그 이상 말하지 말라고 경고한다. 전조. 그의 말은 중단된다. 한 사람이 자살하고 한 사람은 발광한다. 예술가에게 나타나는 일종의 신적인 교만의 기분. 그것이 밝게 드러나야만 한다. 그가 영원회귀의 진리와 위버멘쉬를 동시에 보여 준 후, 동정이 그를 압도한다.

그는 점진적으로 고양된다. (이와 같이 고양됨으로써 그는 오로지 자신의 목표를 위해 **악**의 모든 단계를 통과한다. 그는 악과 냉혹함 등의 **교사**로 나타난다.) 그리고 '알프스 산정의 황혼'—그의 청중들은 점차 음울해진다. 마지막에는 비가 내린다 등.

16〔55〕

차라투스트라 제4부를 위한 계획

1. 개선행렬. 페스트의 도시. 상징적인 화형. 30
2. 미래의 선포. 그의 제자들이 자신들이 한 일을 이야기한다. 30
3. 최후의 연설과 전조, 중단, 비, 죽음. 30
4. 그의 묘지에 모인 친구들의 결사—서약하는 자들—위대한 정오—예감에 가득 차 있고, 청명하고, 전율적인. 30

16〔56〕

"너는 이것을 또 한 번 원하느냐?"

그는 그의 증여와 교설, 자신의 친구들에 대한 사랑에 대해서 명확히 통찰한다.

그는 최고의 책임이 자신의 어깨 위에 걸려 있다고 느낀다.

행복이란 무엇인가!

고뇌에 대한 의지와 고뇌를 향한 길이 갖는 성격의 강함(냉혹

한 자들, 가혹한 자들, 기생하는 자들)

각각의 삶은 하나의 실험!

이제까지의 도덕은 약함에서 나왔다. 사람들은 권위를 원했으며 의지할 수 있는 것을 지어냈다.

5 선량함과 창조적인 것 사이의 모순, 이것이 지혜의 문제다.

16〔57〕

미래 인류의 충동도 이미 현존하고 있으며 만족될 것을 갈망한다. 비록 우리가 아직은 그것을 의식적으로는 알지 못한다 해도. 따

10 라서 위대한 개인 안에는 아직 현존하지 않는 욕구들에 대한 배려로 보이는 것이 존재한다.

16〔58〕

이것이 친구들과 자신의 동물에게서조차 차라투스트라가 떠났

15 을 때 자신의 마음에 말했던 7가지 고독에 대한 말이다. 당시 그는 기꺼이 자기 자신에게서조차 떠났을 것이다.

16〔59〕

사람들은 여성 안에 깃들인 여성을 해방시켜야 한다!

20

16〔60〕

하나의 교설을 가르치는 것으로는 충분하지 않다. 그 교설을 받아들이도록 사람들을 강제적으로 변화시켜야 한다. 마침내 차라투스트라는 그러한 사실을 깨닫는다.

16〔61〕

우리 안의 과거를 초극하는 것. 충동을 새롭게 결합하고 모든 충동은 하나의 목표를 향한다. 이것은 극히 어려운 일이다! 극복되어야 할 것은 나쁜 충동들뿐 아니라 이른바 좋은 충동들도 제압되어야만 하며 새롭게 성화되어야 한다!

여러 유혹들 :

과거의 세계-안주하는 것.

냉소적인 회의와 자기-해체. 도대체 너는 무엇을 창조할 수 있을 것인가!

'너는 충분히 강하지 않다! 그것을 더 강한 자들에게 맡겨라!' 너의 피로를 즐겨라! 자신을 찬양하라!

너의 동정이 덕이고 다른 사람들의 행복을 위해 너의 인식을 희생하도록 너 자신을 설득하라.

이러한 창조를 향한 의지의 정체가 무엇인지를, 즉 그것은 손쉬운 방법으로는 만족될 수 없는 지배욕이라는 사실을 자신에게 자백하라. '친구들?' 너는 **도구들**을 갖기를 바란다!

그것이 진리라는 사실을 네가 믿는다 **하더라도** 도대체 왜 이러한 진리를 사람들에게 말하는가? 나에게는 어떤 의무도 없다. '진리에 대한 어떤 의무'도 없다.

너는 모든 사람에게서 현존하는 것에 대한 향유를 앗아가버린다. 너는 큰 피로를 가르치는 교사다!

너는 덕을 무력하게 만들고 덕에 대한 찬양과 의욕을 말살한다. 너 자신은 목표를 향해 달려갈 수 있는 힘을 인류에게서 빼앗는다!

16〔62〕

어떤 사람이 자신의 행위를 선한 것으로 **해석할지** 아닐지는 심리적인 섬세함의 정도에 달려 있다. 섬세함뿐 아니라 그의 복수욕, 언짢음, 선량함, 경솔함 등에 달려 있다.

16〔63〕

주의. 사상 자체는 제3부에서는 말해지지 않고 준비될 뿐이다. 우선 이제까지의 모든 교사에 대한 비판.

어떠한 위로의 수단도 그에게 존재하지 않게 되었다.
최고의 지혜와 선의에 대한 신앙과 신뢰
선에 대한 신앙, 의무의 목소리 등.

양심의 가책(최선의 양심에는 공포, 자기 불신, 회의, 강요된 침묵, 왜곡 등이 깃들여 있다.)

비상하는 자들의 노래.

위대한 자연의 라이벌로서의 인간

교설이 낳을 결과에 대한 두려움. 아마 가장 훌륭한 기질의 인간들이 그러한 교설에 접하고 몰락한다? 가장 열악한 인간들이 그것을 받아들인다?

차라투스트라 제3부의 해결책. 너는 도덕을 넘어서야만 한다. 너는 그것의 정체를 꿰뚫어보았다. 너의 모든 불행은 도덕의 결과였다.

인간이 자기 자신을 초극하는 데는 어떠한 다른 수단도 없다.

가장 적은 침묵은 그의 모든 힘을 위축시킨다.

그는 자신이 어떤 사상을 이제까지 피해왔다고 느낀다. 그 사상이 온 힘을 다해 지금 그를 엄습한다! 그것은 일종의 격투이다. 차라투스트라가 강한가 아니면 그 사상이 강한가?

진리는 무엇을 위한 것인가? 진리에의 의지, 그것이 가장 강한 충동이 되었다! 차라투스트라는 그렇게 할 수밖에 없다!

—그리고 내가 지금을 기점으로 뒤를 향해 셀지 아니면 앞을 향해 셀지. 내 손에는 무한한 줄이 있고———

어리석은 자들은 "그러나 무한은 이미 완성되어 있는 것 같다"고 말한다. 그러나 단어들을 선택하는 데 엄격해야 한다. 다른 때에는 끝이라고 부른 것을 시초라고 불러서는 안 된다.

그의 안심. 그가 낳은 결과는 예견될 수 없다.

가장 위대한 사상은 가장 서서히 그리고 가장 늦게 영향을 미친다!

그것의 가장 직접적인 작용은 영혼불멸에 대한 신앙을 대신하는 것이다. 그것은 삶에의 선한 의지를 증대할 것인가?

아마 그것은 진리가 아닐지도 모른다. 다른 사람들이 그것과 투쟁하기를!

16〔64〕

1. 위대한 사상에 대한 수치와 나약함과 침묵 속에서의 고독. 진리는 무엇을 위한 것인가!

2. 위로의 오랜 근거들이 모두 존재하지 않는 고독

3. 여러 유혹들을 수반하는 고독

4. 친구를 갖지 않는 고독, 친구를 희생하려고 의식하는 고독

5. 최고의 책임 의식을 갖는 고독

6. 영원 속에서의 고독, 도덕의 피안에 서 있는 고독, 창조적인 것과 선의. 우리처럼 고뇌하지 않는 다른 존재를 창조하는 것 외에는 어떤 해결책도 없다.

결정론. "나는 도래할 모든 것에 대해서 하나의 운명이다!" 이것이 결정론에 대한 내 대답이다!

7. 병든 자의 고독. 위로의 노래, 피로하게 되고 조용하게 되는 것. 고뇌를 통해서 성화된다.

각각의 고독에 13쪽 분량. 매번 결말에 가서 극복하는 사상.

주의. 모든 사색은 고뇌에 대한 의지의 징표이며 고통의 심화이다. 고통이 극한에 달했을 때 차라투스트라는 그것을 던져버린다.

가장 위대한 결말의 순간(사자). **나는 원한다**!!!

마지막에는 찬가. 승리한 자. (10쪽 분량)

16〔65〕

제3부는 차라투스트라의 자기-극복이다. 그것은 위버멘쉬를 위한 인류의 자기-극복의 모범이다.

그것을 위해서 도덕을 극복하는 것이 필요하다.

너는 너의 친구들을 희생한다—그들은 그것을 접하고 몰락하기에 충분할 정도로 심원하다. 그들은 그 사상을 창조하지 않았다(그것이 나를 여전히 붙잡고 있다!)

5 이것이 차라투스트라가 자신에게 제기하는 최후의 반론이며 최강의 적이다. 이제 차라투스트라는 성숙했다.

제4부에서는 차라투스트라가 친구들의 고통을 깨달을 때 죽는다. 그들은 그를 떠난다.—그러나 그의 사후에 그의 정신이 그들을 엄습한다.

10 마침내 결실이 맺어질 때까지, 위대한 개인들의 **유산**이자 위대한 개인들로 하여금 **뿌리를 내리고 뿌리를 박게 하는** 수단으로의 제도들.

16〔66〕

15 인류를 대표하는 힘의 행사를 둘러싼 격투! 차라투스트라는 이러한 격투를 벌이도록 호소한다. (제4부 차라투스트라의 연설)

16〔67〕

쾌락〈주의적인〉 사회적 이상은 인간들을 퇴행시킨다. 그들은 20 아마 매우 유용한 노동자 인종을 산출하는 것을 목표한다. 그것들은 미래의 이상적인 노예들을 발명한다. 그러한 노예들은 없어서는 안 되는 하층 계급이다.

'인식하는 자의 행복' 그리고 인식의 성과들에 대한 그들의 이제까지의 **둔감함**—조롱의 노래.

16〔68〕

예술가들의 짧은 원동력—예술가들은 자신의 이상의 모상에 머물러 있으며 더 이상 이상 자체를 따르지 않는다.—조롱의 노래. 그리고 (예술작품을) 향유하는 자들은 말할 것도 없다. 이러한 예술가들은 교사여야만 한다!

16〔69〕

장군, 군주, 자기 자신에 책임을 지는 자는 얼마나 많은 것을 희생하는가. 이것은 높이 존중되어야만 한다!

16〔70〕

사실상 사람들은 항상 단체 등을 통해서 위대한 개인들을 불필요한 것으로 만들려고 시도한다. 그러나 그들은 전적으로 저 모범적인 인간들에 의존한다.

16〔71〕

지배하는 자의 갈등은 이웃에 대한 사랑과 투쟁하면서 멀리 있는 자를 사랑하는 것이다.

창조자라는 것과 선의는 서로 대립하는 것이 아니고 동일한 하나이며 단지 먼 시야 **또는** 가까운 시야로 보았을 때의 차이일 뿐이다.

16〔72〕

약한 자들은 복종해야만 한다.

16〔73〕

인류를 초극하려는 노력에서 척도와 중심을 발견하는 것. 최고의 힘에 넘치는 인간 유형이 발견되어야 한다! 작은 일에서 지속적으로 최고의 성향을 **표현하는 것**—완전성, 성숙, 붉은 빰의 건강, 힘의 온화한 유출. 예술가의 매일의 일처럼 매사에 완전을 기하는 것, 최선의 형제일 것. 자신에게 동기를 솔직하게 고백하는 것—이것은 강력한 자들에게 어울리는 것이다.

주의. 동경의 광기에 의해서 모든 것이 망쳐지게 된다!

16〔74〕

주의. 제3부의 내적인 난점들은 마지막에는 **전혀 불필요한** 것으로 드러나야만 한다. 그것들 자체는 **종합적인 통찰** 앞에서는 **자신을** 지양해야만 한다.

16〔75〕

지배하는 자가 바치는 모든 희생은 백 배로 보상된다.

16〔76〕

종합적인 통찰은 아마 유기적인 것 자체가 법칙이며 우리는 달리 할 수 **없다**는 것이다. 결정론은 절대적이다. 우리가 **보는** 많은 가능성들은 우리를 혼란스럽게 한다.

16〔77〕

개인의 힘은 대부분 태양의 힘처럼 소모된다. 그것이 아니라면?

16〔78〕

하나의 사실, 하나의 작품은 모든 시대와 **새로운** 종류의 인간에게 새로운 의미를 갖는다. 역사는 항상 **새로운 진리**를 말한다.

16〔79〕

차라투스트라 제3부. 고뇌에 대한 혐오로 나타나고 있는 이 **위기 전체**는 힘이 아직 충분하지 못하다는 느낌에서 나온 것이다—그것은 허약함의 본능으로서, 무엇보다 행동하는 것을 방해한다(생각을 표명하는 것조차도 방해한다!)—**고뇌에의 의지**는 힘이 **충분히 커질** 경우에 곧 생기게 된다.

'가장 조용한 시간'은 유혹하는 여자였다.

16〔80〕

주의. 차라투스트라의 기분은 미칠 정도로 초조하게 위버멘쉬를 기다리는 기분이 아니다!

그는 **안정되어 있고** 차분히 **기다릴** 수 있다. 그러나 그의 모든 행동은 위버멘쉬에 이르는 길과 수단의 **의미**를 가졌다. 따라서 그것들은 **훌륭하고 완벽하게** 행해져야만 한다.

커다란 강의 평온함!!! 가장 작은 것의 성화!!! 모든 불안정, 격렬한 동경, 모든 구토가 제3부에서 묘사되어야 하며 **초극되어야만 한다**!

(제1부와 제2부의 부드러움과 온화함) 등. 모든 것은 아직 자기 자신을 확신하지 못하는 힘의 징후이다!)

차라투스트라의 **치유**와 함께 **카이사르**가 출현한다. 그는 엄격하면서도 선의에 차 있다. 그에게서는 창조자로서의 성격과 선의 그리고 지혜 사이의 균열이 제거되었다. 밝음, 평정, 격렬하지 않은 동경, 영원하게 된 순간 안에서의 행복.

16〔81〕

삶의 한가운데를 넘어선 피안—돌이킬 수 없을 정도로 희생된—에로 더 이상 돌아가지 않으리라!

16〔82〕

(4개의) 연설, 도덕에 대한 위대한 진실성—이것은 강력한 자에게 적합한 태도이다.

인생에서 우리를 사로잡는 것들의 수집

16〔83〕

(차라투스트라 제3부)

이제까지의 요약. 위버멘쉬를 어떠한 방식으로든 창조해야만 한다. 그러나 너는 친구들과 너 자신에 대한 사랑에 빠진다! 그 사상은 우리에게 짐이 되었다.

1. 정신의 명철함
 바다에서의 표류
2. 진리를 불러일으킴
3. 삶의 한가운데를 떠난 피안—돌이킬 수 없을 정도로 희생된.
4. 염세주의자들에 대한 조롱의 노래.

5. 운명으로서의 나.
6. 위대한 자연과 인간
7. 비상하는 자의 노래.
8. 친구들이란 무엇인가? (몰락한) 친구들, 즉 조용히 창조적으로 세계를 미화하는 자들에 대한 찬양, 희망에 대한 보상—지금에서야 비로소!
9. 선악의 저편
10. 생을 불신하는 자들에 대한 조소.
11. 예술가들에 대한 조소.
12. 지배하는 자들과 그들의 고뇌에 대한 공감.
13. 유혹으로서의 회의.
14. 진리—거짓.
15. 오오, 내가 저주할 수 있는 사람이 있다면!
16. 섬광과의 대화. 나 자신이 예언자다.
17. 허약함의 감정이 그의 정신을 이끌고 있다는 사실에 대한 통찰.
18. 공감을 갈망하면서 그는 자신의 동물들을 찾아 나서고 동굴이 파괴되어 있는 것을 발견한다.
19. 차라투스트라의 '위대한 경멸'
20. 자살에의 유혹. 높은 산맥에 사는 뱀.
21. 병. 망각.
22. 무지개, 비둘기 떼를 동반한 암사자. 모든 것을 자신의 행복의 계기로 만드는 근원적인 자연에 대한 찬양.

은둔생활에 대한 반박

16[84]

(차라투스트라 제4부)

1. 초대.

2. 개선행렬.

3. 치유되고 있는 자들의 감사기도.

4. 위대한 정오.

5. 새로운 공동체. 나는 사람들이 저급하게 되었다는 사실을 보았다. 하찮은 덕들과 악덕들.

6. 어디로?(거주지)

7. 새로운 귀족과 그를 교육하는 것. (다양함과 통일) (강력한 자들과 평범한 자들)

8. 여성 안에 깃들인 여성성.

9. 꿀벌집과 노동자들. 평범한 자들과 그들의 덕.

10. 시간과 하루의 분할. 고독. 소박한 식단. '가난함과 부유함'이 서로 이어진다.

11. (오로지 향유할 뿐인 자들에 대한) 새로운 전쟁.

12. 형벌과 악인들. 도래할 자들을 위한 새로운 자비. 파괴자로서의 악인들은 존경할 만하다. 왜냐하면 파괴는 필수적이기 때문이다. 그리고 그것은 힘의 원천이 된다.

13. 시험으로서의 생. (삶의) 수수께끼를 풀거나 시험하는 것(회의)에 깃들인 행복. 죽음과 자기 자신을 생의 방해자로 생각하면서 물러서는 것을 보는 쾌감.

14. 법규범의 파괴, 이상적인 '입법자.' 전령의 외침.
15. 성스러운 자아. 특히 '이기심과 지배욕'. 타이히뮐러. 131쪽. 그릇된 장소에서 너무 강했기 때문에 이제까지 이단시되었던 모든 충동이 다시 복권된다.
16. 거의 인간들의 구제. 통일된 대립들로 꽉 들어찬 위대한 정오.
17. 냉정하고 변증법적인 이성에 대한 찬미, 그것은 감정에게 위풍당당하고—강하다. 감사를 표하는 눈. 섬뜩한 것에 대한 방어.
18. 웃음과 춤의 성화. (성장의 증인으로서의 육체)
19. 축제들의 순서.
20. 생성의 순수. 우연과의 투쟁. 새로운 '불사성'. '고뇌에의 의지'
21. 위대한 물음.
22. 서약자들.

16〔85〕

제3부 말미 차라투스트라의 치유에 대해서.

차라투스트라는 자신의 사상을 인간에게 전할 것인지를 신처럼 숙고한다. 신이라면 인간에게 그 사상을 말해줄 동기가 무엇일까?

이러한 입장에서 종교를 재해석하는 것. 인간들에 대한 관계에서 신.

차라투스트라 제3부. "**나** 자신은 행복하다"—그가 인간들이 **떠나는** 것을 보았을 때 그는 자신에게로 되돌아온다. 구름처럼 그들은 그에게서 물러난다. 위버멘쉬가 살아야만 하는 삶의 유형, 그 유형은 에피쿠로스의 신과 같다.

신적인 고뇌가 차라투스트라 제3부의 내용이다.

입법자의 인간적인 상태는 단지 예로만 끌어들여진다.

그는 친구들에 대한 자신의 격렬한 애정을 병이라고 생각한다—그는 다시 평정을 찾는다.

초대를 받을 때, 그는 부드럽게 피한다.

주요 교설. 고뇌를 축복으로 변화시키고 독을 음식물로 변화시키는 것은 **우리의** 힘에 달려 있다. 고뇌에의 의지.

인간적인 것이 나에게로 다가왔고, 그것의 그림자가 내 주위에 깔렸다. 그때 나는 허약함을 느꼈다.

16〔86〕

지배한다고? 다른 사람들에게 나의 유형을 강제한다고? 그것은 추한 일이다! 나의 행복은 나와는 **다른** 많은 사람들을 보는 것이 아닌가? 문제.

자신을 숨기기를 좋아하고 자신을 위해 살기를 바라는 사람들—또한 현자들, 경건한 자들, 전원에서 조용히 사는 자들로 하여금 힘을 목표로 투쟁하도록 호소하는 것! 그들의 향락적인 고독에 대한 조소!

창조적인 모든 자는 그들이 홀로 살 경우에도 영향력을 확보하려고 싸운다—'사후의 명성'은 그들이 원하는 것에 대한 그릇된 표현일 뿐이다.

자기 자신을 교육하는 지배하는 자들의 엄청난 과제—그는 자신이 지배하려는 종족과 민중의 모범을 자신 안에서 미리 형성해야만 한다. 그때야 비로소 그는 주인이 될 것이다.

모든 덕과 자기 극복은 **지배하는 자**를 준비하는 것으로서만 의미를 갖는다!

단순히 향락하는 모든 자에 대한 반대! 또한 자신을 향락하는 것으로서의 고독과 자기를 고문하는 자의 고독에 대한 반대.

다이아몬드로 만든 검이 모든 암흑을 제거한다. 이제 나는 밝게 볼 수 있게 되었다—그러나 나는 이미 너무 오랫동안 밝게 보기를 원했다!

좋은 날들은 좋은 발로 가기를 원한다.

요구. 새로운 법은 실현될 수 있어야만 한다—그리고 그것이 실현됨으로써 초극과 더 높은 법이 성장해야만 한다. 차라투스트라는 그가 '법들 중 법'인 도덕을 폐기함으로써 법의 지위를 정한다.

척추로서의 법.

법을 수행함으로써 법을 다듬고 창조하는 것. 법에 대한 이제까지의 노예근성!

차라투스트라 자신은 자신의 어리석음을 기뻐하는 현자가 되었고 자신의 부에 대해 기뻐하는 가난한 자가 되었다.

장면. 제4부에서 바보와 가난한 자.

나는 현자가 품는 한 가지 이상보다는 어리석은 자의 백 가지 이상을 내걸고자 한다! 차라투스트라 제4부.

'현자'의 사납고 연기하는 듯하고 금욕적인 당당함에 대한 반대.

입법자의 유형, 그의 발전과 고뇌.

입법이란 도대체 어떤 의미를 갖는가?

차라투스트라는 많은 입법가들을 불러일으키는 전령이다.

(차라투스트라 제4부) 먼저. 입법. 그러고 나서, 이러한 입법에 의해서 위버멘쉬를 산출할 수 있는 전망이 주어진 후—위대한 전율의 순간! 차라투스트라는 영원회귀설을 선포한다. 지금에서야 비로소 그 교설은 **견딜 수 있는** 것이 되었다. 그 자신에게도 처음으로!

16〔87〕

동료 인간들이 오직 우리의 감각들의 일종일 뿐이라면 지배란 단지 일종의 자기-지배에 지나지 않는다. 주인이 되고자 하는 의지는 자신의 공포와 동정을 완전히 정복하고 타인을 자신의 기능으로 변화시키는 것—일종의 유기체의 산출이다.

16〔88〕

내가 획득한 권리들을 나는 다른 사람〈에게〉 부여하지 않을 것이다. 그는 나와 마찬가지로 그것들을 강탈해야만 한다!—그리고 그것들을 빼앗고 나에게서 강탈해도 좋다. 그런 한, 나에게서 출발해 모든 사람을 나와 같은 상으로 만들려고 하는 법이 있어야만 한다. 그것은 개인이 그것과의 대립을 통해서 자신을 발견하고 강화하기 위해서 존재한다.

인간에 대한 새로운 평가. 그것에 앞서는 물음.
그 안에 얼마만큼의 힘이 존재하는가?
얼마나 다양한 충동이 존재하는가?
얼마나 많은 전달과 수용 능력을 갖는가?
최고의 유형으로서의 지배자.

과거의 결실을 맺고 미래를 낳은 것.—이것이 나의 현재이기를!

차라투스트라 자신은 불쌍한 줄타기꾼을 뛰어넘는 익살꾼—제3부에 자기 자신에 대한 조소.

제3부 **첫** 장면. 아마 '방랑자'와 **갑자기** 세상을 밝히는 **섬광**과의 대화, 그처럼 그의 의지도 갑자기 밝아진다.

도덕(어떠한 인간이 만든 것이든 낡은 법)에 대한 노예적인 굴종에 대한 조소

오래 지속되는 개체가 그의 사상을 피와 살로 그리고 의지로 변화시키기 위해 (하나의 민족을) 형성한다.

하나의 권리를 빼앗는 자는 이러한 권리를 타인에게 부여하지 않을 것이다. 그는 그것을 뺏음으로써 타인에게 적이 될 것이다. 아들에 대립되는 아버지의 사랑.

위대한 교육자는 자연과 같다. 그는 여러 방해물을 쌓아놓아서 그것들이 **극**복되기를 바란다.

모든 향락자에 대한 반대. 삶을 그렇게만 사는 것은 고귀하지 않다! 모든 향락을 휴식으로 받아들이는 것! 이때야 비로소 참된 향락이 가능하다!

우리는 우리의 덕을 위해 가장 가혹한 처벌을 받는다.

인간은 하나의 행위를 가치 있게 만든다. 그러나 어떻게 해서 행위가 인간을 가치 있게 만든다는 말인가!

차갑다, 달빛이 비친다. 하늘에는 구름 한 점 없다. 사는 것은 가치가 없다.

16〔89〕

차라투스트라 제3부의 시작. 이제까지의 요약. 너는 위버멘쉬를 가르치고자 한다. 그러나 너는 친구들과 자신에 대한 사랑에 빠져버렸고 생을 즐거운 것으로 만들어버렸다. 지복의 섬은 너를 연약하게 만든다. 이제 너는 우울해지고 정열적이 되며 너의 적을 욕한다. 그것들은 연약함의 징표이다. 너는 하나의 사상을 회피한다.

그러나 너는 세계와 사람들에게 자신을 분쇄하라고 설득해야만 한다.

(자신의 교단에서 기력을 상실해가는 개혁자 : 그의 적들은 충분히 강하지 않다. 따라서 그의 최강의 적이 나타나야 한다. 그것은 하나의 사상이다.

생과 영생에 대한 반대로서의 사상)

16〔90〕

후회. 그것은 자기 자신에 대한 복수이다.

그리고 나는 나의 적들과 침을 뱉고 삼키는 모든 사람에게 이러한 충고를 하고자 한다.

위대한 경멸의 교사로서(마지막에서 두 번째 장)

그렇지 않다면 내가 그대들에게 위대한 경멸을 가르치는 것을 나 자신이 어떻게 견딜 것인가?—

---

* 원서 편집자 주: 1888년에 씌어짐

[17=N VI 6. 1883년 가을]

17〔1〕

5 그대가 삶을 도저히 견딜 수 없을 때, 그대는 그것을 사랑하려고 노력해야만 한다. 그것이야말로 최고의 현자들이 항상 사용하는 기술이었다.

그들이 사용한 기술들 중 가장 대담한 기술은 악마가 그들에게 너무 가깝게 있다고 느낄 때 신을 믿는 것이었다.

10 그들은 이름을 바꾸는 것을 배웠다. 그것을 통해 그들은 사물을 보는 자신들의 눈을 기만했다. 보라, 최고의 현자들이 사용하는 이 기술 모두를.

대부분의 사람들은 자신의 이익을 위해서 광분한다. 그들의 행복이 그들을 모두 미치게 만든다.

15 그들은 오직 하나를 위해서 모든 것을 희생한다—그것은 어떤 것이든 하나의 사랑이다. 이러한 아집과 이기심이 모든 사람을 사로잡고 있다.

그들의 사랑에서 그들의 뜨거운 광기가 용솟음친다—그러나 그 광기는 서투른 계산가이며 소상인들의 덕을 경멸한다.

20 그러나 소상인들의 덕, 돈에 대한 소상인의 집착과 차가운 눈—그것은 동물보다 열등한 것이다.

돈으로 지불될 수 있는 모든 것은 거의 무가치하다. 나는 이러한 가르침을 소상인들의 면전에 뱉어주고 싶다.

소상인들이 알지 못할지라도 가까이에서 돈소리가 파렴치하게 울리는 사물들이 있다.

돈은 이 사람 저 사람의 손가락에서 손가락으로 옮겨 다닌다. 따라서 장갑을 끼고 돈을 집는 것을 배워라.

작은 빈곤은 찬양받아야 한다. 왜냐하면 모든 소상인은 큰 부를 구하기 때문이다.

17〔2〕

소상인
교사
도구
군주 } 그들 모두는 서로에 대해서 가치를 갖는다.

악인들(지배욕에 사로잡힌 자들—그것은 악의 **징표**이다)에 대해서

17〔3〕

항상 자신을 너무 보호한 자는 결국 자신을 너무 보호한 것 때문에 병들게 된다.

그의 목소리는 거칠다—그러나 그의 영혼이 거친 것은 아니다. 그 어떤 약한 바람도 그의 목소리를 쉬게 만든다. 이 약골!

결국 가장 좋고 가장 풍요로운 땅(악인들에 대해서)

17〔4〕

차라투스트라는 악인과 이기심 많은 자와 정열적인 자들에게 (**약자**를 위해서 가해진) 이제까지의 공격들을 조소한다.

5 17〔5〕

절망하고 있는 자에게 강함을 가르치는 방법은 자신의 약함을 그에게 말하는 것 외에 없다.

어떤 사람들은 대식가고 다른 사람들은 미식가다. 양자가 다 경멸할 만한 존재들이다!

10

낳는 자와 기르는 자

17〔6〕

15 **소음**에 대한 반대

음식물을 통해서 너는 마음을 형성할 수 있고 변형시킬 수 있다.

염분을 포함한 온천에서 목욕하고 운동한다면, 분명히 병든 영혼이 치유될 것이다.

20 한때 사람들은 약 만드는 절구 위에서 서약과 선서를 했다.

마음을 변화시키기 위해서는 육체를 변화시켜야 한다.

성스러운 쇠부스러기와 뼛가루, 상자에 밀봉된 이집트의 밤들, 석탄들을 불에 던지면 불은 완전히 꺼져버렸다. 불은 이미 너무 작았다.

17〔7〕

오, 이 편협하고 둔한 소상인들의 정신! 돈이 금고 안에 들어가면 소상인의 영혼도 그 안으로 뛰어 들어간다.

돈을 노리는 고양이의 영혼을 가지고 더러운 지폐의 행복을 자신의 행복으로 삼는 자—어떻게 그의 피가 순수하게 될 것인가?

다음 10대에 이르기까지 그 피는 탁하고 독을 품은 채 악취를 풍기면서 흐를 것이다.

탁하게 거품을 일으키면서.

17〔8〕

만인을 위한 덕이 없다는 사실을 사람들은 잊어버렸다.

더 높은 인간과 저급한 인간들이 존재한다. 모든 사람을 위한 동일한 권리란 최대의 불의이다.

17〔9〕

소상인들에 대해서.

일일교사들에 대해서.

군주들에 대해서.

법에 대해서.

경건한 자들에 대해서.

속도에 대해서.

거대한 저주.

도시.

—과학에 대해서—바보의 방문—조소적으로.

—차라투스트라는 동물을 찾는다. 상징.

—은둔자.—연설.

17〔10〕

내가 좋아하는 대로 살 수 없다면 나는 살고 싶지 않다—최고의 성자조차 그렇게 생각한다.

충동이 **충족되기를** 바라는가? 충동은 자신에 대해서 자유와 평화를 원하는가? 어떤 의지이든 일찍이 무-의지를 바란 적이 있었는가?

창조한다는 것, 그것이야말로 모든 충동을 몰아대는 것이다. 충동이 한동안 숙면을 취하는 것조차도 깨어나서 창조하기 〈위해서〉다!

그러나 그대들은 의지의 본질을 마지못해 하는 의지와 자기 자신에 대해서 반하려는 의지로 왜곡시켰다.

그대들은 **피로한** 의지의 소리를 잘못 해석〈했〉다.

도대체 잠이 죽음을 대신한 발명품인가? 그리고 자고자 하는 자는 죽을 정도로 피로한 자인가? 가장 생명력에 차 있는 자도 코를 골면서 잘 수 있다.

골샌님, 절규하는 인간들, 항상 한가하게 놀려는 자들, 의기를 상실한 야심가, 집요한 자들, 파렴치한들.

"일상적인 덕으로도 충분하다." 사람들은 덕에서조차도 겸손을 배워야 한다.

17〔11〕

왜소화에 대해서.

화형대로서의 대도시.

1) 심원한 사상 등.

시체처럼 도움이 되지 않는다.

17〔12〕

그대 가장 부유한 자들이여, 그대들의 작은 선행은 어떠한 탐욕보다도 더 초조하게 만들고 격분시킨다. 그대들은 배는 불룩하면서도 목은 좁은 병처럼 적선한다. 사람들은 자주 이런 병의 목을 부수었다.

이 이웃과 그의 작은 위기, 이 도시 그리고 그의 작은 행복—그것이 점차 너의 강함을 분쇄한다. 너는 커다란 고통을 만들어내는 것을 잊어버린다.

17〔13〕

만족한 돼지가 될 것인가 아니면 죽어가는 검투사가 될 것인가? 도대체 그 외의 다른 선택은 존재하지 않는가?

언짢은 상태에 있는 영혼의 음탕한 눈.

사람들이 죽어 있는 것을 발굴할 경우, 항상 많은 생명체가 병들게 된다. 흙더미 밑에는 질병과 나쁜 공기가 창궐한다.

죽은 자를 매장하는 자들은 질병들을 매장하는 것이고———

우리는 모방자로 시작하고 우리 자신을 모방하는 것으로 끝난다—이것이 최후의 유년기이다.

5 가장 위대한 자의 동정은 거인의 악수처럼 가혹하다.

나는 그들에게 빛이 되기를 원했다. 그러나 나는 그들의 눈을 멀게 만들었다. 그렇게 모든 태양은 한탄한다. 그것은 눈을 찔러서 관통한다.

10

나는 어떻게 해서 성문을 통과하는가? 차라투스트라가 말했다. 나는 더 이상 난쟁이가 아니다.

위대한 인간에서 가장 위대한 것은 모성적인 것이다. 아버지는

15 우연일 뿐이다.

아기를 낳아야만 한다는 것, 이것이 그녀들의 미래다. 그녀들은 무엇이 그녀들의 행복이 될지를 이해하지 못한다—그녀들은 작은 '자유'를 자랑한다.

20

눈 덮인 나의 산 정상에서 나는 모든 꽃을 내려다본다. 나는 너무나 인간적이고 더 나아가 거의 동물이기도 하다.

나의 광기조차 나에게 순종한다.

어린아이들을 오게 하는 사람에게 어린아이가 항상 가는 것은 아니다.

그대들은 기침한다. 그러나 그것은 강풍에 대한 항의가 되지 못한다.

그대들의 입은 음식과 음료수를 달라고 울부짖는다! 그대들의 배는 많이 달라고 울부짖는다! 그대들의 음탕한 눈은 예쁜 것을 보여달라고 울부짖는다!

아아, 나는 지옥을 면할 수 없다 라고 차라투스트라는 말했다. 하계에서는 죽은 자들이 모두 나에게 **반항하며** 그림자조차도 삶은 고문이라고 말한다.

그대들의 병은 그대들에게 항의하며 그대들이 자랑하는 덕을 고소한다. 그대들의 몸에 맞지 않는 것이 어떻게 하나의———

그대들은 매춘부 때문이 아니라 세론(世論) 때문에 병들어 있다. 그것이야말로 그대들의 가장 은밀한 병이다.

그대들 사이에는 커다란 위선이 존재한다. 명령하는 자는 복종하는 자의 덕으로 자신을 위장한다.

지배하기 위해서 태어났지만 지배하는 방법을 가르치는 교사를 발견할 수 없었다. 따라서 나는 명령해야만 할 때 설득한다!

그러나 설득은 저급한 자들에 대한 더 높은 자들의 아첨이며—
— —에 대한 주인의 아첨이다.

그리고 모든 것이 우리의 의지에 따라서 진행될 때에야 비로소 모든 것은 우리의 바람대로 진행된다.

그것은 고문을 앞두고 있는 것처럼 몸을 뒤튼다. 그것은 말하지 않는다. 그것은 침묵이라는 고문을 자신에게 가한다.

오오, 생의 대변자인 차라투스트라여! 너는 또한 고통의 대변자가 되어야만 한다!

사람들은 **더 악해져**야만 한다. 차라투스트라 제4부, 이것이 나에게는 가장 큰 고통이다—나는 그들을 더 악하게 **만들어야만** 한다!

그리고 소상인의 긴 손가락을 볼 경우, 나는 빈곤하게 되는 것을 택한다.

검푸른 슬픈 바다가 그대 앞에 있다. 그대는 그것마저도 초월해야만 한다!

난쟁이들 사이에서 사는 것

나는 눌려서 찌그러진 집들을 본다. 어떤 어린아이가 그것을 아마 상자에서 꺼냈을 것이다. 눌려 찌그〈러진〉 영혼들.

어둠 속에서 시간은 밝은 곳에서와는 다르게 느껴진다.

많은 작은 성공들에 의해 망쳐져—그는 항상 쉬운 놀이만 했다. 그는 믿을 만했고 솔직했지만 위대한 인간이 들어갈 수 없는 문처럼 비천했다.

5 현명한 망각과 어떤 바람에도 항해를 할 수 있는 기술—두 가지의 새로운 덕들.

자신의 목적지를 향해 나아가는 자에게 비로소 순풍이 있다.

10 우연을 속여 손으로 조종하는 것—나에게로 오게 하라. 그것은 어린아이처럼 순수하다.

생에 대한 교설, 차라투스트라 제4부, 두려운 것이면서도 도취하게 만든다.

15 생의 종자가 별마다 뿌려진다.

아름다움은 남성을 은폐한다.

—매끄러우면서 견고하기 위해서는 자신의 은밀한 고독을 밀어 20 닥치는 군중들 속으로 함께 가져가야 한다.

"그것은 고통을 준다. 따라서 그것은 나쁘다." 이러한 추론은 가장 오래되었으면서도 가장 새로운 추론이며 가장 천박한 것들 중에서도 제일 천박한 것이다.

저열한 것의 이러한 근원을 알게 된 후부터 나는 선과 악에 대한 모든 수다를 조소하게 되었다.

선악의 저편.

만약 덕이 (아기를 낳을) 임신부의 조심스러움이라면 나는 그 덕을 존경한다. 그러나 아기를 낳지 못할 자들의 덕을 나는 무시한다.

17〔14〕

우리 자신의 보호, 현명한 망각, 희망을 품고 있는 자들의 지복, 자신의 고독조차도 숨기는 사람의 온후함,— — —

공포는 인간들을 온순하게 길들였다. 그들의 약함은 '이기심과 지배욕'이라는 그들의 괴물에 대한 공포에서 나온 것이다.

너 괴물이여, 왜 너는 밤새도록 울부짖는가? 너는 몸을 뒤틀고 너 자신을 괴롭힌다. 무엇이 너를 위로할 수 있을까?

너는 제대로 잠을 자지 못하고 악몽을 꾸고 불길한 생각으로 신음한다.

그대들은 그대들과 나 자신에게까지 호의를 품고 있다. 그런데—내가 어떻게 나의 고통으로 그대들에게 고통을 줄 수 있겠는가!

나는 그대들을 망칠 것이며 그대들에게 거의 도움이 되지 않을 것이다. 그러니 나를 침묵하게 하라!

나는 그대를 생각하면 슬프고 내가 원망스럽다. 아아. 내가 그대를 악몽에서 구원할 만큼 충분히 강하지 않다니!

그대의 눈은 열려 있다. 잠들어 있고 반쯤 죽어 있는 슬픈 눈. 그대의 입은 열려 있다. 걸걸거리는 억눌린 소리.

그대에 대한 공포가 그녀를 마비시켰다—경외심이 다시 그녀를
5 걷게 만든다.

따뜻한 숨, 쭉 뻗어 있는 사지.

잠에 취해 있고—열린 눈 그러나 그 안에는 어떠한 시선도 없다. 그는 자기 자신을—어떤 것을 역겨워하면서 찾고 있다.

10 나는 폭풍 속에서 더 너를 믿는다. 너의 무수한 입들과 드러낸 이빨들

이처럼 나의 운명은 내 앞에 바다처럼 가로놓여 있다. 어두운 슬픔과 역겨움에 싸여, 늙고 여전히 잠에 취해서, 입을 벌린 채, 꿈을 꾸면서.

15 아아 눈을 뜬 채, 아직 그 안에는 어떠한 시선도 없이, 따뜻하게 숨을 쉬면서, 〔— —〕

17〔15〕

저기 검푸른 슬픈 바다가 있다. 나의 운명처럼 그것은 내 앞에
20 있다—열려 있는 눈, 그러나 여전히 잠에 취한 채, 나를 바라보는 시선은 그 안에 없다.

아아, 바다는 내 운명처럼 따뜻하게 숨쉬고 있다. 그것은 그것의 암초 베개 위에서 몸을 뒤틀면서 불길한 예감에 신음하고 있다.

너를 생각하면 나는 슬프다. 너 어두운 괴물이여. 그리고 너 때

문에 나 자신이 원망스럽다. 아아 이 악몽에서 벗어날 만큼 충분히 강하지 않다니!

—차라투스트라여, 너는 무엇을 하는가? 너는 바다에게 위로의 노래를 불러주려는가? 너는 이미 너 자신의 미래에 대해 동정하면서 바라보기만 하는 자가 되었는가?

아아, 너는 사랑에 가득 찬 바보이고 잘 믿는 사람이다! 두려운 모든 것에 대해서조차도 말이다! 어떠한 괴물에 대해서도 너는 그것을 애무하려고 접근한다!

따뜻한 숨결, 앞발에 씌워진 약간 부드러운 털. 이미 너의 피리에서 감미로운 유혹의 음이 솟아나고 있다—너는 진정으로 모든 생명체를 동경한다!

네가 너의 운명을 믿는다면, 칠흑 같은 밤의 지겨움보다는 '그것이 바다처럼 천 개의 입으로 울부짖고 이빨을 드러내면서 너를 폭풍처럼 엄습하는 것'이 더 좋다. 너 믿기 좋아하는 자여!

모든 생명체에 대한 너의 온화함이야말로 너의 위험이다, 오오, 차라투스트라여! 네가 창조적인 의지를 갖지 못한다면 사라져라!

그러나 창조하는 자는 쇠망치가 되어야만 한다! 나에게 오라, 너, 쇠망치 자체를 견고하게 단련하는 가장 무서운 대장장이여.

17〔16〕

이제 모든 것이 잘 되었다! 왜냐하면 소상인들이 검을 차고 수염을 기르며 정치조차 불구자들에게 맡겨져 있기 때문에.

이제 모든 것이 잘 되었다!

다수의 행복이라는 원칙 외에는 원칙을 갖지 않는 가장 훌륭한 지배자들, 그들 중에는 나의 가장 훌륭한 친구들도 있다.

그는 범죄를 범할 마음이 없었다. 그의 취미는 그러한 마음을 갖기에는 너무나 건전했다.

그러나 그는 조심하지 않고 범죄를 범했다. 말하자면 그는 가장 짧은 길을 취했다.

그리고 직선이 결코 길이 아니라면 가장 짧은 길은 분명히 곡선이어야만 한다.

난파 때문에 그는 비로소 약속의 땅에 도착하게 되었다.

가장 큰 위험은 지나갔다—즉 그것은 지복의 섬들이 존재하는 곳에 있다.

나는 기도보다는 저주를 훨씬 더 중시한다. 이제 나는 그대들에게 비겁한 모든 악마를 저주하라고 명령한다. 그것들은 흐느껴 울면서 손을 맞잡고 기도하려는 악마들이다.

바다가 발광했다—눈처럼 하얀 괴물은 완전히 눈이 되어 자기 자신을 완전히 그리고 미친 것처럼 삼킨다.

이제 그대들은 나에게 기도에 대해 말한다.

성령에 인도되는 양들과 거위 그리고 그 외의 십자군들

사람들이 네가 금을 삼켰다고 믿는다면 그들은 너를 절개할 것이다.

나는 신을 믿지 않는 자, 차라투스트라다. 누가 나보다 신을 믿지 않는가?

저녁에 불을 둘러싸고 이야기를 하는 것(가르치는 것 대신)

자신의 머리에 왕관을 스스로 씌우면서

석필(石筆)로 긋는 것 같은 목소리로.

그들은 이처럼 도처에 기어다닌다.

정욕은 어스름을 좋아한다. 모험은 대낮을 값싸게 준다.

아아, 이러한 오락거리가 더 이상 그들의 생계가 아니라면 누가 그들에게 오락거리를 제공하려고 하겠는가!

그들은 야수를 상대로 허기와 싸워야만 한다. 그렇지 않으면 그들의 오락거리는 야수들이 우리에게 보여주는 오락거리가 될 것이다.

손재주가 민첩한 자와 피고용자가 있다. 독립적인 인간들이 있다—그들은 자기 자신을 세워야만 한다.

나는 나름대로 나 자신을 이렇게 찬양한다. 이제 너희가 나를 찬양할 차례다.

쇠약한 병자들

5

시들어 있고 원망을 품은

그대는 자신의 주위에 사는 사람들에게 곧 익숙해진다. 그리고 사람들이 오래 앉아 있는 곳에 관습이 생긴다.

10

물이 기름 위에 떠 있는 것처럼 나는 그대들 위에 항상 존재할 것이다. 누군가가 악의를 품고 섞지 않는 한.

노예처럼 무릎을 꿇고

15

그대들은 그것을 대말이라고 부른다. 그러나 그것은 긍지의 강한 발이다.

그는 부풀어 넘쳐흐른다. 그의 운명이 그를 발효시켰는가?

20 완고한 사람은 자기 자신에게 좋지 못한 약혼자다.

'우연히'—이것은 가장 오래된 귀족일지라도 훌륭한 귀족은 아니다.

트럼펫과 다른 나비들

17〔17〕

가볍고 강하고 훌륭한 모든 것에서

'창조적인 고통은 지혜다' 선의
수단이자 도구, 마치— — —

모든 가게 바로 가까이에서 나는 술집을 보았다. 거기에서 그들은 술을 찾는다. 그리고 그들은 화주에서 따뜻함을 발견하지 못하면 발정난 여자들에게서 그것을 구한다.

난파 때문에 그들은 육지에 도착하게 되었다.

17〔18〕

차라투스트라 제4부에는 '**나**'는 없다.

17〔19〕

너는 너 자신을 무엇이라고 욕하는가?

17〔20〕

몸을 숨긴 작은 교단 그리고 사악하게 위장된 그들의 자만

신을 믿지 않는 자 차〈라투스트라〉?

사람들은 너를 박해하고 있다. 너의 머리에는 현상금이 걸려 있다.

좋다. 사람들이 우리를 박해하면 좋다. 이제까지 항상 성공은 선한 박해〈받는〉 사람 편에 있었다.

17〔21〕

차라투스트라는 어디에서 우리에게 왔는가? 그의 부모는 누구인인가? 운명과 웃음이 차라투스트라의 부모다. 가공할 운명과 사랑스런 웃음이 이러한 자손을 낳았다.

죽음을 은밀히 미리 맛보는 것으로서의 쾌활함.

"나는 차라투스트라를 찾는다. 나는 차라투스트라를 잃어버렸다.

17〔22〕

악에의 의지, 그것이 어떻게 더 밝고 아름답게 되는가

완고한 자들에 대해서

덕의 근원

나는 악덕을 비방하고 소매치기들을 조심하라고 경고하러 왔는가?

17〔23〕

하늘은 화염에 불타고 있고 바다는 나에게 침을 뱉는다.

17〔24〕

그들은 가장 보잘것없는 이익도 탐할 정도로 천하며 쓰레기 같은 행복까지 수집한다.

그들은 부유하다. 그러나 그들의 눈은 도둑의 눈이다. 그들은 좋은 옷을 입고 있지만 그들은 넝마주이들이고 썩은 살코기를 먹는 새들이다.

저주—증오와 섬광의 결합.

나는 근원을 찾아 나아갔다—그것이 나를 모든 존경으로부터 소원하게 만들었다. 그리고 내 주위는 낯설어졌고 나는 고독해졌다.

그러나 마침내 은밀하게 경외의 마음이 다시 싹텄다—보라! 나에게서 내 미래의 나무가 자라났다— : 이제 나는 그 그늘 안에 앉아 있다.

17〔25〕

사람들은 추적은 잘 하지만, 체포하는 데는 서투르다!

부패하고 미지근하고 거품이 이는 피

그대들은 사람들의 야성(野性)을 제거하고자 했다. 그러나 그대들은 인간을 약하게 만든 것이다. 그대들은 늑대를 개로 만들고 인간 자신을 인간의 최상의 가축으로 만든다.

17〔26〕

골샌님과 절규하는 자들에 대해

17〔27〕

다양한 대립들이 빚는 최고의 긴장을 통일시키는 것—그것이 목표이다.

개개의 충동들을 아름답게 통일시킬 수 없는 사람을 위해 그것들을 이단시하고 말살하는 것—저급한 도덕들—그것들의 가치.

최고의 변증법과 그것을 통해 육성된 감정의 강함.

가장 두려운 것. 지배욕과 이기심을 신성하게 변화시키는 것.

17〔28〕

바보들의 합창 "자신들은 이제까지는 현자였다."

17〔29〕

폭풍 같은 움직임—하나의 목표 그리고 궤도의 모든 장소에서 정지

차라투스트라는 사람들이 비천하게 되었다는 사실을 발견했다.

악인은 파괴자로서 존경할 만하다—파괴는 필수적이다.

자기애와 자기에 대한 경멸—종합.

"우리 중 누가 유혹자인가?" 차라투스트라는 말하고는 미소지었다—어떤 기억이 떠올랐기 때문이다.

5

위대한 정오를 해방된 대립들로 가득 채우는 것.

왜소한 사람들의 시대다.

10 17〔30〕

인식에 반(反)하는 배우가 있고 의지에 반하는 배우가 있다.

몇 사람들은 원한다. 그러나 대부분의 사람들은 원해지기를 바랄 뿐이다.

15

가장 왼쪽에 있는 발가락이 머리보다도 오른쪽에 대해서 더 많은 감각을 갖는다.

이기심이 철저하게 악으로 간주되는 한, 그대들은 진실로 그것에서 어떤 선도 끌어낼 수 없을 것이다—그대들은 진실로 모든 것을 그것에서 끌어내야만 한다. 따라서 나는 유기적-도덕적인 것을 가지고 있다.

20

17〔31〕

마지막으로 차라투스트라 제4부 : 실현

차라투스트라 제1부 서문 : 가난한 자들(비천한 자들, 잉여인간들)이 자신을 부유한 자로 느끼고 현자들이 일시적으로 자신을 무지하고 어리석다고 느낀다(바보가 되는 것—**바보들의 축제**)

가난한 자들의 합창

바보들의 합창

차라투스트라 제3부, 1, 두려운 일이 일어날 것에 대한 예감

제3부, 2, 방랑하는 자의 가장 깊은 거짓–평정

가장 고통스런 일들을 모은다.

17〔32〕

자신의 신앙을 위해서가 아니라 자신의 회의를 위해 화형당한다!

그대는 말을 타고 목표를 향해 신속하게 달린다. 그러나 너의 절름거리는 발이 너와 동시에 이를 것이다.

이웃에 선을 행하는 것이 도덕이라고? 그러나 그러기 위해서는 그대는 먼저 무엇이 그에게 좋은 것인지를 알아야만 할 것이다!

17〔33〕

하인들에 대해서

a) 부유한 자들

b) 왕들

지금은 성직자들과 상인들이 지배한다.

17〔34〕

어떤 비밀스런 통찰이 존재한다. 즉 큰 범죄는 더 이상 필요하지 않고 다수의 작은 범죄들이 필요하다.

나는 '다른 사람들의 행복'을 전혀 원하지 않는다. 상황에 따라서는 그들이 불쾌해하고 절망하기를 훨씬 더 원한다.

무엇이라고! '진리'를 말한다고! 나는 나의 감정을 드러내기를 원하며 나 자신을 **숨기고** 싶지 않다. 스〈펜서〉, 《윤리〈학〉의 제〈사실〉》 269쪽.

이기주의는 영웅적인 사고 방식과 모순되지 않는다!

관대함, 그대 사상가들이여! 그대들은 얼마나 많은 이질적이고 적대적인 사상 집단들이 그대들에게 폭력을 가하게 하는가!

그의 정신은 그의 좁은 가슴에 갇혀 있다.

17〔35〕

운명에 대한 깊은 불신을 품고서, 별 생각 없이 결단을 내릴 용의가 되어 있고, 잘못 지배한다.

내가 사람들을 사랑한다고? 내가 나를 사랑한다고? 그러나 사람들은 나와 마찬가지로 내 계획에 필요하다.

17〔36〕

차라투스트라 제3부 권태에 대해서.

17〔37〕

나의 자아를 위해서 그리고 그것의 쾌락을 갖기 위해서 나는 많은 이타주의를 필요로 한다.

무절제!!!

17〔38〕

내가 하고자 했던 선택은 이것이다. **내가 전에 원하지 않았던 것을 나는 나중에 원해야만 한다**(복구하는 것, 삽입하는 것—저지하는 것—그러나 내가 그것을 할 수 있는지를 주시하는 것)

17〔39〕

§ 가난한 자를 부유하게 만드는 것, 에머슨 383쪽.

§ 영혼이 포용할 수 있는 최대한의 지복, 오르고 내리기 위한 가장 긴 사다리

완고한 '현자'들에 대항하여 구제한다.

세계—**신의 장난**

자신을 폐기하는 쾌락으로서의 죄.

17〔40〕

유기체적인 모든 과정이 얼마나 엄청난 것인지, 대립들을 어떻게 통일하고 있는지를 그대들은 간과한다.

화해가 이루어진 황홀한 순간 후 다시 대립의 세계로 전락한다.
자신 안에서 가장 멀리까지 길을 잃을 수 있는 **가장 넓은** 영혼
어리석음의 바다에 몸을 던지는 가장 현명한 자.
우연에 몸을 던지는 가장 필연적인 자
생성 중에 있는 존재자
소유하면서도 **원하는** 자
거듭해서 접근하고 거듭해서 도망간다.
일체가 유희인 영혼

17〔41〕

§ 〈차라투스트라〉 제4부 무엇이 **나쁜가?**
§ 〈차라투스트라〉 제4부 최고의 혼, 위버멘쉬의 묘사

그대들은 어떻게 해서 시간이 오직 교만일 뿐이며 공간이 방종이라는 것을 보지 못하는가? 그리고 어떤 방종한 자유가 원인과 결과라는 내 회전하는 바퀴보다 더 방종할 수 있는가?

그들은 어느 누구도 자신들에게 고통을 주지 않기를 바란다. 따라서 그들은 누구에게나 선수를 쳐서 호의를 보인다. 이 겁쟁이들!

17〔42〕

적대자로서의 에픽테토스

17〔43〕

5 레클뤼Elisée Reclus 11245

17〔44〕

경고자 차라투스트라! 모든 것은 몰락할 준비가 되어 있다. 그대의 동지들에게 자신을 구원하고 자기 만족적인 고독을 포기하라고 설득하라.

10

차라투스트라. 우리의 동지들을 모으고 그들이 위대한 정오에 오도록 전령에게 알리게 하라.

17〔45〕

15 향락을 위한 처방전

그대들이 원하는 것을 하라, 그러나 그것으로 다른 사람들에게 거슬리지 않도록 조심하라,

그대들이 할 수 있는 것을 하라, 그러나 그것으로 다른 사람들의 눈에 띄지 않도록 조심하라.

20

17〔46〕

그대들은 노는 것을 배우기를 원한다. 그러나 아직 한 번도 진지함을 배우지 않았다.

이미 날아 올라갈 수 있을지라도, 그대는 천사처럼 춤추는 것을 배워야만 한다.

덕에는 어떤 비약도 없다! 그러나 각자에게는 다른 길이 있다!
5 그러나 모든 길이 최고의 경지로 이끄는 것은 아니다! 그러나 아마 모든 길은 다른 길들을 위한 **다리**이자 **교훈**이 될 수는 있을 것이다.

17〔47〕

예술과 예술가의 의미와 가치에 대해 나처럼 생각하는 것은 지
10 금은 허락되지 않는다. 나처럼 그것에 대해 쓰는 것은 더더군다나 허락되지 않는다. 아마 나는 많은 것을 잃어야만 할 것이다.

17〔48〕

작은 빛, 그러나 하나의 커다란 위로

15

(자연에 대한) 깊은 불신이 필요하다.

강한 인간들의 산출

20 그대들이 원하는 것을 하라—그대들이 원할 수 있고 원하게 되지 않는 사람들이라는 전제하에.

그대들의 이웃을 그대들과 마찬가지로 사랑하라, 오로지 그대들이 그대들 자신을 사랑한다는 전제하에.

17〔49〕

지금의 평균적인 인간은 나의 최대 적이다—내가 그러한 평균적인 인간을 알게 된 것은 레 덕분이다.

그는 어떠한 성〈격〉도 갖지 않았다. 유감스럽게도. 그래서 그는 하나를 훔쳐야만 했다.

17〔50〕

신을 믿지 않는다.

따라서 사태는 신이 원하는 대로 진행되지 않는다. (인간들을 **약하게** 만든 비겁한 귀의에 대한 반론, 그것에 대해 나는 깊은 불신을 가르친다.)

17〔51〕

차라투스트라 제3부. 그는 무엇 때문에 인간이 그렇게 왜소해졌는지를 의아해한다.

친구들과의 대비.

자신을 위대하게 보이게 하려는 연기 수단으로의 도덕적인 언사.

그의 혐오감은 갈수록 커진다.

나에게는 친구들이 있고, 내 사상이 그들 안에서 살고 있다! 나는 얼마나 행복한 사람인가.

어떤 것에 몰입한다.

찾는다고 행복이 오는 것이 아니고 행복은 발견되는 것이다. 사람들이 이미 갖고 있는 것을 찾아다녀서는 안 된다.

할 일이 없는 자는 무(無)가 상대해줄 것이다.

5

내가 그대들에게 하려는 것을 그대들은 나에게 할 수 없다! 그리고 내가 그대들이 나에게 하기를 바라지 않는 것을 왜 내가 그대들에게 하지 말아야 하는가?

10 17〔52〕

§ 정의의 의심스러움에 대한 반론

§ 잉여의 인간들을 보호해야 한다고 주장하는 온화함에 대한 반론! "아아, 이 모든 잉여인간이 왜 필요하다는 말인가!"라고 그대들은 나에게 말한다.

15 § 신뢰에서 생기는 허약함에 대한 반론. 나는 가장 깊은 불신을 가르친다.

§ 피 흘리는 것에 대한 불안에 대한 반론

요컨대, 허약하게 만드는 일체의 도덕에 대한 반론.

§ 헤른후트파 식의 기독교 교단에 대한 반론.

20 차라투스트라 제4부. 그대들은 파괴자로서 먼저 힘을 획득해야만 할 것이다!

17〔53〕

그들은 갈수록 더 약해져간다. 내가 그들을 보지 못한 이래로.

몇 사람이 도피해 들어간 나의 지복의 섬에 대한 조소—그 섬은 결국 무의미하다.

차라투스트라 제4부 화염을 다시 일으킬 가장 좋은 시기다.

신을 폐기하는 것이 지금 필요하다. 그렇지 않으면 사람들은 너무나 **약해질** 것이다.

17〔54〕

자기-비하에 깃들인 반항. 그것은 목격자들을 죽이고 싶어하는 복수심으로까지 심해질 수 있다.

따라서 신은 죽어야만 한다!

동물들조차도 새롭다. 그처럼 나 자신도 또 한 번 새롭게 원한다.

차라투스트라 제4부. 일반적인 혁명—전조로서의 섬의 침몰.

17〔55〕

차라투스트라 제3부 : 성자의 위로가 차라투스트라를 격분시킨다. 그는 허약함이 어디서 나오는지를 알고 있다.

좋다. 다시 한 번!

성자 : 그대는 모든 것을 다시 한 번 원하는가? 그리고 성자는 간다.

그것에 이어서 차라투스트라는 가장 무거운 사상을 불러낸다.

〈차라투스트라〉 제3부, 허약함 너의 위험!

〈차라투스트라〉 제3부, 악마의 익살

〈차라투스트라〉 제3부, 여행이 필요했는가?

행복이 나를 쫓아온다고 차라투스트라는 말했다—그것은 내가 여자들 뒤를 쫓지 않기 때문이다. 즉 행복은 여인이다.

17〔56〕

5 나에게는 아직 시기상조다. 이제까지 나는 여전히 나 자신의 선구자였다.

길 한가운데에서 위버멘쉬가 생긴다.

10 철저하게 박해받은 모든 것의 성공

나의 묘지들이 열렸다. 산 채 매장되었던 내 고통이 다시 일어났다—그것은 수의를 입고서 깊이 잠들었다가 이제 다시 깨어난 것이다.

15 낯선 진흙밭을 통과하지 않는다.

차라투스트라 제4부, 최고의 순간. 모든 존재의 이름으로 다시 한번!

20 17〔57〕

도덕이 입법가들에 의해서 만들어진 것이고 또한— — — 이라는 사상.

17〔58〕

미지근한 모든 의지에 대해서 조심하라. 단호하게 나태한 상태로 있든지 아니면 단호하게 행동하라.

섬광이고자 하는 자는 오랫동안 구름으로 있어야만 한다.

그대들은 오랜 침묵을 배워야만 한다. 그리고 어느 누구도 그대들의 마음 밑바닥을 보아서는 안 된다. 그러나 이는 그대들의 물이 혼탁하고 그대들의 표정이 닫혀 있어서가 아니라 마음 밑바닥이 너무 깊기 때문이다.

17〔59〕

강자의 덕을 구하는 자는 약자의 덕을 포기해야만 한다. 그대들의 포기에는 어떠한 경멸도 있어서는 안 된다.

그대는 걷는 것도 배우지 않았는데 춤추는 것을 배우려 하는가? 그리고 춤추는 자들 위에는 비상하는 자와 그의 지복이 있다.

이미 나는 꿈꾸고 있다고 느끼고 있다. 따라서 이제 나는 깰 때가 되었는가?

사람들은 강탈할 수 없을 때만 훔친다. 악한들 사이에서는 명예의 법은 그렇게 말한다.

17〔60〕

처방 1) 의지를 강화한다.

2) 어떠한 음탕한 정욕도 금한다.

3) 침묵하는 것을 배운다.

4) 고독을 배운다.

5) 깊은 불신과 깊은 신뢰

6) 자신의 적을 찾아 나서지만, 자신의 친구를 발견한다.

17〔61〕

나는 네가 어떤 일을 무엇을 '위해서나' 무엇 '때문에' 하기를 원하지 않고 그 일 자체를 위해 그것에 대한 애정 때문에 하기를 바란다.

목적은 모든 사물과 행위의 신성함을 박탈한다. 왜냐하면 수단이 되어야만 하는 것은 신성함을 상실하기 때문이다.

17〔62〕

그대를 **깊이** 뿌리 박아라—새로운 의무로
그가 자신의 친구를 구할 때, **우연**에 대한 찬양
행복 대신 오래 지속되는 의지에 대한 교설
낡은 가치들은 파괴되어야 한다.

17〔63〕

선의가 많아질수록 허약함도 많아진다! 지금은 아직 선의를 보일 때가 아니다.

§ 비겁한 자들의 공동체에 대해서
그대의 돌은 부스러질 것이다!
의지에게 뒷받침을 제공한다

§ 영원한 유형으로서의 우리의 존엄

§ 과학은 일시성과 무상함 외의 아무것도 그에게 가르치지 않는다.

17〔64〕

감옥에서조차 내 자유의 호기심은 날아서 달아났다.

17〔65〕

가장 훌륭한 인간들이 아이들을 낳지 않고 은둔했다는 것에 대한 저주.

17〔66〕

차라투스트라 제3부 망설임이 그대 안에 존재한다. 이것이———을 창조했다.

조심스럽게 작은 행복을 껴안으면서 이미 다른 작은 행복을 조심스럽게 곁눈질한다.

아아 슬프다, 그대는 그를 사기를 원했다. 그러나 그대는 그 대가를 너무 적게 제공했고 그것을 통해 그대는 그의 덕을 더 강하게 만들었다.

17〔67〕

나의 행복은 정오에 내 머리 위에 뜨겁게 타고 있고 〈그리고〉 목이 말라 나의 바닷물을 삼켰다. 나는 강한 바람을 사랑하고 또한 그것이 어디로 가고 어디에서 불어오는지 알고 있다. 곧 나는 강한 폭풍이 될 것이다.

그것이 오래 지속되는 의지가 되고 큰 가지들을 가진 높은 나무가 되도록, 그의 의지를 깊이 뿌리 박는다.

§ 나는 강자들의 덕이 혼동되기를 바라지 않는다.

17〔68〕

나폴레옹의 연설—인간에 대한 경멸, 그는 자신의 민족을 최고의 경지로 몰아가고, 한 민족은 자신의 좀더 높은 권리를 믿게 될 경우에만 생존이 허용된다는 사상을 다시 불러일으켰다.

온순하게 만드는 대신 강인하게 만든다

일시적인 의지 대신 오래 지속되는 의지를 갖게 만든다.

겸손함 대신 긍지를 갖게 만든다.

양심

갈라진 화살—

나에게 사건들에 대해서 말하지 말라! 그대들이 그대들 자신에게 사건이다. 그 외에는 어떠한 일도 그대들에게 결코 일어나지 않을 것이다.

17〔69〕

§ 〈차라투스트라〉 제4부 개인의 영원성에 대한 커다란 경멸

그것 대신 구원으로서, 보라! 나는 그대들에게 위버멘쉬를 가르

친다.

§〈차라투스트라〉 제3부 그들 모두 자신의 더 높은 권리를 결코 믿지 않는다—민족들의 여러 가지 삶의 방식들 등.

5 차라투스트라 제3부의 결론 "오라, 심연의 사상이여! 이제 나는 너를 견뎌낼 수 있다! "돌을 단단하게 만드는 것. 너는 내 쇠망치다!—

근원적인 자연의 지복—찬가.

〈차라투스트라〉 제3부의 시작 부분. 너는 이미 많은 것을 허용했

10 다—

마지막 부분에는 조소적인 긴 조사(弔辭)

연약한 인간들에게 경멸을 숨기지 않는 지배욕에 차 있는 자들에 대한 경의

15 17〔70〕

인간을 이제까지 가장 많이 경멸한 자—이 사람은 바로 그 때문에 인간들의 가장 큰 은인이 아니었던가?

저 어린아이를 제거하라—그의 시선은 살기를 품고 있다!

20 17〔71〕

먹구름에 싸여서—내가 그대들에게 페스트를 가져오는가?

영원한 만족이 그것의 역(逆)으로 변했다.

17〔72〕

시신들을 강도질하는 자들인 저널리스트들은 빈사 상태에 있는 사람들과 죽은 자들에게서조차 강탈한다.

차라투스트라 제4부 "그들을 나에게 오게 하라!"
"그대는 좋은 소식을 가져온다. 늪이 움직인다"

최고의 인〈간〉이 민중의 지배자가 되지 않으면 소상인들이 지배자가 될 것이다.

아침 저녁으로 이렇게 말하라, 나는 소상인들을 경멸한다, 나는 그들의 손가락을 부러뜨리고 싶다.
상인들보다는 차라리 싸움을 원한다!

아무런 모범도 되지 못하는 교사들에 대한 반대

결론
보라, 이것은 뜻하지 않은 지〈복〉이다.

17〔73〕

A. 블랑키Blanqui[12)]

17〔74〕

더 높은 자들이 저급한 자들의 불완전함에 대해 느끼는 고뇌

신이 인류에 대해서 느끼는 〈고뇌〉

그대들은 그대들의 야심을 교살하는 법을 알았다. 그대들은 그대들 가운데서 최후의 인간이 되는 것을 최초의 인간이 되는 것보다 더 원한다.

더 높은 인간의 고뇌는 자신의 저속함이 아니라 여전히 더 높은 것이 존재한다는 것이다.

17〔75〕

차라투스트라 제3부. 차라투스트라는 은둔자에게 **고독하고 신을 믿지 않으며 두렵고 가공할** 존재로 나타나야만 한다—

가장 성스러운 것 속에서 망상과 자의를 발견하는 약탈하는 사자

17〔76〕

정신적으로 더 뛰어난 적들을 거듭해서 자신에게 창조하는 것—그렇지 않으면 모든 것이 피폐해진다.

도대체 내가 인간들을 행복하게 만들기 위해서 왔다고?

쾌락을 구하는 자는 거의 쾌락을 발견하지 못할 것이다. 다른 사람들을 위한 쾌락마저도 말이다.

쾌락은 여성과 같다. 그것은 자신을 모욕하는 자의 뒤를 쫓아다닌다.

17〔77〕

차라투스트라 제3부 시작. 〈차라투스트라〉는 만족한다—싹이 잘 자라고 있다.

그는 자신의 제자들에게 많은 것을 기대하고 있다. 먼저 그들은 **성숙해야만** 한다.

17〔78〕

그대들은 행복을 계산한다. 그리고 그 경우 모든 미래 사람들을 망각한다.

행복에 대한 계산 착오—불행을 원해야**만** 한다.

미래의 인간들을 위해 현재의 인간들의 행복을 희생해야 한다.

여인들에게 물어보라, 과연 출산이 즐거운 일인지를.

17〔79〕

우리의 지성에는 지성 자체에 속하는 속성 그리고 인간적인 지성에 속하는 다른 속성들이 존재할 것이다. 그것이야말로 지금 본래의 쟁점이 되는 것이다. 그러한 쟁점에 대한 사색을 게을리 해서는 안 되며 의심하는 것과 가르치는 것을 분리해야 한다.

17〔80〕

사물의 가치를 그것의 부수적인 현상에 따라 평가하지 말라. 예를 들어서 출산을 산고(産苦)를 가지고 평가해서는 안 된다! 그 경우 출산은 나쁜 것으로 간주될 것이다!

"나에게 명령하려는 어떤 것이 저기에 있다. 왜 우리는 서로 싸우는가? 누가 더 강한지를 보여주기 위해서다!" 그렇게 해서 악인이 생긴다.

5 아아 나의 우울! 그리고 내가 미소를 지으면—그 미소를 보고 천사들은 눈물을 쏟을 것임이 틀림없다. 모든 빛이 정적에 드는 오후.

지금 나를 사랑하는 사람은 어느 누구도 살아 있지 않다. 그런데 내가 어떻게 삶을 사랑할 수 있다는 말인가!

10

이 사상! 그것이 단지 손가락 끝으로라도 나를 건드리면 나는 전율하고 뺨이 붉어진다—그리고 내 목구멍까지 심장이 뛴다.

이제 나는 그것을 알고 행복하고 그 행복에 질렸다—이제 "충분
15 하다"—그대들은 그렇게 말한다. 그러나 나는 내가 그대들에게 생각하도록 명한 것을 실행하고자 한다.

그대들의 마음은 악의적인 우연에 대해서조차 공손했다—그대들은 운명에 대해서 가시를 세우는 것을 두더지의 지혜라고 생각했다.

20

여기에 명령을 내리는 어떤 것이 있다—결코 눈과 눈빛을 가진 살아 있는 영혼이 아니라— — —

모든 빛조차 더 잠잠해지는 오후에 시간이 가벼운 발걸음으로

우리 위를 달린다면—

바다는 오래 거기에 몸을 뻗고 있다, 부끄러움도 없이 푸른 나체로

만약 나에게 사다리가 없다면 나는 내 머리를 밟고서 올라갈 것이다.

차라투스트라여, '그것은 내 마음에 들지 않는다'고 조타수가 말했다.

내가 바그너〈와〉 결별한 것은 그에게서 나를 해방시키는 것이었다는 사실을 서술하는 것.

내 주위가 너무 조용했다. 어느 누구도 나를 생각하지 않고 모든 사람이 나에 대해 말할 때에야말로 정적이 지배한다.

그는 흔들리지 않는다. 그리고 그가 한탄할 때 그것은 오히려 그대들에 대한 배려 때문이다. 그것은 그가 자신의 강인함을 둘러싸는 외투다.

아아, 나의 질곡을 견디기 어렵다! 그 질곡은 향수병이라는 최고의 병이다.

나는 항상 단지 내 고향만을 찾아다녔다. 그것은 내가 가장 견디기 어려운 시련이다.

17〔81〕

이타주의를 이기주의의 승화로 간주하는 것은 오류이다. 그것은 이타주의를 너무 높이 평가하는 것이다.

식욕과 성욕 그리고 재물욕은 가장 이기적인 충동들이 아니다. 여기에서는 아직 자기는 생각되고 있지 않으며 단지 표본로서의 일개의 '인간'을 유지하는 것만이 생각되고 있다.

이러한 충동들을 억제하는 것(또는 그것들의 충족을 저해하는 것!)은 자기에 대한 추구와 자기에 대한 감정의 결과이다.

저급한 충동은 다른 충동보다도 우선 그리고 다른 충동들을 희생하고 오직 자신만이 충족되기를 바란다.

17〔82〕

―종소리가 부드러운 신발 위에서 달리는 것처럼―

그리고 서리가 우리의 영혼을 부서뜨리고 삐걱거리게 만들면 우리는 커다란 환희를 느끼게 된다. 우리는 버터와 꿀이 흐르는 땅을 찬양하지 않는다.

얼음덩어리에 쌓인 감미롭게 혀를 찌르는 포도주의 귀중한 한 방울―그것이 나에게는 행복이다―신들이 존재한다면 이 한 방울 때문에 나를 부러워할 것이다!

그리고 어떤 자가 우리의 태양볕 아래에 몸을 눕히려고 하면 우리는 의심에 가득 차 웃으면서 이렇게 우리에게 자문할 것이다. 우리는 행복해지도록 만들어져 있는가!

행복은 우리에게는 커다란 예외이며 불가사의한 것이다. 우리는 그것을 두려워하며, 행복해하는 우리 자신을 두려워한다. 우리는 상대방을 불신하는 연인처럼 행복을 다정하게 우리에게 잡아당긴다.

17〔83〕

바람이 도둑처럼 휙 스치고 지나간다, 몰래 열리는 문처럼 교활하게

17〔84〕

이 청명한 하늘을 보라! 그것은 모든 별을 자기 안에 삼켜서 들이마셨다—그러나 그것은 다시 자신의 순수를 발견했다.

한때 나의 행복은 계곡으로 내려가 묵을 곳을 찾았다, 나의 달콤한 불타는 행복. 그때 나는 이 순수한 영혼들이 손님을 반갑게 맞는 성문들처럼 자신들의 흉금을 열고 있는 것을 보았다.

17〔85〕

은〈둔자〉는 이렇게 말했다. 차라투스트라여, 나는 너를 이제까지 현자로 생각했다. 그러나 나를 무엇보다도 의아하게 만드는 것은 네가 또한 영리하기도 하다는 것이다. 최악의 사태는 지나갔다—

그러나 너는 도망쳐 왔다.

그리고 그는 차라투스트라를 흘겨보았다.

조야한 덕들

17[86]

내가 먼저 그것을 초극했을 경우 누가 나를 초극할 것인가? 따라서 이 승리는 나의 완성을 증명하는 인장(印章)이다.

내가 어떻게 감히 너를 불러내고 직시할 수 있겠는가!

17[87]

차라투스트라가 자신의 최대의 고통을 지배하는 자가 되었을 때야 비로소 그는 자신의 최대의 용과 승패를 겨룰 것이다.

새로운 대륙을 발견한 것은 난민들과 난파선에 탔던 사람들이었다. 반쯤 파괴된 사람들은 옛날부터 정복자였다.

차라투스트라여, 우리가 만약 너 때문에 몰락하지 않는다면 우리는 너 때문에 살아 남을 것이다. 그러나 나는 아직까지 그만큼 나쁜 것들을 보지 못했다. 그러나 최악의 사태는 이제 지나갔다.

그러나 차라투스트라가 말하는 것을 마지막으로 들었던 조타수는 모자를 벗고 공손하게 말했다— — —

17[88]

즐거운 지식은 나처럼 생각하고 그러한 것을 원하는 사람을 위해서 절대적으로 필요하다.

17〔89〕

차라투스트라여, 그대에게 명예와 완성이 주어지기를!

[18=N VI 7. 1883년 가을]

18〔1〕

그대가 기도할 수 없다면 그대는 왜 최소한 저주라도 할 수 있지 않는가? 그대는 우리가 목숨을 걸고 싸우고 있다는 것을 깨닫지 못하는가?

우리는 목숨을 걸고 싸우고 있지만 그대가 이를 악물고 있기 때문에 나는 그대를 두려워한다. 그대는 자신이 살아 남을 것이라고 확신하는 사람처럼 보인다. 또는 자신의 죽음을 확신하는 사람처럼 보인다. 차라투스트라는 그렇게 말했다.

그리고 만약 우리가 거기서 빠져나온다면 나는 이렇게 말하겠다. "신은 존재하지 않는다—차라투스트라는 나에게 그렇게 가르쳐 주었다."

나는 그대의 불신을 용서한다. 그러나 나는 그대의 신뢰를 중시하지 않는다.

나는 모든 사물에서 교만을 보았다. 나는 그것을 신적인 것이라고 불렀다. 그리고 나는 내 영혼에서도 이러한 교만을 발견했기 때문에 내 영혼도 신〈적〉이라고 부른다.

그대는 기적과 기적을 행하는 사람들을 믿는다. 위기를 만나면 그대는 기도하는 것을 배울 것이다. 정신의 오랜 화폐 위조자들이 너의 지성조차도 위조했다.

그는 수천 년의 시간을 장악하고 있다.

5

18〔2〕

소란에 대해서

제4부 차라투스트라가 한때 배가 난파되어 파도를 타고 육지로 밀려왔을 때 그는 이렇게 의아해했다. "내 운명은 어디에 있는가? 나는 내가 어디로 가야할지 모른다. 나는 나 자신을 잃어버리고 있다." 그는 소란에 몸을 던진다. 그리고 그는 역겨움을 참지 못하고 자신을 **위로해줄 어떤 것**을 구한다—자신을.

10

18〔3〕

15 (수천 년을 장악하고 있는 발견자로서) 비상하는 자.

18〔4〕

4. 왜소한 자들에 대해서

5. 소상인들

20 등등.

18〔5〕

주사위가 우리에게 불리하게 나올 수 있다는 것, 이것이 주사위를 던지지 않는 이유인가? 오히려 그것이야말로 조미료 아닌가?

18〔6〕

고통스런 흥분과 함께 차라투스트라는 강한 자, 바보, 비상하는 자들을 시험하면서 그가 **자신을** 그들 중에서 다시 발견하고자 했으나 발견할 수 없었다!

5 그가 친구들의 죽음에 대해 알고 나서야 비로소

어떠한 인간에서도 그는 자신을 발견하지 못했기 때문에 그는 동물들을 찾아 나선다.

§ 생의 대변자로서 자신에 대한 심한 **조소.**

3. **조타수**의 이야기, 차라투스트라가 보낸 가공할 밤.

10 4. 쾌활.

18〔7〕

나는 음울한 위선자와 악당들을 좋아하지 않는다. 도깨비불과 늪에서 나온 모든 것을 나는 혐오한다.

15 도대체 생은 늪인가?

18〔8〕

보잘것없는 노래라도 그것을 부를 수 있는 자에게 큰 위로가 된다면 그는 진실로 노래를 잘하는 새임이 틀림없다!

20

18〔9〕

그 안에는 넘쳐흐르는 고통이 있었다. 그것이 분출해서 아버지 같은 바다를 향해서 흘렀다.

아버지 같은 바다를 그는 신이라고 불렀다—정상적인 남자들은 그 때문에 그를 신성모독자라고 불렀다.

18〔10〕

아아, 나의 영혼이여, 너는 어떻게 해서 너를 한없이 사랑한 사람에 대해 그렇게 가혹하게 되었는가!

18〔11〕

독재적이고 독단적이고 〕— —〕— 그리고 동시에 영웅

18〔12〕

금화가 짤랑거릴 때 매춘부가 눈을 깜박거린다. 그리고 금화보다 더 많은 매춘부들이 있다. 돈으로 살 수 있는 자를 나는 매춘부라 부른다. 금화로 살 수 있는 인간들은 금화보다 더 많다.

18〔13〕

나는 삶을 가장 경멸하면서도 가장 사랑한다. 여기에는 어떠한 불합리나 모순도 없다.

마음의 고통

18〔14〕

§ 내 머리는 바보 같지만 내 마음은 현명하다.

§ 만물은 사라진다— 만물은 다시 돌아온다.

—그리고 사라지는 것 자체가 다시 돌아온다.
지금 이 순간은 이미 있었다—그것은 이미 무수하게 있었다.

이 교설이 아직 한 번도 가르쳐진 적이 없었다고? 그것은 이미 무수하게 가르쳐졌다—차라투스트라가 그것을 이미 무수하게 가르쳤다.

18〔15〕
고통이 암탉과 예술가들에게 노래하는 것을 가르친다. 여자들에게 물어보라, 과연 그들이 출산이 즐겁기 때문에 아기를 낳는지.

나는 화형대가 만들어져 있는 것을 보았다. 그는 지치고 기가 꺾여서 불길이 오르기를 기다렸다. 자신의 무게가 그를 짓눌렀다.
그는 소년들에게 자신의 갈망을 속삭였다. 마른 입으로 그는 헐떡거리면서 말했다. 그러나 소년들은 그에게 귀 기울이지 않았다.
소년들에게 그는 외쳐야 한다. 그들의 귀와 눈을 강제로 열어야 한다.

18〔16〕
이 어리석기 짝이 없는 세계에서는 하나의 작은 이성이라도 이미 형언할 수 없는 기쁨을 갖는다.
나는 자주 내가 무엇을 배척해야만 하는지를 알지 못한다. 오히려 나는 그 안에 돌입하여 나 자신을 시험한다.
(다른 것들을) **내** 안으로 변화시켜서 수용하는 힘은 갈수록 증

대하고 있다.

신이 있다고 한다면 세계가 아직 충분할 정도로 어리석다고 생각하지 않을 것이다.

5 18〔17〕

관대하게 고통을 관찰하는 것—3대 후의 세대가 자주 우리들의 고통을 비로소 **완성하게** 된다. 즉 새로운 힘이 그에게서 자라났다.

미래의 인간들에게 관대한 것—그리고 그것이 자신의 오늘날보다도 자신의 작품을 더 사랑하는 창조자의 관용이다.

10 가장 위험한 자는 만족해하는 자들이다(주어진 이상들에 만족하는 자들), 더 나아가 그들은 만족해하는 **음울한 인간들**이다.

18〔18〕

내가 악덕을 비방하고 소매치기들과 날도둑들에 대해 경고하기 15 위해서 왔다고?

나는 그들에게 나의 부를 가르쳐주고 나의 충만에서 발하는 동경을 가르치기 위해서 오지 않았던가?

18〔19〕

20 군주에 대해서

교사에 대해서

악인들에 대해서

명성에 대해서

섬광과의 대화

18〔20〕

위대한 동경에 대해서

신적인 욕망에 대해서

회임에 대해서

5

18〔21〕

나의 적들을 그들의 성문 안으로 몰아넣고 그 성문을 회색으로 칠하는 것.

10 7가지 고독 모두를 통과하는 길. 최후에 뱀.

18〔22〕

내가 그대에게 위버멘쉬를 가르치지 않았던가?

15 18〔23〕

그대들은 관능적인 쾌락에 대해서 무엇을 아는가! 그대들이 그것에 대해서 무엇을 알 수 있을 것인가!

관능적인 쾌락과 출산은 서로 전적으로 다른 것이다. 여인들에게 물어보라, 과연 출산이 즐겁기 때문에 아기를 낳는지.

20 고통이 예술가와 암탉을 노래하게 만든다. 관능적인 쾌락은 침묵한다—이제 명성에 대한 나의 가르침을 들어라.

기쁘고 만족해서 임산부는 축복받은 몸을 기다린다.

18〔24〕

만약 그대가 그대의 덕을 귀에 가지고 있다면 네가 소란스런 생을 얼마나 견디는지를 지켜보라. 우리는 우리의 덕 때문에 벌을 가장 많이 받는다.

18〔25〕

나의 운명이여, 나를 모든 작은 승리에 대해서 지켜주길 바란다! 나는 단 한 번의 승리, 운명처럼 위대한 승리를 나에게 남겨주고 싶다.

내 영혼의 섭리, 나의 운명이여, 나는 너에게 이렇게 말한다. 나는 흡사 유령처럼 너를 엄습해 놀라게 한다는 것을, 그리고 나는 두려움을 모르고, 오히려 생이 불어넣는 혐오감에서 벗어나기 위해 최대의 위험을 겪고자 한다고.

18〔26〕

생에는 얼마나 많은 동굴이 있는가!

우리는 동굴들에 익숙해져 있고 그것을 동경한다—어두운 좁은 길을 통과하는 것.

18〔27〕

너 섬광이여, 한 칼에 자르는 다이아몬드, 황금의 섬광이여! 네가 날카롭고 잘 자른다는 것은 단지 외관일 뿐인지 어떤지를 보게 될 것이라고 나에게 답하라.

나는 자주 너를 일종의 사상가로 간주했다—왜냐하면 사상은 너처럼 구름들을 통과하면서, 구름 뒤에서 잠자며 울리는 천둥을 깨우기 때문이다.

18〔28〕

깨어 있을 때 나는 걷는 것을 배웠다. 즉 확고한 발로 경쾌하게 하루를 보내는 것을 배웠다.

잠과 꿈속에서 나는 무엇을 배웠는가? 잠과 꿈속에서도 나는 좋은 기분이라고 나에게 말하라.

18〔29〕

주의. 내가 질곡들을 올라갈 경우 나는 모든 정오의 형제들의 전령사이다.

18〔30〕

음험한 위선자들, 쥐덫

—과연 나는 교활한 수전노 같은 소상인이고 돈을 담는 자루인가?

옛날의 좋은 시대에도 나쁜 신문이 매일 나에게 왔다.

지혜의 이러한 오만을 나는 모든 사물에서 발견했다. 즉 지혜는 모든 사물에게 바보들의 발로 걸을 것을 명령한다. 가능한 한 적은 이성, 그 이상의 것을 이 교만한 지혜는 자신의 밭을 갈고 전답 위를 걸을 때 배낭에 가져가지 않는다.

가능한 한 적〈은〉 이〈성〉—그것은 더 우아하게 말하자면 우연이다. 우연의 발로 모든 사물은 떠나고 되돌아온다— — —

행복과 순수는 지상에서 가장 부끄러움을 많이 타는 것들이다. 그것들은 사람들이 자신을 찾기를 바라지 않는다. 사람들은 **그것을 소유해야만** 한다—더 나아가 사람들은 자신이 그것을 소유하고 있다는 사실을 절대로 알아서는 안 된다.

그들의 사상은 나에게 거슬린다. 그들이 의미가 있다고 생각하는 것은 나에게는 터무니없는 것이다. 나에게 그들의 재치는 일종의 광기에 지나지 않는다—그러나 그들은 서지도 걷지도 않는다— — —

누구나 말하고 기만한다. 그리고 오늘은 아직 목을 그르렁거리는 유령인 것이, 내일은 이미 시장바닥에서 크게 울려퍼지는 트럼펫 소리가 된다.

내 발은 말의 발이다. 나는 나무 뿌리와 돌 위를 질주하고, 밤낮을 가리지 않고 종횡으로 들판을 달리고, 악마에 홀린 것처럼 질주하고〔—〕

내 손은 바보의 손이다. 모든 탁자와 벽 그리고 그 외에 바보를 위한 장소가 남겨진 곳은 화를 입어라—〔—〕

내 입은 민중의 입이다. 모든 삼류문사와 골샌님들에게 내 말은 낯설다.

18〔31〕

고뇌에의 의지에 대해서
의외의 지복에 대해서
일출 전
자기 왜소화에 대해서
겨울 노래
통과에 대해서
고독한 자의 귀향
또다른 무도곡

18〔32〕

이기심, 모든 종류의 생명체에게 모욕적인 단어다. 그러나 이기심이란 사실 생명체가 성장하고 자신을 넘어서 창조하려는 것이다.

모든 사물은 자신의 미래를 잉태하고서 걷는다. 회임한 자들의 정욕은 자기 자신에게 자주 모순된다.

정욕은— — —

18〔33〕

강한 자는 자신의 행복을, 즉 도도하게 분출하는 자신의 행복과 지배하는 것을 통한 증여를 덕이라고 부른다.

18〔34〕

모든 사람이 말하고 모든 것이 형편없이 말해지고 있다. 오늘날의 이빨이 씹기에 견고하게 보이는 것도 내일이면 이미 이빨로 부스러지고 살갗이 벗겨져 백 개의 입 밖에 걸려 있다.

모든 사람이 말하지만 누구도 제대로 듣지 않는다. 사람들은 자신의 지혜를 종을 쳐서 알려도, 시장의 소상인들이 그것을 동전 소리로 뒤덮어버린다.

모든 사람이 말하지만 어느 누구도 귀 기울여 들으려 하지 않는다. 모든 물이 소리를 내면서 바다를 향하지만 시냇물은 모두 오직 자신의 물소리만 듣는다.

모든 사람이 말하지만 어느 누구도 이해하려 하지 않는다. 모든 것은 물 속으로 떨어지지만 아무것도 깊은 샘 속으로 떨어지지는 않는다.

모든 사람이 말하고 모든 사람이 올바른 것을 주장한다. 불의는 추적당한다—추적은 잘 당하지만 붙잡히는 경우는 거의 없다.

모든 사람이 말하지만 아무런 결실을 맺지 못한다. 모든 사람이 홰를 치지만 어느 누구도 알을 낳지는 못한다.

오, 내 형제들이여! 그대들은 나에게서 정적과 고독을 배우지 않는다.

모든 사람이 말하지만 어느 누구도 말할 줄 모른다. 모든 사람이 달리지만 어느 누구도 걷는 것을 배우지 않는다.

모든 사람이 말하지만 어느 누구도 내가 노래부르는 것을 듣지 못한다. 오, 그대들이 나에게서 정적을 배우기를! 그리고 고독의 고뇌를 배우기를.

18〔35〕

신들이 이미 오래 전에 최후를 맞이했다. 그들은 죽을 정도로 크게 웃었다.

이 사건은 어떤 신이 스스로 신을 가장 부정하는 말을 했을 때 일어났다―그 말은 '너는 나 외에 다른 신을 섬겨서는 안 된다'는 말이었다. 그때 노한 수염을 한 늙은 그 신은 제정신이 아니었다.

신이라는 존재가 그렇게 질투에 찬 나머지 '너는 나 외의 다른 신을 섬겨서는 안 된다!'고 명령했을 때처럼 신이 그렇게 초라한 적도 없었다.

그때 모든 신이 웃었다. 그들은 의자 위에서 몸을 건들거리면서 외쳤다. "다수의 신들은 있지만 유일한 신은 존재하지 않는다는 것이 바로 신적인 것 아닌가?'

너 익살꾼 차라투스트라여! 그대는 아직도 신을 믿는 최후의 인간들에게 얼마나 신적으로 말했는가!

18〔36〕

그리고 내가 나의 가장 어려운 과업을 수행하고 행복해하면서도 피로에 지쳐 나의 초극의 승리를 축하했을 때 그들은 소리쳤다―내가 부주의하게도 그대들의 허영심을 짓밟았다고.

그들은 모두 자신을 본으로 하여 법규를 만들려고 한다. 오직 기어오를 수 있는 자만이 이렇게 명령한다. "너는 날아서는 안 된다."

나는 나 자신에게 가혹하다. 자주 나는 이러한 가혹함 때문에 복수를 당한다. 나는 나에 대한 다른 사람들의 불의를 비호한다.

비록 그대들의 죄일지라도 나는 그것을 떠맡아 나의 죄라고 말한다.

18〔37〕

어떻게 내가 그대의 의지에게 그것을 하지 말라고 만류할 수 없겠는가, 그대 사자의 의지를 가진 자여! 나는 그대의 눈에서 그대의 모든 의지를 보고 있다.

18〔38〕

오오, 차라투스트라여, 나는 그대가 흡사 나와 함께 하나의 신을 갖고 동일한 희망의 자식인 것처럼 그대를 축복한다.

내가 그대를 보는 바에 의하면—그대는 나를 저주할 수 없다! 내가 그대의 말을 이해하지 못할지라도.

나는 도대체 너의 말을 이해할 수 없다. 그리고 네가 그러한 말로 시체나 익살꾼이 아닌 누군가를 설득할 수 있다면 나는 그것을 의아하게 생각할 것이다.

그리고 나는 그대가 인간보다는 동물들을 특히 그대 자신의 동물들인 저 추한 뱀과 지저귀는 새들을 설득할 수 있으리라고 믿는다!

은둔자는 이렇게 말했다. 왜냐하면 그는 차라투스트라의 동물들을 두려워했기 때문이다. 뱀이 약간 머리를 뻗었을 때 그는 뛰어 달아났다.

이렇게 우리는 두 명의 소년처럼 웃으면서 헤어졌다.

18〔39〕

이것이 내 목을 조르려는 나의 말이다!!

이것이 내 목구멍으로 기어들어온 나의 뱀이다

18〔40〕

나는 가장 어려운 나의 과업을 은밀하게 하는 것을 배웠다. 내가 홀로 가공할 새로운 바다로 나아갔을 때 누가 그것을 보았는가?

그리고 내가 사랑받는 모든 우상에게서 등을 돌렸을 때 누가 내가 걸어가는 것을 보았는가! 나는 눈에 띄지 않게 작열하는 황야 속으로 걸었다.

18〔41〕

봉인

18〔42〕

내가 나의 고독을 생각했을 때는 항상 내가 멀리서 "오오 나의 고독이여!"라고 말했을 때였다.

18〔43〕

"인간이란 초극되어야 할 존재이다." 이 말은 내 귀에는 웃으면서 춤추는 지혜의 말처럼 들린다. 그러나 그대들은 〔그 말을 들으면〕 내가 그대들에게—십자가까지 기어가라고 명령하고 있다고 생각한다.

물론 사람들은 춤추는 것을 배우기 전에 걷는 것을 배워야 한다.

18〔44〕

미래를 위해서 사는 것 §

전통적인 규범의 파괴

18〔45〕

구원! 나는 뱀의 머리를 토해냈다!

구원! 의지에게 나는 돌아가고 싶어하는 것을 가르쳤다

가장 조용한 시간 차라투스트라여 그대는 성숙했다—암사자 비둘기들

미래에의 의지가 생길 때 매번 중심이 있다.

최대의 사건이 목전에 있다.

충만과 애정

오오, 내 심정의 애정이여!

18〔46〕

또는 그대들은 나의 저주를 두려워했는가?—왜냐하면 내 저주는 증오와 섬광이 결합된 것이기 때문이다.

그대들은 작은 이익들을 작게 만들었다—그리고 이제 그대들은 선의의 우연들의 부스러기들을 모은다!

운명이 약간 그들에게 신산(辛酸)하게 되자마자 그들은 부풀어

올라서 넘쳐흘렀다.

작고 은둔적인 교단이 보이는 모든 경건한 체하는 작태의 악취와 망상
5 연약하고 천박하고 겸손한

18〔47〕

내가 생에의 용기를 한 줌이라도 갖고 있기에 나는 무로 인도하는 작은 열쇠를 가질 수 있게 된다.
10

무로의 용기를 한 줌이라고 갖고 있기에 나는 모든 것이 무라는 것을 안다.

한 줌의 힘, 나의 자아—힘들의 총량에 대한 조소!

나는 무엇을 원하는가? 실패한 자들을 위한 작은 열쇠를 얻기
15 위해서 용기를 불러일으키는 것.

소수의 인간들에게 그들의 의지를 무수한 다수에게서 관철할 수 있는 용기를 부여하는 것.

이제까지의 인간보다 더 높은 존재를 창조하는 것.

전적으로 어떤 책임도 떠맡지 않고 존재의 배를 타고 나는 이 순
20 간 다시 한번 그것을 〈원한다고〉 말하는 지복을 가르치는 것.

18〔48〕

원들 중의 원

I 내가 인류의 중심이자 정오라는 사실을 일찍이 꿈에 보았을 때

II 내가 알프스의 석양처럼 모든 과거의 위대함을 회수해 빛나게 했을 때

III 내가 미래를 밀랍처럼 형성했을 때

IV 내가 전통적인 규범을 부숴 산 위로 던졌을 때

V 내가 일찍이 밖으로 나갔을 때—교만과 회의

18〔49〕

인간은 초극되어야 할 그 무엇이다. 이것은 생을 위대한 자기-극복으로 보는 교설이다.

18〔50〕

나는 입법자다. 나는 새로운 규범을 만들어낸다. 입법자 자신들에게 나는 법이며 전령의 소리이다.

18〔51〕

나는 생의 대변자다—그런데 나는 또한 생의 영원한 변화를 반대하는 대변자다!

가장 위대하고 가장 비천한 것의 회귀 그리고 인과의 모든 연쇄와 얽힘의 회귀

18〔52〕

나의 영리함, 이 시치미 떼는 고양이는 나를 떠났고, 나의 긍지는 하늘로 날아가버렸다. 그것은 모험을 찾고 있다.

지금 나는 내 어리석음과 함께 앉아 있다—세계는 정원처럼 조

용하고 대기는 방향(芳香)으로 가득 차 있다.

나의 어리석음은 나에게 어떤 사랑스런 위기를 낳는가. 그것은 조용히 앉아 있으려고 하지 않고 거듭해서 의자에서 떨어진다—그것이 언제가는 자신에게 질릴까?

5 그것은 자신의 노래에도 질리지 않을 것이다. 그러나 그것은 노래부르는 방식을 어린아이들에게서 배웠다. 보랏빛 지복이 하늘에 걸려 있는 저녁에.

나는 그것을 용서한다. 그것은 자신이 무엇을 노래하는지를 모르기 때문이다. 그리고 나는 너무도 홀로여서 그것의 무의미한 노래

10 를 함께 부른다—절망하면서 그리고 그것처럼 자주 의자에서 떨어지면서.

18〔53〕

나는 걸어가면서

15 그의 긴 당나귀 귀를 발견했다—

나는 또 머리를 잃어버린

내 뱀도 발견했다.

18〔54〕

20 그대는 그대의 자줏빛과 에머랄드빛 모든 지복을 남겨두었다.

나의 행복의 섬광

18〔55〕

뒤링—자신의 사상에 대해 스스로 질겁하고 쇠사슬에 묶여 영

원히 짖고 물려고 하는 개처럼 자신의 철학 앞에 앓아 누워버린 인〈간〉.

18〔56〕

초극된 인간 자신은 위버멘쉬의 아버지였다.

나는 이렇게 가르치는 것에 질리지 않는다. 인간은 초극되어야 하는 어떤 것이다. 그렇게 말하는 것도 나는 인간이 초극될 수 있다는 것을 알기 때문이다. 나는 그, 즉 위버멘쉬를 본다.

18〔57〕

"나의 동물들을 기다릴 시간이 나에게 있는가? 내 동물들이라면 나를 발견할 줄 알 것이다" 차라투스트라의 침묵

"은둔자인 나에게서 그대들은 궁극적인 안식을 가져다 줄 말을 구하고 있다. 깊은 세계의 궁극적인 안식을—아아, 그러한 안식은 은둔자가 다다른 정점인가?

그리고 그 안식의 말이 나의 귀와 골수까지 관통한다면 그것은 친구들을 구하고 발견할 수 있는가?"

오오, 차라투스트라여—그 말에 은둔자가 답했다—그것은 단지 그대가 말하는 것일 뿐이다. 나는 그것을 이해하지 못한다.—그러한 말로 그대는 인간보다는 차라리 동물들을 설득할 수 있을 것이다.

18〔58〕

우리는 얼마만큼 따뜻함을 유보할 줄 아는가?

18〔59〕

하나, 깊은 밤이 시작된다—그것의 노래가 심원한 세계에서 울려나와 귀와 골수에까지 스며든다.

둘, 모든 고통은 깊다. 그러나 쾌락은 더 깊고 〈그것은〉 너의 가슴에 손을 얹는다—그것은 골수까지 스며든다.

18〔60〕

도대체 어떤 태양들이 침몰했다는 것인가? 그 태양들은 한때 저 높은 곳에서 순수한 산꼭대기 위에서 **너에게** 비치고 있었다.

18〔61〕

포도줄기와 폭풍, 이 두 가지의 공통점은 말하기 어려운 것이다—그 점에서 너도 포도줄기이고 폭풍이어야만 한다.

18〔62〕

그의 기대들에〕—〕굶주리고,

나에게 희망의 섬광이 비추던 어두운 길에서

18〔63〕

제3부.

끝

[19=N VI 8. 1883년 가을]

19〔1〕

5 위안 1) 그렇게 많은 것이 풀릴 수 없는 수수께끼라는 것

2) 그렇게 많은 것이 훌륭하게 이루어질 수 있다는 것.

악하고 고뇌하고 있는 한 인간에 대한 애정을 호소한다.

10 해로(海路)

낡은 법규범을 **파괴한다.**

19〔2〕

15 § 오오 차라투스트라여, 그대는 아는가, 그대가 처음으로 숲에서 인간들 사이에서 어떻게 있었는지, 새들이 네 위에서 어떻게 울었는지, 네가 어떻게 깊은 황량함을 느꼈는지

2) 네가 증여하는 것에 싫증이 났을 때, 동반자들 사이에서 느낀 깊은 황량함

20 3) 가장 조용한 시간의 깊은 황량한 느낌

고독과의 차이에 대해서

19〔3〕

열광하는 자와 몽상가들 그리고 저녁과 밤 사이에 날아다니고

기어다니며 절름거리면서 걷는 모든 것.

19[4]

나는 지나치게 만족해하고 지나치게 친절한 자들을 **자갈 씹는 자들**이라고 부른다.

돼지의 위장—나는 자갈을 씹는 이 자들을 이렇게 부른다.

그들은 모든 것을 자신들의 신으로 생각하면서 기도한다—

그것은 대식 취미이며 모든 것을 먹으려고 하는 취미이다—

19[5]

오, 나의 형제들이여, 나는 악의 때문에 그것을 한 번 비천한 배후세계론자들처럼 추구하려고 한다. 보라, 나는 그들을 여기 모래 속에 그린다! 누군가가 와서 그들을 모래에서 집어내기를!

어떠한 믿음이든 이미 많은 사람들을 행복하게 만든다. 좋다! 그들은 그렇게 행복을 붙잡는다!

오, 나의 형제들이여. 너희 중 어떤 것을 **웃음을** 통해 파괴할 줄 아는 사람이 있느냐! 그리고 실로 사람들은 웃음을 통해 잘 죽인다!

나는 그러한 사람들이 나를 본따서 할 것을 명한다. 나는 그들에게 모범으로 왔다.

그리고 세계를 배후에서 보지 않으면 어떠한 평정도 전혀 갖지 못하는 그러한 사람들에게 나는 이렇게 충고한다.

세계는 신이 한갓 기분풀이로 만든 것이 아닌지 생각해보라고.

19〔6〕

즉 웃음을 통해 모든 악한 충동이 신성하게 되고, 모든 무거운 것이 가볍게 된다—

5 19〔7〕

사자가 웃을 때마다 차라투스트라는 전에 없이 마음이 움직이는 것을 느꼈다. 그래서 그는 자신의 가슴을 손으로 잡았다. 왜냐하면 그는 돌이 하나씩 계속 그의 가슴에서 떨어지는 것처럼 느꼈기 때문이다.

10

19〔8〕

귀향
또 하나의 무도곡
불러내는 것.
15 쾌유하는 자.
낡은 규범과 새로운 규범
은둔자

19〔9〕

20 그대는 이제 몸을 움직이고 기지개를 펴고 있는가?—그대는 목구멍으로 그르렁거린다. 새로운 것은 더 이상 없다—그대는 목구멍으로 그르렁거린다—나로 하여금 잠들게 하라!

그렇다. 새로운 것은 더 이상 없다. 이것이 그대 자신이다. 심연의 사상이여, 이제 너는 깨어 있다!

19〔10〕

그대들은 또한 승리**하려고** 해야만 할 것이다. 따라서 생의 투사나 용병이 되는 것만으로는 충분하지 않다.

따라서 프리스인 또는 작센인의 귀에 이렇게 말한다. 그대들은 승리하기 위해서는 또한 승리하려고 의욕해야만 한다고!

생은 한때 그대들을 **자신**의 용병으로 삼았다—그것은 사실이다. 그러나 이제 나는 그대들에게 충고한다. 생을 그대들의 노예로 삼으라고.

19〔11〕

사람들이 갖고 있지 않지만 필요한 것을 사람들은 탈취해야만 한다. 따라서 나는 양심의 만족을 탈취했다.

19〔12〕

나는 그들 사이에서, 주방용 석탄들 사이의 다이아몬드 같다. 오오, 형제들이여! 우리는 극히 가까운 근친이다! 그들은 내가 이렇게 말해도 내 말을 믿지 않는다.

19〔13〕

바다 그리고 바다 같은 모든 것을 사랑하는 그는 바다가 우리에게 거슬릴 때 더 바다를 사랑할 것이다.

19〔14〕

새로운 왕들에 대해서

“머지않아 폭풍이 불 것이다”—예언자인 나의 영혼은 전율하면서 이렇게 말한다. 나의 혼 안에서는 닥쳐오고 있는 폭풍이 이미 배회하고 있었다.

(위대한 경멸을 품은 도시와 제국과 왕들)

5 그리고 폭풍에 앞서서 긴 황혼, 즉 죽을 정도로 피로하고 죽음에 취한 비애가 절룩거리면서 걷는다. 이 비애는 크게 벌린 입으로 이렇게 말한다. “모든 것이 동일하고, 모든 것이 공허하며, 모든 것이 있었다”고—그것은 입을 크게 벌리고 발을 질질 끌면서 피곤한 나머지 잠을 잘 수도 죽을 수도 없다.

10

19〔15〕

그렇다면 네가 사랑하는 사람은 누구냐?

손으로 돌리는 오르간 연주자!

15

축복한다. 즉 우연에 아름다운 혼을 부여한다.

선택. 이전과 이후

과거의 것에 대한 조형력

20 기다리는 자의 평정함

감행하는 자의 용기

순수, 즉 무목적.

19〔16〕

숲의 동물들

미래의 노래에 대해서

그대의 동경〕—〕

5

10

15

20

[20=Z II 2. 1883년 가을]

20〔1〕

그대는 위대함을 이루기 위한 길을 걷는다. 이제 그대에게 심연과—정상은 한몸을 이루고 있다.

그대 주위를 둘러보지 마라. 네 뒤에 돌아갈 어떠한 길도 없기를 그대의 최선의 용기는 바라지 않으면 안 된다.

여기에서는 어느 누구도 그대를 미행해서는 안 된다. 그대의 발이 닿는 곳에서 이미 길이 지워져버리고 거기에는 '불가능'이라고 씌어 있다.

이제까지 그대의 최후의 위험이었던 것이 이제 최후의 피난처가 되었다.

그대가 아직 다른 무엇이 되기를 소망해도 좋았던 시간은 이미 흘러가버렸다.

지금 있는 그대로의 그대가 의욕의 손과 의지(意志)와 손잡이가 되어야만 한다.

소수의 사람들은 원하기를 바라지만 대다수의 사람들은 원해지기만을 바란다.

그리고 좋은 모든 것을 그대가 수용하여도 언제라도 거부할 수 있는 것으로서 수용해야만 한다.

인식에 반(反)하는 배우와 의지에 반하는 배우가 있다.

우리가 우리의 불사(不死)를 견딜 수 있다면 그것이야말로 최고의 것이다.

내가 왜소한 인간들에게 그들의 왜소한 덕을 가르치기 위해서 왔다고? 그들은 이미 스스로 그것을 발견할 줄 알며 내가 그들이 발견했다는 데 대해 질투하지 않기 때문에 나를 혹독하게 비난한다.

5 20〔2〕

바다 위에서.

그의 친구들에게 하는 설교. 나는 그들을 보호하기를 원했으며 그들을 사도로 파견하기를 원하지 않았다. 나는 그들을 너무 사랑하게 되었다—그런데 나는 바로 그것을 통해서 그들을 파괴했다.

10 이제까지는 쓸모없는 일이었다!

생은 절반 이상 회복될 수 없을 정도로 희생되었다.

(존재자들을) 낭비하는 영원회귀라는 가장 가공할 사상.

낭비된 인류(그리고 모든 노력과 위대한 행위는 영원히 목표 없이 행해지는 유희)(뱀과 목자)

15 의외의 지복(쾌유하는 자와 피상적인 쾌락)

위대한 자연에서 보는 것.

공감을 갈망하면서 그의 동물들을 찾는다.

증여하려는 자신의 의욕을 명철하게 아는 것. 방랑자, 섬광.

폭군들과 민중의 창조자들과의 공감.

20 "나는 그것을 또 한 번 시도한다" 해결책.—모든 염세주의에 대한 회의.—망각, 새로운 시작, 모든 예언자의 경우에서 보는 것처럼.

선악의 저편(결론) 모든 것에 준비가 되어 있다.

20〔3〕

차라투스트라 제3부에 대한 구상

1. 바다 위에서. "불어라 바람아." 콜럼버스적으로. 여러 예감, 몰아대는 힘들, 어디로?

회복될 수 없을 정도로 희생되어. 방랑자. 늦가을.

2. 휴식처. 자유정신의 행복. 그의 친구들에게도 속박되지 않는다(그대는 그들을 **자유롭게 했다**!) 그 사람은 무엇인가! '방랑자'. 그대의 행복에서 주저하라!

'즐거운 학문'의 기분과 비판

3. 위령제와 친구들을 향한 연설. 고독한 자의 최고의 다정함.

4. 추방되고 도망치면서 경멸당한다. 종교 창시자들에게 외부에서 가해지는 모든 박해를 요약하는 것.

5. 낭비되었고 무익하다는 느낌! 내부에서 오는 비참함.

6. 자신의 '증여'와 자신의 '사랑'에 대한 명철한 인식.—스스로를 수많은 자아들의 황금 사슬과 자물쇠로 느끼는 것, 그것이 그의 이기심이다. 그것은 지배하는 자의 본성을 드러낸다.—목표는 가장 다양한 것의 통일과 가장 추한 것의 아름다움 그리고 가장 우연한 것의 필연성을 인격적으로 표현하는 것이다. 수단으로서의 국가.

7. 그에게 남아 있는 것은 자신을 학대하는 것뿐이다. 고뇌에의 무한한 의지를 갖고서. 이제까지의 염세주의자들에 대한 조소.

8. 가장 고통을 주는 진리(가능성)을 불러내는 것. 네가 이것을 영원히 다시 체험한다면 그대는 어떻게 할 것인가!

9. 위대한 자연과 인간

10. 생을 신뢰하는 자에 대한 조소. 오오, 내가 저주를 퍼부을 수

있는 누군가가 있다면!

11. 선악의 저편—연약한 자들의 위선. 스펜서 2, 110쪽

12. 예술가들에 대한 조소. 그들은 자신들이 창조한 상에 안주한다.—명성의 진정한 의미. 나는 도래할 모든 자에게 박차를 가하고 싶고, 그들을 피가 나도록 할퀴고 싶다.

13. 인식하는 자들의 즐거움에 대한 조소. '냉정하면서도 천박하다'

14. 최후의 고양. 낭비된 인류. 지배자들과 그들의 어려움에 대한 공감 그리고 그들에 대한 조소.

15. 그는 자신의 동물들을 찾는다. 동굴이 파괴되어 있다. 가장 깊은 고독.

16. 그는 자신의 뱀을 찢어 죽인다. 목자는 죽는다. 그는 그의 독수리와 싸운다.

17. 병. 열병을 앓으면서 '비상하는 자'에 대해 꿈꾼다.

18. 유혹자로서의 은둔자.

19. 쾌유하는 자. 의도하지 않은 지복에 대해서.

20. 의지. 우리들은 그것을 다시 한번 원한다! 염세주의에 대한 회의.

21. 여러 현상들. 무지개, 비둘기 떼를 동반한 암사자. 어린아이들의 합창.

22. 유구한 자연에 대한 찬가. '운명으로서의 나'

20〔4〕

아직 행위되어야만 하는 한, 이렇게 명령받는 한은 아직 종합

(도덕적인 인간을 **지양**하는 것)은 이루어지지 않았다. 달리 할 수 없음 : 목적을 넘어선 충동과 명령하는 이성. 행위 자체에서 자기 자신을 즐긴다. 타이히뮐러 55쪽.

의지 자체가 초극되어야만 한다—모든 자유의 느낌을 강제의 반대쪽에서 더 이상 길어내지 않을 것!

자연이 될 것!

아리스토텔레스의 오류 65쪽.

왜냐하면 욕구는 움직이지 않으며 명령하는 이성도 움직이지 않기 때문이다.

의지는 움직이지 않으며 오히려 하나의 부수적인 현상이다.

20〔5〕

에피쿠로스 학파에 대한 반론—에피쿠로스 학파는 오류에서 벗어나 일찍이 갇힌 수인으로서 자유를 즐긴다. 또는 그들은 자신이 시기하는 적대자를 극복했거나 또는 극복했다고 믿었다. 그들은 자신이 갇혀 있는 것이 아니라 오히려 비호되고 있다고 느낀 사람과 함께 공감하지 못하며, 여전히 극복된 자들의 고뇌에 대해서도 공감하지 못한다.

20〔6〕

가장 하찮은 인간들, 이들은 '위대한 인간들'에 미치는 그들의 작용에 따라서 **평가한다.**

1) 기생충들—그들은 강한 인간과 위대한 인간들의 약점에 둥지를 튼다.

2) 비탄에 빠진 자들—이들은 모기들처럼 위대한 인간들에게 수많은 작은 고뇌를 주고 그들을 그런 식으로 왜소하게 만든다—또한 밝은 하늘을 그들의 비탄으로 흐리게 한다.

3) 선의의 인간들 : 이들은 저항할 줄 모르며, 명령하는 자인 그를 망친다. 그들은 그를 경멸하는 자로 만든다.

4) 안일한 자들 : 그들은 쾌락에 빠져 삶을 왜소하게 만든다.

20〔7〕

"사람이 해야만 하는 **것을** 정당한 **이유로** 올바른 때 올바른 방식으로 견디고 두려워하거나 감행하는 자가 용감하다" 아리스토〈텔레스〉

신이라는 망상에서의 해방 그리고 그것 이상으로 '신과 인간'이라는 망상에서의 해방.

지상에 거주하는 자로서의 겸손.

개체의 영원한 의의. 자아.

20〔8〕

햄릿처럼 한탄하지 말 것! 주의.

차라투스트라 제3부를 위한 계획

1. 바다 위에서의 차라투스트라.

2~10 차라투스트라는 지복의 섬들의 죽음에 대해서 듣는다.

그의 진정한 **적들**에게 반론하는 연설.

그의 **칭찬**이 친구들을 동요시킨다.

도시는 **전복된다.** 차라투스트라는 도피해야만 한다. 그는 **그** 점에서 그 도시의 **약함을 경멸한다.** 그의 경멸의 가공할 분출, 그리고 폭군들과 극악한 자들에 대한 칭찬.

11~20 차라투스트라의 고독. 모든 것이 헛되었다! 너무 늦었다! 뱀과 함께 죽은 소년의 죽음.—상징.

5 13 차라투스트라는 병들고 겁에 질려서 자신의 동굴을 찾는다. 그의 동물들은 그를 피하고 그를 알아보지 못한다. 동굴은 파괴되어 있다.

14~20 은둔자의 말. 차라투스트라는 신을 믿는 것이 인간이 허약하게 되는 궁극적인 원인임을 안다. 다시 한번! 결단.

10 21~22 가장 가공할 심연의 사상을 불러내는 것. 예정된 자연—찬가.

의외의 지복(질투에 사로잡힌 남자가 사랑하는 여인을 자신에게 당기는 것처럼 가혹하면서도 다정하게)

15 20〔9〕

차라투스트라 제3부.

'묘지'에서 행해진 몇 번의 연설

왜 그들은 그대들을 떠났는가?

최후에, **연약한 인간들**에게 노골적으로 경멸을 보이는 모든 지

20 배자와 폭군들과의 공감(그들은 자신들의 의지를 최고의 경지에까지 고양시켰다)

그들(민중, 현자들, 선한 자들)은 모두 '더 높은 인류가 **특권**을 가진다'는 믿음을 더 이상 가지고 있지 않다—나는 그들의 가장 내밀한 의심을 폭로한다!

'나는 강한 자들의 덕이 약한 자들의 덕과 혼동되기를 바라지 않는다'

가장 훌륭한 인간들이 움츠러들어야만 한다니!

비겁한 자들의 지배에 대해서.

친구들의 성격에 대한 묘사(**마지막에는** 가장 감동적인 **상찬**!

1. 의지를 강화한다.
2. 음란한 욕정을 갖지 않는다.
3. 침묵하는 것을 배운다.
4. 고독.
5. 깊은 불신과 신뢰.
6. 자신의 적을 찾아 나서지만 친구를 발견한다.

20〔10〕

차라투스트라 제4부

왕과 어릿광대는 차라투스트라가 올 필요가 있다는 것을 분명히 한다.

차라투스타라는 자리에 참석하는 사람들의 수를 갈수록 줄인다. 위대한 설교. 그는 듣는 사람들 수를 제한하고 몇몇 사람들을 배제한다. 사람들의 수는 갈수록 줄어들고, 더 높은 산 위에서 설교가 행해진다.

우선 1) 기생충들, 그런 다음 2) 위선자들 3) 연약하고 선량한 자들 그리고 나서 4) 도덕의 무의식적인 위선자들이 배제된다.

마지막 장면 : 그 혼은 가장 깊은 곳까지 내려갈 수 있는 **가장 고귀한 영혼,** 가장 멀리까지 길을 잃을 수 있는 가장 웅대한 영혼, 우연에 몸을 던지는 가장 필연적인 영혼, 생성에 대한 사랑에 빠지는 존재자들, 갈망하고 **원하고** 소유하는 자들, 끊임없이 도주하면서 다시 되돌아오는 자들, 자기를 전적으로 사랑하면서도 그 때문에 **전체 안에** 있는 자들, 모든 것을 유희로 생각하는 자들, 어리석음의 바다로 자신을 던지는 지혜, 웃음과 눈물, 세계 즉 신의 기분풀이, 독특하고 완고한 모든 현자로부터의 구원 등에 대한 묘사.—자기를 폐기하는 향락으로서의 죄 자체.

일체의 것들은 대립들을 통일하고 **동화시키기** 위해서 필요한 **예비연습**일 뿐이다.

우연으로부터의 구원. 내가 일어나게 한 것을 나는 나중에 **보상할** 수 있다. 그 때문에 그 전에 **원하지** 않았던 것을 나중에 원할 수 있다.

전적으로 그것 자체가 목표.

그에 이어서 차라투스트라는 위버멘쉬의 행복으로부터 설교하면서, 만물이 회귀한다는 **비밀**을 이야기한다.

영향. 파나가 그를 죽이려 한다.

그는 마침내 깨닫고, 모든 변화를 겪으면서 최후에 가장 승리에 가득 찬 자가 되지만 그녀가 몸이 부서져서 누워 있는 것을 보고서—웃는다.

웃으면서 바위 위로 올라가 거기에서 행복하게 죽는다.

죽음의 놀랄 만한 영향력. 서약자들.

20〔11〕

유일한 승리에 대해서

나는 내 친구가 승리하고 죽어가는 것을 보았다. 그 친구는 나의 어두운 청춘에 신적인 순간들과 섬광을 던졌던 친구였다—

용감하고 심원하며 전투의 폭풍 속에서도 기쁘게 앞으로 돌진하며 우리의 깃발로 적들이 다가왔을 때는 고통 속에서도 앞장서서 피를 흘리며,—

죽어가는 자들 중 가장 명랑하며, 승리한 자들 중 가장 무거우며, 사려깊고 용의주도하게 자신의 운명 위에 서서—자신이 승리했다는 것에 대해 전율하면서, 그가 목숨을 걸고 획득한 승리에 웃으면서 —

그는 죽어가면서 명령했다 : —그는 무자비하게 파괴할 것을 명령했다—

오오, 내 의지여, 나의 내부에 있으면서도 내 위에 있는 것이여! 내 필연이여! 나도 그러한 승리를 달라—이 유일한 승리를 위해서 나를 남겨두라!

나를 보존하고 남겨두라, 그리고 모든 작은 승리에서 나를 보호하라, 너 내 운명의 섭리여, 모든 위기의 전환이여, 너 나의 필연이여!

20〔12〕

그대는 너처럼 모든 쾌활함—가까운 죽음을 미리 맛보는 것 안에 존재하는 쾌활조차도 알고 있다. 왜냐하면 내가 진 큰 짐 때문에 나는 자주 커다란 위험을 직면했을 때에도 환호했기 때문이다.

작고 은둔적인 교단과 완고한 모든 신자들의 악취와 망상—그들 **모두**에게 기도를 위한 작은 방이 필요하다.

그대는 나처럼 '우연', 즉 세계에서 가장 오래된 귀족이다.

5 그리고 나는 그들이 성령이라고 부르는 영을 따라 **그들의** 약속의 땅으로 가려 하지 않는다. 나는 이 영에 의해서 인도되는 십자군에서는 항상 염소와 거위가 선두에 있는 것을 보았다.

친밀하고 열린 가슴으로, 그러나 오직 비천한 자들만이 들어가 10 는 문처럼.

20〔13〕

품격을 갖추고 음울한 교설과 거짓을 설교하는 엄숙한 넝마주이.

15 나는 그들을 불태울 불기둥을 보고 싶었다. 왜냐하면 그러한 불기둥들은 위대한 정오에 앞서서 존재해야만 하기 때문이다.

생에는 얼마나 많은 **동굴**이 있는가?

20

해뜨기 전

20〔14〕

나는 만물에서 교만을 발견했다. 나는 그것을 신적이라고 부른다. 나는 이 교만을 내 영혼 속에서도 발견했다.

나는 이 지혜의 교만을 만물에서 발견했고 그것이 모든 사물에게 바보들의 발로 걷도록 명령한다는 것을 발견했다.

가능한 적은 이성, 그것 이상의 것을 이 지혜는 전답을 돌고 온종일 자신의 밭을 갈 때 자신의 배낭에 집어넣지 않는다.

우연의 발로 만물은 지혜를 향해 달려가고 달려온다.

—이 지혜가 만물을 오직 우연을 통해서만 조종하기 때문에 그것은 확신에 차 있고 행복하다.

20〔15〕

순수한 사물들에 의해서 그리고 소수에 의해서 가장 사랑스럽게 양육되었으면서도 언제든지 날아가버릴 준비가 되어 있고 날아가버리고 싶어 안달이다. 나에게는 새와 같은 성질이 있다.

나는 중력의 정신에 대한 불구대천의 적이다. 나는 그것에 온몸으로 저항했다. 나는 적의에 불타서 그것이 어디를 가든지 쫓아다녔다! 날개를 가진 내 증오가 어디를 날아가지 못했겠는가!

20〔16〕

예언자

파괴자

창조자

결합자

발견자(바다)

무도자—웃는 자

비상하는 자—승리자

[21=Mp XV 3 b. 1883년 가을]

21〔1〕

5 (차라투스트라 제3부에 대해서)

가장 무거운 진리를 불러냄.

이제까지의 모든 염세주의자에 대한 조소의 노래.

종교와 그것의 도피 시도에 대한 조소의 노래.

사회주의자, 예수회원, 향락주의자들에 대한 조소의 노래.

10 이제까지의 예술가들에 대한 조소의 노래.

모든 위대한 입법자와 장군 그리고 정복자들에 대한 공감과 존경.

친구들이란 무엇인가!

위대한 인간들을 통한 자연 극복.

비상하는 자의 노래.

15 병든 자의 위안의 노래—피로. 조용하게 된다. 고뇌에의 의지.

'나는 운명이다'

'도덕의 저편', 모든 찬양을 넘어서.

유혹으로서의 회의

유혹으로서의 자살

20 쾌유하는 자의 찬가

지금 그것이 누구의 손에 있든 우리에게 적합한 땅을 정복하는 것.

21〔2〕

차라투스트라 제3부를 위한 계획

최대의 사상에 대한 수치심과 침묵 안에 있는 고독. 동물들을 피해서.

모든 사람 앞에서 자신을 숨기지만 모든 사람을 고양시키는 유일한 의지의 〈고독〉

친구들이 존재하지 않는 고독, 더 나아가 그들을 희생했다는 감정을 수반한 고독.

그것에 대한 모든 **위로**의 근거들이 사라진 고독, 이제까지의 모든 염세주의자들에 대한 **조소의 노래(이제까지의** 모든 사유 방식을 훨씬 넘어서).

고독과 여러 가지 유혹. 종교가 행한 이제까지의 도피 시도들에 대한 **조소의 노래**

최고의 책임감을 수반하는 고독. 사회주의자와 예수회원들, 쾌락주의자들에 대한 **조소의 노래.**

도덕 저편에 존재하는 고독, 영원한 관점에서의 고독.

인간을 통한 위대한 자연의 극복. 비상하는 자의 노래.

병든 자들의 고독. 위로의 노래. 피로하고 조용하게 됨.

고뇌를 통해 성스럽게 됨. 고뇌에의 의지와 고뇌를 심화시키려는 의지.

'**나는** 원한다!' 쾌유하는 자와 승리한 자에 대한 찬가. 웃는 사자와 비둘기 떼.

(하나의 **실험**—그 이상은 아니다! 그 자신과 그의 사상)

그 네 마리 동물들(지혜를 수반한 긍지—부드러움을 수반한 힘)이 온다—그들은 서로에게 다가간다.

21〔3〕

차라투스트라 제4부를 위한 계획

1. 초대.

2. 개선행렬. 페스트가 횡행하는 도시. 화형대(낡은 문화가 불타고 있다).

3. 합창과 봄의 축제.

4. 차라투스트라 앞에서의 **해명,** "그대들은 무엇을 했는가?"(그대들은 무엇을 발견했는가?)

(코르시카에서와 같은) 공동체의 종류.

5. 거주—장소

6. 전쟁과 격투

7. 새로운 귀족

8. (악인들에 대한) 여러 시험(형벌 등)

9. 여성 속의 여성성을 구원하는 것.

10. 노예들(벌꿀집)은 평정을 견디는 것을 배운다. 더 많은 기계들. 기계를 아름다운 것으로 변형한다.

11. 고독을 위한 시간. 하루의 분할.

12. 오랜 청춘과 여러 변신.

그에 이어서 차라투스트라의 위대한 설교, 기도와 똑같이.

몇 명의 기이한 성자들조차 제자들이 되기 위해 찾아온다. 또한 어떤 바보(에피쿠로스?)조차.

13. 웃음의 성화(聖化). 춤의 미래. 무거움의 정신에 대한 승리.

14. 생성의 순수.

15. 가장 작은 것에 대한 축성

16. 옛 규범의 파괴. 냉철한 이성에 대한 찬양!

17. 악인들의 구제와 도덕적인 재판관들에 대해서!

18. 적을 불러내는 것.

19. 새로운 왕들—모범적인 교사로서.

20. 영원한 '자아' 그리고 그것의 성화. 결정론과 그것의 해결.

그 어떤 도덕도 절대적인 책임도 존재하지 않는다. 우리는 그것들을 우리를 위해 정립한다.

충동들에 대한 축복.

21. **결정적인 순간.** 차라투스트라는 축제에 모인 군중들에게 묻는다. "그대들은 일체를 다시 한번 원하는가?"—모두가 '**그렇다**'고 대답한다.

그는 그 소리를 듣고 행복한 나머지 죽는다.

(하늘은 청명하고 깊다)

(예감에 가득 차, 청명하고, 전율적이다)

(가장 심원한 정적, 차라투스트라 주위의 동물들. 그는 머리를 숨기고 양팔을 평평한 바위 위에 폈다—잠자는 것 같다)

짖는 개.

그들 모두의 생각을 넘어서 무언가 환히 빛나는 것, 무서운 것, 고요한 것이 떠나간다.

서약자들이 그의 시신 앞에서 하는 설교가 결말을 이룬다.

서약자들

22. 등등. 전환점으로서의 위대한 정오—두 가지 길들.

인간을 압도하기 위한 망치. 개체의 최고의 전개. 그 결과 개체는 그 자신 때문에 몰락해야만 한다(이제까지처럼 섭생을 잘못해서 몰락해서는 안 된다!)(어떻게 죽음은 세계에 나타나게 되었는가!)

행복이란 무엇인가!

자기를 파괴하는 자로서의 창조하는 자. 선의와 지혜에서 나온 창조자. 이제까지의 모든 도덕은 초극된다!

최후에, 서약—가공할 서약!

21〔4〕

신을 믿지 않는 자들의 합창(교회들의 초극)

성실한 자들의 합창(도덕적 위선의 초극)

정신의 참회자들의 합창(관념론적인 허영심의 초극)

비정한 마음의 수도회(동정의 초극)

익살꾼들.

1. 인간의 새로운 위계질서와 권리들의 새로운 분배.

2. 노예제의 필요성.

차라투스트라의 방문객들. 사람들은 차라투스트라에게 도움을 호소한다.

1) 전반적인 노예 반란

2) 심정들이 허약하게 됨. 연약함.

3) 음울과 광기

교단의 행복(그러나 고독한 자들이 그것을 즐긴다!)

진실된 자들의 행복(숨바꼭질의 온갖 괴로움과 대조적인)

전조.

대도시의 불.

21〔5〕

공간으로서는 유한. 시간으로서는 무한.

시간은 영원하며 시작이 없다. 그리고 그것은 파괴될 수 없다.

공간은 한정되어 있으며 이와 함께 새로운 형식들이 갖는 다양성에는 한계가 있다.

21〔6〕

인간은 초극되어야만 하는 어떤 것이다. 여기에 나는 그를 초극하는 쇠망치를 쥐고 있다.

이러한 관점이 제3부 말미에서 차라투스트라를 행복하게 한다.

그것과 함께 그는 성숙한다.

가장 위대한 사상 앞에서 행해진 이제까지의 도피와 도피의 시도들.

열반. 무에 대한 사상이 행복하게 한다.

피안에서의 놀라운 개조와 그에 따른 영생(기독교에서)

선량한 대중으로서 인간들은 동물이 된다—쾌락주의자, 사회주의자, 예수회원의 귀결.

우리의 정신에 대한 절대적인 회의와 실제적인 방임. "행동에 대해서 내가 무엇을 알고 있는가!"

결정론. 나 자신이 운명이며 영원한 과거부터 현존재를 조건 지우고 있다.

많은 충동이 내 안에서 **주도권**을 둘러싸고 싸우고 있다.

그 점에서 나는 모든 생명체의 모상(模像)이며 그러한 생명체를 이해할 수 있다.

갑자기 진리의 무서운 방이 열린다. 가장 무거운 인식에 대해서는 무의식적으로 조심하는 것, 신중함, 은폐, 방어가 있다. 이처럼 나는 지금까지 살았다. 나는 나에게 어떤 것을 침묵했다. 그러나 쉼없이 발언하고 돌을 치워내는 것을 통해 나의 충동은 강력해졌다. 이제 나는 최후의 돌을 굴린다. 가장 가공할 진리가 내 앞에 있다.

1. 묘지로부터 진리를 불러내는 것.

우리는 그것을 창조하고 일깨웠다. 용기와 힘 감정의 최고의 표현.

이제까지의 모든 염세주의자들에 대한 조소!

우리는 그것(가장 가공할 진리)과 싸웠다—우리는 그것을 견디는 유일한 수단이 그것을 견디는 존재를 창조하는 것이라는 사실을 발견한다. 우리 스스로 우리를 눈멀게 하여 그 진리를 보지 못하게 한다면 몰라도. 그러나 우리는 그런 짓을 더 이상 할 수 없다!

뱀의 머리를 물어서 자르라!

우리는 가장 무거운 사상을 창조했다—이제 우리는 그 사상을 가볍게 느끼면서 그것을 기쁘게 견디는 **존재를** 창조하자!

창조할 수 있기 위해서 우리 자신은 일찍이 우리에게 주어진 것보다 더 큰 자유를 우리에게 주어야만 한다. 이를 위해서 필요한 것들은 다음과 같다. 도덕에서 해방과 축제들을 통해 자신을 경쾌하게 만드는 것(미래의 예감! 과거가 아니라 미래를 축하하는 것! 미래의 신화를 창작하는 것! 희망을 갖고 사는 것!) 지복의 순간! 그런 다음 다시 장막을 내리고 사념을 다음의 확고한 목표로 향하게 하는 것!

5

10

15

20

[22=Z II 3a. 1883년 말]

22〔1〕

5 나와 나의 환호작약하는 양심과 함께 홀로

작은 섬에서 그대는 그대의 친구들을 모았고 그들 중에는 그대의 적들도 있었다. 사랑하고 증오하는 것은 얼마나 달콤한가!

10 아버지는 아들에 대해 그의 최선의 것에서조차 반대해야만 하는 것은 아닐까? 그리고 일찍이 하나의 권리를 탈취한 자는 아들에게조차 이 권리를 주지는 않을 것이다. 이는 그가 아들을 사랑하기 때문이다.

15 우리는 우리의 덕을 위해서 가장 가혹하게 처벌받는다. 따라서 어디에 그대의 덕이 있는지 헤아리는 것을 배우라. 그것은 그대가 가장 가혹하게 처벌받는 곳에 있다.

고독한 날들은 용감한 발로 걸으려 한다.

20

나는 명철하게 꿰뚫어보게 되었다. 다이아몬드의 칼이 나에게서 어둠을 모두 제거한다.

그들의 행복이 반사되어 그림자처럼 내 위를 날았다. 그들이 스스로 강하고 확고한 발을 갖고 있다고 느꼈을 때, 불신과 그의 자매인 연약함이 나에게로 살며시 다가왔다.

여성 속의 여성성을 구원해야 한다! 그리고 여성은 남성적인 것이 아니라 남자를 갈망해야 한다!

아직 사람들은 나를 위한 시간을 갖지 못하고 있다. 그러나 차라투스트라를 위한 시간이 아닌 시간이 무슨 의미가 있는가?

사람들은 '인간은 자기 자신을 사랑한다'고 나에게 말한다. 이 말이 사실일까? 나는 인간이 자기 자신에 대해서조차 여전히 모든 야수 중의 야수라는 사실을 발견했다.

"차라투스트라는 결정한 대로 행할 것이다. 어떻게 그의 위대한 영혼이 결심한 것을 바꿀 수 있다는 말인가!"

늪을 밟지 않도록 너의 발을 보살펴라. 따라서 그대는 친구를 배신한 사람을 절대로 발로 밟지 말아야 한다.

나는 지극히 풍요로운 자들에게서 다음과 같은 사실을 발견한다. 그는 그에게서 빼앗는 자에게 감사한다.

여러 근거들 자체들을 설득하여 그것들이 자신을 쫓아오도록 하는 자가 나에게는 진정한 웅변가요 설득하는 자다.

그대는 그대의 목표를 향해서 초고속으로 달린다. 그러나 너의 마비된 발도 말에 앉아서 너와 동시에 이를 것이다.

이것이야말로 그대를 위해서 내가 두려워하는 것이다. 그대가 그대의 정점에 있을 때 그대는 넘어질 것이다!

인식에 반(反)하는 배우와 의지에 반하는 배우가 있다.

소수의 사람들은 의욕되지만 대다수의 사람들은 의욕될 뿐이다.

네가 아직 소원을 가져도 좋았던 시간은 흘러가버렸다.

작은 덕들은 왜소한 인간들을 위해서 필요하다. 그러나 왜소한 인간들이 필요하다는 사실을 누가 나에게 믿게 할 것인가!

그대는 그들의 덕들을 시기하지 않는다—그 때문에 그들은 그대를 결코 용서하지 않는다.

그대는 위대함의 길을 간다. 이제 그대에게는 심연과 정상이 일체를 이룬다.

더 이상 그대 주위를 둘러보지 말라. 그대 뒤에 어떠한 길도 더 이상 존재하지 않는다는 것이야말로 그대의 최후의 용기를 불러일으키는 것이 되어야 한다.

여기에서는 어느 누구도 그대를 미행하지 않는다. 그대의 발이 닿는 곳에서는 길이 지워지고 그 위에는 불가능이라고 써 있다.

이제까지 그대에게 그대의 최후의 위험이라고 불리웠던 것이 그대의 최후의 피난처가 되었다.

5

이것이 그의 어리석음이다. 그는 어떤 경고자도 새소리도 견딜 수 없다—그는 자신의 심연에 대해 경고받기 **때문에** 그것에게로 달려간다.

10 연약한 자들은 그것을 '우연'이라고 부른다. 그러나 나는 그대들에게 말한다. 내 중력이 강제로 자신에게로 끌어당기지 않으면 무엇이 나에게 떨어질 수 있는가?

보아라, 어떻게 내가 나에게 온 모든 우연을 먼저 나의 체액 속 15 에서 삶는지를. 그리고 그것이 삶아졌을 때 나는 그것을 '나의 의지와 운명'이라고 부른다.

내 우연에서 나의 육체와 의지에게 낯선 것을 내가 어떻게 환영할 수 있는가! 보라, 오직 친구들만이 친구들에게 온다.

20

나의 행복 자체에서 경고하는 새들이 날아올랐다.

그 체험은 폭군처럼 왔다. 그러나 나의 의지가 그것에게 말했을 때—그것은 즉시 애원하면서 무릎을 꿇었다.

그대는 전진하는 자에게 장애가 되고자 하는가? 그대는 서둘러 가는 자 앞에서 비틀거리면서 가려는가?

뒤를 바라보면서 전진하는 자에 대해서 사람들은 그의 몸에 정면으로 부딪히면서 달려야 한다. 그가 그의 눈이 자신의 발로 거짓말하는 것을 더 이상 힐책하지 않도록.

"그것은 나에게 득이 된다"라고 그대의 안일은 말하지만 사실은 그렇지 않다. 그것은 그대에게 손실이 되며 갈수록 그대에게서 많은 것을 빼앗는다.

우리가 소홀히 한 것도 모든 미래를 짜는 실이다. 우리가 아무것도 하지 않는 것조차 또한 우리의 미래를 짜는 직공이며 자신의 집을 짜는 거미이다.

많은 사람이 자기 자신에 대해 지쳐 있었다. 그때야 비로소 그들에게 남겨졌던 행복이 그들을 찾아왔다—그러나 그들은 항상 너무 빠른 걸음으로 뛰어가서 문을 열었다!

그대들은 나에게서 술 냄새 때문에 기침할 것이다. 거품이 이는 내 포도주는 그대들의 코를 간질이고 욕정을 불러일으킬 것이다.

그대들의 춤추는 방식이 내 맘에 드는지를 내 발에게 물어보라. 춤추는 자는 발가락에 귀가 있다.

가장 부드러운 자인 내가 가장 가혹한 자가 된 것. 이것이 나의 최후의 인간성이다.

내가 내 명성 위에 잠이 든 적이 있었는가? 모든 명성은 나에게는 가시로 만든 침대와 같았다.

나는 기상경계선이 아닌가? 모든 바람이 나에게 와서 자신들의 뜻을 알린다.

그리고 지금도 여전히 산 정상의 얼음과 순수는 빛을 발하고 이다."

나는 여전히 낯선 농가에 사는 수탉 같다. 암탉조차도 그것을 깨문다.

그대들의 경멸에는 그대들의 존경보다도 더 많은 불의가 있다.

나와 똑같이 하라. 오로지 행동하는 자만이 배운다. 나 또한 행동하는 자로서만 그대들의 교사가 될 것이다.

섬광이 그대들의 음식물을 내려쳐서 그대들의 입이 불을 삼키는 것을 배우기를!

그대들은 파도처럼 나에게 저항하면서 모여든다. 그러나 나는 나의 노로 그대들의 머리를 때린다. 보라. 그대들은 내 배를 영원히 날라야만 할 것이다!

여기에 내 의지가 서 있다. 그것에는 내 긍지의 파도조차도 부
5 서진다.

나는 그대들을 광야를 태우는 불로 만들고 불의 혀를 가진 선포하는 자들로 만들 것이다. 그러나 이제까지 그대들은 단지 시든 풀이며 황야였다.

10

그의 어두운 눈동자 안에서 금빛이 반짝인다. 검은 물 위에 금색의 작은 배가 떠다닌다.

배우들에게는 정의를 기다릴 시간이 없다. 자주 나는 성급한 사
15 람들을 보면 그들이 배우가 아닌지 살펴보았다.

그들 모두 존속하기를 원한다—그리고 이것을 정의라고 부른다. 그리고 (모든 것을) '동일하게 만든다'—

—어떤 사람들은 너무 많이 보살피고—다른 사람들은 너무 많
20 이 양보한다.

강탈할 수 없을 때만 훔쳐라. 악한들 사이에서 명예의 소리는 그렇게 말한다.

이미 나는 내가 꿈꾸고 있다고 느낀다. 따라서 이제 나는 깰 때가 되었는가?

그대는 걷는 것도 배우지 않았는데 춤추는 것을 배우려 하는가? 5 그리고 춤추는 자들 위에는 비상하는 자와 위와 아래의 지복이 있다.

강자의 덕을 구하는 자는 약자의 덕을 욕망에 차서 보아서는 안되고 이 귀여운 소녀에게서 자신을 엄격하게 다스리면서 지나가야 10 된다.

아아 그대는 그대가 오직 단념할 뿐인 것을 경멸해야 한다고 믿는다!

15 어느 날 나는 인내심을 잃었다는 사실을 깨달았다. 나는 그것을 찾으러 나갔다—그리고 나는 열심히 찾았다. 그러나 그대, 내 친구들이여, 내가 그것을 다시 발견했다고 믿는가? 그 반대다. 그러나 나는 여행하는 도중에 많은 것을 발견했다. 나는 그것을 그대들에게 말해야만 한다—그리고 나는 그대들에게 약속하지만 이제 내 이야 20 기가 시작되면 그대들은 곧 인내심을 잃어버릴 것이다.—그리고 나는 그대들이 인내심을 잃어버리기를 바란다. 왜냐하면 내가 그 동안 배웠고 발견했던 모든 것 중 최선의 것은 바로 이것이기 때문이다. "많은 사람에게 지금은 인내심을 잃어버려야 하는 시간이다."

그리고 특히 나의 친구, 그대들에게는 그렇다.

미적지근한 모든 의지를 조심하라. 단호하게 나태한 상태로 있든지 아니면 단호하게 행동하라.

섬광이고자 하는 자는 오랫동안 구름으로서 하늘에 걸려 있어야만 한다.

그대들은 오랜 침묵을 배워야만 한다. 그리고 어느 누구도 그대들의 마음 밑바닥을 보아서는 안 된다.

그리고 사람들이 들여다보지 못하도록 자신의 얼굴을 가리고 자신의 물을 흐리는 자는 가장 훌륭한 침묵하는 자가 아니다. 밝고 성실한 자, 투명한 자가 가장 훌륭한 침묵하는 자이다. 그들의 밑바닥은 너무나 깊어서 가장 맑은 물을 통해서조차도 드러나지 않는다.

즉 그들에게서는 침묵이 침묵으로 드러나지 않는다.

나에게는 아직 시기상조다. 이제까지 나는 여전히 나 자신의 선구자였고 전령사의 부르짖음이었다.

그대는 낯선 진흙밭을 통과해서는 안 된다. 오히려 신적인 경멸의 시선처럼 단번에 그것 위를 뛰어넘는 것이 그대의 예술이다.

철저하게 박해받은 모든 것이 이제까지 성공을 거두었다.

내 묘지들이 열렸다. 산 채 매장되었던 내 고통이 다시 일어섰다—그것은 깊이 잠들기 위해 수의에 몸을 숨겼다—그리고 안타깝게도 이제 완전히 깨어난다!

행복이 나를 쫓아온다고 차라투스트라는 말했다—그것은 내가 여자들 뒤를 쫓지 않기 때문이다. 즉 행복은 여인이다.

5

인간은 신 앞에서 너무나 자신을 비하해 자신에 대한 반항심을 낳은 결과 그는 이제 신을 죽여서 복수하고 싶어한다. 그리고 모든 것을 목격했던 자들도 죽어야 한다.

목격자에 대한 복수— —

10

이것이 수치심에 깃들인 교활한 지혜이다. 그것은 자신이 단지 폭력에 굴복할 뿐이며 양보와 더 허약한 자의 절망만이 가장 사랑하는 것이라고 자기 스스로 믿으려 한다는 것이다.

15 할 일이 없는 자는 아무것도 하지 않는 것이 할 일이 될 것이다.

내가 그대들이 나에게 하기를 바라지 않는 것을 왜 내가 그대들에게 하지 말아야 하는가? 그리고 내가 그대들에게 하려는 것을 그대들은 나에게 할 수 없을 것이다!

20

그들은 어떠한 성격도 갖지 않았다. 유감스럽게도. 그래서 그들은 하나의 성격을 훔쳐야만 했다.

그대들이 의욕하는 것을 하라. 그러기 위해서 먼저 의욕할 수 있는 자가 되라!

그대들의 이웃을 그대들과 마찬가지로 사랑하라. 그러기 위해서 먼저 자신을 사랑하는 자가 되라!

작은 빛, 그러나 거친 바다를 밤에 항해하는 선원에게는 커다란 위안.

망각. 그것은 일종의 신적인 능력이다. 위로 올라가려 하고 비상하려는 자는 많은 무거운 것을 깊은 곳에 던져 자신을 가볍게 해야만 한다—그렇게 가볍게 하는 기술이야말로 신적인 기술인 것이다.

멀리서 사람들은 서로에 대해 악의를 품는다. 그러나 두 사람이 함께 있을 경우—어떻게 그들이 서로에 대해서 선의를 품지 않을 수 있겠는가!

고독이 성숙한다. 그것은 번식하지는 않는다.

아아 슬프다, 그대는 그를 사기를 원했다. 그러나 그 대가를 너무 적게 제공했고 그것을 통해서 그대는 그의 덕을 더 강하게 만들었다. 왜냐하면 그의 덕이 한 번 아니라고 말했기 때문이다.

조심스럽게 작은 행복을 껴안으면서 이미 다른 작은 행복을 조심스럽게 곁눈질한다.

감옥에서조차 나의 자유와 그것의 호기심은 날아서 달아났다.

나는 너무 많은 선의와 약함을 본다. 그대들은 모래알처럼 서로에 대해서 솔직하고 점잖을 필요가 있다.

목적은, 모든 사물과 행위의 신성함을 박탈한다. 신성함이 사물과 행동의 마음과 양심에 들어앉아 있지 않다면 신성함은 무엇인가?

나는 네가 어떤 일을 무엇을 '위해서나' 무엇 '때문에' 하기를 원하지 않고 그 일 자체를 위해서 그것에 대한 애정 때문에 하기를 바란다.

인간을 이제까지 가장 많이 경멸한 자—이 사람은 바로 그 때문에 인간들의 가장 큰 은인이 아니었던가?

"이 먹구름은 인간에게 무엇을 원하는가? 그는 우리들에게 페스트를 가져오려고 하는가!

"저 어린아이들을 숨겨라—그러한 눈은 어린 영혼들을 태운다."

그대들이 사건과 우연에 대해서 말하는 것은 오류다! 그대들 자신 외에 어떤 다른 것도 그대들에게 일어나지 않을 것이다. 그대들이 우연이라고 부르는 것은 그대들 자신이며, 그대들에게 우연히 일어나고 그대들 위에 떨어지는 것은 그대들 자신인 것이다!

나의 행복은 정오에 내 머리 위에 뜨겁게 불탔고, 나의 태양은 목이 말라서 바닷물을 마셨다. 이제 한밤이 구름에서 나오고 갑자기 바람이 분다.

나는 바람이 어디에서 오고 어디로 가는지를 알고 있다.

그것이 높은 나무가 되고 먼 후의 세대에게까지 그늘을 선사할 수 있도록 그의 의지를 깊이 뿌리박는다—오래 지속되는 의지!

그대들이 그대들의 양심이라고 부르는 것은 무엇인가? 그것은 법이 아니다. 그것은 그대들이 법이 필요하고 그대들을 지탱할 팔이 필요하다는 것이다. 그대, 취해서 넘어지는 자여!

'연약하고, 천박하고, 겸손하고'

나는 거기에 서서 행복이란 창부에 대해서 욕해야만 하는가? 아니면 '자연이란 계모'에 대해서 욕해야만 하는가?

칭찬과 비난으로 그대는 그대 주위에 울타리를 친다.

그대가 삶을 도저히 견딜 수 없을 때, 그대는 그것을 사랑하려고 노력해야만 한다. 그것이야말로 항상 최고의 현자들이 사용하는 기술이었다.

그들이 사용한 기술들 중 가장 대담한 기술은 그들에게 악마가 너무 가깝게 있다고 느낄 때 하나의 신을 믿은 것이었다.

그들은 이름을 바꾸는 것을 배웠다. 이를 통해 그들은 사물을 보는 자신의 눈을 속였다. 보라, 최고의 현자들이 사용하는 이 기술 모두를.

대부분의 사람들은 자기의 이익에 광분한다. 그들의 행복이 그들을 모두 미치게 만든다.

그들은 오직 하나를 위해서 모든 것을 희생한다—그것은 어떤 것이든 하나의 사랑이다. 이러한 아집과 이기심이 모든 사람을 사로잡고 있다.

그들의 사랑에서 뜨거운 광기가 용솟음친다—그러나 그 광기는 서투른 계산가이며 냉정한 소상인들을 경멸한다.

그러나 소상인들의 덕, 소상인의 돈에 대한 집착과 탐욕스런 눈—그것은 동물보다도 열등한 것이다.

돈으로 지불될 수 있는 모든 것은 거의 무가치하다. 나는 이러한 가르침을 소상인들의 얼굴에 뱉는다.

돈은 이 사람 저 사람의 손가락에서 손가락으로 옮겨 다닌다. 따라서 환전업자들이여, 장갑을 끼고 돈을 집는 것을 배워라.

작은 빈곤은 찬양받아야 한다. 왜냐하면 모든 소상인은 큰 부를 구하기 때문이다.

돈이 울리는 곳에 창녀가 지배한다.

항상 자신을 너무 보호한 자는 결국에는 자신을 너무 보호한 것 때문에 병들게 된다.

그의 목소리는 거칠다—그러나 그의 목구멍이 거친 것은 아니다. 어떠한 약한 바람도 그의 목소리를 쉬게 만든다. 이 약골!

절망하고 있는 자에게 강함을 가르치는 방법은 자신의 약함을 그에게 말하는 것밖에 없다.

어떤 사람들은 대식가고 다른 사람들은 미식가다. 양자가 다 경멸할 만한 존재들이다!

5

낳는 자와 기르는 자

오, 이 속좁은 소상인들의 정신! 돈이 금고 안에 들어가면 소상인의 영혼도 그 안으로 뛰어 들어간다.

10 그의 영혼은 돈을 노리는 고양이의 혼이고 그의 행복은 더러운 지폐였다—어떻게 그의 피가 순수하게 될 것인가?

다음 10대에 이르기까지 그 피는 탁하고 악취를 풍기면서 흐를 것이다. 소상인들의 후손들 역시 저열한 존재들이다.

15 골샌님, 절규하는 인간들, 일일-교사들에 대해서

나에게서 물러나라, 나의 유혹자여. 차라투스트라는 그 노인에게 이렇게 말하면서 그의 떨리는 손에 입을 맞추었다. 그는 자기 자신의 말에 웃음이 나왔다. 그에게는 어떤 기억이 떠올랐기 때문이다.

20

지금은 왜소한 인간들의 시대다.

가장 왼쪽에 있는 발가락이 머리보다도 오른쪽에 대해서 더 많은 감각을 갖는다.

바보들의 합창, 즉 일시적으로 자신들이 무지하고 어리석다고 느끼는 현자들의 합창

가난한 자들의 합창, 즉 가벼운 질곡을 진 천박한 잉여인간들.—에머슨 283쪽.

자신의 신앙을 위해서가 아니라 자신의 신앙에 대한 의심을 위해서 화형당한다!

나는 더 이상 내가 느끼는 것을 숨기지 않겠다. 그대들은 나에게 진리에 대해 무엇이라고 말하는가!

그의 정신은 자신의 좁은 가슴의 관에 갇혀 있다.

도대체 내가 사람들을 사랑한다고? 그러나 사람들은 나의 계획에 필요하다—이것이 내 사랑의 전부다.

불신을 품고, 궤양에 시달리면서도, 갑작스런 의지에 준비가 되어 있고, 결의에 차 기다리고 잠복하는 자.

내가 그 전에 원하지 않았던 것을 나는 나중에 원해야만 한다—그것 외에는 선택의 여지가 없다.

완고한 현자들에 대항해 그들로부터 일체가 유희인 영혼을 구원한다.

그들은 어느 누구도 자신들에게 고통을 주지 않기를 바란다. 따라서 그들은 누구에게나 선수를 쳐서 호의를 보인다. 이 겁쟁이들!

"그대들이 할 수 있는 것을 하라, 그러나 그것으로 다른 사람들의 이목에 띄지 않도록 조심하라! 그대들이 원하는 것을 하라, 그러나 그것으로 다른 사람들을 거슬리지 않도록 조심하라!" 범속을 위한 처방전

덕에는 어떠한 비약도 없다!

자신의 적을 찾아 나서지만 자신의 친구를 발견한다.

지속적인 의지를 갖는다. 어떠한 음탕한 정욕도 금한다. 침묵하는 것을 배운다. 고독을 배운다. 깊은 불신을 배운다.

돌이 무르게 된다.
돌은 부스러질 것이다.

의지에게 뒷받침을 제공한다—하나의 조직을 통해서

가장 훌륭한 인간들이 아이를 낳지 않고 은둔했다는 것에 대한 저주.

신의 살해자에게, 가장 훌륭한 인간들의 유혹자에게, 악인들의

친구에게

인간을 이제까지 가장 많이 경멸한 자—이 사람은 바로 그 때문에 인간들의 가장 큰 은인이 아니었던가?

5

시신을 강도질하는 자들인 이들은 빈사 상태에 있는 자들과 죽은 자들에게서조차 무엇인가를 훔칠 줄 안다.(저널리스트들에 대한 비판)

10 상인들보다는 차라리 싸움을 원한다!

아침 저녁으로 이렇게 말하라, 나는 소상인들을 경멸한다, 나는 그들의 손가락을 부러뜨리고 싶다.

더 높은 인간의 고뇌는 자신의 저속함에 있는 것이 아니라 '아직 높은 것이 있다'는 것이다. 공처럼 높이 올려지는 것—이것을 그들은 '상승한다'고 말한다.

15

그대들은 자신의 야심을 교살하는 법을 알았다. 그대들은 그대들 가운데서 마지막 인간이 되는 것을 최초의 인간이 되는 것보다 더 원한다.

20

"쾌락은 여성과 같다. 그것은 자신을 모욕하는 자의 뒤를 좇아다닌다."

그대들은 행복을 계산한다. 그리고 그 경우 모든 미래의 사람들을 망각한다—최대다수의 행복!

여인들에게 물어보라! 사람들은 출산이 즐거운 일이어서 아기를 낳는 것은 아니다.

"그것이 나에게 명령하려 한다고? 좋다. 함께 겨뤄보자. 아마 내 의지가 더 강할 것이다!"—악인들의 발생에 대해서.

내가 사랑하는 사람은 지금은 아무도 살아 있지 않다. 그런데 내가 어떻게 삶을 사랑할 수 있단 말인가!

그가 미소짓는 것을 보면 천사들은 눈물을 쏟는다.

모든 창조자가 일곱 번째 날에 그런 것처럼 피로하지만 행복하다.

내 마음은 악의적인 우연에 대해서조차도 공손했다—나에게는 운명에 대해서 가시를 세우는 것(항거하는 것)이 두더지의 지혜처럼 여겨졌다.

이미 시간이 가벼운 발걸음으로 우리 마음 위를 달린다.

만약 나에게 사다리가 없다면 나는 내 머리를 밟고서 올라갈 것이다.

이것이야말로 정적이다. 어느 누구도 나를 생각하지 않고 모든 사람이 나에 대해서 말할 때.

5

나는 나를 찾아다녔고 내가 집처럼 느껴도 되는 곳을 찾아다녔다. 그것은 내가 가장 견디기 어려운 시련이었다.

나는 나의 가장 무거운 질곡을 찾아다녔다—그리고 나는 내 이기심을 발견했다.

10

우리는 젖과 꿀이—흐르는 땅을 찬양하지 않는다.

"최악의 사태는 지나갔다"

"나는 너를 이제까지 현자로 생각했다—그러나 나를 무엇보다 15 의아하게 만드는 것은 너의 영리함이다.

조야한 덕들

"나는 내가 좋아하는 대로 살겠다, 그렇지 않다면 나는 살고 싶지 않다.—최고의 성자조차 그렇게 생각한다.

20

나는 마침내 항상 두려워했던 것을 바라게 될 것이다—오, 심연의 사상이여, 이제 나는 심연을 사랑하는 것을 배운다!

이기심과 지배욕은 거짓을 최고의 경지까지 끌어올렸다.

그대는 최고의 산에 있는 암석을 보는가? 그것은 바다에서 형성된 것이 아닌가?

그대 가장 부유한 자들이여, 그대들의 작은 선행은 어떤 탐욕보다도 더 격분시킨다. 그대들은 배는 불룩하면서도 목은 좁은 병처럼 적선한다. 사람들은 자주 이런 병들의 목을 부수었다.

이 이웃 사람과 그의 작은 위험, 이 도시와 그것의 작은 공기—그것이 그대의 강함을 매일 분쇄한다. 어떻게 여기서 그대가 위대한 존재가 되는 것을 배울 수 있겠는가!

시체처럼 도움이 되지 않는다.

"덕에서조차도 겸손하자! 오직 겸손한 덕만이 안일과 잘 지낼 수 있다"—

골샌님, 절규하는 인간들, 의기를 상실한 야심가들, 집요한 자들, 파렴치한 자들.

그대들이 말하는 것처럼 충동이 '충족되기를' 바라는가? 충동은 자신에게서 자유롭게 되고 평화를 얻기를 원하는가? 어떤 의지든 일찍이 무-의지가 되기를 바란 적이 있었는가?

창조한다는 것, 그것이야말로 모든 충동 중의 충동이다. 충동이 한동안 숙면을 취하는 것조차도, 나중에 깨어나서 창조하기 위해서다!

깨어나기 위해서는 충분히 숙면을 취해야만 한다

그러나 그대들은 의지의 본질을 마지못해하는 의지와 자기 자신에 반하려는 의지로 왜곡한다. 그대들은 피로한 의지의 소리와 잠자는 자의 코 고는 소리를 항상 잘못 해석한다.

도대체 잠은 죽음을 대신한 발명품인가? 그리고 자고자 하는 자는 죽을 정도로 피로한 자인가? 가장 생명력에 차 있는 자도 콧숨을 몰아쉬고 코를 골면서 잘 수 있다.

모든 사람에게 동등한 권리를 보장한다는 것—이것이야말로 최악의 부당함이다. 왜냐하면 그 경우 최고의 인간들이 손해를 입기 때문이다.

정의는 항상 가장 많이 찬양받는다. 그것은 동등한 권리를 가져서는 안 **되는 최대 다수의** 찬양을 받는다!

그는 자신의 불운을 알처럼 부화시킨다.

오오, 그대 인식하는 자여, 그대조차도 귀찮게 군다! 그리고 그 대가로 그대는 항상 모든 사물의 앞면밖에 보지 못한다!

그의 정신은 쇠퇴해간다—이제 그의 장점과 단점은 훨씬 더 눈에 띄게 된다—아아, 지금보다 더 현저하게 눈에 띄는 것이 새로운 별들뿐이라면!

22〔2〕

차라투스트라 제3부를 위한 계획

바다에서(밤의 이른 시각).

의외의 지복에 대해서.

왜소하게 만드는 덕에 대해서.

화형에 대해서.

(친구들에 대한 배반인) 차라투스트라의 자기 인식, 지금 불행이 시작된다.

이야기.

차라투스트라의 변명

1) 입법자와 군주들에 대해서

2) 소상인들에 대해서.

3) 일일교사들에 대해서.

4) 경건한 자들에 대해서.

큰 저주.

이야기

어릿광대의 위로—과학에 대해서—모든 것이 하나이고 동일하다 등.

차라투스트라는 그를 사랑하는 최후의 것을 구한다. "헛되이!"

번개와의 대화. 영원한 '헛됨'

소년과 뱀

차라투스트라는 병이 든다. 성자
성자들에 대한 차〈라투스트라〉의 대답
결단
운명으로서의 유구한 자연을 찬양함
쾌유하는 자의 걸음

22〔3〕

위대함을 추구하는 것은 그 사람이 어느 정도의 인간인지를 드러낸다. 위대함을 소유하고 있는 자는 선의를 추구한다.

가장 깊은 애정은 자신을 어떻게 부를지 모른다. 그것은 아마 이렇게 자문할 것이다. "나는 증오가 아닌가?"—만약 사람들이 한번 — — —

깨어 있는 상태에서도 우리들은 꿈속에서처럼 그것을 하지 않는가? 우리는 항상 우리가 교제하는 인간을 만들어내고 창작한다—그리고 조금 후에 바로 우리는 그러한 사실을 잊어버린다.

언제 남성과 여성은 서로를 오해하지 않게 될 것인가? 그들의 정열은 각각 다른 보폭으로 걷는다. 그들은 다른 척도로 시간을 잰다.

널리 보기 위해서는 자신을 도외시하는 법을 배우는 것이 필수적이다.

죽음 이후의 생을 믿는 자는 생 속에서 죽어 있다는 것도 분명히 배웠다.

신심이 깊은 사람이 가장 증오하는 것은 자유로운 정신이 아니라 새로운 신앙을 갖는 새로운 정신이다.

우울한 인간은 증오와 애정을 통해 더 가벼워진다. 그들은 그것들을 통해 자신의 표면에 이른다.

사태가 밝혀지면 그것은 우리의 관심을 더 이상 끌지 못한다. 그대는 자신에 대해서 너무 잘 알게 되지 않도록 조심하라!

종족 전체에 대한 동정—그것은 개개인에 대해서는 가혹함을 요구한다.

가공할 자들은 가공할 체험들을 구한다.

나 또한 최고의 철의 운명들이다. 그대들이 운명을 입에 올릴 때 나는 항상 그렇게 느꼈다.

그에게는 자신을 위한 자신만의 신이 있다. 그러나 내가 그 신을 본 이래, 그는 나에게는 오로지 그의 신을 흉내내는 원숭이로 보일 뿐이다.

일정한 정도의 체화된 자기 기만이 존재한다. 그것을 사람들은

'양심'이라고 부른다.

그들은 그들이 길을 잃었다고 설득하는 사람을 추종한다. 그들이 어떤 길을 갖고 있었다는 말을 듣는 것이 그들을 기분좋게 하는 것이다.

마음에서 나온 위대한 사상들과 머리에서 나온 하찮은 사상들—양자는 졸렬한 사색의 산물이다.

그대는 그대가 미치는 영향에 따라서가 아니라 그대의 의도에 따라서 평가되기를 바라는가? 그러나 그대는 그대의 의도를 어디에서 얻었는가? 그것은 그대의 영향에서다!

자신의 목표에 이르는 길을 발견할 줄 몰랐던 사람은 전혀 어떤 목적이 없는 사람보다 파렴치하고 경박하게 산다. 그들은 삶을 장난처럼 삶으로써 자신들의 실패를 잊고자 한다.

현자들의 위험은 어리석은 짓에 빠지는 것이다.

그는 동정 때문이 아니라 풍요로움 때문에 자신을 희생한다. 그는 준다, 자신을 주는 것이다!

인식의 친구인 악마는 신을 멀리한다. 사람들은 먼 곳에서만 신들을 볼 수 있는 시야를 갖는다.

사랑은 한 인간 속에 있는 고귀하고 드문 것을 드러낸다. 그러한 사랑은 미화한다—그것은 그 사람을 보는 눈을 (그 사람 자신의 눈은 가장 많이!) 기만한다! 그러나 어떤 사람이 자신이 사랑받고 있다는 것을 알지만 자신은 사랑하지 않을 경우 무슨 일이 일어나는지 주의해서 보라. 그때 그의 영혼은 스스로 자신의 더러운 침전물들을 폭로한다.

양 떼뿐 아니라 목자에게도 선도하는 양이 필요하다.

왜 그렇게 따로 떨어져 있냐고?—나는 내가 복종할 수 있거나 명령하고 싶은 사람을 발견할 수 없기 때문이다.

거꾸로 서려는 코끼리.

그대들은 자신이 섬광을 무해하게 만든 것으로 충분하다고 생각한다. 그러나 나는 그것이 나를 위해서 일하기를 원한다.—나는 너와 내 안에 있는 모든 악에 대해 그렇게 생각한다.

거짓말에 존재하는 순진함은 어떤 사태의 정당성을 확신하고 있다는 징표다.

사람들은 항상 자신의 욕망만을 사랑할 뿐이며 욕망의 대상을 사랑하는 것은 아니다.

어둠 속에서의 시간은 밝은 곳에서와는 달리 느껴진다.

그리고 소상인의 긴 손가락을 볼 경우, 나는 빈곤하게 되는 쪽을 택한다.

검푸른 슬픈 바다가 그대 앞에 있다. 그대는 그것마저도 초월해야만 한다! 차라투스트라 제3부.

어린아이의 장난감처럼 어리석고 눌려 찌그러진 집들. 어떤 어린아이가 그것들을 다시 상자에 집어넣으면 좋을 것이다. 눌려 찌그러진 영혼들.

이 영혼들은 믿을 만했고 솔직했지만 오로지 작은 것만 들어갈 수 있는 문처럼 보잘것없이 작았다.

많은 작은 성공들로 망쳐져—그는 항상 쉬운 놀이만 했다. 그는 최고의 진지함을 알지 못했다.

사람들은 좀더 악해져야만 한다—이것이 인식하는 자의 가장 큰 고뇌다! 그리고 좀더 높은 인간들을 창조하려는 자는 그들을 좀더 악하게 만들어야만 한다—이것이야말로 창조하는 자, 선의에 차 있는 자의 고뇌다.

오오, 생의 대변자인 차라투스트라여! 너는 또한 고뇌의 대변자가 되어야만 한다! 나는 너에게 지옥을 면하게 할 수 없다—하계가 너에게 반항하면서 궐기해야 하고 그림자까지 이렇게 증언하지 않

으면 안 된다. '생은 고통이다.'

음탕한 눈—기분이 나쁜 상태에 있는 영혼을 위한 안줏거리

대도시 자체가 밭으로 옮겨지면 그것이 밭에 주는 것은 비료가 아니라 나태와 혐오감이다.

언젠가 명령을 해야만 하는 자가 교육받고 있다는 말을 내가 어디에서 들은 적이 있는가? 오히려 그는 복종의 가르침을 받고 복종하는 자들에게 아부하고 그들의 환심을 사야만 했다.

그대들의 덕은 그대들의 몸에 맞지 않는다. 그대들의 몸의 병이 그대들이 자만하고 있는 그대들의 덕을 한탄한다.

그대들은 매춘부가 아니라 세론(世論) 때문에 병들어 있다. 그것이야말로 그대들의 가장 은밀한 병이다.

그대들 사이에는 커다란 위선이 존재한다. 명령하는 자들은 복종하는 자들의 덕을 가장한다.

나는 내가 명령해야만 할 때 설득한다. 그것은 내가 제대로 된 교육을 받지 못했기 때문이다. 그러한 설득은 아첨보다 나은 것은 아니다—설득은 저급한 자들에 대한 더 높은 자들의 아첨이기 때문이다.

그리고 모든 것이 우리의 의지에 따라 진행될 때야 비로소 모든 것은 우리의 바람대로 진행된다.

지나간 모든 일은 실로 백 개의 의미와 해석을 갖는 문서이고 많은 미래를 위한 길이다! 그러나 미래에 하나의 의미를 부여하는 자는 또한 과거에도 하나의 해석을 부여하는 것이다.

5 어릿광대가 "그대의 모든 것을 던져버리고 춤추고, 너 자신과 우리들을 인간적으로 대하라!"고 말할 때, 차라투스트라는 "아직 나는 어릿광대가 될 때가 아니다"고 말한다.

어떤 사람의 고독은 병든 자의 도피며, 다른 사람의 고독은 병
10 든 자로부터의 도피다.

이들은 민중을 광기에 사로잡히게 하고 팽창하게 하여 그릇에 흘러 넘치게 한다—그들은 이를 통해 폭군을 섬긴다. 이와 반대로 다른 사람들은 폭군이 반항하고 파열하게 만든다—그들은 이를 통
15 해서 민중을 섬긴다.

이 사람은 섬광처럼 웃는다—그러나 웃음에 이어 그는 오래 지속되는 우레처럼 울린다.

20 만족한 돼지가 될 것인가 아니면 죽어가는 검투사가 될 것인가? 도대체 그 외의 다른 선택은 존재하지 않는가?

죽은 자를 매장하는 자들은 질병들을 매장하는 것이다. 흙더미 밑에는 악취가 스며 있다. 진흙을 뒤엎어서는 안 된다.

그는 자기 자신을 모방한다—이것이 제2의 유년기다.
가장 위대한 자의 동정은 거인의 악수처럼 가혹하다.

"나는 그들에게 빛이 되기를 원했다. 그러나 나는 그들의 눈을
5 찔러 그들의 눈을 멀게 만들었다!" 그렇게 태양은 한탄한다.

"어떻게 성문을 통과할 수 있을까? 나는 난쟁이들 틈에서 사는
기술을 잊어버렸다."

10 위대한 인간에서 가장 위대한 것은 모성적인 것이다. 아버지는
항상 우연일 뿐이다.
나의 광기조차 나에게 순종한다.

눈 덮인 나의 산 정상 아래에서 나는 생명체들의 모든 띠를 발
15 견한다.

어린아이들을 오게 하는 사람에게 어린아이가 항상 가는 것은
아니다.

20 그대들은 기침하면서 그것이 강풍에 대한 항의라고 생각한다.

그대들의 입은 "먹고 싶다"고 울부짖는다! 그대들의 배는 "많이
달라"고 울부짖는다! 그대들의 음탕한 눈은 "예쁜 것을 보여달라"
고 울부짖는다!

천박한 모든 것 중 가장 천박한 것은 무엇인가? 그것은 가장 오래되었으면서도 가장 새로운 다음과 같은 추론이다. "그것은 고통을 준다. 따라서 그것은 나쁘다."

내가 이 '따라서'와 저열한 것의 이러한 근원을 알게 된 이래로, 5 나는 그대들의 '선과 악' 모든 것에 대해서 웃는다! 내 웃음은 선악의 저편에 울린다.

아름다움은 남성을 은폐한다.

10 —매끄러우면서 견고하기 위해서는 밀려드는 군중들 속으로 들어가야 한다. 그러나 자신의 은밀한 고독을 함께 가져가야 한다.

생의 종자가 별마다 뿌려진다?

15 차라투스트라 제4부에서 생의 가공할 도취.

우연을 나에게 오게 하라! 그것은 어린아이처럼 순수하다.

우연을 속여 손으로 조종하는 것.

20

두 가지 새로운 덕—현명한 망각과 어떠한 바람에도 항해를 할 수 있는 기술.

여성들이 남성화된다. 이는 진정한 남성들이 너무 적기 때문이다.

공손함에는 인간 경멸이 많이 깃들여 있지만 인간에 대한 증오와 사랑은 전혀 없다.

악마가 허물을 벗으면 그것의 이름도 함께 떨어진다.

5

양심의 가책이 신의 가책이고, 이 신이 사랑의 신이라면—그것은 사랑으로 인한 가책인가?

나는 그대들의 별을 보고 황홀해한다. 그러나 그들은 그것이 나
10 의 별이라고 생각한다.

그들이 말하는 것을 듣지 말고 그들의 입을 보라! 아마 그들은 혀로는 거짓을 말하고 입으로는 진리를 말한다!

15 내가 그것을 사용해서 영혼들에게 말할 수 있는 기회를 갖기 위해서가 아니라면 모든 자연은 무엇을 위해 창조되었는가?

이제 모든 일이 잘 되었다! 왜냐하면 소상인들은 검을 차고 수염을 기르며 정치조차 불구들에게 맡겨져 있기 때문에.

20

저기 검푸른 슬픈 바다가 있다. 내 운명처럼 그것은 내 앞에 있다—

아아 이 무거운 밤의 지겨움이여! 열려 있는 눈, 그러나 여전히 잠에 취한 채, 나를 바라보는 시선은 여전히 낯설다.

바다는 나의 운명처럼 나에게 뜨거운 입김을 불어대고 있다. 그것은 암초 베개 위에서 몸을 뒤틀면서 불길한 예감 때문인 것처럼 신음한다.

너를 생각하면 나는 슬프다. 너 어두운 괴물이여. 그리고 너 때문에 나 자신이 원망스럽다. 아아, 내가 이 악몽에서 벗어날 만큼 충분히 강하지 않다니!

차라투스트라여, 너는 무엇을 하는가? 너는 바다에게 위로의 노래를 불러주려는가? 너는 이미 너 자신의 미래에 대해 동정하면서 바라보고 예견하기만 하는 자가 되었는가?

너는 무엇을 하는가? 사랑에 가득 찬 바보이고 믿기를 잘하는 사람이여! 그러나 너는 가공할 모든 것에 대해서도 그것을 믿으면서 다가갔다. 어떠한 괴물에 대해서도 너는 그것을 애무했다!

따뜻한 숨결, 앞발에 있는 약간 부드러운 털. 이미 너의 피리에서 감미로운 유혹의 음이 솟아나고 있다—너는 항상 모든 생명체를 동경하면서 그것들에 가까이 갔다!

이제 너는 이 괴물을 잘 알아야 한다!

칠흑 같은 밤의 지겨움보다는 '그것이 바다처럼 천 개의 입으로 울부짖고 이빨을 드러내면서 폭풍처럼 엄습하는 경우' 너의 운명을 믿는 것이 더 좋다.

잠자고 있는 바다와 무거운 운명보다도 더 나쁜 것은 없다. 네가 이 어두운 밀물보다 더 악하고 더 어둡지 않다면 어떻게 그것을 넘어설 수 있겠는가?

이제 너에게 일어나는 것은 너의 운명으로 오는 것이다. 너에게 우연이 일어날 수 있었던 시간은 흘러가버렸다!

그대가 기도할 수 없다면 최소한 저주라도 할 수 있지 않은가?

우리는 목숨을 걸고 싸우고 있지만 그대가 웃고 있기 때문에 나는 그대를 두려워한다. 그대는 자신의 목숨을 확신하는 사람처럼 보인다. 또는 자신의 죽음을 확신하는 사람처럼 보인다. 차라투스트라는 그렇게 말했다.

그리고 만약 우리가 곤경에서 빠져나온다면 나는 이렇게 말하겠다. "신은 존재하지 않는다—차라투스트라가 나에게 그렇게 가르쳐주었다."

나는 그대의 불신을 용서한다. 그러나 나는 그대의 신뢰를 중시하지 않는다.

그대는 기적과 기적을 행하는 사람들을 믿는다. 위기를 만나면 그대는 기도하는 것을 배울 것이다. 정신의 오랜 화폐 위조자들이 너의 지성조차도 위조했다.

나는 구토를 느낀다, 아직 나는 겨우 3일— — — 떨어져 있었다.

죽음을 은밀히 미리 맛보는 것으로서의 쾌활함—그것은 우리가 질 무거운 짐을 제거한다.

차라투스트라는 어디에서 우리에게 왔는가? 누가 그의 부모인가? "운명과 웃음이 차라투스트라의 부모이다. 가공할 운명과 사랑스런 웃음이 함께 그러한 자손을 낳았다."

하늘은 화염에 불타고 있고, 바다는 나에게 침을 뱉는다.

몸을 숨긴 작은 공동체, 경건한 체하는 모든 작태의 악취와 망상.

22〔4〕
바다 위에서의 장면.
인간의 왜소화가 주는 인상. 그의 불안은 커진다.
죽음과 섬의 몰락.
차라투스트라는 잡다한 인간들 속에서 자신을 찾고 있다 :

완고한 자들(악인들)에게서
폭력적인 자들에게서,
교육자들에게서,
발견자들에게서,
어릿광대들에게서

22〔5〕
나는 악덕을 비방하고 소매치기들을 조심하라고 경고하러 왔는가?

사람들은 너를 박해하고 있다. 좋다. 사람들이 우리를 박해하면 좋다. 이제까지 항상 성공은 박해받는 자들에게 있었다.

그들은 자신들의 증오와 분노에 질려서 고독한 거리에서 빛의 환영을 본다. 그것은 그들에게 이렇게 말한다. "왜 이제 사랑하지 않는가!"—

지극히 감미로운 사랑의 분노가 있다!"

5

배가 난파되었기 때문에 땅에 도착하게 되었다. 그는 파도를 타고 자신이 약속한 땅에 도착했다.

밝고 강하고 훌륭한 모든 것에—이 신— — —

10 모든 가게 바로 가까이에서 나는 술집을 보았다. 그들의 영혼이 추위를 느끼면 그들은 거기에서 술을 찾는다. 그리고 그들은 화주에서 따뜻함을 찾지 못하면 발정난 여자들에게서 그것을 구한다.

창조하는 자들에게 지혜와 선의는 그들의 속성이 아니라 수단

15 이자 상태라는 사실을 알아야 한다.

완고한 사람은 자기 자신에게 좋지 못한 약혼자다.

'우연'—이것은 가장 오랜 귀족일지라도 훌륭한 귀족은 아니다.

20

트럼펫과 다른 나비들

"너의 운명은 너를 발효시켰다—이제 너는 부풀어올라서 흘러넘친다"—어릿광대는 차라투스트라에게 이렇게 말한다.

그대들은 그것을 대말이라고 부른다—그러나 그것은 긍지의 강한 발이다—긴 발!

노예처럼 무릎을 꿇고, 추잡하고 썩은, 시든 원망을 품은

"물이 기름 위에 떠 있는 것처럼 나는 그대들 위에 항상 존재할 것이다. 누군가가 악의를 품고 섞지 않는 한." 그의 밝음에 놀라는 선장에게 차라투스트라는 이렇게 말한다.

그대들 주위에 사는 것에 그대들은 곧 익숙해진다. 습관은 그것에서 생긴다. 그리고 사람들이 오래 앉아 있는 곳에 관습이 생긴다.

쇠약한 병자들

"나는 나름대로 나 자신을 이렇게 찬양한다. 그것으로 나는 충분하다. 이제 너희가 나를 찬양할 차례다."

고용하는 사람들이 있고 고용된 사람들이 있다—그러나 자립적인 자들도 있다. 그들은 자신을 세우지 않으면 안 된다—그렇지 않으면 쓰러진다.

—그들은 반신(半神)의 입상들처럼 그대들 위에 떨어진다!

나는 신을 믿지 않는 자, 차라투스트라다. 누가 나보다 신을 믿지 않는가? 나는 그의 제자가 되겠다.

그러한 자는 항상 스스로 자신의 머리에 왕관을 씌워야만 했다—그는 항상 승려들이 너무 비겁하다는 사실을 발견했다.

저녁에 불을 둘러싸고 이야기를 하는 것

5

소음에 대한 반대—소음은 사상을 살해한다.
석필(石筆)로 긋는 것 같은 목소리로.

그들은, 병들어 있고 곪은 곳에서는 이처럼 도처에 기어다닌
10 다—그들을 눌러서 죽여야 한다!

최대의 위험은 지나갔다—즉 그것은 행복한 섬들이 존재하는 곳에 있다. 우리는 제때 출발했다.
"또는 너무 늦게"라고 차라투스트라는 말했다.

15

그대들 안에 있는 모든 비겁한 악마들을 저주한다. 그것들은 흐느껴 울면서 손을 맞잡고 기도하려는 악마들이다.

성령에 인도되는 양과 거위들 그리고 그 외의 십자군들

20

"차라투스트라여, 사람들은 너를 절개할 것이다. 너는 금을 삼킨 사람으로 보인다."

아아, 이러한 오락거리가 더 이상 그들의 생계가 아니라면 누가

그들에게 오락거리를 제공하려고 하겠는가!

그들은 야수를 상대로 허기와 싸워야만 한다—그렇지 않으면 그들의 오락거리는 야수들이 우리에게 보여주는 오락거리가 될 것이다.

그들의 권태는 여기에서는 알을 부화시키고 있는 암탉일 것이다.

그들은 가장 보잘것없는 이익도 탐할 정도로 천하며 쓰레기 같은 행운까지 수집한다.

그들은 부유하다—그러나 그들의 눈은 도둑의 눈이다. 그들은 넝마꾼들이고 썩은 살코기를 먹는 새들이다.

나의 저주—증오와 섬광의 결합.

나는 근원을 찾아 나아갔다—그때 나는 모든 존경의 염에서 멀어지게 되었다. 그리고 내 주위는 낯설어졌고 나는 고독해졌다.

그러나 경외의 마음이 내 안에서—은밀하게 자라났다—. 그때 나에게서 나무가 자랐다. 나는 그것의 그늘에 앉아 있다. 미래의 나무.

"나는 미래를 경외하는 자다."

사람들은 추적은 잘하지만, 체포하는 데는 서투르다!

부패하고 미지근하고 거품 이는 피

그대들은 늑대를 개로 만들고 인간 자신을 인간의 가축으로 만든다.

22〔6〕

만약 덕이 임산부의 조심스러움이라면 나는 그 덕을 존경한다. 그러나 그대들의 덕은 아기를 낳지 못할 자들의 덕이다.

5 위대한 모든 것은 곡선으로 걷는다. 그러나 사람들은 그것들을 눈을 크게 뜨고 보아야 한다. 하나의 목적을 향해서 돌아서 걷는 것이야말로 그것들의 용기였다.

위대한 인간들과 큰 강은 자신들의 목적을 향해 돌아서 간다. (곧장 직선으로가 아니라) 곡선으로, 그러나 그들의 목표를 향해. 구

10 부러진 것을 두려워하지 않는 것이야말로 그들의 최상의 가치다.

22〔7〕

전쟁을 잘 하고 출산을 잘 한다. 나는 그러한 남자와 여자를 원한다.

15

모든 것을 맛있게 먹는 것이 최상의 취미는 아니다. 나는 완고하고 까다로운 위장들과 '나는'이라고 말하는 혀들을 좋아한다.

어느 누구도 그녀를 선물로 받기를 원하지 않는다. 따라서 그녀

20 는 자신을 팔아야만 한다!

지배한다—그리고 더 이상 신의 노예가 아니다—인간을 고귀하게 만드는 이 수단이 남았다

22〔8〕

고뇌에의 의지.

환영과 수수께끼.

뜻에 거슬리는 지복에 대해서.

일출 전.

왜소하게 만드는 덕에 대해서.

통과에 대해서.

겨울의 노래.

배반자들에 대해서.

귀향.

세 가지 악에 대해서.

중력의 정신에 대해서.

불러내는 것.

쾌유하는 자.

위대한 동경에 대해서.

오랜 규범과 새로운 규범에 대해서.

다시 한번!

또 하나의 무도곡.

원들 중의 원.

[23=Z II 4. 1883년 말]

23〔1〕

5 나는 하나의 순수한 이야기, 그러나 많은 미혹을 낳았던 이야기를 그대들에게 하고자 한다.—미혹에 대해서는 그대들이 자기 자신에게 이야기하기 바란다!

옛날 한 소년이 있었는데, 그 소년에게 사람들은 눈짓과 말로 이렇게 말했다. "지금 너의 아버지는 진짜 아버지가 아니다!"

10 그것 때문에 아이는 기분이 나빠서 깊이 생각했다. 그리고 마침내 아이는 자신의 마음에 은밀하게 이렇게 말했다. "세상에서 진짜 아버지보다 더 귀한 것은 없지 않을까?"

그리고 아이가 기도하는 것을 배웠을 때 아이의 첫번째 소원은 "신이여, 나에게 진짜 아버지를 주세요!"라는 것이었다.

15 그러나 아이는 성장했고 아이와 함께 그의 은밀한 사랑과 기도도 성장했다. 아이는 부인들과 성직자들 사이에서 성장해 청년이 되었다.

부인들과 성직자들 사이에서 깊은 신심을 갖게 된 청년은 사랑에 수줍어했고 사랑이란 단어에 대해서는 더욱 수줍어했다.

20 신심이 깊고, 밤의 백리향(百里香)처럼 사랑의 이슬에 목말라하면서—

사랑에 목말라하고 자신의 갈증에 전율하면서, 그는 밤의 친구가 되었다. 왜냐하면 밤은 수치와 방향(芳香)에 가득 차 있었기 때문이다—

그의 영혼은 성직자들의 향연과 부인들의 순수의 향내를 풍겼다. 그러나 이 향내조차도 그는 부끄러워했다.

그리고 보통 청년들이 한 여성이 그를 사랑해주기를 기도하고 열망하는 것처럼, 그는 한 아버지의 사랑을 기도하고 열망했으며 자신의 기도에 대해서는 부끄러워했다.

마침내 그의 기도가 밝은 구름 안으로 용해되어 흘렀고 구름에서 다음과 같은 말이 들려왔다. "보라. 그가 내 사랑하는 아들이다."

이런 일이 가능하다니! 그 청년은 이렇게 말했다. 내가 아버지를 달라고 기도했던 그 신이 나의 아버지라고? 신이 나의 아버지라니! 어떻게 이런 일이 가능할까?

찌푸린 이마에 입술을 위로 말아 올린 이 전능한 늙은 유대의 신이—나의 아버지라니! 도대체 어떻게 이런 일이 가능할 수 있을까?

그런데 저 신 자신이 그렇게 말하고 있다. 그리고 그는 한 번도 거짓말한 적이 없었다. 나는 그의 말을 믿는 수밖에 없다!

그러나 내가 그의 아들이라면 나는 신이다. 그런데 내가 신이라면 나는 어떻게 해서 인간인가?—그것은 불가능하다—그러나 나는 그의 말을 믿어야 한다!

나에게 존재하는 인간의 부분—이것은 아마 오직 인간들에 대한 그의 사랑 때문이었을 것이다. 내가 아버지를 갈망했던 것처럼 그도 그의 자식들을 갈망했을 것이다.

내가 인간인 것도 아마 인간들을 위한 것이다. 나는 인간들을 아버지에게로 이끌어야 한다—

—그들을 사랑으로 이끌어야 한다. 오오 사랑으로까지 이끌어야만 하는 이 어리석은 자들!

그들은 신을 사랑해야 한다. 이것은 이해하기 쉬운 교설이고 일종의 호의다—가벼운 멍에가 우리 신의 자식들에게 부과된다. 그 멍에란 우리는 우리가 가장 좋아하는 것을 해야만 한다는 것이다.

이 교설과 지혜는 쉽게 이해될 수 있다. 정신이 모자란 자들도 그것에 손을 뻗칠 수 있다.

인간에 존재하는 많은 속성들은 신적인 것이 아니다. 똥을 누는 것이 어떻게 신일 수 있을 것인가?

그러나 다른 똥, 즉 죄라고 불리는 똥의 경우는 훨씬 더 문제가 심각하다. 더구나 인간들은 이 똥을 붙잡고 놓으려고 하지 않는다.

그러나 나는 '사람은 신이면서도 똥을 눌 수 있다'는 그의 말을 믿을 수밖에 없다. 그래서 나는 그들에게 똥을 누고 신들이 되라고 가르친다.

23〔2〕

일찍이 나는 하나의 오랜 지혜, 태고의 강렬한 지혜의 술을 마셨다.

23〔3〕

명성에 대해서

쾌락과 출산은 서로 다른 것이다. 여자들에게 물어보라! 그들은 출산이 쾌락을 주기 때문에 아기를 낳는 것은 아니다.

고통은 암탉들과 예술가들로 하여금 홰를 치게 한다. 쾌락은 더듬거린다—명성에 대한 내 말이 더듬거리는 것을 들으라.

밀랍 위에 누르는 것처럼 수천 년 위를 자신의 손으로 누르는 것은 쾌락이다. 청동 위에 쓰는 것처럼 수천 년의 의지 위에 글을 쓰는 것은 쾌락이다.

쾌락은 미래의 별들을 자신의 의지의 잔 안에 용해시키는 것이다. 쾌락, 세계를 영원의 양탄자 위에 공손히 자신 앞에 쏟아 붓는 것은 쾌락이다.

23〔4〕

하나, 깊은 밤이 시작된다—그것의 말이 멀리, 심원한 세계에서부터 불어와서 은둔자인 나에게서 최후의 정적을 구한다.

둘, 깊은 세계의 최후의 정적—그것은 과연 은둔자의 높이인가? 그 정적의 소리가 나의 귀와 골수까지 스며들 때 그것은 자신의 평화를 찾아 나서고 또한 발견하는가?

셋!

23〔5〕

인식하는 자의 길에 대해서

"오오, 차라투스트라여, 어떻게 해서 그대는 그대의 지혜에 이르게 되었는가, 그대는 날아왔는가?—그렇게 그대들은 나에게 묻는다—우리가 우리의 지혜에 날아 이르기 위해서는 어떻게 해야 하는가?

좋은 질문이다. 그대들에게 좋은 가르침을 주겠다. 좋은 질문자에게는 이미 절반은 답이 주어져 있다.

나는 네 개의 길과 방법으로 나의 진리에 이르렀다. 나의 눈이 먼 곳까지 조망할 수 있는 높은 곳까지 올라오기 위해서 나는 한 개의 사다리와 계단만을 사용한 것이 아니다.

그리고 나는 결코 사람들에게 묻지 않았다. 나는 길들을 나 스스로 물었고 시험했다. 내 걸음은 하나의 시도와 물음이었다.

나는 항상 사람들 사이에서 교묘하게 숨은 사람이었다. 내가 올라가든 날아가든 서 있든 주저하든 그들은 눈으로 나를 보지 못했다.

그들은 귀로 내 말을 듣지 못했다. 그리고 나는 자주 반향에 귀를 기울였지만 나에게 들린 것은—칭찬뿐이었다.

무서운 새로운 바다로 항해하려고 했을 때, 나는 그들의 귀에 대고 말했다. 그러나 내가 그들의 눈앞에서 무서운 새로운 황야에서 방랑했을 때 누가 내가 방랑하는 것을 보았는가?

그리고 내가 줄사다리를 이용해 많은 창에 올라갔을 때, 또한 민첩하게 다리를 움직여 돛대에 올라갔을 때, 그들에게 나는 악의와 모험을 교묘하게 숨긴 자였다.

높은 돛대의 꼭대기에 불길처럼 앉아 있는 것은 나에게는 악의에 찬 지복인 것처럼 느껴졌다. 비록 작은 빛이라도 표류하는 선원들과 난파선의 선원들에게는 커다란 위로였다.

봄바람이 불어오고, 나의 강의 수면이 계속해서 올라가고 나의 얼음이 무너졌을 때, 나는 또다른 지복과 악의를 배웠다—그리고 나는 환성을 올렸다.

나는 허약하고 다정한 자들을 충분히 많이 보았다—그들은 자신들이 선하다고 생각하며 덕을 행할 때도 다정하다. 또한 나는 정의라는 이름을 남용하는 위선자들을 충분히 많이 보았다.

나는 자신을 기만하는 자들이 나에게 말하는 것을 들었다. 그들에게는 거짓이 순진하게 마음과 입에 앉아 있다. 또 많은 기생충이 탐욕스럽게 내 지혜의 식사에 몰려들었다.

23〔6〕

그대들이 목이 마를 때만 마셔라. 정신이 그대들을 몰아댈 때만 춤추라. 그대들이 진리를 말한다는 것이 무엇인지를 이해하기 위해서만 거짓말을 하라.

배고플 때야 비로소 그대들은 진리로 향하게 될 것이다. 그리고 그대들이 지혜의 좋은 술에 싫증이 났을 때에야 비로소 그대들은 춤추기를 원하게 될 것이다.

23〔7〕

서곡

오오, 내 형제들이여! 그대들이 나에게서 먼저 정적을, 그리고 나서 고독을 배우기를!

23〔8〕

마지막 위안에 대해서

보라, 창조하는 영혼을 위한 작업장이 되기 위해서 모든 것이 정리되어 있는 것을. 창조하는 영혼들에게 불가결한 모든 것은 넘쳐날 정도로 있다. 그리고 **고통**조차도.

23〔9〕

제3부. 자기-왜소화에 대해서

겨울의 노래.

통과에 대해서.
지배자들에 대해서.
향락자들에 대해서.
교육자들에 대해서.
5 악인들에 대해서.
입법자들에 대해서.
발견자들에 대해서.
일-출 전(서약)
가장 고독한 자의 환영.
10 다른 무도곡.
고독에 대해서.
위대한 동경에 대해서.
웃음과 비상에 대해서.
섬광과의 대화.
15 영원에 대해서.
자유의지에 대해서.(아래로!)

1. 고뇌에의 의지에 대해서
2. 뜻에 거슬리는 지복에 대해서
20 지나가는 것에 대해서
일출 전.
긍정! 그리고 아멘!
다른 무도곡.
아래로!

겨울의 노래.

회임에 대해서.

고독에 대해서.

명성에 대해서.

지배자에 대해서.

(교사들) 교육자들에 대해서.

악인들에 대해서.

섬광과의 대화.

가장 고독한 자의 환영.

웃음(그리고 중력의 정신)에 대해서

비상하는 자의 노래.

입법자들에 대해서(규범의 파괴)

향락자들에 대해서.

발견자들에 대해서(우연)

23〔10〕

1. 고뇌에의 의지에 대해서.

2. 직관된 수수께끼에 대해서.

3. 뜻에 거슬리는 지복에 대해서.

4. 일-출 전.

5. 왜소하게 만드는 덕에 대해서('강력한 자들').

6. 배반자들에 대해서.

7. 통과에 대해서.

8. 하나의 승리에 대해서.
9. 인식하는 자의 길에 대해서.
10. 겨울의 노래.
11. 위대한 동경에 대해서.
5 12. 귀향.
13. 세 가지 악에 대해서.
14. 다른 무도곡.
15. 새로운 규범.
16. 중력의 정신에 대해서.
10 17. 쾌유에 대해서.
21. 다시 한번!
22. 원들 중의 원.
(18~20은 빠져 있음)

15 —고뇌에의 의지.
직관된 수수께끼.
—뜻에 거슬리는 지복에 대해서.
—일출 전.
—왜소하게 만드는 덕에 대해서('강력한 자들').
20 —배반자들에 대해서.
—통과에 대해서.
승리에의 의지에 대해서.
—겨울의 노래.
위대한 동경에 대해서.

—귀향.
—세 가지 악에 대해서.
—다른 무도곡.
—새로운 규범.
5 —중력의 정신에 대해서.
—쾌유하는 자.
그리고 다시 한번!
원들 중의 원.

10 불러냄
가장 고독한 자의 환영에 대해서.
원환에의 의지에 대해서.
위대한 동경에 대해서.
그리고 다시 한번!
15 원환들 중의 원환에 대해서.

관용에 깃들인 위로에 대해서('고통')
죄의 제거(신은 존재하지 않기 때문에)
(비유일 뿐)
20

최후의 위로에 대해서
죄 없이.
군주들과 민중들—

[24=Mp XVII 1 b. 1883년 겨울~1884년]

24〔1〕

5 그리스인들에게 가까이 가는 것은 어려우며 그들을 오래 관찰하면 그들이 훨씬 더 멀게 느껴진다는 것은 인간에 대해 잘 알았던 그리 스인들에 대한 나의 관찰을 시작하려 할 때 내가 염두에 두는 명제다. 그러한 생각은 나를 탄식하게 한다. 사람들은 한동안 그리스인들과 대립된 믿음을 가지면서 살 수 있다.

10 그리고 우리는 그들에 대해 갖는 친밀감보다 낯선 느낌이 훨씬 더 많은 것을 가르쳐준다는 것을 알게 된다.

아마 그리스인들은 우리가 인간을 파악하기 위해 깊이 파들어 갔던 방식에 자연에 대한 일종의 불경과 수치심이 결여되어 있음을 느끼게 될 것이다. 역으로 우리는 인식이 있는 곳에는 "행동이 뒤따

15 라야 한다"는 그리스인들의 말을 들을 때 낯설게 느낀다. 그리고 덕이 행복이라는 말은 우리에게 너무나 낯설고 믿을 가치가 없는 말로 생각되어 그것이 단지 농담으로 표현된 것은 아닌지 살펴볼 정도다. 그들은 지성을 속이는 것처럼 보인다.

20 24〔2〕

고대의 철학적 영향

—'목적'

—신과 인간(코페르니쿠스 **이전의** 입장)

—동인(動因)으로서의 쾌락

—논리학, 의식의 과대 평가
—영혼
'절대적 인식'이란 것이 존재할 수 없는 것처럼 '물자체'도 존재하지 않는다.

5 근본적인 진리 대신 나는 근본적인 가설들을 내세운다—그것들은 삶과 사유를 위한 기준으로서 '잠정적으로 가정된 **규범들**'이다.

이러한 규범은 자의적인 것이 아니라 평균적인 관습에 일치한다.

관습은 나의 여러 정념, 그 경우 쾌감을 느끼고 지속되기를 원했던 정념들이 내린 선택의 결과이다.

10

24〔3〕

창조하는 힘을 관찰하는 것

그것이 유기체의 얼마나 많은 것을 희생하는가(자주 그것을 파괴하면서)

15 그것이 회임시키는 것에 의해 얼마나 다른 유기체를 변화시키고 최대의 위험으로 이끄는가.

창조하는 힘의 정도

1) 자신으로 하나의 형태를 만들어내는 배우, 예를 들어 라 포스탱la Faustin

20 2) 시인

조각가

화가

3) 교사—엠페도클레스

4) 정복자

5) 입법자(철학자)

최하의 단계 외에 **도처**에서 먼저 전형이 발견되어야 한다. 그 고뇌와 환희의 역사는 여전히 증명되지 않고 있다. **그릇된** 입장들, 예를 들어서 철학자가 자신을 밖에 두는 것—그러나 그것은 단지 일시적인 현상일 뿐이며 회임을 위해서 필수적인 것이다.

24〔4〕

영원회귀

예언의 서.

1. 이 교설과 그것의 이론적 전제와 귀결의 서술
2. 이 교설의 증명.
3. 이 교설을 믿을 경우 발생하는 결과에 대한 추측(이 교설은 모든 것을 **분출**시킨다)
   a) 이 교설을 견디는 수단
   b) 이 교설을 배제하는 수단
4. 이 교설이 역사에서 차지하는 위치, 즉 하나의 **중심**으로.
   최고 위기의 시대
   여러 민족들과 그들의 이해를 **초월한** 과두정치의 수립. 즉 전인류적인 정치를 위한 교육.
   예수회 이념의 대립물.

24〔5〕

논리학의 발생에 대해서

근원적으로는 여러 가지 혼돈된 표상들이 존재했다

서로 조화되는 표상들이 남았고 대다수는 소멸했다—그리고 지금도 소멸하고 있다.

선택하고 선택된 것을 완성하는 것으로의 창조. (모든 의지-활동에서 이것이 본질적인 것이다)

24〔6〕

독일 문화에 대해서 나는 항상 그것이 쇠퇴하고 있다는 느낌을 가지고 있었다.

쇠퇴해가는 종류의 문화를 알고 있다는 것이, 내가 자주 유럽 문화 현상 전체에 대해 부당한 태도를 취하게 했다.

칸트〈의〉 노인적이고 중국적인 음악은 잔향이다.

독일은 항상 뒤늦게 온다. 그들은 어떤 것을 깊은 곳으로 데려간다. 예를 들면,

외국에 의존(극히 다각적인!). 예를 들면, 칸트는—루소, 감각주의자들, 흄, 스베덴보리.

쇼펜하우어—인도와 낭만주의, 볼테르

바그너—전율적인 것과 그랜드 오페라의 프랑스적인 숭배, 파리와 원시 상태로의 도피. (자매와의 결혼

낙오자의 법칙(지방은 파리를 추종하고 독일은 프랑스를 추종한다.

어떻게 해서 바로 독일인들이 그리스인들을 발견했는가,

어떤 충동을 **발전시킬수록**, 한번은 그 반대의 것에 몸을 **던지고** 싶은 유혹을 더 강하게 받는다.

바그너에서 **퇴락**의 **양식**. 개개의 부분적인 표현이 절대적이 되고

종속관계와 배열이 우연하게 된다. 부르제 25쪽.

24〔7〕

두 가지 가장 위대한(독일인들에 의해 발견된) 철학적 관점.

생성, 즉 발전의 관점

생존의 가치에 대한 관점(그러나 독일적 염세주의라는 가엾은 형태가 먼저 극복되어야 한다!

이 두 가지는 나에 의해서 결정적으로 통합되었다.

모든 것은 생성되고 영원히 회귀한다

—빠져나가는 것은 불가능하다!

우리가 가치를 판단할 수 있다면 이것의 결과는 무엇인가?

선발의 원리이자, 힘(그리고 야만!!)을 섬기는 원리로서의 회〈귀〉사상.

이 사상을 위한 인류의 성숙.

어떠한 물자체도 없다는 사실에 대한 계몽

위대한 부정 }

1) 인식 그 자체는 존재하지 않는다!

2) 선과 악 자체는 존재하지 않는다!

3) 어떤 목표도 기원도 없다!

유기체의 본질이란 가장 무해한 개념이다.

욕망의 부수 현상으로서의 목표.

철학도 그렇다. 우리의 욕구는 이제 세계를 탈도덕화하는 것이다. 그렇지 않다면 사람은 더 이상 살 수 없을 것이다. '의〈지의〉 절대적인 부자유'는 도덕적으로 해석되면 불쾌감을 일으킨다.

24〔8〕

힘의 느낌에 따라 사람들은 다음과 같이 구별된다.

A) 가련한 자들, 이들은 가장 작은 만족으로도 충분하다고 생각한다. 허영심이 강한 자들, 또한 '선량한 자들.'

B) 외부에서 만족을 구하려는 불만족한 자들

C) 자기 자신이 강하다고 믿는 자들

D) 등등.

24〔9〕

오류의 심리학

우리가 어떤 행위를 할 경우, 행위를 하기 전에 행해질 것에 대한 생각과 함께(우리가 겨룰 만하다고 생각하는 적이나 장애를 볼 때처럼) 어떤 힘의 감정이 생기는 경우가 많다. 즉 힘의 감정은 항상 부수적으로 생긴다. 우리는 본능적으로 이러한 힘의 감정이 행위의 원인이며, 그것 자체가 '힘'이라고 생각한다. 인과율에 대한 우리의 믿음은 힘과 그것의 작용에 대한 믿음이다. 그것은 우리의 체험을 전이한 것이며, 그 경우 우리는 힘과 힘의 감정을 동일시하고 있다.—그러나 어떤 경우에도 힘은 사물들을 움직이지 않는다. 느껴진 힘이 '근육을 움직이는 것은 아니다'. '우리는 그러한 과정에 대해서 어떠한 표상도, 경험도 가지고 있지 않다.'—'우리는 힘을 동인으로 경험하지 못하는 것처럼 운동의 필연성도 경험하지 못한다.' 힘이 강제하는 것이라니! '우리는 오직 하나가 다른 것 다음에 일어난다는 것만을 경험할 뿐이다. 우리는 하나가 다른 것 다음에 일어난다는 강제도 자의도 경험하지 못한다.' 인과율은 이 계기 안에 강제를 집어넣어 생각함으로써 비로소 창조된다. 어떤 종류의 '개념 파악'이 그것을 통해서 생긴다. 즉 우리는 그 과정을 인간화했으며 '더 친숙한' 것으로 만들었다. 친숙한 것은 힘의 감정과 결합된 인간의 강제라는 (우리에게 이미) 습관적으로 친숙한 것이다.

24[10]

"필연성이란 분명히 또한 'A가 일어날 때마다 B가 일어난다'는 것도 의미할 수 있다. 그것은 잇달아 일어난다는 것이 기대되어도 좋은 개연성(확실성)의 정도를 의미한다. 이러한 확실성은 항상 B는 A 다음에 일어났고 B가 아닌 것이 A 다음에 일어나지 않았다는 경험에 기초한다. 개념적인 지지(支持)는 AB와 동일한 종류의 계기(繼起) 현상이 A와 B의 순서의 확실성을 산출하기 위해서 원용되는 것에 의해서

"힘의 감각은 운동에서 생길 수 없다. 감각 일반이 운동에서 생길 수 없기 때문이다.

감각 일반이 운동에서 생기는 것처럼 생각되는 것도, 어떤 실체(두뇌) 안에 전달된 운동(자극)을 통해 감각이 산출된다는 겉보기만의 경험 때문이다. 그러나 산출되는 것일까? 도대체 감각은 거기에 (운동이 전달되기 전에) 전혀 존재하지 않았으며 그들의 출현은 뇌 속에 전달된 운동의 창조 작용으로 파악되어야만 한다는 것이 도대체 증명되었는가? 이 실체가 어떤 감각도 갖지 않고 있다는 것은 단지 가설일 뿐이며 어떠한 경험도 아니다!—즉 감각은 이 실체의 속성이다. 감각하는 실체가 존재하는 것이다."

"우리는 어떤 실체에 대해서, 그것이 감각을 가지고 있지 않다

는 것을 경험하는가? 아니다. 우리는 단지 그것이 어떠한 감각을 가지고 있는지 경험하지 못할 뿐이다. 감각하지 못하는 실체에서 감각을 이끌어내는 것은 불가능하다."—오오, 얼마나 성급한 일인가!

5 24〔11〕

"나는 가려고 한다" 그러나 1) 나는 가야만 하는 것이고, 가겠다는 의지는 어떠한 운동도 일으키지 못하는 부차적인 것일 뿐이며 앞서 갖는 표상에 불과할 뿐이다. 2) 이 표상은 현실에서 일어나는 것에 비하면 믿을 수 없을 정도로 조잡하고 무규정적이다. 그것은 개
10 념적이며 극히 일반적이고 따라서 무수한 실제 사건들이 그 아래에 포함될 수 있다. 따라서 그것은 사건의 원인일 수 없다.—목적을 제거하는 것.

24〔12〕

15 장교가 '받들어, 총'이라고 명령할 경우 병사들은 총을 든다. 그는 명령하고 병사들은 그렇게 하려고 한다. 실제로 병사들의 동작은 각 병사마다 조금씩 다르다. 그러나 조잡한 감각 기관에는 그것들이 똑같아 보인다. 목적에 따라 행동하는 자는 자주 그 목적이 충족된다는 사실을 발견한다. 즉 그는 조잡하게 볼 뿐이며 실제 일어나고 있
20 는 것을 전혀 알지 못한다. 실제 세계가 우리의 불완전한 상에 일치하고 부합한다는 것은 목적론자의 믿음이다. 인식 능력이 뒤떨어질수록 그러한 믿음은 더 쉽게 유지된다.

24〔13〕

"사고가 형성되어가는 과정에서 어느 날, 사고는 사물의 성질이 라고 불리는 것이 실은 감각하는 주체의 감각들뿐이라는 것을 의식하게 되었다. 그것과 함께 성질은 사물에 귀속되기를 그쳤다. 남은 것은 '물자체'였다. 물자체와 우리에게 나타나는 사물 사이의 구별은 사물에 에너지가 있다고 믿은 오랜 소박한 지각에 기초한 것이었다. 그러나 분석을 통해 힘도 그리고 그것과 똑같이 실체도 허구에 의해 투입된 것이라는 사실이 밝혀졌다. '사물이 주체를 촉발한다?' 실체 관념의 근원은 언어이며 우리 외부에 있는 것이 아니다! 물자체는 전혀 문제가 아니다!

존재자는 어떤 무감각한 것에 기초하지 않는 감각으로 사유되어야 할 것이다.

운동에는 감각의 어떠한 새로운 내용도 주어져 있지 않다. 존재자는 내용적으로 운동일 수 없다. 즉 그것은 존재의 형식이다.

주의. 사건의 **설명**이 시도되는 것은 첫째로 그것에 **선행하는**, 상(像)에 대한 표상(목적)에 의해서이고,

두 번째로, **그것에 이어지는** (사건의) 상에 대한 표상을 통해서 이다(수학적—물리학적인 설명.

양자는 혼동되어서는 안 된다. 즉 감각과 사고에 의한 세계의 형상화라는 물리적인 설명은 다시 감각과 사고를 도출하고 생성시킬 수 없다. 오히려 물리학은 감각하는 세계를—최고의 인간에 이르기까지—**감각과 목적을 갖지 않는 것으로서 일관되게** 구성해야만 한다. 그리고 목적론적 설명은 단지 목적들의 역사일 뿐 결코 물리적인 것은 아니다!

24〔14〕

우리는 하나의 공동의 영양분 섭취 과정에 의해 결합된 다수의 힘을 '생'이라고 부른다. 이러한 영양분 섭취 과정에는 그것을 가능하게 하는 수단으로 이른바 느끼고 표상하고 사고하는 행동 모든 것이, 즉 1) 다른 모든 힘에 대한 저항 2) 이들 힘을 형태와 리듬에 따라서 조정하는 것 3) 동화나 배제, 관련 평가가 속한다.

1. 인간은 형식들을 형성하는 생물이다.

인간은 '존재'와 사물들을 믿는다. 왜냐하면 그는 형식과 리듬을 형성하는 생물이기 때문이다.

우리가 보고 우리가 가진다고 믿는 형태와 형식은 모두 그 자체로 존재하는 것이 아니다. 우리는 단순화하고 우리가 창조하는 형상들을 통해 어떠한 인상들이든 결합한다.

자신의 눈을 감아보면 형식을 형성하는 하나의 충동이 지속적으로 작동하고, 거기에서는 어떠한 현실에도 상응하지 않는 무수한 것이 시도되고 있음을 발견한다.

2. 인간은 리듬을 형성하는 생물이다. 그는 모든 생기를 이 리듬 안에 투입한다. 그것은 인상들을 지배하는 하나의 방식이다.

3. 인간은 하나의 저항하는 힘이다. 즉 다른 모든 힘에 대해서.

자신을 육성하고 사물들을 동화하는 그의 수단은 그것들을 형식과 리듬으로 투입하는 것이다. 파악한다는 것은 '사물들'을 창조하는 것에 지나지 않는다. 인식은 영양분 섭취를 위한 수단이다.

24〔15〕

과학은 우리가 이러한 의욕을 갖도록 몰아대는 것이 무엇인지를 묻지 않는다. 오히려 과학은 의욕되었다는 사실을 부인하고, 전적으로 다른 것이 일어났다고 믿는다. 요컨대 그것은 의지나 목적에 대한 믿음은 하나의 환상이라고 생각한다. 과학은 마치 행위의 동기가 행위에 앞서 우리 의식 속에 있었던 것처럼 행위의 동기를 묻지 않는다. 그것은 먼저 행위를 일단의 기계적인 현상들로 분해해 이 기계적인 운동의 선행 과정을 탐구하지만, 그 선행 과정을 느끼고 감각하고 사유하는 데서 찾지 않는다. **그렇기 때문에** 과학은 설명을 얻지 못한다. 감각이야말로 설명되어야만 하는 소재이기 때문이다.—과학의 문제는 감각을 원인으로 간주하지 않고 세계를 설명한다는 바로 그 점이다. 왜냐하면 그것은 감각을 감각의 원인으로 간주하는 것이나 다름없기 때문이다. 과학의 과제는 전혀 해결되어 있지 않다.

따라서 아무런 의지가 없거나—이것이 과학의 가설이다—, 자유의지가 있거나 둘 중의 하나다. 후자의 가정은 가령 과학의 가설이 증명되었다고 하더라도 우리가 벗어날 수 없는 지배적인 감정이다.

원인과 결과에 대한 통속적 신앙은 자유의지가 모든 결과의 원인이라는 전제에 세워져 있다. 그것으로부터 우리는 인과성에 대한 느낌조차도 갖게 된다. 즉 모든 원인이 이미 결과가 아니라, 항상 먼저 원인—만약 의지가 원인이라면—이라는 느낌도 그러한 전제에 포함되어 있다. '우리의 의지활동은 필연적이지 않다"—이것은 '의지'라는 개념에 포함되어 있다. 우리는 원인에 따른 결과만이 필연적이라고 느낀다.—우리의 의욕이 어떠한 경우에나 필연적이라는 것은 하나의 가설이다. 그러나 의욕은 목적을 향한 의욕이다. 목적은 가치 평가를 포함한다. 가치 평가는 어디에서 나오는가? '쾌감과 고통'이라는 고정된 규준이 그것의 기초인가?

그러나 무수한 경우 우리는 우리의 가치 평가를 투입하는 것을 통해 어떤 사태를 고통스럽게 만든다.

도덕적 가치 평가의 범위. 그것들은 거의 모든 감각 인상 중에서 함께 작용한다. 세계는 우리에게는 그것을 통해 채색된다.

우리는 목적과 가치를 투입했다. 우리는 그것에 의해서 거대한 잠재력을 우리 안에 갖는다. 그러나 가치들을 비교하면 대립된 것이 가치 있는 것〈으로〉 간주되었고 많은 가치표가 존재했다는 사실이 드러난다.

따라서 그 어떤 것도 '그 자체로' 가치 있는 것은 아니다.

개개의 가치표를 분석하면 그것들은 특정 집단의 생존 조건(그리고 자주 그릇된)으로서 정립된 것임이 드러난다.

현시대의 인간들을 고찰해보면 우리가 극히 다양한 가치 판단들을 갖고 있다는 것, 그리고 그것에는 어떠한 창조적인 힘도 존재하지 않는다는 사실이 드러난다. 현시대의 도덕적인 판단에는 '생존 조건'으로의 기능이 결여되어 있는 것이다. 그것은 쓸모없는 것이 되었고 오랫동안 유례없는 고통을 야기시켰다.—그것은 자의적이 되었다. 혼돈.

인류 위에 그리고 또한 개인의 머리 위에 내걸리는 목표를 누가 창조하는가? 지금까지는 사람들이 도덕을 통해 생존을 유지하고자 했다. 그러나 지금 어느 누구도 더 이상 유지하는 것을 원하지 않는다. 유지할 만한 어떤 것도 없는 것이다. 따라서 시험적인 도덕, 자신에게 하나의 목표를 부여하는 것.

종을 유지하는 데 기여하는 도덕 말이다.

24〔16〕

우리의 가치 평가의

유래에 대해서.

우리가 육체를 공간적으로 분해할 수 있다면, 우리는 천체의 체
5 계에 대한 표상과 동일한 표상을 갖게 되어 유기체와 무기물의 차이
는 더 이상 존재하지 않을 것이다.

가치 평가에 대한 찬양.

이전에는 천체 운동이 목적 의식을 갖는 존재의 작용이라고 설
명되었지만 이러한 설명은 더 이상 필요하지 않게 되었으며, 육체의
10 운동이나 변화도 목적을 정립하는 의식을 통해서 더 이상 설명될 수
없다고 사람들은 믿는다. 대다수 운동은 의식과는 전혀 무관하고 감
각과도 무관하다. 감각이나 사상은 매순간 일어나는 무수한 사건에
비하면 극히 하찮고 드문 것이다. 역으로 우리는 우리의 최상의 지성
조차 인식할 수 없는 세심함, 선택, 합성, 보상 등의 어떤 합목적성이
15 가장 사소한 사건 속에서도 지배하고 있음을 인식한다. 요컨대 우리
는 우리에게 의식되고 있는 것보다도 훨씬 더 고차원적이고 더 넓은
조망을 갖는 지성에 귀속되어야만 하는 하나의 활동을 발견하는 것
이다. 우리는 의식된 모든 것을 보잘것없는 것으로 생각하는 것을 배
우고 있다. 즉 우리는 의식적이고 목적을 정립하는 존재로서는 우리
20 자신의 최소 부분에 지나지 않기 때문에 우리 자신에 대해서 우리가
책임을 져야 한다는 것을 망각하는 것이다. 매순간의 무수한 작용
들, 가령 공기라든가 전기라든가에 대해서 우리는 거의 아무것도 감
각하지 못한다. 따라서 우리가 결코 감각할 수 없다 할지라도 우리
에게 끊임없이 영향을 주는 여러 힘이 충분히 있을 수 있다. 쾌감과

고통은 어떤 세포나 기관이 다른 세포나 기관에 미치는 무수한 자극에 비하면 그지없이 드물고 사소한 현상들이다.

이 시대는 의식이 겸허해져야 하는 시대다. 결국 우리는 의식적인 자아 그 자체를 저 더 고차원적이고 더 넓은 조망을 갖는 지성을 섬기는 도구로 이해한다. 따라서 우리는 이렇게 물을 수 있다. 모든 의식적 의욕, 모든 의식적 목적, 모든 가치 평가는 아마도 그것이 의식 안에서 생각되고 있는 것과는 무언가 본질적으로 다른 것이 되기 위해서 사용되는 **도구**에 불과한 것이 아닌지라고. 우리는 우리의 쾌락과 불쾌가 문제된다고 **생각하지만**- - - 그것들은 우리가 의식하지 못하는 어떤 것을 행하기 위한 수단일지도 모른다- - - 의식적인 모든 것은 얼마나 많이 표면적인 것에 머물러 있는가, 행위와 행위에 대해서 우리가 갖는 심상은 얼마나 다른가, 사람들은 행위에 선행하는 것에 대해서 얼마나 아는 것이 적은지, '의지의 자유', '원인과 결과'에 대한 우리의 느낌이 얼마나 공상적인지, 사상은 단지 심상일 뿐이며 언어는 단지 사상의 기호에 불과하다는 것, 모든 행위의 바닥은 헤아릴 수 없다는 것, 모든 칭찬과 비난의 피상성이, 우리가 그 속에서 의식적으로 살아가는 **허구**나 **상상**이 얼마나 본질적인지, 우리가 언어로 말하고 있는 모든 것은 (사태에 대한 진술이 아니라) 날조이며(감정도 그러하다), 인〈류〉의 결합은 이러한 날조를 건네주고 계속 지어내는 것에 기초해 있거니와 반면에 참된 결합(생식을 통한)은 근저에서는 그 자신이 알지 못하는 길을 더듬어 나아간다는 점들이 제시되어야 한다.

이들 공통의 날조에 대한 이러한 믿음이 정말로 인간을 변화시킬까? 혹은 이념이나 가치 평가들 전체는 미지의 변화들의 표현 자체에 불과한 것일까? 도대체 의지, 목적, 사상, 가치는 정말 존재하는가? 아마도 의식적 삶 전체는 하나의 영상에 불과하지 않을까? 그리고 가치 평가가 어떤 인간을 규정한다고 생각될 때도 근저에서는 전혀 다른 것이 일어나고 있는가? 요컨대 자연의 행태에서 보이는 합목적성을, 목적을 정립한 자아를 상정하지 않고 설명하는 데 성공한다면 결국은 아마도 우리의 목적 정립, 우리의 의욕 따위 역시 무엇인가 이와는 본질적으로 다른 것, 즉 원하는 일이 없는 무의식적인 것에 대한 기호 언어에 불과할지도 모르는 것이 아닐까? 우리의 목적 적립이나 의욕은 유기물의 저 자연적인 합목적성의 가장 정교한 외관에 불과하며 이것과는 전혀 다른 것은 아니지 않을까?

요컨대 정신이 발달하는 전체적인 과정에서 문제가 되는 것은 아마 육체다. 즉 그것은 한 고차원의 육체가 자신을 계속 형성하고 있다는 것을 **감촉할 수 있게** 되어가는 역사다. 유기적인 것은 더 한층 높은 단계로 상승해간다. 자연을 인식하고자 하는 우리의 열망은 육체가 스스로를 완성하기 위해 사용하는 수단이다. 또는 오히려 육체의 영양 섭취, 거주 방식, 생활 방식을 변화시키야 하는 수천 가지 실험들이 행해진다. 의식과 의식 속에서의 가치 평가, 모든 종류의 쾌감과 불쾌는 이러한 변화와 실험들을 나타내는 표지일 뿐이다. 결국 문제는 전혀 인간이 아니다. 그는 초극되어야만 한다.

24〔17〕

인간은 유기체의 발생을 자신이 목격한 것처럼 생각한다. 따라서 그는 이렇게 묻는다. 이러한 과정에서 눈과 촉각으로 무엇이 지각될 수 있었을까? 무엇이 수량화될 수 있는가? 어떤 규칙이 운동

속에 나타나는가? 따라서 인간은 이러한 사건을 자신의 눈과 촉각을 위한 사건으로서, 즉 운동으로서 해석하려고 한다. 인간은 거대한 양의 이들 경험을 단순화할 공식을 발견하려고 한다. 모든 사건이 감각을 가진 인간이나 수학자에게로 환원된다.

인간이 겪어온 여러 경험의 재산 목록이 문제가 되고 있지만, 이것은 인간이나 또는 차라리 인간의 눈과 개념 능력이 모든 사물의 목격자였다는 가정이 타당할 때나 가능한 이야기이다.

24〔18〕

과학—이것은 이제까지의 사물의 완전한 혼란 상태를, 일체를 '설명하는' 가설에 의해서 배제하는 것—즉 혼돈에 대한 지성의 혐오에서 발하는 것이다.—이와 같은 혐오가 나 자신을 관찰할 때 나를 엄습한다. 나는 내면 세계를 하나의 도식에 의해 심상으로 표상하고 지적인 혼란에서 벗어나려고 한다. 도덕이 이러한 단순화의 하나였다. 그것은 인간을 인식된 것, 주지의 것으로 가르쳤다.—이제 우리는 도덕을 부정했다.—이것은 우리 자신이 우리 자신에게는 다시 완전히 불투명하게 되었음을 의미한다! 나는 내가 나에 대해서 아무것도 모른다는 것을 알고 있다. 물리학은 심정을 위한 은총으로 나타난다. 과학은 (인식을 위한 길로서) 도덕을 제거한 후에 새로운 마력을 획득하고 있다—그리고 우리는 오직 여기에서만 수미일관성을 보기 때문에, 과학을 보존하는 것을 향해 우리의 생을 정비해야만 한다. 이것이 인식하는 자로서의 **우리의 생존 조건**을 생각하는 일종의 실천적 숙고를 낳는다.

24〔19〕

무리에서 **정직의 도덕**. "그대는 인식될 수 있어야만 하며 그대의 내면은 명료하고 불변적인 표지를 통해서 표현되어야만 한다—그렇지 않으면 그대는 위험한 존재다. 그리고 만약 그대가 악한 자라면 그대를 위장하는 능력이야말로 무리에게는 최악의 것이다. 우리는 은밀하고 인식될 수 없는 자들을 경멸한다.—따라서 그대는 그대 자신을 인식될 수 있는 자로 간주해야 하며 그대 자신에게 은폐되어서는 안 된다. 그대는 그대가 변할 것을 믿어서는 안 된다." 따라서 정직의 요구는 인식 가능성과 인격의 지속성을 전제한다. 사실상 무리의 일원을 인간의 본질에 대한 일정한 신앙으로 이끄는 것은 교육의 일이다. 교육이 먼저 이러한 신앙을 만들고 그런 다음 그에 부합되는 '정직'을 요구한다.

24〔20〕

'정념'에 대한 **믿음**. 정념은 지성의 구성물이며 존재하지 않는 꾸며낸 원인이다. 우리가 이해할 수 없는 신체적인 공통의 느낌들은 지적으로 해석된다. 즉 이러저러하게 느끼게 되는 근거가 인격이나 체험 따위에서 구해진다. 따라서 무엇인가 유해하고 위험하며 기이한 것이 마치 우리의 불쾌감의 원인인 것처럼 **정립되는** 것이다. 사실 그것은 우리의 상태를 **사고할 수 있는 것**으로 만들기 위해 불쾌감을 기초로 **나중에 구해지는 것**이다.—질식할 것 같은 느낌을 수반하면서 피가 뇌로 자주 흘러 들어가면 그것이 분노로 **해석된다.** 즉 우리를 노하게 만드는 인물이나 사물이 그러한 생리적 상태를 촉발시키는 것이다.—나중에 오랫동안의 습관에서 일정한 사건들이나 공통된 감정들이 서로 규칙적으로 결합되어, 일정한 사건들을 보면 저 공통된 감정의 상태가 생겨나며 특히 무엇인가 저 충혈, 사정(射精) 따위가 필연적으로 그것에 수반된다. 따라서 이러한 인접관계를 통해 "정념이 환기된다"고 우리는 말하는 것이다.

쾌감과 불쾌감에는 이미 **판단**이 숨어 있다. 자극들은 힘의 감정을 촉진하느냐 아니냐에 따라 구별된다.

24〔21〕

의지에 대한 믿음. 하나의 생각을 기계적인 운동의 원인으로 믿는 것은 기적에 대한 믿음과 동일하다. **과학의 귀결**은 우리가 세계를 심상을 통해서 **사유할 수 있게** 만든 후, 정념, 욕망, 의지 등을 우리가 **사유할 수 있게** 만들 것을, 즉 그것들을 부인하여 **지성의 오류로 취급할 것**을 바란다.

24〔22〕

굴욕적인 것이 형벌로 들어온 것은 어떤 속죄가 **경멸받을** 만한 인간(예를 들면 노예)과 결부되었을 때부터였다. **가장 자주** 벌을 많이 받은 자들은 경멸받을 만한 인간들이었으며, **결국** 형벌에는 어떤 굴욕적인 것이 남아 있게 되었다.

24〔23〕

우리는 사고 작용이 생의 모든 단계에서 가장 강력한 것이며, 모든 지각 작용이나 얼핏 보기에 수동적인 행동으로 보이는 것에서도 끊임없이 행해진다고 생각한다! 이것에 의해서 사고 작용은 가장 강력하며 가장 까다로운 것**이 될 것**이 분명하며 그것은 지속적으로 다른 모든 힘을 압제한다. 그것은 궁극적으로는 '정열 자체'가 된다.

24〔24〕

5 — — —한다면, 진정한 무사성(無私性)은 악의를 촉진할 것이다. 덕은 우매함이며 자기 모순일 것이다. 인간을 개선하고자 하는 자는 자신의 선의의 수단에 의해서가 아니라 호의적인 성향에 대한 반항에 의해서 그렇게 할 수 있을 것이다.

10 24〔25〕

쇠약의 상태로서의 최고의 공정과 관용(신약성서와 원시 기독교공동체) (영국인인 다윈과 월리스Wallace는 그것들이 전적으로 우둔한 **것**이라는 것을 보여주었다).

그대 더 높은 인간들이여, 그대들이 신봉하는 공정은 그대들을 15 보통선거 등으로 내몰며, 그대들의 '인간성'을 범죄와 우매한 짓에 대한 관용으로 내몬다. 이를 통해 그대들은 **궁극적으로는 우매와 무난한 사람들을 승리로 이끌 것이다.**

(안일과 우매—중용) (예를 들면 비스마르크—

외면적으로는 : 무모한 전쟁, 전복, 폭발의 시대

20 내면적으로는 : 갈수록 커지는 인간의 연약함, 흥분제로서의 사건들. 유럽적인 극단으로서의 파리 사람.

귀결

1) 야만인

물론 처음에는 지금까지의 문화 형식을 취한다(예를 들어서 뒤링).

2) 주권을 지닌 개인들(야만적인 힘의 집적과 기존의 모든 것에 대한 거리낌없는 방자함이 교차된다)

대중의 최대의 우매함, 잔인함 그리고 비참함의 시대 그리고 최고의 개인들의 시대.

24〔26〕

가장 내면에서는 어디로 향할지 알지 못하고 있다. 공허함.

도취를 통해 이러한 상태에서 벗어나려는 시도.

음악으로서의 도취

가장 고귀한 것이 몰락하는 것을 비극적으로 향락하는 잔인함으로서의 도취

개개의 인간이나 (시대에 대한) 맹목적인 탐닉(증오 등)으로서의 도취

과학의 도구로서 숙고 없이 연구하려는 시도

보잘것없는 숱한 향락에 눈을 크게 뜨는 것

예를 들어서 인식자로서도. 자신에 대한 겸양.

자신을 넘어서 어떤 열정으로 일반화하는 겸허.

신비주의, 영원한 공허의 음란한 향락.

예술을 위한 예술, 자기 자신에 대한 구토의 마취제로서의 '순수인식.'

어떤 종류의 것이든 부단한 노동, 어떤 것이든 왜소한 우매한 광신.

모든 수단의 혼란—전반적인 무절제에 의한 질병.(과도한

향락은 즐거움을 없앤다.)

1) 결과로서의 의지 박약

2) 극단적인 긍지와 하찮은 약점에 의한 굴욕감을 대조적으로 느끼는 것.

5

24〔27〕

도덕가들을 위한 도덕

1. 우리가 미치는 작용에 대해 거의 지식이 없다.

우리의 동기에 대한 그릇된 전제

10 2. 도덕적인 명칭들의 교체, 선한 자들은 그러한 사실을 보지 않으려 한다.

3. 도덕가들, 자기 인식자, 고해신부들의 동기

4. 건강과 병 그리고 선한 자와 악한 자들에서 그것들은 어떻게 나타나는가. 교사로서의 육체. 기호 언어로서의 도덕.

15 5. 유기적인 기능으로서의 악. 퇴폐, 정지 등으로서의 선한 사람들. '이타주의'.

6. 교단과 개인의 양심, 최후에는 다수로서의 개인

7. 도덕의 미래, 종교들.

20 24〔28〕

나의 개혁안

염세주의를 더욱 발전시킨다.

지성의 염세주의.

도덕〈적〉 비판, 최후의 위안을 해소한다. 퇴락의 여러 징후에

대한 인식

모든 강한 행동은 광기를 통해서 은폐되어 있다.

문화가 고립되는 것은 부당하지만 그것을 통해 강해진다

1.) 나는 퇴락과 인격성이 점점 약해지는 것을 막으려고 노력했다. 나는 새로운 중심을 찾아다녔다.

2.) 이러한 노력이 불가능하다는 것을 인식했다.

3.) **그 뒤에 나는 계속해서 해체의 길을 걷고 있었는데,**—이 길에서 **나는 개개인에 대한 새로운 힘의 원천을 발견했다. 우리는 파괴자여야만 한다**!— —

나는 인식했다, **개개**의 존재자가 **전대미문일 정도로** 자신을 완성**할 수 있는** 해체 상태는 **일반적인 존재**의 한 반영이며 한 **예**라는 사실을. **우연**의 이론, 영혼은 하나를 선택하고 자신을 배양하는 것이며 **극히 지혜롭고 창조적으로 영속한다**(이러한 창조력은 보통 간과되고 있다! 그것은 단지 '수동적'으로만 이해된다).

나는 우연적인 것 안에서 이러한 능동적인 힘, 창조하고 있는 것을 인식했다.

—우연 자체는 단지 창조적인 충동들이 서로 충돌하는 것에 불과하다

전반적인 해체와 미완성이 초래하는 마비감에 대해서 나는 영원회귀를 내세웠다.

24〔29〕

유럽적인 병으로서의 죽음에 대한 공포.

공포는 쉽게 육성된다,

어리석은 물고기들에게조차
무리의 주요한 성질은 소심하고 **겁이 많다**는 것,
위험 신호를 듣는 데는 섬세하다.
도덕적 판단(공포와 혐오)은 일찍부터 극히 다양한 성격을 띤
5 다. 다른 판단들에 **대해** 대처하는 방식은 덕의 모든 교사에게 공통.

24〔30〕
영웅적 감정과 결합된 회의
약함의 회의와 용기의 회의
10 대립된 판단도 도처에서 불러내는 하나의 무도덕한 인간을 상상
하는 것.
나폴레옹.

24〔31〕
15 성충동의 전개로서의 인류에 대한 동정과 사랑.
보복 충동의 전개로서의 정의.
반항의 쾌락으로서의 덕, 힘에의 의지.
유사하고 같은 힘을 가진 자를 인정하는 것으로서의 명예.
계산적인 개구리들을 혐오함
20 모든 덕은 필연적이고 양호한 것으로 느껴진 생리적인 **제상태,**
특히 유기체적인 주요 기능들이다.
모든 덕은 본래 세련된 정열이며 고양된 상태이다.

24〔32〕

의지의 부자유 또는 자유? 어떤 의지도 존재하지 않는다.

개체는 전적으로 새로운 것이며 새롭게 창조하는 것이다.

24〔33〕

개체란 절대적인 것이며 모든 행위는 전적으로 그 특유의 것들이다.

개체는 자신의 행위를 위한 가치들을 궁극적으로는 자기 자신에게서 갖게 된다. 왜냐하면 그는 전승된 말들을 순전히 개성적으로 해석해야 하기 때문이다. 어떠한 공식을 창조하지 않아도 공식을 해석하는 것은 최소한 개인적이다. 해석자로서 그는 항상 창조적이다.

24〔34〕

모든 행위는 그것을 원하기 전에 가능한 한 먼저 기계적으로 준비되어 있어야만 한다. 달리 말하면, 대부분 모든 것이 실행되기 위해 준비되어 있을 때에야 비로소 '목적'이 뇌리에 떠오르게 되는 것이다.

목적이란 '내적인' '자극'이며—그 이상의 것이 아니다.

어떠한 '의지'도 존재하지 않는다. 그것은 '물질'이란 개념과 마찬가지로 단순화하는 지성에 의해서 구상된 것에 지나지 않는다.

24〔35〕

외부 세계의 원인으로서의 우리의 감각 기관? 그러나 감각 기관 자체도 우리의 '감각'의 결과다.—우리가 눈에 대해서 갖는 상은 눈의 산물이다.

24〔36〕

1) 어떤 질료도 없다—어떠한 원자도 53쪽.

2) 어떤 공간도 없다. ('질료가 전혀 없는 상태'라는 관념 때문에 사람들은 공간을 가정하게 되었다)

3) 원인과 결과 또한 존재하지 않는다. 오히려 여기에 하나의 긴장이 생긴다면 나머지의 다른 세계에는 이완이 생겨야 한다. (긴장이 들어선다는 것은 다른 곳에서 일어난 이완의 '결과'다.) 그러나 그것이 잇달아 일어난다는 것은 불가능하다. 그렇지 않고 여기서 긴장이 높아짐과 동시에 저기서는 긴장이 이완된다. 진정으로 상호 연관되어 있는 과정들은 절대적으로 동시에 진행되어야만 한다. 우리는 하나의 개별적인 시점, 예를 들어 어떤 인간이 총을 맞고 쓰러지는 시점을 '결과'로 추출해낸다. 그러나 그것은 서로 연관된 '결과들'로 이루어진 거대한 연쇄다. 만약 '결과'를 위한 시간이 필요하다면, 적어도 순간적으로는 그것에 속하는 마이너스 **없는** 플러스가 존재하게 될 것이다. 즉 힘이 어떤 때는 더 많고 어떤 때는 더 적어질 것이다.

포크트 654쪽

우리는 원인과 결과가 아니라 어떤 살아 있는 리듬을 전제해야 한다!

4) 우리는 어떤 '창조'도 가정해서는 안 된다. 왜냐하면 이 '개념'으로는 어떤 것도 파악될 수 없기 때문이다. 현존하지 않는 힘을 갑자기 무에서 창조한다는 것은 전혀 가설조차 될 수 없다!(포크트 2쪽 등에 대한 반론)

5) 우리는 인간의 '도덕적 충동'에서 유기체의 발생을 인식할 수 있다. 이 생성의 과정에서 가장 낮은 유기체들의 생성으로 소급, 추론할 수 있다. 도덕적 충동들은 하나의 전체(국가, 공동체)의 자기 규제와 기능 형성의 역사이다. 개인은 어떻게 해서 기능의 감정으로 이끌어지는가?

개체는 하나의 알이다. 식민지 형성이 각 개체의 과제다.

24〔37〕

모든 자연은 행위하는 자에게는 무차별하다. 그러나 피하려 하거나 부정하는 자에게는 나쁘거나 선하다.

주

1) 마돈나 델 삿소는 스위스 로카르노 시에 있는 교회.

2) 여기서 여자친구는 니체의 연인이었던 루 살로메를 말하는 듯하다.

3) 키르케는 호메로스의 《오디세이》에 나오는 마녀로, 오디세우스의 부하들을 돼지로 만들었다.

4) Timon (B.C 320~230). 그리스의 회의주의 철학자. 유명한 회의주의자 피론의 제자.

5) 나우시카는 시칠리아 섬의 왕이었던 아르키노스의 딸로, 조난당한 오디세우스를 후하게 대접했다.

6) Periander(B.C. 627~586/585). 코린트를 번영시킨 코린트의 왕으로, 이미 젊어서 7현인 중 한 사람으로 거론되었다.

7) '성스러운 단순함'이란 종교개혁가였던 요한네스 후스가 화형에 처해질 때 화형대에 장작더미를 갖다놓는 노파를 보면서 부르짖은 말이라고 한다.

8) Claude Adrien Helvétius(1715~1817). 프랑스 계몽주의 시대의 유물론자. Bernard de Mandeville(1670~1733). 벤담, 볼테르, 몽테스키외, 엘베시우스에 영향을 준 모랄리스트.

9) Karl Eugen Dühring(1833~1921). 마르크스주의에 대항하여 사회민주주의를 주창한 독일의 철학자이자 경제학자. 그의 사상에 대한 반박으로, 엥겔스가 《반뒤링론》을 썼다

10) 이탈리아의 타렌토 근처에 사는 독거미. 이 거미에게 물리면 사람들은 그 독 때문에 미쳐서 춤을 춘다고 한다. 타란텔 거미는 기독교적인 피안이나 사회주의적인 이상사회를 내세우는 자들을 상징한다. .

11) 미스트랄은 남프랑스에서 부는 북서풍.

12) Louis Auguste Blanqui(1805~1881). 프랑스 사회주의 혁명가. 1830년과 1848년 혁명에서 지도적인 역할을 했다.

해설

니힐리즘과 영원회귀의 사상가 니체

·

박찬국

I

이 책에 수록되어 있는 단편들은 1882년 7월에서 1883/84년 겨울에 이르는 기간에 씌어진 것으로,《차라투스트라는 이렇게 말했다》의 초안과 그것의 저술을 위한 구상으로 구성되어 있다. 한편《차라투스트라는 이렇게 말했다》와 무관한 단편들이 이 책의 거의 반을 차지하고 있는데, 이는 후에《선악의 저편》(1886)의 일부로 간행되었다.

니체는《이 사람을 보라》에서, 4부로 이루어진《차라투스트라는 이렇게 말했다》의 각 부를 '단 10일'만에 썼다고 말하고 있지만, 이는 각 부에 대한 구상부터 저술까지 10일밖에 걸리지 않았다는 말이 아니다. 그는 다시《이 사람을 보라》에서《차라투스트라는 이렇게 말했다》의 잉태 기간이 18개월이었다고 말하고 있다. 이처럼 니체는 사실은 18개월이 아니라 거의 3년 반에 걸쳐서 그 책을 구상하면서 떠오르는 착상들을 수시로 기록했으며, 이러한 기록이 본격적인 저술을 위한 토대가 된 것이다. 따라서 10일의 기간이란 각 부에 대한 본격적인 저술 작업이 행해진 기간만을 의미한다고 볼 수 있다.

니체 전집의 편집자인 몬티나리와 콜리에 의하면 니체는 거의 매일 메모장에 기록을 했으며 그 기록을 이미 어느 정도 틀이 잡힌 구상에 따라서 더 큰 노트에 옮겨 썼다고 한다. 그렇게 준비가 되어 있었기 때문에《차라투스트라는 이렇게 말했다》는 단기간에 완성될 수 있었던 것이다. 《차라투스트라는 이렇게 말했다》는 철학서라기보다는 철학시라고 부르는 것이 좋을 정도로 상징적인 언어로 씌어졌으며 극적으로 구성되어 있는데, 우리는 이 유고집에서 니체가 얼마나 자주 이 극의 구성을 바꾸고 여러 가지로 실험했는지 알 수 있다.

II

이 유고집에 대한 독자의 이해를 돕기 위해 니체의 사상을 '니힐리즘', '힘에의 의지', '영원회귀', '위버멘쉬'와 같은 핵심 개념들을 중심으로 간략히 해설하고자 한다.

니체 사상의 중심 과제로서 니힐리즘 극복

니체는 흔히 니힐리즘의 사상가라고 불린다. 니힐리즘이란 문자 그대로 해석하면 니힐밖에 없다는 사상을 말한다. 라틴어인 니힐은 무(無)를 의미하기 때문에, 니힐리즘은 무밖에 존재하지 않는다는 사상이라고 말할 수 있다. 따라서 니힐리즘은 보통 허무주의라고 번역된다. 어디에도 충만한 존재는 없고 허무밖에 없다는 것이다. 이러한 사상은 정서적으로는 삶이란 아무런 의미 없이 죽음으로 끝나는 덧없는 것이라는 무상감을 수반한다. 니체는 자신의 시대, 즉 근대를 니힐리즘이 지배하는 시대라고 보았으며 이러한 니힐리즘을 극복하는 것을 필생의 사상적 과제로 보았다.

근대가 니힐리즘 시대라는 것은 근대 이전 인간의 삶에 영원한 의미와 가치를 부여하던 전통적인 형이상학과 기독교가 그 신빙성을 상실함으로써 이 시대에는 사람들이 자신의 삶에 대해 어떠한 의미도, 가치도 느낄 수 없게 되었다는 것을 의미한다. 사람들은 전통적인 형이상학과 기독교의 속박에서 벗어나게 되었지만 그와 함께 삶의 영원한 의미와 가치를 상실하게 됨으로써 깊은 허무감과 무상감에 사로잡히게 되었다. 니체에게는 전통 형이상학과 기독교의 붕괴가 초래한 이러한 의미 공백과 가치 상실을 극복하는 것이 일생의 문제였다.

서구의 전통 형이상학과 기독교에 의하면 우리가 지상에서 접하는 모든 존재자는 언젠가는 소멸의 운명에 처해져 있는 것, 결국 무에 내맡겨져 있는 것이었다. 인간이 소중하게 생각하는 그의 가족이든 재물이든 명예든 모든 세속적인 것은 결국 허무한 것이며 죽음과 소멸의 그림자 아래에 있다. 따라서 인간의 관심이 이러한 지상의 것들에만 향할 때 인간의 삶은 결국 무의미에 빠지고 말 것이다. 인간은 오직 영원한 존재, 즉 죽음과 무의 힘에서 단적으로 벗어나 있는 충만한 존재Seinfülle 자체인 신과 합일할 경우에만 삶의 불안을 궁극적으로 극복할 수 있다.

이러한 전통 형이상학과 기독교에서 지상적인 것, 즉 생성 소멸의 운명에 처해 있는 것은 감각적으로 우리가 지각할 수 있는 것들이며, 인간에게는 육체적인 것과 그 육체에 부속된 삶의 기능인 본능이 이러한 지상적인 것에 속하는 것으로 간주된다. 그런데 인간이 신과 통하고 합일할 수 있기 위해서는 인간 내에 어느 정도는 신적인 것이 있어야 한다. 신적인 것은 영원한 것이기 때문에, 인간 내에서 신적인 부분에 해당하는 것은 생성 소멸하는 육체적인 것이 아니라 정신적인 것일 수밖에 없다. 인간의 삶의 목표는 자신의 정신을 정화하는 것을 통해, 달리 말하면 육체와 본능의 속박에서 벗어나는 것을 통해 신적인 정신과 합일함으로써 영원과 존재의 충만을 획득하는 것이다. 이런 의미에서 전통 형이상학과 기독교는 본질적으로 육체와 본능의 억압을 요구하는 금욕주의가 되며 물질보다는 정신적인 차원을 중시하는 관념론Idealism이 된다. 플라톤 이래 헤겔의 형이상학에 이르기까지 전통 형이상학은 정신의 형이상학die Metaphysik des Geistes으로서의 관념론이다.

이러한 정신의 형이상학은 신을 최고의 정신적 존재로 보고 그것을 모든 존재와 가치의 근원으로 본다는 점에서 본질적으로 신학적인 것이며, 이런 의미에서 서구의 형이상학은 철학적 신학이라고 부를 수 있다. 바로 그러한 이유로 전통 형이상학의 초석을 놓은 플라톤과 아리스토텔레스의 철학이 중세의 기독교에 수용될 수도 있었던 것이다. 니체에게 기독교란 초감성적인 차원을 진정한 실재로 보는 플라톤주의를 민중이 이해할 수 있는 신화적인 용어로 해석한 것에 지나지 않는다. 이런 의미에서 니체는 기독교를 민중을 위한 플라톤주의라고 규정하고 있다.

전통 형이상학과 기독교가 진정한 세계로 내세우는 초감성적인 차원은 인간의 삶에 실로 의미를 부여하기는 하지만 이러한 의미는 가공된 허위적인 의미일 뿐이다. 인간은 이러한 허위적인 의미를 신봉함으로써 살아갈 힘과 위안을 얻었으나, 그 결과 인간이 발을 붙이고 사는 대지와 생성하는 세계에서는 고유한 가치와 의미가 박탈되었다. 궁극적으로 볼 때 전통 형이상학과 기독교란 생성 소멸하는 이 현실을 고통과 눈물의 골짜기로 보면서 피안의 세계를 설정하고 그곳으로 도피함으로써 현실의 괴로움을 극복하려는 시도다. 이런 의미에서 서구의 전통 형이상학을 지배해온 것은 이편과 저편의 이원론, 정신과 감성의 이원론이다.

니체에 따르면 근대는 이러한 이원론적 세계상이 하나의 환상이자 기만으로 드러나는 시대이다. 니체는 플라톤의 이데아의 세계와 기독교의 신과 같은 것은 인간이 삶의 무상함을 견디기 위해서 만들어낸

신기루에 지나지 않는 것으로 본다. 인간은 궁극적으로는 자신의 존립과 고유한 가치를 확보하기 위해 이 지상 위에 이같은 환상적인 관념들을 정립한다. 이러한 관념들은 인간이 자신의 삶에 방향과 힘을 부여하기 위해 만들어낸 존재자 전체에 대한 관점Perspektiv들일 뿐이다. 근대는 니체가 보기에 이러한 사실이 적나라하게 폭로되는 시대다. 이런 의미에서 니체는 이 시대를 '신이 죽은' 시대라고 부른다.

흔히 '신은 죽었다'는 니체의 말은 '신이 존재하지 않는다'는 의미로 해석된다. 이러한 해석에 따르면 니체는 신이 존재하지 않는다고 주장하는 무신론자다. 그러나 '신은 죽었다'는 니체의 말은 신이 있느냐 없느냐 하는 문제와는 상관이 없다. 신의 존재와 비존재를 따지는 것은 형이상학에 속한다. 그러나 '신은 죽었다'는 말은 신의 존재 여부를 논하는 형이상학적 주장이 아니라 하나의 시대 진단이다. 그것은 근대라는 시대는 신을 비롯한 모든 종류의 초감성적인 이념이 허구로 드러남으로써 그 이념들이 그 동안 인간에게 가졌던 힘을 상실한 시대라는 것을 의미한다.

그런데 그 동안 인간에게 살아갈 힘과 의미를 부여했던 초감성적인 세계가 하나의 허구로 통찰될 때 인간은 삶과 생성이 지향해야 될 가치와 의미가 이제 더 이상 존재하지 않는다는 허무감에 사로잡히게 된다. 근대인들은 이러한 허무감을 견디지 못하고 전통적인 형이상학과 기독교적인 세계관을 세속적으로 변형하는 방식으로 현실에서 도피하고자 한다. 즉 근대인들은 저편 대신에 공산주의 사회나 최대 다수의 최대 행복이 보장되는 유토피아에 대한 희구를 통해서 그러한 허무감에서 벗어나고자 하는 것이다.

니체는 전통 형이상학과 기독교의 붕괴에서 비롯되는 가치 상실과 의미 상실은 인간이 실로 견뎌내기 힘든 것이지만, 그럼에도 불구하고 근대인이 처하게 된 니힐리즘의 상황은 인간이 환상과 허위에서 깨어나게 되었다는 점에서 긍정적인 의미를 갖는다고 본다. 따라서 니체는 근대인에게 진정으로 필요한 것은 피안을 공산사회나 최대 다수의 최대 행복이 보장되는 유토피아로 대체하는 것을 통해 근대적인 니힐리즘의 상황에서 '도피하는' 것이 아니라 자신의 시대적 상황의 본질을 있는 그대로 통찰하는 것이라고 말한다. 자신의 시대적 상황의 본질을 통찰한다는 것은 이제 모든 종류의 형이상학적인 초감성적인 세계는 하나의 가상에 지나지 않는다는 사실이 드러났으며 우리가 인정할 것은 생성 변화하는 지상의 세계뿐이라는 사실을 철저히 자각하는 것이다. 이러한 자각 위에서 인간은 니힐리즘을 극복할 길을 모색하지 않으면 안 된다.

그러나 피안이나 유토피아적인 미래에 대한 희구를 통해 니힐리즘에서 도피하는 것이 금지되어 있을 경우 우리는 니힐리즘에서 어떻게 벗어날 수 있는가?

힘에의 의지

니체는 인간의 자기 강화, 인격 강화를 통해 근대의 니힐리즘을 극복할 수 있다고 본다. 인간은 자신의 내적 힘을 강화함으로써만 니힐리즘의 상황을 극복할 수 있다. 니체는 전통 형이상학이나 기독교와 같은 이원론적인 세계관은 궁극적으로 인간의 내적인 힘이 약화된 데서 비롯된 것으로 본다.

같은 험준한 산을 올라가더라도 힘이 강한 인간에게 그 산은 숭고한 아름다움을 간직한 것으로 보이겠지만 연약한 인간에게는 자신을 고통스럽게 만드는 저주스런 것으로 나타날 것이다. 이와 마찬가지로 생성 소멸을 거듭하는 똑같은 이 현실도 힘이 강한 인간에게는 아름답고 숭고한 세계로 나타날 수 있는 반면, 힘이 연약한 인간에게는 무의미한 고통과 비참으로 가득 찬 세계로 나타날 것이다. 그 결과 내적인 힘이 약한 인간은 항상 피안의 세계나 미래의 이상 세계 등의 신기루를 만들고 거기서 구원을 찾으려 한다. 그러나 이 현실의 무상함과 고통을 진정으로 극복할 수 있는 것은 그러한 환상들이 아니라, 그러한 무상함과 고통을 긍정하고 오히려 그것을 자신을 강화하고 자신의 힘을 즐길 수 있는 기회로 전환할 수 있는 강인한 정신력이다. 이러한 정신력을 니체는 '힘에의 의지Wille zur Macht'고 부른다

니체가 '힘에의 의지'에 대해서 말할 경우, 우리는 자신의 주위에 있는 인간들이나 사물들을 자의적으로 지배하고 억압하려는 의지를 연상해서는 안 된다. 니체가 말하는 힘에의 의지는 네로나 칼리귤라 식의 자의적인 횡포의 의지가 아니다. 네로나 칼리귤라 같은 자들은 자신들을 지배하지 못하고 오히려 자신들의 자의적인 감정들에 지배된 자들이다. 그들은 무엇보다 자신의 적들에 대한 공포에 사로잡힌 자들이며, 그들의 전제적인 횡포는 이러한 공포에서 비롯된 과잉 방어에 지나지 않는다.

타인들에 대한 진정한 지배의 출발점은 자신에 대한 지배이다. 자신을 지배할 수 있는 자만이 진정한 의미에서 남을 지배할 수 있다. 힘에의 의지란 이러한 의미에서 무엇보다 자신을 통제할 수 있고 자신의 주인이 되는 것을 의미한다. 힘에의 의지는 끊임없이 자신을 고양하는 것, 즉 자신을 좀더 높은 단계로 올리고 자신에게 더 큰 폭을 부여하는 것을 의미한다. 이러한 '자기 극복'이 힘에의 의지의 본질이다. 니체가 존재는 본질적으로 '생(生)'이며 생은 '생성Werden'이라고 말할 경우, '생성'은 힘에의 의지의 자기 초월 운동을 의미한다. 니체에게 생은 다

원에서와는 달리 한갓 '생존을 위한 투쟁', 즉 자신을 유지하고자 하는 것이 아니라 자기 고양의 운동이다. 생존 유지는 자신을 초극하고 성장하기 위한 조건에 지나지 않는다. 삶은 성장인 것이다.

사람들은 자신의 힘이 약할 때 자신의 현실을 스스로 개척할 의욕 없이 신이나 피안이란 신기루를 만들고 그것이 자신의 현실적인 고통을 해결해줄 것을 기대하는 것이며, 이를 통해 더욱 더 의존적이고 무력한 존재가 된다. 이에 대해 진정한 힘에의 의지란 자기 강화와 자기 극복의 의지이며 스스로의 힘으로 자신을 구원하고자 하는 의지다. 아울러 그것은 지상에서의 도피를 통해서가 아니라 바로 이 지상에서 자신을 구원하려는 의지다.

그러나 이와 같이 지상에서의 구원이란 인간 이성의 무한한 힘을 신봉하는 자들인 마르크스 등의 계몽주의자들이 생각한 것처럼 과학과 기술의 발전이나 정의로운 사회 건설 등을 통해 이루어지는 것이 아니다. 이러한 모든 시도는 인간의 궁극적인 구원을 먼 미래의 유토피아에서 찾고 있다. 그러나 이는 니체에 의하면 초감성적인 피안의 차원을 먼 미래로 투사한 것에 지나지 않으며 이러한 의미에서 역시 전통 형이상학적인 사고방식에 구속되어 있다. 여기서는 지상에 대한 천상의 지배 대신 현재에 대한 미래의 지배가 들어선다. 그리고 전통 형이상학이 지배하던 시대에는 피안을 대표한다고 자처하는 인간들이 다른 인간들을 지배했으나, 이제는 미래의 이념을 대변한다는 인간들이 다른 인간들을 지배하게 될 것이다.

이에 대해 니체는 지상의 무상함과 간난(艱難)이 바로 '지금 여기서' 극복되지 않으면 안 되며, 이는 힘에의 의지 자체를 극도로 강화함으로써 가능하다고 본다. 이런 의미에서 니체 철학은 인간을 피안과 미래라는 환상을 통해 위로하고 달래는 값싼 위로의 철학이 아니라, 오히려 인간을 위험에 직면시킴으로써 그를 훈련시키고자 하는 '망치Hammer의 철학'이고자 한다.

이런 맥락에서 우리는 니체가 왜 근대의 니힐리즘, 즉 초지상적인 가치들이 허구로 드러나는 것과 함께 인생의 의미가 상실됨으로써 사람들이 허무감에 사로잡히게 되는 것을 긍정적으로 평가했는지를 이해할 수 있게 된다. 니힐리즘이 초래할 수 있는 그 모든 염세주의적 귀결에도 불구하고 말이다. 그것은 인간을 과거의 허구에서 깨어나게 했다는 점에서 긍정적인 의미를 갖는다는 것은 위에서 이미 말했다. 더 나아가 그것은 궁극적으로 인간이 허상에 대한 의존 상태에서 벗어나 자립적인 존재로 화할 수 있는 계기를 마련한다는 점에서 긍정적이다. 최고의 가치들이 모두 붕괴되는 사건인 니힐리즘은 인간이 좀더 성장하기 위해 필수적인 것이다. 니체는 다음과 같이 말한다.

> ……사실상 모든 위대한 성장은 거대한 분해와 소멸을 동시에 수반한다. 고통, 몰락의 징후는 거대한 전진의 시대에 속한다. 인류의 생산적이고 강력한 모든 운동은 동시에 니힐리즘의 운동을 창출해왔다. 염세주의의 극한적 형태인 본래적인 니힐리즘의 출현은 경우에 따라서는 결정적이고 가장 본질적인 성장, 즉 새로운 존재 조건으로 이행하는 것이 될 수 있다. 나는 이러한 사실을 파악했다(《힘에의 의지》, 112번).

인간이 독립적이고 강한 인간이 되기 위해서는 허구적인 타자에 대한 의존 상태에서 일단 벗어나지 않으면 안 되는 것이다. 우리는 여기서 니체가 프로이트의 종교 비판을 니힐리즘 극복이란 맥락에서 선구적으로 행하고 있음을 발견한다. 주지하듯이 프로이트에게 인격신을 믿는 기독교란 아버지에 대한 소아(小兒)적 의존 상태를 성인이 되어서도 반복하는 것에 지나지 않는다. 소아기의 실제적인 아버지를 이제는 허구적인 신이 대신하고 있다는 점이 다를 뿐 아버지에게 의존하는 소아의 태도와 신에게 귀의하는 성인의 태도 사이에는 근본적인 차이가 없다는 것이다. 프로이트에게, 인간이 완전한 성인이 되기 위해서 이러한 종교적인 의존 상태에서 벗어나지 않으면 안 되는 것처럼, 니체에게서도 인간이 자율적인 존재가 되기 위해서는 신이 죽지 않으면 안 되는 것이다.

그런데 자신을 고양하고 강화하려는 의지인 힘에의 의지는 니체가 보기에는 사실 인간뿐 아니라 모든 존재자들의 근본 성격이다. 모든 존재자는 '존재하는' 한 '힘에의 의지'로 존재한다. 즉 식물, 동물, 인간뿐 아니라 물질적인 '무생물'조차 힘에의 의지다. 인간 존재는 탁월한 형태일지라도 '힘에의 의지'의 한 형태일 뿐이다. 모든 존재자는 다윈이 말하듯이 단순히 생존을 유지하는 것뿐만 아니라 자신을 강화하고 고양하는 성격을 갖는다는 것이다.

이제 모든 존재자의 본질인 힘에의 의지만이 가치나 의미의 궁극적인 근원으로 간주되지 않으면 안 된다. 힘에의 의지를 강화시키는 것만이 가치 있는 것이며 그렇지 않은 것은 무가치한 것으로 파기되지 않으면 안 된다. 전통 형이상학에서는 신이나 초감성적인 세계가 모든 가치와 의미의 원천으로 간주되었던 반면, 이제 힘에의 의지는 자신의 고양만을 최고로 가치 있는 것으로 간주되며 다른 모든 가치의 원천이 된다.

단적으로 말해서 '힘에의 의지'는 '새로운 가치 정립'의 원리다. 언뜻 보기에 그 자체로 목적처럼 보이는 모든 것(예를 들어서 정의의 구현 등)은 힘에의 의지에 의해 정립된 목적들로 항상 힘에의 의지의 '수단'들일 뿐이며, 필요에 따라서는 다른 목적들에 의해 대체될 수도 있는 것이다. 힘에의 의지의 '목적'은 자신의 무조건적인 강화에 존재할 뿐이며, 오직 그것만이 정의가 무엇이고 무엇이 정당화될 수 있고 정당화될 수 없는 것인지를 확정한다. 아울러 선은 그 자체로 선한 것이 아니고 악은 또한 그 자체로 악한 것이 아니다. 힘에의 의지를 강화시키는 것만이 선이고 그렇지 않은 것은 악이다.

니체는 힘에의 의지의 철학에 입각하여 다음과 같이 선악과 행복과 불행의 기준을 새롭게 제시한다.

> ……선이란 무엇인가?—그것은 힘의 감정을, 힘에의 의지를, 힘 자체를 고양시키는 모든 것이다. 악이란 무엇인가? 약함에서 비롯되는 모든 것을 말한다. 행복이란 무엇인가? 힘이 커지고 있다는 느낌, 저항을 초극했다는 느낌을 말한다(《안티크리스트》, 2번).

영원회귀 사상과 위버멘쉬

힘에의 의지가 목표하는 것은 자신을 최고의 힘으로 고양하고 강화하는 것이다. 힘에의 의지에 대한 니체의 사상에 입각해서 볼 때 전통적인 초감성적인 이념들이 갖는 문제성은 그것이 허구적이라는 점보다는 오히려 그것들이 사람들로 하여금 피안의 세계에 의지하도록 함으로써 그들을 연약하게 만든다는 것이었다. 그런데 우리의 육체적인 힘이 편안한 안식을 통해서가 아니라 오히려 육체적인 단련을 통해 강해지듯이 우리의 정신적인 힘도 강력한 시련과의 대결을 통해 강해진다. 따라서 힘에의 의지가 최고도로 강화되기 위해서는 그것이 가장 큰 시련과 대결할 필요가 있다.

무엇이 인간에게 최대 시련이 될 수 있는가? 그것은 바로 근대에 진행되고 있는 니힐리즘의 사건이다. 생이 아무런 확정된 목적도 의미도 갖지 않는 것으로 나타날 때 생은 인간에게는 최대 고통으로 나타난다. 인간은 어떤 고통을 견뎌야 할 삶의 의미를 확신하고 있을 때 그러한 고통을 기꺼이 감수한다. 오히려 그는 그러한 고통을 기꺼이 견디는 자신의 삶에 대해 자부심과 뿌듯한 기쁨마저 느낄 수 있다. 빅토르 프랭클Victor Frankl은 아우슈비츠라는 극한상황에서 살아남은 사람들은 갖은 수단을 다해 육신의 안일을 꾀한 자들이 아니라 오히려 자신들의 삶이 갖는 숭고한 의미를 확신하면서 수용소 안에서도 이 숭고한 의미를 실현하기 위해 노력한 자들이라는 사실을 밝히고 있다. 이러한 사실에 비추어볼 때 인간은 향락과 안락을 추구하는 존재 이전에 의미를 추구하는 존재인 것이다. 따라서 생이 아무런 목표도 없이 자신을 반복할 뿐이라는 극단적 니힐리즘 상태야말로 힘에의 의지에게 최대의 시련이 되는 것이다.

그러나 그것은 최대의 시련인 만큼, 힘에의 의지가 그 앞에서 도피하지 않고 적극적으로 대결하여 그것을 극복할 경우에 힘에의 의지는 최고의 힘을 얻을 수 있다. 영원회귀 사상이란 우리가 지금 경험하는 모든 것이 아무 의미도 목표도 없이 영원히 반복된다는 사상이다. 사람들은 대부분 자신의 현재에 불만을 품고 더 나은 미래를 꿈꾼다. 그러나 영원회귀 사상이란 이러한 더욱 나은 미래에 대한 모든 희망을 철저하게 봉쇄하는 사상이며, 자신이 내던져진 현재의 운명을 흔쾌히 긍정할 것인지 아니면 절망할 것인지 결단하도록 몰아세우는 사상이다.

이런 의미에서 니체는 영원회귀의 상태를 최대의 무게에 비유한다. 그것은 연약한 인간은 감당할 수 없는 무게를 갖는다. 영원회귀 사상은 그것이 갖는 엄청난 무게로 우리를 분쇄할 수도 있는 한편, 우리가 그것을 견디고 흔연히 긍정할 때는 니힐리즘을 극복하기 위한 전환점으로 나타날 수 있는 것이다. 영원회귀의 상태를 인간이 적극적으로 받아들일 때 인간은 지상의 삶의 순간 순간을 있는 그대로 긍정할 수 있는 힘, 즉 최고의 힘을 얻게 된다.

극단적인 니힐리즘으로서의 영원회귀 상태를 극복한다는 것은, 또 하나의 새로운 피안의 목표를 설정함으로써 이러한 니힐리즘의 상태에서 손쉽게 도피하려 하지 않고 그것을 철저하게 긍정함을 의미한다. 바로 이러한 긍정을 통하여 그 전에 니힐리즘의 상태였던 것이 이제는 니힐리즘을 진정으로 극복하는 생의 최고 상태로 나타난다. 극단적인 니힐리즘의 상태로서의 영원회귀 상태에서든 니힐리즘을 극복한 상태로서의 영원회귀 상태에서든 모든 것이 동일하게 영구히 회귀한다는 것은 마찬가지다. 그러나 이는 양자에게 전혀 다른 의미를 갖게 된다.

극단적인 니힐리즘의 상태에서는 모든 것이 동일하게 영원히 회귀한다는 것은 모든 것이 무의미하며 공허하다는 것, 아무것도 가치가 없으며 따라서 아무래도 좋은gleichgültig 것이란 의미를 갖는 반면에, 니힐리즘의 극복태로서의 영원회귀 상태에서는 모든 것은 의미로 충만해 있으며 모든 순간이 절대적인 가치를 갖는다는 것, 그 어느 것도 아무래도 좋은 게 아니라 모든 것이 절대적인 의미를 갖는다는 사실을 의미한다. 니체는 《차라투스트라는 이렇게 말했다》의 제3부 〈건강을 되찾고 있는 자〉에서 철저하게 긍정된 영원회귀 상태를 이렇게 표현하고 있다.

모든 것은 가며 모든 것은 되돌아온다. 존재의 수레바퀴는 영원히 돈다. 모든 것은 죽고 모든 것은 다시 피어난다. 존재의 해〔年〕는 영원히 흘러간다.

모든 것은 부서지며 모든 것은 다시 결합한다. 똑같은 존재의 집이 영원히 지어진다. 모든 것은 헤어졌다가 다시 만나 인사를 나눈다. 존재의 수레바퀴는 이렇듯 영원히 자신에게 충실하다.

매순간 존재는 시작된다……중심은 도처에 있다……(《차라투스트라는 이렇게 말했다》).

동일한 것의 영원한 회귀에서는 생성하는 존재자의 바깥과 위에 존재하는 모든 목적이 파괴된다. 그런데 이렇게 이른바 초감성적인 참된 세계가 제거됨으로써 또한 형이상학에 의해 가상적인 것으로 간주되었던 감성계의 가상적인 성격도 소멸해버린다. 그것은 형이상학이 그것에 부여한 무의미한 혼돈이라는 성격, 가상적인 성격에서 벗어나는 것이다. 생성하는 세계가 절대적으로 긍정되는 것에 의해서, 세계에 그 전에 투입되었던 초감성적인 목적이나 죄, 섭리 등의 이념들은 의미를 잃고 세계는 이제 충만한 '영원의 원'으로 규정된다.

힘에의 절대적인 의지는 영원회귀 사상을 자신의 가능 조건으로 요구한다. 영원회귀 사상을 결단하는 순간 우리는 힘에의 최고의 의지로서 다시 태어나는 것이다. 힘에의 의지는 이제 저편의 유토피아든 아니면 근대의 세계관에서처럼 미래에 실현되어야 할 유토피아든 어떠한 유토피아도 지향하지 않으며 그것은 오로지 매순간 우리에게 주어진 순간에 철저할 뿐이다. 그리고 이렇게 영원회귀 사상을 흔쾌히 받아들이면서 자신의 운명에 대해 철저하게 긍정하는 사람이 바로 위버멘쉬다.

III

이 책《유고(1882년 7월~1883/84년 겨울)》는 크게 24개의 부분으로 구성되어 있는데, 편집자인 몬티나리와 콜리는 니체가 단편들을 기록한 각각의 노트 또는 각 노트에 수록되어 있던 시기상 서로 가까운 글들의 그룹에 그것들이 씌어진 시기 순으로 숫자를 부여했다. 이처럼 각각의 노트나 각 노트 내에 있던 단편들의 그룹을 가리키는 숫자 옆에는 다른 숫자가 꺽쇠 안에 기재되어 있는데, 이 꺽쇠 안의 숫자들은 각 노트 또는각 그룹에서 그 단편이 차지하는 순서를 나타낸다. 원서에서는 니체가 한 번 밑줄을 그은 단어들은 고딕체로, 두 번이나 세 번 밑줄 그은 단어들은 진하게 표현했다. 아울러 몬티나리와 콜리는 몇 개의 단편들을 해독하는 데 상당히 애를 먹었음을 고백하고 있다. 이 책에서 [—] 은 편집자들이 해독할 수 없었던 단어를 의미하며 [— —] 은 해독할 수 없었던 두 개의 단어, [— — —] 은 해독 불가능했던 세 개 또는 여러 개의 단어들을 의미하며, [+] 은 원고에 빠져 있는 부분을 의미한다.

이 7부 1권에 수록된 단편들은 니체의 대부분의 유고 단편들과 마찬가지로, 머리에 떠오르는 착상들을 나중에 다시 정리할 것 정도로 기록해놓은 것들이기 때문에 상당수의 단편들이 의미가 불분명한 것이 많았다. 역자 나름대로는 정확한 번역을 하기 위해서 정성을 다했지만, 유고집을 번역한다는 것의 어려움을 톡톡히 실감한 셈이다. 독자 제현들의 아낌없는 질정을 바란다.

연보

1844년

10월 15일 목사였던 카를 루드비히 니체Carl Ludwig Nietzsche와 이웃 고장 목사의 딸 프란치스카 욀러Franziska Öhler 사이의 첫 아들로 뢰켄에서 태어난다. 1846년 여동생 엘리자베트가, 1848년에는 남동생 요제프가 태어난다. 이듬해 아버지 카를이 사망하고 몇 달 후에는 요제프가 사망한다.

1850년

가족과 함께 나움부르크Naumburg로 이사한다. 그를 평범한 소년으로 교육시키려는 할머니의 뜻에 따라 소년 시민학교Knaben-Bürgerschule에 입학한다. 하지만 학교에 적응하지 못하고 곧 그만둔다.

1851년

칸디다텐 베버Kandidaten Weber라는 사설 교육기관에 들어가 종교, 라틴어, 그리스어 수업을 받는다.

이때 친구 쿠룩의 집에서 처음으로 음악을 알게 되고 어머니에게서 피아노를 선물받아 음악교육을 받기 시작한다.

1853년

돔 김나지움Domgymnasium에 입학한다.

대단한 열성으로 학업에 임했으며 이듬해 이미 작시와 작곡을 시작한다. 할머니가 사망한다.

1858년

14세 때 김나지움 슐포르타Schulpforta에 입학하여 철저한 인문계 중등 교육을 받는다. 고전어와 독일문학에서 비상한 재주를 보일 뿐만 아니라, 작시도 하고, 음악서클을 만들어 교회음악을 작곡할 정도로 음악적 관심과 재능도 보인다.

1862년

〈운명과 역사Fatum und Geschichte〉라는 글을 작성한다. 이것은 이후의 사유에 대한 일종의 예견서 같은 역할을 한다. 이 외에도 다양한 문학적 계획을 세운다.

이처럼 그는 이미 소년 시절에 창조적으로 생활한다. 그렇지만 음악에 대한 천부적인 재질, 치밀한 분석능력과 인내를 요하는 고전어에 대한 재능, 그의 문학적 능력 등에도 불구하고 그는 행복하지는 못한 것 같다. 아버지의 부재와 여성들로 이루어진 가정, 이 가정에서의 할머니의 위압적인 중심 역할과 어머니의 불안정한 위치 및 이들의 갈등 관계, 자신의 불안정한 위치의 심적 대체물로 나타난 니체 남매에 대한 어머니의 지나친 보호본능 등으로 인해 그는 불안스러운 어린 시절을 보내게 되며 이런 환경에서 아버지와 가부장적 권위, 남성상에 대한 동경을 품게 된다.

1864년

슐포르타를 우수한 성적으로 졸업한다. 본Bonn 대학에서 1864/65년 겨울학기에 신학과 고전문헌학 공부를 시작한다.

동료 도이센과 함께 '프랑코니아Frankonia'라는 서클에 가입하며 사교적이고 음악적인 삶을 살게 된다. 한 학기가 지난 후《신약성서》에 대한 문헌학적인 비판적 시각이 형성되면서 신학공부를 포기하려 한다. 이로 인해 어머니와의 첫 갈등을 겪은 후 저명한 문헌학자 리츨F. W. Ritschl의 강의를 수강한다.

1865년

1865/66년 겨울학기에 리츨 교수를 따라 라이프치히로 학교를 옮긴다. 라이프치히에서 니체는 리츨의 지도하에 시작한 고전문헌학 공부와 쇼펜하우어의 발견에 힘입어 학자로서의 삶을 시작하다. 하지만 육체적으로는 아주 어려운 시기를 맞게 된다. 소년 시절에 나타났던 병증들이 악화되고 류머티즘과 격렬한 구토에 시달리며 매독 치료를 받기도 한다. 늦가을에 고서점에서 쇼펜하우어의《의지와 표상으로서의 세계》를 우연히 발견하여 탐독한다. 그의 염세주의 철학에 니체는 한동안 매료되었으며, 이러한 자극 아래 훗날《음악의 정신으로부터의 비극의 탄생*Die Geburt der Tragödie aus dem Geist der Musik*》(이하《비극의 탄생》)이 씌어진다. 이 시기에 또한 문헌학적 공부에 전념한다.

1866년

로데E. Rhode와 친교를 맺는다. 시인 테오그니스Theognis와 고대 철학사가인 디오게네스 라에르티우스Diogenes Laertius의 자료들에 대한 문헌학적 작업을 시작한다. 디오게네스에 대한 연구와 니체에 대한 리츨의 높은 평가로 인해 문헌학자로서 니체라는 이름이 알려지기 시작한다.

1867년

디오게네스 논문이 《라인문헌학지*Rheinische Museum für Philologie*(이하 RM)》, XXII에 게재된다. 1월에 아리스토텔레스 저작의 전통에 대해 강연한다. 호머와 데모크리토스에 대한 연구를 시작하고, 칸트 철학을 접하게 된다. 이어 나움부르크에서 군대생활을 시작한다.

1868년

여러 편의 고전문헌학적 논평을 쓰고 호머와 헤시오도스에 대한 학위논문을 구상한다. 이렇게 문헌학적 활동을 활발히 해나가면서도 문헌학이 자신에게 맞는가에 대한 회의를 계속 품는다. 이로 인해 그리스 문헌학에 관계되는 교수자격논문을 계획하다가도 때로는 칸트와 관련된 철학박사논문을 계획하기도 하고(주제: Der Begriff des Organischen seit Kant), 칸트의 판단력 비판과 랑에G. Lange의 《유물론의 역사*Geschichte des Materialismus*》를 읽기도 하며, 화학으로 전공을 바꿀 생각도 잠시 해보았다. 이 다양한 논문 계획들은 1869년 초에 박사학위나 교수자격논문 없이도 바젤의 고전문헌학 교수직을 얻을 수 있다는 리츨의 말을 듣고 중단된다. 3월에는 말에서 떨어져 가슴에 심한 부상을 입고 10월에 제대한 후 라이프치히로 돌아간다. 11월 8일 동양학자인 브로크하우스H. Brockhaus의 집에서 바그너를 처음 만난다. 그와 함께 쇼펜하우어와 독일의 현대철학 그리고 오페라의 미래에 대해 의견을 나눈다. 이때 만난 바그너는 니체에게 깊은 인상을 심어준다. 이 시기에 나타나는 니체의 첫번째 철학적 작품이 〈목적론에 관하여Zur Teleologie〉이다.

1869년

4월 바젤Basel대학 고전어와 고전문학의 원외교수로 위촉된다. 이 교수직은 함부르크 대학으로 자리를 옮긴 키슬링A. Kiessling의 후임자리로, 그가 이후 독일 문헌학계를 이끌어갈 선두적 인물이 될 것이라는 리츨의 적극적인 천거로 초빙되었다. 5월 17일 트립센에 머물던 바그너를 처음 방문하고 이때부터 그를 자주 트립센에 머물게 한다. RM에 발표된 그의 논문과 디오게네스 라테리우스의 자료들에 대한 연구를 인정받아 라이프치히 대학으로부터 박사학위를 받는다. 부르크하르트Jacob Burckhardt를 존경하여 그와 교분을 맺는다. 스위스 국적을 신청하지 않은 채 프로이센 국적을 포기한다.

1870년

1월과 2월에 그리스인의 악극 및 소크라테스와 비극에 대한 강연을 한다. 오버벡F. Overbeck을 알게 되고 4월에는 정교수가 된다. 7월에는 독불전쟁에 자원 의무병으로 참가하지만 이질과 디프테리아에 걸려 10월에 다시 바젤로 돌아간다.

1871년

〈Certamen quod dicitur Homeri et Hesiodi〉를 완성하고, 새로운 RM(1842~1869)의 색인을 작성한다. 2월에는 《비극의 탄생》의 집필을 끝낸다.

1872년

첫 철학적 저서 《비극의 탄생》이 출판된다. 그리스 비극 작품의 탄생과 그 몰락에 대해서 쓰고 있는 이 작품은 바그너의 기념비적인 문화정치를 위한 프로그램적 작품이라고 여겨지기도 하지만 니체의 독창적이고도 철학적인 초기 사유를 제시하고 있다고 평가받는다. 그렇지만 이 시기의 유고글들을 보면 그가 얼마나 문헌학적 문제와 문헌학에 대한 근본적인 비판에 전념하고 있는지를 알 수 있다.

《비극의 탄생》에 대한 학계의 혹평으로 상심한 후 1876년 바그너의 이념을 전파시키는 데 전념할 생각으로 바이로이트 축제를 기획하고 5월에는 준비를 위해 바이로이트로 간다.

1873년

다비드 슈트라우스에 대한 첫번째 저작《반시대적 고찰*Unzeitgemässe Betrachtungen : David Strauss, der Bekenner und der Schriftsteller*》이 발간된다. 원래 이 책은 10~13개의 논문들을 포함할 예정이었지만, 실제로는 4개의 주제들로 구성된다. 다비드 슈트라우스에 대한 1권, 삶에 있어서 역사가 지니는 유용함과 단점에 관한 2권, 교육자로서의 쇼펜하우어를 다룬 3권은 원래의 의도인 독일인들에 대한 경고에 충실하고, 바그너와의 문제를 다룬 4권에서는 바그너에 대한 긍정적 평가가 행해진다. 여기서 철학은 진정한 삶을 가능하게 하는 예술의 예비절차 역할을 하며, 다양한 삶의 현상들은 문화 안에서 미적 통일을 이루는 것으로 제시된다. 이러한 시도는 반 년 후에 쓰이는 두 번째의《반시대적 고찰》에서 이루어진다.

1872년 초에 이미 바이로이트에 있던 바그너는 이 저술에 옹호적이기는 했지만, 양자의 관계는 점점 냉냉해진다. 이때 니체 자신의 관심은 쇼펜하우어에서 볼테르로 옮겨간다. 이 시기에 구토를 동반한 편두통이 심해지면서 육체적 고통에 시달린다.

1874년

《비극의 탄생》2판과《반시대적 고찰》의 2, 3권이 출간된다. 소크라테스 이전 사상가에 대한 니체의 1873년의 강의를 들었던 레P. Ree와의 긴밀한 관계가 형성되기 시작한다. 10월에 출간된 세 번째의《반시대적 고찰》인 '교육자로서의 쇼펜하우어Schopenhauer als Erzieher'에서는 니체가 바그너와 냉정한 거리를 유지한다는 사실이 드러난다.

1875년

《반시대적 고찰》의 4권인 《바이로이트의 바그너*Richard Wagner in Bayreuth*》(1876년에 비로소 출간된)는 겉으로는 바그너를 위대한 개인으로 형상화시키지만, 그 행간에는 니체 자신의 청년기적 숭배를 그 스스로 이미 오래 전에 멀리해버린 일종의 기념물쯤으로 생각하고 있다는 사실이 숨겨져 있다. 이것이 출판되고 나서 한 달 후, 즉 1876년 8월 바이로이트 축제의 마지막 리허설이 이루어질 때 니체는 그곳에 있었지만, 바그너에 대한 숭배의 분위기를 더 이상 견뎌내지 못하고 축제 도중 바이로이트를 떠난다.

겨울학기가 시작할 때 쾨젤리츠Heinrich Köselitz라는 한 젊은 음악가가 바젤로 찾아와 니체와 오버벡의 강의를 듣는다. 그는 니체의 가장 충실한 학생 중의 하나이자 절친한 교우가 된다. 니체로부터 페터 가스트Peter Gast라는 예명을 받은 그는 니체가 사망한 후 니체의 여동생 엘리자베트와 함께《힘에의 의지》편집본의 편집자가 된다. 이 시기에 니체의 건강은 눈에 띄게 악화되어 10월 초 1년 휴가를 얻어 레와 함께 이탈리아로 요양을 간다. 6월과 7월에 니체는《반시대적 고찰》의 다른 잠언들을 페터 가스트에게 낭독하여 받아 적게 하는데, 이것은 나중에《인간적인 너무나 인간적인

Menschliches, Allzumenschliches》의 일부가 된다.

1876년

《인간적인 너무나 인간적인》의 원고가 씌어진다. 3월 제네바에 있는 '볼테르의 집'을 방문하고 그의 정신을 잠언에 수록하려고 한다.

1877년

소렌토에서의 강독모임에서 투키디데스, 마태복음, 볼테르, 디드로 등을 읽으며 8월까지 요양차 여행을 한다. 9월에는 바젤로 돌아와 강의를 다시 시작한다. 가스트에게 《인간적인 너무나 인간적인》의 내용을 받아 적게 했는데, 이 텍스트는 다음해 5월까지는 비밀로 해달라는 부탁과 함께 12월 3일에 출판사에 보내진다.

1878년

5월 바그너가 《인간적인 너무나 인간적인》의 1부를 읽으면서 니체와 바그너 사이의 열정과 갈등, 좌절로 점철되는 관계는 실망으로 끝난다. 12월 말경에 《인간적인 너무나 인간적인》의 2부 원고가 완결된다.

《인간적인 너무나 인간적인》의 1부, 2부는 건설의 전 단계인 파괴의 시기로 진입함을 보여주며 따라서 문체상의 새로운 변화를 보인다.

1879년

건강이 악화되어 3월 19일 강의를 중단하고 제네바로 휴양을 떠난다. 5월에는 바젤 대학에 퇴직 희망을 밝힌다. 9월에 나움부르크로 오기까지 비젠Wiesen과 모리츠St. Moritz에서 머무르며, 《인간적인 너무나 인간적인》의 2부 중 한 부분인《혼합된 의견 및 격언들*Vermischte Meinungen und Sprüche*》을 발간한다. 모리츠에서 지내는 여름 동안 2부의 다른 부분인《방랑자와 그의 그림자*Der Wanderer und sein Schatten*》가 씌어지고 1880년에 발간된다.

1880년

1월에 이미《아침놀*Morgenröthe*》을 위한 노트들을 만들고 있었으며, 이 시기에 특히 도덕문제에 대한 독서를 집중적으로 한다. 가스트와 함께 3월에 베네치아로 간 후 여러 곳을 전전하여 11월에는 제노바로 간다.

1881년

다른 작품들과 마찬가지로《아침놀》의 원고들이 가스트에 의해 옮겨 적혀 7월 1일에 출간된다. 7월 초 처음으로 실스 마리아Sils-Maria로 간다. 그곳의 한 산책길에서 영원회귀에 대한 구상이 떠올랐다는 이야기는 유명하다. 10월 1일 제노바로 다시 돌아간다. 건강 상태, 특히 시력이 더욱 악화된다. 11월 27일 처음으로 비제의〈카르멘〉을 보고 감격한다.《아침놀》에서 제시되는 힘의 느낌은 나중에 구체화되는《힘에의 의지》를 준비하는 단계이다.

1882년

《아침놀》에 이어 1월에 가스트에게 첫 3부를 보내다. 이것들은 4부와 함께 8월 말에《즐거운 학문*Die fröhliche Wissenschaft*》이라는 제목으로 출판된다. 3월 말에는 제노바를 떠나 메시나Messina로 배 여행을 하며 그곳에서 4월 20일까지 머무른다.〈메시나에서의 전원시Idyllen aus Messina〉에 대한 소묘들은 이 여행 며칠 전에 구상되었다. 이것은 니체가 잠언적인 작품 외에 유일하게 발표한 시가로서《인터나치오날레 모나츠슈리프트*Internationale Monatsschrift*》5월호에 실린다(267~275쪽). 4월 24일에 메시나를 떠나 로마로 가고 모이센부르크의 집에서 살로메를 소개받는다. 5월 중순에는 타우텐부르크에서 여동생과 살로메와 함께 지낸다. 27일 살로메가 떠난 뒤 나움부르크로 되돌아오고, 10월에 라이프치히에서 살로메와 마지막으로 만난 후 11월 중순부터 제노바를 거쳐 이탈리아의 여러 곳을 전전하면서《차라투스트라는 이렇게 말했다》의 첫 부분을 구상하기 시작한다.

지속적인 휴양 여행, 알프스의 신선한 공기나 이탈리아나 프랑스의 온화한 기후도 육체적인 고통을 덜어주지는 못한다. 아주 한정된 사람들과 교제를 했고, 특히 이 교제방식이 살로메와의 만남으로 인해 변화의 조짐을 보이지만, 그는 다시 고독한 삶의 방식으로 되돌아갈 수밖에 없었다.

1883년

《차라투스트라는 이렇게 말했다》의 1부가 씌어진 후 아주 빠른 속도로 3부까지 씌어진다.

1884년

1월에《차라투스트라는 이렇게 말했다》의 4부를 완성한다.

건강은 비교적 호전되었고, 정신적인 고조를 경험하면서 그의 사유는 정점에 올라 있었다. 그러나 이 시기에 여동생 및 어머니와의 화해와 다툼이 지속된다. 여동생이 푀르스터B. Förster라는, 반유대주의자이자 바그너 숭배자이며, 파라과이에 종족주의적 원칙에 의한 독일 식민지를 세우려는 계획을 갖고 있던 자와 약혼을 결정하면서, 가까스로 회복된 여동생과의 불화는 다시 심화된다.

1885년

《차라투스트라는 이렇게 말했다》의 4부를 출판할 출판업자를 찾지 못하여 이 책을 자비로 출판한다. 5월 22일 여동생이 결혼하지만 결혼식에 참석하지 않는다. 6월 7일부터 9월까지 실스 마리아에서 지내고, 그 후 나움부르크, 뮌헨, 플로렌츠를 경유하여 11월 11일 니차로 온다. 실스 마리아에서 여름을 보내면서《힘에의 의지》라는 책을 쓸 것을 구상한다. 저술 제목으로서 '힘에의 의지'는 1885년 8월의 노트에 처음으로 등장한다. 이후에 따르는 노트들에는 힘에의 의지라는 제목으로 체계적이고 일반적인 내용을 서술하겠다는 구상들이 등장한다. 이 구상은 여러 번의 변동을 거치다가 결국에는 니체 자신에 의해 1888년 8월에 포기된다.

1886년

《선악의 저편*Jenseits von Gut und Böse*》 역시 자비로 8월 초에 출판한다. 이전의 작품들을 다시 발간하는 데 관심을 가지고 이전의 작품들에 대한 새로운 서문을 쓰기 시작한다.《인간적인 너무나 인간적인》의 서문,《비극의 탄생》을 위한 〈자기비판의 시도Versuch einer Selbstkritik〉라는 서문,《아침놀》과《즐거운 학문》의 서문들이 이때 씌어졌다.

1887년

악화된 그의 건강은 6월에 살로메의 결혼소식을 접하면서 우울증이 겹쳐 심각해진다. 이런 상태에도 불구하고 그의 의식은 명료했다.

1887년

6월에 《아침놀》과 《즐거운 학문》, 《차라투스트라는 이렇게 말했다》의 재판이 출간된다. 6월 12일 이후 실스 마리아에서 《도덕의 계보*Zur Genea-lo-gie der Moral*》를 집필하며 11월에 자비출판한다.

1888년

4월 2일까지 니차에 머무르면서 '모든 가치의 전도'에 대한 책을 구상하고 이 책의 일부를 《안티크리스트*Der Antichrist*》란 제목으로 출판한다. 7월에는 《바그너의 경우*Der Fall Wagner*》를 출판사로 보낸다. 6월에 투린을 떠나 실스 마리아에서 《우상의 황혼*Götzen-Dämmerung*》을 쓴다. 투린으로 다시 돌아가 《이 사람을 보라*Ecce Homo*》를 11월 4일에 끝내고 12월에 출판사로 보낸다. 그 사이 《바그너의 경우》가 출판된다. 《디오니소스 송가*Dionysos-Dithyramben*》를 포함한 이 시기에 씌어진 모든 것이 인쇄를 위해 보내진다.

1887~88년이라는 그의 지적 활동의 마지막 시기의 유고글에서도 니체는 여전히 자신을 실현시키고자 하는 강한 저술적 의도를 보인다. 그렇지만 그는 파괴와 건설작업에서 그가 사용했던 모든 도구들이 더 이상은 쓸모없다는 생각을 한다.

1889년

1월 3일(혹은 1월 7일) 카를로 알베르토 광장에서 졸도하면서 심각한 정신이상 신호가 나타나기 시작한다. 오버벡은 니체를 바젤로 데리고 가서 정신병원에 입원시킨다. 1월 17일 어머니에 의해 예나 대학 정신병원으로 옮겨진다. 《우상의 황혼》, 《니체 대 바그너*Nietzsche contra Wagner*》, 《이 사람을 보라》가 출판된다.

1890년

3월 24일 병원을 떠나 어머니 옆에서 머무르다가 5월 13일 나움부르크
로 돌아오다.

1897년

4월 20일 어머니가 71세의 나이로 사망하고 여동생을 따라 바이마르로
거처를 옮긴다. 1892년 가스트는 니체 전집의 편찬에 들어가고, 같은해 가
을에 차라투스트라의 4부가 처음으로 한 권으로 출판된다. 1894년 초에 여
동생은 가스트의 전집을 중지할 것을 종용하고, 니체 전집의 편찬을 담당
할 니체 문서보관소Nietzsche Archiv를 설립한다.

1900년

8월 25일 정오경 사망.

■ 옮긴이 박찬국

서울대 철학과를 졸업한 후, 동대학원에서 석사학위를, 독일 뷔르츠부르크 대학에서 〈하이데거에서 니힐리즘의 존재사적 극복Die seinsgeschichtliche Überwindung des Nihilismus im Denken Heideggers〉으로 박사학위를 받았다. 호서대학교 철학과 교수를 역임하고 현재 서울대학교 철학과 교수로 재직 중이다. 《하이데거—그 생애와 사상》(공저)과 《하이데거와 나치즘》을 썼고, 《헤겔 철학과 현대의 위기》, 《마르크스주의와 헤겔》, 《실존 철학과 형이상학의 위기》, 《니체와 니힐리즘》을 옮겼다. 논문으로는 〈인간소외의 극복에 대한 하이데거와 마르크스 사상의 비교고찰〉, 〈하이데거의 니체 해석에 대한 비판적 고찰〉 등이 있다.

니체전집 16(KGW VII 1) 유고(1882년 7월~1883/84년 겨울)

초판 1쇄 발행 2001년 7월 25일
초판 5쇄 발행 2024년 9월 27일

지은이 프리드리히 니체
옮긴이 박찬국

펴낸이 김준성
펴낸곳 책세상
등 록 1975년 5월 21일 제2017-000226호
주 소 서울시 마포구 동교로23길 27, 3층 (03992)
전 화 02-704-1251
팩 스 02-719-1258
이메일 editor@chaeksesang.com
광고·제휴 문의 creator@chaeksesang.com
홈페이지 chaeksesang.com
페이스북 /chaeksesang **트위터** @chaeksesang
인스타그램 @chaeksesang **네이버포스트** bkworldpub

ISBN 978-89-7013-270-9 04160
978-89-7013-542-7 (세트)

* 잘못되거나 파손된 책은 구입하신 서점에서 교환해드립니다.
* 책값은 뒤표지에 있습니다.